Beck'sche Musterverträge, Band 30

Flohr: Franchise-Vertrag

Franchise-Vertrag

von

Prof. Dr. Eckhard Flohr

Rechtsanwalt in Kitzbühel/Düsseldorf
Fachanwalt für Steuerrecht
Dozent an der FH Dortmund
Dozent an der FH München
Dozent an der TU Chemnitz
Dozent an der Universität St. Gallen/CH

unter Mitarbeit von

Christian Treumann

Rechtsanwalt in Erfurt

4., vollständig überarbeitete Auflage

Verlag C. H. Beck München 2010

Verlag C.H.Beck im Internet:
beck.de

ISBN 3 406 60008 1

Wilhelmstraße 9, 80801 München
Druck und Bindung: Nomos Verlagsgesellschaft
In den Lissen 12, 76547 Sinzheim

Satz: jürgen ullrich typosatz, 86720 Nördlingen

Gedruckt auf säurefreiem, alterungsbeständigem Papier
(hergestellt aus chlorfrei gebleichtem Zellstoff)

Inhaltsverzeichnis

Abkürzungsverzeichnis XI

Literaturverzeichnis XVII

Teil I
Einführung in das Franchiserecht 1

A. Begriff des Franchising 1

B. Rechtsgrundlagen des Franchising 6
I. Allgemeiner Überblick 6
II. Die Rechtsgrundlagen des Franchise-Rechts im Europäischen Rechtskreis 7
1. Franchise-Recht in Europa 7
2. EU-Gruppenfreistellungsverordnung für Franchise-Vereinbarungen 10
3. Greenbook of Vertical Restraints 11
4. EU-Gruppenfreistellungsverordnung für Vertikale Vertriebsbindungen (bis 31. 5. 2010) 12
5. EU-Gruppenfreistellungsverordnung für vertikale Vertriebsbindungen (ab 1. 6. 2010) 16
6. Bagatellbekanntmachung der EU-Kommission 20
7. EU-Kartell-Verfahrensordnung 21
8. European Code of Ethics for Franchising 23
9. Franchise-Recht in Deutschland 24
C. Franchise-Vertrag und abzugrenzende Vertragstypen 27
I. Allgemeiner Überblick 27
II. Abzugrenzende Vertragstypen 27
1. Handelsvertretervertrag 27
2. Vertragshändlervertrag 27
3. Kommissionsagenturvertrag 28
4. Gesellschaftsvertrag 28
5. Lizenz-Know-how-Überlassungsvertrag 29
6. Filialsystem 30
7. Joint-Venture-Vereinbarungen 30
8. Kundenschutzvereinbaren 31
9. Strategische Allianzen 32
10. Schneeballsysteme 32

D. Rechtsgrundlagen eines Franchise-Vertrages 34
I. Die Rechtslage vor Abschluss des Franchise-Vertrages 34
II. Vorvertragliche Aufklärungspflichten bei Franchise-Verträgen 36
1. Der Umfang vorvertraglicher Aufklärungspflichten 36
2. Dokument zur vorvertraglichen Aufklärung 41
3. Einkaufsvorteile und vorvertragliche Aufklärung .. 43
4. Die Haftung des Franchise-Gebers nach den Grundsätzen des Verschuldens bei Vertragsabschluss (culpa in contrahendo) 44
a) Vorverhandlungen zwischen Franchise-Geber und Franchise-Nehmer 46
b) Vertragsverhandlungen zwischen Franchise-Geber und Franchise-Nehmer 46
c) Umfang der vorvertraglichen Aufklärungspflichten 46
d) Grenzen der Aufklärungspflicht 49
e) Mitverschulden des Franchise-Nehmers 50
f) Umfang des Schadensersatzanspruches 50
g) Möglichkeiten der Haftungsfreizeichnung 51
h) Vorvertragliche Aufklärung des Franchisenehmers 52
i) Vorvertragliche Aufklärung und BGB-Informationspflichten-VO 53
j) Franchisenehmersammelklagen 54
III. Prospekthaftung des Franchise-Gebers 54
IV. Franchise-Verträge und Wettbewerbsrecht 56
V. Franchise-Verträge und Kartellrecht 58
1. Belieferung des Franchise-Nehmers/Bezugsbindung 58
2. Einkaufsvorteile 59
3. Kartellrechtliches Schriftformerfordernis 61
4. Preishoheit des Franchise-Nehmers 61
VI. Franchise-Verträge und Allgemeine Geschäftsbedingungen (§§ 305 ff. BGB) 63
1. Unangemessene Benachteiligung (§ 307 I 1 BGB) 63
2. Transparenzgebot (§ 307 I 2 BGB) 64
3. Inhaltskontrolle und Vertikal-GVO 65
4. Einzelklauseln 65
5. Grundsatz der kundenfreundlichsten Auslegung ... 66
VII. Franchise-Verträge und Verbraucherschutzrechte 66
1. Grundsatzproblem 66
2. Widerrufsbelehrung gem. § 355 BGB 70
3. Deutlichkeitsgebot 70

4. Berechnung der Widerrufsfrist ... 71
5. Unbefristetes Widerrufsrecht ... 71
6. Amtliche Muster zur Widerrufsbelehrung ... 72
a) Muster gem. Anlage 2 zu § 14 BGB-InfoVO (bis 10. Juni 2010) ... 72
b) Muster gem. Anlage 1 zum EGBGB (ab 11. Juni 2010) ... 73
7. Franchise-Nehmer: Verbraucher (§ 13 BGB) oder Unternehmer (§ 14 BGB) ... 74
8. Widerrufswertgrenze (§ 507 BGB) ... 75
9. Verbraucherschutzrechtliches Schriftformerfordernis (§ 492 BGB) ... 76
10. Widerrufsbelehrung vor Vertragsabschluss ... 76
11. Wettbewerbswidrigkeit einer Widerrufsbelehrung 77
12. Freiwillige Widerrufsbelehrung ... 77
13. Rückgewährschuldverhältnis ... 77
14. Insuffiziente Widerrufsbelehrung ... 78
15. Neues Recht der Widerrufsbelehrung und bleibende Rechtsfragen ... 78
16. Zukünftiges EU-Recht ... 79
VIII. Franchise-Verträge und Selbständigkeit des Franchise-Nehmers ... 79
1. Arbeitsgerichtliche Rechtsprechung ... 79
2. Sicherstellung der Selbständigkeit des Franchise-Nehmers ... 81
a) Privatrechtliches persönliches Abhängigkeitsverhältnis ... 82
b) Persönliche und wirtschaftliche Unabhängigkeit des Franchise-Nehmers ... 83
c) Eigenorganisation des Franchise-Nehmers ... 83
d) Einbindung in das Warenwirtschaftssystem des Franchise-Gebers ... 84
e) Unternehmerisches Risiko des Franchise-Nehmers ... 84
IX. Franchise-Verträge und Renten- und Sozialversicherungsrecht ... 85
1. Scheinselbständigkeit ... 85
2. Rentenversicherung selbständiger Franchise-Nehmer (§ 2 Nr. 9 SGB VI) ... 86
X. Das Franchise-Handbuch ... 88
1. Franchise-Vertrag und Franchise-Handbuch ... 88
2. Mustergliederung eines Franchise-Handbuchs ... 89
3. Know-how-Transfer ... 93
4. Wertungsmaßstab § 138 BGB? ... 94

5. Nichtlieferung des Franchise-Handbuchs/mangelhaftes Franchise-Handbuch 95

Teil II
Textabdruck des Vertragsmusters 97

Teil III
Vertragsmuster mit Anmerkungen 99

Präambel 99
§ 1 Gegenstand der Franchise 104
§ 2 Vertragsgebiet 113
§ 3 Vertragspartner 123
§ 4 Allgemeine Pflichten des Franchise-Gebers 129
§ 5 Schulungskonzepte 134
§ 6 Marketing- und Werbekonzepte 137
§ 7 Franchise-Handbuch 145
§ 8 Allgemeine Pflichten des Franchise-Nehmers 154
§ 9 Mitwirkungspflicht/Übertragung 159
§ 10 Backfachgeschäft 161
§ 11 Geschäftslokal/Mietvertrag 164
§ 12 Versicherungsschutz des Backfachgeschäftes 178
§ 13 Vertrags-Produkte 185
§ 14 Vertrags-Dienstleistungen 202
§ 15 Zentralregulierung 204
§ 16 Warenwirtschaftssystem 206
§ 17 Franchise-Gebühren 208
§ 18 Kontrollrechte 219
§ 19 Berichtswesen/Buchführung 224
§ 20 Gegenseitige Unterrichtung/Geheimhaltungspflicht 226
§ 21 Abwerbeverbot 233
§ 22 Wettbewerbsverbot 234
§ 23 Gewerbliche Schutzrechte 243
§ 24 Vertragsstrafe 247
§ 25 Haftung des Franchise-Gebers 251
§ 26 Vertragsdauer 257
§ 27 Ordentliche Kündigung des Franchise-Vertrages 261
§ 28 Außerordentliche/fristlose Kündigung des Franchise-Vertrages 266
§ 29 Übertragbarkeit 276
§ 30 Folgen der Vertragsbeendigung 283
§ 31 Beirat 296
§ 32 Belehrung über Verbraucherschutzrechte 301

§ 33 Gerichtsstand/Schiedsgericht/Erfüllungsort/Anwendbares Recht/Vertragssprache 325
§ 34 Nebenabreden/Teilnichtigkeit/Verjährung 327
§ 35 Vertragsausfertigungen 338
§ 36 Sub-Franchisen 339
§ 37 Versicherungen des Franchise-Nehmers 339
§ 38 Vorvertragliche Aufklärung 340
§ 39 Erklärung zur Scientology-Sekte 342

Teil IV
Weiterführende Hinweise zu Literatur und Rechtsprechung 343

Stichwortverzeichnis 381

Abkürzungsverzeichnis

a. A.	anderer Ansicht/Auffassung
AAA	American Arbitration Association
ABl.	Amtsblatt
ABGB	Allgemeines Bürgerliches Gesetzbuch
Abs.	Absatz
Abschn.	Abschnitt
AbzG	Gesetz betreffend die Abzahlungsgeschäfte/ Abzahlungsgesetz
act	Gesetz
AcP	Archiv für die civilistische Praxis
a. E.	am Ende
AEUV	Vertrag über die Arbeitsweise der Europäischen Union
a. F.	alte Fassung
AFA	American Franchise Association
AG	Die Aktiengesellschaft, Zeitschrift für das gesamte Aktienwesen
AGB	Allgemeine Geschäftsbedingungen
AGBG	Gesetz zur Regelung des Rechtes der Allgemeinen Geschäftsbedingungen
AGG	Allgemeines Gleichbehandlungsgesetz
AktG	Aktiengesetz
Alt.	Alternative
Anh.	Anhang
Anm.	Anmerkung
AO	Abgabenordnung
AöR	Archiv des Öffentlichen Rechts
AP	Nachschlagewerk des Bundesarbeitsgerichts Arbeitsgerichtliche Praxis
ArbGG	Arbeitsgerichtsgesetz
Art.	Artikel
AuA	Arbeit und Arbeitsrecht
AWD	Außenwirtschaftsdienst des Betriebsberaters (jetzt RIW)
Az.	Aktenzeichen
BAG	Bundesarbeitsgericht
BAnz.	Bundesanzeiger
BB	Betriebs-Berater
Bd.	Band
BDI	Bundesverband der Deutschen Industrie
BDSG	Bundesdatenschutzgesetz
BDU	Bund Deutscher Unternehmensberater
Beil.	Beilage
Bek.	Bekanntmachung
Beschl.	Beschluss
BetrVG	Betriebsverfassungsgesetz
BFA	British Franchise Association

BFStrG	Bundesfernstraßengesetz
BGB	Bürgerliches Gesetzbuch
BGB-InfoVO	BGB-Informationspflichtenverordnung
BGH	Bundesgerichtshof
BGHZ	Entscheidungen des Bundesgerichtshofs in Zivilsachen
BKartA	Bundeskartellamt
BLi	Business Law International
BörsG	Börsengesetz
BPatG	Bundespatentgericht
BPatGE	Entscheidungssammlung des Bundespatengerichts
BR	Bundesrat
BT	Bundestag
BStBl.	Bundessteuerblatt
BT-Drucks.	Drucksache des Deutschen Bundestags
BR-Drucks.	Drucksache des Bundesrates
Buchst.	Buchstabe
BVerfG	Bundesverfassungsgericht
BVerfGE	Entscheidungssammlung des Bundesverfassungsgerichts
BVerwG	Bundesverwaltungsgericht
C.F.R.	Code of Federal Regulations
DB	Der Betrieb
ders.	derselbe
DFI	Deutsches Franchise-Institut
DFV	Deutscher Franchise-Verband
DIHT	Deutscher Industrie- und Handelstag
DIS	Deutsche Institution für Schiedsgerichtsbarkeit
DRiZ	Deutsche Richterzeitung
DStR	Deutsches Steuerrecht
ecolex	Fachzeitschrift für Wirtschaftsrecht
EDV	Elektronische Datenverarbeitung
EEC	European Economic Community
ErfK	Erfurter Kommentar zum Arbeitsrecht
EG	Europäische Gemeinschaft
EGV	Vertrag über die Europäische Gemeinschaft
EGBGB	Einführungsgesetz zum BGB
EU	Europäische Union
EStG	Einkommensteuergesetz
EuGH	Gerichtshof der Europäischen Gemeinschaften
EuGVVO	EU-Verordnung über die gerichtliche Zuständigkeit und die Vollstreckung gerichtlicher Entscheidungen in Zivil- und Handelssachen v. 22. 12. 2000
EuZW	Europäische Zeitschrift für Wirtschaftsrecht
EWG	Europäische Wirtschaftsgemeinschaften
EWGV	Vertrag zur Gründung der Europäischen Wirtschaftsgemeinschaft
EWG VO	Verordnung der Europäischen Wirtschaftsgemeinschaft
EWiR	Entscheidungen zum Wirtschaftsrecht
f.	folgende Seite
FDD	Franchising Development Document
ff.	fortfolgende Seiten

FernAbsG	Fernabsatzgesetz
FN	Fußnote
franz.	französisch
FTC-Rule	Federal Trade Commission-Rule
GewStG	Gewerbesteuergesetz
GmbH	Gesellschaft mit beschränkter Haftung
GmbHG	Gesetz betreffend die Gesellschaften mit beschränkter Haftung
GmbHR	GmbH Rundschau
GPR	Zeitschrift für Gemeinschaftsprivatrecht
GRUR	Gewerblicher Rechtsschutz und Urheberrecht
GRUR-RR	Gewerblicher Rechtsschutz und Urheberrecht Rechtsprechungs-Report
GRuR-Prax	Gewerblicher Rechtschutz und Urheberrecht – Praxis im Immaterialgüter- und Wettbewerbsrecht
GWB	Gesetz gegen Wettbewerbsbeschränkungen
GWR	Gesellschaft- und Wirtschaftsrecht
HGB	Handelsgesetzbuch
HWIG	Gesetz über den Widerruf von Haustürgeschäften und ähnlichen Geschäften
Hrsg.	Herausgeber
HRR	Höchst Richterliche Rechtsprechung
ICC	International Court of Arbitration of the International Chamber of Commerce
IHK	Internationale Handelskammer
IHR	Internationales Handelsrecht
ILO	International Labour Office
Inc.	Incorporated
Int.	International
IPRax	Praxis des Internationalen Privat- und Verfahrensrechts
i. S.	im Sinne
iTRB	Internetrechtsbericht
i. V. m.	in Verbindung mit
JA	Juristische Arbeitsblätter
JuS	Juristische Schulung
JW	Juristische Wochenschrift
JZ	Juristen-Zeitung
KAGG	Gesetz über Kapitalanlagegesellschaften
Kap.	Kapitel
KG	Kammergericht, Kommanditgesellschaft
KO	Konkursordnung
KritV	Kritische Vierteljahresschrift für Gesetzgebung und Rechtswissenschaft
KSchG	Kündigungsschutzgesetz
LG	Landgericht
LM	Lindenmaier-Möhring-Nachschlagewerk des Bundesgerichtshofs
LMK	Lindenmaier-Möhring – kommentierte BGH-Rechtsprechung
MA	Der Markenartikel
MarkenG	Gesetz über den Schutz von Marken und sonstigen Kennzeichen (Markengesetz)

MDR	Monatszeitschrift für Deutsches Recht
NZA	Neue Zeitschrift für Arbeitsrecht
NZG	Neue Zeitschrift für Gesellschaftsrecht
NJW	Neue Juristische Wochenschrift
NJW-E-WettbR	Neue Juristische Wochenschrift – Entscheidungen zum Wettbewerbsrecht
NJW-RR	Neue Juristische Wochenschrift – Rechtsprechungsübersicht
NZM	Neue Zeitschrift für Mietrecht
OGH	Oberster Gerichtshof
OVG	Oberverwaltungsgericht
ÖBl	Österreichische Blätter für gewerblichen Rechtsschutz und Urheberrecht
ÖZK	Österreichische Zeitschrift für Kartellrecht
PHG	Produkthaftungsgesetz
RDG	Rechtsdienstleistungsgesetz
RGZ	Amtliche Entscheidungssammlung des Reichsgerichts
SCC	Arbitration Institute of the Stockholm Chamber of Commerce
SchiedsVZ	Zeitschrift für Schiedsverfahren
SGB	Sozialgesetzbuch
sog.	sogenannt
TelemedienG	Telemediengesetz
TQM	Total Quality Management
Tz.	Textziffer
UFOC	Uniform Franchising Offering Circular
UN	Vereinte Nationen
UNCITRAL	Schiedsgerichtsordnung der Vereinten Nationen
UNCTAD	United Nations Conference on Trade and Development
Urt.	Urteil
UStG	Umsatzsteuergesetz
u. U.	unter Umständen
UWG	Gesetz gegen den unlauteren Wettbewerb
VerbrKG	Verbraucherkreditgesetz
VersR	Versicherungsrecht
vgl.	vergleiche
VO	Verordnung
VuR	Verbraucher und Recht
VVG	Gesetz über den Versicherungsvertrag
wbl	Wirtschaftsblätter
WiB	Wirtschaftsrechtliche Beratung
WM	Zeitschrift für Wirtschafts- und Bankrecht
WPI	World Intellectual Property Organisations = Weltorganisation für geistiges Eigentum
WRP	Wettbewerb in Recht und Praxis
WuB	Entscheidungssammlung zum Wirtschafts- und Bankrecht
WuW	Wirtschaft und Wettbewerb
WuW/E	Wirtschaft und Wettbewerb, Entscheidungssammlung zum Kartellrecht
WZG	Warenzeichengesetz

ZAP .... Zeitschrift für die Anwaltspraxis
ZBB .... Zeitschrift für Bankrecht und Bankwirtschaft
ZEuP .... Zeitschrift für Europäisches Privatrecht
ZfbF .... Schmalenbachs Zeitschrift für betriebswirtschaftliche Forschung
ZGR .... Zeitschrift für Unternehmens- und Gesellschaftsrecht
ZGS .... Zeitschrift für das gesamte Schuldrecht
ZHR .... Zeitschrift für das gesamte Handelsrecht und Wirtschaftsrecht
ZIP .... Zeitschrift für Wirtschaftsrecht und Insolvenzpraxis
ZPO .... Zivilprozessordnung
ZWeR .... Zeitschrift für Wettbewerbsrecht

Literaturverzeichnis

Abell, European Franchising, Law and Practice in the ECE, 1991

Arnold, Das Franchise-Seminar, 2. Auflage, 1997

Bauder, Zur Selbständigkeit des Franchise-Nehmers, NJW 1989, 78

Baumgarten, Das Franchising als Gesellschaftsverhältnis 1993

Bechthold, Die Entwicklung des deutschen Kartellrechts, NJW 2009, 3699

Behr, Der Franchise-Vertrag – Eine Untersuchung zum Recht der USA mit vergleichenden Hinweisen zum deutschen Recht, 1985

Berning, Die Abhängigkeit des Franchise-Nehmers, 1993

Beuthien/Schwarz, Kooperationsgruppen des Handels- und Franchise-Systeme in Europa aus der Sicht des EG-Wettbewerbsrecht, 1993

Billing, Zum Risiko einer Rechtscheinhaftung des Franchise-Gebers, Jahrbuch Franchising 2009, 178

Blassmeier, Kollisionsrechtliche Probleme internationaler Franchise-Systeme, 1999

Bodewig
- Ausstattung und Franchising – Wirtschaftsrechtliche und rechtliche Aspekte, in: Handbuch des Ausstattungsrechts, 1986, 937 ff.
- Der Ausgleichsanspruch des Franchise-Nehmers nach Beendigung des Vertragsverhältnisses, BB 1997, 637

Boehm
- Checklist Franchising, 1980
- Franchise-Design-Leitfaden, 1997

Böhner
- Recht zur außerordentlichen Kündigung des Mc Donald's-Franchise-Vertrages, NJW 1985, 2811;
- Schriftform und Widerspruchsrecht bei Franchise-Verträgen nach dem Verbraucherkreditgesetz, NJW 1992, 3135
- Verbot von Preisempfehlungen bei Franchise-Systemen, BB 1997, 1427
- Schadensersatzpflicht des Franchise-Gebers aus Verschulden bei Vertragsabschluß, NJW 1994, 635
- Werbekostenzuschüsse und sonstige Einkaufsvorteile in Franchise-Systemen, NJW 1998, 109
- Das Spannungsverhältnis zwischen Systembindung und Autonomie im Franchiseverhältnis, Schwerpunkte des Kartellrechts 1999
- Vom Franchisevertrags- zum Franchisenetzwerkrecht, BB 2004, 119
- Asset-Sharing in Franchise-Netzwerken: Pflicht zur Weitergabe von Einkaufsvorteilen, KritV 2006, 227
- Bezugsbindung als Wettbewerbsbeschränkung in Franchise-Verträgen, Jahrbuch Franchising 2009, 258

Boksanyi, Franchising im ungarischen Recht, 1998

Bräutigam
- Deliktische Außenhaftung im Franchising, 1994
- Franchise-Verträge im deutschen und internationalen Privatrecht, WiB 1997, 897

Brönneke, Widerrufsrecht und Belehrungspflichten, Baden-Baden 2009

Buschbeck-Bülow, Franchise-Systeme und Betriebsverfassung, BB 1990, 1061

Büchner/Kästner, Franchising, 1995
Büser, Rechtliche Probleme im Rahmen der Datenübermittlung beim Franchising, BB 1997, 213
Clemens, Die Bedeutung des Franchising in der Bundesrepublik Deutschland, 1988
Dombrowski, Die Auswirkungen des Gesetzes zur Modernisierung des Schuldrechts (SMG) auf Franchise-Verträge, Frankfurt 2005
Dünisch, Franchising und Markenrecht, Jahrbuch Franchising 2009, 269
Dünisch/Zwecker, Der Franchise-Vertrag, JA 1995, 817
Eckert, Die analoge Anwendung des Ausgleichsanspruchs nach § 89b HGB auf Vertragshändler und Franchise-Nehmer, WM 1991, 1237
Ehrfeld, Die Abhängigkeit des Franchise-Nehmers, 1997
Ekkenga, Die Inhaltskontrolle von Franchise-Verträgen, 1990
Emde, Vertriebsrecht – Kommentierung zu §§ 84-92 c HGB, Handelsvertreterrecht/Vertragshändlerrecht/Franchiserecht, 2009
Emmerich, Franchising, JURA 1995, 761
Epp, Franchising und Kartellrecht, 1994
Escher, Rechtliche Aspekte franchise-ähnlicher Vertriebssysteme, BB 1998, 1269
Esser, Franchising, 2. Aufl., 1995
Erdmann,
- Die Laufzeit von Franchise-Verträgen im Lichte des AGB-Gesetzes, BB 1992, 795
- Laufzeiten und Ausstiegsklauseln in Franchise-Systemen, Jahrbuch Franchising 2008, 203

Fasely, Franchise-Rechnungslegung: US-GAAP und HGB im Vergleich, BB 1999, 162
Fissl, Der Betriebsübergang bei Franchise-Systemen, Jahrbuch Franchising 2009, 193
Forkel, Der Franchise-Vertrag als Lizenz am Immaterialgut Unternehmen, ZHR Bd. 151 (1989), 511
Flohr
- Franchise-Handbuch, 1994/96
- Rechtliche Grundlagen des Franchise-Vertrages, ZAP 1990, 683 ff.
- Praxis Fragen zum Franchise-Recht ZAP 1991, 23 ff.
- Franchise-Verträge und Verbraucherkreditgesetz, ZAP 1992, 159 ff.
- Die fristlose Kündigung von Franchise-Verträgen, Jahrbuch Franchising 1992, 99 ff.
- Vorverträge auf Abschluß eines Franchise-Vertrages ZAP 1994, 517 ff.
- Aktuelle Entwicklungstendenzen in der Rechtsprechung zu Franchise-Verträgen, ZAP 1994, 933
- Die Gestaltung der Widerrufsbelehrung – Zur Bedeutung des Urteils des BGH vom 27. 4. 1994, WiB 1994, 648 ff.
- Teilnichtigkeit und Salvatorische Klausel bei Franchise-Verträgen, Jahrbuch Franchising 1994, 194 ff.
- Die Firma des Franchise-Nehmers, WiB 1995, 494
- Vorvertragliche Aufklärungspflichten des Franchise-Gebers, WiB 1996, 1137
- Sicherstellung der Selbständigkeit des Franchise-Nehmers, WiB 1997, 281
- Aufbau von Franchise-Systemen durch Area Developer – Rechtliche Grundlagen und Vertragsgestaltung, Jahrbuch Franchising 1996/97, 179
- Der rechtliche Rahmen des Franchising in Österreich, New Business, Sondernummer Franchising, 1997, 24 ff.

– Zusammenhang von Franchise- und Pachtvertrag – Zum Beschluß des OLG Hamburg vom 17. 10. 1996 (4 W 56/96), WiB 1997, 480
– Begründung eines Handelsvertreterverhältnisses durch Einstandszahlung des Handelsvertreters – zum Urteil des OLG München vom 4. 12. 1996 (7 U 3915/96), WiB 1997, 540
– Kontrollfunktion des kartellrechtlichen Schriftformerfordernis – zum Urteil des BGH vom 14. 1. 1997 (KZR 36/95), WiB 1997, 882
– Zuständigkeit der Arbeitsgerichte für arbeitnehmerähnliche Franchise-Nehmer – zum Beschluß des BAG vom 16. 7. 1997 (5 AZB 29/96), WiB 1997, 1197
– Der Ausgleichsanspruch des Franchise-Nehmers – Überlegungen zur analogen Anwendung des § 89b HGB auf Franchise-Verträge, DStR 1998, 572
– Fristlose Kündigung von Franchise-Verträgen – zum Urteil des KG Berlin vom 21. 11. 1997 (5 U 5398/97), ZAP 1998, 405
– Selbständigkeit des Franchise-Nehmers, DStR 1999, 546
– Franchising: Beweislast für Know-how-Transfer – zum Urteil des OLG Oldenburg vom 16. 10. 1997 (8 U 111/97), DStR 1998, 903
– Rechtsgrundlagen, Vertragsgestaltung und Vertragsbeendigung, ZAP 2000, 1409
– Tendenzen im Franchiserecht, DStR 2001, 710
– Art und Umfang der Informationspflichten eines Franchise-Gebers vor Abschluss eines Franchise-Vertrages, Jahrbuch Franchising 1999/2000, 13
– Haftung des Franchisegebers – Zum Urteil des BGH vom 6. 4. 2000 (I ZR 67/98) – Neu in Bielefeld I, ZAP 2001, 363
– Die konkreten Auswirkungen der neuen Europäischen Verordnung auf Vertragsgestaltung und Vertragspraxis beim Franchising, in: Handbuch Franchising und Cooperation, 2001, 337
– Dauerschuldverhältnisse – Vertragsgestaltung nach der Schuldrechtsreform, ZAP 2002, 1409
– Franchisenehmer: Arbeitnehmer oder selbständiger Absatzmittler – Bestandsaufnahme/Kriterien der Scheinselbständigkeit/Vertragsgestaltung, DStR 2003, 1595
– Abgrenzung von Kommissions- und Franchiseverträgen – Zum Urteil des BGH vom 20. 3. 2003 (I ZR 225/00), ZAP 2003, 1207
– Franchising im Wandel, Gedächtnisschrift für Walther Skaupy, München 2003
– Preispolitik bei Franchisesystemen – Zum Urteil des BGH vom 8. 4. 2003 (KZR 3/02), ZAP 2004, 169
– Der Franchisevertrag – Überlegungen vor dem Hintergrund der APOLLO-Optik-Entscheidungen des BGH, DStR 2004, 93
– Masterfranchisevertrag – Grundsätze des Internationalen Franchiserechts, ZHR 2005, 45
– Wirksamkeit von Formularklauseln in Händlerverträgen, ZAP 2005, 287
– Unternehmereigenschaft von Existenzgründern, ZAP 2005, 653
– Aktuelle Tendenzen im Franchiserecht, BB 2006, 389
– Einkaufsvorteile und Kartellrecht, BB 2007, 6
– Franchising – Bezugsbindung, Einkaufsvorteile und Transparenz, BB 2009, 2159
– Offene Rechtsfragen der Widerrufsbelehrung bei Franchise-Verträgen, ZGS 2007, 421

– Widerrufsrecht bei Franchise-Verträgen und BGB-InformationspflichtenVO, ZGS 2008, 289
– Das neue Recht der Widerrufsbelehrung und Franchise-Verträge, ZGS 2009, 203
– Die Widerrufsbelehrung bei Franchise-Verträgen in der aktuellen Rechtsentwicklung, Jahrbuch Franchising 2009, 111
– Rentenversicherungspflicht selbständiger Franchisenehmer, ZAP 2010, 383
Flohr/Petsche, Franchiserecht – Deutschland und Österreich, 2. Auflage, 2008
Flohr/Ring, Das neue Gleichbehandlungsgesetz, 2006
Frank, Franchising in Russland, 2000
Fritzemeyer, Auswirkungen der EU-Gruppenfreistellungsverordnung auf die Gestaltung von Franchise-Verträgen, BB 2002, 1658
Froehlich, EU-Verordnung zum Schutz des Franchise-Nehmers, Frankfurt 2004
Gamet-Pol, Franchise Agreements within the European Community, 1997
Gast/Erdmann, Offenlegungspflichten bei Franchise-Verträgen im deutsch-französischen Vergleich, RIW 1997, 822
Giesler
– Die Prospekthaftung des Franchise-Gebers, ZIP 1999, 2131
– Franchise-Verträge, 2000
– Das Minderungsrecht des Franchisenehmers, ZIP 2000, 2098
– Die Rückabwicklung gescheiterter Franchiseverhältnisse, Festschrift für Dahs, 2000, 405
– Der Franchisegeber als Vermieter des Franchisenehmers, NZM 2001, 658
– Die Auswirkungen der Schuldrechtsreform auf Franchiseverhältnisse, ZIP 2002, 420
– Praxishandbuch Vertriebsrecht, Bonn 2005
Giesler/Nauschütt, Franchiserecht, 2. Auflage, Bonn 2006
Gittermann, Arbeitnehmerstatus und Betriebsverfassung in Franchise-Systemen, 1995
Gloger, Franchising, 1997
Grohmann, Die Praxis des Franchising, 1992
Gross, Der Vertrieb von Maklerdienstleistungen im Franchise-Verfahren, 1994
Haager
– Neuere Entwicklungen im Franchise-Recht, WiB 1996, 337
– Die Entwicklungen des Franchise-Rechts in den Jahren 1997 und 1998, NJW 1999, 2081
– Die Entwicklungen des Franchiserechts seit dem Jahre 1998, NJW 2002, 1463
– Die Entwicklungen des Franchiserechts seit dem Jahre 2002, NJW 2005, 3394
Habe, Der Kündigungsschutz im Kanadischen Franchiserecht, Frankfurt 1998
Hahnrieder, Franchising – Planung und Praxis, 1991
Hauenhorst, Franchise-Nehmer zwischen neuer Selbständigkeit und Arbeitnehmerqualifikation, 2000
Heidemann, Franchise-Verträge und Datenschutz, Jahrbuch Franchising 2009, 313
Hellert, Franchising und das Recht des unlauteren Wettbewerbs, Jahrbuch Franchising 2009, 292

Höpfner, Kündigungsschutz und Ausgleichsansprüche des Franchise-Nehmers bei Beendigung von Franchise-Verträgen, 1997
Hoeren/Flohr, Vertragsgestaltung nach der Schuldrechtsreform, 2003
Horn/Henssler, Der Vertriebs-Franchise-Nehmer als selbständiger Unternehmer, ZIP 1998, 589
Joerges
– Franchise-Verträge und europäisches Wettbewerbsrecht, ZHR Bd. 151 (1987), 195
– Franchising and the Law – Theretical and Comparative Approaches in Europe and the United States, 1991
Jungwirth, Franchising, 1994
Kaup, Franchise-Systeme in der Gastronomie, 1980
Kindler/Menges, Die Entwicklung des Handelsvertreter- und Vertragshändlerrechts seit 2005, DB 2010, 1109
Knigge, Franchise-Systeme im Dienstleistungssektor, 1973
Köhler
– Ausgleichsanspruch des Franchise-Nehmers, Bestehen, Bemessung, Abwälzung, NJW 1990, 1685
– Nachvertragliche Wettbewerbsverbote für Absatzmittler, in: Festschrift für Fritz Rittner, 1991, 265
Kircher, Franchising für Investitionsgüter, 1995
Kloyer, Management von Franchise Netzwerken, 1995
Königsberg, International Franchising, 1991
Kramer, Neue Vertragsformen der Wirtschaft-Leasing, Factoring, Franchising, 1992
Kroll, Informationspflichten im Franchising, Frankfurt 2001
Kunkel, Franchising und asymetrische Information, 1994
Küpler, Franchise-Verträge in der deutschen Rechtspraxis, 1989
Lenzen, Risiken des Franchise-Vertrages, RIW 1984, 586
Liebscher/Flohr/Petsche
– Handbuch der EU-Gruppenfreistellungsverordnungen, 2003
Liebscher/Petsche
– Franchising nach der neuen Gruppenfreistellungsverordnung (EG) Nr. 2790/99 für Vertikalvereinbarungen, EuZW 2000, 400
– Franchising in Österreich, 2. Aufl., Wien 2002
– Franchising und der Österreichische Oberste Gerichtshof, Gedächtnisschrift für Walther Skaupy, München 2003, 193
Liesegang
– Neue Entwicklung bei der Gestaltung von Franchise-Verträgen, Jahrbuch Franchising, 1990, 58
– Die Bedeutung des AGB-Gesetzes für Franchise-Verträge, BB 1991, 2381
– Der Franchise-Vertrag, 5. Aufl., 1997
– Die Konkurrenzschutzpflicht des Franchise-Gebers, BB 1999, 857
– Keine Prospekthaftung des Franchisegebers, Gedächtnisschrift für Walther Skaupy, München 2003, 225
– Einkaufsvorteile und Transparenz in Franchise-Systemen, Jahrbuch Franchising 2008, 154
– Gesetzliche Haftungsrisiken im Zusammenhang mit der Übertragung von franchisierten Geschäften, Jahrbuch Franchising 2009, 141
Maas, Franchising in wirtschaftspsychologischer Perspektive, 1989
Martinek
– Franchising, 1987
– Franchising im Handelsrecht, ZIP 1988, 1362

- Das europäische Bankgeschäft der Finanzierung von Franchise-Systemen, ZBB 1990, 190
- Franchising, Moderne Vertragstypen II, 1993
- Franchising im Handelsrecht – zur analogen Anwendbarkeit handelsrechtlicher Vorschriften auf Franchise-Verträge, ZIP 1998, 1362
- Standortanalyse und Wirtschaftlichkeitsberechnung für Franchisebetriebe – Was lehren uns die Betriebswirtschaftlicher, Gedächtnisschrift für Walther Skaupy, München 2003, 241

Martinek/Habermeier, Das Chaos der EU-Gruppenfreistellungsverordnungen, ZHR 158 (1994), 107

Martinek/Semmler/Habermeier/Flohr
- Handbuch des Vertriebsrechts, 3. Auflage, München 2010
- Formularsammlung des Vertriebsrechts, 2010

Mazero, Application of US-Franchise-Laws to International Franchise-Sales, International Journal of Franchising and Distribution Law, 2000, 309

Mendelsohn
- The guide to Franchising, 1992
- Franchising in Europa, 1992
- The UNIDROIT Model Law, Gedächtnisschrift für Walther Skaupy, München 2003, 293
- Franchising Law, 2. Aufl., London 2004

Mendelsohn/Rudnick, Negotiating an International Master-Franchise-Agreement, 2002

Metzlaff
- Franchise-Verträge und EG-Kartellrecht, 1993
- Franchise-Systeme und EG-Kartellrecht – Neueste Entwicklungen, BB 2000, 1201
- Praxis-Handbuch Franchising, München 2003
- Preiswerbung in Franchisesystemen, Gedächtnisschrift für Walther Skaupy, München 2003, 307
- Aktuelle Fragen zur Selbständigkeit und Rentenversicherungspflicht von Franchise-Nehmern, Jahrbuch Franchising 2008, 182
- Internetvertrieb und Franchising, Jahrbuch Franchising 2009, 159

Meurer, Führung von Franchise-Systemen 1997

Meyer/Pogoda, Franchising – Die Lizenz zur Kundschaft, in: Jahrbuch Markentechnik 1997/98, 151

Mühlhaus, Franchising – Die andere Art der Selbständigkeit, 1996

Nebel-Tatzel, Der Franchise-Vertrag: Lizenz- oder Vertriebsvertrag, 1995

Nebel/Schulz/Flohr, Das Franchise-System, 4. Aufl., München 2006

Niebling, Die aktuelle Entwicklung im Vertriebsrecht, WRP 2010, 81

Pasderski, Die Außenhaftung des Franchise-Gebers, 1998

Pathe, Die GmbH-Reform: Gestaltungsmöglichkeiten und -aufgaben für Franchisesysteme, Jahrbuch Franchising 2009, 325

Pauly, Franchising, 1992

Pfeifer, Die Inhaltskontrolle von Franchiseverträgen, Baden-Baden 2005

Pohl, Der Investitionserstattungsanspruch des Franchise-Nehmers in Deutschland und Österreich, Jahrbuch Franchising 2009, 277

Pratt, Franchising – Law and Practice, 1990

Pukall, Die neue Gruppenfreistellungsverordnung für Franchise-Vereinbarungen, NJW 2000, 1375

Rafsendjani, Der good will Ausgleichsanspruch des Franchise-Nehmers, 1999

Ratay, Franchise-Systeme und Preisbindungsverbot nach deutschem und EG-Kartellrecht, 1992
Rauser/Bräutigam, Franchising: Grundlagen und einige aktuelle Rechtsprobleme, DStR 1996, 587
Sanz, Franchising in Spanien – über Scheinselbständigkeit, Registrierung und vorvertragliche Informationspflichten, ZEuP 1999, 99
Schäfer, Der Ausgleichsanspruch des Franchise-Nehmers, Jahrbuch Franchising 2009, 124
Schmidt, Vom Handelsvertreterrecht zum modernen Vertriebsrecht, JuS 2008, 665
Schmitz
– Der nicht selbstherstellende Franchisegeber als Preisempfehler für Markenwaren, WRP 1998, 28
– Der nicht selbst herstellende Franchise-Geber als Preisempfehler für Markenwaren nach § 38 a GWB, WRP 1998, 28
Schultheiss, Der Franchise-Vertrag nach schweizerischem Recht, 1975
Schulz
– Bagatellbekanntmachung der Europäischen Kommission vom 9. 12. 1997, Jahrbuch Franchising 1999/2000, 37
– EG-Gruppenfreistellungsverordnung für Vertikale Vertriebsbindungen – Interpretations- und Anwendungsprobleme, Gedächtnisschrift für Walther Skaupy, München 2003, 333
Schüssler, Zur Produktverantwortung des Franchise-Gebers, Jahrbuch Franchising, 1990, 91
Seidel, Erfolgsfaktoren von Franchise-Nehmern, 1997
Sherman, The Franchise-Handbook, 1995
Skaupy
– Der Franchise-Vertrag – ein neuer Vertragstyp, BB 1969, 113 ff.
– Franchising-Exporting for international Partnerships, WuW 1981, 17 ff.
– Franchising, Zur Frage der Unvereinbarkeit eines Franchise-Vertrages mit der Gruppenfreistellungs-VO 67/67 der EG, WuW 1984, 383 ff.
– Zu den Begriffen „Franchise“, „Franchise-Vereinbarungen“ und „Franchising“ NJW 1992, 1785 ff.
– Haftung des Franchise-Gebers für Werbung des Franchise-Nehmers, BB 1997, 2121
– Der Pronuptia-Prozeß, BB 1996, 1899
Stein, Franchising-Netzwerke im Dienstleistungsbereich, 1996
Stein-Wigger, Die Beendigung des Franchise-Vertrages, 1999
Teubner
– „Verbund“, „Verband“ oder „Verkehr“? Zur Außenhaftung von Franchising-Systemen, ZHR 154 (1990) 295
– Profitsharing als Verbundpflicht, ZHR 168 (2004) 78
Tiemann, Die Beendigung des Franchise-Vertrages durch Kündigung und Fristablauf, 1990
Tietz, Handbuch Franchising, 2. Aufl., 1991
Tietz-Mathieu, Das Franchising-Kooperationsmodell für den mittelständischen Groß- und Einzelhandel, 1979
Treumann, Vorvertragliche Aufklärung in Theorie und Praxis, Jahrbuch Franchising 2008, 163
Ullmann, Die Verwendung von Marke, Geschäftsbezeichnung und Firma im geschäftlichen Verkehr, insbesondere des Franchising, NJW 1994, 1255
Vogel, Der Franchisevertrag – wettbewerbliche Behandlung typischer Bindungen nach Schweizer Kartellrecht, Zürich/Basel/Genf 2006

Vögerl, Vertikale Preisbindung im Wandel?, Ecolex 2009, 52
vom Dorp, Haftung des Franchise-Gebers aus culpa in contrahendo, WiB 1995, 285
Wagenseil, Die Sittenwidrigkeit von Franchise-Vereinbarungen aufgrund eines Leistungsmissverhältnisses, Berlin 2005
Wagner, Vorvertragliche Aufklärungspflichten im internationalen Franchising, Frankfurt 2005
Wank, Die neue Selbständigkeit, DB 1992, 90
Waszer, Franchising zwischen Arbeitsrecht und Handelsrecht, 1999
Weber, Franchising – ein neuer Vertragstyp im Handelsrecht, JA 1983, 347
Weltrich
- Zur Abgrenzung von Franchise- und Arbeitsvertrag, DB 1988, 806
- Die EU-Gruppenfreistellungsverordnung für Franchise-Vereinbarungen, RIW 1989, 90
- Die Anpassung von Franchise-Verträgen an die neue EU-Gruppenfreistellungsverordnung, DB 1988, 1481
- Franchising im EG-Kartellrecht – Eine kartellrechtliche Analyse nach Art. 85 EWGV, 1992

Westphalen, Graf von, Franchising, in: Vertragsrecht und AGB-Klauselwerke (Stand Mai 1994)
Wildhaber,
- Franchising im internationalen Privatrecht, Zürich 1991
- Datenschutz bei Franchise-Systemen – Neuerungen im schweizerischen Datenschutzgesetz, Jahrbuch Franchising 2008, 228

Wolf/Ungeheuer, Vertragsrechtliche Probleme des Franchising, BB 1994, 1207
Zwecker, Inhaltskontrolle von Franchiseverträgen, 2001

Teil I
Einführung in das Franchiserecht

A. Begriff des Franchising

Franchising ist ein Vertriebskonzept, das in vielfältigen Organisationsformen Verwendung finden kann. Seit Anfang der 70er Jahre ist eine deutliche Internationalisierung der Franchise-Systeme zu erkennen. Der kürzer werdende Lebenszyklus von Produkten und Geschäftstypen und die steigenden Aufwendungen für Markteinführung bei Produkten und Geschäftstypen lassen es angezeigt sein, in räumlich wachsenden Märkten mit wachsenden finanziellen Anforderungen unter Marketing-, Kosten- und Know-how-Gesichtspunkten mehr als bisher auf das Franchising zurückzugreifen.

Franchise-Systeme wurden als funktionsfähige Kooperationssysteme in den Vereinigten Staaten im Jahre 1889 von General Motors und im Jahre 1902 von Rexal eingeführt. Weitere Vorläufer solcher Franchise-Systeme waren die so genannten „waggon peddlers" aus der Mitte des 19. Jahrhunderts oder gar schon die von Kirche, König oder Staat an bedeutsame Persönlichkeiten verliehenen Privilegien im Mittelalter. Letztlich sind als Vorläufer der heutigen Franchise-Systeme die Absatzsysteme mit Depositären und Konzessionären zu nennen, die in Mitteleuropa bereits in der zweiten Hälfte des 19. Jahrhunderts verbreitet waren.[1]

In der Bundesrepublik Deutschland hat das Franchising erst spät an Bedeutung gewonnen. Insbesondere die 80er Jahre sind durch eine dynamische Entwicklung gekennzeichnet, die sich sowohl im Wachstum der bereits am Markt etablierten Systeme als auch im Markteintritt neuer Systeme, einem von starker Fluktuation begleiteten Prozess, zeigt. Begünstigt wurde das Franchising dabei auch durch die zu Beginn der 80er Jahre einsetzende Existenzgründungswelle, aber auch durch die Wiedervereinigung Deutschlands. Nach wie vor erweist sich Franchising als ein Wachstumsmarkt in Deutschland. Dies belegt auch ein Vergleich zwischen den vom Deutschen Franchise-Verband erhobenen Zahlen und Fakten für die Jahre 1998–2008. Danach waren im Jahre 2008 in Deutschland 950 Franchise-Systeme mit 57.000 Franchise-Nehmern tätig. Insgesamt waren im Jahre 2008 in der Franchise-Branche 450.000 Be-

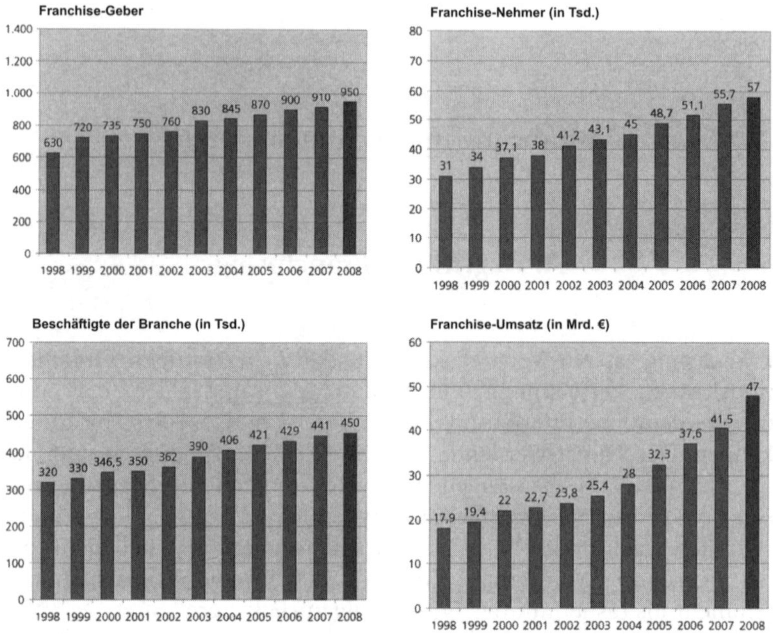

(Quelle: Deutscher Franchise-Verband – Statistiken Franchise-Wirtschaft Deutschland 2010)

schäftigte tätig, wobei insgesamt ein Umsatz i.H.v. EUR 47 Mrd. erzielt wurde, d.h. der Umsatz in der Franchise-Wirtschaft hat sich zwischen 1998 und 2008 fast verdreifacht.

Die Statistiken des Deutschen Franchise-Verbandes (Stand 2010) belegen, dass sich Franchising in Deutschland durch alle Wirtschaftszweige zieht, wobei 41,2% aller Franchise-Systeme im Dienstleistungssektor tätig sind. Den zweitgrößten Bereich stellt der Handel mit 22,5% dar. Den Dienstleistungen und dem Handel folgen dann zwei kleinere Bereiche, und zwar der der Systemgastronomie mit 13,5% und der der handwerklichen Franchise-Systeme mit 7,3%.

Nach dem Ehrenkodex des Deutschen Franchise-Verbandes wird Franchising wie folgt definiert:

> Franchising ist ein Vertriebssystem, durch das Waren und/oder Dienstleistungen und/oder Technologien vermarktet werden. Es gründet sich auf eine enge und fortlaufende Zusammenarbeit rechtlich und finanziell selbständiger und unabhängiger Unternehmen, den Franchise-Geber und seine Franchise-Nehmer. Der Franchise-Geber gewährt seinen Franchise-Nehmern das Recht und legt ihnen gleichzeitig die Verpflichtung auf, ein Geschäft

entsprechend seinem Konzept zu betreiben. Dieses Recht berechtigt und verpflichtet den Franchise-Nehmer, gegen ein direktes oder indirektes Entgelt im Rahmen und für die Dauer eines schriftlichen, zu diesem Zweck zwischen den Parteien abgeschlossenen Franchise-Vertrages per laufender technischer und betriebswirtschaftlicher Unterstützung durch den Franchise-Geber den Systemnamen und/oder das Warenzeichen und/oder die Dienstleistungsmarke und/oder andere gewerbliche Schutz- oder Urheberrechte sowie das Know-how, die wirtschaftlichen und technischen Methoden und das Geschäftsordnungssystem des Franchise-Gebers zu nutzen.

Dieser Begriff des Franchising entsprach dem in Artikel 1 Ziffer 3 der bis zum 31. 12. 1999 geltenden **EU-Gruppenfreistellungsverordnung für Franchise-Vereinbarungen.**[2]

Nach der EU-Gruppenfreistellungsverordnung für Franchise-Vereinbarungen wurde der Franchise-Begriff geprägt durch:

- **Know-how:** Gesamtheit von nicht patentierten praktischen Erkenntnissen, die auf Erfahrungen des Franchise-Gebers sowie Erprobungen durch diesen beruhen und die geheim, wesentlich und identifiziert sind.
- **Geheim:** Das Know-how muss in seiner Substanz, seiner Struktur oder der genauen Zusammensetzung seiner Teile nicht allgemein bekannt oder nicht leicht zugänglich sein, wobei der Begriff nicht in dem Sinne zu verstehen ist, dass jeder einzelne Teil des Know-how außerhalb des Geschäfts des Franchise-Gebers unbekannt oder unerhältlich sein müsste.
- **Wesentlich:** Das Know-how umfasst Kenntnisse, die für den Verkauf von Waren oder die Erbringung von Dienstleistungen an Endverbraucher, insbesondere für die Präsentation der zum Verkauf bestimmten Waren, die Bearbeitung von Erzeugnissen im Zusammenhang mit der Erbringung von Dienstleistungen, die Art und Weise der Kundenbedienung sowie die Führung des Geschäftes in verwaltungsmäßiger und finanzieller Hinsicht wichtig sind.
- **Identifiziert:** Das Know-how muss ausführlich genug beschrieben sein, um prüfen zu können, ob es die Merkmale des Geheimen und der Wesentlichkeit erfüllt.

Die EU-Gruppenfreistellungsverordnung für Franchise-Vereinbarungen ging davon aus, dass das Know-how für den Franchise-Nehmer „nützlich“ sein muss. Darüber hinaus musste die Beschreibung entweder in der Franchise-Vereinbarung oder in einem besonderen Schriftstück niedergelegt oder in jeder anderen geeigneten Form vorgenommen werden. Damit wurde zugleich deutlich, dass Franchise-Systeme daran zu messen sind, ob dem Franchise-Nehmer ein spezielles, das System kennzeichnendes Know-how, nämlich die Geschäftsidee und/oder der Geschäftstyp zur Nutzung überlassen wird. Die EU-Gruppenfreistellungsverordnung für vertikale Vertriebsbindungen enthält dem gegenüber keine Definition des Franchise-Begriffs, lediglich eine Umschreibung des Inhalts von Franchise-Vereinbarungen. Diese Umschreibung ist aber nicht im Text der Gruppenfreistellungsverordnung, sondern in den beigefügten Guidelines (Tz. 35, 42, 199 ff.) enthalten.

Den Know-how-Begriff, der noch bis zum 31. Mai 2010 geltenden aktuellen EU-Gruppenfreistellungsverordnung für Vertikale-Vertriebsbindungen ist nahezu identisch mit dem der ehemaligen EU-Gruppenfreistellungsverordnung für Franchise-Vereinbarungen. Dessen Know-how wird nach wie vor als ein geheimes und nicht allgemein zugängliches Wissen umschrieben, anhand dessen das Franchise-System identifiziert werden kann und das die Wesentlichkeit des Franchise-Systems betont. Allerdings ging die EU-Gruppenfreistellungsverordnung für Franchise-Vereinbarungen davon aus, dass das Know-how „nützlich" sein muss, während die derzeitige EU-Gruppenfreistellungsverordnung für Vertikale Vertriebsbindungen verlangt, dass das Know-how „unerlässlich" ist. Die Prüfung des Know-hows hat sich daher von einer „Nützlichkeitsprüfung" auf eine **Unerlässlichkeitsprüfung** verlagert. Damit werden derzeit erhöhte Anforderungen an das Know-how eines Franchise-Systems gestellt; Anforderungen, die es zu beachten gilt, damit der Franchise-Vertrag vom Kartellverbot des Art. 101 AEUV (= Art. 81 I EG-Vertrag) freigestellt ist. In der ab 1. Juni 2010 geltenden EU-Gruppenfreistellungsverordnung für Vertikale Vertriebsbindungen wird de lege ferenda ein Rückschritt vorgenommen: Nunmehr wird nur noch verlangt, dass das Know-how „bedeutsam" und „nützlich" ist. Es muss also zukünftig eine **„Bedeutsamkeits- und Nützlichkeitsprüfung"** erfolgen. In welcher Weise nun diese beiden unbestimmten Rechtsbegriffe zu bestimmen sind, steht nicht fest. Die EU-Kommission hat allerdings erkennen lassen, dass sie mit der Verwendung des Begriffsduos „bedeutsam und nützlich" davon ausgeht, dass nicht mehr die strengen Maßstäbe der „Unerlässlichkeitsprüfung" erfüllt werden müssen.[3]

Zugleich wird damit deutlich, dass Franchise-Systeme daran zu messen sind, ob dem Franchise-Nehmer ein spezielles, das System kennzeichnendes Know-how, nämlich die Geschäftsidee und/oder der Geschäftstyp zur Nutzung überlassen wird.[4] Bereits jetzt wird schon von den Gerichten gefordert, dass ein Know-how-Transfer zwischen Franchise-Geber und Franchise-Nehmer nicht nur zu erfolgen hat, sondern der Franchise-Geber auch darlegungs- und beweispflichtig dafür ist, dass das auf den Franchise-Nehmer transferierte Know-how für diesen von wirtschaftlichem Nutzen ist.[5]

Wird kein angemessenes Know-how dem Franchise-Nehmer zur Verfügung gestellt, so stellt sich die Frage, ob nicht der abgeschlossene Franchise-Vertrag mangels eines ausgewogenen Verhältnisses von Leistung des Franchise-Gebers (Know-how-Transfer) und Leistung des Franchise-Nehmers (Franchise-Gebühren) gem. § 138 I BGB sittenwidrig ist. Die Rechtsprechung tendiert hier dazu, als Wertungsmaßstab auf Regelungen der Gruppenfreistellungsverordnung zurückzugreifen. So heißt es nämlich insofern in der Entscheidung des OLG Rostock vom 29. Juni 1995:[6]

> Maßstab für die Frage, ob der Franchise-Vertrag sittenwidrig ist, kann die EG-Verordnung vom 30. November 1988[6a] sein.

Dieser Übertragung EU-kartellrechtlicher Grundsätze auf das Zivilrecht kann nicht uneingeschränkt zugestimmt werden. Zweck der EU-Gruppenfreistellungsverordnung ist, einen Vertrag vom Kartellverbot des Art. 101 I AEUV (= Art. 81 I EG-Vertrag) freizustellen. Eine weitergehende Bedeutung kommt einer Gruppenfreistellungsverordnung nicht zu, erst Recht keine zivilrechtliche Bedeutung oder die eines Wertungsmaßstabes für die Frage einer etwaigen Sittenwidrigkeit eines abgeschlossenen Franchise-Vertrages.

B. Rechtsgrundlagen des Franchising

I. Allgemeiner Überblick

Lediglich verbindlich für die in den nationalen Franchise-Verbänden organisierten Franchise-Geber ist der sog. European Code of Ethics for Franchising. Dieser ist nahezu von allen europäischen Franchise-Verbänden für den nationalen Verband transformiert worden, so etwa als Ehrenkodex des Deutschen Franchise-Verbandes oder Ehrenkodex des Österreichischen Franchise-Verbandes. Ergänzt werden die Regelungen dieser Verhaltenskodexe durch diverse Richtlinien, die von den nationalen Franchise-Verbänden erlassen werden, wie z.B. in Deutschland die Trainingsrichtlinien des Deutschen Franchise-Verbandes oder die Richtlinien zur Beiratsbildung und zum Umfang der vorvertraglichen Aufklärungspflichten.

Im Gegensatz zum europäischen Recht, das gesetzliche Vorschriften kennt, die für die rechtliche Beurteilung von Franchise-Verträgen und deren Gestaltung anzuwenden sind, basiert die Vertragsbeziehung im angloamerikanischen Rechtskreis, insbesondere in den Vereinigten Staaten von Amerika, auf gesetzlichen Offenlegungspflichten, den sog. Disclosure-Rules, wobei zwischen bundesgesetzlichen Regelungen und Regelungen verschiedener Bundesstaaten zu unterscheiden ist.[7]

Die seit dem 1. 6. 2000 anzuwendende EU-Gruppenfreistellungsverordnung für Vertikale Vertriebsbindungen[8] hat sich in der Praxis bewährt, erlangt aber auch als Leitgesetzgebung zunehmend Einfluss auf die Gestaltung eines Franchise-Vertrages. Zugleich hat sich mittlerweile das Vertriebsrecht als ein eigenes Rechtsgebiet herausgebildet, in das das Franchise-Recht (national und international) eingebunden ist. Damit wird die Gestaltung von Franchise-Verträgen mehr und mehr vom europäischen Kartellrecht beeinflusst, da sich die Gestaltung von Franchise-Verträgen daran orientiert, welche Regelungsmöglichkeiten das europäische Kartellrecht zulässt und welche Regelungen in einem Franchise-Vertrag zu unterbleiben haben, damit dieser nicht gegen das Kartellverbot von Art. 101 I AEUV (= Art. 81 I EG-Vertrag) verstößt.

Zugleich erlangt aber auch das seit dem 1. Januar 2002 geltende Gesetz zur Modernisierung des Schuldrechts (Schuldrechtsmodernisierungsgesetz) vom 26. 11. 2001.[9] Bedeutung für Franchise-Verträge. Mit dieser Schuldrechtsreform wurden wesentliche Teile der beiden ersten Bücher des Bürgerlichen Gesetzbuches grundsätzlich geändert.[10]

Neben der Neugestaltung des Schuldrechts, insbesondere im Leistungsstörungs- und Gewährleistungsrecht sowie bei den Verjährungsvorschriften, wurden zahlreiche zivilrechtliche Nebengesetze wie u.a. das AGBG, VerbrKG, HausTWG und das FernAbsG in das BGB integriert. Diese gesetzlichen Regelungen gelten für alle seit dem 1. 1. 2002 abgeschlossenen Franchise-Verträge. Eine Sonderregelung betraf allerdings die bis zum 31. 12. 2001 abgeschlossenen Franchise-Verträge. Hier verlangte der Gesetzgeber, dass die erforderlichen Anpassungen an die Neuregelung des BGB für solche Verträge bis zum 1. 1. 2003 umzusetzen waren (Art. 229 § 5 S. 2 EBGB). Allerdings enthielt das Schuldrechtsmodernisierungsgesetz keine Regelung dazu, in welcher Weise eine Anpassung der vor dem 1. 1. 2002 abgeschlossenen Franchise-Verträge an die Regelungen der Schuldrechtsreform zu erfolgen hatte.[11]

Dadurch, dass durch das „Zweite Gesetz für moderne Dienstleistungen am Arbeitsmarkt“[12] der Fragenkatalog des § 7 IV SGB IV a.F. ersatzlos gestrichen wurde, wurde damit auch die Diskussion um die Scheinselbständigkeit des Franchise-Nehmers beendet und insofern zum Rechtszustand vor Inkrafttreten des sog. Korrekturgesetzes,[13] d.h. zum Rechtszustand zurückgekehrt, wie er bis zum 31. 12. 1998 galt.[14]

Allerdings lebt diese Diskussion zurzeit wieder im Zusammenhang mit der Rentenversicherungspflicht selbständiger Franchise-Nehmer nach § 2 Nr. 9 SGB VI auf. Es wird zwar die Selbständigkeit des Franchise-Nehmers konzediert, doch sind die Kriterien, die das Rentenversicherungsrecht für diese Prüfung der Rentenversicherungspflicht vorgibt, identisch mit denen, die seinerzeit auch maßgebend für den Fragenkatalog des § 7 IV SGB IV a.F. waren.

II. Die Rechtsgrundlagen des Franchise-Rechts im Europäischen Rechtskreis

1. Franchise-Recht in Europa

Ein einheitliches Europäisches Franchise-Recht besteht nicht. Maßgebend sind vielmehr zum einen die Regelungen der sog. EU-Gruppenfreistellungsverordnung für Franchise-Vereinbarungen (für Alt-Verträge: bis zum 31. 5. 2000 abgeschlossene Franchiseverträge) und der EU-Gruppenfreistellungsverordnung für Vertikale Vertriebsbindungen sowie zum anderen die nationalen Gesetze eines jeden europäischen Staates, soweit diese für Franchise-Verträge erlassen wurden oder allgemein von Bedeutung sind. Auch im europäischen Rechtsraum gilt, dass der Franchise-Vertrag ein Konglomerat verschiedener Vertragstypen (Dienst-, Werk-, Lizenz- und Gesellschaftsvertrag) darstellt, so dass unterschiedliche gesetzliche Normen auf Franchise-Verträge, und zwar sowohl bei deren Gestaltung als auch bei deren Beurteilung, anzuwenden sind.[15]

Hinzu kommt die Regelung des Art. 101 AEUV (= Art. 81 Abs. 1 EG-Vertrag), d.h. des sog. EU-Kartellverbotes. Grundsätzlich würde diese Regelung auch auf grenzüberschreitende Franchise-Verträge Anwendung finden, d.h. grenzüberschreitende Franchise-Verträge würden als Kartell angesehen werden und wären damit unzulässig. Um hier zu verhindern, dass diese Franchise-Verträge einzeln bei der EU-Kommission in Brüssel angemeldet und vom EG-Kartellverbot freigestellt werden, wurde die EU-Gruppenfreistellungsverordnung für Franchise-Vereinbarungen erlassen, die am 1. 2. 1989 in Kraft trat.[16] Die EU-Gruppenfreistellungsverordnung für Franchise-Vereinbarungen trat zum 31. 12. 1999 außer Kraft und wurde durch die EU-Gruppenfreistellungsverordnung für Vertikale Vertriebsbindungen vom 10. 12. 1999[17] ersetzt.

Diese EU-Gruppenfreistellungsverordnung für Vertikale Vertriebsbindungen tritt zum 31. Mai 2010 außer Kraft und wird durch eine neue ab 1. Juni 2010 geltende EU-Gruppenfreistellungsverordnung für Vertikale Vertriebsbindungen ersetzt. Diese Gruppenfreistellungsverordnung hat dann wiederum eine 10-jährige Laufzeit, d.h. ist bis zum 31. Mai 2020 befristet. Gleichzeitig werden auch die Leitlinien zur EU-Gruppenfreistellungsverordnung für Vertikale Vertriebsbindungen, die sog. **Guidelines** neu gefasst. Da diese Guidelines auch Regelungen zur Bestimmung des Marktanteils von Franchise-Geber und Franchise-Nehmer enthalten, werden die Guidelines zukünftig größere Bedeutung für die Gestaltung von Franchise-Verträgen haben, als de lege lata.

Diese Gruppenfreistellungsverordnungen ergänzen insoweit den Anwendungsbereich und die Bedeutung der Vorschrift des Art. 101 Abs. 1 AEUV (= Art. 81 Abs. 1 vormals Art. 85 Abs. 1 EG-Vertrag).[18] In Österreich waren sogar die Regelungen der EU-Gruppenfreistellungsverordnung für Franchise-Vereinbarungen in nationales Recht transformiert worden; also unmittelbar für die Gestaltung von Franchise-Verträgen verbindlich.[19]

Von den Staaten der europäischen Gemeinschaft bilden Frankreich, Spanien, Italien, Schweden und auch Belgien eine Ausnahme. Hier sind zumindest Gesetze zum Umfang der vorvertraglichen Aufklärungspflichten erlassen worden, so in Frankreich das so genannte Loi Doubin vom 31. 12. 1989[20] und das spanische Disclosure Gesetz vom 15. 1. 1996.[21] Mit dem Gesetz Nr. 129 vom 6. 5. 2004 gibt es auch in Italien ein Franchise-Gesetz.[22] Danach ist durch den Franchise-Vertrag dem Franchise-Nehmer das Know-How des Franchise-Systems zur Verfügung zu stellen, wobei die Know-How-Definition der der EU-Gruppenfreistellungsverordnung für Vertikale Vertriebsbindungen entspricht. Nach Art. 3 des Gesetzes ist der Franchise-Geber zu einer umfassenden vorvertraglichen Aufklärung des Franchise-Nehmers verpflichtet, die sich nicht nur auf die Investitionen und die territorialen Rechte des Franchise-Nehmers beziehen muss, sondern auch auf das Know-How des Franchise-Systems, die Dienstleistungen und Vertragsprodukte, die vom Franchise-Nehmer erbracht bzw. abgesetzt werden sollen, und die Konditionen, unter denen der Franchise-Vertrag verlängert, aber auch beendet werden kann.[23] Das Belgische Franchise-Gesetz vom 7. 7. 2005 ist zum 1. 3. 2006 in Kraft getreten. Die den Franchise-Gebern auferlegten Pflichten auch im Rahmen der vorvertraglichen Aufklärung entsprechen denen der Italienischen Gesetzgebung.[24]

Entsprechende Verpflichtungen zur vorvertraglichen Aufklärung werden Franchise-Gebern auch in Schweden durch das schwedische Franchise-Gesetz[25] auferlegt. Auch bei diesem Franchise-Gesetz handelt es sich um ein Disclosure-Gesetz, d.h. es werden lediglich die Anforderungen an die vorvertragliche Aufklärung normiert, um so den Anspruch des Franchise-Nehmers auf Informationsgleichheit durchzusetzen. Das schwedische Franchise-Gesetz enthält aber ansonsten keine weitergehenden Vorgaben zum Franchising allgemein bzw. zum Inhalt und zur Gestaltung eines Franchise-Vertrages.

Entsprechende gesetzliche Regelungen bestehen in Russland. Dort wurde in Art. 27 I ZGB eine Definition des Begriffes „Franchising" aufgenommen. Franchise-Verträge sind gem. Art. 1028 II 4 ZGB beim Patentamt zu registrieren.[26]

Auch in Griechenland werden zur Zeit Überlegungen angestellt, ein Franchise-Gesetz zu erlassen, dass auch umfassende Kriterien zur vorvertraglichen Aufklärung enthält.[27]

Auch die nationalen Franchise-Verbände sind bemüht, die vorvertraglichen Aufklärungspflichten zumindestens für ihre Verbandsmitglieder zu formulieren. Die European Franchise Federation hat hierzu Disclosure Requirements ausgearbeitet, während durch den Deutschen Franchise-Verband Richtlinien zur vorvertraglichen Aufklärung[28] vorgelegt wurden. Sowohl die Disclosure Requirements der European Franchise Federation als auch die Richtlinien zur vorvertraglichen Aufklärung des Deutschen Franchise-Verbandes dienen einem Ziel, nämlich die Franchise-Geber zur richtigen und vollständigen Information über das Franchise-System anzuhalten.

Dabei wird deutlich gemacht, dass Rentabilitätsgarantien nicht gewährt werden können. Jeder Franchise-Nehmer muss sich dem mit dem Abschluss des Franchise-Vertrages verbundenen wirtschaftlichen Risiko bewusst sein. Dieses Risiko kann ihm der Franchise-Geber nicht abnehmen. Der Franchise-Geber muss den Franchise-Nehmer nur richtig und vollständig über das Franchise-System unterrichten – nicht mehr, aber auch nicht weniger.[29]

Andernfalls werden die Aufklärungs-, Beratungs- und Hinweispflichten eines Franchise-Gebers derart überzogen, dass diese die Expansions- und Innovationsfreudigkeit des Franchise-Gebers von vorneherein hemmen. Mit der Entscheidung eines Franchise-Nehmers für ein bestimmtes Vertriebssystem geht dieser auch ein unternehmerisches Risiko ein. Wenn der Franchise-Nehmer dann den Good-Will des Franchise-Systems überschätzt hat, darf er sich nicht später beim Scheitern seiner Vertriebsbemühungen im Regresswege an die Systemzentrale wenden.[30]

2. EU-Gruppenfreistellungsverordnung für Franchise-Vereinbarungen

Der erste Vorentwurf einer Verordnung der Kommission über die Anwendung von Art. 81 (vormals Art. 85) Abs. 3 des EWG-Vertrages auf Gruppen von Franchise-Vereinbarungen wurde den beteiligten Verbänden am 1. 7. 1987 zugeleitet. Die zweite Anhörung in Brüssel fand am 14. 7. /15. 7. 1988 statt. Im Anschluss daran ist die EU-Freistellungsverordnung verabschiedet worden. Die am 1. 2. 1999 in Kraft getretene und am 31. 12. 1999 außer Kraft getretene EU-Gruppenfreistellungsverordnung für Franchise-Vereinbarungen zwang dazu zu prüfen, inwieweit Franchise-Verträge mit dieser Gruppenfreistellungsverordnung vereinbar sind, insbesondere deren „Verträglichkeit" mit den Bestimmungen der Art. 3 und 5. Die Regelungen der sog. Weißen Liste (Art. 3) und der sog. Schwarzen Liste (Art. 5)[31] waren für die Gestaltung von Franchise-Verträgen von entscheidender Bedeutung. In der sog. Weißen Liste wurden enummerativ die Verpflichtungen des Franchise-Nehmers aufgeführt, die schon bislang der Europäische Gerichtshof in seiner Pronuptia-Rechtsprechung sowie die EU-Kommission als in der Regel nicht wettbewerbsbeschränkend ansahen. Dazu gehörten unter anderem: Alleinbezugsklausel, Qualitätsklausel, Geheimhaltungsklausel, Absatz- und Umsatzklausel mit der Verpflichtung zur Führung eines Mindestsortimentes oder der Erzielung eines Mindestumsatzes und Anwendungs- und Gestaltungsverpflichtungen, die Verpflichtung des Franchise-Nehmers, die vom Franchise-Geber entwickelten Geschäftsmethoden und deren Weiterentwicklung anzuwenden sowie das Geschäftslokal entsprechend den Vorgaben des Franchise-Gebers zu gestalten. Dies galt auch für die Bekleidung der Mitarbeiter und Angestellten und/oder der vertraglich vereinbarten Transportmittel, z. B. Auslieferungsfahrzeuge. Hinzu kamen Einsichts- und Auskunftsrechte sowie Regelungen zum Gebiets-, Konkurrenz- und Beteiligungsschutz.[32]

Noch wichtiger war eine Überprüfung der Franchise-Verträge auf Klauseln, die sich in der Schwarzen Liste (Art. 5) der EU-Gruppenfreistellungsverordnung für Franchise-Vereinbarungen fanden. Stellte sich eine Kollision ein, so war der Franchise-Vertrag vom Kartellverbot des Art. 81 Abs. 1 EG-Vertrag freigestellt.[33] Obsolet waren damit insbesondere Preisbindungsklauseln, der willkürliche Ausschluss des Franchise-Nehmers von der Belieferung durch den Franchise-Geber oder das Verbot von Querlieferungen von Franchise-Nehmern untereinander oder aber der Ausspruch eines Belieferungsverbots gegenüber einem Kunden aus Wohnsitzgründen.[34]

Die Gruppenfreistellungsverordnung für Franchise-Vereinbarungen ist zwar zum 31. 12. 1999 außer Kraft getreten. Sie hat damit aber noch nicht ihre Wirksamkeit für Franchise-Verträge verloren. Für sog. Altverträge, d. h. bis zum 31. 5. 1999 abgeschlossene Franchise-Verträge, galt die EU-Gruppenfreistellungsverordnung für Franchise-Vereinbarungen noch bis zum 31. 12. 2001 fort. Derartige Altverträge waren also zum 1. 1. 2002 an die EU-Gruppenfreistellungsverordnung für vertikale Vertriebsbindungen anzupassen.

Enthielten die Franchise-Verträge Regelungen, die nach der EU-Gruppenfreistellungsverordnung für Franchise-Vereinbarungen nicht freigestellt waren, blieb dem Franchise-Geber nur der Weg, eine Einzelfreistellung für das Franchise-System der EG-Kommission zu beantragen. Solche Entscheidungen der EG-Kommission wurden nur für die Franchise-Systeme von Yves Rocher, Pronuptia, Computerland, ServiceMaster und Charles Jourdan erlassen.[35]

3. Greenbook of Vertical Restraints

Am 22. 1. 1997 verabschiedete die EU-Kommission das sog. **Grünbuch für Vertikale Wettbewerbsbeschränkungen (Greenbook of Vertical Restraints).** Neben einer allgemeinen Betrachtung legt die EU-Kommission dar, welche Möglichkeiten unter anderem für die Ausrichtung und für künftige Formen vertikaler Wettbewerbsbeschränkungen innerhalb der EU bestehen.

Die EU-Kommission fasst ihre Untersuchungen in 4 Optionen zusammen:

- **Option I:** Aufrechterhaltung des gegenwärtigen Systems, d.h. der EU-Gruppenfreistellungsverordnung für Franchise-Vereinbarungen,
- **Option II:** weitergefasste und flexibler gestaltete Gruppenfreistellungsverordnung für Franchise-Vereinbarungen,
- **Option III:** gezieltere Gruppenfreistellungsverordnungen, d.h. Beschränkung des Vorteils der gruppenweisen Freistellung auf Unternehmen, deren Marktanteil unterhalb eines Schwellenwertes von 40% liegt,
- **Option IV:** Einengung des Anwendungsbereiches des Art. 85 I EG-Vertrag, d.h. bei einem Marktanteil von 20% soll eine rücknehmbare Annahme der Vereinbarkeit des Vertriebssystems mit Art. 85 I EG-Vertrag eingeführt werden, die sog. Negativattestannahme.

Die EU-Kommission entschied sich dann im Rahmen der EU-Gruppenfreistellungsverordnung für vertikale Vertriebsbindungen zu einer Regelung entsprechend Option IV des Greenbook of Vertical Restraints.

4. EU-Gruppenfreistellungsverordnung für Vertikale Vertriebsbindungen (bis 31. 5. 2010)

Die am 24. 9. 1999 in Erstfassung und am 10. 12. 1999 in der endgültigen Fassung verkündete EU-Gruppenfreistellungsverordnung für vertikale Vertriebsbindungen hat nicht nur erhebliche Bedeutung und Auswirkungen auf national und international tätige Franchise-Systeme, sondern auch genau wie die EU-Gruppenfreistellungsverordnung für Franchise-Vereinbarungen für die Gestaltung der Franchise-Verträge. Dabei werden die Regelungen der Gruppenfreistellungsverordnung durch sog. Guidelines ergänzt, die – ähnlich einem Kommentar – die Regelungen der Gruppenfreistellungsverordnung – teilweise anhand von Beispielen – erläutern und damit auch deutlich machen, wie die EU-Kommission die Gruppenfreistellungsverordnung für vertikale Vertriebsbindungen angewendet wissen will.[36]

Anzuwenden ist die EU-Gruppenfreistellungsverordnung für vertikale Vertriebsbindungen für Franchise-, aber auch für Masterfranchise-Verträge, die seit dem 1. 6. 2000 unterzeichnet wurden. Für die EU-Gruppenfreistellungsverordnung für Franchise-Vereinbarungen war umstritten, ob diese auch auf Masterfranchise-Verträge Anwendung findet.[37]

Entscheidend ist, dass die EU-Gruppenfreistellungsverordnung für vertikale Vertriebsbindungen nicht mehr als eine gesonderte

Freistellungsverordnung für Franchise-Verträge anzusehen ist, sondern alle Arten von Vertriebssystemen umfasst, bei denen Vertragsbeteiligte vertikal gebunden sind, begonnen mit dem Selektivvertrieb über Know-how- und Lizenzüberlassungsverträge bis hin zum Franchise-Vertrag. Dies macht die Anwendung der EU-Gruppenfreistellungsverordnung für vertikale Vertriebsbindungen auf Franchise-Verträge auch so schwierig, da bei jeder einzelnen Regelung hinterfragt werden muss, ob diese für Franchise-Verträge Geltung haben, ganz abgesehen von der Frage, ob Franchise-Systeme nunmehr als eine Form des selektiven Vertriebs anzusehen sind.[38]

Die EU-Gruppenfreistellungsverordnung für vertikale Vertriebsbindungen lässt jedoch weitergehende Vertragsgestaltungen als die EU-Gruppenfreistellungsverordnung für Franchise-Vereinbarungen zu. Da die EU-Gruppenfreistellungsverordnung für vertikale Vertriebsbindungen nur schwarze Klauseln, nicht aber eine Weiße Liste kennt, gilt grundsätzlich: alles ist erlaubt, was nicht durch die schwarzen Klauseln untersagt wird. Es kann daher ein Gebietsschutz wie bisher vereinbart werden bzw. dem Franchise-Nehmer durch den abgeschlossenen Franchise-Vertrag ein fest umrissenes Vertragsgebiet für die Vergabe der Franchise überlassen werden. Allerdings kann dem Franchise-Nehmer nicht mehr aktives Marketing außerhalb seines Vertragsgebietes untersagt werden. Gemäß Art. 4b) der EU-Gruppenfreistellungsverordnung für vertikale Vertriebsbindungen kann dem Franchise-Nehmer aktives Marketing nur für solche Gebiete untersagt werden, die entweder einem Dritten im Wege eines Franchise-Vertrages zur Nutzung überlassen wurden oder deren Bearbeitung sich der Franchise-Geber selbst vorbehalten hat.

Zulässig dürften auch nach wie vor Franchise-Verträge mit Kundenschutzvereinbarungen sein, wenn Art. 4b) nicht auf den Kunden als solchen, sondern auf „Gruppen von Kunden" abstellt. Bei Franchise-Verträgen wird man aber die Kunden eines Franchise-Nehmers als „Gruppen von Kunden" im Sinne von Art. 4b) der EU-Gruppenfreistellungsverordnung für vertikale Vertriebsbindungen zu verstehen haben.

Nach wie vor kann auch eine 100%ige Bezugsbindung mit dem Franchise-Nehmer vereinbart werden. Allerdings müssen dann auch die Konsequenzen beachtet werden: für diesen Fall ist der Franchise-Nehmer nämlich gem. Art. 5a) der EU-Gruppenfreistellungsverordnung für vertikale Vertriebsbindungen berechtigt, vom 6. Vertragsjahr auch zum Franchise-System konkurrierende Produkte abzusetzen oder konkurrierende Dienstleistungen zu erbringen. Dem kann der Franchise-Geber nur entgehen, indem entweder die Bezugsbindung auf 80% des Einkaufsumsatzes beschränkt wird oder nur noch Franchise-Verträge mit einer 5jährigen Laufzeit abgeschlossen oder aber der Franchise-Nehmer sein Franchise-Outlet in Räumlichkeiten betreibt, die er aufgrund eines Untermietvertrages vom Franchise-Geber (Hauptmieter) angemietet hat. Die Laufzeit des Franchise-Vertrages kann dann der Laufzeit des Mietvertrages entsprechen. Entsprechendes gilt, wenn das Franchise-Outlet vom Franchise-Nehmer in Räumlichkeiten betrieben wird, die im Eigentum des Franchise-Gebers stehen.

Die Guidelines (Tz. 116 Nr. 1, 4, 7; 155) lassen letztlich eine weitere Ausnahme zu. Danach kann auch eine längere als 5-jährige Laufzeit bei 100%iger Bezugsbindung und dem Verbot des Verkaufs konkurrierender Produkte vereinbart werden, wenn die Investitionen des Franchise-Nehmers so hoch sind, dass diese sich innerhalb von 5 Jahren nicht amortisieren. Dies ist dann aber im Franchise-Vertrag detailliert darzustellen. Entsprechendes gilt, wenn das Wettbewerbsverbot notwendig ist, um die Einheitlichkeit und den Ruf des Franchisesystems zu erhalten (Tz. 200/2 Guidelines).

Nach Art. 4 findet die EU-Gruppenfreistellungsverordnung für vertikale Vertriebsbindungen auf Franchise-Verträge keine Anwendung, die unter anderem Folgendes bezwecken – sog. **schwarze Klauseln:**

- **Festpreise und Mindestpreise;**
- **Höchstpreise und empfohlene Preise, die aufgrund von Druck in Wirklichkeit auf Fest- oder Mindestpreise hinauslaufen;**
- **Beschränkung des Weiterverkaufs mit Ausnahme einer Beschränkung des aktiven Weiterverkaufs in Gebiete oder in Kundenkreise, die der Franchise-Geber ausschließlich einem anderen Franchise-Nehmer zugewiesen oder sich selbst vorbehalten hat, sofern diese Beschränkungen den Franchise-Nehmern unmittelbar auferlegt werden;**
- **Beschränkung des Weiterverkaufs von Waren oder Dienstleistungen, die zum Zwecke der Einfügung in andere Erzeugnisse geliefert werden;**
- **Beschränkungen von Querlieferungen zwischen Franchise-Nehmern innerhalb eines Franchise-Systems.**

Darüber hinaus sind nach Art. 5 der EU-Gruppenfreistellungsverordnung für vertikale Vertriebsbindungen Regelungen im Rahmen eines Franchise-Vertrages verboten, mit denen Folgendes bezweckt wird – sog. **nicht freistellungsfähige Klauseln:**[39]

- **unmittelbare oder mittelbare Wettbewerbsverbote, welche für eine bestimmte Dauer oder für einen Zeitraum von mehr als 5 Jahren vereinbart werden, ausgenommen wenn die Waren oder Dienstleistungen, auf die sich die vertikale Vereinbarung bezieht, vom Franchise-Nehmer in Räumlichkeiten weiterverkauft werden, die im Eigentum des Franchise-Gebers stehen oder von diesem angemietet**

oder gepachtet worden sind; in diesem Fall dürfen dem Franchise-Nehmer Wettbewerbsverbote für den gesamten Zeitraum auferlegt werden, in welchem er diese Räumlichkeiten nutzt,

- **unmittelbare oder mittelbare Verpflichtungen, die Franchise-Nehmer zu veranlassen, Waren oder Dienstleistungen nach Beendigung der Vereinbarung nicht herzustellen bzw. zu erbringen, zu beziehen oder zu vertreiben, es sei denn, dass die Verpflichtungen,**
  - **sich auf Waren oder Dienstleistungen beziehen, die mit Vertragswaren oder -dienstleistungen im Wettbewerb stehen,**
  - **unerlässlich sind, um ein dem Käufer vom Lieferanten übertragenes Know-how zu schützen, und**
  - **spätestens ein Jahr nach Beendigung des Franchise-Vertrages auslaufen, unbeschadet der Möglichkeit, Nutzung und Offenlegung von nicht allgemein bekannten Know-how zeitlich unbegrenzten Beschränkungen zu unterwerfen.**

Nach Art. 4 der EU-Gruppenfreistellungsverordnung für vertikale Vertriebsbindungen unterfällt der Franchise-Vertrag bei der Verletzung einer solchen **Kernbeschränkung** nicht der Gruppenfreistellungsverordnung. Der gesamte Franchise-Vertrag ist kartellnichtig. Insofern gilt entsprechend Textziff. 56 der Guidelines für derartige Beschränkungen keine Abtrennbarkeit. Dem gegenüber führt die Vereinbarung einer nach Art. 5 der EU-Gruppenfreistellungsverordnung für vertikale Vertriebsbindungen genannten Beschränkung nicht dazu, dass der gesamte Franchise-Vertrag nicht freigestellt wird. In diesem Fall geht nach dem Grundsatz der Abtrennbarkeit der Vorteil der gruppenweisen Freistellung nur hinsichtlich dieser im Franchise-Vertrag vereinbarten Beschränkung verloren.[40]

Die EU-Gruppenfreistellungsverordnung für vertikale Vertriebsbindungen gilt nur dann, wenn die in der Verordnung genannten Marktschwellenwerte nicht überschritten werden (grundsätzlich dazu Tz. 22 der Guidelines). Derzeit wird ein Marktschwellenwert von 30% des Gesamtumsatzes innerhalb des Franchise-Systems genannt. Wird dieser Marktschwellenwert überschritten, so ist der Franchise-Vertrag nicht vom Kartellverbot des Art. 101 Abs. 1 (= Art. 81 Abs. 1 EG-Vertrag) freigestellt, sondern muss der EU-Kommission zur Einzelfreistellung vorgelegt werden.

Soweit sich im Laufe der Jahre Umsatzsteigerungen und damit Überschreitungen der Marktschwellenwerte ergeben, ist die Berechnungsvorschrift von Art. 8 Abs. 2 der EU-Gruppenfreistellungsverordnung für vertikale Vertriebsbindungen zu beachten. Allerdings schadet ein gutgläubiges Überschreiten der Marktschwellenwerte nicht. In diesen Fällen wird die EU-Kommission kein Bußgeldverfahren einleiten (Tz. 88 ff. Guidelines).

5. EU-Gruppenfreistellungsverordnung für Vertikale Vertriebsbindungen (ab 1. Juni 2010)

Die neue EU-Gruppenfreistellungsverordnung für Vertikale Vertriebsbindungen wird zum 1. Juni 2010 in Kraft treten. Derzeit liegt der zweite Vorentwurf (Stand 15. Januar 2010) vor, der aus Sicht der EU-Kommission aber bereits die endgültige Fassung der neuen EU-Gruppenfreistellungsverordnung für Vertikale Vertriebsbindungen darstellt. Entsprechendes gilt für die Leitlinien (sog. Guidelines), die ebenfalls teilweise von der EU-Kommission neu gefasst worden sind. Weitere grundlegende Änderungen sind von der EU-Kommission nicht eingeplant.[40a]

De lege ferenda ergeben sich folgende Änderungen:

- **Einführung einer zusätzlichen Marktanteilsschwelle für Franchise-Nehmer,**
- **neue Know-how-Definition („bedeutsam und nützlich"),**
- **Möglichkeit der Preisbindung nach Franchise-Systemen bei der Durchführung von Verkaufsförderungsaktionen,**
- **Berücksichtigung der Bedeutung des Internets durch entsprechende Regelungen in den Guidelines.**

Die Definition der „geistigen Eigentumsrechte" in Art. 1 der Vertikal-GVO passt nunmehr auch zu dem Begriff des „Know-how". Soweit zur sachlichen Anwendbarkeit in Art. 1 der Vertikal-GVO festgehalten wird, dass diese für Vereinbarungen über geistige Eigentumsrechte nur gilt, wenn diese Bestimmungen:

- **nicht Hauptgegenstand der Vereinbarung sind und**
- **sofern sich diese unmittelbar auf die Nutzung, den Verkauf oder den Weiterverkauf von Waren oder Dienstleistungen durch den Käufer beziehen (Art. 2 III Vertikal-GVO),**

so folgt daraus nicht, dass Franchise-Verträge vom Anwendungsbereich der Vertikal-GVO ausgeschlossen sind.

Bislang war ein Franchise-Vertrag nach den Regelungen der EU-Gruppenfreistellungsverordnung für Vertikale Vertriebsbindungen freigestellt, wenn der Marktanteil des Franchise-Systems weniger als 30% betrug. Gemeint war damit der Markt, auf dem die Waren des Franchise-Systems verkauft bzw. dessen Dienstleistungen durch Franchise-Nehmer angeboten werden. Neu ist nunmehr die **doppelte Marktanteilskontrolle:** Zusätzlich darf nämlich der Marktanteil des Franchise-Nehmers auf dem Einkaufsmarkt 30% nicht übersteigen. Soweit in der Erstfassung der Neufassung der Vertikal-GVO noch davon ausgegangen wurde, dass der Marktanteil des Franchise-Nehmers auf seinem regionalen Markt nicht 30% überschreiten darf, wurde dieses Kriterium aufgrund der vielfältigen Kritik aufgegeben. Da es nunmehr auf den Einkaufsmarkt insgesamt ankommt, ist insofern das gesamte Bundesgebiet in die Beurteilung des Einkaufsmarktes eines Franchise-Nehmers mit einzubeziehen, so dass grundsätzlich davon auszugehen sein dürfte, dass sich diese doppelte Marktanteilskontrolle nicht zu Lasten von Franchise-Nehmern, die besonders erfolgreich sind, auswirken kann.

Die de lege ferenda ab 1. Juni 2010 geltenden Kernbeschränkungen entsprechen im Wesentlichen den Kernbeschränkungen de lege lata. Preisbindungen aller Art bei Franchise-Systemen sind gem. Art. 4a Vertikal-GVO de lege ferenda genauso untersagt, wie grundsätzlich keine Gebiets- und Kundenbeschränkungen (Art. 4b Vertikal-GVO) ausgesprochen werden können. **Grundsätzlich verboten** ist auch de lege ferenda die **unmittelbare Preisbindung**, d.h. die Festlegung von Fest- und Mindestpreisen durch den Franchise-Geber für die vom Franchise-Nehmer abzusetzenden Produkte. Aber auch die **mittelbare Preisbindung** ist de lege ferenda **unzulässig** und unterfällt Art. 4 Vertikal-GVO. Von einer solchen mittelbaren Preisbindung wird dann gesprochen, wenn z.B. einem Franchise-Nehmer nur dann bestimmte Rabatte eingeräumt werden, wenn er bereit ist, die vom Franchise-Geber vorgegebenen Endverkaufspreise zu berechnen. Demgemäß sieht es die Vertikal-GVO auch de lege ferenda als zulässig an, dass dem Franchise-Nehmer Höchstpreise vorgegeben werden oder unverbindliche Verkaufspreisempfehlungen ausgesprochen werden, soweit nicht ein besonderer Druck oder Anreize auf den Franchise-Nehmer ausgeübt werden, um die unverbindliche Verkaufspreisempfehlung zu beachten, so dass sich insofern die unverbindlichen Preisempfehlungen als sog. **unzulässige Umgehungspreisempfehlungen** darstellen.

Allerdings ist de lege ferenda dann eine Höchstpreisbildung unzulässig, wenn die vom Franchise-Geber vorgegebenen Höchstpreise so niedrig festgesetzt werden, dass der Franchise-Nehmer diese aufgrund der geringen Marge praktisch nicht unterschreiten kann. Da das Bundeskartellamt in der sog. CIBA-Vision-Entscheidung vom 25. September 2009[41] festgestellt hat, dass durch Überwachungs- und Interventionssysteme eine unzulässige Beeinflussung der Preise erfolgt und dann keine unverbindlichen Verkaufspreisempfehlungen, sondern Preisbindungen vorliegen, gilt es die weitere Entwicklung abzuwarten, insbesondere ob dieser Beschluss des Bundeskartellamtes vom LG Düsseldorf bestätigt wird. Ansonsten würden nämlich sämtliche Gespräche über die Preise der Franchise-Nehmer oder Mitteilungen von Franchise-Nehmern und deren Auswertung im Rahmen des Controlling-Systems eines Franchise-Systems sich als unzulässige Preisbindung darstellen. Letztlich wären dann sogar Kalkulationshilfen, die bislang vom Bundeskartellamt als zulässig angesehen wurden, nicht mehr möglich, da diese nur in gemeinsamen Gesprächen zwischen Franchise-Geber und Franchise-Nehmern erörtert werden können. Entsprechendes würde auch de lege lata und de lege ferenda nach der Vertikal-GVO für kartellrechtlich zulässige Höchstpreisvorgaben gelten, wenn diese Franchise-Nehmern in gemeinsamen Gesprächen mit Mitarbeitern der Systemzentrale erläutert werden.

Allerdings sieht das EU-Kartellrecht de lege ferenda auch Lockerungen vom Preisbindungsverbot vor. Zukünftig kann für ein neues Produkt innerhalb einer Einführungsphase eine Preisbindung vereinbart werden (Tz. 225 Guidelines). In entsprechender Weise können Verkaufsförderungsaktionen mit gebundenen Preisen durchgeführt werden, soweit diese nur kurzfristig, sich auf wenige Produkte des Sortimentes eines Franchise-Nehmers beziehen, sich nur auf einen kurzen Zeitraum (2–6 Wochen) erstrecken und ansonsten keine spürbaren negativen Auswirkungen auf die Preishoheit des Franchise-Nehmers einerseits und auf den Wettbewerb andererseits haben (Tz. 225 Guidelines).

De lege ferenda ist es auch weiterhin als kartellrechtswidrig anzusehen, wenn ohne weitere Unverbindlichkeitshinweise Verkaufspreise in das Warenwirtschaftssystem eingegeben werden. Zulässig ist eine solche Vorgabe von Einkaufspreisen nur dann, wenn dem Franchise-Nehmer zugleich auch die Möglichkeit eröffnet wird, diese vorgegebenen Verkaufspreise durch die eigenen von ihm selbst gewählten Preise zu ersetzen.[42]

De lege lata und de lege ferenda werden sich keine Änderungen bei dem in Art. 4 Vertikal-GVO erwähnten **Gebietschutz** ergeben. Zulässig ist nach wie vor das Verbot des Direktvertriebs des Franchise-Gebers an das für einen Franchise-Nehmer geschützte Vertragsgebiet wie umgekehrt das Verbot des aktiven Vertriebs in solche Gebiete, die sich der Franchise-Geber entweder selbst vorbehalten hat oder die ausschließlich anderen Franchise-Nehmern zur Nutzung zugewiesen wurden. Auch ändert sich de lege ferenda nichts an der **Zulässigkeit** des **grundsätzlichen Verbots des passiven Vertriebs**. Allerdings ergibt sich hier eine Änderung de lege ferenda, die sich auf die Testphase neuer Produkte bezieht. Wenn durch einen Franchise-Nehmer in seinem Vertragsgebiet ein neues Produkt getestet wird, kann diesem untersagt werden, dieses Produkt für die Testphase außerhalb seines Vertragsgebietes zu vertreiben (Tz. 62 Guidelines).

Soweit durch den Franchise-Vertrag ein **Verbot passiven Vertriebs** ausgesprochen wird, war dies **de lege lata unzulässig**. Daran hat sich auch **de lege ferenda** nichts geändert (Tz. 50 Guidelines). Soweit durch Franchise-Geber versucht wird, durch vertragliche Regelungen das Verbot des passiven Vertriebs zu umgehen, z. B. durch Nichtgewährung von Prämien, die Lieferverweigerung oder die Verringerung der Liefermenge, ist dies unzulässig und stellt einen Verstoß gegen Art. 4 Vertikal-GVO dar.

Auch de **lege ferenda** wird das **Internet** als **Form des passiven Vertriebs** angesehen, so dass es einem Franchise-Nehmer aufgrund der vertraglichen Gestaltung des Franchise-Vertrages grundsätzlich erlaubt sein muss, eine eigene Website einzurichten und auf dieser für die von ihm abzusetzenden Produkte zu werben. Insofern kann sich der Franchise-Geber nicht durch einen entsprechenden Vorbehalt im Franchise-Vertrag den Internetvertrieb selbst reservieren lassen (Tz. 54 Guidelines). Die Guidelines listen aber im Gegensatz zur Fassung de lege lata unzulässige und zulässige Maßnahmen auf, die im Zusammenhang mit dem Internetvertrieb vertraglich vereinbart werden können (Tz. 55 Guidelines).

Unzulässig und damit nicht in einem Franchise-Vertrag ausschließbar sind:
- **die Pflicht des Franchise-Nehmers seine Homepage nur in deutscher Sprache zu betreiben,**
- **die Pflicht des Franchise-Nehmers eine automatische Umleitung auf die Website des Franchise-Gebers oder anderer Franchise-Nehmer einzurichten,**
- **die Pflicht des Franchise-Nehmers, Transaktionen zu unterbrechen, sobald die Kreditkarte einer Adresse erkennen lässt, die nicht im Vertragsgebiet des Franchise-Nehmers liegt,**
- **die Pflicht des Franchise-Nehmers den über das Internet getätigten Teil seiner Gesamtverkäufe zu begrenzen,**
- **die Pflicht des Franchise-Nehmers, für Produkte, die er über seinen Internetshop absetzen will, einen höheren Preis zu verlangen, als für die Produkte, die von ihm in seinem Franchise-Outlet „off-line“ abgesetzt werden.**

Zulässig sind dem gegenüber:
- **das Verbot, Domain-Endungen anderer Länder zu benutzen,**
- **das Verbot, E-Mails gezielt aktiv in andere Vertragsgebiete zu versenden oder versenden zu lassen,**
- **die Pflicht, ein physisches Ladengeschäft zu betreiben,**
- **die Pflicht des Franchise-Nehmers einen bestimmten Mindestumsatz in seinem Franchise-Outlet zu tätigen,**
- **Qualitätsanforderungen an die Internetpräsenz und die Ausgestaltung des Vertriebs.**

Einem Franchise-Nehmer kann nur dann ein Internetvertrieb insgesamt untersagt werden, wenn es dafür besondere sachliche Gründe gibt, z. B. der Vertrieb der Produkte über sog. Aktionsplattformen.[43]

Art. 5 a Vertikal-GVO sieht es auch de lege ferenda als zulässig an, dem Franchise-Nehmer die Verpflichtung aufzuerlegen, bis zu 80% seines Einkaufsvolumens über den Franchise-Geber oder die zum Franchise-System gelisteten Lieferanten zu beziehen. Übersteigt die Bezugsbindung 80% des Einkaufsvolumens des Franchise-Nehmers, so ist der Franchise-Vertrag nur dann gemäß Art. 5 Vertikal-GVO freigestellt, wenn sich dessen Erstlaufzeit auf höchstens 5 Jahre beschränkt. Nicht freigestellt sind damit Franchise-Verträge:

- **mit einer Laufzeit von mehr als 5 Jahren,**
- **einer auf unbestimmte Zeit vereinbarten Laufzeit,**
- **Ketten-Franchise-Verträge und**
- **die sich aufgrund einer Option automatisch verlängernden Franchise-Verträge ohne als neuen Vertragsabschluss anzusehende Erklärungen von Franchise-Geber und Franchise-Nehmer.**

De lege ferenda werden auch die Ausnahmen von der 5-jährigen Begrenzung der Bezugsbindung anerkannt, die bereits de lege lata zulässig sind; und zwar:

- **Notwendigkeit einer umfassenden Bezugsbindung, um Identität und Ruf des Franchise-Systems zu erhalten und dessen Know-how zu schützen,**
- **Betreiben des Franchise-Outlets in einem Ladenlokal, das entweder im Eigentum des Franchise-Gebers steht oder von diesem als Hauptmieter angemietet wurde und dem Franchise-Nehmer durch Abschluss eines Untermietvertrages oder eines Pachtvertrages zur Nutzung überlassen wurde.**

De lege ferenda gelten damit auch die Grundsätze der Entscheidung des OLG Düsseldorf vom 11. April 2007.[44] Danach stellt eine Bezugsverpflichtung dann eine unzulässige Wettbewerbsbeschränkung dar, wenn diese nicht erforderlich ist, um das dem Franchise-Nehmer überlassene Know-how und die vom Franchise-Geber vertragsgemäß gewährten Unterstützungsleistungen vor dem Zugriff Dritter zu schützen.

Art. 5 b Vertikal-GVO erklärt de lege ferenda (wie de lege lata) nachvertragliche Wettbewerbsverbote grundsätzlich für nicht zulässig, lässt aber ein einjähriges nachvertragliches Wettbewerbsverbot zu, wenn:

- **es sich auf konkurrierende Produkte bezieht,**
- **auf das Vertragsgebiet des Franchise-Nehmers beschränkt und**
- **zum Schutz des überlassenen Know-hows unerlässlich ist.**

6. Bagatellbekanntmachung der EU-Kommission

Die EU-Gruppenfreistellungsverordnungen sind dann ohne Bedeutung, wenn die Franchise-Systeme dem Anwendungsbereich des

Art. 101 Abs. 1 AEUV (= Art. 81 Abs. 1 EG-Vertrag) deswegen nicht unterfallen, weil der Handel zwischen den Mitgliedstaaten nicht spürbar beeinträchtigt wird.[45] Aus einer schwachen Marktstellung der Beteiligten leitet der EuGH die fehlende Spürbarkeit einer solchen Wettbewerbsbeschränkung ab.[46]

Die EU-Kommission zog aus dieser Rechtsprechung bereits 1970 erste Konsequenzen und erließ eine Bekanntmachung über Vereinbarungen von geringer Bedeutung, die nicht unter Art. 85 Abs. 1 EG-Vertrag fallen.[47] Die nachfolgende Bagatellbekanntmachung vom 12. 9. 1996[48] sah vor, dass dann Franchise-Verträge den Handel zwischen Mitgliedsstaaten nicht spürbar beeinträchtigen, wenn der Marktanteil des Vertragserzeugnisses auf dem relevanten Markt nicht mehr als 5% betrug und wenn außerdem der Gesamtumsatz der beteiligten Unternehmen 300 Mio. Rechnungseinheiten ECU (1 ECU 21. 12. 1987: DM 2,06034) nicht überstieg.[49] In der folgenden Bagatellbekanntmachung vom 9. 12. 1997[50] entfiel das Umsatzkriterium. Großunternehmen, die bisher vom Anwendungsbereich der Bagatellbekanntmachung ausgeschlossen waren, konnten nunmehr von deren Vorteilen profitieren. Die EU-Kommission differenzierte zwischen horizontalen und vertikalen Vereinbarungen. Bei horizontalen Vereinbarungen wurde der Grenzwert für die Anwendung der Bagatellbekanntmachung auf 5% Marktanteil festgelegt, bei vertikalen Vereinbarungen auf 10%. Diese Regelungen wurden wiederum geändert und ersetzt durch die Bagatellbekanntmachung der Kommission, die am 22. 12. 2001 veröffentlicht wurde.[51] Hierin hat die Kommission die Schwellenwerte für Marktanteile wiederum erhöht. Demnach fallen Franchise-Verträge mangels Spürbarkeit aus dem Anwendungsbereich des Kartellverbotes gem. Art. 81 EG heraus, wenn der von jedem der beteiligten Unternehmen gehaltene Marktanteil auf keinem der von der Vereinbarung betroffenen relevanten Märkte 15% überschreitet.[52] Allerdings können sich Franchise-Verträge, die die Festsetzung der Preise beim Verkauf von Erzeugnissen an Dritte, die Beschränkungen der Produktion oder des Absatzes und/oder die Aufteilung von Märkten und Kunden vorsehen, nicht auf die Bagatellbekanntmachung stützen.[53]

7. EU-Kartellverfahrensordnung

Art. 101, 102 AEUV (= Art. 81, 82 EGV) sind die zentralen gemeinschaftlichen Wettbewerbsregeln für Unternehmen. Nach Art. 101 AEUV (= Art. 81 I EGV) sind Vereinbarungen zwischen Unternehmen, Beschlüsse von Unternehmensvereinigungen und abgestimmtes Verhalten, die geeignet sind, den Handel zwischen Mitgliedstaaten zu beeinträchtigen, verboten, wenn sie eine spürbare Wettbewerbsbeschränkung bezwecken oder bewirken. Art. 101 III AEUV (= Art. 81 III EGV) enthält die Voraussetzungen, bei deren kumulativem Vorliegen dieses Verbot nicht greift. Art. 102 AEUV (= Art. 82 EGV) verbietet den Missbrauch marktbeherrschender Stellungen, die in einem wesentlichen Teil des Gemeinsamen Marktes bestehen.

Art. 101, 102 AEUV (= Art. 81, 82 EGV) waren schon immer unmittelbar anwendbares Recht. Durch die EU-Kartellverfahrensordnung (VO 1/2003)[54] ist nunmehr auch Art. 101 III AEUV (= Art. 81 III EGV) unmittelbar anwendbares Recht. Zielsetzung der Vorordnung ist die wirksame Durchsetzung der in Art. 101, 102 AEUV (= Art. 81, 82 EGV) niedergelegten Verbote und die einheitliche Anwendung dieser Regeln im EU-Binnenmarkt.

Die EU-Kartellverfahrensordnung dient der Abschaffung des ehemaligen Anmelde- und Genehmigungssystems und der direkten Einführung von Art. 101 III AEUV (= Art. 81 III EGV) in nationales Recht. Die EU-Kommission soll durch die Verordnung in die Lage versetzt werden, sich auf die Aufdeckung und Verfolgung schwerwiegender Verstöße zu konzentrieren (Erwägungsgrund 3). Zugleich werden die einzelstaatlichen Gerichte und Wettbewerbsbehörden in die Lage versetzt, Art. 101 AEUV (= Art. 81 EGV) in vollem Umfang anzuwenden und damit stärker als zuvor zur Durchsetzung der Verbote des EG-Vertrages beizutragen (Erwägungsgründe 6, 7). Die Verordnung stattet diese mit Befugnissen aus, die der effektiven Anwendung der Art. 101, 102 AEUV (= Art. 81, 82 EGV) auf mitgliederstaatlicher Ebene dienen.[55]

Allerdings sind nicht alle Vereinbarungen, die dem Anwendungsbereich von Art. 101 AEUV (= Art. 81 EGV) unterfallen, unmittelbar nach Art. 101 III AEUV (= Art. 81 III EGV) zu beurteilen. Vielmehr besteht neben der EU-Kartellverfahrensordnung das System der EU-Gruppenfreistellungsverordnungen fort. Für Franchise-Verträge und deren vertragliche Gestaltung ist insofern neben der Kartellverfahrensordnung weiterhin auf die EU-Gruppenfreistellungsverordnung für Vertikale Vertriebsbindungen abzustellen.

Damit wird zugleich die Prüfungsreihenfolge deutlich: In der Praxis ist bei der Prüfung eines Franchise-Vertrages zuerst zu klären, ob dieser die Voraussetzungen der EU-Gruppenfreistellungsverordnung für Vertikale Vertriebsbindungen erfüllt. Wenn dies nicht der Fall ist, kann es auf eine Einzelfallbeurteilung nach Art. 101 III AEUV (= Art. 81 III EGV) ankommen.[56] Vor Erlass der Franchise-GVO war es ohne Weiteres möglich, einen Franchise-Vertrag vom Kartellverbot des EG-Vertrages durch sog. Einzelfreistellungen der EU-Kommission freistellen zu lassen.[57] Diese Möglichkeit fiel schon nach Erlass der EU-Gruppenfreistellungsverordnung für Franchise-

Vereinbarungen und gilt in gleicher Weise für die EU-Gruppenfreistellungsverordnung für Vertikale Vertriebsbindungen – sowohl de lege lata als auch de lege ferenda.

Auch nach Maßgabe von Art. 101 III AEUV (= Art. 81 III EG-Vertrag) kann keine Einzelfreistellung mehr beantragt werden, da grundsätzlich die dort genannten Voraussetzungen für Franchise-Systeme nicht gegeben sind. Darin drückt sich auch das Prinzip der sog. **Legalausnahme**[58] aus, d.h. Art. 1 der EU-Kartellverfahrensordnung (VO 1/2003), Art. 101, 102 AEUV (= Art. 81, 82 EG-Vertrag) gelangen unmittelbar zur Anwendung, ohne dass es der Entscheidung einer Behörde bedarf. Insofern bleibt es jedem Franchise-System selbst überlassen, einzuschätzen, ob der abgeschlossene Franchise-Vertrag vom EG-Kartellverbot freigestellt ist oder nicht. Entsprechende Anträge an das Bundeskartellamt werden in der Regel unter Hinweis auf das Prinzip der Legalsausnahme abschlägig beschieden.

Die EU-Kartellverfahrensordnung gilt seit dem 1. 5. 2004. Mit diesem Datum ersetzte sie die Vorgängerverordnung Nr. 17 und die übrigen aufgehobenen Vorschriften nach Maßgabe der Art. 36ff. EGV.[59]

8. European Code of Ethics for Franchising

Ausdruck der Europäisierung des Franchising ist auch der so genannte European Code of Ethics, der Grundlage für den Ehrenkodex der nationalen Franchise-Verbände ist und damit auch für die Ehrenkodici des Österreichischen und Deutschen Franchise-Verbandes.[60]

Gemäß Ziffer 5.4 des Ehrenkodex sind folgende Vertragsbedingungen beim Abschluss eines Franchise-Vertrages als **unentbehrliches Minimum** zu beachten:

- die dem Franchise-Geber eingeräumten Rechte;
- die dem einzelnen Franchise-Nehmer eingeräumten Rechte;
- die dem einzelnen Franchise-Nehmer zur Verfügung zu stellenden Waren und/oder Dienstleistungen;
- die Pflichten des Franchise-Gebers;
- die Pflichten des einzelnen Franchise-Nehmers;
- die Zahlungsverpflichtungen des einzelnen Franchise-Nehmers;
- die Vertragsdauer, die so befristet sein soll, dass der Franchise-Nehmer seine franchise-spezifischen Anfangsinvestitionen amortisieren kann;
- die Grundlage für eine allfällige Verlängerung des Vertrages;

- die Bedingungen, nach denen der einzelne Franchise-Nehmer das Franchisegeschäft verkaufen oder übertragen kann, sowie mögliche Vorkaufsrechte des Franchise-Gebers in dieser Hinsicht;
- diejenigen Bestimmungen, die sich auf den Gebrauch der typischen Kennzeichnungen, des Firmennamens, des Warenzeichens, der Dienstleistungsmarke, des Ladenschildes, des Logos oder andere besondere Identifikationsmerkmale des Franchise-Gebers beziehen;
- das Recht des Franchise-Gebers, das Franchise-System an neue oder geänderte Verhältnisse anzupassen;
- Regelungen über die Beendigung des Vertrages;
- Bestimmungen über die sofortige Rückgabe des materiellen und immateriellen Eigentums des Franchise-Gebers oder eines anderen Inhabers nach Vertragsende.

Ob es bei diesen Vorgaben, die sich teilweise noch an der Schwarzen und Weißen Liste der EU-Gruppenfreistellungsverordnung für Franchise-Vereinbarungen orientieren, bleibt, gilt es abzuwarten. An diesen Vorgaben hat sich auch durch die EU-Gruppenfreistellungsverordnung für Vertikale Vertriebsbindungen, und zwar sowohl de lege lata als auch de lege ferenda nichts geändert. Die Vorgaben, die als Minimumanforderungen an einen Franchise-Vertrag im European Code of Ethics for Franchising geregelt sind, umfassen keine Regelungen, die gegen die Hardcore Restrictions der EU-Gruppenfreistellungsverordnung für Vertikale Vertriebsbindungen – auch in der ab 1. Juni 2010 geltenden Fassung – verstoßen.

9. Franchise-Recht in Deutschland

Mangels gesetzlicher Regelung wird das Franchise-Recht in Deutschland durch
- die Regelungen des allgemeinen Zivil-, Handels-, Gesellschafts-, Wettbewerbs-, Kartell-, Verbraucherschutz- sowie Arbeits- und Sozialversicherungsrechtes,
- eine uneinheitliche obergerichtliche Rechtsprechung und
- nur wenige Grundsatzentscheidungen des BGH

geprägt.

Die Vorschriften des Gesetzes zur Modernisierung des Schuldrechtes vom 26. 11. 2001[61] gelten für alle Franchise-Verträge, die nach dem 31. 12. 2001 abgeschlossen wurden, also sog. Neu-Verträge, die vom 1. 1. 2002 an unterzeichnet worden sind. Vorher abgeschlossene Franchise-Verträge bleiben vom neuen Recht unberührt, d.h. insofern sind die alten Vorschriften, wie auch die in das BGB integrierten Nebengesetze, nach Art. 229 § 5, 1 EGBG weiterhin anwendbar. Bei Dauerschuldverhältnissen war es jedoch erforderlich, diese bis zum 1. 1. 2003 an das neue Recht anzupassen (Art. 229 § 5, 2 EGBG). Zwar ging der Gesetzgeber davon aus, dass durch die Schuldrechtsreform keine gravierenden Einschnitte in das Zivilrecht erfolgt sind und das BGB ohne Wertungsbrüche fortgeführt wird, doch gilt dies nicht für solche, zum 31. 12. 2001 bestehende und über den 1. 1. 2002 hinaus fortlaufende Franchise-Verträge. Diese mussten nicht nur an das neue Recht der Leistungsstörungen und der Verjährungsregelungen angepasst werden, sondern es musste auch zugleich berücksichtigt werden, dass das Recht der fristlosen Kündigung von Dauerschuldverhältnissen nunmehr in § 314 BGB geregelt ist und auch die Grundsätze des Wegfalls der Geschäftsgrundlage sowie die sich immer bei Dauerschuldverhältnissen stellenden Fragen der Verletzung vorvertraglicher Aufklärungspflichten und eines damit verbundenen Schadenersatzanspruches nach den Grundsätzen der Culpa in Contrahendo nunmehr ihre gesetzliche Grundlage in §§ 310, 311 BGB gefunden haben.[62]

Die rechtliche Beurteilung von Franchise-Verträgen und die Ausgestaltung eines Franchise-Vertrages haben sich daher an den allgemein gültigen Gesetzen zu orientieren, wobei wegen des Charakters eines Franchise-Vertrages als Dauerschuldverhältnis[63] den Grundsätzen von Treu und Glauben besondere Bedeutung zukommt, insbesondere dann, wenn es darum geht, zu beurteilen, ob ein Festhalten an einem langfristig abgeschlossenen Franchise-Vertrag zugemutet werden kann.[64] Ist die Zusammenarbeit zwischen den Vertragsparteien sehr eng und wird sie von partnerschaftlicher Zusammenarbeit geprägt, wie etwa beim Franchise-Vertrag, so bestehen sogar gegenseitige Fürsorgepflichten, die um so mehr zur Rücksichtnahme auf die Interessen der jeweils anderen Partei verpflichten.[65]

Das diskutierte **Antidiskriminierungsgesetz**[66] zur Umsetzung der EU-Antidiskriminierungsrichtlinien[67] und das dann erlassene **Allgemeine Gleichbehandlungsgesetz**[68] ist trotz des dort normierten zivilrechtlichen (allgemeinen) Diskriminierungsverbotes (§ 19 AGG) für den Abschluss von Franchise-Verträgen grundsätzlich ohne Bedeutung.

Franchise-Verträge sind als sog. Absatzmittlungsverträge einzuordnen. Als solche werden Verträge bezeichnet, bei denen Produkte oder Dienstleistungen im Auftrag eines Unternehmens über dritte Personen, die als selbständige Unternehmer auftreten, abgesetzt werden. Solche Verträge werden zwar in einer Vielzahl von Fällen abgeschlossen, so dass deren vertragliche Inhalte der Inhaltskontrolle gem. §§ 305 ff. BGB unterliegen, doch überwiegt beim Abschluss dieser Verträge das Ansehen der Person bzw. der Vertragsabschluss ist an besondere Kriterien in der Person des jeweiligen Absatzmittlers (Franchise-Nehmers) geknüpft, so dass insofern ein Nähe- oder Vertrauensverhältnis Voraussetzung für den Vertragsabschluss ist. Insofern greift für Franchise-Verträge der Ausnahmetatbestand des § 19 V AGG.[69]

C. Franchise-Vertrag und abzugrenzende Verträge

I. Allgemeiner Überblick

Franchise-Verträge sind gegenüber anderen Vertragstypen abzugrenzen, die sich ebenfalls mit dem Absatz von Produkten oder der Erbringung von Dienstleistungen durch selbständige Absatzmittler befassen. Diese Verträge, wie aber auch Franchise-Verträge sind als sog. **Absatzmittlungsverträge**[70] einzustufen. Diese Verträge unterscheiden sich durch den jeweiligen Grad der vertikalen Verdichtung der Zusammenarbeit, wobei Franchise-Verträge die höchste Stufe der vertikalen Verdichtung der Vertragsbeziehungen darstellen.

II. Abzugrenzende Vertragstypen

1. Handelsvertretervertrag

Franchise-Nehmer sind nicht als Handelsvertreter einzuordnen. Diese sollen nämlich nicht – wie es § 84 Abs. 1 HGB für den Handelsvertreter verlangt – für den Franchise-Geber als Unternehmer Verträge vermitteln oder in dessen Namen abschließen. Vielmehr beziehen die Franchise-Nehmer die Produkte auf eigene Rechnung, um sie im eigenen Namen wieder zu verkaufen. Dienstleistungen werden vom Franchise-Nehmer bei einer Dienstleistungs-Franchise im eigenen Namen erbracht. Die Tätigkeit des Franchise-Nehmers ist somit nicht auf die Erzielung eines Zwischengewinns gerichtet. Franchise-Nehmer arbeiten mit eigenem Kapitaleinsatz und tragen in vollem Umfang das unternehmerische Risiko.

Dabei ist nicht zu verkennen, dass das Verhältnis zwischen Franchise-Geber und Franchise-Nehmer weitgehende Ähnlichkeiten mit einem Handelsvertreterverhältnis aufweist, so dass auch die Kriterien für die Selbständigkeit eines Franchise-Nehmers analog § 84 Abs. 1 HGB zu bestimmen sind.

2. Vertragshändlervertrag

Franchise-Verträge sind dogmatisch von Vertragshändlerverträgen zu unterscheiden, obwohl allgemein von „höchstem Verwandtschaftsgrad" zum Franchising gesprochen wird.[71] Nach der Definition von **ULMER**[72] ist der Vertragshändler ein „Kaufmann", dessen Unternehmen in die Vertriebsorganisation eines Herstellers von Markenwaren in der Weise eingegliedert ist, dass er erst durch Vertrag mit dem Hersteller oder einem von diesem eingesetzten Zwischenhändler ständig übernimmt, im eigenen Namen und auf eigene Rechnung die Vertragswaren im Vertragsgebiet zu vertreiben und ihren Absatz zu fördern, die Funktion und Risiken einer Handelstätigkeit hiernach auszurichten und im Geschäftsverkehr das Herstellerzeichen neben der eigenen Firma herauszustellen.

Dies sind zwar auch Elemente, die auf den Franchise-Vertrag zutreffen, doch ist die Organisation eines Franchise-Systems noch viel straffer als die eines Vertragshändlersystems. Hinzukommen dauernde Beratungs- und Schulungspflichten des Franchise-Gebers und dessen Möglichkeit, Kontrollrechte gegenüber dem Franchise-Nehmer auszuüben.

3. Kommissionsagenturvertrag

Beim Agentursystem wird oft von Franchising gesprochen.[73] Auch die erste arbeitsrechtliche Entscheidung, die sich mit der Frage einer möglichen Arbeitnehmereigenschaft eines Franchise-Nehmers befasste, erging zu einem Agentursystem.[74] Agentursysteme sind sicherlich ähnlich aufgebaut wie Franchise-Systeme, jedoch ist der Agent nicht wie der Franchise-Nehmer im eigenen Namen und für eigene Rechnung tätig, sondern schließt oder vermittelt Verträge immer nur für seinen Geschäftsherrn und in dessen Namen; handelt also im fremden Namen und auf fremde Rechnung. Dies bedingt auch die Möglichkeit einer Preisbindung gegenüber dem Kommissionär gem. § 385 HGB. Insoweit wird auch, wenn der Franchise-Geber die Preishoheit für den Verkauf der Vertragsprodukte behalten will, neben dem Franchise-Vertrag für die Systemleistungen ein Kommissionsagenturvertrag für die Vertragsprodukte abgeschlossen. Ein Agent und ein Franchise-Nehmer unterscheiden sich aber auch dadurch, dass der Agent z. B. kein Warenrisiko trägt.[75]

4. Gesellschaftsvertrag

Mit dem Abschluss des Franchise-Vertrages beteiligt sich der Franchise-Nehmer trotz Leistung der Eintrittsgebühr nicht an der Gesellschaft des Franchise-Gebers. Beide schließen somit miteinander keinen Gesellschaftsvertrag ab.[76] In Franchise-Verträgen wird z. T.

auch ausdrücklich darauf hingewiesen, dass mit Abschluss des Franchise-Vertrages zwischen Franchise-Geber und -Nehmer keine gesellschaftsrechtlichen Strukturen begründet werden.

In US-amerikanischen Vertragsmustern wird sogar ausdrücklich festgehalten, dass der Franchise-Nehmer als selbständiger Unternehmer tätig ist und nicht gesellschaftsrechtlich mit dem Franchise-Geber verbunden ist. Dies wird i. d. R. durch eine Formulierung, wie die folgende, zum Ausdruck gebracht:

> **„Franchisee is an independent contractor and is not an agent, representative, partner or employee of franchisor"[77]**

Entsprechendes gilt auch für die nachfolgende Formulierung:

> **„Der Franchise-Nehmer hat im Geschäftsverkehr mit dritten Personen jegliches Verhalten zu unterlassen, das den unzutreffenden Eindruck einer Vertretung bzw. eines Gesellschafts-, Treuhand- oder Arbeitsverhältnisses zwischen dem Franchise-Geber einerseits und dem Franchise-Nehmer andererseits entstehen lassen könnte (...)"[78]**

5. Lizenz-/Know-how-Überlassungsvertrag

Von einem Lizenzvertrag spricht man, wenn der Inhaber eines Patents oder einer Marke (Lizenzgeber) dem Lizenznehmer die Erlaubnis erteilt, diese Schutzrechte:

- **in bestimmter Weise,**
- **in bestimmtem Umfang und**
- **in einem bestimmten räumlichen Gebiet zu nutzen.**[79]

Handelt es sich um Rechte und Gegenstände, für die keine gewerblichen Schutzrechte erworben werden können, so werden diese i. d. R. Dritten durch einen sog. Know-how-Überlassungsvertrag zur Nutzung zur Verfügung gestellt.[80] Dabei spricht man von einer Know-how-Vereinbarung, wenn technische, kaufmännische und betriebswirtschaftliche Kenntnisse und Erfahrungen weitergegeben werden, deren Benutzung dem Know-how-Nehmer die Produktion und den Vertrieb von Gegenständen, aber auch sonstige betriebliche Tätigkeiten, wie Organisation und Verwaltung, gestattet bzw. ermöglicht.[81]

Werden Know-how-Überlassungsvertrag und Lizenzvertrag miteinander gekoppelt, so kommt ein solcher Vertrag einem Franchise-Vertrag nahe. Beide Vertragstypen unterscheiden sich dann nur noch dadurch, dass Franchise-Verträge i.d.R. Weisungs- und Kontrollrechte enthalten, die einem Lizenz- und Know-how-Überlassungsvertrag i.d.R. fremd sind.[82] Auch unterscheiden sich ein Lizenz- und Know-how-Überlassungsvertrag von einem Franchise-Vertrag dadurch, dass i.d.R. keine straffe Systemorganisation, wie diese für Franchise-Systeme zwingend ist, gegeben ist. Auch umfasst ein Lizenz- oder Know-how-Überlassungsvertrag oder eine Typenkombination aus beiden Verträgen keine Verpflichtung zur Führung eines Franchise-Outlets oder zum Verkauf der Vertragsprodukte oder zur Erbringung der systemtypischen Dienstleistungen.

Allerdings werden in der Praxis Franchise-Verträge als Lizenz-Verträge bezeichnet, wenn insbesondere die Lizenzierung der Marke des Systems im Vordergrund steht.

6. Filialsystem

Franchise- und Filialsysteme sind grundsätzlich verschieden, auch wenn es innerhalb der Franchise-Wirtschaft sog. Mischsysteme gibt. Hierbei handelt es sich um Franchise-Systeme, bei denen die Franchise-Geber-Gesellschaft sowohl eigene Outlets im Wege eines Filialsystems betreibt als auch Franchise-Outlets auf der Grundlage eines Franchise-Systems durch selbständige Franchise-Partner betreiben lässt.

Das Filialsystem unterscheidet sich aber von einem Franchise-System insbesondere durch die Merkmale der vertikalen Organisationsstruktur mit straffer Führung und intensiver, arbeitsteiliger Zusammenarbeit. Derartige weitgehende Weisungs- und Kontrollrechte sind einem Franchise-System fremd; sie sind sogar einem Franchise-System abträglich, da dann der Franchise-Nehmer seine Selbständigkeit verliert und entweder arbeitnehmerähnlich schutzbedürftig oder Arbeitnehmer des Franchise-Gebers ist.

7. Joint-Venture-Vereinbarungen

Zwar kann auch im Rahmen von Joint-Venture-Systemen technisches und kaufmännisches Know-how genauso zur Nutzung überlassen werden, wie Lizenzen oder Markennamen, jedoch werden Joint-Venture i.d.R. als Gemeinschaftsunternehmen zur Durchführung eines jeweiligen Verhaltens oder einer unbestimmten Anzahl von Projekten gegründet. Bei Joint-Venture-Vereinbarungen gibt es keine, einen Franchise-Vertrag kennzeichnende straffe Vertriebsorganisation. I.d.R. arbeiten die Parteien auf der Grundlage eines Gesellschaftsvertrages zusammen, meist als Gesellschafter einer für die Durchführung des Projektes gegründeten Gesellschaft bürgerlichen Rechts.

8. Kundenschutzvereinbarungen

Bis zum Erlass des Dekartellierungsgesetzes im Jahre 1948 waren alle Formen vertikaler Wettbewerbsbeschränkungen unbeschränkt zulässig. Danach waren namentlich solche Ausschließlichkeits- und Vertriebsbindungen verboten, durch die der Wettbewerb wesentlich beschränkt oder die Freiheit der Konkurrenten ungebührlich beeinträchtigt wurden. Als Ausnahme von diesem grundsätzlichen Verbot vertikaler Vertriebsbindungen wurden solche Ausschließlichkeitsbindungen angesehen, die sich lediglich als untergeordnete Nebenverpflichtung zu anders gearteten Hauptverpflichtungen darstellten.[83] Dies galt insbesondere für Kundenschutzklauseln in Lieferverträgen zwischen Konkurrenten.[84] Allerdings gewinnen Kundenschutzvereinbarungen zunehmend an Bedeutung. Vereinbart werden diese insbesondere in Subunternehmerverträgen, dienen aber auch dem gegenseitigen Schutz von Konkurrenten und werden als Instrument eingesetzt, um Mitarbeiter vom Markt fernzuhalten und/oder diese gar vom Marktzutritt auszuschließen. Kundenschutzklauseln finden sich letztlich auch in Verträgen über eine Unternehmensveräußerung oder die Vermietung/Verpachtung eines Geschäfts bzw. von Geschäftsräumen.[85]

I. d. R. versteht man unter Kundenschutz die Einräumung von Ansprüchen des Kundenschutzberechtigten gegenüber dem Kundenschutzverpflichteten bei Vertragsabschlüssen des Kundenschutzverpflichteten mit Dritten (Kunden) und Vereinbarungen über die Vermeidung von Vertriebskonkurrenz des Kundenschutzverpflichteten gegenüber dem Kundenschutzberechtigten im Hinblick auf bestimmte Kunden.[86]

Schon allein diese Ausprägung zeigt, dass Kundenschutzvereinbarungen nicht mit Franchise-Vereinbarungen vergleichbar sind. Es fehlen die straffe Betriebsorganisation sowie Einsichts- und Kontrollrechte.

Allerdings kann ein Franchise-Vertrag auch eine Kundenschutzvereinbarung umfassen. Dies gilt für solche Franchise-Verträge, bei denen der Franchise-Nehmer nicht ein bestimmtes Vertragsgebiet zur Nutzung erhält, sondern die Kunden des Franchise-Nehmers insgesamt geschützt werden, sei es nun im Verhältnis der Franchise-Nehmer untereinander oder im Verhältnis des Franchise-Nehmers zum Franchise-Geber oder aber der Franchise-Vertrag einen Vorbehalt des Franchise-Gebers enthält, wonach **„Key-Account-Kunden"** ausschließlich vom Franchise-Geber beliefert und betreut werden.[87]

9. Strategische Allianzen

Franchise-Systeme sind auch nicht mit strategischen Allianzen gleichzusetzen, auch wenn Franchise-Systeme auf eine gemeinsam Strategie von Franchise-Geber und Franchise-Nehmer ausgerichtet sind und sich der Ausdruck „strategische Allianzen" als Bezeichnung für die Zusammenarbeit rechtlich selbständiger Unternehmen etabliert hat.[88] I.d.R. werden strategische Allianzen aber in der Rechtsform einer GbR gegründet und dienen der Realisierung eines bestimmten Vorhabens. Möglich ist auch die Gründung einer gemeinsamen Vertriebsgesellschaft, mit der dann die strategische Allianz das gemeinsame Know-how nutzt oder Lizenzen vergibt.[89]

Einsichts- und Kontrollrechte wird man bei strategischen Allianzen genauso wenig finden wie etwa gemeinsam ausgerichtete Marketingaktivitäten. Es überwiegt die gesellschaftsrechtliche Zusammenarbeit rechtlich selbständiger Unternehmen.[90]

10. Schneeballsysteme

Franchise-Systeme sind letztlich von Schneeballsystemen abzugrenzen. Dabei sind zwei Grundformen zu unterscheiden:

- Zum einen das **eigentliche Schneeballsystem,** bei dem der Unternehmer die weiteren Kaufverträge mit den von seinen Kunden geworbenen weiteren Kunden direkt abschließt. Auch für diese Kunden wiederum liegt der Vorteil des Geschäfts in der Erlangung jener Vorteile, die ihnen durch die Werbung neuer Kunden zufließen.
- Zum anderen das **sog. Pyramidensystem,** bei dem Kunden zur Abnahme von Waren oder sonstigen wirtschaftlichen Leistungen veranlasst werden, für die sie selbst keine Verwendung haben oder deren Menge ihre persönlichen Bedürfnisse bei Weitem übersteigt und die sie deshalb entweder direkt oder durch Anwerben weiterer Verkäufer verkaufen müssen. Der materielle Anreiz liegt bei diesen Systemen nahezu ausschließlich in der Anwerbung von weiteren Verkäufern der Vertriebsorganisation.[91]

Damit wird zugleich auch der Unterschied der Schneeballsysteme zu Franchise-Systemen deutlich: Der Franchise-Nehmer setzt Waren im eigenen Namen und auf eigene Rechnung ab und ist nicht für den

Absatz der Produkte darauf angewiesen, neue Franchise-Nehmer zu werben, die dann wiederum ihrerseits, gewissermaßen als Sub-Franchise-Nehmer, Waren und Produkte des Franchise-Systems absetzen.

Letztlich können auch solche Franchise-Systeme nicht mit unzulässigen Schneeballsystemen gleichgesetzt werden, bei denen ein Master-Franchise-Nehmer berechtigt wird, seinerseits Sub-Master-Franchise-Nehmer zu bestellen, die dann wiederum ihrerseits mit regional tätigen Franchise-Nehmern zusammenarbeiten. Derartige vertragliche Gestaltungen sind dann wirksam, wenn sie der Effektivität des Absatzes der Produkte dienen und Master-, Sub-Master- und Franchise-Nehmer in einer Linie zusammenarbeiten. Ein solches Franchise-System entspricht dann vom Aufbau her einer Vertriebsstruktur nach dem Muster des Network Marketing.[92]

D. Rechtsgrundlagen eines Franchise-Vertrages

I. Die Rechtslage vor Abschluss des Franchise-Vertrages

Vor Abschluss des Franchise-Vertrages interessiert den Franchise-Nehmer insbesondere, wie sich das Franchise-System darstellt, ob er den beabsichtigten wirtschaftlichen Erfolg hat, d.h. ob das Franchise-System „wirklich so erfolgreich ist, wie ihm dies vom Franchise-Geber dargestellt wird".

Hier stellt sich immer die Frage, auf welche Unterlagen der Franchise-Nehmer zurückgreifen kann, um dies beurteilen zu können. Der Franchise-Prospekt oder die Company-Broschüre des Franchise-Gebers spielen dabei eine große Rolle, vorausgesetzt, diese Unterlagen enthalten auch Angaben zu den wirtschaftlichen Eckdaten des Systems, insbesondere eine Ertragsvorschau oder aber die Grundlagen, nach denen der Franchise-Nehmer für das jeweilige Vertragsgebiet – allerdings nach den Vorgaben des Franchise-Gebers – eine sog. Standortanalyse erstellt hat.

Die rechtlichen Einzelheiten zum Franchise-Prospekt und zur Notwendigkeit einer Standortanalyse sind in Deutschland nahezu ungeklärt; insbesondere, ob auch die Verpflichtung zur Erstellung einer Standortanalyse besteht, wenn der Franchise-Vertrag keine entsprechende Regelung enthält.[93] Dies ist Ausdruck der in der Rechtsprechung erkannten Notwendigkeit, insbesondere den Existenzgründungs-Franchise-Nehmer vor falschen Informationen über das Franchise-System und vor Gefahren unvollständiger, unrichtiger Angaben oder irreführender Auskünfte des Franchise-Gebers zu schützen. Insofern geht es nicht nur um die Standortanalyse, sondern auch um die Informationen, die einem Franchise-Nehmer zur Rentabilität des Franchise-Systems im Allgemeinen und zu der seines Franchise-Outlets im besonderen vermittelt werden.[94]

Allerdings deutet sich eine Tendenzwende in der Rechtsprechung zur vorvertraglichen Aufklärung an: Während bislang die Interessen des Franchise-Nehmers im Vordergrund standen, wird nun wieder verstärkt auf die unternehmerische Selbständigkeit des Franchise-Nehmers und das von diesem als Unternehmer zu übernehmende unternehmerische Risiko abgestellt. Insofern hat das OLG Schleswig[95] zu Recht festgestellt, dass der Franchise-Geber nicht Existenzgründungsberater des Franchise-Nehmers ist und man von einem Franchise-Nehmer verlangen kann, dass dieser die mit dem Abschluss des Franchise-Vertrages verbundenen wirtschaftlichen Risiken selbst einschätzen kann. Insofern geht das OLG Schleswig auch davon aus, dass weder eine Verpflichtung zur Erstellung einer Standortanalyse noch zur Vorlage einer Rentabilitätsanalyse besteht und der Franchise-Geber auch nicht verpflichtet ist, über die sog. Durststrecke des Franchise-Nehmers aufzuklären.[96]

Informationen zum Franchise-System können durch den Franchise-Geber vermittelt werden durch:

- Werbebroschüren,
- Darstellung von Vergleichszahlen anderer Franchise-Betriebe,
- Liste der im Franchise-System tätigen Franchise-Nehmer,
- Erläuterung der Historie des Franchise-Systems und der wirtschaftlichen Entwicklung des Systems, ggfls. unter Darstellung der Rechtsstreitigkeiten, die mit Franchise-Nehmern geführt worden sind.

Hilfreich sind dabei auch sog. Checklisten, anhand deren ein Franchise-System überprüft werden kann.[97] Allerdings reichen solche Checklisten allein nicht aus, um die Marktfähigkeit eines Franchise-Systems überprüfen zu können. Insofern sollte eine solche Checkliste immer um die Punkte noch ergänzt werden, die vom Franchise-Geber einem potentiellen Franchise-Nehmer im Rahmen der vorvertraglichen Aufklärung vor Vertragsabschluss zu vermitteln sind. Teilweise ist es auch hilfreich, sich mit dem jeweiligen nationalen Franchise-Verband in Verbindung zu setzen. Auch dort erhält man in der Regel die Informationen, die zumindest einen ersten Überblick über das Franchise-System ermöglichen.

Soweit Franchise-Verträge mit in Österreich ansässigen Franchise-Gebern abgeschlossen werden, waren Franchise-Verträge bis zum 31. 12. 2005 gemäß § 30b KartG a.F. beim OLG Wien als Kartellgericht zur Eintragung in das dort geführte Register für Vertikale Vertriebsbindungen anzumelden. Unterblieb eine solche Registrierung, so konnte eine Geldbuße bis zu EUR 30.000,– festgesetzt werden.[98] Diese Verpflichtung endete zum 31. 12. 2005. Durch das Kartellgesetz 2005, das in Österreich seit dem 1. 1. 2006 besteht, gilt diese Verpflichtung nicht mehr. Mit diesem neuen Kartellrecht werden die Vorschriften des Österreichischen Kartellrechts an das Europäische Kartellrecht angepasst. Das Register über Vertikale Vertriebsbindungen wurde demgemäß zum 31. 12. 2005 geschlossen. Bis dahin rechtshängige Registrierungsverfahren wurden beendet, ohne dass ein entsprechender Registrierungsbeschluss durch das OLG Wien als Kartellgericht erging. Zwar war die Registrierungspflicht für Franchise-Verträge immer als eine österreichische Besonderheit kritisiert worden, doch trug die Registrierungspflicht dazu bei, dass in Österreich Franchise-Verträge verwendet wurden, die dem EU-Kartellrecht entsprachen. Nach erfolgter Registrierung wurden die Franchise-Verträge nämlich an die beteiligten Amtspersonen durch das OLG Wien als Kartellgericht weitergeleitet. Zu diesen Amtspersonen gehört auch die Bundeswettbewerbsbehörde, die von ihren Befugnissen her dem Deutschen Bundeskartellamt entspricht. Dort wurden Franchise-Verträge daraufhin überprüft, ob sie zum einen dem Österreichischen Recht, zum anderen aber insbesondere mit der EU-Gruppenfreistellungsverordnung für Vertikale Vertriebsbindungen vereinbar waren. Galt dies für das geprüfte Vertragsmuster nicht, so wurde dem Franchise-Geber Zeit gegeben, das Franchise-Vertrags-Muster anzupassen. Unterblieb eine Anpassung, so war die Bundeswettbewerbsbehörde berechtigt, ein Untersagungsverfahren beim OLG Wien als Kartellgericht einzuleiten, d.h. dem Franchise-System wurde die Verwendung des vorgelegten Franchise-Vertrags-Musters in Österreich untersagt. Dies führte in der Vergangenheit dazu, dass in Österreich tätige Franchise-Systeme bei der Ausgestaltung ihres Franchise-Vertrages, soweit dieser dem Vertragsabschluss mit in Österreich tätigen Franchise-Nehmern zugrunde lag, sorgfältig auf die Einhaltung der EU-Gruppenfreistellungsverordnung für Vertikale Vertriebsbindungen achten; mehr als in anderen EU-Staaten, es sei denn, dort besteht eine gesonderte Franchise-Gesetzgebung, wie z.B. in Italien, Frankreich, Spanien, Belgien oder zuletzt noch Schweden.

II. Vorvertragliche Aufklärungspflichten bei Franchise-Verträgen

1. Der Umfang vorvertraglicher Aufklärungspflichten

Mit seinem Urteil vom 16. 9. 1993[99] hat das OLG München zum zweiten Mal den Umfang der vorvertraglichen Aufklärungspflichten eines Franchise-Gebers festgelegt, nachdem es sich bereits erstmals zu der Problematik mit Urteil vom 13. 11. 1987[100] geäußert hatte. Das OLG München hat seiner Entscheidung zwei Leitsätze vorangestellt, die zugleich die besondere Bedeutung von vorvertraglichen Aufklärungspflichten des Franchise-Gebers unterstreichen, und zwar:

„1. Der Franchise-Geber muss den Franchise-Nehmer richtig und vollständig über die Rentabilität des Systems unterrichten.

2. Der Franchise-Geber, der wegen der vorvertraglichen Aufklärungspflicht schadensersatzpflichtig ist, kann dem Franchise-Nehmer nicht als Mitverschulden entgegenhalten, dass er leichtfertig den Anpreisungen des Franchise-Gebers vertraut hat."

Dieses Urteil stellt zwar eine wichtige Fortentwicklung in der Rechtsprechung zum Umfang der Schadensersatzverpflichtung des Franchise-Gebers nach den Grundsätzen der culpa in contrahendo dar, doch darf diese Rechtsprechung nicht als Tendenzwende angesehen und so verstanden werden, dass der Franchise-Geber Rentabilitätsgarantien zu geben hat, quasi sich für den Franchise-Nehmer der geschäftliche Erfolg nur aufgrund seiner Tätigkeit als Franchise-Nehmer einstellt. Der Franchise-Geber darf nur eins **nicht, sein System** in der Werbung und bei Verhandlungen mit den Franchise-Nehmern **erfolgreicher darstellen, als es tatsächlich ist.**[101]

Das Urteil des OLG München vom 16. 9. 1993 darf aber auch nicht als Vorreiter einer **Disclosure-Rechtsprechung** zu Franchise-Verträgen angesehen werden, also einem Rückgriff auf die so genannten Disclosures, wie sie beim Abschluss von Franchise-Verträgen im angloamerikanischen Bereich, aber auch in Frankreich, Spanien und Italien üblich sind. Danach treffen den Franchise-Geber umfassende, gesetzlich normierte Informationspflichten vor dem Abschluss des Franchise-Vertrages.[102] Dies zeigen auch die nachfolgenden Entscheidungen des OLG München vom 17. 11. 1996[103] und vom 24. 4. 2001[104] sowie die Urteile vom 1. 8. 2002 und vom 27. 7. 2006.[105] Dabei hebt das OLG München in seiner Entscheidung vom 17. 11. 1996[106] hervor, das jeder Franchise-Nehmer einen Anspruch auf ein „eindeutiges, schlüssiges und nachvollziehbares Marketingkonzept" sowie auf „das durch ausreichende Erprobung des Geschäftskonzeptes gewonnene Erfahrungswissen" hat.

Insofern stellt das OLG München Anforderungen an die Entwicklung eines Franchise-Systems bis zur Marktreife (umfangreiche Markterhebungen, Standortanalyse, Probeläufe in mehreren Geschäften, Sicherung der Produkt- und Leistungsqualität), bevor der erste Franchise-Nehmer gewonnen und diesem gegenüber auch Auskunft über die erforderlichen Investitionen und die zu erwartenden Umsätze erteilt werden kann. Franchise-Geber müssen entsprechend des Urteiles des OLG München vom 24. 4. 2001[107] u.a. „Wirkungsweise und Erfolgsaussichten" des Franchise-Systems offen legen, wenn sie mit Interessenten über die Veräußerung der Systemnutzungsrechte verhandeln. Durch falsche Auskünfte, denen irreführende Angaben gleichzusetzen sind, werden demgemäß vorvertragliche Aufklärungspflichten verletzt. Standortanalysen und

Wirtschaftlichkeitsberechnungen bei der Franchise-Nehmer-Akquisition müssen daher an den strengen Erfordernissen der Klarheit, der Vollständigkeit und der inhaltlichen Richtigkeit gemessen werden. Unter keinen Umständen dürfen hinsichtlich des Umsatzes in der Anfangsphase Angaben „ins Blaue hinein“ gemacht werden.[108]

Die Aufklärungspflicht bei Franchise-Systemen und bei der Franchise-Nehmer-Akquisition erstreckt sich daher auch auf Umstände, deren Eintritt zwar noch nicht feststeht, die aber den Erfolg des Franchise-Outlets oder des Franchise-Systems gefährden, beeinträchtigen oder vereiteln können.[109] So führen fehlerhafte Auskünfte zu einem Schadenersatzanspruch nach den Grundsätzen der culpa in contrahendo gemäß § 311 BGB, wenn die Angaben zum „durchschnittlichen“ Umsatz keineswegs dem Durchschnitt entsprechen oder wenn im Pilot-Betrieb entsprechende Umsätze nicht oder nicht zu dem angegeben Zeitpunkt erzielt werden.[110]

Auch ist eine Haftung wegen Verletzung vorvertraglicher Aufklärungspflichten gegeben, wenn zwar der Musterbetrieb des Franchise-Gebers entsprechende Zahlen vorweisen kann, es jedoch keinem einzigen Franchise-Nehmer des Systems gelungen ist, derartige Umsätze zu erreichen und der Franchise-Geber diesen Umstand verschweigt.[111] Darin drückt sich die dem Franchise-Geber im Rahmen der vorvertraglichen Aufklärung auferlegte Verpflichtung aus, zwar nicht über jeden einzelnen Punkt aufzuklären oder von sich aus auch Auskunft über solche Punkte zu erteilen, die vom Franchise-Nehmer nicht abgefragt worden sind.

Entscheidend ist jedoch, dass der Franchise-Geber über alle Punkte Informationen und Aufklärung vermittelt, für die nach den Grundsätzen von Treu und Glauben (§ 242 BGB) Aufklärung verlangt werden kann. Damit sind auch solche Punkte gemeint, von denen auch der Franchise-Geber annehmen muss, dass diese für die Entscheidung des Franchise-Nehmers, den Franchise-Vertrag abzuschließen, von entscheidender Bedeutung sind.[112] Beruhen demgemäß Umsatzanalysen auf einer unsicheren Basis, so ist der Franchise-Geber verpflichtet, den Franchise-Nehmer im Rahmen der Vertragsverhandlungen genauso darauf hinzuweisen, wie auf die Kriterien einer Standortanalyse, insbesondere wenn es keine konkrete Basis gibt.[113] Dies bedingt, dass einem Franchise-Nehmer offengelegt und mit ihm erörtert werden muss, ob und in welchem Umfang die Ausarbeitung einer Rentabilitätsprognose über erzielbare Umsätze aufgrund fundierter Berechnungen und gesicherter Erfahrungen entstanden ist oder auf bloßen Schätzungen und auf unsicheren Annahmen basiert. Für die im Einzelfall ausgearbeitete Standortanalyse sowie für die Rentabilitäts- oder Wirtschaftlichkeitsberechnung muss das darin enthaltene Zahlenwert nachvollziehbar und richtig sein. Auch unrichtige oder unvollständige Angaben zu den „durchschnittlichen" Kosten eines Franchise-Betriebes können eine Haftung auslösen, da dadurch eine falsche Renditeerwartung ausgelöst wird. Dies gilt jedenfalls für solche Angaben, die sich auf systemtypische Kosten beziehen, die nur der Franchise-Geber zuverlässig prognostizieren kann. Fehlt in einer Kostenaufstellung beispielsweise die monatliche Werbegebühr, obwohl diese vertraglich geschuldet wird, oder liegt der Berechnung ein falscher Personalkostenanteil zugrunde, wobei von einer zu geringen Bearbeitungszeit pro Kundenauftrag ausgegangen wird, oder werden dem Franchise-Nehmer Brutto- anstatt Nettozahlen vermittelt, dann können derartige Verletzungen vorvertraglicher Aufklärungspflichten einen Schadenersatzanspruch auslösen.[114]

Diese Rechtsprechung und die der Instanzgerichte belegt, dass bei einem Franchise-Vertrag wegen der in der Regel bestehenden geschäftlichen Unerfahrenheit des Franchise-Nehmers der vorvertraglichen Aufklärungspflicht des Franchise-Gebers gesteigerte Bedeutung zukommt.

Allerdings kann die geschäftliche Unerfahrenheit, die es ggf. zu schützen gilt, nicht so weit gehen, dass der Franchise-Geber die Funktion eines Existenzgründungs- oder Unternehmensberaters des Franchise-Gebers übernimmt. Dies ist zu recht vom OLG Schleswig[115] abgelehnt worden. Diese stärkere Betonung der unternehmerischen Selbständigkeit und der Verpflichtung des Franchise-Nehmers, unternehmerisches Risiko zu übernehmen, dokumentiert auch die Rechtsprechung der Instanzgerichte. So stellen das OLG Brandenburg und das OLG Düsseldorf und das OLG Lüneburg[116] ausdrücklich fest, dass aus den Grundsätzen von Treu und Glauben keine Aufklärungsverpflichtung hergeleitet werden kann, die den Franchise-Geber verpflichtet, auf eigene Kosten eine ins einzelne gehende Rentabilitätsberechnung für ein Franchise-Outlet durchzuführen und sogar noch für deren Richtigkeit einzustehen. Das OLG Düsseldorf hält in seinem Urteil vom 30. Juni 2004[117] ausdrücklich fest, dass die Auskunfts- und Beratungspflichten des Franchise-Gebers in der Regel darauf beschränkt sind, den Franchise-Nehmer über das Franchise-Konzept zu unterrichten und ihm Datenmaterial zur Verfügung zu stellen, mit dessen Hilfe dieser sich einen Überblick über sein Kapital- und Arbeitseinsatz sowie die Rentabilität des beabsichtigten Franchise-Outlets unterrichten kann. Auch ein abweichendes Verhalten eines Franchise-Nehmers von einem im Rahmen der Vertragsverhandlungen erörterten Businessplans oder einer Muster-Wirtschaftlichkeitsrechnung geht nach der Rechtsprechung nunmehr zu dessen Lasten, wenn dieser die der Wirtschaftlichkeitsberechnung zugrundeliegenden Öffnungszeiten nicht eingehalten hat, wie der Beschluss des OLG Celle vom 28. Dezember 2006[118] zeigt.

Es kann aber nicht von der Realisierung des unternehmerischen Risikos des Franchise-Nehmers gesprochen werden, wenn dieser sein Franchise-Outlet mangels Rentabilität wieder schießen muss, weil ihm unzutreffende Daten im Rahmen der Vertragsverhandlungen vermittelt worden sind. So hält das OLG Köln in seinem Beschluss vom 16. Mai 1994[119] ausdrücklich fest, dass der Franchise-Geber nicht nur über den erforderlichen Kapitalbedarf aufklären muss, sondern zugleich auch den Franchise-Nehmer in die Lage zu versetzen hat, dass dieser sich anhand entscheidungserheblicher Zahlen und Informationen konkret über die Rentabilität seines Franchise-Betriebes, die zu erwartenden Anfangsverluste, aber auch die Gewinnchancen unterrichten kann. Die dem Franchise-Nehmer für eine Ertragsvorschau zur Verfügung zu stellenden Zahlen dürfen nicht geschönt sein, wie das OLG Düsseldorf in seinem Urteil vom 28. Februar 2007[120] festgestellt hat, sodass auch veraltetes Zahlenmaterial zu einer Verletzung der vorvertraglichen Aufklärungspflichten des Franchise-Gebers führt.

Zum unternehmerischen Risiko, das vom Franchise-Nehmer mit dem Abschluss des Franchise-Vertrages übernommen wird, ist aber auch die zwischenzeitlich von der Rechtsprechung betonte Verpflichtung des Franchise-Nehmers zur Eigenaufklärung zu rechnen, insbesondere dann, wenn ihm durch den Franchise-Geber die Möglichkeit eröffnet wird, sich bei bestehenden Franchise-Betrieben über deren Umsätze zu informieren. Hier weist die Entscheidung des LG Krefeld vom 26. Oktober 2006[121] in dieselbe Richtung wie auch das Urteil des OLG Celle vom 29. Januar 2008.[122] Dies hat nämlich festgestellt, dass bei Klärungsbedarf der Franchise-Nehmer auch von seiner Möglichkeit Gebrauch machen muss, nachzufragen, bevor der Franchise-Vertrag abgeschlossen wird.

Da Franchise-Nehmer in der Regel davon ausgehen, dass das Know-how eines Franchise-Systems erfolgreich in einem Pilotbetrieb erprobt wurde, ist der Franchise-Geber auch verpflichtet, im Rahmen der vorvertraglichen Aufklärungspflichten darauf hinzuweisen, wenn kein Pilotbetrieb existiert[123] und erst Recht wenn dieser nicht erfolgreich – aus welchem Grund auch immer – betrieben wird.

Soweit der Franchise-Nehmer Tatsachen vorträgt, die es dem Gericht zumindest plausibel erscheinen lassen, dass der Franchise-Geber die vorvertraglichen Aufklärungspflichten nicht erfüllt hat, findet eine Umkehr der Beweislast statt, d.h. der Franchise-Geber muss den Nachweis der Richtigkeit und Vollständigkeit der im Rahmen der vorvertraglichen Aufklärung gemachten Angaben erbringen. Diese Umkehr der Beweislast bei der Verletzung vorvertraglicher Aufklärungspflichten im Rahmen des Abschlusses von Franchise-Verträgen ordnet sich in die Rechtsprechung zur Verletzung vorvertraglicher Schutzpflichten insgesamt ein. Hier ist eine vom Normalfall der Beweislast abweichende Verteilung nach Organisations- und Gefahrenbereichen anerkannt. Eine solche Umkehr der Beweislast kann auch einem Franchise-Geber zugemutet werden, denn nur dieser ist in der Lage, den für die Beurteilung der Richtigkeit gemachten Angaben relevanten Sachverhalt vorzutragen.[124]

2. Dokument zur vorvertraglichen Aufklärung

Um die Erfüllung der vorvertraglichen Aufklärungspflichten dokumentieren zu können, sind zahlreiche Franchise-Systeme dazu übergegangen, Checklisten zur vorvertraglichen Aufklärung auszuarbeiten. Eine solche Checkliste sollte zumindest folgende Informationen umfassen:

- Informationen über das Franchise-Konzept,
- Informationen über die mit Entscheidungsbefugnis ausgestatteten Personen der Systemzentrale,
- Gremien des Franchise-Systems (ERFA-Tagung, Beiräte),
- Franchise-Angebot
- Pilotobjekt
- Leistungen der Systemzentrale
  - gewerbliche Schutzrechte
  - Marketingkonzept
  - Franchise-Gebühren
- Investitionen
- allgemeine Angaben zum Franchise-System,
- Rentabilitätsvorausschau,
- Franchise-Vertrag,
- Start-up-Informationen.

Darüber sollte sich der Franchise-Geber durch den Franchise-Nehmer bestätigen lassen, dass die im Einzelnen in der Checkliste ausgewiesenen Informationen vermittelt worden sind und er dadurch vom Franchise-System ein richtiges und vollständiges Bild erhalten hat.[125]

Der Deutsche Franchise-Verband hat in Zusammenarbeit mit dem Institut für Handelsforschung der Universität Köln eine Umfrage bei potenziellen Franchise-Nehmern durchgeführt, um festzustellen, welche Punkte/Umstände für einen Franchise-Nehmer für die Entscheidung, den Franchise-Vertrag abzuschließen, bei den Vertragsverhandlungen entscheidende Bedeutung haben.

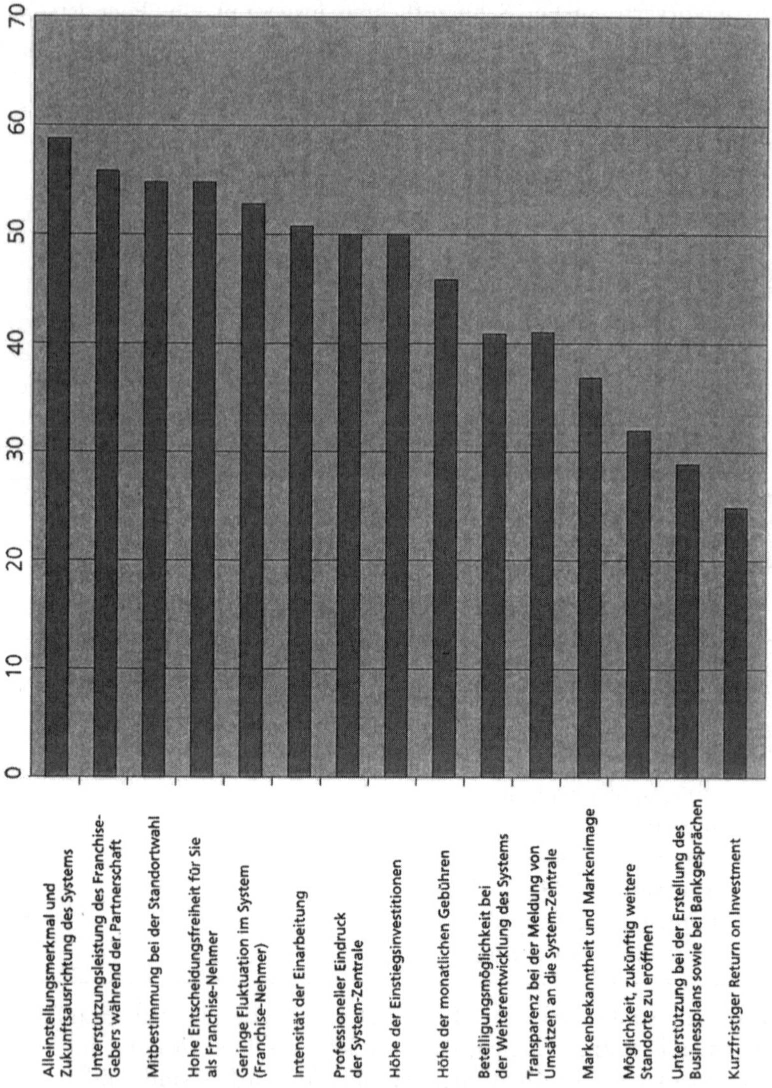

Quelle: Deutscher Franchise-Verband.

Die Auswertung zeigt, dass sich auch hier eine Tendenzwende einstellt: Der Return of Investment, der zunächst bei Abschluss von Franchise-Verträgen im Vordergrund stand, hat von seiner Bedeutung her erheblich abgenommen und interessiert nur noch 25% aller Franchise-Nehmer-Interessenten. Entscheidender ist das Alleinstellungsmerkmal und die Zukunftsausrichtung des Systems, sowie die Unterstützungsleistung des Franchise-Gebers aber auch die Möglichkeit, an der Weiterentwicklung des Franchise-Systems mitzuarbeiten. Dies belegt, dass potentielle Franchise-Nehmer bei Abschluss des Franchise-Vertrages in erster Linie die Bedeutung des Franchise-Systems und dessen Anpassungsfähigkeit an Änderungen des Marktes sehen und ihre Möglichkeit, im Franchise-System aktiv mitzuarbeiten, sowie Unterstützungsleistungen des Franchise-Gebers während der Vertragslaufzeit und bei der Standortwahl zu erhalten. Fragen des finanziellen Engagements sind damit zwar nicht zweitrangig, haben aber nicht die Bedeutung wie das Alleinstellungsmerkmal und die Zukunftsausrichtung des Franchise-Systems oder die Unterstützungsleistungen und Mitwirkungsrechte des Franchise-Nehmers. Insofern macht diese Auswertung auch deutlich, dass Franchise-Nehmer sowohl das Franchise-System und dessen Marktbedeutung, als auch ihre unternehmerischen Fähigkeiten und ihre Möglichkeiten, sich unternehmerisch in das Franchise System einzubinden, als primäre Entscheidungskriterien für den Abschluss eines Franchise-Vertrages ansehen. Dies ist im Rahmen der vorvertraglichen Aufklärung vom Franchise-Geber zu berücksichtigen.[125a]

3. Einkaufsvorteile und vorvertragliche Aufklärung

Umstritten ist allerdings, ob auch eine Verpflichtung des Franchise-Gebers besteht, über Einkaufsvorteile, die dem Franchise-System zufließen, vor Vertragsabschluss zu unterrichten. Da grundsätzlich nur ein vertraglicher und kein gesetzlicher Anspruch auf Auskehr der Einkaufsvorteile besteht, geht Liesegang[126] davon aus, es bestehe keine Aufklärungspflicht, da nur über Ansprüche des Franchise-Nehmers aufzuklären sei, die diesem auch tatsächlich zustehen. Da aber unstreitig der Franchise-Nehmer über alle Umstände aufzuklären ist, die die Rentabilität seines Franchise-Outlets betreffen, muss ein Franchise-Nehmer auch darum wissen, ob ihm Einkaufsvorteile, die dem Franchise-System zufließen, anteilig zufließen, damit entsprechende Zuflüsse bei der Erstellung eines Liquiditätsplans für das Franchise-Outlet berücksichtigt werden können.[127]

Das OLG München hat allerdings in seinem Urteil vom 27. Juli 2006[128] festgestellt, dass dann ein Schadensersatzanspruch wegen Verletzung vorvertraglicher Aufklärungspflichten gegeben ist, wenn im Rahmen der Vertragsverhandlungen die Auskehr von Einkaufsvorteilen verneint wird, tatsächlich aber dem Franchise-System von Lieferanten Einkaufsvorteile zufließen, die nicht an die Franchise-

Nehmer weitergeleitet werden. Das OLG Celle hat demgegenüber in seinem Urteil vom 29. Januar 2008[129] festgestellt, dass eine Aufklärung nur dann zu erfolgen hat, wenn die vom Lieferanten geleisteten Rückvergütungen an die Franchise-Nehmer weitergeleitet werden.

Hier gilt es, die weitere Entwicklung in der Rechtsprechung abzuwarten. Das Problem ist allerdings dadurch am einfachsten zu lösen, indem im Rahmen des Franchise-Vertrages ausdrücklich geregelt wird, ob die dem Franchise-System zufließenden Einkaufsvorteile wie Boni, Skonto, Rabatt etc. beim Franchise-Geber verbleiben und an die Franchise-Nehmer nicht ausgekehrt werden oder aber diese anteilig den Franchise-Nehmern zustehen, und zwar unter Berücksichtigung etwaiger Eigenanteile des Franchise-Gebers, z.B. für die von diesem geführten Listungsgespräche. Dann ist allerdings auch im Franchise-Vertrag zu regeln, gegenüber wem über die Auskehr der Einkaufsvorteile verbindlich Rechnung zu legen ist; gegenüber allen Franchise-Nehmern oder gegenüber einem bestellten Franchise-Nehmer-Beirat oder gegenüber einem beauftragten Wirtschaftsprüfer.

4. Die Haftung des Franchise-Gebers nach den Grundsätzen des Verschuldens bei Vertragsabschluss (culpa in contrahendo)

Eine Reihe von gesetzlichen Vorschriften verpflichtet zum Schadensersatz wegen Verschuldens während der Vertragsverhandlungen, ohne dass ein wirksamer Vertrag oder der Tatbestand einer unerlaubten Handlung gegeben zu sein braucht (§§ 122, 179, 307, 309, 463, 663 BGB). Aus diesen Einzelvorschriften haben Rechtsprechung und Schrifttum im Wege der Rechtsfortbildung den Grundsatz abgeleitet, dass bereits durch die Aufnahme von Vertragsverhandlungen oder einen diesen gleich zu stellenden geschäftlichen Kontakt ein vorvertragliches Vertrauensverhältnis entsteht, das die Partner zur Sorgfalt verpflichtet. Voraussetzung ist ein Verhalten, das auf Abschluss eines Vertrages oder Anbahnung geschäftlicher Kontakte abzielte. Diese gewohnheitsrechtlich anerkannten Grundsätze waren beim Abschluss von Dauerschuldverhältnissen und damit auch von Franchise-Verträgen, um nicht einem Schadenersatzanspruch des anderen Vertragspartners ausgesetzt zu sein, bis zum 31. 12. 2001 zu beachten. Nunmehr sind die Grundsätze der culpa in contrahendo in den Vorschriften der §§ 280 I, 311 II, 3 i.V.m. § 241 BGB geregelt. In § 311 II BGB werden die Voraussetzungen der Culpa in Contrahendo festgelegt, wobei diese der bisherigen Rechtsprechung entsprechen.[130]

Die vorvertragliche Aufklärung bei Franchise-Verträgen beurteilt sich daher bis zum 31. 12. 2001 und seit dem 1. 1. 2002 nach den gleichen Grundsätzen; der Unterschied liegt nur darin, dass bislang die Grundsätze von der Rechtsprechung anerkannt waren und nunmehr gesetzlich geregelt sind. Schadenersatzansprüche wegen Culpa in Contrahendo gemäß § 311 II BGB kann allerdings nur derjenige geltend machen, der konkrete Vertragsverhandlungen führt.[131]

§ 311 III BGB stellt insoweit klar, dass auch ein vertragsähnliches Verhältnis zu solchen Personen bestehen kann, die nicht Vertragspartei hätten werden sollen. Hierbei handelt es sich in erster Linie um die Eigenhaftung des Vertreters oder Verhandlungsgehilfen. Hier liegt eine Abweichung zum alten Schuldrecht vor: Für die Eigenhaftung des Vertreters war bis zum 31. 12. 2001 ein Eigeninteresse erforderlich,[132] so dass in der Regel nur eine deliktische Haftung des Vertreters gem. § 823 II BGB i.V.m. § 263 StGB in Betracht kam.[133] Ab dem 1. 1. 2002 reicht es nunmehr aus, wenn der Vertreter im Rahmen der Vertragsverhandlungen Vertrauen für sich in Anspruch nimmt und dadurch die Vertragsverhandlungen oder den Abschluss des Franchise-Vertrages erheblich beeinflusst.[134] Für Vertragsverhandlungen und den Abschluss von Franchise-Verträgen bedeutet dies seit dem 1. 1. 2002, dass die in die Vertragsverhandlungen eingebundenen Vertreter des Franchise-Gebers viel eher als nach dem bis zum 31. 12. 2001 geltenden Recht auf Leistung von Schadenersatz nach den Grundsätzen der Culpa in Contrahendo in Anspruch genommen werden können. Dies hat insbesondere für die Geschäftsführer einer GmbH oder deren Gesellschafter Konsequenzen. Allein das allgemeine Interesse des Geschäftsführers oder des Gesellschafters am Erfolg des Unternehmens begründete bis zum 31. 12. 2001 keine Eigenhaftung.[135] Sind nunmehr die Geschäftsführer in die Vertragsverhandlungen eingebunden oder beteiligen sich etwa die Gesellschafter auch an diesen Vertragsverhandlungen und nehmen durch ihre Einbindung ein besonderes Maß an Vertrauen für sich in Anspruch, das die Vertragsverhandlungen und/oder den Abschluss des Franchise-Vertrages durch den Franchise-Nehmer beeinflusst, so kann eine Eigenhaftung gegeben sein. Die seit dem 1. 1. 2002 geltende Rechtslage bedeutet demgemäß, dass Vertragsverhandlungen um den Abschluss eines Franchise-Vertrages noch sorgfältiger als in der Vergangenheit geführt werden müssen und diese Sorgfalt erst recht Unterlagen betrifft, auf denen erkennbar die Entscheidung des Franchise-Nehmers beruht, den Franchise-Vertrag abzuschließen.[136]

Der Grundsatz der culpa in contrahendo gilt für das gesamte Privatrecht[137] und findet damit auch auf Franchise-Verträge Anwendung.[138]

Die Frage nach den Aufklärungspflichten des Franchise-Gebers ist aber nicht nur eine Frage nach dem Inhalt und den Grenzen dieser Aufklärungspflichten, sondern auch eine solche danach, wann diese Aufklärungspflichten des Franchise-Gebers einsetzen.

a) **Vorverhandlungen zwischen Franchise-Geber und Franchise-Nehmer.** In den Guidelines der British Franchise Association (BFA) wird davon ausgegangen, dass die Aufklärungspflichten schon zu einem sehr frühen Zeitpunkt einsetzen. Insoweit heißt es nämlich:

„The code recognizes that the disclosure beginns at the first point of contact which of course is when the franchisor starts to explain the franchise opportunity."

Zutreffender kann man kaum den ersten Zeitpunkt beschreiben, in dem der Franchise-Geber vor der Frage steht, seinen Aufklärungspflichten nachzukommen. Diese setzen bereits ein, wenn der Franchise-Geber erstmalig einem potentiellen Franchise-Nehmer das Franchise-System im Einzelnen darstellt. Dabei kann der Kontakt zwischen Franchise-Geber und Franchise-Nehmer auf eine Zeitungsanzeige oder dem Franchise-Nehmer übersandtes Informationsmaterial zurückzuführen sein. Auch Gespräche auf Franchise-Messen bedingen bereits dann eine umfassende vorvertragliche Aufklärung, wenn wirtschaftliche Eckdaten des Franchise-Systems mitgeteilt werden.

b) **Vertragsverhandlungen zwischen Franchise-Geber und Franchise-Nehmer.** Erst recht muss dies gelten, wenn die Parteien in konkrete Vertragsverhandlungen miteinander eintreten und damit für den Franchise-Geber deutlich wird, dass der potentielle Franchise-Nehmer auch bereit ist, den Schritt in die unternehmerische Selbständigkeit zu wagen. Hier müssen umfassende Informationen dem Franchise-Nehmer zur Verfügung gestellt werden, damit dieser nicht nur die Rentabilitätsaussichten beurteilen, sondern auch einen Liquiditätsplan aufstellen und Finanzierungsverhandlungen mit den Banken führen kann.

c) **Umfang der vorvertraglichen Aufklärungspflichten.** Geht man vom Ehrenkodex des Deutschen Franchise-Verbandes aus, so wird der Umfang der vertraglichen Aufklärungspflichten wie folgt umschrieben:

- Werbung für die Gewinnung von Franchise-Nehmern soll ohne Zweideutigkeiten und ohne irreführende Angaben erfolgen;
- alle Angaben und jedes Werbematerial zum Zwecke der Franchise-Nehmer-Gewinnung, die direkt oder indirekt auf den einzelnen Franchise-Nehmer zu erwartende, in Zukunft mögliche Ergebnisse, Zahlen und Verdienste eingehen, haben sachlich richtig und unmissverständlich zu sein;

- um es den angehenden Franchise-Nehmern zu ermöglichen, jede bindende Abmachung in voller Kenntnis der Sachlage zu treffen, wird ihnen innerhalb einer angemessenen Frist vor der Unterzeichnung dieser bindenden Abmachung ein Exemplar des gültigen Verhaltenskodex sowie eine vollständige und genaue schriftliche Offenlegung aller für das Franchise-Verhältnis wichtigen Informationen und Unterlagen übergeben werden.

Welche Informationen zu erteilen sind, ist im Einzelfall von Franchise-System zu Franchise-System unterschiedlich, allgemein gilt jedoch – und insofern zeigen die Urteile der Instanzgerichte den richtigen Weg –, dass der Franchise-Geber verpflichtet ist, die Zahlen und Informationen zur Verfügung zu stellen, die dem Franchise-Nehmer nicht nur einen Überblick über seinen Arbeits- und Kapitaleinsatz ermöglichen, sondern ihn auch in die Lage versetzen, Kalkulationsunterlagen für die Rentabilität seines geplanten Franchise-Betriebes zu erhalten, um so nicht nur etwaige Anfangsverluste zeitlich abschätzen, sondern auch die Chance der Gewinnrealisierung beurteilen zu können.

Dies bedeutet in der Regel, dass folgende Informationen **ZWINGEND** erteilt werden müssen:

- zutreffende Angaben zu den Umsatz- und Renditeerwartungen einschließlich Offenlegung der Berechnungsgrundlagen
- zutreffende Angabe der gescheiterten Franchise-Nehmer (sog. Flop-Rate)
- zutreffende Anzahl der bestehenden Franchise-Betriebe
- zutreffende Angaben von durchschnittlichen oder typischen Kosten des Franchise-Outlets
- zutreffende Angaben über die Höhe der Franchise-Gebühren
- zutreffende Angaben zur Marktdurchsetzung der lizenzierten Marke
- zutreffende Angaben zur Wettbewerbs- und Marktsituation – Kriterien einer Standortanalyse
- zutreffende Angaben zu den Einkaufsvorteilen und deren etwaiger Auskehr (ganz oder teilweise oder einzelfallbezogen) an Franchise-Nehmer und/oder zur Belieferung des Franchise-Systems durch exklusive Hersteller (Rahmenverträge)
- Angaben zum voraussichtlichen oder durchschnittlichen Eigenkapital
- Informationen über die Erfolgsaussichten der Marketingkonzeption,

- wahrheitsgemäße Zahlenangaben über vergleichbare Franchise-Outlets des Systems und Fluktuationsrate des Franchise-Systems,
- gewerbliche Schutzrechte des Franchise-Gebers,
- Ausbildung des Franchise-Nehmers,
- aktuelle Zahlen der besten 3 Franchise-Nehmer (oberes Drittel),
- Angaben über andere Vertriebswege der Vertragsprodukte des Franchise-Systems,
- Vermittlung der bisherigen Erfahrung in den Systembetrieben oder den als Pilot- und Testbetrieben dienenden Franchise-Geber-Filialen,
- Darstellung des über die Eintrittsgebühr hinausgehenden Kapitals unter Berücksichtigung aller Aufwendungen und ggfs. (fakultativ) unter Einbeziehung des Zeitraums der Anfangsverluste in der Anlaufphase (Durststrecke).

Dabei sind die Anforderungen an die Aufklärungspflicht unterschiedlich. Dies zeichnet gerade die Anwendung des Grundsatzes der culpa in contrahendo gegenüber starren Disclosure-Rules aus. Ist der Franchise-Nehmer bereits erfahren, so kann dieser die mit einem Abschluss des Franchise-Vertrages verbundenen Risiken selbst beurteilen. Handelt es sich jedoch bei dem potentiellen Franchise-Nehmer um einen unerfahrenen Gewerbetreibenden, so ist die Systemzentrale mit weitgehenden Aufklärungs-, Beratungs- und Hinweispflichten bei den Vertragsverhandlungen „belastet", um so die Behauptung zur Verkehrsgeltung und Gewinnträchtigkeit des Franchise-Systems zu stützen.[139]

Auf der gleichen Linie liegen auch die **Richtlinien zur Vorvertraglichen Aufklärung des Deutschen Franchise-Verbandes.** Danach müssen Franchise-Geber zukünftigen Franchise-Partnern vor Vertragsabschluss folgende Unterlagen zukommen lassen:

- Informationen über das Franchise-Konzept und die finanzielle Lage des Franchise-Gebers,
- Informationen über die mit Entscheidungsbefugnis ausgestatteten Personen der Systemzentrale,
- Franchise-Angebote inklusive aller Einzelheiten über das Pilotprojekt,
- Rentabilitätsvorausschau (sofern vorhanden),
- Franchise-Vertrag zuzüglich aller üblichen standardisierten Anlagen,
- Bankreferenzen,

- detaillierte Angaben über Mitgliedschaften in Handels- und/ oder nationalen Franchise-Verbänden,
- detaillierte Angaben über andere Vertriebswege der Franchise-Produkte oder Dienstleistungen.

Diese Unterlagen sollen dem Franchise-Nehmer in einem angemessenen Zeitraum, mindestens aber 10 Tage vor Vertragsunterzeichnung, zur Überprüfung überlassen werden.

Jedes Franchise-System hat für sich entscheiden, ob es eine vorvertragliche Aufklärung voll umfänglich auf der Grundlage der Richtlinien des Deutschen Franchise-Verbandes zur vorvertraglichen Aufklärung vornimmt oder die einschränkende Betrachtung der Rechtsprechung berücksichtigt, wonach der Franchise-Geber kein Existenzgründungs- und damit auch nicht Unternehmensberater des Franchise-Nehmers ist.[140] Insofern sind auch die Richtlinien des Deutschen Franchise-Verbandes zur vorvertraglichen Aufklärung ein Anhaltspunkt für die vorvertragliche Aufklärung, aber keine – auch nicht für die Gerichte – verbindliche Regeln. Welchen Umfang letztlich die vorvertragliche Aufklärung hat, bestimmt sich immer nach dem jeweiligen Franchise-System und differenziert auch danach, ob es sich um eine Einzelhandels-, Restaurant- oder Warenvertriebs-Franchise handelt,[141] oder ob etwa – im Hinblick auf etwaige Einkaufsvorteile – Warenbezugsverpflichtungen bestehen oder nicht.

d) Grenzen der Aufklärungspflicht. Die Frage nach Inhalt und Umfang der Aufklärungspflichten heißt zugleich auch die Frage nach den Grenzen dieser vorvertraglichen Aufklärungspflichten des Franchise-Gebers zu stellen. Diese dürfen jedoch nicht soweit gehen, dass durch übersteigerte Anforderung die Expansions- und Innovationsfreudigkeit der Systemträger von vorne herein lahmgelegt wird.[142] Auch der Franchise-Nehmer geht ein unternehmerisches Risiko ein. Verhindert werden soll nur durch die vorvertragliche Aufklärungspflicht, dass der Franchisenehmer durch unzutreffende und unvollständige Angaben zum Abschluss eines Franchise-Vertrages veranlasst wird.

Insofern darf die Anwendung der Grundsätze der culpa in contrahendo auch nicht dazu führen, dass sich die vorvertragliche Aufklärungspflicht in eine Rentabilitätsgarantie für den Franchise-Nehmer wandelt. Die Schadenersatzhaftung nach den Grundsätzen für Culpa in Contrahendo darf daher nicht auf eine solche, für den Nichteintritt eines bewusst unsicher prognostizierten Elements hinauslaufen.[143] Hingegen besteht eine Haftung für falsche Angaben bei den einer Prognose zugrundeliegenden Tatsachen und für eine schuldhaft fehlerhafte Herleitung von Prognosen.[144] Insofern muss mitgeteilt werden, ob die Prognose über erzielbare Umsätze auf fundierte Berechnungen und gesicherte Erfahrungen zurückzuführen ist oder lediglich auf bloßen Schätzungen und damit unsicheren Annahmen basiert.[145]

e) **Mitverschulden des Franchise-Nehmers.** Maßgebend ist auch insoweit das Urteil des OLG München vom 16. 9. 1993, wenn es im zweiten Leitsatz heißt: „Der Franchise-Geber, der wegen vorvertraglicher Aufklärungspflicht schadensersatzpflichtig ist, kann dem Franchise-Nehmer nicht als Mitverschulden entgegenhalten, dass er leichtfertig den Anpreisungen des Franchise-Gebers vertraut hat."

Dieser Leitsatz gilt nicht uneingeschränkt. Man wird zu differenzieren haben zwischen solchen Franchise-Nehmern, die Existenzgründer sind und solchen Franchise-Nehmern, die bereits über kaufmännische Erfahrung verfügen, etwa ein eigenes Einzelhandelsgeschäft bereits betreiben und den Franchise-Vertrag z.B. deswegen abschließen, um sich im Zuge der Ausweitung des Geschäftsbetriebes ein „sog. zweites Standbein" zu verschaffen.

Hier kann unterschiedliche Vorkenntnis vorausgesetzt werden. Von einem geschäftserfahrenen Franchise-Nehmer kann man auch verlangen, dass dieser Nachforschungen anstellt und ggfls. überprüfen lässt, ob die Angaben des Franchise-Gebers zutreffen. Als Leitlinie mag hier gelten:

> „Je umfassender die Vorbildung und berufliche Erfahrung des Franchise-Nehmers ist, desto wahrscheinlicher ist es, dass ein etwaiger Schadensersatzanspruch wegen eines Mitverschuldens des Franchise-Nehmers gemindert wird."

Soweit im Rahmen der vorvertraglichen Aufklärung ein Schadensersatzanspruch nach den Grundsätzen der culpa in contrahendo geltend gemacht wird, ist die Rechtsprechung bei der Beurteilung eines Mitverschuldens des Franchise-Nehmers zurückhaltend; wird hingegen der Schadensersatzanspruch auch auf eine unerlaubte Handlung (§ 823 II BGB i.V.m. § 263 StGB) gestützt, so werden von der Rechtsprechung an den Ausschluss eines Mitverschuldens des Franchise-Nehmers erhöhte Anforderungen gestellt.[146]

f) **Umfang des Schadensersatzanspruches.** Der geschädigte Franchise-Nehmer kann gem. § 249 BGB verlangen, so gestellt zu werden, wie er ohne das schädigende Verhalten des Franchise-Gebers gestanden hätte.[147] Der Anspruch des Franchise-Nehmers ist damit in der Regel auf den Ersatz des sog. Vertrauensschadens[148] gerichtet, wobei der Schaden des Franchise-Nehmers auch die Kosten umfasst, die diesem durch die Beauftragung eines Rechtsanwalts für die Durchsetzung seiner Ansprüche entstehen.

Zurückzuerstatten sind im Rahmen des Schadensersatzanspruches grundsätzlich die Eintrittsgebühr, geleistete Franchise-Gebühren und soweit der Abschluss von Finanzierungs- und Leasingverträgen im Raum steht, auch die bereits geleisteten Tilgungsraten und Leasingraten. Der Franchise-Nehmer hat jedoch keinen Anspruch auf Erstattung des Gewinns, den er sich mit der Durchführung des Franchise-Vertrages erhofft hätte.[149]

Zu erstatten ist nach der Rechtsprechung auch der Kaufpreis der Ladeneinrichtung, z.B., wenn der Franchise-Nehmer aufgrund einer unrichtigen Standortanalyse des Franchise-Gebers zu aufwendig gekauft hat.[150]

Grundsätzlich gilt für die Verjährung des Schadensersatzanspruches des Franchise-Nehmers die 3jährige Regelverjährung gem. § 195 BGB.

Allerdings kann die Verjährung gehemmt werden. Auch für solche Schadenersatzansprüche wegen Verletzung vorvertraglicher Aufklärungspflichten greift § 203 BGB d.h. werden zwischen Franchise-Geber und Franchise-Nehmer Verhandlungen über den Schadenersatzanspruch oder die den Schadenersatzanspruch begründenden Umstände geführt, so ist die Verjährung so lange gehemmt, bis der ein oder der andere Teil die Fortsetzung der Verhandlungen verweigert (§ 203, 1 BGB). Dies muss grundsätzlich durch ein klares und eindeutiges Verhalten einer der Parteien zum Ausdruck gebracht werden.[151] Lässt der Franchise-Geber die Vertragsverhandlungen einschlafen, weil er meint, dann würde der Franchise-Nehmer nicht mehr auf die geltend gemachten Schadensersatzansprüche zurückkommen, so sind die Verhandlungen in dem Zeitpunkt beendet, in dem der nächste Schritt nach Treu und Glauben zu erwarten gewesen wäre.[152]

Liegt ein Fall der Hemmung vor, so tritt die Verjährung gem. § 203, 2 BGB frühestens drei Monate nach dem Ende der Hemmung ein. Sind beim Ende der Hemmung noch vier Monate der Verjährungsfrist offen, so ist § 203, 2 BGB leerlaufend. Ist von der Frist hingegen nur noch ein Tag übrig, so führt § 203, 2 BGB zu einer Verlängerung der Verjährungsfrist um drei Monate.[153] Insofern muss bei den Verhandlungen um das Bestehen eines Schadenersatzanspruches die Hemmungsvorschrift des § 203 BGB insbesondere dann beachtet werden, wenn diese Verhandlungen erst zum Ende der gesetzlich oder vertraglich vereinbarten Verjährungsfrist geführt werden.

g) Möglichkeiten der Haftungsfreizeichnung. Immer wieder versuchen Franchise-Geber, sich von jeglicher Haftung wegen Verletzung vorvertraglicher Aufklärungspflichten freizuzeichnen. So finden sich in Prospekten oder Franchise-Broschüren Formulierungen wie:

> „Die mitgeteilten Zahlen, insbesondere die Ergebnisvorausschau, beruhen auf den durchschnittlichen Zahlen des Franchise-Gebers und stellen keine Garantie dafür dar, dass der Franchise-Nehmer einen entsprechenden Gewinn in seinem Franchise-Outlet erzielen kann."

Derartige Haftungsfreizeichnungsklauseln schützen vor einem Schadensersatzanspruch nach den Grundsätzen der culpa in contrahendo nicht. Weiß der Franchise-Geber positiv darum, dass er den Franchise-Nehmer nicht richtig und nicht vollständig und nicht wahrheitsgemäß unterrichtet hat, hilft ihm keine Haftungsfreistellungserklärung, selbst wenn die Grenze der Sittenwidrigkeit (§ 138 BGB) nicht überschritten wurde. Hinzu kommt, dass in solchen Fällen die Haftungsfreizeichnungsklausel, da sie ja in einer Vielzahl von Fällen Verwendung findet, als „Allgemeine Geschäftsbedingung" anzusehen ist. Diese Klausel benachteiligt aber den Franchise-Nehmer unangemessen, so dass sie gem. § 307 I 1 BGB (= § 9 AGBG) unwirksam ist.

§ 307 I 1 BGB wird zunehmend verstärkte Bedeutung bei der Inhaltskontrolle von Franchise-Verträgen erhalten, wie die Rechtsprechung des BGH insbesondere die Entscheidungen vom 13. 7. 2004 und 20. 7. 2005[154] zeigen.

h) Vorvertragliche Aufklärung des Franchise-Nehmers. Wenn von vorvertraglichen Aufklärungspflichten gesprochen wird, so bedeutet dies aber auch die Verpflichtung des Franchise-Nehmers, seine beruflichen Fähigkeiten, persönlichen Eigenschaften und finanziellen Möglichkeiten, soweit diese für den Abschluss des Franchise-Vertrages von Bedeutung sind, rechtlich und vollständig darzulegen.[155] Unterbleibt dies, so macht sich der Franchise-Nehmer gegenüber dem Franchise-Geber nicht nur nach den Grundsätzen der Culpa in Contrahendo gemäß § 311 BGB schadenersatzpflichtig, sondern gibt dem Franchise-Geber auch das Recht, den abgeschlossenen Franchise-Vertrag ggf. wegen arglistiger Täuschung gem. §§ 123, 142 BGB anzufechten. Im Rahmen des dann dem Franchise-Geber zustehenden Schadenersatzanspruches hat der Franchise-Nehmer u.a. die Kosten des Franchise-Gebers zu erstatten, soweit diese durch Vertragsverhandlungen und eine etwaige bereits begründende Schulung des Franchise-Nehmers entstanden sind.

Vorvertragliche Aufklärung bei Franchise-Verträgen bedeutet demgemäß, dass Franchise-Geber und Franchise-Nehmer einander gegenseitig richtig und vollständig und wahrheitsgemäß über die beiderseitigen Voraussetzungen der Franchise-Partnerschaft informieren müssen.[156]

i) Vorvertragliche Aufklärung und BGB-Informationspflichtenverordnung. Die BGB-InfoV soll alle im Vollzug von EG-Richtlinien sondergesetzlich geregelte Informationspflichten zusammenfassen und das Bürgerliche Gesetzbuch insoweit von diesen entlasten.[157] Durch das Schuldrechtsmodernisierungsgesetz wurde die Verordnung über die Informationspflichten von Reiseveranstaltern durch Aufnahme von Regelungen über Informationspflichten bei Verbraucherverträgen zur BGB-InfoV erweitert. § 1 BGB-InfoV normiert umfassende Informationspflichten bei Fernabsatzverträgen, d.h. legt fest, welche Informationen ein Unternehmer dem Verbraucher gemäß § 312c I BGB vor Abschluss des Fernabsatzvertrages zur Verfügung stellen muss, wobei diese Informationspflichten bei Finanzdienstleistungen noch durch § 1 BGB-InfoV II erweitert werden.

Die Informationspflichten bei Fernabsatzverträgen nach Maßgabe von § 1 BGB-InfoV I beziehen sich u.a. auf die wesentlichen Merkmale der Ware oder Dienstleistung und darüber wie der Vertrag zustande kommt, die Mindestlaufzeit des Vertrages, die Qualität und der Preis der Ware und Dienstleistung, den Gesamtpreis, Einzelheiten hinsichtlich Zahlung und Lieferung, Information über das Bestehen oder Nicht-Bestehen eines Widerrufs- oder Rückgaberechts. Zahlreiche dieser Informationen entsprechen den Informationen, die einem Franchise-Nehmer vor Vertragsabschluss zu vermitteln sind.

Bedenkt man des Weiteren, dass das UNIDROIT-Modell-Gesetz[158] zur vorvertraglichen Aufklärung in Artikel 6 entsprechende Informationspflichten für den Franchise-Geber vorschreibt und die Informationspflichten bei Fernabsatzverträgen, die wie Franchise-Verträge dem Vertriebsrecht zuzuordnen sind, gesetzlich geregelt ist, so ist die Überlegung nicht fernliegend, die Informationspflichten nach § 1 der BGB-InfoV auch auf Franchise-Verträge zu erstrecken, zumal das Muster zur Widerrufsbelehrung entsprechend § 14 BGB-InfoV bereits auf solche Franchise-Nehmer anzuwenden ist, bei denen die Notwendigkeit einer Widerrufsbelehrung gemäß § 13 BGB i.V.m. § 355 BGB, §§ 505, 507 BGB besteht.

Es ist daher nicht auszuschließen, dass es de lege ferenda zu einer solchen Anwendung der Vorschriften der BGB-InfoV auf Franchise-Verträge kommt; zumindest aber die Gerichte bei der Beurteilung der Frage, welche Informationen ein Franchise-Geber zwingend einem Franchise-Nehmer vor Vertragsabschluss zu vermitteln hat, unmittelbar auf die Vorschriften von § 1 I, II BGB-InfoV zurückgreifen.

Nicht zu unterschätzen sind allerdings die zurzeit in Österreich bestehenden Bestrebungen, für Franchise-Systeme eine sog. Ö-Norm einzuführen, mit der verbindlich nicht nur die Regelungsinhalte der vorvertraglichen Aufklärung sondern auch der Aufbau eines Franchise-Systems bis hin zur inhaltlichen Gestaltung eines Franchise-Vertrages festgelegt werden sollen. Wird allerdings zu weit durch eine solche gesetzliche Regelung oder aber eine verbindliche Norm-Vorschrift in die unternehmerische Selbständigkeit des Franchise-Nehmers eingegriffen, besteht die Gefahr, dass dieser zumindest als arbeitnehmerähnlich schutzbedürftig eingestuft wird.[159]

j) **Franchise-Nehmer Sammelklagen.** Häufig werden von Franchise-Nehmern Schadenersatzklagen wegen Verletzung vorvertraglicher Aufklärungspflichten als sog. „Sammelklage" eingereicht. Durch diese „Bündelung ihrer Schadenersatzansprüche" wollen solche Franchise-Nehmer erreichen, dass der Klage vom Franchise-Geber größere Bedeutung beigemessen wird, als wenn es sich um Einzelklagen von Franchise-Nehmern wegen Verletzung vorvertraglicher Aufklärungspflichten handelt, insbesondere dann, wenn der Schadensersatzanspruch von allen Franchise-Nehmern z. B. mit einer unzutreffenden Standortanalyse oder aber einer unzutreffenden Rentabilitätsberechnung begründet wird. Darin wird dann ein einheitlicher Lebenssachverhalt gesehen, um so zu einem einheitlichen Streitgegenstand für diese „Sammelklage" zu kommen. Da es sich grundsätzlich um Einzelklagen handelt, die nur in einer einheitlichen Klageschrift zusammengefasst werden, kommt ein solches Vorgehen nur in Betracht, wenn die Voraussetzungen von § 147 ZPO vorliegen. Eine Sammelklage nach amerikanischem Vorbild kennt demgemäß das deutsche Recht nicht. Insofern kommt auch dem Kapitalanlegermusterverfahrensgesetz vom 26. 8. 2005[160] keine Bedeutung für solche Klagen von Franchise-Nehmern zu. Sowohl aus § 1 KapMuG als auch aus den Materialien des Gesetzes ergibt sich, dass der Muster-Feststellungsantrag nur im Zusammenhang mit falschen, irreführenden oder unterlassenen öffentlichen Kapitalmarktinformationen gestellt werden kann.[161]

III. Prospekthaftung des Franchise-Gebers

Das OLG München hat mit Urteil vom 24. 4. 2001[162] festgestellt, dass die Prospekthaftungsgrundsätze auf Franchise-Systeme nicht anwendbar sind.[163] Begründet wird dies damit, dass der Franchise-Nehmer entgegen einem Kapitalanleger über weitere Informationsquellen als den „Prospekt" verfügt.[164]

Man wird nicht grundsätzlich sagen können, dass eine Prospekthaftung im Franchise-Recht nicht besteht. Vielmehr ist eine einzelfallbezogene Betrachtung notwendig. Die heutige Prospekthaftung geht von einer Zweigleisigkeit aus. Zum einen verbirgt sich hierhinter die speziell geregelte Prospekthaftung, wie sie sich in den Vorschriften der §§ 45, 46 BörsG oder aber bei sog. Verkaufsprospekten beim Vertrieb von Anteilen an inländischen Kapitalanlagegesellschaften (§§ 19, 20 KAGG) findet; zum anderen steht daneben die sog. zivilrechtliche Prospekthaftung, die vom BGH zur Begründung einer Haftung für die Vollständigkeit und Richtigkeit von Prospekten zur Werbung von Kapitalanlegern auf dem grauen, nicht organisierten Kapitalmarkt entwickelt worden ist.[165] Hier werden die Prospekte von der Rechtsprechung nicht mehr als Werbemittel der Anbieterseite betrachtet, sondern als Medium der Erfüllung vorvertraglicher Aufklärungspflichten beurteilt.[166] Damit wird dem Umstand eines sog. Informationsgefälles[167] zwischen dem Anbieter und Investor Rechnung getragen.

Die derzeitigen von Franchise-Gebern zu ihrem System ausgegebenen Prospekte haben in der Regel nur werbenden Charakter. Zunehmen sind aber auch den Prospekten Rentabilitätsberechnungen oder Umsatz- und Gewinnerwartungen bzw. Umsatzprognosen beigefügt. Beschränkt sich das Prospekt lediglich auf die allgemeine Darstellung des Systems, ohne Angaben zur Rentabilität, zur Umsatz oder Rendite Erwartungen zu machen, so wird man die Grundsätze der Prospekthaftung nicht anwenden können. Geht das Prospekt aber weit über diese allgemeine Beschreibung des Franchise-Systems hinaus und vermittelt Angaben zur Rentabilität des Franchise-Systems, so ist dieses Prospekt mit einem solchen Prospekt vergleichbar, mit dem Kapitalanleger für eine Beteiligung geworben werden sollen. Hier greift dann auch eine Prospekthaftung des Franchise-Gebers.[168]

Dabei ist dann allerdings wieder zu berücksichtigen, dass nach der Rechtsprechung des BGH auch unsichere Erwartungen und damit Risiken dargestellt werden können, soweit die die Erwartung stützenden Tatsachen sorgfältig ermittelt worden sind und die darauf gestützte Prognose der zukünftigen Entwicklung aus der damaligen Sicht (Zeitpunkt der Zeichnung der Beteiligung) vertretbar ist.[169]

Allerdings kommt dem neuen Wertpapierprospektrecht auf der Grundlage des am 1. 7. 2005 in Kraft getretenen Wertpapierprospektgesetzes (WpPG)[170] keine Bedeutung zu. Dieses fasst ausgehend von der Prospektrichtlinie der EU[171] und der EU-Prospektverordnung[172] lediglich die unterschiedlich geregelten Verkaufs- und Börsenzulassungsprospekte sowie Unternehmensberichte in einem einheitlichen Regelungssystem zusammen. Auch wenn aus dem Gesetz erkennbar wird, Anlegerinformationen noch transparenter als bisher zu machen, lässt sich daraus als Tendenz nicht ableiten, dass die Rechtsprechung in Zukunft in jedem Fall eine Prospekthaftung des Franchise-Gebers annehmen wird.

IV. Franchise-Verträge und Wettbewerbsrecht

Der Franchise-Nehmer ist für seine regionale Werbung selbst verantwortlich. Ist diese wettbewerbswidrig, so kann nicht nur dieser, sondern auch der Franchise-Geber auf Unterlassung oder gegebenenfalls auch auf Schadensersatz nach erfolgter Auskunftserteilung in Anspruch genommen werden. Der Bundesgerichtshof hat nämlich insoweit mit seinem Urteil vom 5. 4. 1995[173] festgestellt, dass dem Franchise-Geber wettbewerbswidriges Handeln des Franchise-Nehmers gem. § 8 II UWG zuzurechnen ist. Die Franchise-Organisation sei insgesamt zu beurteilen. Für den Letztverbraucher sei in der Regel nicht erkennbar, ob die wettbewerbswidrige Werbung vom Franchise-Nehmer oder auf Veranlassung des Franchise-Gebers geschaltet wird.

Allerdings kann dem Franchise-Geber nur die wettbewerbswidrige Handlung, nicht aber auch ein Auskunfts- und Schadensersatzanspruch zugerechnet werden. Für eine solche Zurechnung bietet § 8 II UWG keine Rechtsgrundlage, wie der BGH mit seinem Urteil vom 6. 4. 2000[174] festgestellt hat. Hätte der BGH in seiner Entscheidung angenommen, dass durch § 8 II UWG auch ein solcher Schadensersatzanspruch dem Franchise-Geber zugerechnet wird, so hätte für diesen immer die Gefahr bestanden, insgesamt für das Franchise-System auf Schadensersatz in Anspruch genommen werden zu können, also für jegliche von einem Franchise-Nehmer – möglicherweise auch nicht mit der Zentrale abgestimmte – wettbewerbswidrige Werbung.

Nunmehr steht fest, dass jeder Franchise-Nehmer für die von ihm geschaltete wettbewerbswidrige Werbung selbst verantwortlich ist, soweit es um daraus resultierende Auskunfts- und Schadensersatzverpflichtungen geht. Damit dürften auch Kettenabmahnungen der Vergangenheit angehören, also Abmahnungen, bei denen jeder einzelne Franchise-Nehmer eines Franchise-Systems für die gleiche wettbewerbswidrige Werbung von einem Mitkonkurrenten abgemahnt wird, in der Hoffnung, dann Auskunfts- und Schadensersatzansprüche gegenüber dem Franchise-Geber geltend machen zu können. mit der weiteren Entscheidung des BGH vom 6. 4. 2000[175] ist davon auszugehen, dass solche Kettenabmahnungen innerhalb von Franchise-Systemen als missbräuchliche Geltendmachung eines wettbewerbsrechtlichen Unterlassungsanspruchs anzusehen sind.

Eine Frage ist aber noch in der Rechtsprechung ungeklärt, kann gegenüber einem Franchise-Geber, der aufgrund einer ihm gem. § 8 II UWG zugerechneten wettbewerbswidrigen Werbung eines Franchise-Nehmers rechtskräftig auf Unterlassung verurteilt worden ist, Bestrafungsantrag gestellt werden, wenn der Verstoß gegen die rechtskräftige Untersagungsverfügung durch den Franchise-Nehmer erfolgt. Dies ist zu bejahen. Die Zurechnung gegenüber dem Franchise-Geber erfolgt aufgrund eines erneuten wettbewerbswidrigen Verhaltens des Franchise-Nehmers. Ein solches wettbewerbswidriges Verhalten wird aber gem. § 8 II UWG zugerechnet, so dass ein Ordnungsstrafenbeschluss gegenüber dem Franchise-Geber ergehen kann. Dem kann der Franchise-Geber nur begegnen, indem er nach Erlass eines rechtskräftigen Unterlassungsurteils alle Franchise-Nehmer des Systems über die Unterlassungsverfügung unterrichtet und darauf achtet, dass eine entsprechende wettbewerbswidrige Werbung zukünftig von Franchise-Nehmern nicht geschaltet wird. Erfolgt eine solche Unterrichtung, so mangelt es an dem für den Erlass eines Ordnungsstrafenbeschlusses notwendigen Verschulden des Franchise-Gebers.[176]

Wird ein Franchise-System zu Unrecht abgemahnt, um so Druck auf den Franchise-Geber und die vom Franchise-System über die einzelnen Franchise-Nehmer ausgehende Werbung auszuüben, so kann darin auf der Grundlage des Beschlusses des BGH vom 15. 7. 2005[177] ein rechtswidriger und schuldhafter Eingriff in das Recht am eingerichteten und ausgeübten Gewerbebetrieb des Franchise-Gebers liegen. Der Abmahnende ist dann nicht nur zum Schadenersatz gemäß §§ 3, 4 Nr. 1, 8, 10 i.V.m. § 9 UWG und aus § 826 BGB verpflichtet, sondern auch gemäß § 823 I BGB.[178]

Haftungsrisiken können sich für den Franchise-Geber aber nicht nur aus einer wettbewerbswidrigen Werbung des Franchise-Nehmers, sondern auch daraus ergeben, dass Franchise-Nehmer Lichtbilder und sonstige Informationen in den eigenen Internetauftritt einstellen, ohne über Urheber- oder Nutzungsrechte zu verfügen. Dafür kann ggf. nach einem Urteil des OLG Hamburg vom 29. Juni 2007[179] der Franchise-Geber haftbar gemacht werden.

Zwar haften Dienstanbieter gem. § 10 TelemedienG nicht für fremde Informationen, die auf ihrer Internetseite eingestellt werden. Diese Vorschrift erfasst jedoch nur Schadensersatzansprüche, findet jedoch auf Unterlassungsansprüche, etwa von Lichtbildern, an denen der jeweilige Franchise-Nehmer keine Urheberrechte besitzt, keine Anwendung. Das OLG Hamburg hat in der Entscheidung vom 29. Juni 2007 festgestellt, dass ein Franchise-Geber, der seinen Franchise-Nehmern den Bilder-Upload ermöglicht, sich die „fremden Informationen“ jedenfalls dann als „eigene Informationen“ zu eigen macht, wenn diese Informationen den hauptsächlichen Teil des Internetangebotes des Franchise-Nehmers darstellen. Die Haftung ergibt sich dann aus § 7 I TelemedienG. Insofern ist jeder Franchise-Geber verpflichtet, Franchise-Nehmer darauf hinzuweisen, dass diese nur solche Lichtbilder oder sonstige Texte auf ihrer Homepage unter der Corporate Identity des Franchise-Systems einstellen dürfen, an denen diese die Urheberrechte besitzen oder aber diesen entsprechende Nutzungsrechte verliehen worden sind. Insofern muss jeder Franchise-Nehmer darauf hingewiesen werden, dass er für jedes Bild oder Text einen entsprechenden Nachweis oder eine Quellenangabe beizubringen hat.

V. Franchise-Verträge und Kartellrecht

Typischerweise stellt sich ein System von Franchise-Verträgen als ein rein vertikales Vertriebssystem dar, das durch so genannte Vertikalbindungen zwischen dem Franchise-Geber und dem auf einer niedrigeren Wirtschaftsstufe angesiedelten Franchise-Nehmer gekennzeichnet ist. Hierunter sind wettbewerbsbeschränkende Vereinbarungen in Form von Vertragsklauseln zu verstehen, die vor allem den Franchise-Nehmer, teilweise aber auch den Franchise-Geber, in seinem Wettbewerbsverhalten binden.[180]

1. Belieferung der Franchisenehmer/Bezugsbindung

Von besonderer Bedeutung sind dabei die sog. Bezugsbindungen, d.h. die Verpflichtung des Franchise-Nehmers, bestimmte Waren oder Sortimentsteile, bisweilen auch sämtliche für den Weiterverkauf vorgesehenen Güter vom Franchise-Geber oder von zum Franchise-System gelisteten Lieferanten zu beziehen.[181] Bei Dienstleistungs-Franchisen kann sich diese Bezugsbindung auf die für die Leistungserbringung benötigten Betriebsmittel beziehen.

Soweit im Rahmen des Franchise-Systems die im Vertrag zu beliefernden Franchise-Nehmer vom Franchise-Geber bzw. den zum System gelisteten Lieferanten mit Produkten beliefert werden, liegt eine Bezugsbindung i.S.v. § 18 GWB a.F. (= § 16 GWB a.F.) vor. Derartige Bezugsbindungen sind für Franchise-Verträge anerkannt.[182] Trotz der Bezugsbindung dürfen Querlieferungen innerhalb eines Franchise-Systems nicht untersagt werden. Vielmehr sind diese nach den Regelungen der EU-Gruppenfreistellungsverordnung ausdrücklich gestattet. Eine solche Bezugsbindung verpflichtet den Franchise-Geber auch, dem Franchise-Nehmer mit den Produkten in der vertraglich zugesagten Qualität zu beliefern. Die Alleinbezugsverpflichtung erweist sich somit für den Franchise-Geber als Verpflichtung

- zur Errichtung eines entsprechenden Bestellwesens
- zur vollständigen Belieferung des Franchise-Nehmers

- einen Warenbestand aufzubauen, der diesen in die Lage versetzt, jederzeit die Franchise-Nehmer mit Vertragsprodukten beliefern zu können.

Unterbleibt eine solche vollständige Belieferung oder sind die gelieferten Produkte mangelhaft oder ist das Bestell- bzw. Warenwirtschaftssystem des Franchise-Gebers nicht effizient, so steht dem Franchise-Nehmer gegenüber dem Franchise-Geber ein Schadenersatzanspruch nach den Grundsätzen der Positiven Vertragsverletzung gem. § 280 I BGB zu. Werden die Mängel trotz Abmahnung nicht abgestellt, so kann der Franchise-Nehmer auch zur fristlosen Kündigung des abgeschlossenen Franchise-Vertrages gemäß § 314 I BGB berechtigt sein. Kommt der Franchise-Geber seinen Lieferverpflichtungen nicht nach, so ist der Franchise-Nehmer berechtigt, sich mit Produkten, die der Bezugsbindung unterliegen, anderweitig, d.h. auf dem freien Markt, einzudecken.[183]

2. Einkaufsvorteile

Zunehmend kartellrechtlich problematisch sind die sog. Einkaufsvorteile,[184] die einem Franchise-Geber für die vom Franchise-Nehmer generierten Umsätze vom Systemlieferanten zufließen. Mit Urteil vom 3. Februar 1999 hat der BGH in der sog. SIXT-Entscheidung[185] festgestellt, dass es keine gesetzliche Anspruchsgrundlage für Franchise-Nehmer gibt, um vom Franchise-Geber die Auskehrung von Boni, Skonti, WKZ (kurz Kick-backs) zu verlangen, die dem Franchise-System für von Franchise-Nehmern mit Systemlieferanten generierte Umsätze zufließen. Diese Grundsätze wurden durch den BGH mit der Apollo-Optik-Entscheidung vom 20. Mai 2003[186] sowie durch die HERTZ-Entscheidung vom 22. Februar 2006[187] bestätigt. Dabei stellte der BGH in der HERTZ-Entscheidung zusätzlich klar, dass es ohne Bedeutung ist, ob die Einkaufsvorteile der Franchise-Geber-Gesellschaft unmittelbar oder einer Tochtergesellschaft zufließen.

Mit dem Beschluss der 9. Beschlussabteilung des Bundeskartellamtes[188] zeichnete sich zumindest zeitweise allerdings eine Diskrepanz zwischen der zivilrechtlichen und kartellrechtlichen Betrachtung und damit auch der rechtlichen Behandlungsweise solcher Kick-backs ab. Das Bundeskartellamt ging nämlich davon aus, dass dann, wenn ein Franchise-Geber seinen Franchise-Nehmern zum einen bestimmte Einkaufsvorteile verwehre, diese aber zum anderen verpflichte, ihre Waren nur bei bestimmten Lieferanten zu beziehen und eigene Einkaufsverhandlungen der Franchise-Nehmer vertraglich untersage, diese eine „unbillige Behinderung abhängiger Unternehmen" i.S.v. § 20 Abs. 1, Abs. 2 GWB darstelle und demgemäß verboten sei.

Darin liegt kartellrechtlich eine Annäherung an die zivilrechtlich nicht anerkannte sog. Franchise-Netzwerkhaftung.[189] Die Ansicht des Bundeskartellamtes beruht auf der Ausgestaltung des Praktiker-Franchise-Vertrages, in dem die Praktiker GmbH den einzelnen Franchise-Nehmern zum einen eine 100%-ige Bezugsverpflichtung auferlegte, zum anderen aber diesem eigene Einkaufsverhandlungen mit den Systemlieferanten untersagte und gleichzeitig die auf der Grundlage der von den Franchise-Nehmern mit Systemlieferanten generierten Einkaufsvorteile auch nicht anteilig an die Franchise-Nehmer weiterleitete.

Der Praktikerbeschluss hat allerdings bereits zu Änderungen in der vertraglichen Gestaltung eines Franchise-Vertrages geführt. So wird mehr und mehr die 100%-ige Bezugsbindung aufgegeben. Zukünftig wird man unabhängig von dem Urteil des OLG Düsseldorf vom 11. April 2007[190] bei Franchise-Verträgen von einer nur 80%-igen Bezugsbindung des Franchise-Nehmers auszugehen haben. Dem Franchise-Nehmer ist es dann möglich, 20% seines Einkaufsumsatzes mit sog. Diversifikationsprodukten zu erzielen, also Produkte, bei denen er die Systemlieferanten selbst ausgesucht und eigenständig Einkaufsverhandlungen geführt hat. Zivilrechtlich wird es aber auch weiterhin zulässig sein, in solchen Fällen die Weitergabe der Einkaufsvorteile, die von Systemlieferanten dem Franchise-Geber zufließen, auszuschließen, jedoch muss dann darüber i.d.R. vorvertraglichen Aufklärung bei Abschluss des Franchise-Vertrages Auskunft gegeben werden. Dies ist die Konsequenz des Urteils des OLG München vom 27. Juli 2006.[191]

Diese vorvertragliche Aufklärungsverpflichtung wird auch nicht durch das Urteil des OLG Düsseldorf vom 13. Dezember 2006[192] und dem dort aufgestellten Grundsatz, dass ein Franchise-Geber generell nicht zur Weitergabe von Einkaufsvorteilen verpflichtet ist, aufgehoben. Der Franchise-Nehmer hat zwar ohne vertragliche Grundlage keinen Anspruch auf die Auskehrung der Einkaufsvorteile, aber einen entsprechenden Informationsanspruch vor Abschluss des Franchise-Vertrages.[193]

Abschließend hat dazu jetzt der Kartellsenat des BGH mit dem Praktiker-Beschluss vom 11. November 2008[194] festgestellt, dass nur dann ein Anspruch auf Einkaufsvorteile besteht, wenn ein entsprechender Anspruch vertraglich festgelegt ist. Ein gesetzlicher Anspruch auf Auskehr der Einkaufsvorteile wird durch den Kartellsenat des BGH mit seinem Beschluss vom 11. November 2008 ausgeschlossen.[195] Damit wurde der Praktiker-Beschluss des BKartA endgültig aufgehoben, nachdem dieser bereits zuvor durch das OLG Düsseldorf mit Beschluss vom 16. Januar 2008[196] aufgehoben worden war.

3. Kartellrechtliches Schriftformerfordernis (§ 34 GWB a.F.)

Wurde der Franchise-Vertrag vor dem 31. 12. 1998 abgeschlossen, so war das kartellrechtliche Schriftformerfordernis i.S.d. § 34 GWB a.F. zu beachten.[197] Da die Verletzung des kartellrechtlichen Schriftformerfordernisses zur Nichtigkeit des Franchise-Vertrages führte, wurde die Vorschrift von Franchise-Nehmern immer wieder dazu genutzt, aus Franchise-Verträgen unter Hinweis auf die Kartellnichtigkeit des abgeschlossenen Vertrages auszusteigen.[198] Nach dieser anfänglich strengen Rechtsprechung war es auf der Grundlage der Entscheidung des BGH vom 14. 1. 1997[199] nicht mehr notwendig, dass der Vertrag mit allen Anlagen, insbesondere denen, die Bezugsbindung konkretisierenden Anlagen; fest verbunden war. Vielmehr reichte es für die mit § 34 GBW a.F. verfolgte Kontrollfunktion aus, wenn ein aus mehreren, nicht fest miteinander verbundenen Blättern bestehender Vertragstext nach seinem Erscheinungsbild, insbesondere durch Schriftbild, Paginierung und inhaltlichen Zusammenhang als einheitliche Urkunde erschien.[200] Auch wenn das kartellrechtliche Schriftformerfordernis im Rahmen der 6. Kartellrechtsnovelle zum 1. 1. 1999 außer Kraft trat, besteht dies nach der Rechtsprechung für Alterverträge, d.h. bis zum 31. 12. 1998 abgeschlossene Franchise-Verträge noch fort.[201]

Diese Grundsätze sind dann noch einmal wieder durch die APOLLO-Optik-Entscheidung des BGH vom 20. 5. 2003[202] bestätigt worden, wobei der BGH zugleich den Anwendungsbereich des § 34 GWB a.F. eingeschränkt hat. Danach ist es dem Verwender eines Franchise-Vertrages untersagt, sich auf die Formnichtigkeit des Franchise-Vertrages wegen Missachtung des kartellrechtlichen Schriftformerfordernisses zu berufen, wenn ihm auf der Grundlage des Vertrages erhebliche Vorteile zugeflossen sind und der Vertrag über einen längeren Zeitraum von den Vertragsparteien erfüllt wurde und die Verantwortlichkeit für den Formmangel bei der sich auf die Formnichtigkeit des Franchise-Vertrages berufenden Vertragspartei liegt.[203]

4. Preishoheit des Franchise-Nehmers

§ 1 GWB (= § 14 a.F. GWB = § 15 a.F. GWB) verbietet in Übereinstimmung mit dem Europäischen Kartellrecht jegliche Form der

Preisbindung bei Franchise-Systemen. Franchise-Geber sind demgemäß nicht berechtigt, den Franchise-Nehmern die Verkaufspreise für die von den Franchise-Nehmern abzusetzenden Produkte oder aber die Preise für die vom Franchise-Nehmer zu erbringenden Dienstleistungen vorzuschreiben. Soweit *Bechthold*[204] sich dafür ausspricht, das Verbot der Preisbindung bei Franchise-Verträgen deswegen nicht anzuwenden, weil der Verbraucher wegen der Einheitlichkeit des Auftretens der Franchise-Organisation keine entsprechende Erwartungshaltung habe, ist dies vom OLG München[205] in Übereinstimmung mit dem Bundeskartellamt abgelehnt worden.[206] Zwischenzeitlich hat sich *Bechthold*[207] auch darauf festgelegt, dass eine Preisbindung für ein vom Verbraucher erwartetes einheitliches Preisniveau bei Franchise-Systemen nicht zwingend erforderlich ist, sondern eine entsprechend einheitliche Preispolitik in Franchise-Systemen auch durch die Vorgabe von Höchstpreisen erreicht werden kann. Zulässig sind sog. Kalkulationshilfen.[208] Vorgegeben werden können auch Höchstpreise und unverbindliche Verkaufspreisempfehlungen (§ 1 GWB = § 23 GWB a.F.). Diese unverbindlichen Preisempfehlungen können sich seit dem Inkrafttreten der 7. Kartellrechtsnovelle im Gegensatz zum früheren Recht auch auf Nichtmarkenwaren und Dienstleistungen beziehen. Auch insofern wurde das Deutsche und Europäische Kartellrecht vereinheitlicht. Allerdings darf eine Preisempfehlung nicht dazu genutzt werden, um eine Preisbindung im Franchise-System durchzusetzen. Darin liegt dann eine sog. unzulässige Umgehungspreisempfehlung.[209]

Enthält ein Franchise-Vertrag eine unzulässige Preisbindungsklausel führt deren Nichtigkeit nach der Entscheidung des BGH vom 8. 2. 1994[210] nicht zur Gesamtnichtigkeit des abgeschlossenen Franchise-Vertrages. Vielmehr war nur die Regelung über die Preisbindung nichtig, während der Franchise-Vertrag ansonsten fortbestand. Dies hat sich geändert. Mit seinem Urteil vom 24. 9. 2002[211] hat der BGH seine bisherige Rechtsprechung ausdrücklich aufgegeben. Nunmehr ist davon auszugehen, dass eine kartellnichtige Regelung zur Gesamtnichtigkeit des jeweils abgeschlossenen Franchise-Vertrages führen kann, es sei denn, es wird festgestellt, dass der Franchise-Vertrag auch ohne diese nichtige Klausel abgeschlossen worden wäre. Die Darlegungs- und Beweislast dafür trifft denjenigen, der sich entgegen der salvatorischen Klausel des Franchise-Vertrages auf die Gesamtnichtigkeit des Franchise-Vertrages beruft.[212] Mit dieser Entscheidung schwenkt der Kartell-Senat des BGH auf die Rechtsprechung der anderen Zivil-Senate und die herrschende Meinung ein.[213]

Die Entscheidung sollte daher Anlass dazu geben, jeden Franchise-Vertrag darauf hin zu überprüfen, ob dieser nicht möglicherweise Regelungen enthält, die auf eine, wenn auch verdeckte oder mittelbare Preisbindung und damit einen Verstoß gegen § 1 GWB (= § 14 GWB a.F.) schließen lassen.[214] Dies gilt etwa dann, wenn sich der Franchise-Nehmer an überregionalen Werbeaktionen zu vom Franchise-Geber festgelegten Verkaufspreisen zu beteiligen hat, wenn also entsprechend den Grundsätzen der BGH-Entscheidung vom 8. 4. 2003[215] die Preishoheit des Franchise-Nehmers nicht nur unwesentlich beeinträchtigt wird oder aber eine Einführung neuer Produkte die Preisbindung nicht nur in der Einführungsphase besteht, sondern darüber hinaus. Daran wird sich auch de lege ferenda nichts ändern, da die neue EU-Gruppenfreistellungsverordnung für Vertikale Vertriebsbindungen erneut das Preisbindungsverbot festschreibt. Insofern konnte man sich bei der EU-Kommission nicht dazu entschließen, auf der Grundlage der Leegin-Entscheidung des US-Supreme Court das Preisbindungsverbot aufzuheben und zukünftig darauf abzustellen, dass jegliche vertikale Preisbindung nicht per se verboten ist, sondern im Licht der „rule of reason“ zu beurteilen ist.[216]

VI. Franchise-Verträge und Allgemeine Geschäftsbedingungen (§§ 305ff. BGB)

Franchise-Verträge werden in der Regel vom Franchise-Geber formularmäßig ausgestaltet. Hierzu zwingt nicht nur die Notwendigkeit, das Franchise-System gegenüber allen Franchise-Nehmern einheitlich zu gestalten, sondern auch der Grundsatz der Gleichbehandlung der Franchise-Nehmer gem. § 242 BGB.[217] Franchise-Verträge sind also so genannte Formularverträge im Sinne von § 305 I 1 BGB. Sie unterliegen daher der Inhaltskontrolle wie Allgemeine Geschäftsbedingungen.

1. Unangemessene Benachteiligung (§ 307 I 1 BGB)

Gemäß § 307 I 1 BGB sind Bestimmungen in Franchise-Verträgen dann unwirksam, wenn sie den Franchise-Nehmer entgegen den Geboten von Treu und Glauben unangemessen benachteiligen.

Ob eine solche unangemessene Benachteiligung vorliegt, ist nach ständiger Rechtsprechung durch Interessenabwägung festzustellen.[218] Dabei ist einerseits das Interesse des Franchise-Gebers an einer straffen Organisation seines Vertriebssystems mit umfassenden Kontroll-, Weisungs- und Informationsmöglichkeiten zu berücksichtigen, andererseits das Interesse des Franchise-Nehmers an Selbständigkeit und wirtschaftlicher Betätigungsfreiheit. Unter dem Gesichtspunkt der Inhaltskontrolle von Franchise-Verträgen gemäß § 307 I 1 BGB sind insbesondere folgende Klauseln zu prüfen:

- Richtlinien zur Wahrung der Corporate Identity sowie des Qualitätsstandards,
- Bezugsbindungen,
- Mindestumsatz,
- Absatzvorgaben
- Berichtspflichten,
- Einsichts- und Kontrollrechte,
- Haftungsfreizeichnungs- oder Haftungsbegrenzungsklausel,
- Änderungsvorbehalte,
- Laufzeitregelungen,
- vertragliche und nachvertragliche Wettbewerbsverbote,
- Kündigungsregelungen,
- Nebentätigkeitsverbote,
- Rücknahmeverpflichtungen des Franchise-Gebers bei Beendigung des Franchise-Vertrages.

2. Transparenzgebot (§ 307 I 2 BGB)

Durch § 307 I 2 BGB ist im Gegensatz zum alten Recht durch die Schuldrechtsreform das Transparenzgebot nunmehr gesetzlich geregelt. Danach ist es notwendig, dass Franchise-Verträge „klar und verständlich" gestaltet werden. Durch das Transparenzgebot wird der Franchise-Geber als Verwender des Franchise-Vertrages verpflichtet, den Vertrag systematisch und sprachlich so abzufassen, dass der rechtsunkundige Franchise-Nehmer in der Lage ist, etwa ihn benachteiligende Regelungen ohne Einholung von Rechtsrat zu erkennen.[219] Es kommt dabei nicht auf die Verhältnisse der konkreten Vertragspartei an, weitergehende Kenntnisse (insbesondere Rechtskenntnis) ändern nichts an einer Verletzung des Transparenzgebotes.

Allerdings dürfen die Anforderungen an das Transparenzgebot nicht zu einer unangemessenen Benachteiligung des Franchise-Gebers als des Verwenders führen. Insofern besteht dessen Pflicht zur klaren und verständlichen Formulierung der Regelungen des Franchise-Vertrages nur im Rahmen des Möglichen.[220] Insofern verpflichtet das Transparenzgebot zum Beispiel dazu, alle Regelungen, die Zahlungsverpflichtungen des Franchise-Nehmers begründen, in einer Regelung zusammenzufassen und nicht an unterschiedlichen Stellen im Franchise-Vertrag zu regeln, so dass die Zahlungsverpflichtungen für den Franchise-Nehmer nicht ohne Weiteres erkennbar sind.

3. Inhaltskontrolle und Vertikal-GVO

Vor dem Hintergrund der BGH-Entscheidung vom 13. 7. 2004[221] kommt § 307 I 1 BGB grundsätzliche Bedeutung zu. Die Bedeutung der Entscheidung liegt darin, dass nach Ansicht des BGH die Klauseln eines Franchise-Vertrages zugleich gem. § 307 I 1 BGB unwirksam sind, wenn diese den Franchise-Nehmern Beschränkungen auferlegen, die nicht durch die EU-Gruppenfreistellungsverordnung für Vertikale Vertriebsbindungen vom Verbot des Art. 81, 1 DGV freigestellt sind. Insofern kommt dieser Entscheidung genau wie der APOLLO-Optik-Entscheidung des BGH vom 20. 5. 2003[222] besondere Bedeutung für die Wirksamkeit von Regelungsinhalten eines Franchise-Vertrages zu. Zunächst ist für die Inhaltskontrolle von Regelungen in einem Franchise-Vertrag davon auszugehen, dass die insoweit maßgebliche Gruppenfreistellungsverordnung für vertikale Vertriebsbindungen ein Interessenausgleich zwischen dem Franchise-Geber und dem Franchise-Nehmer verfolgt, indem sie den Franchise-Nehmern größere Freiheiten und geschäftliche Selbständigkeit verschaffen soll. Da die Gruppenfreistellungsverordnung somit auch den Schutz des Franchise-Nehmers bezweckt, kommt ihren Bestimmungen Ordnungs- und Leitbildfunktion im Sinne von § 307 II Nr. 1 BGB (= § 9 II AGBG) zu.

4. Einzelklauseln

Unter diesem Gesichtspunkt sind Franchise-Verträge insbesondere im Hinblick auf folgende Klauseln zu überprüfen:

- Beschränkung der Nutzung der Investitionen des Franchise-Nehmers für das Franchise-System, auch wenn deren anderweitige Verwendung nicht zu einem Abfluss des Know-Hows des Franchise-Systems an Dritte führt;
- Verpflichtung des Franchise-Nehmers, das vom Franchise-Geber geschulte Personal nicht anderweitig einzusetzen;
- Festlegung von Mindestumsätzen und Mindestabsatzmengen bei einem gleichzeitigen Verbot von Querlieferungen innerhalb des Franchise-Systems;
- Änderungen der Vertriebspolitik des Franchise-Gebers ohne inhaltliche und klare Eingrenzung des Begriffs der „Vertriebspolitik";
- Verpflichtung des Franchise-Nehmers zu einer Musterausstellung aller Vertragsprodukte, auch wenn es sich um einen um-

satzschwachen Franchise-Nehmer-Betrieb handelt und die Verpflichtung, die gesamte Produktpalette in der Ausstellung bereit zu halten, übermäßig belastend ist;
- Vereinbarung eines außerordentlichen Kündigungsrechts bei Nichterzielen von Absatzzielen des Franchise-Nehmers unter Berücksichtigung der den Franchise-Nehmer insoweit treffenden sog. „Bemühenspflicht“.

Soweit durch Franchise-Systeme **Kundenbindungsprogramme** ausgearbeitet werden, sei es durch den Franchise-Geber oder aber durch Franchise-Nehmer, sind die Grundsätze der Entscheidung des BGH vom 11. November 2009[223] zu berücksichtigen. Dies gilt insbesondere dann, wenn die Kundenbindungsprogramme oder auch Rabattsysteme nämlich darauf ausgelegt sind, Daten für die Marktforschung sowie das Marketing des Franchise-Systems insgesamt zu sammeln. Hier halten dann nur solche Regelungen einer Inhaltskontrolle stand, wenn diese nicht entsprechend § 307 I 1 BGB von den Regelungen des Bundesdatenschutzgesetzes abweichen.

5. Grundsatz der kundenfreundlichsten Auslegung

Nach der Apollo-Optik-Entscheidung des BGH vom 20. Mai 2003[224] gilt für die Inhaltskontrolle von Franchise-Verträgen der Grundsatz der „kundenfreundlichsten Auslegung“. Maßgebend ist danach in erster Linie der Wortlaut der Klausel, so wie diese der redliche (potentielle) Franchise-Nehmer unter Berücksichtigung der beiderseitigen Interessenlage verstehen darf.

Soweit eine vertragliche Klausel in einem Franchise-Vertrag unklar ist, muss der Franchise-Geber gem. § 305c II BGB als Verwender der von ihm vorformulierten Vertragsbestimmung die für den Franchise-Nehmer günstigste (kundenfreundlichste) Auslegung gegen sich gelten lassen.[225]

VII. Franchise-Verträge und Verbraucherschutzrechte

1. Grundsatzproblem

Seit der Entscheidung des BGH vom 16. 4. 1986[226] stand fest, dass die Vorschriften des Abzahlungsgesetzes auf Franchise-Verträge Anwendung finden. Ein Franchise-Vertrag war somit als ein Abzahlungsgeschäft zu bewerten. Der Franchise-Nehmer war daher über sein Widerrufsrecht gemäß § 1b AbzG zu belehren. Unterblieb eine solche Belehrung oder entsprach diese nicht dem Gesetz, so konnte der Franchise-Nehmer seine auf Abschluss des Franchise-Vertrages gerichtete Willenserklärung widerrufen.[227]

Das Abzahlungsgesetz ist zum 31. 12. 1990 außer Kraft getreten. An seine Stelle trat das Verbraucherkreditgesetz. Da das Verbraucherkreditgesetz jedoch keine Überleitungsvorschrift enthält, wird davon ausgegangen, dass das Abzahlungsgesetz seine ursprüngliche Bedeutung für Franchise-Verträge nicht verloren hat und nach wie vor auf bis zum 31. 12. 1990 abgeschlossene Franchise-Verträge anzuwenden ist.[228]

Vom 1. 1. 1991 an war der Franchise-Nehmer über sein Widerrufsrecht gem. § 7 II 2 VerbrKG zu belehren. Durch das Fernabsatzgesetz wurde die Widerrufsbelehrung nicht nur neugefasst, sondern zusätzlich auch – gleichsam für alle Vertriebsformen – in § 361a BGB geregelt.

Seit dem 1. 1. 2002 ist nunmehr das Widerrufsrecht in § 355 I BGB geregelt. Das Muster zur Widerrufsbelehrung nach § 355 II BGB bzw. das Muster zu einer Rückgabebelehrung nach § 356 I BGB findet sich in der Zweiten Änderungsverordnung zu § 14 der BGB-Informationspflichtenverordnung.[229] Zurückgehend auf die sog. *Heininger*-Rechtsprechung des EuGH[230] und die des BGH[231] wird nunmehr in § 355 III BGB beschrieben, dass bei einer unterbliebenen Widerrufsbelehrung das Widerrufsrecht zeitlich unbefristet ausgeübt werden kann.[232] Diese Neufassung der Widerrufsbelehrung gilt seit dem 1. 11. 2002, d.h. bei Franchise-Verträgen, bei denen die Widerrufsbelehrung vergessen war oder bei denen die Widerrufsbelehrung nicht den gesetzlichen Vorschriften entsprach, ist das Widerrufsrecht nicht mehr nach Ablauf von 6 Monaten nach Vertragsunterzeichnung verwirkt, sondern kann zeitlich unbefristet ausgeübt werden. Allerdings gilt die Neufassung des Gesetzes nur für alle nach dem 1. 11. 2002 abgeschlossenen Franchise-Verträge. Alt-Verträge, d.h. bis zum 31. 10. 2002 abgeschlossene Franchise-Verträge, bleiben von der Gesetzesänderung unberührt.

Ab 11. Juni 2010 sind für die Widerrufsbelehrung die Regelungen zu berücksichtigen, die sich aus dem Gesetz zur Umsetzung der Verbraucherkreditrichtlinie vom 29. Juli 2009[233] ergeben.
Das Gesetz enthält zukünftig in § 360 BGB n.F. zwingende Vorgaben zur Widerrufsbelehrung eines Franchise-Nehmers. Es gilt weiterhin der Grundsatz, dass die Widerrufsbelehrung deutlich gestaltet und dem Franchise-Nehmer entsprechend den Erfordernissen des eingesetzten Kommunikationsmittels seine wesentlichen Rechte deutlich gemacht werden müssen.[234] Insofern muss die Widerrufsbelehrung de lege ferenda folgende gesetzlichen Vorgaben enthalten:

- **einen Hinweis auf das Recht zum Widerruf,**
- **einen Hinweis darauf, dass der Widerruf keiner Begründung bedarf und in Textform oder durch Rücksendung der Sache innerhalb der Widerrufsfrist erklärt werden kann,**
- **Name und Anschrift desjenigen, gegenüber dem der Widerruf zu erklären ist (Postfach unzureichend) und**
- **ein Hinweis auf Dauer und Beginn der Widerrufsfrist sowie darauf, dass zur Fristwahrung die rechtzeitige Absendung der Widerrufserklärung oder der Sache genügt**

Diese gesetzlichen Vorgaben tragen nunmehr zur Klarheit bei.[235]

Entscheidend ist aber auch, dass das neue Gesetz in § 360 III BGB n.F. eine von ihrer Bedeutung her nicht zu unterschätzende Vorschrift enthalten wird. Hier heißt es nämlich:

> „... Die dem Franchise-Nehmer gem. § 355 III 1 BGB mitzuteilende Widerrufsbelehrung genügt den Anforderungen von § 355 I BGB und § 360 I BGB, wenn das Muster der Anlage 1 zum Einführungsgesetz zum Bürgerlichen Gesetzbuch in Textform verwendet wird. ..."
> *(abgestimmt auf Franchise-Verträge)*

Damit wird deutlich, dass das amtliche Muster de lege ferenda für die Gerichte verbindlich ist.

Bislang sind Franchise-Systeme auch dazu übergegangen, ggf. die Widerrufsbelehrung abzuändern und Zusätze und/oder Erläuterungen hinzufügen. Teilweise hat dies zu der Frage geführt, ob die Abänderungen zu einer Unwirksamkeit der Widerrufsbelehrung mit der Konsequenz einer zeitlich unbefristeten Widerrufbarkeit gem. § 355 III BGB führen.[236] Auch hier bringt das Gesetz Klarheit, wenn es insoweit in § 360 III 3 BGB n.F. heißt:

> „... Der Franchise-Geber darf in Format und Schriftgröße von dem amtlichen Muster zur Widerrufsbelehrung abweichen und Zusätze wie die Firma oder ein Kennzeichen des Franchise-Systems anbringen. ..."
> *(abgestimmt auf Franchise-Verträge)*

Damit wird deutlich, dass vom Text des zukünftigen Musters der Widerrufsbelehrung als solchem nicht abgewichen werden darf, d.h. der Text des amtlichen Musters in Anlage 1 verbindlich ist. Soweit Änderungen an Format und Schriftgröße der Widerrufsbelehrung vorgenommen werden, dürfen diese allerdings nicht dem Deutlichkeitsgebot widersprechen.[237]

Bislang war ein Franchise-Nehmer berechtigt, zeitlich unbefristet den Widerruf seiner auf Abschluss des Franchise-Vertrages gerichteten Willenserklärung zu erklären, wenn dieser entweder gar nicht oder nicht in zutreffender Weise über sein Widerrufsrecht belehrt wurde.[238]

Auch hier schafft die Neuregelung des Widerrufsrechts Rechtssicherheit. In der neu gefassten Vorschrift des § 355 IV BGB n.F. heißt es nunmehr:

> „... Das Widerrufsrecht erlischt spätestens 6 Monate nach Abschluss des Franchise-Vertrages. Abweichend davon erlischt das Widerrufsrecht nicht, wenn der Franchise-Nehmer nicht entsprechend den Anforderungen des § 360 I BGB über sein Widerrufsrecht belehrt worden ist. ..."
> *(abgestimmt auf Franchise-Verträge)*

Da § 360 BGB n.F. auf das amtliche Muster zur Widerrufsbelehrung in Anlage 1 zum EGBGB abstellt, ist die Regelung für Franchise-Verträge wie folgt zu lesen:

> „... Abweichend von § 355 IV 1 BGB erlischt das Widerrufsrecht nicht, wenn der Franchise-Geber den Franchise-Nehmer nicht über sein Widerrufsrecht entsprechend Anlage 1 des Einführungsgesetzes zum Bürgerlichen Gesetzbuch belehrt hat. ..."
> *(abgestimmt auf Franchise-Verträge)*

Auch damit wird wieder deutlich, dass zukünftig eine Verwendung des amtlichen Musters (Anlage 1 zum EGBGB) zwingend werden wird. Beide Regelungen zwingen im Interesse eines jeden Franchise-System, die Widerrufsbelehrung eines Franchise-Nehmers ab 11. Juni 2010 ausschließlich auf der Grundlage des zukünftigen amtlichen Musters vorzunehmen.

Auch wenn der Bundesgerichtshof mit seinem Beschluss vom 24. Februar 2005[239] festgestellt hat, dass Franchise-Nehmer mit der Unterzeichnung des Franchise-Vertrages Unternehmer i.S.v. § 14 BGB werden, bestand noch immer die Notwendigkeit, bei einer durch den Franchise-Vertrag begründeten Bezugsbindung den Franchise-Nehmer über sein Widerrufsrecht zu belehren, vorausgesetzt die auf der Grundlage des Franchise-Vertrages zu tätigenden Investitionen überstiegen keinen Betrag von EUR 50.000,00 (**sog. „Widerrufswertgrenze"** i.S.v. § 507 BGB).[240]

Diese Wertgrenze wird nunmehr heraufgesetzt. De lege ferenda beträgt die Widerrufswertgrenze EUR 75.000,00. Nach wie vor ist aber keine wirtschaftliche Betrachtung bei Ermittlung der Widerrufswertgrenze zulässig, sondern es ist streng formal ausschließlich auf die Vorschriften des abzuschließenden Franchise-Vertrages zu achten.[241] Ergeben sich aus dem Franchise-Vertrag und nicht aus nachfolgenden Kauf- oder Werkverträgen keine finanziellen Verpflichtungen des Franchise-Nehmers, die über EUR 75.000,00 hinaus gehen, so ist dieser Franchise-Nehmer über sein Widerrufsrecht zu belehren, auch wenn mit Unterzeichnung des Franchise-Vertrages dessen Unternehmereigenschaft i.S.v. § 14 BGB begründet wurde und diese Verträge zeitgleich mit dem Franchise-Vertrag unterzeichnet werden.[242] Andernfalls besteht nämlich Gefahr, dass durch eine wirtschaftliche Zusammenfassung (d.h. Betrachtung) der zwischen Franchise-Geber und Franchise-Nehmer abgeschlossenen Verträge die Widerrufswertgrenze von EUR 75.000,00 überschritten und damit der Verbraucherschutz in unzulässiger Weise i.S.v. § 506 BGB umgangen wird.

2. Widerrufsbelehrung gemäß § 355 BGB

Eine ordnungsgemäße Widerrufsbelehrung gem. § 355 I 1 BGB setzt demgemäß seit dem 1. 11. 2002 voraus, dass

- der Franchise-Nehmer eine deutlich gestaltete Belehrung über sein Widerrufsrecht erhält,
- in der Widerrufsbelehrung zum Ausdruck kommt, dass diese sich auf den abgeschlossenen Franchise-Vertrag bezieht,
- die Widerrufsfrist 2 Wochen beträgt,
- Name und Anschrift des Franchise-Gebers sowie der Beginn der Widerrufsfrist angegeben werden und
- ein Hinweis darauf erfolgt, dass der Widerruf nicht zu begründen ist, und
- zur Wahrung der Widerrufsfrist die rechtzeitige Absendung des Widerrufs ausreicht.

An diesen grundsätzlichen Voraussetzungen für eine ordnungsgemäße Widerrufsbelehrung ändert auch sich de lege ferenda nichts. Der einzige **Unterschied** liegt darin, dass **§ 355 I 1 BGB n.F. anstatt** von einer **Widerrufs**frist von **zwei Wochen** von einer solchen von **14 Tagen** spricht.

3. Deutlichkeitsgebot

Die Entscheidungen zur Frage der **deutlichen Gestaltung** der Widerrufsbelehrung, dem **sog. Deutlichkeitsgebot,** sind kaum noch zu überschauen.[243] Der Bundesgerichtshof hat hierzu in seinem Urteil vom 27. 4. 1994 abschließend festgehalten, dass es bei einer im Vertragstext enthaltenen Widerrufsbelehrung nicht ausreicht, wenn sich die Widerrufsbelehrung nur durch Verwendung größerer Absätze und einem etwas geringeren Randabstand bei im Übrigen gleichen Schriftbild vom Franchise-Vertrag abhebt. Notwendig ist demgemäß, dass die Widerrufsbelehrung durch Sperrschrift, Unterstreichung, Einrahmung, Verwendung einer anderen Drucktype oder durch durchgezogene Trennungslinien hervorgehoben wird oder auf einer gesonderten Seite erfolgt.[244] Da die Widerrufsbelehrung gesondert zu unterschreiben ist, darf sich die Unterzeichnung nur auf die Widerrufsbelehrung als solche beziehen. Eine Widerrufsbelehrung ist daher unwirksam, wenn sich die Unterschrift auch auf der Aushändigung des Franchise-Vertrages und die Belehrung bezieht, also quasi einem Empfangsbekenntnis über den Erhalt des Vertrages gleichkommt.[245]

4. Berechnung der Widerrufsfrist

Die Grundsatzentscheidung des BGH vom 27. 4. 1994 ist aber auch für die Berechnung der Widerrufsfrist von Bedeutung. Für den Fristbeginn kommt § 187 I BGB und für das Ende der Widerrufsfrist §§ 182 II, 193 BGB zur Anwendung. Die Widerrufsfrist beginnt daher erst mit dem auf die Aushändigung der Widerrufsbelehrung folgenden Tag und endet am letzten Tag der Wochenfrist um 24.00 Uhr. Fällt dieser Tag auf einen Sonn- oder Feiertag, so endet die Frist um 24.00 Uhr des nächsten Werktages (§ 123 BGB). Bei der Widerrufsbelehrung bzw. der Angabe des Fristendes sollte daher immer darauf geachtet werden, ob gegebenenfalls das Ende der Wochenfrist auf einen Samstag oder Sonntag oder einen gesetzlichen Feiertag fällt.

Wird hier ein falsches Datum angegeben, ist die Widerrufsbelehrung unzutreffend. Dies gilt nach der Rechtsprechung[246] auch dann, wenn die Datumsangabe in der Widerrufsbelehrung nicht in der Reihenfolge Tag/Monat/Jahr, sondern ohne Trenninterpunktion genau umgekehrt in der Folge Jahr/Monat/Tag gehalten ist.

5. Unbefristetes Widerrufsrecht

Mangelt es an einer Widerrufsbelehrung oder entspricht die Widerrufsbelehrung nicht dem Gesetz, so mussten sich Franchise-Geber bereits auf unterschiedliche gesetzliche Regelungen einstellen. Bei einer unterbliebenen Widerrufsbelehrung sah § 7 II VerbrKG i.V.m. § 361a BGB zunächst vor, dass sich die Widerrufsfrist von einem Zeitraum von 1 Woche auf einen solchen von 1 Jahr, gerechnet vom Zeitpunkt des Vertragsabschlusses an verlängerte. § 355 III 3 BGB sah in der bis zum 31. 10. 2002 geltenden Fassung vor, dass das Widerrufsrecht spätestens 6 Monate nach Vertragsabschluss als verwirkt anzusehen ist. Davon geht § 355 III 1 BGB zwar noch immer aus, hält aber von diesem Grundsatz abweichend in § 355 III 3 BGB fest, dass das Widerrufsrecht zeitlich unbefristet ausgeübt werden kann, wenn der Franchise-Nehmer nicht ordnungsgemäß über sein Widerrufsrecht belehrt worden ist, d.h. die Widerrufsbelehrung als solche nicht dem Gesetz entsprach oder aber eine Widerrufsbelehrung gänzlich unterblieb.

6. Amtliche Muster zur Widerrufsbelehrung

a) Muster gemäß Anlage 2 zu § 14 BGB-InfoVO (bis 10. 6. 2010). Das vorgegebene Muster der Widerrufsbelehrung ist deswegen problematisch, weil dieses weder der Vorschrift über den Fristbeginn i.S.v. § 187 I BGB, noch der Rspr. des BGH zur Widerrufsbelehrung entspricht.[247] Durch die dritte Änderung der BGB-Informationspflichtenverordnung vom 2. 12. 2004[248] wurde zwar das Muster der Widerrufsbelehrung erneut geändert, der Text der Widerrufsbelehrung im Hinblick auf die Fristberechnung aber nicht der Rspr. zu § 187 I BGB angepasst.

Insofern erstaunte es nicht, als das LG Halle mit Urteil vom 13. Mai 2006[249] feststellte, eine Anlage 2 zu § 14 BGB-Info-VO entsprechende Widerrufsbelehrung sei wegen unzutreffender Angabe des Beginns der Widerrufsfrist nicht gesetzeskonform und daher nichtig – mit der Konsequenz einer zeitlich unbefristeten Widerrufbarkeit der auf Abschluss des Franchise-Vertrages gerichteten Willenserklärung gem. § 355 III BGB.[250]

Im Anschluss an das Urteil des LG Münster vom 2. August 2006[251] wurden dann zwar Zweifel an der Entscheidung des LG Halle geäußert, weil das derzeitige Muster in Anlage 2 zu § 14 BGB-InfoVO auf das Änderungsgesetz vom 2. Dezember 2004[252] zurückgeht. Insofern ging das LG Münster davon aus, die Regelungen der BGB-InfoVO würden nicht gegen höherrangiges Recht (BGB) verstoßen, so dass die Rechtsprechung des LG Halle nicht greife.[253]

Dies ist aber ein Fehlschluss: Das BVerfG hat nämlich in seinem Beschluss vom 13. September 2005[254] festgestellt, dass auch bei Änderungen einer Verordnung durch Gesetz das dadurch entstehende

Regelwerk nach wie vor als Verordnung und nicht als gesetzliche Regelung zu qualifizieren ist. Überträgt man diese Rechtsprechung nun auf die Änderungen der BGB-InfoVO, so bedeutet dies, dass durch das Gesetz vom 2. Dezember 2004 das amtliche Muster zur Widerrufsbelehrung nicht auf eine gesetzliche Grundlage gestellt worden ist, sondern nach wie vor auf die BGB-InfoVO – und damit auf eine Rechtsverordnung – zurück zu führen ist. Da diese sich nicht mit der gesetzlichen Ermächtigung, nämlich den Vorschriften der §§ 355, 187 Abs. 1 BGB deckt, ist eine auf Anlage 2 zu § 14 BGB-InfoVO beruhende Widerrufsbelehrung nach wie vor unwirksam. Klarheit hätte hier eine Entscheidung des VIII. Senats des BGH bringen können, nachdem das LG Halle ausdrücklich die Revision zugelassen hatte,[255] die dann aber nicht eingelegt wurde.

b) Muster gem. Anlage 1 zum EGBGB (ab 11. Juni 2010). Ab 11. Juni 2010 ist das amtliche Muster zur Widerrufsbelehrung entsprechend Anlage 1 zum EGBGB zu verwenden. Dies bedeutet zugleich, dass das Muster Gesetzesrang hat und damit die Verwerfungskompetenz der Instanzgerichte nicht mehr gegeben ist. Erfolgt demgemäß vom 11. Juni 2010 an eine Widerrufsbelehrung auf der Grundlage des amtlichen Musters entsprechend Anlage 1 zum EGBGB, so entspricht diese Widerrufsbelehrung gem. §§ 355, 360 BGB den gesetzlichen Anforderungen – und dies, obwohl nach wie vor die Angaben zum Fristbeginn im amtlichen Muster nicht § 187 BGB entsprechen und insofern auch für das neue amtliche (gesetzliche) Muster die gleichen Erwägungen gelten, wie diese das LG Halle in seiner Entscheidung angesprochen und zur Feststellung veranlasst hat, dass das amtliche Muster der Widerrufsbelehrung entsprechend Anlage 2 zu § 14 BGB-InfoVO unwirksam ist und nicht den gesetzlichen Vorgaben des § 355 I BGB entspricht.

Allen Franchise-Systemen ist daher nur zu empfehlen, vom 11. Juni 2011 an, ausschließlich dieses amtliche Muster bei der Widerrufsbelehrung des Franchise-Nehmers zu verwenden. Dann besteht nicht die Gefahr, dass dem Franchise-Nehmer ein uneingeschränktes Widerrufsrecht gem. § 355 III BGB zusteht.

Um zur entsprechenden Rechtssicherheit zu kommen, wurde von der Bundesregierung am 24. März 2010 der Regierungsentwurf eines Gesetzes zur Einführung einer Musterwiderrufsinformation bei Verbraucherdarlehensverträgen sowie zur Änderung der Vorschriften über das Widerrufsrecht bei Verbraucherdarlehensverträgen und zur Änderung des Darlehensvermittlungsrechtes beschlossen. Dieses Gesetz verfolgt den Zweck, Anpassungen und Klarstellungen vorzunehmen, die sich im Anschluss an das Gesetz zur Neuordnung der Vorschriften über das Widerrufs- und Rückgaberecht vom 29. Juli

2009 (sog. Umsetzungsgesetz) ergeben haben. Sichergestellt werden soll durch den Gesetzesentwurf, dass bei Verwendung des amtlichen Musters zur Widerrufsbelehrung die gesetzlichen Anforderungen an die Widerrufsinformation als erfüllt geltend (sog. **Gesetzlichkeitsfiktion**). Damit wird noch einmal für Franchise-Verträge unterstrichen, dass eine Widerrufsbelehrung eines Franchise-Nehmers ordnungsgemäß erfolgt, wenn vom 11. Juni 2010 an die Musterwiderrufsbelehrung gem. Anlage 1 zu Art. 246 § 2 I 1 EGBGB verwendet wird, da dieses Muster Gesetzesrang hat. Weitergehende Bedeutung kommt diesem Gesetzesentwurf zur Musterinformation für Franchise-Verträge nicht zu, da das Gesetz im Wesentlichen auf Verbraucherdarlehensverträge zugeschnitten ist, denen Franchise-Verträge nicht zugeordnet werden können; von der Ausnahme abgesehen, dass ggf. mit Abschluss des Franchise-Vertrages mit dem Franchise-Geber auch ein Darlehensvertrag abgeschlossen wird, mit dem dieser dem Franchise-Nehmer ein Darlehen z.B. für den Kauf der Wareneinrichtung oder der Warenerstausstattung gewährt. Dann liegt aber auch ein sog. verbundenes Geschäft mit der Notwendigkeit einer Widerrufsbelehrung gem. § 358 BGB vor.

7. Franchise-Nehmer: Verbraucher (§ 13 BGB) oder Unternehmer (§ 14 BGB)

Notwendig ist eine Widerrufsbelehrung, wenn der Franchise-Nehmer Verbraucher i.S.v. § 13 BGB ist. Insofern ist der Verbraucherbegriff des § 13 BGB identisch mit dem des § 355 I BGB. Allerdings ist die Diskussion um den Verbraucherbegriff in Bewegung gekommen, da die derzeitige enge deutsche Auslegung des Verbraucherbegriffes in § 13 BGB nicht dem europäischen Verbraucherbegriff[256] entspricht. Danach wird der Verbraucher vom EuGH als eine Person definiert, die „zu einem Zweck" tätig wird, „der nicht der beruflichen oder gewerblichen Tätigkeit dieser Person zugerechnet werden kann".[257] Dies ist weitgehender. Danach wird schon die Unternehmereigenschaft durch den Abschluss des kaufmännischen Erstgeschäftes und damit durch den Abschluss des Franchise-Vertrages begründet. Dafür hatten sich bereits in ständiger Rechtsprechung sowohl das OLG Oldenburg[258] sowie das OLG Rostock[259] ausgesprochen. Nachdem sich das OLG Düsseldorf[260] nunmehr dieser Rechtsprechung angeschlossen hat, hat der BGH abschließend mit Beschluss vom 24. 2. 2005[261] festgestellt, dass bei einem der Existenzgründung dienenden Geschäft Unternehmer- und nicht Verbraucherhandeln vorliegt.[262]

8. Widerrufswertgrenze (§ 507 BGB)

In einem Punkt hilft die vorgenannte Entscheidung aber nicht weiter: Nämlich dem der Widerrufsbelehrung. Der BGH hat im Beschluss vom 24. 2. 2005 ausdrücklich festgestellt, dass es hier bei der Sondervorschrift des § 507 BGB bleibt, d.h. eine Widerrufsbelehrung gleichwohl notwendig ist, auch wenn Unternehmer- statt Verbraucherhandeln beim Abschluss eines der Existenzgründung dienenden Franchise-Vertrages vorliegt, soweit die Investitionssumme des Franchise-Nehmers einen Betrag von EUR 50.000,– nicht übersteigt. Ist zweifelhaft, ob die Investition des Franchise-Nehmers EUR 50.000,– übersteigt, so sollte auf jeden Fall eine Widerrufsbelehrung vorgenommen werden, anderenfalls die Gefahr der unbefristeten Widerrufbarkeit des Franchise-Vertrages gem. § 355 III BGB besteht.[263]

Diese Gefahr ist auch deswegen gegeben, weil nach dem Urteil des Brandenburgischen OLG vom 31. 8. 2005[264] bei der Feststellung der für den Wegfall des Verbraucherschutzes maßgeblichen Wertgrenze des § 507 BGB nicht auf eine wirtschaftliche Betrachtungsweise abzustellen ist, die das Gesamtengagement aus den vom Widerruf betroffenen Verträgen wertmäßig zusammenfasst. Vielmehr ist jede, auf den Abschluss eines Vertrages gerichtete Willenserklärung gesondert zu bewerten. Dies bedeutet, dass nicht in der Gesamtschau die Investitionen des Franchise-Nehmers, die mit Abschluss des Franchise-Vertrages begründet werden, wie etwa Leistung der Eintrittsgebühr, Umbaukosten für das Ladenlokal, Kosten des Ladenbaues und der Ladenausstattung sowie der Warenerstausstattung wirtschaftlich zusammenhängend zu sehen sind. Vielmehr sind alle abgeschlossenen Verträge gesondert zu sehen.

Nach den statistischen Feststellungen der Deutschen Bank Research (Stand November 2007) zahlen 15% aller Franchise-Nehmer bei Abschluss des Franchise-Vertrages keine Eintrittsgebühr; 45% zahlen eine Eintrittsgebühr bis zu EUR 10.000,00, 30% eine Eintrittsgebühr zwischen EUR 10.000,00 und EUR 20.000,00 und lediglich 10% eine solche von über EUR 20.000,00 bis EUR 60.000,00.

Da i.d.R. somit eine Eintrittsgebühr bei Abschluss eines Franchise-Vertrages unter EUR 50.000,– liegt, bedeutet dies, dass grundsätzlich auch beim Existenzgründungs-Franchise-Nehmer weiterhin von der Notwendigkeit einer Widerrufsbelehrung gem. § 355 I BGB auszugehen ist.

De lege ferenda beträgt die Widerrufswertgrenze entsprechend § 507 BGB n.F. EUR 75.000,00, wobei auch insofern gilt, dass diese Widerrufswertgrenze nur streng formal und nicht unter wirtschaftlicher Betrachtungsweise ermittelt werden darf. Andernfalls besteht Gefahr, dass damit der Verbraucherschutz unterlaufen wird, so dass eine solche wirtschaftliche Betrachtungsweise sinngemäß als unzulässige abweichende Vereinbarung i.S.v. § 506 BGB anzusehen ist.

Die Betrachtung würde sich aber auch nicht wesentlich ändern, wenn die Widerrufswertgrenze auf Grundlage einer wirtschaftlichen Betrachtungsweise ermittelt wird. Nach den Feststellungen der Deutsche Bank Research (Stand November 2007) haben 5% aller Franchise-Nehmer keine Investitionen bei Abschluss des Franchise-Vertrages zu tätigen; bei 45% aller Franchise-Nehmer belaufen sich diese Investitionen auf maximal EUR 50.000,00. Weitere 22% der Franchise-Nehmer haben Investitionen i.H.v. EUR 50.000,00 bis EUR 100.000,00 zu tätigen und lediglich 28% aller Franchise-Nehmer tätigen Investitionen über EUR 100.000,00 bis EUR 650.000,00. Damit liegen die Investitionen von mehr als der Hälfte aller Franchise-Nehmer bei einer wirtschaftlichen Betrachtungsweise unterhalb der de lege ferenda geltenden Widerrufswertgrenze von EUR 75.000,00.

9. Verbraucherschutzrechtliches Schriftformerfordernis (§ 492 BGB)

Auch eine weitere Konsequenz der geänderten Rechtsprechung ist noch nicht ausdiskutiert: Das verbraucherschutzrechtliche Schrifterfordernis i.S.d. § 492 BGB käme nämlich dann nicht mehr zur Anwendung.[265] Aber auch wenn § 492 BGB nicht mehr zwingend dann die Schriftform für den Abschluss eines Franchise-Vertrages vorschreibt, so sollte dies zumindest im Eigeninteresse der Parteien aus Dokumentations- und Beweisgründen erfolgen.[266]

10. Widerrufsbelehrung vor Vertragsabschluss

Immer wieder stellt sich auch bei Franchise-Verträgen die Frage, ob eine Widerrufsbelehrung vor Abschluss des Franchise-Vertrages bereits ausreichend ist, etwa mit dem Zusatz, der Lauf der Widerrufsfrist beginne „nicht jedoch, bevor die auf Abschluss des Vertrages gerichtete Willenserklärung vom Auftraggeber abgegeben wurde". Maßgebend ist hier jetzt die Entscheidung des BGH vom 4. 7. 2002:[267] Mit dieser Entscheidung hat der BGH festgestellt, dass ein solcher Zusatz nicht dem Deutlichkeitsgebot des § 355 II 1 BGB entspricht.[268]

11. Wettbewerbswidrigkeit einer Widerrufsbelehrung

Soweit ein Franchise-Geber einen Franchise-Nehmer trotz gesetzlicher Verpflichtung nicht über dessen Widerrufsrecht gem. § 355 BGB belehrt, handelt der Franchise-Geber grundsätzlich wettbewerbswidrig i.S.v. § 1 UWG.[269] Ein solcher Franchise-Geber kann auf Unterlassung in Anspruch genommen werden, d.h. zukünftig den Abschluss von Verträgen ohne die gesetzlich vorgeschriebene Widerrufsbelehrung zu unterlassen.

Wenn teilweise durch die Gerichte auch unzulässige Widerrufsbelehrungen als wettbewerbsrechtliche Bagatellverstöße angesehen werden, so ist aber streitig, ob gleichwohl wettbewerbswidriges Verhalten vorliegt. Das OLG Hamm[270] geht davon aus, dass eine unwirksame Widerrufsbelehrung wettbewerbsrechtlich als Bagatellverstoß zu werten ist, während das Kammergericht Berlin in seiner Entscheidung vom 8. August 2009[271] auch Bagatellverstöße bei Widerrufsbelehrungen für wettbewerbswidrig hält.

12. Freiwillige Widerrufsbelehrung

Der Anwendungsbereich in § 355 BGB wird oft in den Fällen verkannt, in denen freiwillig eine Widerrufsbelehrung vorgenommen wird, obwohl der Franchise-Nehmer nicht Verbraucher i.S.v. § 13 BGB ist. Entspricht dann nicht die Widerrufsbelehrung § 355 BGB i.V.m. § 14 BGB-InfVO, so kann sich der Franchise-Geber als Verwender dieser Widerrufsbelehrung nicht darauf berufen, es habe keine gesetzliche Verpflichtung zur Widerrufsbelehrung bestanden. Der BGH geht nämlich davon aus, dass sich dann der Franchise-Geber an dieser Widerrufsbelehrung festhalten lassen muss.[272]

Demgegenüber hat das OLG Naumburg mit Beschluss vom 24. Oktober 2008[273] festgestellt, dass für die Fristberechnung bzw. den Fristablauf eines vertraglich vereinbarten Widerrufs nur die vereinbarten, ggf. durch Auslegung zu ermittelnden Voraussetzungen und nicht die strengen formalen Voraussetzungen des § 355 BGB gelten, soweit nicht in der Vereinbarung auf die gesetzlichen Regelungen zum Widerruf Bezug genommen wird.

13. Rückgewährschuldverhältnis

Gem. § 357 I BGB finden, soweit der Widerruf i.S.v. § 355 I 1 BGB erklärt wird, die Vorschriften über den gesetzlichen Rücktritt (§§ 346ff. BGB) entsprechende Anwendung. Sich daraus ergebende

Ansprüche, etwa aus § 280 BGB nach den Grundsätzen der culpa in contrahendo gem. § 311 BGB oder gem. §§ 812, 823 BGB, sind durch § 357 IV BGB seit dem 1. 1. 2002 ausgeschlossen. Ansprüche aus § 826 BGB sollten jedoch im Wege der teleologischen Reduktion trotz des entgegenstehenden Wortlautes von § 357 IV bestehen bleiben.[274]

Nach altem Recht löste der Widerruf noch eine Rückabwicklung gem. §§ 812 ff. BGB aus.[275] Dabei war umstritten, ob auf die Rückabwicklung zu Lasten des Franchise-Nehmers die bereicherungsrechtliche Saldo-Theorie Anwendung findet.[276] Dies hat sich nunmehr geändert. Nunmehr müssen gem. § 346 I BGB beide Vertragsparteien die im Rahmen des Dauerschuldverhältnisses empfangenden Leistungen zurückgewähren.

Die jetzt vorgesehene Rückabwicklung gem. §§ 346 ff. BGB wird bei Franchise-Verträgen zu nicht unerheblichen Problemen führen. Bestand z. B. die Leistung des Franchise-Gebers in materiellen Leistungen (z. B. Beratungsleistungen/Know-How-Überlassung/Schulungen und Seminare), so ist die Rückgewähr nach der Natur des Erlangten ausgeschlossen. Mithin ist hier vom Franchise-Nehmer gem. § 346 II 1 BGB Wertersatz zu leisten. Dieser Anspruch geht grundsätzlich auf die Leistung von Geld.[277]

14. Insuffiziente Widerrufsbelehrung

Ist die Widerrufsbelehrung insuffizient, d. h. entspricht nicht den Vorgaben des § 355 BGB, so kann der Franchise-Geber jederzeit diese Widerrufsbelehrung nachbessern, allerdings mit der Folge, dass dann die Widerrufsfrist gem. § 355 II 2 BGB einen Monat beträgt.

15. Neues Recht der Widerrufsbelehrung und bleibende Rechtsfragen

Das amtliche Muster entsprechend Anlage 1 zum EGBGB bringt aber für die Franchise-Systeme vom 11. Juni 2010 an nur dann die vom Gesetzgeber angestrebte Rechtssicherheit, wenn dieses auch beachtet wird.

Werden bei Abschluss des Franchise-Vertrages unzutreffende Angaben zum Fristbeginn oder zum Fristende gemacht, etwa unter Missachtung des Fristendes an einem Sonnabend oder gesetzlichen/kirchlichen Feiertag, so ist die Widerrufsbelehrung trotz der Verwendung des amtlichen Musters unwirksam. Entsprechendes gilt, wenn eine Widerrufsbelehrung unterlassen wird, weil man vermeintlich meint, eine Bezugsbindung des Franchise-Nehmers nicht vereinbart zu haben oder davon ausgeht, dass dieser bereits bei Abschluss des Franchise-Vertrages Unternehmer i. S. d. § 14 BGB war oder aber den Verbraucherschutz dadurch umgeht, indem die Widerrufswertgrenze unter wirtschaftlicher Betrachtungsweise durch Zusammenrechnung wirtschaftlich mit dem Franchise-Vertrag zusammenhängender Verträge auf einen Betrag über EUR 75.000,00 erhöht oder meint, zusätzlich auch noch die Telefonnummer angeben zu müssen, so dass dadurch der Eindruck der Möglichkeit eines telefonisches Widerrufs erweckt wird.[277a]

Die Konsequenz ist in allen Fällen identisch: die Widerrufsbelehrung entspricht nicht den gesetzlichen Vorgaben, so dass ein zeitlich unbefristetes Widerrufsrechts des Franchise-Nehmers gem. § 355 III BGB entsteht.

16. Zukünftiges EU-Recht

Zurzeit wird innerhalb der EU der Vorentwurf einer **Verbrauchervertragsrechte-Richtlinie** diskutiert. Durch diese Richtlinie soll ein harmonisiertes Widerrufsrecht in allen Staaten der Europäischen Gemeinschaft eingeführt werden. Wann dieses harmonisierte Verbrauchervertragsrecht in nationales Recht umzusetzen sein wird, steht nicht fest. Hier gilt es die weitere Entwicklung und deren Bedeutung für das Widerrufsrecht des Franchise-Nehmers abzuwarten.[278]

VIII. Franchise-Verträge und Selbständigkeit des Franchise-Nehmers

1. Arbeitsgerichtliche Rechtsprechung

Kaum eine Entscheidung zum Franchise-Recht hat soviel Kritik hervorgerufen, wie der Beschluss des LAG Düsseldorf vom 27. 10. 1987 zum Jacques Wein-Depot.[279]

Dieser Diskussion setzte zwar das Bundesarbeitsgericht mit Beschluss vom 13. 9. 1989[280] ein verfahrensrechtliches Ende, mehr aber nicht. Der Beschluss des LAG Düsseldorf vom 27. 10. 1987 wurde nur aus formellen Gründen aufgehoben, so dass es nach wie vor an Kriterien mangelte, anhand deren beurteilt werden konnte, ob ein Franchise-Nehmer wirtschaftlich selbständig oder als Arbeitnehmer anzusehen ist. Dieser Diskussion haben nunmehr der Eismann-Beschluss des BAG vom 16. 7. 1997[281] sowie der Eismann-

Beschluss des BGH vom 4. 11. 1998[282] ein Ende gesetzt. Für beide Entscheidungen gelten die Leitsätze, die das BAG seinem Beschluss vom 16. 7. 1997 vorangestellt hat:

> „Ob eine Partei Arbeitnehmer oder arbeitnehmerähnliche Person ist, richtet sich ausschließlich danach, ob sie persönlich abhängig oder zwar rechtlich selbständig, aber wirtschaftlich unabhängig und einem Arbeitnehmer vergleichbar schutzbedürftig ist.
>
> Dass ein Franchise-Nehmer den für ein solches Rechtsverhältnis typischen Bindungen unterliegt, schließt die Annahme eines Arbeitsverhältnisses nicht aus."

Der BGH begründete unter Ablehnung der entgegenstehenden Rechtsprechung des OLG Düsseldorf,[283] dass der Franchise-Nehmer arbeitnehmerähnlich schutzbedürftig sei, damit, dass dieser nach dem abgeschlossenen Franchise-Vertrag verpflichtet gewesen sei,

- seine Arbeitskraft ausschließlich für Eismann als Franchise-Geber einzusetzen, so dass keine Möglichkeit anderweitiger Einkünfte bestand,
- die Verkaufstätigkeit von vorn herein darauf angelegt war, die Arbeitszeit vollständig in Anspruch zu nehmen,
- unter bestimmten Voraussetzungen Eismann als Franchise-Geber gestattet war, Kunden im Vertragsgebiet des Franchise-Nehmers, die dieser nicht beliefern konnte oder wollte, selbst zu beliefern,
- keine Angestellten beschäftigt wurden, die für den Franchise-Nehmer die Verkaufstätigkeit übernahmen, und
- durch das sog. Eismann-Handbuch die Verkaufstätigkeit durch verbindliche Vorgaben geprägt war, angefangen von der Gebietserschließung über die Tourenplanung bis hin zur Beladung des Fahrzeugs und zur Gestaltung des Verkaufsgesprächs.

Für die Prüfung der Frage der Selbständigkeit des Franchisenehmers ist nicht nur auf den abgeschlossenen Franchise-Vertrag und die tatsächliche Übung innerhalb des Franchise-Systems abzustellen, sondern in die Überlegungen muss auch das Franchise-Handbuch miteinbezogen werden, da dieses detaillierte Regelungen und Durchführungshinweise zum Franchise-System enthält, die grundsätzlich auch für den Franchise-Nehmer bindend sind. Aus dieser Gesamtschau von Franchisevertrag, dessen tatsächlicher Umsetzung und den Vorgaben des Franchise-Handbuchs ist festzustellen, ob die Kontroll-

und Weisungsrechte des Franchise-Gebers so weitreichend sind, dass ein so gebundener Franchise-Nehmer als Arbeitnehmer oder aber bei wirtschaftlicher Abhängigkeit einem Arbeitnehmer vergleichbar schutzbedürftig ist (arbeitnehmerähnlicher Franchise-Nehmer).[284]

Nach dem Beschluss des BGH vom 4. 11. 1998 ist es daher einmal mehr notwendig, auch das Franchise-Handbuch daraufhin zu überprüfen, ob dieses nicht detaillierte Regelungen und verpflichtende Durchführungshinweise zum Franchise-System in einer solchen Weise enthält, dass der Franchise-Nehmer nicht unternehmerisch selbständig, sondern so in die Organisation des Franchise-Systems eingebunden ist, dass dieser über keine eigene betriebliche Organisation verfügt und dessen Tätigkeit der eines Angestellten gleichkommt.[285]

Mit seinem Beschluss vom 16. 10. 2002[286] hat sich der BGH noch einmal unter Fortführung der Eismann-Rechtsprechung abschließend zu der Frage geäußert, unter welchen Voraussetzungen ein Franchise-Nehmer als Arbeitnehmer bzw. arbeitnehmerähnlich schutzbedürftig anzusehen ist. Dabei geht der BGH davon aus, dass sich die Selbständigkeit eines Franchise-Nehmers grundsätzlich nach § 84 I HGB beurteilt, einer Vorschrift, die nach Ansicht des BGH als allgemeine gesetzgeberische Wertung anzusehen ist. Aufgrund dieses Beschlusses des BGH vom 16. 10. 2002 dürften daher die in der Vergangenheit immer wieder in der Praxis der erstinstanzlichen Arbeitsgerichte festzustellenden Versuche, schon allein wegen des Abschlusses des Franchise-Vertrages die Arbeitsgerichte anzurufen, der Vergangenheit angehören, genauso wie vor dem Hintergrund des Beschlusses nicht mehr damit argumentiert werden kann, die Selbständigkeit des Franchise-Nehmers sei schon deswegen gegeben, weil eben ein Franchise-Vertrag abgeschlossen wurde. Gleichzeitig kann vor dem Hintergrund des Beschlusses des BGH vom 16. 10. 2002 davon ausgegangen werden, dass die Rechtsprechung der erstinstanzlichen Arbeitsgerichte der Vergangenheit angehört, die Franchise-Verträge schon deswegen als Arbeitsverträge einordnete, weil deren Abschluss nur der Umgehung von Arbeitnehmerschutzrechten bzw. der Flucht aus dem Arbeitsrecht diene.[287]

2. Sicherstellung der Selbständigkeit des Franchise-Nehmers

Durch die Vertragsgestaltung ist demgemäß die Selbständigkeit des Franchise-Nehmers sicherzustellen. Dabei ist analog § 84 HGB auf die Kriterien abzustellen, anhand derer die Selbständigkeit des Handelsvertreters beurteilt wird. Dieser muss selbständiger Gewerbetreibender sein. Ist er es nicht, so ist er Angestellter, also Arbeitnehmer (§ 84 II HGB). Selbständig nach § 84 I 2 HGB ist, wer im Wesentlichen frei seine Tätigkeit gestalten und seine Arbeitszeit bestimmen kann.[288] Die Selbständigkeitskriterien, die das Bild des Handelsvertreters prägen, sind auch als Abgrenzungskriterien für die Selbständigkeit des Franchise-Nehmers geeignet.

a) **Privatrechtliches persönliches Abhängigkeitsverhältnis.** Der Franchise-Vertrag darf nicht so abgefasst sein, dass der Franchise-Nehmer einem Arbeitnehmer gleich seine Dienstleistungen im Rahmen eines freiwillig eingegangenen, privatrechtlichen persönlichen Abhängigkeitsverhältnisses erbringt. Dies verlangt, im Franchise-Vertrag deutlich zu machen, dass

- der Franchise-Nehmer die Produkte des Franchise-Gebers im eigenen Namen und auf eigene Rechnung veräußert;
- dem Franchise-Nehmer das Recht zugestanden wird, einen Teil seines Umsatzes mit so genannten Diversifikationsprodukten zu erzielen;
- der Franchise-Nehmer für seine Tätigkeit einen eigenen kaufmännischen Gewerbebetrieb anzumelden hat, und
- der Franchise-Nehmer bei Erbringung der ihm obliegenden Dienstleistungen mit der Sorgfalt eines ordentlichen Kaufmanns vorzugehen hat, und letztlich
- das Unternehmerrisiko trägt.

Dies bedeutet, dass die Selbständigkeit des Franchise-Nehmers nicht in Frage steht, wenn dieser

- hinsichtlich der Ausgestaltung der Räumlichkeiten an die Weisungen des Franchise-Gebers gebunden ist,
- Änderungen der Baulichkeit und des Außenbereiches des Franchise-Outlets der Einwilligung des Franchise-Gebers bedürfen,
- ein bestimmtes Warensortiment vom Franchise-Geber oder von zum Franchise-System gelisteten Lieferanten bezogen werden muss (Bezugsbindung),
- das vom Franchise-Geber zur Verfügung gestellte Werbematerial zu verwerten ist, um so auf die Produkte des Franchise-Systems aufmerksam zu machen,
- Mitarbeiter einzustellen sind, um das Franchise-Outlet im Rahmen der gesetzlichen Ladenschlusszeiten geöffnet halten zu können,
- grundsätzlich keine Bindung in der Gestaltung der Verkaufspreise erfolgt.

b) Persönliche und wirtschaftliche Unabhängigkeit des Franchise-Nehmers. Das dem Begriff des Arbeitnehmers unter anderem ausmachende Kriterium der persönlichen und wirtschaftlichen Abhängigkeit kann nur dadurch ausgeschlossen werden, indem der Franchise-Nehmer in den Stand versetzt wird, seine persönliche Unabhängigkeit im Verhältnis zum Franchise-Geber aufrechtzuerhalten. Dies setzt voraus, dass der Franchise-Nehmer

- sowohl fachlich,
- als auch hinsichtlich Ort und Zeit der von ihm nach dem Franchise-Vertrag zu erbringenden Leistungen grundsätzlich vom Franchise-Geber weisungsunabhängig ist.

Dabei kommt es allerdings nicht primär auf die vertragliche Gestaltung an; weicht nämlich die vertragliche Gestaltung von den tatsächlichen Verhältnissen ab, so hat die Letztere die ausschlaggebende Bedeutung.[289]

Dem steht auch nicht entgegen, wenn im Handbuch oder im Franchise-Vertrag Marketinggrundsätze etc. normiert werden, die der Franchise-Nehmer zwingend zu beachten hat, damit insbesondere der das Franchise-System ausmachende Gedanke der Corporate Identity aufrechterhalten wird und bleibt. Damit ergibt sich zwar eine Weisungsgebundenheit des Franchise-Nehmers. Doch steht diese der rechtlichen Einordnung des Franchise-Nehmers als eines selbständigen Kaufmanns deswegen nicht im Wege, weil es mit Rücksicht auf die Vertragsfreiheit auch einem selbständigen Kaufmann unbenommen bleibt, sich vertraglich weitgehend zu binden und Pflichten zu übernehmen, die seinen persönlichen und wirtschaftlichen Handlungsspielraum einengen.[290]

c) Eigenorganisation des Franchise-Nehmers. Dem Franchise-Nehmer muss die Möglichkeit gegeben werden,

- seinen Geschäftsbetrieb im Rahmen des ihm zugewiesenen Vertragsgebietes selbst zu organisieren,
- grundsätzlich seine Arbeitszeit selbst festzulegen.

Das letztgenannte Kriterium darf jedoch nicht restriktiv gehandhabt werden. Es versteht sich von selbst, dass in der Regel im Franchise-Handbuch Vorgaben zu den Öffnungszeiten enthalten sind, um so dem Franchise-Nehmer darzustellen, welche Öffnungszeiten für eine Umsatz- und Gewinnmaximierung zu beachten sind. Starre Richtzeiten sind hier unangebracht. Das Maß der „Freiheitsgestaltung“ in den Arbeitszeiten[291] muss entsprechend den Anforderungen der Geschäftsart eingeengt oder ausgeweitet werden. Entscheidend ist bei diesen Abreden immer das Gesamtbild der Vereinbarung. Abreden über Ort und Zeit und Leistung sind zulässig. So wird auch die Selbständigkeit eines Handelsvertreters nicht berührt, wenn diesem feste Tourenpläne vorgegeben werden.[292]

Betreibt der Franchise-Nehmer ein Einzelhandelsgeschäft, so müssen sich dessen Öffnungszeiten an den gesetzlichen Öffnungszeiten orientieren. Ebenso ist es für das Image und die Funktionsfähigkeit eines unter derselben Marke und Geschäftsbezeichnung operierenden Franchise-Systems mit zahlreichen Verkaufsstellen notwendig, die Urlaubs- und Vertretungszeiten aufeinander abzustimmen. Dies liegt auch im Interesse der Franchise-Nehmer, da diese sich ja als Teil eines Verbundsystems verstehen.[293] Immerhin gibt es Konzessionäre, nämlich die Betreiber von Autobahnraststätten, Tankstellen, Kiosken etc., die von Gesetzes wegen verpflichtet sind, „rund um die Uhr" ihren Betrieb geöffnet zu halten (§ 15 IV BFStrG). Wird auf diese gesetzliche Regelung sowohl im Vertrag als auch im Franchisehandbuch abgestellt, so kann daraus nicht im Umkehrschluss gefolgert werden, der Franchisenehmer sei nunmehr Arbeitnehmer.

d) Einbindung in das Warenwirtschaftssystem des Franchise-Gebers. Grundsätzlich kann auch nicht aus der Einbindung des Franchise-Nehmers in das Warenwirtschaftssystem des Franchise-Gebers geschlossen werden, dass dieser Arbeitnehmer des Franchise-Nehmers ist. Die Einbindung in das Warenwirtschaftssystem kann nämlich nicht grundsätzlich als eine Abhängigkeit „von Apparat und Team" des Franchise-Gebers angesehen werden.

Jede Kooperation lebt vom Verbund des Warenwirtschaftssystems. Der Franchise-Nehmer hat eine Systemanwendungspflicht, zu der auch die Absatzförderungspflicht einschließlich einer entsprechenden Bevorratungspflicht gehört. Diesen Verpflichtungen kann der Franchise-Nehmer nur dann nachkommen, wenn er in das Warenwirtschaftssystem des Franchise-Gebers eingebunden ist und damit zugleich der reibungslose Warenverkehr aller Franchise-Nehmer sichergestellt wird.[294] Das Warenwirtschaftssystem stellt sich demgemäß als ein Vorteil für den Franchise-Nehmer dar und fördert seine Einkaufsmöglichkeiten, z.B. durch günstigere EK-Preise.

e) Unternehmerisches Risiko des Franchise-Nehmers. Der Franchise-Nehmer muss das unternehmerische Risiko tragen. Er darf

- somit vom Franchise-Geber keine Vergütung beziehen;
- sondern muss Gewinne aus der Differenz zwischen Einkaufs- und Verkaufspreisen erzielen;

- er muss die von ihm erzielten Umsätze und sein Einkommen selbst versteuern;
- hat die mit dem Geschäftsbetrieb verbundenen Kosten zu tragen, und
- steht in der Verpflichtung, unter Beachtung der handels- und steuerrechtlichen Vorschriften eine Einnahme-/Überschussrechnung bzw. je nach Umfang des Geschäftsbetriebs eine Handels- und daraus abgeleitete Steuerbilanz vorzulegen.

Insofern ist aufgrund des VOM FASS-Beschlusses des BGH vom 16. Februar 2002[295] davon auszugehen, dass dann die Selbständigkeit des Franchise-Nehmers nicht in Frage steht, wenn diesem trotz der Eingebundenheit in das Franchise-System und der damit zwingend (systemimmanent) verbundenen Einschränkung seiner unternehmerischen Selbständigkeit die Organisations-, Personal- und Preishoheit verbleibt.

IX. Franchise-Verträge und Renten- und Sozialversicherungsrecht

1. Scheinselbständigkeit

Die Diskussion um die Scheinselbständigkeit des Franchise-Nehmers, ausgehend von dem Kriterienkatalog des § 7 IV SGB IV gehört seit dem 1. 1. 2003 der Vergangenheit an. Dieser Kriterienkatalog wurde durch das **Zweites Gesetz für moderne Dienstleistungen am Arbeitsmarkt** vom 23. 12. 2002[296] ersatzlos gestrichen. Damit erfolgt eine Rückkehr zu dem Rechtszustand bis zum Erlass des sog. Korrekturgesetzes vom 19. 12. 1998.[297] Seit dem 1. 1. 2003 gilt daher wieder, dass der Sozialversicherungsträger im Einzelfall den Nachweis dafür zu erbringen hat, dass der Franchise-Nehmer im sozialversicherungsrechtlichen Sinne abhängig und nicht selbständig tätig ist. Damit gehört auch die Frage der Vergangenheit an, ob der Franchise-Geber als einziger Auftraggeber des Franchise-Nehmers anzusehen ist und damit bereits im Abschluss des Franchise-Vertrages das erste Kriterium des § 7 IV SGB IV als verwirklicht angesehen wurde.[298]

Da damit auch das zweite Kriterium des § 7 IV SGB IV a.F. entfallen ist, ist es somit auch nicht mehr notwendig, für den Franchise-Nehmer verbindlich vorzuschreiben, dass neben diesem im Franchise-Outlet auch noch ein Mitarbeiter (Aushilfskräfte/Ehefrau/Lebensgefährte) mitarbeiten müssen. Zu empfehlen ist dies aber gleichwohl, da anderenfalls der Franchise-Nehmer in der Verpflichtung steht, sich ausschließlich um sein Franchise-Outlet ohne anderweitige Umsatz- bzw. Verdienstmöglichkeiten zu kümmern. Ein so gebundener Franchise-Nehmer könnte dann wieder unter Berücksichtigung des Beschlusses des BGH vom 16. 10. 2002 zumindest arbeitnehmerähnlich schutzbedürftig i. S. v. § 5 I 2 ArbGG sein.

Trotz des Wegfalles des Kriterienkataloges des § 7 IV SGB IV a. F. bleibt es aber bei dem Grundsatz, dass die sozialversicherungsrechtliche Beurteilung eines Franchise-Nehmers keinen Einfluss auf dessen arbeitsrechtliche Arbeitnehmereigenschaft hat.[299] Allerdings führt eine zu enge Einbindung des Franchise-Nehmers und damit der Verlust an rechtlicher und wirtschaftlicher Betätigungsfreiheit zu dessen Arbeitnehmereigenschaft oder aber arbeitnehmerähnlicher Schutzbedürftigkeit.

2. Rentenversicherung selbstständiger Franchisenehmer (§ 2 Nr. 9 SGB VI)

Allerdings scheint diese Diskussion vor dem Hintergrund der Rentenversicherungspflicht eines Franchise-Nehmers gem. § 2 Nr. 9 SGB VI wieder aufzuleben. Die Sozialversicherungsträger überprüfen nämlich nunmehr auf der Rechtsgrundlade von § 2 Nr. 9 SGB VI, ob selbständige Franchise-Nehmer der Rentenversicherungspflicht unterliegen. Teilweise werden Franchise-Geber noch nicht einmal über die Prüfung unterrichtet, da die Sozialversicherungsträger auf dem Standpunkt stehen, der Franchise-Geber sei nicht am Verwaltungsverfahren zur Feststellung der Versicherungspflicht von Franchise-Nehmern nach § 2 Nr. 9 SGB VI beteiligt. Auskünfte zum Umfang der Prüfung bei Franchise-Systemen gegenüber dem Franchise-Geber werden zum einen aus datenschutzrechtlichen Gründen und zum anderen mit der Begründung verweigert, der Bescheid über die Versicherungspflicht eines Franchise-Nehmers begründe keine Versicherungspflicht des Franchise-Gebers.

Der Ansatz für die Sozialversicherungsträger liegt darin, dass nach § 2 Nr. 9 SGB VI auch selbständig tätige Personen der Rentenversicherungspflicht unterliegen, **„wenn sie auf Dauer und im Wesentlichen nur für einen Auftraggeber tätig sind“** und **„im Zusammenhang mit ihrer Tätigkeit regelmäßig keinen versicherungspflichtigen Arbeitnehmer beschäftigen, dessen Arbeitsentgelt im Monat EUR 400,– übersteigt“.**

Vor diesem Hintergrund ist die BfA zunehmend dazu übergegangen, auch selbständigen Franchise-Nehmern Rentenversicherungsbescheide zuzustellen. Dies wird damit begründet, dass das „Auftragsverhältnis“ i. S. v. § 2 Nr. 9 SGB VI nicht identisch ist mit dem Auftrag i. S. v. § 662 BGB. Vielmehr sei der Begriff „Auftraggeber" umgangssprachlich zu verstehen. Damit sieht die BfA den Franchise-Geber als Auftraggeber des Franchise-Nehmers an, da dieser dessen Geschäftskonzept an seinem Point of Sale als Beauftragter umsetze.

Insofern hat das SozG Stuttgart in seinem Urteil vom 25. 3. 2004[300] der Auslegung des Auftragsbegriffs der BfA eine Absage erteilt. Die dagegen beim LSozG Stuttgart[301] von der BfA eingelegte Berufung wurde zurückgenommen. Allerdings kann man sich nicht mehr auf diese Entscheidung des SozG Stuttgart berufen, da zwischenzeitlich das Bundessozialgericht mit Urteil vom 4. November 2009[302] festgestellt hat, dass der Franchise-Geber alleiniger Auftraggeber des Franchise-Nehmers ist. Insofern heißt es in den Entscheidungsgründen:

> „... Im Rahmen eines solchen Vertriebs- oder Franchise-Systems, bei dem der Franchise-Nehmer für den Franchise-Geber tätig ist, seinerseits aber selbständig ist, ist der Franchise-Geber in der Regel der einzige Auftraggeber. Der Franchise-Nehmer ist vom Franchise-Geber wirtschaftlich abhängig. Damit liegt genau die Situation vor, die für die Versicherungspflicht der Selbständigkeit vorausgesetzt wird. Die Versicherungspflicht entfällt nur dann, wenn der Franchise-Nehmer selbst wiederum zumindest einen versicherungspflichtigen Arbeitnehmer beschäftigt ..."

Zukünftig wird also vor dem Hintergrund dieser BSG-Entscheidung davon auszugehen sein, dass der Franchise-Geber bei einem Franchise-System mit Bezugsbindung alleiniger Auftraggeber des Franchise-Nehmers ist und dieser dann einer Rentenversicherungspflicht unterliegt, wenn er keinen weiteren versicherungspflichtigen Arbeitnehmer beschäftigt, d.h. als sog. **„Solo-Selbständiger"** tätig ist. Dabei wird es auf die Tatsächlichkeit ankommen, so dass eine vertragliche Vereinbarung, wonach der Franchise-Nehmer verpflichtet ist, zumindest einen versicherungspflichtigen Arbeitnehmer mit einem Gehalt von mehr als EUR 400,00 zu beschäftigen, dann ohne Bedeutung ist, wenn es bei dieser durch den Franchise-Vertrag eingeräumten theoretischen Möglichkeit verbleibt, tatsächlich aber vom Franchise-Nehmer nicht umgesetzt wird.

Unklar ist allerdings, ob die Abhängigkeit von einem Auftraggeber dann entfällt, wenn die Bezugsbindung des Franchise-Nehmers nur 80% beträgt oder dieser freie Mitarbeiter beschäftigt, deren monatliche Vergütungen insgesamt EUR 400,00 übersteigen.

X. Das Franchise-Handbuch

1. Franchise-Vertrag und Franchise-Handbuch

Das Franchise-Handbuch (teilweise auch Betriebshandbuch genannt) ist notwendig, um dem Franchise-Nehmer alle für die Führung des Franchise-Outlets notwendigen Richtlinien und Instruktionen im Einklang mit den Richtlinien des Franchise-Konzeptes zu vermitteln. Das Handbuch muss daher alle notwendigen Führungsgrundsätze für den Betrieb des Franchise-Nehmers enthalten und sich auch mit allen Einzelheiten des täglichen Geschäftsablaufs im Franchise-Outlet befassen.[303]

Dabei dient das Franchise-Handbuch auch der Dokumentation des Know-how-Transfers vom Franchise-Geber auf den Franchise-Nehmer. Mangelt es nämlich an einem solchen Know-how-Transfer, so mangelt es an einer Ausgewogenheit von Leistung des Franchise-Gebers und Gegenleistung des Franchise-Nehmers, so dass der abgeschlossene Franchise-Vertrag sittenwidrig im Sinne von § 138 BGB und damit nichtig sein kann.[304] Der Franchise-Geber ist dann nach den Vorschriften der ungerechtfertigten Bereicherung (§ 812 I 1 BGB) verpflichtet, dem Franchise-Nehmer im Rahmen der Rückabwicklung unter anderem die von diesem geleistete Eintrittsgebühr zu erstatten.

Im Rahmen des Franchise-Vertrages sind sämtliche Verpflichtungen zu regeln, die zu finanziellen Belastungen des Franchise-Nehmers führen. Häufig finden sich in den in Bezug genommenen Handbüchern Regelungen darüber, dass der Franchise-Nehmer z. B. ein Mindestwarenlager zu führen und Vertragswaren im bestimmten Umfang vorrätig zu halten hat. Derartige Regelungen gehören allein und ausschließlich in das Vertragswerk und nicht etwa in abänderbare Regelungen der Handbücher.

Auch die nachträgliche Einführung von finanziellen Verpflichtungen kann nur durch eine Vertragsänderung, nicht aber durch eine Änderung der Regelungen in den Handbüchern eingeführt werden.

Der Änderungsvorbehalt von Regelungen in den Handbüchern hat sich allein an der Optimierung der Systemanwendung zu orientieren, nicht aber die Grundlage für die Einführung neuer Leistungspflichten zu bieten. Demgemäß sehen Franchise-Verträge vor, dass sich Anpassungen des Handbuches im Rahmen von Treu und Glauben bewegen und nicht zur Einführung neuer Vertragspflichten führen dürfen, die das Verhältnis von Leistung und Gegenleistung nachhaltig beeinflussen.

Als problematisch sind darüber hinaus solche Vertragsklauseln zu beurteilen, die z. B. den Franchise-Nehmer aus Wettbewerbsgründen zu sachlich gerechtfertigten Neu- und Umgestaltungen z. B. der Ladenlokale zwingen. Vor dem Hintergrund, dass heute im Handel Ladeneinrichtungen in der Regel nach Zeiträumen von 4 bis 6 Jahren ausgetauscht werden müssen, sollte eine solche Verpflichtung des Franchise-Nehmers zumindest vorsehen, dass der Franchise-Geber die wirtschaftlichen Verhältnisse auch unter Berücksichtigung der bei Vertragsabschluss zugrunde gelegten Abschreibungszeiträume zu berücksichtigen hat.

Wenn sodann in der betriebswirtschaftlichen Beratung dem Franchise-Nehmer nahegelegt wird, z. B. die Ladeneinrichtung über den zuvor genannten Zeitraum abzuschreiben, so dürfte es nicht zu beanstanden sein, wenn im Rahmen der systemeinheitlichen Einführung eine neue Ladengestaltung für alle angeschlossenen Partner eingeführt werden muss.

2. Mustergliederung eines Franchise-Handbuchs

Kapitel I **Inhalt**

1. Vorwort
2. Arbeitshinweise
3. Inhaltsverzeichnis
4. Einführung
   a) Grundzüge des ...... Franchise-Systems
   b) Daten und Fakten des relativen Marktes
   c) Corporate Identity des ......
   d) Grundzüge der Partnerschaft
   e) Anforderungen an den Franchise-Partner
   f) Leistungsverpflichtungen des ......

Kapitel II **Raumfragen**

1. Anforderungen an den Standort
   a) Vorgaben der ...... Standortanalyse
   b) Anforderungen an die verkehrsmäßige Anbindung
2. Abschluss des Mietvertrages (einschließlich Mustermietvertrag)
3. Ausstattung des Backfachgeschäftes
   a) Design der Einrichtung
   b) Technische Ausstattung
   c) Sonstige Ausstattung

Kapitel III **Präsentation des Warenangebots**

1. Präsentation allgemein

2. Präsentation nach Warengruppen
3. Präsentation von Sonderangeboten
4. Verkaufsförderungsaktionen

Kapitel IV **Verkauf des Warenangebots**

1. Zielgruppe
   a) Privatkunden
   b) Firmenkunden
   c) Key Account Kunden
2. Argumente für den Kauf der Backwaren
3. Öffnungszeiten des Backfachgeschäftes
4. Verkaufsgespräch
5. Events/Sonderverkaufsveranstaltungen
6. Kundenpflege

Kapitel V **Mitarbeiterführung/Betriebsorganisation**

1. Funktionsaufteilung
2. Einstellung von Personal
   a) Anforderungsprofil an Angestellte
   b) Einstellungsgespräch
   c) Allgemeines Gleichbehandlungsgesetz
   d) Muster eines Anstellungsvertrages
3. Kontrolle der Angestellten
4. Grundsätze der Vergütung der Angestellten

Kapitel VI **Betriebsorganisation/Steuern**

1. Grundbegriffe
   a) Kosten Miete
   b) Lebenshaltungskostenindex
   c) Darstellung der Mieterhöhungen nach dem Mieterhöhungsgesetz bzw. nach der II. Berechnungsverordnung
   d) Nebenkosten/Nebenkostenpauschale
   e) Heizkosten und Heizkostenermittlung
   f) DIN-Vorschriften
2. Umsatzerfassung
   a) Kassenführung
   b) Kassenbericht
   c) Grundsätze der Kassenführung
   d) Kassenbelege
   e) Eigenverbrauch
   f) Reisekosten/Bewirtungskosten
   g) Aushilfsquittungen
   h) Bank-, Sparkassen- und Postscheckkonto
3. Steuern
   a) Körperschaftssteuer

b) Umsatzsteuer
c) Einkommensteuer
d) Lohnsteuer (als besondere Erhebungsform der Einkommensteuer)
e) Gewerbesteuer
f) Gewerbeertragsteuer
g) Vermögensteuer einschließlich Grundsätze des Bewertungsrechts

4. Handels-/Gewerberegister
5. Gewerbeaufsichts-/Gesundheitsamt
6. Handwerkskammer
7. Bauamt

Kapitel VII Finanzierung

1. Eigenfinanzierung
   a) Vorhandene liquide Mittel
   b) Beleihung von Vermögenswerten
   c) Bürgschaften
2. Fremdfinanzierung
   a) öffentliche Mittel (ERP etc.)
   b) Bank-Darlehen
   c) Kontokorrent-Kredit
3. Liquiditätsplan

Kapitel VIII Wirtschaftliches Modell

1. Rentabilitätsplan
   a) Umsatz
   b) Material- und Wareneinkauf
   c) Kostenarten
   d) Personalkosten
      aa) Fixkosten
      bb) variable Kosten
   e) Raumkosten
      aa) Fixkosten
      bb) variable Kosten
   f) Nachkalkulation (Eingangskalkulation – erreichte Kalkulation)
   g) Kosten
   h) Abschreibung – Nutzungsdauer – Geringwertige Wirtschaftsgüter
2. Liquiditätssicherstellung
3. Umsatzerfassung
4. Versicherungen
   a) Persönliche Versicherungen
   b) Arbeitslosenversicherung

Kapitel IX Werbung

1. Maßnahmen vor der Eröffnung
   a) Werbeplanung
   b) Persönliches Bekanntmachen
2. Maßnahmen zur Eröffnung
   a) Empfang
   b) Pressemitteilung
   c) Eröffnungsanzeige(n)
   d) Direktwerbung
3. Maßnahmen zum laufenden Betrieb
   a) Anzeigenwerbung
      aa) regional
      bb) überregional
   b) Werbung in anderen Medien
4. Maßnahmen zu Verkaufsförderungsaktionen

Kapitel X Betriebsvergleich

1. Ziele des Betriebsvergleichs
2. Wesen des Controlling
3. Praktische Durchführung
   a) Planung mit der Systemzentrale
   b) Meldungen des Partners
4. Leistungen des Controlling
   a) Tabellarische Übersichten
   b) Auswertung der Ergebnisse
   c) Fristen für die Auswertung
5. Datenschutz

Kapitel XI Recht/Schutz

1. Wettbewerbsrecht/Wettbewerbsschutz
2. Lebensmittelrechtliche Vorschriften
3. Formularwesen
4. Vertragswesen
5. Gegenseitige Info/Geheimhaltung, Know-how
6. Abrechnungsvereinbarung
7. CI-Schutz/LOGO-Schutz
8. Rechtskontrolle

Kapitel XII Schulung

1. Schulungen (fachlich)
2. Schulungen (Rechtspflege)
3. Schulungen (technisch)
4. Schulungen (Werbung/Verkauf)
5. Arbeitssitzungen/ERFA-Tagung

Kapitel XIII Sonstiges

3. Know-How-Transfer

Gekennzeichnet wird jedes Franchise-System durch das unerlässliche Know-How-Transfer, d.h. die Informationen und Unterlagen, die dem Franchise-Nehmer für das Betreiben des Franchise-Outlets zur Verfügung zu stellen sind.[305]

Bis zum 31. 12. 1999 wurde dem Know-How-Transfer die entsprechende Definition der EU-Gruppenfreistellungsverordnung für Franchise-Vereinbarungen zugrundegelegt. Nunmehr ist von den entsprechenden Regelungen der seit dem 1. 6. 2000 geltenden EU-Gruppenfreistellungsverordnung für Vertikale Vertriebsbindungen[306] auszugehen.

Damit unterstreicht die EU-Gruppenfreistellungsverordnung für Vertikale Vertriebsbindungen die Bedeutung und Wichtigkeit des Know-How für den Abschluss von Franchise-Verträgen im Besonderen und dem Aufbau eines Franchise-Systems im Allgemeinen. Ist dieser Know-How-Transfer streitig, so hat der Franchise-Geber auf der Grundlage des Urteils des OLG Oldenburg vom 16. 10. 1997[307] nicht nur die Werthaltigkeit des Know-How, sondern auch darzulegen und zu beweisen, inwieweit dieses Know-How für den Franchise- und damit auch den Franchise-Nehmer von Nutzen ist.

Inwieweit diese Rechtsprechung unter dem Blickwinkel der EU-Gruppenfreistellungsverordnung für Vertikale Vertriebsbindungen noch weiter verbindlich ist, gilt es abzuwarten. Die EU-Gruppenfreistellungsverordnung für Vertikale Vertriebsbindungen enthält im Gegensatz zur EU-Gruppenfreistellungsverordnung für Franchise-Vereinbarungen keine Definition des Begriffs „Franchising“. Vielmehr wird dieser nur im Rahmen der Guidelines als ein Hauptanwendungsfall für die Weitergabe von Know-How erwähnt. Soweit im Rahmen der EU-Gruppenfreistellungsverordnung für Vertikale Vertriebsbindungen davon gesprochen wird, dass das Know-How **„unerlässlich“** ist, ist streitig, ob es sich hierbei nur um einen Übersetzungsfehler[308] handelt oder aber durch die EU-Gruppenfreistellungsverordnung für Vertikale Vertriebsbindungen höhere Anforderungen an das Know-How eines Franchise-Systems gestellt werden, da im Rahmen der EU-Gruppenfreistellungsverordnung für Franchise-Vereinbarungen nur davon gesprochen wurde, dass das Know-How **„nützlich“** sein muss.[309] Mittlerweile scheint sich aber die Ansicht zu bestätigen, wonach durch die **„Unerlässlichkeitsprüfung“** höhere Anforderungen an einen Know-How-Transfer bei Franchise-Systemen zu stellen sind.[310]

De lege ferenda reicht für die kartellrechtliche Beurteilung des Know-how aus, dass dieses für das Franchise-System und damit auch für den einzelnen Franchise-Nehmer und das Betreiben des Franchise-Outlets **„bedeutsam"** und **„nützlich"** ist. Damit liegt ein Rückschritt vor, d.h. die Anforderungen, die an das Know-how eines Franchise-Systems zu stellen sind, entsprechen nicht mehr der de lege lata nur schwer zu erfüllenden „Unerlässlichkeitsprüfung".

Allerdings darf nicht unbeachtet bleiben, dass die EU-Gruppenfreistellungsverordnung für Vertikale Vertriebsbindungen genauso wie die EU-Gruppenfreistellungsverordnung für Franchise-Vereinbarungen erlassen wurde, um Franchise-Verträge vom Kartellverbot des Art. 101 I AEUV (= Art. 81 EG-Vertrag) freizustellen, so dass nicht der Weg einer Einzelfreistellung durch die EU-Kommission gewählt werden musste. Insofern war schon immer streitig, ob der Know-How-Begriff der EU-Gruppenfreistellungsverordnungen, der an für sich nur für das Europäische Kartellrecht von Bedeutung war, auch darüber hinausgehende allgemeine Bedeutung für die Vertragsgestaltung hat.[311] Zumindest hat sich teilweise in der Rechtsprechung die Gruppenfreistellungsverordnung als Wertungsmaßstab für zivilrechtliche Fragen durchgesetzt. Das OLG Rostock hat in seinem Urteil vom 29. Juni 1995[312] festgestellt, dass die seinerzeitige EU-Gruppenfreistellungsverordnung für Franchise-Vereinbarungen Maßstab für die Frage ist, ob der Franchise-Vertrag sittenwidrig ist. Der BGH geht in seinem Urteil vom 13. Juli 2004[313] davon aus, dass die Gruppenfreistellungsverordnung im Rahmen der Inhaltskontrolle eines Franchise-Vertrages heranzuziehen ist, da diese einen Interessenausgleich zwischen dem Franchise-Geber und dem Franchise-Nehmer verfolgt. Insofern kommen den Bestimmungen der EU-Gruppenfreistellungsverordnung für Vertikale Vertriebsbindungen auch Ordnungs- und Leitbildfunktion i.S.v. § 307 II Nr. 1 BGB zu. Es ist nicht zu erwarten, dass sich an dieser Betrachtung unter der neuen ab 1. Juni 2010 anzuwendenden EU-Gruppenreistellungsverordnung für Vertikale Vertriebsbindungen etwas ändern wird.

4. Wertungsmaßstab § 138 BGB?

Letztlich kommt es auf diesen Streit nicht an. Da der Franchise-Geber für dieses Know-How eine entsprechende Eintrittsgebühr vom Franchise-Nehmer verlangt, muss dieser auch beweisen, dass ein solches substantielles (unerlässliches) Know-How zur Verfügung steht und dem Franchise-Nehmer für den Aufbau des Franchise-Systems im Vertragsland zur Verfügung gestellt werden kann. Mangelt es an einem solchen Know-How oder an der Ausgewogenheit der Leistung des Franchise-Gebers (Know-How) und der Gegenleistungen des Franchise-Nehmers (Gebühren), so kann der abgeschlossene Franchise-Vertrag gem. § 138 BGB sittenwidrig und damit nichtig sein. Der Franchise-Geber ist dann nach den Vorschriften der ungerechtfertigten Bereicherung gem. § 812 Abs. 1 Satz 1 BGB verpflichtet, den Franchise-Nehmer im Rahmen der Rückabwicklung des Franchise-Vertrages unter anderem die von diesem geleisteten Gebühren, insbesondere die Eintrittsgebühr, zu erstatten.[314] Auf diese Rückabwicklung sind seit dem 1. 1. 2002 die Vorschriften der §§ 346ff. BGB anzuwenden, so dass die Saldotheorie nicht zur Anwendung kommt.[315]

5. Nichtlieferung des Franchise-Handbuchs/mangelhaftes Franchise-Handbuch

Gänzlich ungeklärt sind noch die Fragen, welche Rechte dem Franchise-Nehmer zustehen, wenn

- das zum Vertragsinhalt gehörende Franchise-Handbuch nicht zur Verfügung gestellt wurde bzw.
- dieses so mangelhaft ist, dass der Franchise-Nehmer daraus keinen Nutzen ziehen kann.

Fehlt das Franchise-Handbuch gänzlich, so kann der Franchise-Nehmer die Einrede des nicht erfüllten gegenseitigen Vertrages (§ 320 I 1 BGB) erheben und die Leistung der laufenden Franchise-Gebühr von der Gestellung des Franchise-Handbuchs abhängig machen. Gleiches gilt, wenn das Franchise-Handbuch mangelhaft ist.[316]

Ist zwischen den Parteien des Franchise-Vertrages streitig, ob das Franchise-Handbuch geliefert worden ist, hat der Franchise-Nehmer aber bei Abschluss des Vertrages schriftlich bestätigt, sämtliche mit dem Vertrag zusammenhängende Unterlagen erhalten zu haben, so trifft ihn die Darlegungs- und Beweislast für die Unrichtigkeit seiner Erklärung (§ 363 BGB).

Fehlt das nach dem Inhalt des Franchise-Vertrages auch ohne Erwähnung im Vertragstext zur Hauptleistungspflicht gehörende Franchise-Handbuch bei Überlassung der für den Betreiber des Franchise-Betriebs notwendigen Unterlagen und bestätigt der Franchise-Nehmer gleichwohl den vollständigen Empfang sämtlicher Unterlagen, so kann er sich nach dem Urteil des BGH vom 5. 7. 1989[317] nicht auf den mangelnden Beginn seiner Verpflichtung zur Leistung der laufenden Franchise-Gebühr berufen. Auch insoweit wird man ihm allenfalls das Recht einräumen können, die Einrede aus § 320 I 1 BGB zu erheben.[318]

Teil II
Textabdruck des Vertragsmusters

Die **einzelnen Klauseln** des Vertragsmusters sind im Folgenden der jeweiligen Erläuterung vorangestellt.
Das **vollständige** zusammenhängende **Muster** finden Sie auf der dem Buch beiliegenden CD in zwei verschiedenen Dateiformaten.

Vorbemerkung zum Vertragsmuster mit Anmerkungen

Das Muster des Franchise-Vertrages enthält teilweise Regelungen, die einander widersprechen. Damit sollen die unterschiedlichen Gestaltungsmöglichkeiten eines Franchise-Vertrages aufgezeigt werden, je nachdem welcher Inhalt des Franchise-Vertrages zwischen den Vertragsparteien unter Berücksichtigung des jeweiligen Franchise-Systems möglich ist.

Dies gilt insbesondere für die Regelungen in:

- § 1 Ziff. 5 Abs. 2 – Zusätzliche Markenrechte
- § 26 Ziff. 1 – § 27
- § 22 Ziff. 1 – § 22 Ziff. 2
- § 29
- § 32

In den jeweiligen Erläuterungen wird deutlich gemacht, warum unterschiedliche Gestaltungsmöglichkeiten bestehen. Teilweise werden in den Anmerkungen zu den einzelnen Vorschriften auch Alternativ-Formulierungen dargestellt, wobei jedes Franchise-System zu entscheiden hat, welche der Alternativ-Formulierungen in das Franchise-Vertrags-Muster aufzunehmen ist.

Für das Vertragsmuster und die Anmerkung gilt allgemein, dass sie nur als Bearbeitungs- und Gestaltungshilfen gedacht sind und keinesfalls die konkrete, am Einzelfall orientierte Gestaltung des Franchise-Vertrages ersetzen können. Hier sind dann die Vertragsparteien bzw. deren Berater gefragt. Dies gilt insbesondere auch für die Frage, ob entsprechend einer US-amerikanischen Vertragsgestaltung dem Franchise-Vertrag ein Definitionenkatalog voranzustellen ist oder in welcher Weise die Einkaufsvorteile im Rahmen des Franchise-Vertrages dargestellt werden oder die vorvertragliche Aufklärung im Franchise-Vertrag dargestellt wird. Auch der Umfang der Bezugsbindung (100% oder nur 80%) ist eine für jedes Franchise-System gesondert zu treffende Entscheidung. Solche Entscheidungen kann das Vertragsmuster nicht abnehmen.

Teil III
Vertragsmuster mit Anmerkungen

Präambel

Der Franchise-Geber hat ein Handels- und Absatzkonzept entwickelt, das über den herkömmlichen Rahmen von Backfachgeschäften hinausgeht und sich als Erlebnisbäckerei versteht. Darauf stellen nicht nur die Werbe- und Marketingkonzepte, die Vertragsprodukte und die vom Franchise-Nehmer zu erbringenden Dienstleistungen, sondern auch die Philosophie des Franchise-Systems ab, die das Backen als solches dem Endverbraucher als Erlebnis vermitteln will.
Charakterisiert wird das Franchise-System durch:
- die Anzahl der bundesweiten Standorte, die auf eine schnelle Marktdurchdringung ausgerichtet sind,
- auf die Unternehmensphilosophie des „Erlebnis-Backens" ausgerichtete Sortiments- und Dienstleistungsstrategie,
- systemtypische Ausstattung sowie gegenwärtige und zukünftige gewerbliche Schutzrechte,
- ständige Innovation durch Verkaufsförderungsaktionen und Marketingkonzepte des Franchise-Gebers,
- systemtypische Gestaltung der Ladeneinrichtung als Ausdruck des „Erlebnis-Backens",
- die betriebswirtschaftlichen Erfolgskontrollen einschließlich Betriebsvergleichen,
- Know-how im jeweiligen Stand der Entwicklung,
- Unterstützung des Franchise-Nehmers durch einen Franchise-Berater.

Der Franchise-Geber beabsichtigt, dem Franchise-Nehmer eine Franchise für das Betreiben eines Backfachgeschäftes gemäß den Bestimmungen dieses Franchise-Vertrages, dessen Anlagen, der Richtlinien und des Franchise-Handbuchs (§ 7) zu übergeben.

Der Franchise-Nehmer erklärt mit seiner Unterschrift, dass er vor Abschluss dieses Franchise-Vertrages ausreichend Gelegenheit hatte, das Franchise-System in allen Einzelheiten aus eigener Anschauung kennenzulernen und die vom Franchise-Geber bzgl. des Franchise-Systems, der wirtschaftlichen Grundlagen und dieses Franchise-Vertrages gemachten Angaben zu überprüfen bzw. durch einen von Berufs wegen zur Verschwiegenheit verpflichteten Dritten überprüfen zu lassen. Der Franchise-Geber hat insoweit die dem Franchise-

Nehmer gegenüber gemachten Angaben nach Treu und Glauben und bestem Wissen mit der im Verkehr erforderlichen Sorgfalt gemacht. Soweit die Angaben sich nicht auf den Ist-Zustand beziehen, sondern auf die Zukunft gerichtete Erwartungen und Prognosen des vom Franchise-Nehmer zu betreibenden Backfachgeschäftes, wird vom Franchise-Geber für das Eintreffen dieser Erwartungen und Prognosen keine Haftung übernommen. Vielmehr hängt das Eintreffen dieser Prognosen und Erwartungen von vielfältigen Umständen ab, insbesondere auch von der unternehmerischen Leistungsfähigkeit des Franchise-Nehmers und der Marktentwicklungen, die nicht im Einflussbereich des Franchise-Gebers liegen.

Desweiteren versichert der Franchise-Nehmer, über das zum Start und Betrieb eines Backfachgeschäftes erforderliche finanzielle Leistungsvermögen, die kaufmännischen Kenntnisse und insbesondere die praktischen Erfahrungen zu verfügen.

Dies vorausgeschickt vereinbaren die Vertragsparteien Folgendes:

Erläuterungen

1. Bedeutung der Präambel
2. Vorvertragliche Aufklärungspflichten
3. Beweiskraft der Präambel

1. Bedeutung der Präambel

Es ist empfehlenswert, einem Franchise-Vertrag eine Präambel voranzustellen, indem die Grundlagen des Franchise-Systems und – mitunter – auch dessen Entstehungsgeschichte dargestellt werden. Alle wichtigen Merkmale der Franchise sowie der dem Franchise-Geber erteilten Schutzrechte sollten dargestellt werden, damit kein Zweifel zwischen den Vertragsparteien darüber entstehen kann, welchen Umfang und Inhalt die Geschäftsidee und das System der Betriebsführung hat, welche dem Franchise-Nehmer durch den Franchise-Geber mit Abschluss des Franchise-Vertrages zur Nutzung überlassen wurden.[319]

Transparent werden damit auch die Aufbauleistungen des Franchise-Gebers sowie dessen laufende Beratungsleistungen. Diese Leistungen sind letztlich auch die Bemessungsgrundlage für die vom Franchise-Nehmer zu leistendende Eintrittsgebühr, aber auch die laufenden Franchise- und – gegebenenfalls – Werbegebühren.[320]

2. Vorvertragliche Aufklärungspflichten

Die Präambel sollte eine Regelung zur vorvertraglichen Aufklärung enthalten, und zwar nicht nur zur vorvertraglichen Aufklärung des Franchise-Gebers, sondern auch zur vorvertraglichen Aufklärung des Franchise-Nehmers. Gleichzeitig sollte deutlich gemacht werden, dass die Angaben des Franchise-Gebers nur als Zukunftsprognosen anzusehen sind und demgemäß keine Garantie (Rentabilitätsgarantie) dafür übernommen werden kann, dass dieser wirtschaftliche Erfolg auch beim Franchise-Nehmer eintritt. Das Vertragsmuster stellt in der Präambel insoweit darauf ab, dass der Eintritt der Prognosen von vielfältigen Umständen abhängig ist, insbesondere auch von der Leistungsfähigkeit des Franchise-Nehmers.

Zugleich muss in der Präambel deutlich gemacht werden, dass der Franchise-Nehmer im Rahmen der Vertragsverhandlungen Gelegenheit hatte, sowohl den Franchise-Vertrag und dessen Anlagen, als auch das Franchise-Handbuch und die wirtschaftlichen Grundlagen des Franchise-Systems zu überprüfen bzw. durch einen Dritten überprüfen zu lassen, der von Berufs wegen zur Verschwiegenheit verpflichtet ist.

Mit einer solchen Regelung wird deutlich gemacht, dass der Franchise-Geber seine vorvertraglichen Aufklärungspflichten[321] erfüllt hat. Allerdings kann in einer solchen Regelung keine Haftungsfreistellung des Franchise-Gebers gesehen werden. Trotz einer solchen Regelung kommt gleichwohl eine Haftung des Franchise-Gebers wegen Verletzung vorvertraglicher Aufklärungspflichten nach den Grundsätzen der culpa in contrahendo in Betracht, wenn die dem Franchise-Nehmer im Rahmen der Vertragsverhandlungen gemachten Angaben unzutreffend sind, d.h. die dem Franchise-Nehmer vermittelten Informationen über das Franchise-System weder richtig noch vollständig waren.[322]

Wichtig ist es aber vor allem, die **Beachtung** der **vorvertraglichen Aufklärung** zu **dokumentieren.** Hierzu reicht eine so genannte Checklist Franchising aus, die sämtliche Punkte umfasst, die für die Erfüllung der vorvertraglichen Aufklärungspflichten beim Abschluss von Franchise-Verträgen erforderlich sind. Diese Checklist Franchising wird dann im Einzelnen im Rahmen der Vertragsverhandlungen durchgesprochen und alsdann vom Franchise-Nehmer unterzeichnet, der insoweit bestätigt, umfassend über die mit dem Abschluss eines Franchise-Vertrages verbundenen Risiken informiert worden zu sein. Wird die Unterrichtung in einer gerichtlichen Auseinandersetzung vom Franchise-Nehmer bestritten, so kann die Checklist Franchising als Urkunde vorgelegt werden. Diese Checklist Franchising sollte auf das jeweilige individuelle Franchise-System abstellen, wobei die einzelnen Kriterien sowohl die einzelnen Entscheidungen zur vorvertraglichen Aufklärung aber auch den Richtlinien des Deutschen Franchise-Verbandes e.V. „Vorvertragliche Aufklärungspflichten"[323] zu entnehmen sind. Als grobes Raster muss eine solche Checklist Franchising umfassen:

- Informationen über das Franchise-Konzept
- Informationen über die mit der Entscheidungsbefugnis ausgestatteten Personen der Systemzentrale
- Informationen über die Gremien des Franchise-Systems
- Franchise-Angebot unter Berücksichtigung der Werbe-, Marketing- und Schulungskonzepte
- Kriterien für eine Standortanalyse
- Rentabilitätsvorausschau (optional – nicht zwingend)
- Allgemeine Angaben zum Franchise-System
- Franchise-Vertrag
- Franchise-Handbuch
- Startup-Informationen.

Die einzelnen Punkte sind entsprechend den Gegebenheiten des jeweiligen Franchise-Systems zu untergliedern. Beispielhaft könnte dann eine solche Checklist Franchising mit folgender Schlussbemerkung des Franchise-Nehmers beendet werden.

> Mit meiner Unterschrift bestätigte ich ...... (Name/Anschrift) ...... dass mir die vorstehenden Informationen vollständig vermittelt worden sind und ich demgemäß im Rahmen der Vertragsverhandlungen, aber auch bei Abschluss des Franchise-Vertrages nach dem ...... Franchise-System für den von mir geplanten Standort in ...... (genaue Anschrift) ...... unterrichtet worden bin. Fragen zum Franchise-System und zu den wirtschaftlichen Grundlagen, aber auch zur Entwicklung des Franchise-Systems wurden umfassend beantwortet.
>
> ......, den ....
>
> (Unterschrift)

Eine solche Erklärung ist jedoch nur dann für den Franchise-Nehmer verbindlich, wenn die Angaben des Franchise-Gebers richtig und vollständig waren. Werden vorsätzlich unzutreffende Angaben im Rahmen der Vertragsverhandlungen gemacht, um so den Franchise-Nehmer vom Vertragsabschluss zu überzeugen, so ist gleichwohl eine Haftung des Franchise-Gebers trotz einer solchen Erklärung des Franchise-Nehmers gegeben. Der Haftungsausschluss, der mit einer solchen Erklärung verbunden ist, ist dann unwirksam.

Wird also eine solche Checklist Franchising ausgearbeitet, um die Erfüllung der vorvertraglichen Aufklärungspflichten zu dokumentieren, so sollte dies auch in der Präambel berücksichtigt werden. Diese wäre dann wie folgt zu ergänzen:

> Zugleich sind mir im Rahmen der Vertragsverhandlungen alle für die Beurteilung des Franchise-Systems notwendigen Informationen und des von mir zu betreibenden Backfachgeschäftes anhand einer Checklist Franchising vermittelt worden. Diese Checklist Franchising ist diesem Franchise-Vertrag als Anlage ...... beigefügt.

Dabei ist auch zu berücksichtigen, dass die Rechtsprechung, die unternehmerische Selbständigkeit und die Übernahme unternehmerischen Risikos des Franchise-Nehmers wieder mehr betont[324] und insofern auch erkennt, dass die Aufklärungs-, Beratungs- und Hinweispflichten, die einen Franchise-Geber nach der bisherigen Rechtsprechung trafen, nicht derart überzogen werden dürfen, dass dic Expansions- und Innovationsfreudigkeit des Franchise-Gebers von vorneherein gelähmt wird.[325]

3. Beweiskraft der Präambel

Zugleich dient eine solche in der Präambel enthaltene Klausel der Beweiskraft. Sie schneidet dem Franchise-Nehmer den Einwand ab, alle das Franchise-System betreffenden Unterlagen vor Vertragsabschluss weder gesehen noch geprüft zu haben.[326]

Entsprechend der Ausführlichkeit amerikanischer Vertragsgestaltung bei Franchise-Systemen wird teilweise auch in Deutschland dazu übergegangen, im Anschluss an die Präambel dem Vertrag einen Katalog von Definitionen voranzustellen; Definitionen, mit denen Begriffe des Franchise-Vertrages erläutert werden, wie etwa Franchise-Konzept, Know-How, Schutzrechte, Vertragsrechte, Vertragsprodukte, Franchise-Handbuch oder Vertragsgebiet. Dieser Definitionenkatalog, aber auch die Ausführlichkeit der Vertragsgestaltung entsprechen dem Stil der amerikanischen Vertragsgestaltung. Dieser ist darauf ausgelegt, möglichst lückenlos die gesamten vertraglichen Beziehungen zu regeln, während sich die Gestaltung des Franchise-Vertrages in Deutschland auf die Darstellung der grundsätzlichen Aspekte beschränkt, eben die Darstellung der Haupt- und Nebenleistungsverpflichtungen und darüber hinausgehende Gesichtspunkte der vertraglichen Beziehung in der Regel nicht ausdrücklich geregelt werden.[327] Durch eine solche um Definitionen (whereas-)Klausel ergänzte Präambel sollen ergänzende Informationen über den Vertragsschluss und die Motivation der Vertragschließenden für Ausstehende verständlich gemacht werden.[328]

Geht man davon aus, dass auch die im Franchise-Vertrag verwendeten Begriffe von den Vertragschließenden im gleichen Sinne verstanden werden sollen, so ist ein solcher Definitionenkatalog empfehlenswert; dies gilt insbesondere dann, wenn das Franchise-Vertrags-Muster möglicherweise auch als Muster bei einer Internationalisierung des Franchise-Systems Verwendung finden soll. Bleibt es bei einer ausschließlichen Nutzung des Franchise-Vertrags-Musters in Deutschland, so ist ein solcher Definitionenkatalog entbehrlich.

Teil I
Vertragsgegenstand

§ 1
Gegenstand der Franchise

1. Gegenstand der Franchise ist das dem Franchise-Nehmer vom Franchise-Geber erteilte ausschließliche Recht, ein Backfachgeschäft im Rahmen des Franchise-System zu betreiben.
Die dem Franchise-Nehmer nach dem Franchise-System erteilte Franchise umfasst unter anderem:
- **Gestaltung der Ladeneinrichtung als Ausdruck des „Erlebnis-Backens“,**
- **eine Sortimentspolitik, differenziert nach:**
  - **Grundsortiment**
  - **Zusatzsortiment**
  - **Diversifikationsprodukte**
- **ständige Innovation der Sortimentspolitik,**
- **zentrale Aus- und Weiterbildung der Franchise-Nehmer,**
- **Werbe- und Marketingkonzepte einschließlich Öffentlichkeitsarbeit,**
- **kostenbewusste Personalstruktur und straffe Betriebsorganisation,**
- **Betreuung der Franchise-Nehmer durch einen Franchise-Berater,**
- **Franchise-Hotline,**
- **Zertifizierung und Qualitätsmanagement des Backfachgeschäftes.**

2. Der Franchise-Geber erteilt dem Franchise-Nehmer zu den nachstehenden Bedingungen das Recht, ein Backfachgeschäft

gemäß den Methoden und dem Know-how unter der Marke „XY" zu betreiben.

3. Der Franchise-Geber kann die Produkte des Franchise-System und etwaige damit zusammenhängende Dienstleistungen des Franchise-Nehmers unter Wahrung der gemeinsamen Interessen der Vertragspartner und nach rechtzeitiger Vorinformation des Franchise-Nehmers ändern. Irgendwelche Rechte kann der Franchise-Nehmer daraus nicht ableiten.
4. Die Franchise wird dem Franchisenehmer oder der Franchise-Nehmer-Gesellschaft (§ 3) gewährt. Diese ist weder ganz noch teilweise auf Dritte übertragbar, es sei denn, der Franchise-Geber erteilt hierzu seine schriftliche Einwilligung (§ 183 BGB).
5. Während der Dauer des Franchise-Vertrages ist der Franchise-Nehmer berechtigt und verpflichtet, den Namen „XY" sowie die dazugehörige Wortbildmarke entsprechend Anlage 1 zu diesem Franchise-Vertrag zu verwenden. Die Wortbildmarke ist beim Deutschen Marken- und Patentamt in München unter der Registernummer …… als Marke eingetragen. Die Markenurkunde ist diesem Franchise-Vertrag als Anlage 2 beigefügt.
   Soweit dem Franchise-Nehmer die Nutzung weiterer Markenrechte gestattet wird, ergibt sich der Umfang dieser Markenrechte aus Anlage 3, die in der jeweils gültigen Fassung Bestandteil dieses Franchise-Vertrages ist.
6. Eigene Rechte an dem Namen „XY" stehen dem Franchise-Nehmer in keinem Fall zu. Demgemäß ist der Franchise-Nehmer nicht berechtigt, „XY" als Bestandteil seiner Firma zu übernehmen und ins Handelsregister eintragen zu lassen. Insbesondere ist dem Franchise-Nehmer die Verwendung des Namens „XY", der dazugehörigen Symbole, Werbeslogans und sonstige Kennzeichnungen und der Geschäftsgeheimnisse an einem anderen Ort und/oder für ein anderes Objekt und/oder ein anderes Franchise-System untersagt.
7. Während der Laufzeit dieses Franchise-Vertrages wird der Franchise-Geber im Vertragsgebiet/Standort (§ 2) exklusiv mit dem Franchise-Nehmer nach den Regelungen dieses Franchise-Vertrages zusammenarbeiten.
8. Der Franchise-Nehmer wird den Betrieb seines Backfachgeschäftes in

   ……

   (genaue Anschrift des Ladenlokals)

   zum

   ……

   (Datum der Eröffnung)

   aufnehmen.

9. **Der Franchise-Nehmer ist verpflichtet, unter Kenntlichmachung seiner Stellung als Franchise-Nehmer des Franchise-System als wirtschaftlich und rechtlich selbständiger Kaufmann im Geschäftsverkehr aufzutreten. Insoweit wird durch diesen Franchise-Vertrag kein Vertretungsverhältnis, kein Angestellten- oder sonstiges Dienst- oder Arbeitsverhältnis, kein Gesellschafts- oder Treueverhältnis und auch kein Joint Venture und dergleichen begründet.**
10. **Der Franchise-Geber wird aus Rechtsgeschäften des Franchise-Nehmers mit Dritten, es sei denn, dem Franchise-Nehmer sind entsprechende Vollmachten erteilt worden, nicht verpflichtet. Der Franchise-Nehmer haftet für sämtliche von Dritten im Zusammenhang mit dem Backfachgeschäft geltend gemachten Ansprüche und stellt den Franchise-Geber von etwaigen Ansprüchen frei. Muss sich der Franchise-Geber wegen solcher Ansprüche verteidigen, so trägt der Franchise-Nehmer die Verfahrenskosten (einschließlich Anwaltsgebühren) und übernimmt die Erfüllung einer evtl. Urteilsforderung, es sei denn, die Inanspruchnahme erfolgt aufgrund einer Gesetzes- und/oder Vertragsverletzung durch den Franchise-Geber. Entsprechendes gilt, wenn der Franchise-Geber aufgrund eines wettbewerbswidrigen Verhaltens des Franchise-Nehmers auf Unterlassung in Anspruch genommen wird.**

Erläuterungen

1. Vertragsgegenstand
2. Erstreckung der Franchise auf neue Produkte/Dienstleistungen
3. Persönliche Gewährung der Franchise
4. Exklusivität der erteilten Franchise
5. Einbindung der Franchise an den Ort des Franchise-Nehmers
6. Selbständigkeit des Franchise-Nehmers
7. Markenrechte
8. Rechtsscheinhaftung
9. TelemedienG

1. Vertragsgegenstand

Der Gegenstand der Franchise muss umfassend bezeichnet werden. Dazu gehören neben der Aufzählung der einzelnen Elemente der Franchise auch die gewerblichen Schutzrechte, die dem Franchise-Geber erteilt worden sind und die dem Franchise-Nehmer im Rahmen des Franchise-Vertrages zur Nutzung nach Maßgabe der Regelung in § 23 des Franchise-Vertrages überlassen werden.

Die Nutzung der gewerblichen Schutzrechte, insbesondere der Marke und des Logos des Franchise-Gebers, ist auch Bestandteil der Corporate Identity des Franchise-Systems und dient der Marktdurchdringung. Aus diesem Grunde sollte im Franchise-Vertrag nicht nur das dem Franchise-Nehmer zur Nutzung überlassene Logo/Wortbildmarke abgebildet werden, vielmehr ist es auch notwendig, bei farbig gestalteten Wortbildmarken die einzelnen Farben nach der jeweiligen RAL/HKS-Nummer oder Pantone-Angaben zu bezeichnen. Nur dadurch wird sichergestellt, dass jeder Franchise-Nehmer das Logo/die Wortbildmarke entsprechend den Vorgaben des Franchise-Gebers gestaltet und verwendet. Zwingend ist dies aber nicht. Genauso gut kann die Darstellung der Farben und des Logos des Franchise-Systems in einem gesonderten Kapitel des Franchise-Handbuchs dargestellt werden, insbesondere wenn das Franchise-System neben einem allgemeinen Systemhandbuch auch über ein CI-Handbuch verfügt.

2. Erstreckung der Franchise auf neue Produkte/Dienstleistungen

Ein Franchise-System lebt von der Dynamik des Marktes. Insofern trifft den Franchise-Geber auch die Verpflichtung, nicht nur das Know-how, sondern auch die Produkte und Dienstleistungen zu entwickeln und ständig den Gegebenheiten des Marktes anzupassen. Dem Franchise-Geber muss daher das Recht eingeräumt werden, die Produkte und damit zusammenhängende Dienstleistungen unter Wahrung der Interessen des Franchise-Nehmers und nach entsprechender Vorankündigung zu ändern. Leitlinie für die Abänderungsmöglichkeit sowie die Frist der Vorankündigung sind dabei die Grundsätze von Treu und Glauben (§ 242 BGB).

3. Persönliche Gewährung der Franchise

In der Regel wird die Franchise dem Franchise-Nehmer persönlich gewährt. Nur dieser erfüllt das Anforderungsprofil, das jeder Franchise-Geber an seine Franchise-Nehmer stellt. Aus diesem Grunde ist es dem Franchise-Nehmer auch untersagt, die Franchise ohne eine vom Franchise-Geber gem. § 183 BGB erteilte Einwilligung auf Dritte zu übertragen. Soweit dem Franchise-Nehmer die Möglichkeit eröffnet wird, eine Personen- oder Kapitalgesellschaft zu gründen, um alsdann auf diese die Rechte aus dem Franchise-Vertrag zu übertragen, muss dies im Franchise-Vertrag ausdrücklich vereinbart werden.

Soweit die Franchise dem Franchise-Nehmer persönlich gewährt wird, sollte allerdings im Franchise-Vertrag nicht festgehalten werden, dass der Franchise-Nehmer auch persönlich verpflichtet ist, seine volle Arbeitskraft ausschließlich der Umsetzung der ihm mit dem Franchise-Vertrag erteilten Rechte zu widmen. Diese persönliche Leistungsverpflichtung kennzeichnet nämlich nicht die Tätigkeit eines selbständigen Unternehmers, sondern eines abhängig Tätigen. Insofern sah der BGH in seinem Beschluss vom 4. 11. 1998[329] in der persönlichen Leistungsverpflichtung des Eismann-Franchise-Nehmers ein Indiz dafür, diesen nicht als selbständigen Unternehmer sondern als arbeitnehmerähnlich schutzbedürftig einzustufen.

Dabei ist aufgrund des BGH-Beschlusses vom 16. 10. 2002[330] davon auszugehen, dass für die Beurteilung der Selbständigkeit des Franchise-Nehmers und die Abgrenzung zwischen einem Franchise-Vertrag und einem Arbeitsvertrag auf § 84 I 2 HGB abzustellen ist. Eine persönliche Abhängigkeit im Sinne eines Arbeitsverhältnisses ergibt sich jedoch nicht schon aus der Tatsache, dass der Franchise-Nehmer – wie im Vertragsmuster vorgesehen – hinsichtlich der Ausstattung der Räumlichkeiten seines Franchise-Outlets, des Warensortimentes und der Öffnungszeiten an Vorgaben und Weisungen des Franchise-Gebers gebunden ist, wenn er ansonsten seine Tätigkeit im Wesentlichen frei gestalten kann. Ein solcher Franchise-Nehmer ist auch nicht eine arbeitnehmerähnliche Person i.S.v. § 5 I 2 ArbGG.

4. Exklusivität der erteilten Franchise

Um zu verhindern, dass der Franchise-Geber für das gleiche Vertragsgebiet oder den Standort des Franchise-Nehmers einem Dritten eine Franchise erteilt, wird vereinbart, dass die Franchise dem Franchise-Nehmer exklusiv erteilt wird. Dies bedeutet für den Franchise-Geber grundsätzlich auch, dass er nicht auf anderen Vertriebswegen die Vertragsprodukte in das Vertragsgebiet liefern und so dem Franchise-Nehmer Konkurrenz machen darf. Soweit sich der Franchise-Geber vorbehält, Key-Account-Kunden selbst zu beliefern, muss dies im Franchise-Vertrag ausdrücklich vereinbart werden. Unterbleibt ein solcher Hinweis, so liegt darin eine Verletzung der vorvertraglichen Aufklärungspflichten des Franchise-Gebers.[331]

Die Exklusivität der erteilten Franchise ist in der Regel auch notwendig, um dem Franchise-Nehmer eine Finanzierung seines Franchise-Outlets zu ermöglichen. Fremdkredite werden in der Regel nur gewährt, wenn sichergestellt ist, dass der Franchise-Geber für die Vertragslaufzeit innerhalb des Vertragsgebietes exklusiv mit dem Franchise-Nehmer zusammenarbeitet.[332]

Auch die EU-Gruppenfreistellungsverordnung für vertikale Vertriebsbindungen lässt es zu, dem Franchise-Nehmer die Rechte exklusiv einzuräumen. Zwar werden grundsätzlich gem. Art. 4 lit. b VertikalGVO Gebiets- und Kundenbeschränkungen, also die Aufteilung der Märkte nach Gebieten und Kunden, als Kernbeschränkungen angesehen. Von der Unzulässigkeit eines solchen Gebiets- oder Kundenschutzes bestehen aber Ausnahmen, auf die auch das Vertragsmuster in § 2 Abs. 2 abstellt.[333]

5. Bindung der Franchise an den Standort des Franchise-Nehmers

Die Franchise wird dem Franchise-Nehmer für einen bestimmten Standort erteilt. Dieser Standort ist im Franchise-Vertrag zu bezeichnen. Zugleich ist der Zeitpunkt der Eröffnung des Franchise-Betriebes des Franchise-Nehmers festzulegen.

In vielen Fällen ist bei Abschluss des Franchise-Vertrages zwar das Vertragsgebiet zur Absicherung der Exklusivität des Franchise-Nehmers bekannt, nicht aber der Standort des Franchise-Betriebes.

Franchise-Nehmer und Franchise-Geber nehmen in der Regel gemeinsam eine Standortanalyse vor, um so zu einem optimalen Standort für den Franchise-Betrieb zu kommen, dh. der Mietvertrag wird erst nach Unterzeichnung des Franchise-Vertrages abgeschlossen. Ein derartiges Vorgehen ist vor dem Hintergrund eines Beschlusses des Kammergerichts Berlin vom 11. 2. 1993[334] nicht mehr möglich. Man muss insoweit den Franchise-Nehmern empfehlen, zunächst mit Franchise-Gebern einen Vorvertrag auf Abschluss eines Franchise-Vertrages zu schließen und während der 6-monatigen Vorvertragsphase ein Geschäftslokal zu suchen, um dann bei Abschluss des Franchise-Vertrages nicht nur das Vertragsgebiet, sondern auch den Standort des Franchise-Betriebes genau bezeichnen zu können.

Zwar erging die Entscheidung des KG Berlin noch zum Schriftformerfordernis des § 4 VerbrKG. Dieses ist aber in das verbraucherschutzrechtliche Schrifterfordernis des § 492 BGB übergeleitet worden. Insofern finden die Grundsätze der Entscheidung des KG Berlin auch auf nach dem 1. 1. 2002 abgeschlossene Franchise-Verträge Anwendung. Wird demgemäß der Standort des Franchise-Nehmers, wenn dieser als Existenzgründer den Franchise-Vertrag unterzeichnet, im Franchise-Vertrag nicht festgelegt, so ist der Franchise-Vertrag nichtig.[335]

Dem steht auch nicht der Beschluss des BGH vom 24. 2. 2005[336] entgegen. Der BGH hat nämlich ausdrücklich festgestellt, dass ein

Existenzgründungs-Franchise-Nehmer mit Unterzeichnung des Franchise-Vertrages seine Unternehmereigenschaft begründet. Gleichzeitig hat der BGH aber auch festgehalten, dass die verbraucherschutzrechtlichen Vorschriften weiterhin gelten und damit insbesondere § 492 BGB.

6. Selbständigkeit des Franchise-Nehmers

Da der Franchise-Nehmer im eigenen Namen und auf eigene Rechnung handelt, ist dieser auch verpflichtet, im kaufmännischen Geschäftsverkehr seine wirtschaftliche und rechtliche Selbständigkeit zum Ausdruck zu bringen. Dies muss im Franchise-Vertrag gesondert dargestellt werden, da unter anderem anhand der Regelungen des Franchise-Vertrages überprüft wird, ob der Franchise-Nehmer selbständig oder Arbeitnehmer oder als arbeitnehmerähnlicher Franchise-Nehmer anzusehen ist. Hier wirken sich bei der Ausarbeitung des Franchise-Vertrages die Grundsätze des Beschlusses des BAG vom 16. 7. 1997[337] sowie des BGH vom 4. 11. 1998[338] zum *Eismann*-Franchise-System und des BGH vom 16. 10. 2002[339] aus.

Gleichzeitig muss vereinbart werden, dass der Franchise-Geber aus Rechtsgeschäften, die vom Franchise-Nehmer mit Dritten abgeschlossen werden, nicht haftet. Auch dies ist Ausdruck der Selbständigkeit des Franchise-Nehmers, der anders als ein Filialleiter nicht im Namen Dritter, sondern im eigenen Namen und auf eigene Rechnung handelt. Schließt der Franchise-Nehmer gleichwohl Rechtsgeschäfte für den Franchise-Geber ab, so muss eine Freistellungserklärung in den Vertrag aufgenommen werden.

Insofern ist auch im Franchise-Vertrag darzustellen, dass durch diesen kein Vertretungsverhältnis oder Angestellten- oder Dienstverhältnis begründet wird oder eine Zusammenarbeit nach gesellschaftsrechtlichen Strukturen entsteht. Darauf stellt das Vertragsmuster auch in § 1 Ziff. 9 S. 2 ab. Allerdings hilft diese Erklärung dann nicht, wenn die Zusammenarbeit in der Tatsächlichkeit eine andere ist, z.B. der Franchise-Nehmer in seiner unternehmerischen Freiheit durch Vorgaben des Franchise-Handbuches eingeschränkt wird, so dass dieser nicht als selbständiger Franchise-Nehmer, sondern als Arbeitnehmer des Franchise-Gebers anzusehen ist. Entscheidend ist der wirkliche Geschäftsinhalt des Vertrages und der kann sich auch aus dessen praktischer Durchführung ergeben.[340] Ist der Franchise-Nehmer trotz dieser ihm eingeräumten Selbständigkeit erfolglos, so begründet die Erfolglosigkeit nicht die Arbeitnehmereigenschaft des Franchise-Nehmers.[341]

Die insoweit im Vertragsmuster vorgesehene Freistellungserklärung muss sich auch auf eine etwaige Inanspruchnahme des Franchise-Gebers wegen wettbewerbswidriger Werbung des Franchise-Nehmers erstrecken. Der Bundesgerichtshof hat nämlich in seinem Urteil vom 5. 4. 1995[342] festgestellt, dass wettbewerbswidriges Handeln des Franchise-Nehmers gemäß § 8 II UWG wegen der Einbeziehung des Franchise-Nehmers in die Franchise-Organisation dem Franchise-Geber zuzurechnen ist. Allerdings haftet der Franchise-Geber für eine wettbewerbswidrige Werbung eines Franchise-Nehmers nicht auf Schadensersatz. Insofern enthält § 8 II UWG keine Zurechnungsvorschrift. Dies ist vom BGH unter Fortführung seiner bisherigen Rechtsprechung mit Urteil vom 6. 4. 2000[343] ausdrücklich bestätigt worden.

Mit der weiteren Entscheidung vom 6. 4. 2000[344] ist auch davon auszugehen, dass Kettenabmahnungen in Franchise-Systemen der Vergangenheit angehören, also Abmahnungen, bei denen jeder einzelne Franchise-Nehmer eines Franchise-Systems für die gleiche wettbewerbswidrige Werbung von einem Mitkonkurrenten abgemahnt wurde, in der Hoffnung, einen umfassenden Auskunfts- und Schadensersatzanspruch gegenüber dem Franchise-Geber geltend machen zu können.

Eine Frage ist aber nach wie vor offen: kann gegenüber einem Franchise-Geber, der aufgrund einer ihm gemäß § 8 II UWG zugerechneten wettbewerbswidrigen Werbung eines Franchise-Nehmers rechtskräftig zur Unterlassung verurteilt worden ist, ein Bestrafungsantrag gestellt werden, wenn der Verstoß gegen die rechtskräftige Untersagungsverfügung durch einen Franchise-Nehmer erfolgt. Dies ist zu bejahen. Die Zurechnung gegenüber dem Franchise-Geber erfolgt aufgrund eines erneuten wettbewerbswidrigen Verhaltens des Franchise-Nehmers. Ein solches wettbewerbswidriges Verhalten wird aber dem Franchise-Geber gemäß § 8 II UWG zugerechnet, so dass gegen diesen ein Ordnungsstrafenbeschluss ergehen kann. Dem kann der Franchise-Geber nur begegnen, wenn er nach Erlass eines rechtskräftigen Unterlassungsurteils alle Franchise-Nehmer des Systems über die Unterlassungsverfügung unterrichtet und darauf achtet, dass eine entsprechende wettbewerbswidrige Werbung von Franchise-Nehmern nicht mehr geschaltet wird. Erfolgt eine solche Unterrichtung und Überwachung, so mangelt es an dem für den Erlass eines Ordnungsstrafenbeschlusses notwendigen Verschulden des Franchise-Nehmers.[345]

7. Markenrechte

Im Rahmen der Regelungen zum Vertragsgegenstand sind auch die Markenrechte darzustellen, die dem Franchise-Nehmer durch Abschluss des Franchise-Vertrages eingeräumt werden. Insoweit wird durch den Abschluss des Franchise-Vertrages die Marke des Franchise-Systems lizenziert.

Die Markenurkunde sollte als Anlage dem Franchise-Vertrag beigefügt werden, da nur dadurch die Markenrechte des Franchise-Gebers in genügender Weise so konkretisiert werden, dass der Franchise-Nehmer diese Marke in seinem Franchise-Outlet auch in der vom Franchise-Geber vorgegebenen Form nutzt.

Ist daran gedacht, dem Franchise-Nehmer ggf. weitere Marken des Franchise-Systems zur Nutzung zu überlassen, so sollte auch dies im Franchise-Vertrag dargestellt werden. Das Vertragsmuster stellt darauf in § 1 Ziff. 5 Abs. 2 ab. Bestehen weitere Marken des Franchise-Systems nicht, so ist dieser Absatz im Franchise-Vertrags-Muster entbehrlich.

8. Rechtsscheinhaftung des Franchise-Gebers

Sofern bei Vertragsabschluss nicht weitere Umstände vorliegen, führt allein der Umstand, dass innerhalb eines Franchise-Systems Marken oder sonstige Kennzeichen oder sonstige geschäftliche Bezeichnungen verwendet werden, nicht zur Verpflichtung des Franchise-Gebers oder anderer Franchise-Nehmer nach Rechtsscheingrundsätzen zu haften. Dies ist vom BGH ausdrücklich mit Urteil vom 18. Dezember 2007[346] festgestellt worden.

9. Haftung nach dem TelemedienG

Da Franchise-Nehmern de lege lata und de lege ferenda auf der Grundlage der EU-Gruppenfreistellungsverordnung für Vertikale Vertriebsbindungen grundsätzlich nicht untersagt werden kann, über das Internet Vertragsprodukte oder Dienstleistungen aus dem Franchise-Vertragsverhältnis anzubieten oder zu vertreiben, bleibt dem Franchise-Geber nur die Möglichkeit, Vorgaben bei der Gestaltung der Webpage zu machen, um sicherzustellen, dass der Internetauftritt unter Beachtung der Corporate Identity des Franchise-Systems erfolgt.

Dann muss aber darauf geachtet werden, dass Franchise-Nehmer die Urheberrechte oder zumindest Nutzungsrechte an Bildern und sonstigen Texten eingeräumt worden sind, die diese auf ihrer Homepage darstellen. Andernfalls kommt nämlich eine Haftung des Franchise-Gebers nach § 7 i. V. m. § 10 TelemedienG in Betracht, wie das OLG Hamburg mit Urteil vom 29. Juni 2007[347] festgestellt hat.

Insofern besteht für den **Franchise-Geber** eine **doppelte Prüfungspflicht:** zum einen muss er prüfen, ob die von den Franchise-Nehmern eingestellten Bilder und Informationen auf Urheberrechte oder dem Franchise-Nehmer eingeräumte Nutzungsrechte zurückgehen. Zum anderen steht er in der Verpflichtung, wirksame Vorkehrungen zu schaffen, um Verstöße der Franchise-Nehmer gegen § 7 I TMG zu verhindern. Es empfiehlt sich daher, in den Franchise-Vertrag oder in eine Ergänzungsvereinbarung für die Homepage des Franchise-Nehmers eine Regelung aufzunehmen, aus der sich zum einen die besondere Prüfungspflicht des Franchise-Nehmers ergibt und zum anderen dessen Verpflichtung, auf Anforderung dem Franchise-Geber für jedes Bild oder jeden veröffentlichten Text einen entsprechenden Nachweis oder eine Quellenangabe beizubringen. Da nach der Rechtsprechung an die Sorgfaltspflichten strenge Maßstäbe angestellt werden, reicht bereits für eine etwaige Schadensersatzverpflichtung des Franchise-Gebers leichte Fahrlässigkeit aus.[348]

§ 2
Vertragsgebiet

1. Der Franchise-Geber wird während der Dauer dieses Franchise-Vertrages in dem in Anlage 3 zu diesem Franchise-Vertrag dargestellten Gebiet/am Standort des Franchisenehmers keinem Dritten eine entsprechende Franchise bewilligen oder selbst ein Backfachgeschäft betreiben.

2. Dem Franchise-Nehmer ist aktives Marketing außerhalb seines Vertragsgebietes für solche Gebiete untersagt, die der Franchise-Geber sich entweder selbst zur Nutzung vorbehalten hat oder die Dritten, insbesondere Franchise-Nehmern zur Nutzung überlassen wurden.
Die bei Vertragsabschluss anderen Franchise-Nehmern überlassenen Gebiete ergeben sich aus Anlage 4; die Gebiete, deren Nutzung sich der Franchise-Geber bei Vertragsabschluss selbst vorbehalten hat, ergeben sich aus Anlage 5 zu diesem Franchise-Vertrag.

3. Wird im Vertragsgebiet des Franchise-Nehmers oder einem angrenzenden Vertragsgebiet, das noch keinem Dritten zur Nutzung überlassen worden ist, ein Einkaufscenter eröffnet oder neugestaltet und ergibt sich die Notwendigkeit, mit einem Backgeschäft des Franchise-Systems in diesem Einkaufscenter präsent zu sein, so wird der Franchise-Geber zunächst dem Franchise-Nehmer die Übernahme dieses Backgeschäftes bzw. den Ab-

schluss eines weiteren Franchise-Vertrages für das angrenzende Vertragsgebiet anbieten.

Der Franchise-Nehmer hat sich dann innerhalb einer Frist von 8 Wochen, gerechnet vom Zugang der Mitteilung des Franchise-Gebers an, zu entscheiden, ob er das Backgeschäft im Einkaufscenter in seinem Vertragsgebiet übernimmt oder aber, falls das Einkaufscenter im angrenzenden Nachbargebiet ist, hierfür einen gesonderten Franchise-Vertrag abschließt.

Ist der Franchise-Nehmer nicht interessiert oder äußert er sich auf die Anzeige des Franchise-Gebers nicht innerhalb der gesetzten Frist, so ist der Franchise-Geber in seiner Entscheidung frei. Er kann dann das Backgeschäft im Einkaufscenter entweder als eigene Filiale betreiben oder für dieses Backgeschäft eine Franchise an Dritte vergeben.

4. **Soweit der Franchise-Nehmer für sein Backfachgeschäft im Internet unter eigener Homepage Werbung machen möchte, ist dies dem Franchise-Nehmer gestattet. Die Gestaltung und die Inhalte dieser Homepage sind aber wegen der Nutzung der Wort-Bild-Marken des Franchise-Gebers von dessen schriftlicher Einwilligung abhängig.**

Erläuterungen

1. Gebietsschutz/Kundenschutz
2. Aktives Marketing
3. Verkleinerung/Vergrößerung des Vertragsgebietes/Mindestumsatz
4. Veränderungen im Vertragsgebiet
5. Konkurrenzschutzpflicht des Franchisegebers
6. Internetauftritt

1. Gebietsschutz/Kundenschutz

Zur organisatorischen Erfassung eines zielgerichtet aufgebauten Franchise-Systems gehören auch klare Gebietsbeschränkungen, indem entweder dem Franchise-Vertrag eine Gebietskarte beigefügt und/oder die Grenzen des Vertragsgebietes unter Zuhilfenahme der Postleitbereiche oder der politischen Stadt-/Kreisgrenzen festgelegt werden.

Ein so fest umrissenes Vertragsgebiet hat auch den Zweck, Kompetenzkonflikte zwischen Franchise-Nehmern einander angrenzender Vertragsgebiete zu vermeiden.

Letztlich dient das für den Franchise-Nehmer geschützte Vertragsgebiet der Absicherung der dem Franchise-Nehmer durch Erteilung der Franchise vermittelten Exklusivität.[349]

Entsprechendes gilt, wenn anstatt eines Vertragsgebietes dem Franchise-Nehmer lediglich Standortschutz eingeräumt wird, d.h. der Franchise-Geber nicht berechtigt ist, am Standort des Franchise-Nehmers eine weitere Franchise für das Betreiben eines Franchise-Outlets zu vergeben. Dann stellt sich aber die Frage nach den Grenzen des Standortschutzes. Es ist eine auf den Einzelfall bezogene Betrachtung unter Beachtung der Grundsätze von Treu und Glauben (§ 242 BGB) notwendig. Letztlich wird man dem Franchise-Nehmer nur dann einen aus § 242 BGB abzuleitenden Abwehranspruch zusprechen können, wenn durch die Erteilung weiterer Franchisen in unmittelbarer Standortnähe des Franchise-Nehmers dessen wirtschaftliche Existenz nachhaltig gefährdet wird.[350]

Überlagert wird diese Frage von der vertragsimmanenten Konkurrenzschutzpflicht des Franchise-Gebers. Allgemein wird eine solche in Anlehnung an das Gewerbemietrecht hergeleitete Konkurrenzschutzpflicht des Franchise-Gebers abgelehnt.[351]

Ist dem Franchise-Nehmer Gebietsschutz (Exklusivität) entsprechend § 2 Ziff. 1 des Vertragsmusters zugestanden worden, steht dem Franchise-Nehmer nach den Grundsätzen von Treu und Glauben gem. § 242 BGB ein Auskunftsanspruch bei Vertragsabschlüssen des Franchise-Gebers im Vertragsgebiet des Franchise-Nehmers zu. Dabei muss für diesen Auskunftsanspruch, der zur Vorbereitung eines Schadeneratzanspruches nach den Grundsätzen der Positiven Vertragsverletzung (§ 280 I BGB) dient, der Schaden nicht bereits dem Grunde nach feststehen. Vielmehr reicht schon der begründete Verdacht einer Vertragspflichtverletzung aus.[352] Wird eine solche Verletzung des dem Franchise-Nehmer eingeräumten Gebietsschutzes jedoch durch ein mit dem Franchise-Geber verbundenes Unternehmen i.S.v. §§ 15ff. AktG begangen, so kann grundsätzlich nicht davon ausgegangen werden, dass auch ein Auskunftsanspruch im Hinblick auf die Vertragsabschlüsse dieses verbundenen Unternehmens besteht. Insofern können dem Franchise-Geber nicht selbständige Aktivitäten dieses verbundenen Unternehmens zugerechnet werden.

Ungeklärt bleibt allerdings, ob den Franchise-Geber eine sog. **Abschirmpflicht** trifft, d.h. dieser verpflichtet ist, den Franchise-Nehmer vor selbständigen Eingriffen Dritter in die dem Franchise-Nehmer garantierten Vertriebsrechte im Rahmen des Zumutbaren und Möglichen zu schützen, insbesondere dann, wenn die Vertragsverstöße von einem mit dem Franchise-Geber verbundenen Unternehmen i.S.v. §§ 15ff. AktG begangen wurden. Geht man davon aus, dass im Rahmen eines Franchise-Systems wechselseitige Treuepflichten bestehen und den Franchise-Geber insbesondere gegenüber dem Franchise-Nehmer eine Fürsorgepflicht trifft, so kann je nach den Umständen des Einzelfalles die Fürsorgepflicht dazu führen, dass der Franchise-Geber Verstöße gegen die dem Franchise-Nehmer eingeräumten Exklusivitätsrechte durch ein mit ihm verbundenes Unternehmen verhindern muss. Bei einer Verletzung dieser, insoweit durch § 242 BGB geprägten Abschirmpflicht ist der Franchise-Geber dem Franchise-Nehmer gegenüber zur Leistung von Schadenersatz nach den Grundsätzen der Positiven Vertragsverletzung gem. § 280 I BGB verpflichtet.

2. Aktives Marketing

Unter der Geltung der EU-Gruppenfreistellungsverordnung für Franchise-Vereinbarungen konnte dem Franchise-Nehmer ein aktives Marketing außerhalb seines Vertragsgebietes untersagt werden. Verboten war lediglich, dem Franchise-Nehmer ein Belieferungsverbot aus Wohnsitzgründen aufzuerlegen. Insofern konnte der Franchise-Nehmer auch Kunden außerhalb seines Vertragsgebietes beliefern, vorausgesetzt der Auftrag wurden am Sitz des Franchise-Nehmers erteilt.

Die EU-Gruppenfreistellungsverordnung für vertikale Vertriebsbindungen verbietet de lege lata und de lege ferenda nun solche Beschränkungen des aktiven Marketings. Art. 4b) stellt ausdrücklich fest, dass die Gruppenfreistellung nicht für solche Franchise-Vereinbarungen gilt, die mittelbar oder unmittelbar, für sich allein oder in Verbindung mit anderen Umständen unter der Kontrolle der Vertragsparteien bezwecken, dass dem Franchise-Nehmer Beschränkungen des aktiven Verkaufs in andere Gebiete auferlegt werden. Davon macht die EU-Gruppenfreistellungsverordnung für vertikale Vertriebsbindung zwei Ausnahmen nämlich,

- wenn es sich bei dem angrenzenden Vertragsgebiet um ein solches eines anderen Franchise-Nehmers handelt, oder
- sich der Franchise-Geber das Vertragsgebiet selbst vorbehalten hat.

Geht man davon aus, dass Franchise-Systeme flächendeckend sind, so führt diese Ausnahme dazu, dass auch bei Franchise-Systemen unter der Geltung der EU-Gruppenfreistellungsverordnung für vertikale Vertriebsbindungen wieder das aktive Marketing außerhalb des Vertragsgebietes ausgeschlossen werden kann. Nur wenn das Franchise-System noch nicht flächendeckend ist, stellt sich die Frage des aktiven Marketings in freie weiße Flächen des Franchise-Systems. Versteht man die Regelung so, dass alle Flächen, die nicht im Wege einer Franchise vergeben sind, sich der

Franchise-Geber entweder selbst oder aber zu Vergabe an weiterer Franchise-Nehmer vorbehalten hat, so gibt es insoweit auch keine weißen Flächen innerhalb eines Franchise-Systems. Durch die beiden in Art. 4b) EU-Gruppenfreistellungsverordnung für vertikale Vertriebsbindungen vorgesehenen Ausnahmen kommt man daher wieder – zumindest indirekt – zu einem Verbot aktiven Marketings außerhalb des dem Franchise-Nehmer zugewiesenen Vertragsgebietes.

Teilweise wird die Ansicht vertreten, diese Vertragsgebiete, die entweder Franchise-Nehmern zur Nutzung überlassen worden sind oder deren Nutzung sich der Franchise-Geber vorbehalten hat, im Vertrag darzustellen. Darauf stellt auch das Vertragsmuster in § 2 Ziff. 2 ab. Streitig ist aber, ob ein solcher „Generalvorbehalt" ausreichend ist oder aber dargelegt werden muss, innerhalb welcher Fristen die vom Franchise-Geber vorbehaltenen Gebiete genutzt werden. Teilweise wird die Ansicht vertreten, dass diese Gebiete innerhalb eines Zeitraumes von 6–24 Monaten aktiv vom Franchise-Geber bearbeitet werden müssen.[353] Die Umsetzung dieser Vorgaben dürfte gerade bei im Aufbau befindlichen Franchise-Systemen kaum möglich sein. Hier muss es ausreichen, wenn der Franchise-Geber anhand seiner Vertriebsstrategie den Nachweis dafür erbringen kann, dass diese Gebiete an Dritte vergeben werden sollen oder aber in diesen Gebieten eigene Filialen des Franchise-Systems durch den Franchise-Geber im Rahmen eines Marktentwicklungsplanes errichtet werden.

Allein aus dem Verzicht einer Gebietsschutzklausel kann aber nicht hergeleitet werden, dass es sich um ein sittenwidriges „Schneeball-System" handelt.[354] **Zwingend ist der Gebietsschutz für ein Franchise-System nicht.** Entscheidend ist, dass die Kunden des Franchise-Nehmers oder dessen Standort geschützt werden. Insofern reicht auch für die Interessen des Franchise-Nehmers je nach Ausgestaltung des Franchise-Systems ein Kunden- bzw. Standortschutz aus, ohne dass darin zugleich ein sittenwidriges Schneeball-System gesehen werden muss.

Anstatt eines Gebiets- bzw. Standortschutzes kann auch ein Kundenschutz vereinbart werden, d.h. die vom Franchise-Nehmer bearbeiteten Kunden werden vom Franchise-System geschützt und einer Bearbeitung durch andere Franchise-Nehmer des Franchise-Systems entzogen. Dann muss aber eine entsprechende Kundenschutzvereinbarung im Rahmen des Franchise-Vertrages vereinbart werden. Auch besteht die Verpflichtung des Franchise-Gebers, eine Datei zu führen, in der sämtliche Kunden der einzelnen Franchise-Nehmer verzeichnet sind. Eine solche Kundenschutzvereinbarung könnte dann folgenden Wortlaut haben:

1. Dem Franchise-Nehmer wird für seine Kunden Kundenschutz erteilt. Jeder Franchise-Nehmer ist verpflichtet, seine Kunden gegenüber dem Franchise-Geber zu melden. Die Kunden werden dann in ein Kundenverzeichnis des Franchise-Systems eingestellt, das allen Franchise-Nehmern über das Intranet des Franchise-Systems zur Verfügung steht. Vor Akquisition eines neuen Kunden ist jeder Franchise-Nehmer verpflichtet, zunächst anhand des Kundenschutzinformationssystems des Franchise-Gebers zu überprüfen, ob der Kunde bereits für einen anderen Franchise-Nehmer des Franchise-Systems geschützt ist. Insofern geht dann das prioritätsältere Recht vor. Voraussetzung dafür ist aber, dass es sich bei diesem Kunden um einen Kunden des Franchise-Nehmers handelt, mit dem dieser aktiv geschäftliche Beziehungen unterhält.
2. Bestehen Zweifel an einer aktiven Geschäftsbeziehung des Franchise-Nehmers zu diesem Kunden, so hat der Franchise-Nehmer dies auf Anforderung dem Franchise-Geber darzustellen, insbesondere wenn ein anderer Franchise-Nehmer diesen Kunden akquirieren möchte.

In entsprechender Weise kann auch ein Standortverzeichnis beim Franchise-System geführt werden, um so zu einem unfassenden Schutz der einzelnen Standorte der Franchise-Nehmer zu kommen. Bei der vertraglichen Gestaltung muss dann aber immer darauf geachtet werden, dass es sich um Standorte handelt, die aktiv vom Franchise-Nehmer bearbeitet werden, und nicht um solche Standorte, die der Franchise-Nehmer nur angegeben hat, um andere Franchise-Nehmer des Systems von einer Bearbeitung dieser Standorte abzuhalten. In diesem Fall ist die Standortmeldung des Franchise-Nehmers rechtsmissbräuchlich i.S.v. § 242 BGB und daher für die Akquisition anderer Franchise-Nehmer unbeachtlich. Zugleich wird durch ein solches Standortverzeichnis ein „Kannibalismus" der einzelnen Franchise-Nehmer untereinander verhindert.[355]

3. Verkleinerung/Vergrößerung des Vertragsgebietes/ Mindestumsatz

Nicht selten, insbesondere beim Aufbau von Franchise-Systemen, erweist sich das einem Franchise-Nehmer übertragene Vertragsgebiet als zu groß oder zu klein. Zu klein kann ein Vertragsgebiet dann sein, wenn die durch den Franchise-Nehmer erzielten Umsätze nicht der Rentabilitätsvorausschau entsprechen; zu groß ist ein Vertragsgebiet dann, wenn sich der Franchise-Nehmer außerstande sieht, im Vertragsgebiet ansässige potentielle Kunden in ihrer Gesamtheit anzusprechen.

Um hier dem Franchise-Geber die Möglichkeit der Vergrößerung oder Verkleinerung des Vertragsgebietes zu geben, werden mitunter in Franchise-Verträgen Mindestumsätze vereinbart. Erzielt der Franchise-Nehmer den vertraglich vereinbarten Mindestumsatz nicht, hat der Franchise-Geber in der Regel 3 Möglichkeiten: entweder kann das Vertragsgebiet verkleinert oder vergrößert, ein weiterer Franchise-Nehmer eingesetzt oder, wenn das Nichterzielen des Mindestumsatzes nachhaltig ist und vom Franchise-Nehmer zu vertreten ist, die fristlose Kündigung des Franchise-Vertrages erklärt werden. Eine solche Mindestumsatzregelung muss so ausgestaltet sein, dass sie justitiabel ist, d.h. es muss festgelegt werden, wie der Mindestumsatz ermittelt wird und welche Konsequenzen das Nichterzielen des Mindestumsatzes hat. § 2 des Vertragsmusters müsste dann um folgende Ziffer 3 ergänzt werden:

> Der Franchise-Nehmer ist verpflichtet, den zwischen den Vertragsparteien für jeweils ein Geschäftsjahr vereinbarten Mindestumsatz in seinem Vertragsgebiet zu erzielen. Erzielt der Franchise-Nehmer in zwei aufeinanderfolgenden Jahren aus Gründen, die er zu vertreten hat, den vertraglich vereinbarten Mindestumsatz nicht, so ist der Franchise-Geber berechtigt, entweder das Vertragsgebiet zu verkleinern oder aber einen weiteren Franchise-Nehmer einzusetzen oder die fristlose Kündigung des Franchise-Vertrages zu erklären. Der vom Franchise-Nehmer zu erzielende Mindestumsatz ist jeweils zwischen den Vertragsparteien in den letzten beiden Monaten eines jeden Geschäftsjahres für das folgende Geschäftsjahr festzulegen. Unterbleibt eine solche Festsetzung, so gilt für das Geschäftsjahr der Mindestumsatz des ablaufenden Geschäftsjahres als vereinbart.
>
> Der Franchise-Geber kann die ihm eingeräumten Rechte nur innerhalb der ersten 3 Monate des Folgegeschäftsjahres wahrnehmen. Andernfalls sind die Rechte verwirkt.

Diese Ergänzung des Vertragsmusters berücksichtigt bereits die Grundsätze der Entscheidung des BGH vom 13. 7. 2004.[356] Wird nämlich ein Sonderkündigungsrecht für den Fall vereinbart, dass der Franchise-Nehmer die vertraglich vereinbarten Mindestumsätze nicht erzielt, so greift dieses Kündigungsrecht nur dann, wenn der

Franchise-Nehmer insoweit seiner sog. **Bemühenspflicht** nicht nachgekommen ist.[357]

4. Veränderungen im Vertragsgebiet

Der Franchise-Vertrag muss so gestaltet sein, dass auch auf tatsächliche Änderungen im Vertragsgebiet reagiert werden kann, sei es, dass im Vertragsgebiet ein Einkaufszentrum errichtet oder aber durch einen Straßenneubau eine für das Franchise-Outlet notwendige Schnellstraße zur Anliegerstraße umgewidmet wird und es damit an der notwendigen Frequentierung des Standortes mangelt.

Das Vertragsmuster stellt auf den Fall der Eröffnung oder Neugestaltung eines Einkaufscenters im Vertragsgebiet ab, verbunden mit der Notwendigkeit für das Franchise-System, dort nunmehr präsent zu sein. Hat sich der Vertragsstandort wegen der Umwidmung einer Durchgangsstraße zu einer Privatstraße „überholt", etwa in den Fällen, in denen ein Franchise-Nehmer eine Autowaschstraße betreibt, so müssen die Vertragsparteien entweder gemeinsam einen neuen geeigneten Standort innerhalb des Vertragsgebietes für den Franchise-Betrieb des Franchise-Nehmers finden oder Verhandlungen mit dem Ziel einer einvernehmlichen Aufhebung des Franchise-Vertrages führen. Gegebenenfalls steht dem Franchise-Nehmer ein Kündigungsrecht wegen Wegfalls der Geschäftsgrundlage[358] gemäß § 313 III 2 BGB zu.

Wird dem Franchise-Nehmer durch den Franchise-Vertrag kein Gebietsschutz zugewiesen sondern ein sog. „Marktverantwortungsgebiet", so folgt daraus nicht die Berechtigung des Franchise-Gebers, dieses Gebiet willkürlich zu verändern. Eine einseitige durch den Franchise-Geber etwa aus Gründen der Marktabdeckung vorgenommene Verkleinerung des Marktverantwortungsgebietes des Franchise-Nehmers ist dann unangemessen, wenn die Vertragsklausel sich nicht auf schwerwiegende Änderungsgründe beschränkt, etwa nur eine dreimonatige Ankündigungsfrist vorsieht, das Ausmaß der Änderungen nicht begrenzt und an den Franchise-Nehmer kein Ausgleich für die diesem entstehenden Einbußen geleistet wird.[359]

5. Konkurrenzschutzpflicht des Franchise-Gebers

Geht man davon aus, dass es Hauptpflicht des Franchise-Gebers ist, dem Franchise-Nehmer eine wirtschaftliche Existenzgrundlage für das franchisierte Geschäft zu verschaffen, so obliegt diesem auch eine **Konkurrenzschutzpflicht.** Er darf mit dem eigenen System nicht derart in Konkurrenz zum Franchise-Nehmer treten, dass diesem die Anwendung und Durchsetzung des übertragenen Know-how am Markt unmöglich wird. Diese Verpflichtung des Franchise-Gebers besteht selbst dann, wenn sie nicht vertraglich geregelt ist. Insofern handelt es sich bei der Konkurrenzschutzpflicht um eine immanente Vertragspflicht.[360] Dabei bezieht sich die Konkurrenzschutzpflicht nicht nur auf die Eröffnung eines konkurrierenden Geschäftes durch den Franchise-Geber oder einem von diesem autorisierten Dritten. Die Konkurrenzschutzpflicht kann sich z.B. auch auf ein bestimmtes Warensortiment beziehen.[361] Voraussetzung für diese immanente Konkurrenzschutzpflicht, die sich aus § 242 BGB ergibt, ist aber, dass durch die konkurrierende Tätigkeit des Franchise-Gebers die wirtschaftliche Existenz des Franchise-Nehmers nachhaltig gefährdet ist.[362]

Diese **Konkurrenzabwendungspflicht** trifft einen Franchise-Geber insbesondere dann, wenn unter der Systemzentrale ein Mehrmarken-Vertriebsmodell oder ein Mehrmarken-Franchise-System betrieben wird. Hier ist der Franchise-Geber dann verpflichtet darauf zu achten, dass durch ein Franchise-Outlet der einen Marke nicht die Umsatz- und Gewinnmöglichkeiten des Franchise-Outlets der anderen Marke beeinträchtigt werden, wenn eine Errichtung eines neuen Outlets im geschützten Vertragsgebiet eines Franchise-Nehmers der anderen Marke des Franchise-Systems erfolgt. Entsprechendes gilt, wenn sich in einem Vertragsgebiet zwar die Outlets der unterschiedlichen Marken finden, aber eine Umgestaltung der Corporate Identity der Marke erfolgt, verbunden mit der Einführung von Produkten, die teilweise deckungsgleich sind mit den Produkten der anderen Marke des Franchise-Gebers, sodass sich der Absatz der Produkte kannibalisiert.

Mehrmarken-Franchise-Modelle verpflichten demgemäß einen Franchise-Geber dazu, die Vertragsgebiete so gegeneinander abzugrenzen, dass dieser Kannibalismuseffekt nicht entsteht und sich die Franchise-Nehmer untereinander Umsatz- und Gewinnmöglichkeiten „abgraben". Dies ist Ausdruck der ein Franchise-Vertragsverhältnis kennzeichnenden besonderen Fürsorge- und Treuepflichten,[363] an die dann noch erhöhte Anforderungen zu stellen sind, wenn durch eine Systemzentrale ein Mehrmarken-Franchise-Modell oder ein Franchise-Modell mit unterschiedlichen Vertriebsschienen gesteuert wird. Hier besteht dann nicht nur eine Konkurrenzschutzpflicht des Franchise-Gebers, sondern der betreffende Franchise-Nehmer hat auch einen Anspruch darauf, dass der Franchise-Geber seiner Konkurrenzabwendungspflicht entspricht, auch wenn es sich um eine eigene (weitere) Absatzschiene handelt.

6. Internetauftritt

Der Internetvertrieb[364] hat in den vergangenen Jahren zunehmend an Bedeutung gewonnen. Insofern stellen sich für die Vertragsgestaltung immer zwei Fragen:

- **Ist dem Franchise-Nehmer ein solcher Internetvertrieb möglich?**
- **Verletzt ein Franchise-Geber bei einem vertraglich vereinbarten Gebietsschutz durch einen Internetvertrieb die Rechte des Franchise-Nehmers?**

Da die EU-Kommission das Internet grundsätzlich als Form des passiven Vertriebs ansieht (Ziff. 51 der Leitlinien zur VertikalGVO), kann somit dem Franchise-Nehmer nicht das Recht genommen werden, seine Waren auch über das Internet zu bewerben oder zu vertreiben.[365] Allerdings kann dem Franchise-Nehmer vorgegeben werden, dass der Internetauftritt sich am Internetauftritt des Systems orientiert, um so die Corporate Identity des Systems zu wahren, insbesondere wenn der Franchise-Nehmer im Rahmen des Internetvertriebs auch die ihm eingeräumten Markenrechte nutzt.

Der Franchise-Geber kann sich allerdings nicht das Recht vorbehalten, allein über das Internet zu verkaufen. Das mit dem Internetauftritt des Franchise-Nehmers auch Kunden erreicht werden, die außerhalb des Vertragsgebietes des Franchise-Nehmers ihren Sitz haben, ist nach Auffassung der EU-Kommission schlichtweg eine Folge der technischen Entwicklung, die aber nicht dazu führen darf, dass der Verkauf über das Internet als aktiver Vertrieb eingestuft wird.[366]

Allerdings ist der Franchise-Geber verpflichtet, den Franchise-Nehmer darauf hinzuweisen, dass er seine Produkte auch unmittelbar über das Internet absetzt, da ansonsten in ein geschütztes Vertragsgebiet des Franchise-Nehmers eingegriffen wird oder der Vertrieb über das Internet eine Verletzung der Konkurrenzschutzpflicht des Franchise-Gebers darstellt.[367] Dies gilt nach der Rechtsprechung selbst dann, wenn sich der Franchise-Geber zur vollständigen Auskehrung der Gewinne aus dem Internethandel an Franchise-Nehmer verpflichtet.[368] Nach der Rechtsprechung ist der Franchise-Nehmer dann sogar berechtigt, die fristlose Kündigung des Franchise-Vertrages gem. § 314 I BGB zu erklären bzw., wenn er im Rahmen der vorvertraglichen Aufklärung nicht über diesen Internetvertrieb des Franchise-Gebers unterrichtet wurde, die Anfechtung des Franchise-Vertrages wegen arglistiger Täuschung gem. §§ 123, 142 BGB zu erklären.

Insofern muss auch der Internethandel Bestandteil der vorvertraglichen Aufklärung des Franchise-Gebers sein; genauso wie beim Internethandel der Franchise-Geber im Rahmen der Vertragsverhandlungen verpflichtet ist, jeden Franchise-Nehmer-Interessenten darauf hinzuweisen, dass durch den Internethandel dem Franchise-Nehmer vertraglich eingeräumte Gebietsgrenzen durchbrochen werden können. Insofern kann das Vertragsmuster um folgende Ziff. 4 ergänzt werden:

> Dem Franchise-Nehmer ist bekannt, dass die Produkte des Franchise-Gebers auch über andere Vertriebskanäle, insbesondere über das Internet, abgesetzt werden. Insofern ist nicht auszuschließen, dass Kunden im Vertragsgebiet des Franchise-Nehmers auch unmittelbar vom Franchise-Geber über das Internet beliefert werden. Der Franchise-Nehmer erklärt sich hiermit ausdrücklich einverstanden und sieht darin keine Verletzung des ihm vertraglich eingeräumten Gebietsschutzes.

Soweit Kundenschutz bzw. Standortschutz mit dem Franchise-Nehmer vereinbart worden sind, muss die Formulierung in entsprechender Weise abgeändert werden.

Da der Internetvertrieb als Form des passiven Vertriebs angesehen wird, kann dem Franchise-Geber nicht untersagt werden, eine eigene Website einzurichten und auf dieser Website für seine Produkte zu werben bzw. kann sich der Franchise-Geber nach dem Franchise-Vertrag nicht das Recht vorbehalten, den Internetvertrieb für sich zu reservieren (Tz. 54 Guidelines a. F.). Insofern sind auch Maßnahmen unzulässig, die eine Internetseite des Franchise-Nehmers verhindern bzw. diesem erschweren sollen, eine Internetseite zu betreiben (Tz. 55 Guidelines a. F.). Ein Totalverbot des Internetvertriebs kommt nur bei besonderer sachlicher Rechtfertigung in Betracht, wobei hier von der Rechtsprechung festgestellt wurde, dass es einem Franchise-Nehmer untersagt werden kann, die Produkte des Franchise-Systems über eine Auktionsplattform abzusetzen.[369]

§ 3
Vertragspartner

1. **Vertragspartner des Franchise-Gebers ist grundsätzlich die als Franchise-Nehmer bezeichnete natürliche Person. Sollte der Franchise-Vertrag von einer Gesellschaft bürgerlichen Rechts unterzeichnet werden, so sind alle Gesellschafter der Gesellschaft bürgerlichen Rechts aus diesem Franchise-Vertrag als Gesamtschuldner verpflichtet und als Gesamtgläubiger berechtigt.**
2. **Gründet oder übernimmt der Franchise-Nehmer zum Betrieb des Geschäftes eine Personen- oder Kapitalgesellschaft, so gehen die**

Rechte und Pflichten aus diesem Vertrag nicht auf die Gesellschaft über. Mit schriftlicher Einwilligung (§ 183 BGB) des Franchise-Gebers kann jedoch der Gesellschaft die Nutzung der in diesem Franchise-Vertrag zugunsten des Franchise-Nehmers vorgesehenen Rechte gestattet werden.

3. Für den Fall, dass der Franchise-Nehmer eine Personen- oder Kapitalgesellschaft gründet oder übernimmt, haftet dieser dem Franchise-Geber gegenüber für alle Verpflichtungen aus diesem Franchise-Vertrag und den wirtschaftlich mit diesem Franchise-Vertrag zusammenhängenden Verträgen als Gesamtschuldner neben der gegründeten oder übernommenen Personen- oder Kapitalgesellschaft.

Erläuterungen

1. Franchise-Nehmer als natürliche Person
2. Franchise-Nehmer als Personen- oder Kapitalgesellschaft
3. Franchise-Nehmer – Verbraucher oder Unternehmer?
4. Beteiligung des Franchise-Gebers an der Franchise-Nehmer-Gesellschaft
5. Beitritt zum Franchise-Vertrag
6. Übernahme des Franchise-Vertrages durch einen Dritten

1. Franchise-Nehmer als natürliche Person

Ist der Franchise-Nehmer eine natürliche Person, so ist diese Träger der Rechte des Franchise-Vertrages, hat aber auch die mit dem Franchise-Vertrag übernommenen Verpflichtungen zu erfüllen.

Wird der Franchise-Vertrag mit einer Gesellschaft bürgerlichen Rechts abgeschlossen, so sind alle Gesellschafter aus dem abgeschlossenen Franchise-Vertrag als Gesamtschuldner verpflichtet, sowie als Gesamtgläubiger berechtigt. An dieser gemeinschaftlichen Verpflichtung und Berechtigung der BGB-Gesellschafter hat auch die BGH-Entscheidung vom 29. 1. 2001[370] nichts geändert. Es wurde lediglich die Rechtsfähigkeit der Gesellschaft Bürgerlichen Rechts festgestellt, so dass diese nun aktiv und passiv legitimiert ist.

Zwar können alle Gesellschafter den Franchise-Vertrag auf einer Seite unterschreiben, jedoch muss jeder Einzelne in einer gesonderten Urkunde über sein Widerrufsrecht gemäß § 355 BGB belehrt werden.[371]

2. Franchise-Nehmer als Personen- oder Kapitalgesellschaft

War der Franchise-Nehmer bei Vertragsabschluss eine natürliche Person und wird zu einem späteren Zeitpunkt eine Personen- oder

Kapitalgesellschaft gegründet, so gehen die Rechte und Pflichten aus dem Franchise-Vertrag nicht automatisch auf die vom Franchise-Nehmer gegründete Gesellschaft über.[372] Vielmehr müssen die Rechte aus dem Franchise-Vertrag auf die neu gegründete Gesellschaft übertragen werden. Dazu bedarf es der Einwilligung des Franchise-Gebers gemäß § 183 BGB.[373] Diese Einwilligung sollte nur dann erteilt werden, wenn gleichzeitig die persönliche Haftung des Franchise-Nehmers, der als natürliche Person den Franchise-Vertrag abgeschlossen hat, bestehen bleibt. Franchise-Nehmer und die von diesem gegründete Personen- oder Kapitalgesellschaft haften dann dem Franchise-Geber gegenüber für alle nach dem Franchise-Vertrag übernommenen Verpflichtungen als Gesamtschuldner.

Besteht die Personen- oder Kapitalgesellschaft bereits bei Vertragsabschluss, so ist bei einer Gesellschaft mit beschränkter Haftung zu differenzieren, ob der Vertrag für die Gesellschaft von einem Gesellschafter-Geschäftsführer oder einem Fremdgeschäftsführer abgeschlossen wird. Wird der Vertrag vom Gesellschafter-Geschäftsführer abgeschlossen, so müssen die Erfordernisse, die üblicherweise an die Person des Franchise-Nehmers gestellt werden, in der Person dieses Gesellschafter-Geschäftsführers gegeben sein, andernfalls in der Person des Fremdgeschäftsführers. Dies bedeutet dann aber auch, dass sich der Franchise-Geber ein Mitspracherecht einräumen lassen muss, wenn es darum geht, den Fremdgeschäftsführer abzuberufen, gegebenenfalls dessen Anstellungsvertrag zu kündigen und einen neuen Fremdgeschäftsführer zu bestellen. Hier kann sich der Franchise-Geber das Recht ausbedingen, nur solche Fremdgeschäftsführer zu akzeptieren, die dem Anforderungsprofil entsprechen, das üblicherweise an Franchise-Nehmer des Systems gestellt wird und der vom Franchise-Geber entsprechend geschult werden wird.

Teilweise wird in Franchise-Verträgen vertraglich festgeschrieben, unter welchen Voraussetzungen der Franchise-Nehmer berechtigt ist, die Rechte und Pflichten aus dem abgeschlossenen Franchise-Vertrag auf eine von ihm gegründete oder übernommene Personen- oder Kapitalgesellschaft zu übertragen. Da der Franchise-Nehmer durch eine solche Regelung in seiner Selbständigkeit beschränkt wird, ist eine Unwirksamkeit der Regelung wegen unangemessener Benachteiligung des Franchise-Nehmers gem. § 307 I 1 BGB nicht auszuschließen. Es sollte vielmehr in diesen Fällen mit dem Franchise-Nehmer eine auf die jeweilige Gesellschaft und Gesellschaftsstruktur abstellende Ergänzungsvereinbarung zum Franchise-Vertrag abgeschlossen werden. Da diese Ergänzungsvereinbarung individuell ausgehandelt wird, ist diese also eine Individualvereinbarung i. S. v. § 305 b BGB anzusehen. Die Ergänzungsvereinbarung unterliegt daher nicht der AGB-rechtlichen Kontrolle. Vielmehr werden die Gestaltungsgrenzen einer solchen Ergänzungsvereinbarung dann durch die Guten Sitten (§ 138 BGB) und die Grundsätze von Treu und Glauben (§ 242 BGB) gezogen.

Soll gleichwohl im Franchise-Vertrag vereinbart werden, unter welchen Voraussetzungen der Franchise-Nehmer auf eine sog. Franchise-Nehmer-Gesellschaft die Rechte und Pflichten aus dem Franchise-Vertrag übertragen darf, so müsste § 3 um folgende Ziff. 4 ergänzt werden:

Der Franchise-Geber ist nur dann verpflichtet, seine Einwilligung gemäß vorstehender Regelung zu geben, wenn die vom Franchise-Nehmer gegründete oder übernommene Gesellschaft die Rechtsform einer Kommanditgesellschaft oder einer GmbH hat, wobei dritte Personen im Falle der Kommanditgesellschaft nur die Stellung von Kommanditisten haben und im Falle der GmbH die weiteren Gesellschafter zusammen nicht mehr als 24% der Anteile am Stammkapital der GmbH halten dürfen. In jedem Fall ist sicherzustellen, dass der Franchise-Nehmer/Geschäftsführer/Leiter des **Backfachgeschäftes** rechtlich und tatsächlich in der Lage bleibt, alleinverantwortlich die in diesem Franchise-Vertrag niedergelegten Verpflichtungen zu erfüllen. Andernfalls kann die Einwilligung mit einer Vorankündigungsfrist von einer Woche widerrufen werden.
Ist der Franchise-Nehmer eine Personen- oder Kapitalgesellschaft, so ist die zum Zeitpunkt des Abschlusses des Franchise-Vertrages gültige Gesellschafterliste diesem Franchise-Vertrag als **Anlage ……** beizufügen. Es ist sicherzustellen, dass weitere dritte Personen, die der Personen- oder Kapitalgesellschaft nach Abschluss des Franchise-Vertrages als Gesellschafter beitreten, im Falle der Kommanditgesellschaft nur die Stellung von Kommanditisten haben und im Falle der GmbH nicht mehr als 24% der Anteile am Stammkapital halten dürfen. Änderungen in der Gesellschaftsstruktur sind dem Franchise-Geber unverzüglich mitzuteilen. Soweit die Franchise-Nehmer-Gesellschaft in der Rechtsform der GmbH betrieben wird, ist die dem Handelsregister jeweils zu Beginn eines jeden Kalenderjahres einzureichende Gesellschafterliste dem Franchise-Geber in Ablichtung zu übersenden.
Auf jeden Fall ist sicherzustellen, dass der mit dem Franchise-Geber verhandelnde und die persönlichen Voraussetzungen eines Franchise-Vertrages mitbringende Gesellschafter/Geschäftsführer/Gesellschafter-Geschäftsführer/Leiter des **Backfachge-**

schäftes rechtlich und tatsächlich in der Lage bleibt, alleinverantwortlich die in diesem Franchise-Vertrag niedergelegten Verpflichtungen zu erfüllen.

3. Franchise-Nehmer – Verbraucher oder Unternehmer?

Ist der Franchise-Nehmer bereits unternehmerisch tätig und dient der Franchise-Vertrag der Ausübung seiner gewerblichen oder selbständigen beruflichen Tätigkeit, so ist der Franchise-Nehmer als Unternehmer i. S. v. § 14 I BGB anzusehen. Die Beurteilung dieser Frage ist unabhängig von der Rechtsform des Franchise-Nehmers; sei es, dass der Franchise-Nehmer ein einzelkaufmännisches Geschäft als eingetragener Kaufmann betreibt oder aber sein Franchise-Outlet in der Rechtsform einer Personen- oder Kapitalgesellschaft betrieben wird. Ein solcher Franchise-Nehmer ist nicht über sein Widerrufsrecht gem. § 355 I BGB zu belehren.

Demgegenüber ist Verbraucher derjenige Franchise-Nehmer, bei dem der Vertragsabschluss weder der gewerblichen, noch einer selbständigen beruflichen Tätigkeit zugerechnet werden kann. Ein solcher Franchise-Nehmer ist über sein Widerrufsrecht gem. § 355 I BGB zu belehren. Zwar hat das OLG Düsseldorf[374] festgestellt, dass in dem Abschluss eines kaufmännischen Erstgeschäftes die Begründung der Unternehmereigenschaft i. S. v. § 14 BGB zu sehen ist.

Diese Entscheidung hat der BGH zwar mit Beschluss vom 24. 2. 2005[375] bestätigt und zugleich festgestellt, dass bei einem der Existenzgründung dienenden Geschäft Unternehmer- und nicht Verbraucherhandeln vorliegt.[376] Damit kann durch den Abschluss des Franchise-Vertrages beim Existenzgründungs-Franchise-Nehmer sowohl eine Gerichtsstandsvereinbarung gem. § 38 ZPO, als auch ein Schiedsgericht gem. § 1031 V 1 ZPO ohne gesonderten Abschluss eines Schiedsvertrages begründet werden. Insofern ist es nicht erforderlich, dass der Franchise-Nehmer bereits bei Abschluss der Gerichtsstandsvereinbarung und damit des Franchise-Vertrages bzw. der Schiedsgerichtsvereinbarung Kaufmann i. S. v. § 1 I HGB ist. Nach der Rechtsprechung sind nämlich bereits Vorbereitungshandlungen, die auf den Betrieb eines Handelsgeschäftes ausgerichtet sind, wie der Abschluss des Franchisevertrages, dem Handelsgewerbe zuzuordnen.[377]

In einem Punkt hilft der Beschluss des BGH aber nicht weiter: Nämlich dem der Widerrufsbelehrung. Der BGH hat im Beschluss vom 24. 2. 2005 ausdrücklich festgestellt, dass es hier bei den Sondervorschriften der §§ 505, 507 BGB bleibt, d.h. dass eine Widerrufsbelehrung trotz Unternehmereigenschaft gleichwohl notwendig ist, wenn die Investitionssumme des Franchise-Nehmers einen Betrag von EUR 50.000,00 (EUR 75.000,00 ab 11. 6. 2010) nicht übersteigt. Ist zweifelhaft, ob die Investitionen des Franchise-Nehmers über EUR 50.000,00 (EUR 75.000,00 ab 11. 6. 2010) liegen, so sollte auf jeden Fall eine Widerrufsbelehrung vorgenommen werden. Anderenfalls besteht die Gefahr einer unbefristeten Widerrufbarkeit des Franchise-Vertrages gem. § 355 III BGB.[378]

Eine solche Widerrufsbelehrung ist auch deswegen zu empfehlen, weil es auf der Grundlage des Urteiles des Brandenburgischen OLG vom 31. 8. 2005[379] bei der Feststellung der Wertgrenze nicht auf eine wirtschaftliche Betrachtungsweise, die das Gesamtengagement aus den vom Widerruf betroffenen Verträgen wertmäßig umfasst, abzustellen ist, sondern jede auf den Abschluss eines Vertrages gerichtete Willenserklärung gesondert zu bewerten ist. Dies bedeutet, dass die Investitionen des Franchise-Nehmers auf der Grundlage des Franchise-Vertrages sich nur auf die Höhe der Eintrittsgebühr beschränken, da in der Regel für die weiteren Investitionen (Ladenbau/Ladenausstattung/Warenerstausstattung) Kaufverträge mit dem Franchise-Geber oder den vom Franchise-Geber vorgegebenen Unternehmen abgeschlossen werden. Da in der Regel aber Eintrittsgebühren unter EUR 50.000,00 liegen, ist insofern jeder Existenzgründungs-Franchise-Nehmer, um die Konsequenzen des § 355 III BGB zu vermeiden, über sein Widerrufsrecht gem. § 355 I BGB zu belehren.

4. Beteiligung des Franchise-Gebers an der Franchise-Nehmer-Gesellschaft

Um dem Franchise-Nehmer den Start zu erleichtern, insbesondere diesem das notwendige Kapital zur Verfügung zu stellen, beteiligen sich teilweise Franchise-Geber an der Franchise-Nehmer-Gesellschaft. In der Anfangsphase kann dies sinnvoll sein, nicht aber als Dauerlösung. Insofern empfiehlt es sich, bereits bei Vertragsabschluss festzulegen, innerhalb welchen Zeitraums der Franchise-Geber seine Beteiligung (gegebenenfalls nach und nach) an der Franchise-Nehmer-Gesellschaft auf den Franchise-Nehmer oder einen von diesem benannten Dritten überträgt. Geschieht dies nicht, so läuft ein Franchise-Geber Gefahr, vom Franchise-Nehmer mit der Frage der Übervorteilung konfrontiert zu werden. Zum einen muss der Franchise-Nehmer Zahlungsverpflichtungen aufgrund des abgeschlossenen Franchise-Vertrages gegenüber dem Franchise-Geber erfüllen, sei es nun, die Leistung der Eintrittsgebühr oder der laufenden Franchise-Gebühren. Ist der Franchise-Geber aber zum anderen auch noch an der Gesellschaft des Franchise-Nehmers beteiligt, so steht diesem ein Gewinnbezugsrecht zu, d.h. über die gesellschaftsrechtliche Beteiligung an der Gesellschaft des Franchise-Nehmers profitiert dieser über den Franchise-Vertrag hinaus von den Leistungen des Franchise-Nehmers durch Teilhabe am erzielten Gewinn. Hier ist ein Konflikt zwischen Franchise-Geber und Franchise-Nehmer „vorprogrammiert".

5. Beitritt zum Franchise-Vertrag

Soweit ein Dritter dem Franchise-Vertrag beitritt, bedarf es dazu der Einwilligung des Franchise-Gebers gemäß § 183 BGB, soweit dieser Schuldbeitritt zwischen dem Franchise-Nehmer und dem Dritten vereinbart wird. Auch gegenüber diesem Beitretenden ist der Franchise-Geber zur vorvertraglichen Aufklärung verpflichtet.[380] Zugleich muss dieser Dritte über sein Widerrufsrecht gemäß § 355 BGB belehrt werden, d.h. dieser kann innerhalb einer Frist von zwei Wochen seine auf Beitritt zum Franchise-Vertrag gerichtete Willenserklärung widerrufen.[381]

6. Übernahme des Franchise-Vertrages durch einen Dritten

Möglich ist auch, dass der Franchise-Vertrag im Wege der Schuldübernahme gemäß §§ 414, 415 BGB von einem Dritten übernommen wird. Für diesen Fall scheidet der bestehende Franchise-Nehmer aus dem Vertrag aus und der neue Franchise-Nehmer tritt ein und übernimmt die Rechte und Pflichten aus dem Vertrag für die Dauer der vertraglich vereinbarten Restlaufzeiten. Auch diesem den Franchise-Vertrag im Wege der Schuldübernahme übernehmenden Dritten gegenüber ist der Franchise-Geber sowohl zur vorvertraglichen Aufklärung als auch zur Widerrufsbelehrung gemäß § 355 BGB verpflichtet.[382]

Teil II
Pflichten des Franchise-Gebers

§ 4
Allgemeine Pflichten des Franchise-Gebers

1. Der Franchise-Geber unterstützt den Franchise-Nehmer durch Beratung und Information hinsichtlich des kaufmännischen und organisatorischen sowie werblichen Aufbaus seines Backfachge-

schäftes. Dazu gehört unter anderem der Einblick in die Einrichtung/Ausstattung, Organisation eines Backfachgeschäftes, den Personalbedarf, die Werbe- und Marketingkonzepte sowie die Öffentlichkeitsarbeit und ganz allgemein hinsichtlich der Umstände, die den Umsatz und die Rentabilität des Backfachgeschäftes beeinflussen.

Diese Beratungsleistungen werden vom Franchise-Geber sowohl während der Gründungs- und Aufbauphase als auch während des laufenden Geschäftsbetriebes erbracht. Der Franchise-Geber ist berechtigt, diese Tätigkeiten auf Wunsch des Franchise-Nehmers durch Dritte erbringen zu lassen, wobei dessen Kosten vom Franchise-Nehmer zu tragen sind.

2. Darüber hinaus stellt der Franchise-Geber dem Franchise-Nehmer seine Erfahrungen und Kenntnisse auf dem Gebiet der Kundenbetreuung und des Verkaufs der Vertragsprodukte und der von ihm zu erbringenden Dienstleistungen des Franchise-System zur Verfügung.
3. Der Franchise-Geber erbringt gegenüber dem Franchise-Nehmer insbesondere folgende Leistungen:
   - Beschreibung der Betriebstypen eines Backfachgeschäftes,
   - Gestaltung und Lieferung sowie Einbau der Ladeneinrichtung als Ausdruck des „Erlebnis-Backens“,
   - Entwicklung neuer Verkaufsmedien für eine breite, ganzjährig neue Sortiments- und Dienstleistungspalette,
   - ständige Marktforschung,
   - Aufrechterhaltung und Weiterentwicklung der Corporate Identity des Backfachgeschäftes,
   - allgemeine Unterstützung des Franchise-Nehmers durch Knowhow-Transfer, Erfahrungsaustausch, Vorträge, Informationsservice, gezielte Beratung, Schwachstellenanalyse,
   - Betriebsvergleiche unter Berücksichtigung der Leistungskennzahlen,
   - Qualitätssicherung des Franchise-System durch Zertifizierung nach DIN EN ISO 9001,
   - Zentralregulierung der Einkaufsrechnungen des Franchise-Nehmers unter Übernahme der Delkrederehaftung,
   - EDV-gesteuertes Warenwirtschaftssystem.
4. Der Franchise-Geber informiert den Franchise-Nehmer regelmäßig über die Entwicklungen des Unternehmens, des Wettbewerbes und der aktuellen Marktentwicklungen.
5. Werden vom Franchise-Nehmer vom Normalfall abweichende individuelle Sonderleistungen oder Beratungen im Hinblick auf das vom Franchise-Nehmer betriebene Backfachgeschäft vom Franchise-Geber verlangt, so ist der Franchise-Geber berechtigt,

dafür die übliche Vergütung zu verlangen. Diese Vergütung ist dem Franchise-Nehmer vorab mitzuteilen, damit dieser eine Entscheidung treffen kann, ob er insoweit die Leistungen des Franchise-Gebers in Anspruch nehmen will.

6. Der Franchise-Geber ist zur Leistungserbringung nicht verpflichtet, wenn der Franchise-Nehmer mit der Erfüllung einer wesentlichen Pflicht oder Obliegenheit in Verzug gerät, insbesondere die laufenden Franchise-Gebühren (§ 17 Ziff. 2, 3) ganz oder teilweise nicht leistet.

Erläuterungen

1. Beratung und Unterstützung
2. Laufende Pflichten des Franchise-Gebers
3. Unterrichtungsverpflichtung
4. Sonderleistungen
5. Entfallen der Leistungsverpflichtung

1. Beratung und Unterstützung

§ 4 des Mustervertrages regelt die für Franchise-Verträge typischen Pflichten des Franchise-Gebers zur Betreuung des am Point of Sale tätigen Franchise-Nehmers. Dazu gehören die allgemeinen Betreuungspflichten während der Planungs- und Voreröffnungsphase des Franchise-Betriebes, die laufende Betreuung während der Eröffnung und die sich daran anschließende. Geht es in der Phase vor der Eröffnung im Wesentlichen darum, das Ladenlokal zu planen, die entsprechenden Aufträge gegenüber Handwerkern zu erteilen, die rechtzeitige Eröffnung des Franchise-Outlets sicherzustellen, so muss in der Phase der Eröffnung dem Franchise-Nehmer insbesondere geeignetes Verkaufs- und Beratungspersonal aus der Zentrale zur Seite gestellt werden. Zahlreiche Franchise-Systeme haben dazu eine so genannte „Task Force“ aufgestellt, die jeweils bei der Eröffnung eines Franchise-Outlets am Tag vor der Eröffnung, am Eröffnungstag und an den beiden sich an die Eröffnung anschließenden Geschäftstagen dem Franchise-Nehmer nicht nur bei der Gestaltung seines Ladenlokals und der Präsentation der Eröffnungsangebote behilflich ist, sondern auch bei der laufenden Beratung der Kunden und hinsichtlich aller Fragen, die sich einem Franchise-Nehmer in den ersten Tagen nach Eröffnung seines Franchise-Outlets stellen. Daran schließt sich die allgemeine Beratung an, die entweder über die Zentrale und/oder den für den Franchise-Nehmer zuständigen Franchise-Betreuer erfolgt. Während die Betreuung im Rahmen der Planung der Eröffnung und der Eröffnung noch als Systemeingliederungsleistung angesehen werden kann und demgemäß von der Leistung der Eintrittsgebühr umfasst wird, ist die Gegenleistung für die laufende Betreuung die vom Franchise-Nehmer zu leistende laufende Franchise-Gebühr.

2. Laufende Pflichten des Franchise-Gebers

Die laufenden Pflichten des Franchise-Gebers erschöpfen sich nicht nur in den in § 4 Ziff. 3 des Vertragsmusters dargestellten Leistungen, sondern umfassen auch die Schulungskonzepte (§ 5 des Vertragsmusters), die Marketing- und Werbekonzepte (§ 6 des Vertragsmusters) und die Verpflichtung zur Überlassung des Franchise-Handbuchs (§ 7 des Vertragsmusters).

Werden die einzelnen laufenden Leistungen des Franchise-Gebers so detailliert wie in § 4 Ziff. 3 des Vertragsmusters dargestellt, so kann im Falle eines Streits über die Höhe der vom Franchise-Geber verlangten laufenden Franchise-Gebühren anhand dieses Leistungskatalogs zum einen die Angemessenheit der laufenden Franchise-Gebühr und zum anderen deren Ausgewogenheit dargestellt werden. Dies zwingt zu einer möglichst detaillierten Darstellung der Leistungen, – jedoch auch unter Berücksichtigung des damit verbundenen Nachteils: werden nämlich sämtliche im Leistungskatalog in § 4 Ziff. 3 des Vertragsmusters erbrachten Leistungen nicht oder nicht vollständig vom Franchise-Geber erbracht, so wird damit dem Franchise-Nehmer die Möglichkeit eröffnet, entweder ganz oder zumindestens teilweise die laufende Franchise-Gebühr zurückzuhalten, um so den Franchise-Geber zur Erbringung der vertraglich vereinbarten Leistungen anzuhalten.[383]

3. Unterrichtungsverpflichtung

Gemäß § 86a II HGB hat der Unternehmer „dem Handelsvertreter die erforderlichen Nachrichten zu geben“. Diese Unterrichtungsverpflichtung des Unternehmers bezieht sich nach der Rechtsprechung nicht nur auf die vom Handelsvertreter angebahnten Geschäfte, sondern auch auf Produktionsänderungen, Änderungen der Preisgestaltung, Lieferbedingungen, Konstruktionszeichnungen etc. Da der Franchise-Nehmer noch in weitaus größerem Maße als der Handelsvertreter in die Organisation des Franchise-Gebers integriert ist, sind diesem nicht nur die entsprechenden Informationen, sondern auch Informationen über Produktionsentwicklungen und die Strategie des Franchise-Systems allgemein mitzuteilen, also Informationen, auf die üblicherweise ein Handelsvertreter keinen Anspruch hat.[384] Wird die Informationspflicht verletzt, etwa ein Franchise-Nehmer nicht rechtzeitig über die Einstellung von Produkten oder aber bestehende Lieferengpässe unterrichtet, so hat dieser einen Schadensersatzanspruch nach den Grundsätzen der positiven Vertragsverletzung gemäß § 280 BGB.[385]

4. Sonderleistungen

Soweit der Franchise-Nehmer Sonderleistungen wünscht, die über die Verpflichtungen des Franchise-Gebers entsprechend § 4 des Vertragsmusters hinausgehen, so kann der Franchise-Geber dafür die übliche Vergütung verlangen. Darauf stellt § 4 Ziff. 5 des Vertragsmusters ab. Können sich die Vertragsparteien auf eine Vergütung nicht verständigen, so ist die Vergütung nach den Grundsätzen des § 612 II, 2. Halbs. BGB zu bestimmen. Die übliche Vergütung ist dann die für gleiche oder ähnliche Dienstleistungen an dem betreffenden Ort mit Rücksicht auf die persönlichen Verhältnisses gewöhnlich gewährte Vergütung. Dabei ist auf die Umstände des Einzelfalles abzustellen.[386]

Unterbleibt entgegen der Regelung in § 4 Ziff. 5 vor Inanspruchnahme der Dienstleistungen des Franchise-Gebers eine Abstimmung zwischen den Vertragsparteien, so ist vom sog. **Ausklickungsgrundsatz** des § 612 I BGB auszugehen, d.h. eine Vergütung gilt zwischen den Vertragsparteien als stillschweigend vereinbart, wenn die Dienstleistung des Franchise-Gebers nach den Umständen nur gegen eine Vergütung zu erwarten ist.[387]

Mangelt es an einer Vereinbarung der Vergütung, so ist die angemessene Vergütung gemäß § 612 II BGB zu leisten.

5. Entfallen der Leistungsverpflichtung

Ist der Franchise-Nehmer mit der Erfüllung der von ihm übernommenen Leistungen, insbesondere der Verpflichtung zur Leistung der laufenden Franchise-Gebühren oder Werbegebühren oder der Vergütung für eine gesonderte Leistung, ganz oder teilweise in Verzug, so kann der Franchise-Geber die weitere Leistungserbringung ablehnen. Insofern steht dem Franchise-Geber genauso ein Zurückbehaltungsrecht zu, wie dem Franchise-Nehmer, wenn der Franchise-Geber seinen laufenden Verpflichtungen nicht nachkommt, d.h. den Leistungskatalog nach § 4 Ziff. 3 des Vertragsmusters nicht erfüllt. Allerdings kann dieses Zurückbehaltungsrecht ausgeschlossen werden. Davon geht auch das Vertragsmuster in § 17 Ziff. 8 S. 2 aus.

§ 5
Schulungskonzepte

1. Die Grundausbildung des Franchise-Nehmers soll diesem ermöglichen, die spezifischen Methoden des Franchise-Systems auf kaufmännischem und administrativem Gebiet zu erwerben und zu beherrschen.
   Die Grundausbildung des Franchise-Nehmers findet vor der Eröffnung des Backfachgeschäftes statt. Die laufende Schulung orientiert sich an der Notwendigkeit des Schulungsbedarfs innerhalb des Franchise-Systems.
2. Der Franchise-Geber bietet Seminare und Informationsveranstaltungen an. Soweit diese als Pflichtveranstaltungen gekennzeichnet sind, ist der Franchise-Nehmer zur Teilnahme verpflichtet, es sei denn, er kann sein Nichterscheinen hinreichend entschuldigen. Für diesen Fall hat der Franchise-Nehmer dann aber einen Vertreter zu entsenden.
3. Die Kosten der Grundausbildung gehen zu Lasten des Franchise-Gebers. Die Kosten der laufenden Schulung sowie der Seminar- und Informationsveranstaltungen werden vom Franchise-Nehmer getragen.
   Sowohl im Rahmen der Grundausbildung und der laufenden Schulung als auch beim Besuch weiterer Seminar- und Informationsveranstaltungen trägt der Franchise-Nehmer seine Reise-, Übernachtungs- und Verpflegungskosten, gegebenenfalls auch für seine Mitarbeiter.

Erläuterungen

1. Schulungsverpflichtung des Franchise-Gebers
2. Grundsätze und Inhalte der Schulungskonzepte
3. Kosten der Schulung
4. Schulungsvertrag

1. Schulungsverpflichtung des Franchise-Gebers

Nach den Regelungen der EU-Gruppenfreistellungsverordnung für vertikale Vertriebsbindungen ist der Franchise-Geber verpflichtet, sein auf praktischen Kenntnissen beruhendes und durch Erfahrungen und Erprobungen gewonnenes unerlässliches bzw. bedeutsames und nützliches Know-how nicht nur zu beschreiben und zu übermitteln, sondern auch dem Franchise-Nehmer zu vermitteln. Der Franchise-Nehmer bedarf also einer aktiven laufenden Unterstützung und Motivation durch den Franchise-Geber. Dem dienen die Schulungskonzepte. Differenziert wird dabei in der Regel zwischen der Grundausbildung des Franchise-Nehmers, vor Vertragsabschluss und der laufenden Schulung und Unterrichtung des Franchise-Nehmers, sei es nun durch Seminare oder Informationsveranstaltungen, an denen dieser – teilweise zwingend – nach Eröffnung teilzunehmen hat.

2. Grundsätze und Inhalte der Schulungskonzepte

Die Grundsätze und Inhalte der Schulungskonzepte sind unterschiedlich und auf das jeweilige Franchise-System bezogen zu sehen. Typische Inhalte solcher Schulungskonzepte sind:
- Waren- und Sortimentskunde,
- Betriebs-/Geschäftsordnungssystem,
- Betriebswirtschaft/Controlling/Finanzwesen,
- Warenwirtschaftssystem,
- Mitarbeitersuche, -auswahl und -führung.

Jedes Schulungskonzept sollte dokumentiert und damit für den Franchise-Nehmer nicht nur nachvollziehbar sein, sondern diesem auch als Nachschlagewerk für die praktische Umsetzung in seinem Franchise-Outlet dienen.[388] Für die Durchführung der Schulungskonzepte kann sich der Franchise-Geber externer Berater und Trainer bedienen, wobei den Franchise-Geber aber gemäß § 664 I 2 BGB das Auswahlverschulden[389] trifft. Nach dem Auslegungsgrundsatz des § 664 I 1 BGB ist der Franchise-Geber grundsätzlich zur persönlichen Leistungsverpflichtung gegenüber dem Franchise-Nehmer verpflichtet. Insofern muss im Vertrag, wenn der Franchise-Geber Leistungserbringungen auf Dritte übertragen darf, ausdrücklich die Anwendbarkeit von § 664 I 1 BGB ausgeschlossen werden. Davon geht das Vertragsmuster in § 9 Ziff. 2 aus. Eingesetzte Berater und Trainer sollten zumindest über Grundkenntnisse im Franchising verfügen.[390]

Bei der Ausarbeitung dieser Schulungsprogramme sollten vom Franchise-Geber die Richtlinien des Deutschen Franchise-Verbandes „Training bei Franchise-Systemen“[391] beachtet werden. Dort wird noch einmal ausdrücklich festgehalten, welchen Inhalt Trainings- und Schulungskonzepte haben sollten, um den Franchise-Nehmer aktiv und laufend zu unterstützen und zu motivieren.

3. Kosten der Schulung

Die Kosten der Grundausbildung werden in der Regel vom Franchise-Geber getragen und sind ein Teil der Gegenleistung für die vom

Franchise-Nehmer geleistete Eintrittsgebühr. Die mit den weiteren Schulungen, Seminaren und Informationsveranstaltungen verbundenen Kosten werden unterschiedlich beurteilt. Teilweise werden diese Kosten vom Franchise-Geber, teilweise aber auch auf die Franchise-Nehmer nach Anzahl der Teilnehmer umgelegt.

Die dem Franchise-Geber, aber auch seinen Mitarbeitern, im Rahmen der Grundausbildung, aber auch der laufenden Schulung und der Seminare und Informationsveranstaltungen entstehenden Reise- und Unterbringungskosten sind vom Franchise-Nehmer selbst zu tragen.[392]

4. Schulungsvertrag

Der Erfolg eines jeden Franchise-Nehmers hängt von dessen Grundausbildung und der fortlaufenden Schulung ab. Insofern sind die Schulungsverpflichtungen auch im Rahmen der vorvertraglichen Aufklärung darzustellen. Gleichzeitig dienen die Schulungen, soweit sie vor Abschluss des Franchise-Vertrages erfolgen, auch dazu, zu überprüfen, ob der Franchise-Nehmer für das Betreiben des jeweiligen Franchise-Outlets der geeignete Franchise-Nehmer ist. Zahlreiche Franchise-Systeme sind daher dazu übergegangen, neben dem Franchise-Vertrag gesonderte Schulungsverträge abzuschließen. In der Regel umfasst ein solcher Schulungsvertrag folgende Regelungen:

- Gegenstand des Vertrages
- Schulungsunterlagen
- Gliederung der Schulungsstufen
- Inhalt der Grundausbildung
- Inhalt der laufenden Ausbildung
- Dauer der Schulung
- Kosten der Schulung

Soweit der Schulungsvertrag dazu dient, eine Auslese unter potentiellen Franchise-Nehmern vorzunehmen, wird dieser i.d.R. mit einem Vorvertrag kombiniert, d.h. dem Franchise-Nehmer wird der Abschluss des Franchise-Vertrages erst dann angeboten, wenn er erfolgreich die Schulung des Franchise-Gebers durchlaufen hat.

Für die Schulung kann eine gesonderte Gebühr verlangt werden. Diese Gebühr ist auf die Eintrittsgebühr anzurechnen, wenn nach erfolgreichem Abschluss der Schulung der Franchise-Vertrag abgeschlossen wird; anderenfalls verfällt die geleistete Gebühr. Darauf ist der Franchise-Nehmer jedoch im Rahmen des Schulungsvertrages ausdrücklich hinzuweisen. Für den Verfall der Schulungsgebühr gelten insoweit die gleichen Grundsätze wie für den Ausschluss der Rückforderbarkeit der Eintrittsgebühr bei vorzeitiger Beendigung des Franchise-Vertrages (§ 17 Ziff. 1 des Vertragsmusters).

Der Ausschluss der Rückforderung der Schulungsgebühr ist auch nicht gem. § 307 I 1 BGB unwirksam. Der Franchise-Nehmer hat, auch wenn es nicht zum Abschluss des Franchise-Vertrages kommt, für die Schulungsgebühr eine entsprechende Gegenleistung des Franchise-Gebers in Form von Schulungsunterlagen und tatsächlich durchgeführter Schulungen erhalten. Insofern wird er durch den Ausschluss der Rückforderung der Schulungsgebühr bei Nichtabschluss eines Franchise-Vertrages nicht unangemessen benachteiligt.

§ 6
Marketing- und Werbekonzepte

1. Die Marketing- und Werbekonzepte werden vom Franchise-Geber, gegebenenfalls unter Beteiligung des Beirats des Franchise-Systems entwickelt. Diese sollen dazu dienen, dem „Erlebnis-Backen", auf das das Franchise-System ausgerichtet ist, Marktgeltung zu verschaffen.
Demgemäß erkennt der Franchise-Nehmer auch ausdrücklich an, dass die uneingeschränkte Einhaltung der Markenkonzeption des Franchise-Systems eine unabdingbare Voraussetzung für die Entwicklung und das Wachstum des Franchise-Systems sowie des Backfachgeschäftes des Franchise-Nehmers ist.

2. Vor Eröffnung des Backfachgeschäftes erfolgt eine Eröffnungswerbung. Die Eröffnungswerbung wird vom Franchise-Geber jedoch unter Mitwirkung des Franchise-Nehmers bestimmt. Im Rahmen seiner Mitwirkung kann der Franchise-Nehmer insbesondere die lokalen Besonderheiten in seine Eröffnungswerbung miteinbeziehen lassen.

3. Der Franchise-Nehmer seinerseits ist verpflichtet, nach Eröffnung des Ladenlokals, regional im üblichen Rahmen Werbung/Öffentlichkeitsarbeit zu betreiben. Der Inhalt jeglicher Werbung bedarf der schriftlichen Einwilligung (§ 183 BGB) des Franchise-Gebers, damit ein einheitliches Auftreten des Franchise-Systems auch in der regionalen Werbung gewährleistet bleibt.

4. Auf Werbematerial und Geschäftspapieren muss der Inhaberzusatz des Franchise-Nehmers in Verbindung mit der Marke „XY" erscheinen.

5. Soweit überregionale Werbemaßnahmen durchgeführt werden, ist der Franchise-Nehmer, wie auch alle anderen Franchise-Neh-

mer, verpflichtet, sich an dieser Werbung zu beteiligen, die beworbenen Produkte in seinem Backfachgeschäft zu führen und Letztverbraucher fachkundig zu beraten. Entsprechendes gilt für die Umsetzung von Marketingkonzepten sowie etwaigen Verkaufsförderungsaktionen.

Erläuterungen

1. Der Begriff des Marketing
2. Marketing bei Franchise-Systemen
3. Werbekonzepte
4. Überregionale Werbung
5. Werbung und Auftreten des Franchise-Nehmers im geschäftlichen Verkehr
6. Verkaufsförderungsaktion
7. Telefonmarketing
8. Ambush-Marketing

1. Der Begriff des Marketing

Marketing wird heute überwiegend als Ausdruck für eine **umfassende Philosophie und Konzeption des Planens und Handelns gesehen, bei der alle Aktivitäten eines Unternehmens konsequent auf die gegenwärtigen und künftigen Erfordernisse der Märkte ausgerichtet werden, mit dem Ziel der Befriedigung von Bedürfnissen des Marktes und der individuellen Ziele.**

Funktionell lässt sich das Marketing wie folgt darstellen:

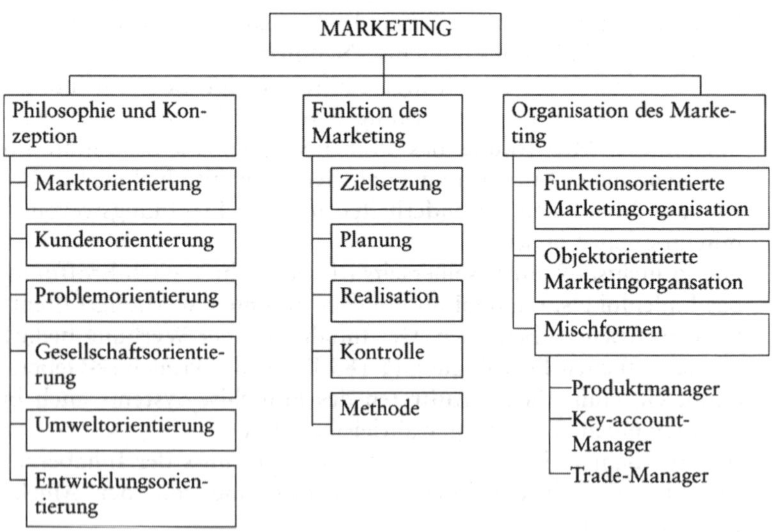

(entnommen: WEISS, Marketing, 1995, S. 19)

2. Marketing bei Franchise-Systemen

Bei Franchise-Systemen muss hinsichtlich der Marketingkonzepte nicht nur zwischen den Aufgaben, sondern auch zwischen den Einsatzbereichen unterschieden werden, so z. B. nach

- den betrieblichen Funktionen, wie
- Beschaffungsmarketing
  - Finanzmarketing
  - Personalmarketing
- Objekten, mit denen sich das Marketing befasst, wie
- Konsumgütermarketing
  - Investitionsgütermarketing
  - Dienstleistungsmarketing
- Subjekten des Marketing, wie z. B.
  - Herstellermarketing
  - Handelsmarketing
  - Verbrauchermarketing
- dem Vorgehen auf verschiedenen nationalen oder internationalen Märkten je nach der Ausrichtung und Internationalität des Franchise-Systems, wie z. B.
  - dem regionalen Marketing
  - dem überregionalen Marketing
  - dem internationalen Marketing
  - Global Marketing
- den spezifischen Methoden des Marketing, wie z. B.
  - Anreizmarketing
  - Entwicklungsmarketing
  - Revitalisierungsmarketing
  - Erhaltungsmarketing
  - Contramarketing.[393]

So verstanden werden Marketingkonzepte auf alle Funktionen des Franchise-Systems ausgedehnt, dienen der Verbindung zwischen Franchise-Geber und Franchise-Nehmer und Franchise-Nehmern untereinander. Derartige, für Franchise-Systeme kennzeichnende Marketingkonzepte erweisen sich somit als Mittel der Unternehmensführung, und zwar sowohl für die Franchise-Geber-Zentrale als auch die einzelnen Franchise-Outlets.[394]

Demgemäß geht auch das Vertragsmuster in § 6 Ziff. 1 davon aus, dass die Marketingkonzepte auf das Franchise-System bezogen entwickelt werden. Um den Franchise-Nehmern die Möglichkeit zu geben, an den Marketingkonzepten mitzuarbeiten, ist die Beteiligung des Beirats (§ 31) vorgesehen.

3. Werbekonzepte

Bei Franchise-Systemen wird üblicherweise zwischen folgenden Werbekonzepten differenziert:
- Eröffnungswerbung,
- laufende Werbung,
- Eventwerbung,
- regionale Werbung,
- überregionale Werbung.

Die Eröffnungswerbung wird von Franchise-Geber und Franchise-Nehmer gemeinsam durchgeführt. Darauf stellt auch das Vertragsmuster ab. Notwendig ist dann nur eine Abstimmung zwischen Franchise-Geber und Franchise-Nehmer, wer die Kosten der Eröffnungswerbung zu tragen hat. Diese sind üblicherweise in der Eintrittsgebühr nicht enthalten.[395]

Die regionale Werbung ist Aufgabe des Franchise-Nehmers. Dieser hat auch deren Kosten zu tragen. Um das Franchise-System am Markt zu etablieren, ist es jedoch erforderlich, dass der Franchise-Nehmer bei der Gestaltung seiner regionalen Werbung den ihm vom Franchise-Geber vorgegebenen Anzeigenrahmen beachtet. Üblicherweise werden solche Anzeigenrahmen den Franchise-Nehmern mit dem Franchise-Handbuch zur Verfügung gestellt.

Weicht der Franchise-Nehmer von der ihm vorgegebenen Werbung ab und ist diese wettbewerbswidrig, so hat er dafür einzustehen.[396] Wird wegen dieser wettbewerbswidrigen Werbung der Franchise-Geber abgemahnt, weil diesem die Werbeaktion des Franchise-Nehmers gem. § 8 II UWG zugerechnet wird, so hat dieser einen Freistellungsanspruch gegen den Franchise-Nehmer.[397]

Verstößt der Franchise-Nehmer wiederholt gegen die Werbegrundsätze, so kann darin auch eine positive Vertragsverletzung des abgeschlossenen Franchise-Vertrages liegen, die den Franchise-Nehmer gemäß § 280 BGB zur Leistung von Schadensersatz verpflichtet. Bei dauerhaften Verstößen oder gravierenden wettbewerbswidrigen Aktionen kann sogar der Franchise-Geber nach erfolgloser Abmahnung (§ 314 II 2. Alt. BGB) berechtigt sein, die fristlose Kündigung des Franchise-Vertrages aus wichtigem Grund gemäß § 314 I BGB zu erklären.[398]

4. Überregionale Werbung

Die überregionale Werbung wird vom Franchise-Geber durchgeführt. Dafür wird die laufende Werbegebühr entrichtet, die der Franchise-Geber treuhänderisch zu verwalten hat. Zahlreiche Franchise-Systeme sehen vor, dass der Franchise-Geber gegenüber dem Beirat zu Beginn eines jeden Geschäftsjahres über die Werbeaktionen des abgelaufenen Geschäftsjahres Rechnung zu legen hat. Soweit Special-Events durchgeführt werden, wie z.B. bei Mc Donald's die so genannten „Los Wochos" sind alle Franchise-Nehmer verpflichtet, sich daran zu beteiligen. Genauso wie der Franchise-Nehmer hat der Franchise-Geber für eine Wettbewerbswidrigkeit der von ihm vorgegebenen überregionalen Werbung einzustehen, d.h. gegebenenfalls dem auf Unterlassung in Anspruch genommenen Franchise-Nehmer Schadensersatz gemäß § 280 BGB zu leisten.

5. Werbung und Auftreten des Franchise-Nehmers im geschäftlichen Verkehr

Jeder Kaufmann ist berechtigt, in Werbeanzeigen sein Unternehmen mit Firmenschlagwörtern, besonderen Geschäftsbezeichnungen oder Marken zu bezeichnen.[399] Dabei geht die Rechtsprechung davon aus, der Letztverbraucher erwarte grundsätzlich nicht, der Kaufmann werbe in Anzeigen seiner vollständigen Firmierung.

Die Grenze einer solchen Werbung zieht das Irreführungsverbot (§§ 3, 5 UWG i.V.m. mit Anhang zu § 3 II UWG). Danach kann die Werbung ohne vollständige Firmierung wettbewerbswidrig sein, wenn zur Vermeidung einer Irreführung des Verkehrs eine Aufklärung über die hinter der schlagwortartigen Geschäftsbezeichnung stehende Person oder Gesellschaft geboten ist. Dies gilt insbesondere für Franchise-Systeme. Ein **Firmenschlagwort** bezeichnet nämlich regelmäßig ein einzelnes Unternehmen an einem bestimmten Ort. Wenn aber ein Schlagwort für eine Mehrzahl von Unternehmen verwendet wird, so vermittelt dies den wettbewerbsrelevanten und falschen Eindruck eines überregional tätigen größeren Unternehmens. Verbirgt sich also unter einem solchen Firmenschlagwort eine Mehrzahl selbständiger untereinander nicht irgendwie verbundener Einzelunternehmen, entsteht ein falscher Eindruck, der zur Aufklärung verpflichtet.[400]

Werben also Franchise-Nehmer mit der Firma, dem **Firmenschlagwort** oder einer **Geschäfts- oder Etablissementbezeichnung** des Franchise-Gebers, so erzeugen sie gegenüber dem Letztverbraucher den Eindruck, als handele es sich um die Werbung eines bundesweit tätigen Unternehmens, obwohl die Franchise-Nehmer rechtlich und wirtschaftlich selbständige Kaufleute sind. Demgemäß muss jeder Franchise-Nehmer seine Werbung so schalten, dass zusammen mit der Nennung des überregional verwendeten Firmenschlagworts oder den Geschäfts- und/oder Etablissementbezeichnung des Franchise-Nehmers der Name des Kaufmanns oder der Kauffrau als Inhaber des Unternehmens des Franchise-Nehmers entsprechend §§ 17, 18 HGB zu erscheinen hat.[401] Nur dann ist sichergestellt, das die Firma zur Kennzeichnung des Kaufmannes geeignet ist und Unterscheidungskraft besitzt sowie die Firma keine Angaben enthält, die über geschäftliche Verhältnisse, die für die angesprochenen Verkehrskreise wesentlich sind, irreführen.[402] Das insofern auch für Franchise-Nehmer geltende firmenrechtliche Irreführungsverbot ist Bestandteil des Grundsatzes der Firmenwahrheit.[403]

Entsprechendes gilt, wenn ein Franchise-Nehmer durch seine Anzeige irrig beim Letztverbraucher den Eindruck erweckt, einen Vollhandwerksbetrieb zu betreiben. Endverbraucher gehen nämlich in der Regel davon aus, dass mit dem Hinweis auf eine handwerkliche Tätigkeit auch zugleich eine Aussage über die Qualität der Arbeit getroffen wird. Insofern sind Letztverbraucher eher bereit, mit einem Franchise-Nehmer zusammenzuarbeiten, der vorgibt, ein Vollhandwerk auszuüben, als ein Franchise-Nehmer, der im gleichen Marktsegment tätig ist, ohne eine Anzeige zu schalten, aus der irrig auf eine voll-handwerkliche Tätigkeit geschlossen werden kann.[404] Ein im Bereich der Gebäudereinigung tätiger Franchise-Nehmer darf sich daher nur dann als „Gebäudereiniger" bezeichnen, wenn sein Unternehmen in der Handwerksrolle eingetragen ist.[405] Ein Franchise-Nehmer, der unter Hinweis auf seine Großhändlereigenschaft Werbeanzeigen schaltet, darf dies nur, wenn er überwiegend Wiederverkäufer oder gewerbliche Verbraucher beliefert und entweder auch der Letztverbraucher zum Großhandelspreis beliefert wird oder die höhere Preisgestaltung kenntlich macht.[406]

Soweit Franchise-Systeme bzw. Franchise-Nehmer für Verkaufsförderungsaktionen werben, wie etwa für einen sog. **Schnäppchenvorrat,** müssen insofern die wettbewerbsrechtlichen Grundsätze beachtet werden, um zu vermeiden, dass eine etwaige wettbewerbswidrige Werbung eines Franchise-Nehmers dem Franchise-Geber gem. § 8 II UWG zugerechnet werden kann.

Das OLG Stuttgart hat mit Urteil vom 11. 7. 2005[407] festgestellt, dass eine Werbung für Schnäppchen gem. § 5 V 1 UWG a.F. = § 5 I 2 Nr. 1 UWG als irreführend und damit als wettbewerbswidrig anzusehen ist, wenn die beworbene Ware nicht in ausreichender Menge bevorratet wird. Das OLG Stuttgart geht davon aus, dass für Waren des täglichen Bedarfs ein Vorrat für 2 Tage angemessen sei. Begründet wird dies mit der Erwartung des Verbrauchers, die Ware nicht nur am Tage der Bewerbung, sondern auch am Folgetag bekommen zu können. Diese Grundsätze sind gleichermaßen für den Franchise-Geber, als auch für den Franchise-Nehmer in seinem

Franchise-Outlet zu beachten. Dem Vorwurf, für einen Schnäppchenvorrat wettbewerbswidrig geworben zu haben, kann ein Franchise-Nehmer nur dann entgehen, wenn dieser nachweist, dass eine kürzere als die gesetzliche Frist von 2 Tagen im Sinne von § 5 I 2 Nr. 1 UWG angemessen ist oder dass er angemessen disponiert hat, aber sein Vorrat wegen einer unerwartet hohen Nachfrage dann doch nicht gereicht habe. Kann dieser Nachweis nicht erbracht werden, so wird die Werbung des Franchise-Nehmers als wettbewerbswidriges Lockvogelangebot angesehen.

Auf der gleichen Linie liegt die Entscheidung des BGH vom 7. 4. 2005.[408] Der BGH geht beim Internetversandhandel davon aus, dass der Endverbraucher gem. § 5 I 2 Nr. 1 UWG die sofortige Verfügbarkeit der beworbenen Ware im Internet erwarten kann, es sei denn, auf der Internetseite wird unmissverständlich auf eine abweichende Lieferfrist hingewiesen.

Werden solche **Verkaufsförderungsaktionen** im Rahmen eines Franchise-Systems überregional umgesetzt, so kann auf der Grundlage der BGH-Entscheidung vom 8. 4. 2003[409] eine Preisbindung vereinbart werden. Übertragen auf Franchise-Systeme bedeutet die Entscheidung, dass die vom Franchise-Geber im Rahmen von Verkaufsförderungsaktionen durch einen preisbezogenen Packungsaufdruck und entsprechende begleitende Werbemaßnahmen bewirkte faktische Festlegung des Widerverkaufspreises dann nicht gegen das Preisbindungsverbot i.S.v. § 1 GWB n.F. (= § 14 GWB a.F.) verstößt, wenn die Preisgestaltungsfreiheit des Franchise-Nehmers nur für eine kurze Zeitspanne und praktisch nicht spürbar eingeschränkt wird. Zahlreiche Franchise-Systeme sind mittlerweile zu solchen Verkaufsförderungsaktionen mit gebunden Preisen übergegangen. Zulässig ist die Anwendung der Grundsätze des Urteils des BGH vom 8. 4. 2003 aber nur dann, wenn es sich

- um eine Verkaufsförderungsaktion handelt,
- sich auf der Packung bereits ein preisbezogener Aufdruck befindet, der auf den Franchise-Geber als Hersteller hinweist, und
- entsprechende begleitende Werbemaßnahmen erfolgen und
- sich die Verkaufsförderungsaktion nur auf einen kurzen Zeitraum erstreckt und
- die Preisgestaltungsfreiheit des Franchise-Nehmers nicht spürbar eingeschränkt wird.

Die letztgenannte Voraussetzung wäre z.B. dann nicht gegeben, wenn eine Vielzahl von Produkten gleichzeitig auf dem Markt mit entsprechenden Werbemaßnahmen eingeführt und durch die Preisaufdrucke insoweit die Preisgestaltungsfreiheit des Franchise-Nehmers eingeschränkt wird. Dann verstößt die Werbemaßnahme als unzulässige Preisbindung gegen § 1 GWB n.F.[410]

Die Grundsätze der BGH-Entscheidung vom 8. April 2003 gelten de lege ferenda, d.h. ab 1. Juni 2010 aufgrund der Regelungen der neuen EU-Gruppenfreistellungsverordnung für Vertikale Vertriebsbindungen auch EU-weit. Insofern können Franchise-Geber zukünftig EU-weit Verkaufsförderungsaktionen mit gebundenen Preisen durchführen, soweit diese sich nur auf einige Produkte des Sortimentes beziehen oder der Einführung eines neuen Produktes dienen, nur für einen kurzen Zeitraum veranstaltet werden und ansonsten von der Preisbindung keine spürbare Wettbewerbsbeschränkung ausgeht und somit die Preishoheit des Franchise-Nehmers nur unwesentlich beeinflusst wird.

7. Telefonmarketing

Soweit im Rahmen von Marketingkonzepten auch eine Telefonwerbung durchgeführt wird, sind Franchise-Systeme insgesamt und damit auch der einzelne Franchise-Nehmer seit dem 4. August 2009 verpflichtet, das Gesetz zur Bekämpfung unlauterer Telefonwerbung und zur Verbesserung des Verbraucherschutzes bei besonderen Vertriebsformen[411] zu beachten. Durch dieses Gesetz haben sich telefonische Werbemaßnahmen seit dem 4. August wie folgt geändert:

- eine Werbeanruf bedarf der ausdrücklichen Einwilligung des Franchise-Nehmers,
- die Rufnummerunterdrückung bei der Werbung mit einem Telefonanruf ist verboten,
- das Widerrufsrecht wird auf Verträge über die Lieferung von Zeitschriften, Zeitungen und Illustrierten sowie über die Erbringung von Wett- und Lotariedienstleistungen erweitert,
- telefonisch geschlossene Verträge, mit denen „Schaltungen im Hintergrund" bei Dienstleistungsverhältnissen einhergehen, wie etwa Telefonanbieterwechsel werden erst wirksam, wenn diese der Verbraucher schriftlich bestätigt,
- Verbrauchern steht bei Fernabsatzverträgen bei Dienstleistungen noch bis zur vollständigen Vertragserfüllung ein Widerrufsrecht zu,
- bei der Ersetzung eines bestehenden Dauerschuldverhältnisses durch ein neues bedarf die Kündigung des bestehenden Vertrages der Textform.

Verstöße gegen das Verbot der unerlaubten Telefonwerbung können mit Geldbußen mit bis zu EUR 50.000,00 geahndet werden.

Soweit Franchise-Systeme Telefonmarketingaktionen durch Call-Center durchführen, ist darauf zu achten, dass deren Vertragsabschlüsse als solche im Fernabsatz anzusehen sind, so dass den Endverbrauchern ein erweitertes Widerrufsrecht einzuräumen ist. Zugleich muss den Call-Centern die Verpflichtung auferlegt werden, bei Anrufen nicht mehr die Telefonnummer zu unterdrücken. Vielmehr muss von Anfang an bei Beginn des Telefonats deutlich gemacht werden, dass es sich um einen Anruf eines Call-Centers handelt und man für ein bestimmtes Franchise-System, das namentlich benannt werden muss, anruft. Missachtet ein Franchise-Nehmer diese Grundsätze, so kann die wettbewerbswidrige Handlung ggf. auch dem Franchise-Geber nach § 8 II UWG zugerechnet werden.[411a]

8. Ambush Marketing

„Ambush Marketing" wird als „hinterhältige Werbung" oder „Parasitenmarketing"[412] bezeichnet. Es umschreibt das Verhalten einer Partei, mit dem diese eine Assoziation zu einer (Sport-)Veranstaltung anstrebt, um ohne einen eigenen Beitrag von dieser zu profitieren. Da mehr und mehr Franchise-Systeme auch Sportveranstaltungen für Werbe- und Marketingmaßnahmen nutzen, sind auch jeweils die entsprechenden Vereinbarungen mit den Veranstaltern zu treffen. Die gleiche Verpflichtung gilt für den Franchise-Nehmer, wenn dieser im Zusammenhang z.B. mit einer örtlichen Fußballmannschaft oder bei regionalen Sportveranstaltungen Werbemaßnahmen umsetzt.

§ 7
Franchise-Handbuch

1. Der Franchise-Geber wird dem Franchise-Nehmer sein gesamtes Know-how zum Betreiben eines Backfachgeschäftes zur Verfügung stellen und dieses nicht nur nach Abschluss des Franchise-Vertrages, sondern während der gesamten Laufzeit dieses Franchise-Vertrages. Das Know-how wird durch die Erstschulung, die Übergabe des Franchise-Handbuchs und der integrierten Regelungen des Qualitäts-Management (nachfolgend Franchise-Handbuch genannt) sowie die Richtlinien transferiert. Diese Richtlinien sind in ihrer jeweils gültigen Fassung Bestandteil dieses Franchise-Vertrages und diesem als Anlage 5 beigefügt.
Dieses Know-how betrifft zum einen die praktische Durchführung der Tätigkeit des Franchise-Nehmers und hat zum Ziel, die Organisation und das äußere Erscheinungsbild des Backfach-

geschäftes entsprechend dem Markenimage des Franchise-Gebers zu vereinheitlichen. Das Franchise-Handbuch umfasst zum anderen auch Anweisungen für die vom Franchise-Nehmer zu vermittelnden Produkte des Franchise-System und die in diesem Zusammenhang von diesem zu erbringenden Dienstleistungen.

2. Das Qualitätsmanagement-System des Franchise-Handbuchs stellt im Einzelnen die internen und externen Regeln dar, die für die Auditierung des Backfachgeschäftes des Franchise-Nehmers zu beachten sind.
3. Der Franchise-Nehmer erkennt an, dass von Zeit zu Zeit eine Erneuerung der Corporate Identity seines Backfachgeschäftes notwendig ist, indem etwa die Einrichtung des Backfachgeschäftes einem zeitgemäßen Design angepasst wird. Der Franchise-Nehmer wird diese Änderungen dann in den Zeiträumen umsetzen, die ihm vom Franchise-Geber vorgegeben werden. Der Franchise-Geber hat bei der Umsetzung solcher Maßnahmen die Interessen des Franchise-Nehmers entsprechend den Grundsätzen von Treu und Glauben (§ 242 BGB) angemessen zu berücksichtigen, insbesondere dem Franchise-Nehmer entsprechende Anpassungs- und Übergangsfristen einzuräumen.
4. Das Franchise-Handbuch kann unter Berücksichtigung der Grundsätze von Treu und Glauben (§ 242 BGB) ergänzt, geändert oder verbessert werden, soweit dies wesentliche Elemente des Franchise-Vertrages nicht berührt oder zur Aufrechterhaltung des Franchise-Systems zwingend erforderlich ist. Der Franchise-Geber ist insbesondere berechtigt, das Sortiment und die Dienstleistungen ständig zu verbessern oder zu ergänzen.
   Würde der Franchise-Nehmer jedoch im Einzelfall durch eine solche Änderung in seiner vertragsrechtlichen und/oder wirtschaftlichen Stellung nicht unerheblich beeinträchtigt, so kann er seine Zustimmung zu dieser einzelnen Änderung rückgängig machen, es sei denn, diese Änderung läge im übergeordneten Interesse des Funktionierens des gesamten Franchise-System.
5. Der Franchise-Geber behält sich vor, dem Franchise-Nehmer das Franchise-Handbuch sowie Änderungen und/oder Ergänzungen des Franchise-Handbuchs per Datenfernübertragung zu übermitteln oder in das Intranet des Franchise-System einzustellen.
6. Dem Franchise-Nehmer hat das Franchise-Handbuch während der Vertragsverhandlungen zur Einsichtnahme und Prüfung vorgelegen. Ausgehändigt wird dem Franchise-Nehmer das Franchise-Handbuch nach Ablauf der Widerrufsfrist (§ 32). Das dem Franchise-Nehmer ausgehändigte Franchise-Handbuch bleibt Eigentum des Franchise-Gebers. Es ist bei Beendigung des Franchise-Vertrages zurückzugeben.

Erläuterungen

1. Bedeutung des Franchise-Handbuchs
2. Franchise-Vertrag/Franchise-Handbuch
3. Franchise-Handbuch und Änderungsvorbehalt
4. Aufteilung der Franchise-Handbücher
5. Abänderbarkeit des Franchise-Handbuchs
6. Total Quality Management
7. Relaunch Franchise-Outlet
8. Übergabe des Franchise-Handbuchs
9. Franchise-Handbuch und Know-how Transfer

1. Bedeutung des Franchise-Handbuchs

Das Franchise-Handbuch dient nicht nur dem Know-how-Transfer auf den Franchise-Nehmer, sondern stellt diesem zugleich das Geschäftsordnungssystem dar, also die Richtlinien und Grundsätze, die dieser für den Geschäftsablauf, die Zusammenarbeit mit dem Franchise-Geber sowie mit anderen Franchise-Partnern zu beachten hat. Zugleich dienen diese Grundsätze der Festigung der Stellung des Franchise-Systems am Markt und der Integrität des Systems sowie der Optimierung der Systemanwendung in allgemeiner wirtschaftlicher Hinsicht.[413]

Der Inhalt des Franchise-Handbuchs ist zugleich der Gradmesser für die Angemessenheit der vom Franchise-Nehmer zu leistenden Eintrittsgebühr sowie der laufenden Franchise-Gebühren.[414]

Dem Franchise-Handbuch kommt zugleich auch eine Nachweisfunktion zu: Ist das Know-how zwischen Franchise-Geber und Franchise-Nehmer streitig, so ist der Franchise-Geber sowohl für die Werthaltigkeit der von ihm erbrachten Leistungen als auch dem daraus für den Franchise-Nehmer zu ziehenden Nutzen darlegungs- und beweispflichtig. Diesen Nachweis kann der Franchise-Geber in der Regel nur anhand des dem Franchise-Nehmer zur Verfügung gestellten Franchise-Handbuchs erbringen.[415]

Die Befugnis des Franchise-Gebers, im Rahmen des Geschäftsordnungssystems des Handbuchs Richtlinien zur Qualitäts- und Verhaltensstandards vorzugeben, ist durch die Rechtsprechung anerkannt,[416] doch dürfen vor dem Hintergrund des Eismann-Beschlusses des BAG vom 16. 7. 1997 und dem des BGH vom 4. 11. 1998 die Vorgaben im Franchise-Handbuch nicht so eng sein, dass der Franchise-Nehmer seine unternehmerische Selbständigkeit verliert. Ein derart durch die Vorgaben des Franchise-Handbuchs gebundener Franchise-Nehmer kann nämlich dann zum Arbeitnehmer des Franchise-Gebers werden;[417] zumindest aber ist ein solcher Franchise-Nehmer als arbeitnehmerähnlich schutzbedürftig einzustufen, wie zuletzt auch noch der BGH in seinem Eismann-Beschluss vom

4. 11. 1998[418] bestätigt hat. Der BGH sah diese arbeitnehmerähnliche Schutzbedürftigkeit unter anderem deswegen als gegeben an, weil die Verkauftätigkeit des Eismann-Franchise-Nehmers im Einzelnen durch die Vorgaben des Franchise-Handbuchs reglementiert war.

Sowohl die Grundsätze des BAG als auch die des BGH sind nicht neu. Diese sind Ausdruck des Gedankens das Franchise-Systeme, die ihre Franchise-Nehmer durch weitgehende Kontroll- und Weisungsrechte und Reglementierung der Tätigkeit binden und auf diese Art und Weise eine wirtschaftliche Abhängigkeit erzeugen, Gefahr laufen, dass solche Franchise-Nehmer als Arbeitnehmer oder zumindest als arbeitnehmerähnlich schutzbedürftig angesehen werden.[419]

Maßgeblich ist insofern, dass die Selbständigkeitskriterien des § 84 I 2 HGB beachtet werden. Insofern enthält die Vorschrift ein typisches Abgrenzungsmerkmal, das nach der Rechtsprechung des BGH über den unmittelbaren Anwendungsbereich des Handelsvertretervertrages hinaus eine allgemeine gesetzgeberische Wertung erkennen lässt.[420] Insofern liegt keine persönliche Abhängigkeit i. S. e. Arbeitsverhältnisses vor, wenn dem Franchise-Nehmer aufgrund der Regelungen des Franchise-Handbuches Vorgaben hinsichtlich der Ausstattung seines Franchise-Outlets, des Warensortimentes und der Öffnungszeiten gemacht werden, der Franchise-Nehmer aber ansonsten seine Tätigkeit im Wesentlichen frei bestimmen kann.[421]

2. Franchise-Vertrag/Franchise-Handbuch

Der Inhalt des Franchise-Handbuchs ist nach Bedeutung, Umfang und Branche des Franchise-Systems verschieden. Teilweise werden die Grundsätze des Geschäftsordnungssystem in einem Handbuch dargestellt, das sich dann auch zugleich mit allgemeinen Fragen des Franchise-Betriebes befasst. Vielfältig findet sich aber auch bei Franchise-Systemen eine Aufteilung der Geschäftsordnungsgrundsätze auf mehrere Handbücher.

Allgemeine Grundsätze für die Strukturierung der Franchise-Handbucher gibt es nicht. Vielmehr ist diese Struktur nicht nur vom Aufbau des Franchise-Systems, sondern auch davon abhängig, ob es sich um eine Dienstleistungs-Franchise, eine Einzelhandels-Franchise oder aber eine technische Franchise handelt.[422]

Soweit im Rahmen des Franchise-Handbuches Richtlinien dargestellt werden, die für den Franchise-Nehmer verbindlich sind, muss darauf geachtet werden, dass diese nicht die unternehmerische Selbständigkeit des Franchise-Nehmers so einschränken, dass dieser als Arbeitnehmer oder zumindest als arbeitnehmerähnlich schutzbedürftig angesehen wird. Insofern gelten für den Inhalt solcher Richtlinien die gleichen Grundsätze wie die unter Ziff. 1 dargestellten Grundsätze zur Bedeutung und zum Inhalt des Franchise-Handbuches im Allgemeinen.

3. Franchise-Handbuch und Änderungsvorbehalt

Franchising wird durch Dynamik am Markt gekennzeichnet. Demgemäß muss auch das im Franchise-Handbuch niedergelegte Geschäftsordnungssystem an die Dynamik des Marktes angepasst werden, d.h. dem Franchise-Geber muss die Möglichkeit eingeräumt werden, die Regelungen des Handbuchs abzuändern. Die Zulässigkeit solcher Änderungsvorbehalte ist anerkannt.[423] Allerdings kann der Franchise-Geber nur dann von seinem Änderungsvorbehalt Gebrauch machen, wenn zum einen die Grenzen des § 242 BGB und zum anderen die Interessen des Franchise-Nehmers angemessen berücksichtigt werden. Alternativ zu § 7 Ziffer 3 des Vertragsmusters kann der Änderungsvorbehalt auch folgenden Wortlaut haben:

> „Änderungen des Geschäftsordnungssystems gegenüber dem Stand bei Vertragsabschluss werden dem Franchise-Nehmer jeweils rechtzeitig vor Inkrafttreten bekannt gemacht. Änderungen werden ausschließlich in dem Umfang vorgenommen, der aus Marketing-, organisatorischen, technischen oder betriebswirtschaftlichen Gründen als zweckmäßig erscheint. Der Franchise-Geber hat dabei die Interessen des Franchise-Nehmers angemessen zu berücksichtigen. Das im Vertrag zum Ausdruck kommende Gleichgewicht von Leistung und Gegenleistung, die allgemeine Abgrenzung der Risikosphären sowie die Leistungsfähigkeit des Franchise-Nehmers müssen gewahrt bleiben."

Ein so formulierter Änderungsvorbehalt empfiehlt sich insbesondere dann, wenn kein Franchise-Handbuch als geordnete Sammlung, sondern nur Richtlinien und Grundsätze übergeben werden, die das sog. Geschäftsordnungssystem darstellen.[424]

4. Aufteilung der Franchise-Handbücher

Vielfältig findet sich aber auch bei Franchise-Systemen eine Aufteilung der Geschäftsordnungsgrundsätze auf mehrere Handbücher,[425] wie etwa

- Handbuch Marketing und Organisation,
- Handbuch Bestell- und Lieferwesen,
- Handbuch Technik,
- Handbuch Werbung und Verkaufsförderung,
- Handbuch Trainingsprogramme,
- Handbuch EDV,
- Handbuch Warenwirtschaftssystem.

Für die Struktur und Aufteilung der Franchise-Handbücher, sowie das Nebeneinander von Franchise-Vertrag und Franchise-Handbuch gilt allgemein, dass der Franchise-Vertrag die Rahmenbedingungen der Zusammenarbeit zwischen Franchise-Geber und Franchise-Nehmer regelt, während das Franchise-Handbuch das Know-how für die Multiplizierbarkeit der Geschäftsidee des Franchise-Gebers an dessen Point of Sale darstellt. Dies bedeutet, dass Hauptleistungsverpflichtungen von Franchise-Geber und Franchise-Nehmer im Franchise-Vertrag darzustellen sind, während die Regelungen der Nebenleistungsverpflichtungen dem Franchise-Handbuch vorbehalten bleibt. Damit kommt man auch der Dynamik eines jeden Franchise-Systems entgegen. Nebenleistungsverpflichtungen (corporate identity – Werbe- und Marketingkonzepte) können sich ständig ändern, müssen den sich ändernden Märkten und Verbrauchergewohnheiten angepasst werden. Diese Dynamik kann nur im Franchise-Handbuch, nicht aber in dem statisch auf den Zeitpunkt des Vertragsabschlusses abstellenden Franchise-Vertrag zum Ausdruck gebracht werden. Umgekehrt ist es unzulässig, Hauptleistungsverpflichtungen im Franchise-Handbuch darzustellen und dann gegebenenfalls noch unter Berücksichtigung eines dem Franchise-Geber eingeräumten Änderungsvorbehalt einseitig abzuändern. So kann das Gebührensystem eines Franchise-Systems (Eintrittsgebühr/laufende Gebühr/Werbegebühr) nur im Franchise-Vertrag dargestellt und mit Einwilligung des Franchise-Nehmers abgeändert werden. Eine einseitige Erhöhung oder Anpassung von Franchise-Gebühren aufgrund einer Darstellung des Gebührensystems im Franchise-Handbuch ist unzulässig.[426]

5. Abänderbarkeit des Franchise-Handbuchs

Bei der Frage der Änderungsmöglichkeiten über Regelungen der Handbücher kommt insbesondere der Entscheidung des LG München[427] zum BMW-Rabatt-System bei Händlerverträgen Bedeutung zu.

Das Gericht hat hier festgestellt, dass letztendlich das neue Rabattsystem nicht einseitig, sondern nur durch einvernehmliche Vertragsänderung hätte eingeführt werden können, da das zwischen den Parteien bestehende Dauerschuldverhältnis besondere Treuepflichten und Pflichten zur gegenseitigen Rücksichtnahme enthalte. Das Gericht führt aus, dass verbindliche Vertragspflichten und z. B. auch Leistungskriterien nur einvernehmlich, also durch Vertrag aufgestellt werden können. Auch der Hinweis auf die Lieferbedingungen in ihrer jeweils gültigen Fassung rechtfertigt nicht die einseitige Einführung von Leistungskriterien. Eine derartige Vertragsbestimmung kann nicht im Sinne einer Blanko-Vollmacht ausgelegt werden, einseitig – wenn auch indirekt – Pflichten des Umfanges und der Bedeutung aufzustellen, wie sie sich etwa aus dem neuen Rabattsystem ergeben.

6. Total Quality Management

Produktions- und Lieferbeziehungen haben sich in den letzten Jahrzehnten fundamental verändert; Qualitätsanforderungen haben sich gewandelt. Der alte Qualitätsbegriff beinhaltete Eigenschaften von Produkten, der neue die der Befriedigung von Kundenbedürfnissen. Diese neue Art des Qualitätsverständnisses schafft eine andere Beziehung zwischen Käufer und Verkäufer.[428] Dieses geänderte Verständnis von Produktions- und Lieferbeziehungen ist nicht ohne Auswirkung auf Franchise-Systeme, sei es nun, dass Qualitätsanforderungen für das Verhältnis zwischen Franchise-Geber und Franchise-Nehmer verlangt werden, sei es nun, dass es um die Qualitätsanforderungen des Franchise-Nehmer-Betriebes geht oder aber um die Qualitätsanforderungen der Produkte, die vom Franchise-Nehmer gegenüber dem Letztverbraucher abgesetzt werden bzw. der vom Franchise-Nehmer erbrachten Dienstleistungen. Aus diesem Grunde sind zahlreiche Franchise-Systeme mittlerweile dazu übergegangen, Qualitäts-Management-Systeme (Total Quality Management – TQM) aufzubauen und die Franchise-Systeme nach ISO 9000–9004 zertifizieren zu lassen.[429]

Werden solche Qualitätssicherungs- oder Qualitäts-Management-Systeme etabliert, so bedeutet dies, dass nicht nur die Zentrale des Franchise-Gebers zertifiziert werden muss, sondern auch das System als solches und damit auch jedes einzelne Franchise-Outlet. Ist eine solche Zertifizierung des Franchise-Betriebes geplant, so muss dies im Franchise-Vertrag – schon wegen der mit der Zertifizierung für den Franchise-Nehmer verbundenen Kosten – verankert werden, wie etwa durch folgende Regelung:

„Für das Franchise-System ist ein Qualitätssicherungssystem nach Maßgabe der ISO 9001–9004 eingeführt und sowohl die Zentrale des Franchise-Gebers als auch das Franchise-System als solches zertifiziert worden.

Jeder Franchise-Nehmer ist verpflichtet, eine solche Zertifizierung für sein Backfachgeschäft vornehmen zu lassen. Die mit der Zertifizierung und der nachfolgenden Audits verbundenen Kosten sind vom Franchise-Nehmer zu tragen."

Auch der DFV hat zwischenzeitlich die Bedeutung solcher Qualifizierungen für ein Franchise-System erkannt und den „DFV System-Check" eingeführt. Dem DFV System-Check haben sich alle Franchise-Systeme zu unterziehen, um insoweit ihre ordentliche Mitgliedschaft im Deutschen Franchise Verband zu erhalten und gleichzeitig die Berechtigung, das DFV-Logo zu führen.[430]

Teilweise sind Franchise-Systeme auch dazu übergegangen, das Franchise-System insgesamt bzw. die Franchise-Outlets zertifizieren und diese Zertifizierung durch Wiederholungsaudits überprüfen zu lassen. In Österreich wird zurzeit auch darüber nachgedacht, eine Ö-Norm für Franchise-Systeme einzuführen, die Vorgaben für den Franchise-Vertrag, aber auch für das Franchise-System insgesamt umfassen soll.[431]

Auch wenn eine Zertifizierung und die Ö-Norm nur dazu beitragen sollen, dass die Qualitätsanforderungen an Franchise-Systeme steigen, darf nicht übersehen werden, dass eine zu enge Vorgabe der Zertifizierungsrichtlinien oder zu verpflichtende Vorgaben der Ö-Norm, wenn diese in Österreich beschlossen werden sollte, dazu führen kann, dass die unternehmerische Selbständigkeit des Franchise-Nehmers so stark eingeengt wird, dass diese als arbeitnehmerähnlich schutzbedürftig i.S.v. § 5 I ArbGG bzw. in Österreich als abhängiger Dienstnehmer angesehen wird.

7. Relaunch Franchise-Outlet

Franchise-Systeme und damit auch die einzelnen Franchise-Outlets des Franchise-Systems bedürfen entsprechend den Erfordernissen des Marktes einer Anpassung, des sog. Relaunch. Insofern ist der Franchise-Geber berechtigt, dem Franchise-Nehmer Vorgaben zur Änderung der Einrichtung oder aber zu deren Umgestaltung oder auch zur Anpassung des Franchise-Outlets an ein zeitgemäßes Design des Franchise-Systems zu machen. Die Vorgaben hat der Franchise-Nehmer umzusetzen.

Allerdings ist der Franchise-Geber verpflichtet, dabei die Interessen des Franchise-Nehmers entsprechend den Grundsätzen von Treu und Glauben (§ 242 BGB) zu berücksichtigen. Dies bedingt, dass ggf. eine Einzelfallbetrachtung notwendig ist und den Franchise-Nehmern Übergangszeiten einzuräumen sind, innerhalb derer sie den Relaunch in ihrem Franchise-Outlet umzusetzen haben. Wird die Umsetzung eines Relaunch so gehandhabt, so kann auch nicht von einem einseitigen Bestimmungsrecht des Franchise-Gebers ausgegangen werden. Solche einseitigen Bestimmungsrechte oder auch Bestimmungsvorbehalte sind nämlich in besonderer Weise geeignet, die Interessen des Franchise-Nehmers unzumutbar zu beeinträchtigen.[432]

8. Übergabe des Franchise-Handbuchs

Teilweise wird in Franchise-Verträgen festgehalten, dass das Franchise-Handbuch dem Franchise-Nehmer bei Unterzeichnung des Franchise-Vertrages zu übergeben ist oder in dem Zeitpunkt, in dem die Eintrittsgebühr geleistet wird.[433]

Auf diesen Zeitpunkt kann dann nicht abgestellt werden, wenn der Franchise-Nehmer aufgrund einer im Franchise-Vertrag vereinbarten Bezugsbindung bei Vertragsabschluss über sein Widerrufsrecht gemäß § 355 I BGB zu belehren ist. Wird nämlich diesem Franchise-Nehmer bereits bei Vertragsabschluss das Franchise-Handbuch ausgehändigt und erklärt dieser alsdann den Widerruf seiner auf Abschluss des Franchise-Vertrages gerichteten Willenserklärung gemäß § 355 I BGB, so ist dieser zwar verpflichtet, das Franchise-Handbuch zurückzugeben, doch ist damit keineswegs sichergestellt, dass der Franchise-Nehmer nicht das im Franchise-Handbuch niedergelegte Know-how anderweitig für eigene Zwecke nutzt. Bei einer solchen Nutzung werden lediglich nur die Grenzen durch die Vorschriften des Wettbewerbs- und Urheberrechts, gegebenenfalls auch des Markenrechts, gezogen. Wenn also ein Franchise-Nehmer bei Vertragsabschluss über sein Widerrufsrecht gemäß § 355 I BGB zu belehren ist, so darf diesem das Franchise-Handbuch erst dann ausgehändigt werden, wenn die Widerrufsfrist abgelaufen ist.

Dabei wird nicht verkannt, dass das Franchise-Handbuch dem Franchise-Nehmer während der Vertragsverhandlungen zur Einsichtnahme und gegebenenfalls auch zur Überprüfung vorgelegt werden muss, aber eben nur vorgelegt, nicht aber übergeben.[434] Wird allerdings dem Franchise-Nehmer vor Unterzeichnung des Franchise-Vertrages die Einsichtnahme in das Handbuch versagt, so wird dieser in seinen Interessen unangemessen i. S. v. § 307 I 1 BGB benachteiligt. *Giesler/Nauschütt*[435] gehen sogar davon aus, dass ein

Verstoß gegen das Transparenzgebot i.S.v. § 307 I 2 BGB vorliegt, wenn die Einsichtnahme in das Franchise-Handbuch vor Unterzeichnung des Franchise-Vertrages untersagt wird.[436]

9. Franchise-Handbuch und Know-how-Transfer

Da Franchise-Verträge de lege lata vom Kartellverbot des Art. 101 I AEUV (= Art. 81 I EG-Vertrag) freigestellt sind, wenn diese das **„unerlässliche" Know-how** des Franchise-Systems dokumentieren und de lege ferenda das zu transferierende Know-how **„bedeutsam"** und **„nützlich"** sein muss, so wird wahrscheinlich zu erwarten sein, dass sich die Tendenz verstärkt, dem kartellrechtlichen Know-how-Begriff der EU-Gruppenfreistellungsverordnung für Vertikale Vertriebsbindungen auch zivilrechtliche Bedeutung zuzumessen, d.h. den Inhalt von Franchise-Handbüchern zivilrechtlich daran zu messen, ob de lege lata das „unerlässliche" Know-how und de lege ferenda das „bedeutsame" und „nützliche" Know-how dokumentiert wird.[437] Dabei wird jedoch außer Betracht gelassen, dass kartellrechtliche Anforderungen darauf ausgerichtet sind, einen Franchise-Vertrag vom Kartellverbot des Art. 101 AEUV (= Art. 81 I EG-Vertrag) freizustellen und daher keinen Rückschluss darauf zu lassen, welches Know-how nach dem abgeschlossenen Franchise-Vertrag als Gegenleistung für die zu leistende Franchise-Gebühr geschuldet bzw. ein Verhältnis zu den zu leistenden Franchise-Gebühren angemessen ist.[438]

Teil III
Pflichten des Franchise-Nehmers

§ 8
Allgemeine Pflichten des Franchise-Nehmers

1. Vertragliche Hauptpflicht des Franchise-Nehmers ist es, die gemäß § 1 dieses Franchise-Vertrages eingeräumten Rechte mit der Sorgfalt eines ordentlichen Kaufmanns auszuüben und zu nutzen sowie das Geschäft auf der Grundlage des Sortiments und der Dienstleistungen im Vertragsgebiet zu fördern und weiterzuentwickeln. Insoweit trifft den Franchise-Nehmer eine Betreiberpflicht für sein Backfachgeschäft.
Der Franchise-Nehmer hat im Geschäftsverkehr mit dritten Personen (Kunden/Lieferanten etc.) jegliches Verhalten zu unterlas-

sen, das den unzutreffenden Eindruck einer Vertretung bzw. eines Gesellschafts-, Treuhand- oder Arbeitsverhältnisses zwischen dem Franchise-Geber einerseits und dem Franchise-Nehmer andererseits entstehen lassen könnte.

2. Der Franchise-Nehmer wird sein Backfachgeschäft unter Hinzuziehung qualifizierter Mitarbeiter und sonstiger Personen in erforderlicher Zahl führen. Soweit erforderlich, wird er dabei die Auswahlkriterien beachten, die ihm anlässlich seiner Schulung vor Aufnahme seiner Tätigkeit vom Franchise-Geber vermittelt wurden und die im Franchise-Handbuch (§ 7) dargestellt werden. Es besteht insofern auch Einvernehmen darüber, dass die Personalhoheit und die Entscheidungen über Art und Umfang des Einsatzes der Mitarbeiter im Backfachgeschäft im Verantwortungsbereich des Franchise-Nehmers und dessen Ermessen liegen.
   Der Franchise-Nehmer hat dafür Sorge zu tragen, dass das von ihm eingesetzte Personal von gepflegtem Aussehen, Auftreten, Kleidung und Sachkunde her in der Lage ist, die Kunden professionell entsprechend dem Charakter des Backfachgeschäftes und des „Erlebnisbackens" des Franchise-Systems zu bedienen.
   Die Dienstkleidung und das Erscheinungsbild der im Backfachgeschäft des Franchise-Nehmers tätigen Mitarbeiter hat den Richtlinien des Franchise-Handbuches zu entsprechen. Der Franchise-Geber ist zur verbindlichen Bestimmung des Designs, der jeweiligen Farbgebung und der Spezifikationen der Dienstkleidung berechtigt.
3. Darüber hinaus ist der Franchise-Nehmer verpflichtet, die ihm vom Franchise-Geber angebotenen Zusatzleistungen (§ 4 Ziff. 5) in seinem Backfachgeschäft anzubieten und die dazu erforderlichen Dienstleistungen gegebenenfalls durch von ihm zu beauftragende Dritte zu erbringen.
4. Der Franchise-Nehmer ist verpflichtet, an Verkaufsförderungsaktionen des Franchise-Systems teilzunehmen, da diese Bestandteil des von ihm umzusetzenden Werbe- und Marketingkonzeptes des Franchise-Systems sind. Insofern ist der Franchise-Geber nicht verpflichtet, die Durchführung solcher Verkaufsförderungsaktionen von der Einwilligung des Franchise-Nehmers abhängig zu machen.
5. Der vom Franchise-Nehmer im ersten Geschäftsjahr zu erreichende Mindestumsatz ist in Anlage …… festgelegt. Für die weiteren Geschäftsjahre wird dem Franchise-Nehmer vom Franchise-Geber auf der Basis des jeweils im vorangegangenen Geschäftsjahr erzielten Umsatzes ein neuer Mindestumsatz vorgegeben. Die Festsetzung dieses Mindestumsatzes hat jeweils zwei Monate vor Ablauf des jeweiligen Geschäftsjahres durch die Vertragspar-

teien zu erfolgen. Unterbleibt diese Neufestsetzung, so gilt für das neue Geschäftsjahr der Mindestumsatz des vorangegangenen Geschäftsjahres als vereinbart.

Erläuterungen

1. Vollberufliche Beschäftigung des Franchise-Nehmers
2. Interpendenz zwischen den Pflichten des Franchise-Nehmers und Franchise-System
3. Mitarbeiter des Franchise-Nehmers
4. Teilnahme an Verkaufsförderungsaktionen
5. Vorgabe von Mindestumsätzen

1. Vollberufliche Beschäftigung des Franchise-Nehmers

In den meisten Franchise-Systemen bedingt die Übernahme des Franchise-Outlets die vollberufliche Beschäftigung des Franchise-Nehmers. Darauf stellt auch das Vertragsmuster ab. Allerdings darf der Franchise-Nehmer nicht zur persönlichen Leistungserbringung verpflichtet werden. Hier muss ein unternehmerischer Freiraum verbleiben. Dieser muss entscheiden, wie viele Mitarbeiter er einsetzt und ob diese als Aushilfskräfte oder aber als Teilzeit- bzw. Vollzeitarbeitskräfte beschäftigt werden. Anderenfalls steht dessen Selbständigkeit in Gefahr, wie die Eismann-Beschlüsse des BAG vom 16. 7. 1997[439] und des BGH vom 4. 11. 1998,[440] sowie der Beschluss des BGH vom 16. 10. 2002[441] zeigen.

Insofern sollte auch grundsätzlich nicht die Möglichkeit ausgeschlossen werden, dass der Franchise-Nehmer Nebentätigkeiten aufnimmt. Jedoch sollte deren Aufnahme an der Einwilligung (§ 183 BGB) des Franchise-Gebers abhängig gemacht werden.[442]

2. Interpendenz zwischen den Pflichten des Franchise-Nehmers und dem Franchise-System

Der Pflichtenkatalog eines jeden Franchise-Nehmers ist unterschiedlich und abhängig vom jeweiligen Franchise-System. Zu den ureigensten Aufgaben eines jeden Franchise-Nehmers gehört es jedoch, die Absatzziele des Franchise-Gebers zu fördern und die Franchise tatsächlich auszuüben. Darüber hinaus hat der Franchise-Nehmer die Grundsätze der Corporate Identity (Corporate Design/Corporate Communication/Corporate Behaviour) zu wahren.

Es ist durchaus möglich, die Pflichten enummerativ im Franchise-Vertrag aufzuzählen. In das Vertragsmuster könnte dann folgende Ziffer 2 eingefügt werden:

„Der Franchise-Nehmer hat unter anderem folgende Pflichten zu erfüllen:
- Beachtung der im Franchise-Handbuch und den Richtlinien enthaltenen Grundsätze für die Einrichtung und Führung des Franchise-Betriebes,
- Erfüllung der Mindestabnahmepflichten,
- Auskunftserteilung gegenüber dem Beauftragten des Franchise-Gebers und Gestattung der Einsichtnahme in die Geschäftspapiere,
- Besuch der Ausbildungskurse und Folgeseminare sowie sonstiger Informationsveranstaltungen des Franchise-Gebers,
- Durchführung der empfohlenen Werbe- und Verkaufsförderungsmaßnahmen,
- Beteiligung an der überregionalen und regionalen Werbung,
- Wahrung des Systemimages durch mit dem Franchise-Geber abgestimmte Maßnahmen,
- Leistung von Zahlungen, d. h. der Franchise-Gebühren."

Die Erfüllung dieser gegenseitigen Pflichten sollte, soweit erforderlich, schriftlich dokumentiert werden, damit Streitigkeiten auf ein Mindestmaß reduziert werden können.[443]

Aufgrund der Entscheidung des BGH,[444] dass der Franchise-Geber gemäß § 8 II UWG für eine wettbewerbswidrige Werbung des Franchise-Nehmers auf Unterlassung in Anspruchgenommen werden kann, findet sich in zahlreichen Franchise-Verträgen eine Vorschrift, wonach der Franchise-Nehmer die Regelungen des lauteren Wettbewerbs zu beachten hat. Eine solche Vorschrift könnte als Ziffer 4 in § 8 des Vertragsmusters mit folgendem Wortlaut eingefügt werden:

„Der Franchise-Nehmer wird die Regeln des lauteren Wettbewerbs beachten einschließlich der Vorgaben des Franchise-Gebers zur regionalen Werbung. Soweit der Franchise-Nehmer von diesen Vorgaben abweichen möchte, hat er die von ihm beabsichtigte Werbung dem Franchise-Geber zur Einwilligung (§ 183 BGB) vorzulegen."

3. Mitarbeiter des Franchise-Nehmers

Die unternehmerische Selbständigkeit des Franchise-Nehmers ist nur gewahrt, wenn diesem die sog. Personalhoheit verbleibt.[445] Insofern muss dem Franchise-Nehmer auch die Möglichkeit der Eigenorganisation gegeben werden. Dazu gehört auch die Festlegung der eigenen Arbeitszeit. Insofern hat der Franchise-Nehmer auch das Recht, selbst darüber zu entscheiden, in welcher Weise er Mitarbeiter einstellt. Soweit der Franchise-Geber sich vorbehält, etwa die Einstellung eines Mitarbeiters des Franchise-Nehmers von seiner Einwilligung abhängig zu machen, liegt darin ein weitgehender Eingriff in die unternehmerische Selbständigkeit des Franchise-Nehmers, der neben anderen Einschränkungen dazu führen kann, dass der Franchise-Nehmer als Arbeitnehmer oder zumindest als Arbeitnehmer vergleichbar schutzbedürftig anzusehen ist.[446]

Aber auch wenn der Franchise-Nehmer berechtigt ist, seine Mitarbeiter selbst einzustellen, hat er die Vorgaben des Franchise-Gebers zur Dienstkleidung der Franchise-Nehmer zu beachten. Die Dienstkleidung ist nämlich Bestandteil der Corporate Identity des Franchise-Systems. Die dazu erforderlichen Angaben sind im Franchise-Handbuch genauso darzustellen wie Hinweise dazu, wie Einstellungsgespräche zu führen und welche Qualifikationen an die Mitarbeiter eines Franchise-Nehmers zu stellen sind, damit diese in entsprechender Weise die Kunden im Franchise-Outlet qualifiziert beraten.

4. Teilnahme an Verkaufsförderungsaktionen

Der Franchise-Nehmer ist verpflichtet, an Verkaufsförderungsaktionen teilzunehmen. Da er die Werbekonzepte selbständig umsetzt, ist der Franchise-Nehmer auch verpflichtet, diese daraufhin zu überprüfen, ob diese nicht wettbewerbswidrig sind. Anderenfalls kann der Franchise-Nehmer auf Unterlassung in Anspruch genommen werden, unabhängig von der Möglichkeit, eine wettbewerbswidrige Werbung des Franchise-Nehmers gem. § 8 II UWG dem Franchise-Geber zuzurechnen.

Der Franchise-Nehmer ist auch in den Grenzen der BGH-Entscheidung vom 8. 4. 2003[447] verpflichtet, bei Verkaufsförderungsaktionen die vorgegebene Preisbindung zu beachten, wenn diese im Übrigen seine Preisgestaltungsfreiheit nicht angreift, nur für eine kurze Zeitspanne dauert und ihn praktisch nicht spürbar einschränkt. Anderenfalls ist die Verkaufsförderungsaktion als unzulässige Preisbindung anzusehen, so dass Vorgaben des Franchise-Gebers gem. § 1 GWB unwirksam sind.

5. Vorgabe von Mindestumsätzen

Das Vertragsmuster geht in § 8 Ziff. 5 davon aus, dass der Franchise-Nehmer in seinem Franchise-Outlet jährlich vereinbarte Mindestumsätze zu erzielen hat. Solche Vorgaben sind zulässig. Sie dienen dazu, dass der Franchise-Nehmer die Möglichkeiten seines Franchise-Outlets nutzt, d.h. die ihm obliegende Anwenderpflicht umsetzt.[448]

Allerdings muss bei der Vorgabe von solchen Mindestumsätzen auch beachtet werden, dass diese realistisch sind und vom Franchise-Nehmer erzielt werden können. Die Vorgabe von Mindestumsätzen verlangt insofern auch, dass die Interessen des Franchise-Nehmers in angemessener Weise gem. § 242 BGB berücksichtigt werden.

Ist an das Nichterreichen der Mindestumsätze zugleich ein Sonderkündigungsrecht des Franchise-Gebers gekoppelt, so kann dieses Sonderkündigungsrecht auf der Grundlage der BGH-Entscheidung vom 13. 7. 2004[449] nur ausgeübt werden, wenn feststeht, dass der Franchise-Nehmer insoweit seiner sog. Bemühenspflicht nicht nachgekommen ist, also das Nichterreichen der Umsätze zu vertreten hat.[450]

§ 9
Mitwirkungspflicht/Übertragung

1. **Bedarf es für den Empfang einer Leistung der Mitwirkung des Franchise-Nehmers, so kann der Franchise-Nehmer die Leistung nur verlangen, wenn er seinen Mitwirkungspflichten nachkommt.**
2. **Der Franchise-Geber ist berechtigt, Rechte und Pflichten aus diesem Vertrag auch durch geeignete Dritte erfüllen zu lassen, wobei die eigene Haftung des Franchise-Gebers unberührt bleibt.**

Erläuterungen

1. Mitwirkung des Franchise-Nehmers
2. Beauftragung Dritter
3. Auswahlverschulden

1. Mitwirkung des Franchise-Nehmers

Zahlreiche Leistungen kann der Franchise-Geber gegenüber dem Franchise-Nehmer nur erbringen, wenn dieser mitwirkt. Dies gilt insbesondere für die Teilnahme des Franchise-Nehmers an Schulungs- oder Informationsveranstaltungen, die vom Franchise-Geber durchgeführt werden oder aber für die Erfüllung der Verpflichtung, dem Franchise-Geber die notwendigen Daten für Betriebsvergleiche zur Verfügung zu stellen.

Kommt der Franchise-Nehmer dieser Mitwirkungsverpflichtung nicht nach, obwohl er dazu vom Franchise-Geber aufgefordert worden ist, so kann er keine Nachholung der Leistung durch den Franchise-Geber verlangen. Er kann auch nicht einen Teil der laufenden Franchise-Gebühr mit der Begründung zurückhalten, der Franchise-Geber sei verpflichtet, die Schulungsveranstaltung gegenüber ihm nachzuholen. Vielmehr kommt § 615 BGB zur Anwendung. Der Franchise-Geber kann vom Franchise-Nehmer die laufende Franchise-Gebühr, die ja eine Gegenleistung für die Schulungsveranstaltungen darstellt, in voller Höhe verlangen, ohne zur Nachleistung verpflichtet zu sein, da sich der Franchisenehmer in Annahmeverzug befindet.

2. Beauftragung Dritter

Zahlreiche Franchise-Verträge enthalten keine Regelung, wonach der Franchise-Geber berechtigt ist, Rechte und Pflichten durch einen Dritten erbringen zu lassen. Dies erscheint problematisch. Da der Franchise-Vertrag ein typengemischter Vertrag ist, finden auf diesen auch die Regelungen des Dienstvertragsrechts Anwendung. Gemäß § 664 I 1 BGB darf der Beauftragte im Zweifel die Ausführung des Auftrags nicht einem Dritten übertragen. Dies kann auch als ein Verbot an den Franchise-Geber verstanden werden, die Erfüllung der mit dem Franchise-Vertrag übernommenen Verpflichtungen durch Dritte ausführen zu lassen. Aus diesem Grunde ist eine klarstellende Regelung, so wie in § 9 Ziff. 2 des Vertragsmusters notwendig. Dem Franchise-Geber ist es dann unbenommen, Schulungs- und Informationsveranstaltungen durch ihm geeignete Dritte durchführen zu lassen. So werden immer wieder bei Franchise-Systemen von Vorlieferanten Informationsveranstaltungen für die Produkte für die einzelnen Franchise-Nehmer durchgeführt oder technische Neuerungen dargestellt. Mit derartigen Seminaren genügt der Franchise-Geber seinen Schulungsverpflichtungen.

3. Auswahlverschulden

Der Umfang des Auswahlverschuldens beurteilt sich analog § 664 I 2 BGB, d.h. der Franchise-Geber hat lediglich für eigenes Verschulden bei der Auswahl der von ihm Beauftragten einzustehen, ist aber gemäß §§ 664 I 3, 278 BGB nicht für ein Verschulden des Beauftragten verantwortlich.

Eine solche generelle Gestattung gem. § 664 I 2 BGB verstößt bei Franchise-Verträgen aber nicht gegen § 307 I 1 BGB.[451] Im Gegenteil, dadurch, dass ein Franchise-Geber insbesondere Schulungsverpflichtungen auf qualifizierte Dritte bzw. die Ausarbeitung von Marketing- und Werbekonzepten Dritten übertragen kann, ist sichergestellt, dass qualitativ hochwertige Leistungen für das Franchise-System im Allgemeinen und den jeweiligen Franchise-Nehmer im Besonderen erbracht werden. Insofern ist diese Gestattung für den Franchise-Nehmer von Vorteil und nicht benachteiligend.

Teil IV
Das Backfachgeschäft

§ 10
Backfachgeschäft

1. Der Franchise-Geber stellt dem Franchise-Nehmer das Know-how zum Betreiben eines Backfachgeschäftes (§ 7) zur Verfügung. Dieses Know-how umfasst nicht nur das Sortiment des Franchise-System und die Dienstleistungen des Franchise-Gebers entsprechend den Regelungen des Franchise-Handbuchs (§ 7), sondern erstreckt sich auch auf die Einrichtung und Ausstattung des Backfachgeschäftes und dessen Eingliederung in das Franchise-System.

2. Mit der Erteilung der Franchise und dem Betreiben eines Backfachgeschäftes wird dem Franchise-Nehmer nicht nur ein konkurrenzfähiges Sortiment zur Verfügung gestellt, sondern es werden zugleich die Voraussetzungen für die Eingliederung des Franchise-Nehmers in das Franchise-System geschaffen. Dies bedeutet, dass jeder Franchise-Nehmer nicht nur im Hinblick auf das von ihm betriebene Backfachgeschäft, sondern auch im Hinblick auf das Franchise-System verpflichtet ist, insbesondere nachfolgende Vorgaben zu beachten:
- **einheitliche Corporate Identity und einheitliches Corporate Design,**
- **Qualitäts-Management-System,**
- **auf die Bedürfnisse der Zielgruppen einerseits und des Franchise-System andererseits abgestellte Werbekonzeption,**
- **einheitliches, speziell entwickeltes und abgestimmtes Warenwirtschaftssystem zur Vertriebsunterstützung am Point of Sale (POS).**

3. Das Backfachgeschäft wird nach den Vorgaben des Franchise-Gebers gestaltet und eingerichtet und bringt zugleich den das

Franchise-System beherrschenden Gedanken des „Erlebnis-Backens“ zum Ausdruck.
Bei Abschluss des Franchise-Vertrages erteilt der Franchise-Nehmer den Auftrag zur schlüsselfertigen Erstellung seines Backfachgeschäftes. Der Auftrag ist diesem Franchise-Vertrag als Anlage 6 beigefügt.
Aus diesem Grunde ist der Franchise-Nehmer ohne schriftliche Einwilligung des Franchise-Gebers auch nicht berechtigt, Änderungen an der Einrichtung, Ausstattung, Farbzusammenstellung im Innen- und/oder Außenbereich sowie an sonstigen Erkennungsmerkmalen seines Backfachgeschäftes im Besonderen und des Franchise-Systems im Allgemeinen vorzunehmen.

4. Mit Abschluss des Franchise-Vertrages unterzeichnet der Franchise-Nehmer einen Software-Überlassungsvertrag, der diesem Franchise-Vertrag in seiner jeweils gültigen Fassung als Anlage 7 beigefügt ist. Für den Bezug und den Kauf der Hardware wird der Franchise-Geber Empfehlungen aussprechen, die jedoch für den Franchise-Nehmer nicht verbindlich sind. Soweit dieser bei anderen Lieferanten als den vom Franchise-Geber empfohlenen die Hardware bezieht, ist der Franchise-Nehmer verpflichtet, darauf zu achten, dass die von ihm bezogene Hardware den Leistungs- und Qualitätsanforderungen des Franchise-System entspricht.

Erläuterungen

1. Einrichtung und Ausstattung des Franchise-Outlets
2. Einrichtung des Ladenlokals

1. Einrichtung und Ausstattung des Franchise-Outlets

Neben den Systemgrundsätzen, die durch das Geschäftsordnungssystem geprägt werden und die Inhalt des Franchise-Handbuchs sind, ist dem Franchise-Nehmer auch das Know-how für die Einrichtung/Eröffnung sowie Übernahme seines Franchise-Outlets zur Nutzung zu überlassen. Dazu gehören Vorschläge zur
- Einrichtung und Ausstattung des Franchise-Outlets,
- die Warenerstausstattung,
- das Waren-Lay-Out und Product-Placement.

Nur wenn dieses Know-how dem Franchise-Nehmer überlassen wird, ist sichergestellt, dass das Franchise-Outlet auch entsprechend der Corporate Identity des Systems betrieben wird. In der Gestaltung des Ladenlokals und dessen Einrichtung muss der Franchise-Nehmer das Franchise-System wiedererkennen können, sei es nun die besondere Ausstattung, wie z.B. eines Mc Donald's-Restaurants oder aber die besondere Ladeneinrichtung und Farbgestaltung eines Body-Shop-Geschäftes.

Da die Einrichtung und Ausstattung des Franchise-Outlets zugleich die Corporate Identity des Franchise-Systems zum Ausdruck bringt, ist der Franchise-Nehmer nicht berechtigt, eigenmächtig Änderungen der Corporate Identity vorzunehmen. Dies betrifft insbesondere die Einrichtung und Ausstattung seines Franchise-Outlets oder aber Farben, die das Franchise-System kennzeichnen. Insoweit geht das Vertragsmuster in § 10 Ziff. 3 Abs. 3 davon aus, dass derartige Änderungen dem Einwilligungsvorbehalt (§ 183 BGB) des Franchise-Gebers unterliegen. Eine solche Vorgabe ist auch nicht als unangemessen benachteiligend i.S.v. § 307 I 1 BGB anzusehen. Jeder Franchise-Nehmer weiß bei Abschluss des Franchise-Vertrages, dass er in ein Vertriebssystem integriert ist und demgemäß die Vorgaben des Franchise-Systems auch zur Corporate Identity zu beachten hat.[452]

2. Einrichtung des Ladenlokals

Die Einrichtung des Ladenlokals wird von Franchise-System zu Franchise-System unterschiedlich gehandhabt. Soweit es für die Franchise-Outlets eine genormte Einrichtung gibt, die exklusiv für das Franchise-System hergestellt wird, kann der Franchise-Nehmer verpflichtet werden, diese Einrichtung beim Franchise-Geber oder von den zum Franchise-System gelisteten Lieferanten zu beziehen. Eine solche Bezugsbindung ist kartellrechtlich zulässig, es sei denn, es liegt ein Missbrauch einer marktbeherrschenden Stellung gemäß § 21 GWB vor; dh. der Franchise-Nehmer wird willkürlich vom Franchise-Geber benachteiligt.

Teilweise erstellen Franchise-Geber auch das Franchise-Outlet schlüsselfertig für den Franchise-Nehmer. Dies gilt insbesondere für die Restaurants der Systemgastronomie, aber auch für Einzelhandelsgeschäfte wie z.B. Body-Shop oder Kamps Bakeries oder Baby One. Das Vertragsmuster baut auf einer solchen schlüsselfertigen Erstellung des Backfachgeschäftes durch den Franchise-Geber auf. Demgemäß muss vom Franchise-Nehmer auch bei Unterzeichnung des Franchise-Vertrages ein Auftrag für die Errichtung des Franchise-Outlets erstellt werden. Mit der Unterzeichnung des Auftrags ist es dann Aufgabe des Franchise-Gebers, für die fristgemäße Erstellung des Franchise-Outlets Sorge zu tragen. Diesen trifft die Bauaufsicht. Als Aufgabe des Franchise-Nehmers bleibt in der Regel nur die Beantragung der Baugenehmigungen sowie aller weiteren mit dem Betreiben des Franchise-Outlets verbundenen Genehmigungen wie etwa die Gewerbeerlaubnis.

Die Bezugsbindung darf sich aber nur auf solche Einrichtungsgegenstände beziehen, die exklusiv für das Franchise-System hergestellt werden, nicht aber auf Gegenstände des alltäglichen Gebrauchs oder solche Gegenstände, die im freien Handel zu beziehen sind. Dies ist insbesondere dann wichtig, wenn innerhalb des Franchise-Systems mit einem elektronisch gesteuerten Warenwirtschaftssystem gearbeitet wird. Hier kann allenfalls dem Franchise-Nehmer der Bezug der Software über das vom Franchise-Geber beauftragte Softwarehaus auferlegt werden, nicht aber auch der Bezug der handelsüblichen Hardware. Allerdings sollte der Franchise-Geber hier nur Empfehlungen aussprechen, um die unternehmerische Selbständigkeit des Franchise-Nehmers nicht einzuschränken. Zwingend für das Franchise-System ist es nicht, dass dem Franchise-Nehmer auch Vorgaben dazu gemacht werden, wo er die Soft- und Hardware zu kaufen hat. Etwas anderes gilt dann, wenn die Software entsprechend für das Franchise-System entwickelt wurde. Dann kann der Franchise-Geber eine entsprechende Anwendung der Software verlangen und dazu auch die Unterzeichnung eines gesondert, neben dem Franchise-Vertrag abzuschließenden Software-Überlassungsvertrages.[453]

Allerdings kann keine Bezugsbindung für die Ladeneinrichtung vereinbart werden, soweit diese nicht besonders für den Franchise-Geber wegen der Anforderungen, die an das Franchise-Outlet zu stellen sind, hergestellt wird. Auch insoweit greifen die Grundsätze des Body Shop-Urteils des OLG Düsseldorf vom 11. April 2007,[454] da eine solche Bezugsbindung weder für den Erhalt noch das Funktionieren des Franchise-Systems unerlässlich ist. Damit wird zugleich der Vorgabe des Urteils des EuGH vom 28. Januar 1986[455] entsprochen.

§ 11
Geschäftslokal/Mietvertrag

1. Der Franchise-Nehmer wird sein Backfachgeschäft in

......

eröffnen und mit der Aufnahme seiner Tätigkeit zu dem in § 1 Ziff. 7 genannten Zeitpunkt beginnen. Sollte eine Eröffnung zu diesem Zeitpunkt nicht erfolgen, so kann der Franchise-Geber dem Franchise-Nehmer eine Nachfrist von 3 Monaten setzen. Nach Ablauf dieser 3-monatigen Nachfrist ist der Franchise-Geber berechtigt, die Kündigung des Franchise-Vertrages zu erklären.

2. Die Räumlichkeiten des Backfachgeschäftes werden vom Franchise-Nehmer angemietet. Der vom Franchise-Nehmer abzuschließende Mietvertrag ist diesem Franchise-Vertrag als Anlage 8 beigefügt. Der Franchise-Nehmer versichert mit der Unterzeichnung des Franchise-Vertrages, dass die von ihm angemieteten Räumlichkeiten zum Betreiben eines Backfachgeschäftes geeignet sind sowie die Laufzeit des Mietvertrages mit der Laufzeit des Franchise-Vertrages deckungsgleich ist.
   Der Franchise-Nehmer ist verpflichtet, in den Mietvertrag zum einen eine Regelung aufzunehmen, wonach sich der Vermieter bereits bei Abschluss des Mietvertrages mit einem Wechsel der Gesellschafter der Franchise-Nehmer-Gesellschaft einverstanden erklärt und zum anderen eine solche Regelung, die dem Franchise-Geber bei Beendigung des Franchise-Vertrages – egal aus welchem Grund – das Recht gewährt, in den Mietvertrag mit allen Rechten und Pflichten einzutreten oder einen Dritten eintreten zu lassen.
   Sollten sich während der Laufzeit des Franchise-Vertrages Änderungen im Mietvertrag ergeben, so ist der Franchise-Nehmer verpflichtet, diese Änderungen des Mietvertrages unverzüglich dem Franchise-Geber mitzuteilen. Etwaige Nachträge zum Mietvertrag sind dem Franchise-Geber unaufgefordert zu übersenden. Diese werden dann Bestandteil von Anlage 8 dieses Franchise-Vertrages.
3. Sollten die Räumlichkeiten vom Franchise-Geber angemietet werden, wird mit dem Franchise-Nehmer ein Untermietvertrag abgeschlossen. Der Untermietvertrag ist dem Franchise-Vertrag als Anlage 9 beigefügt. Im Falle einer vorzeitigen Beendigung des Franchise-Vertrages – egal aus welchem Grund – führt dies auch zur sofortigen Beendigung des mit dem Franchise-Geber abgeschlossenen Untermietvertrages. Dieser ist dann verpflichtet, die Räumlichkeiten zu räumen und an den Franchise-Geber herauszugeben. Für diesen Fall steht dem Franchise-Nehmer auch kein Zurückbehaltungsrecht zu. Der Untermietvertrag ist aufschiebend und auflösend bedingt durch das Bestehen dieses Franchise-Vertrages.
4. Sollte das Backfachgeschäft in Räumlichkeiten betrieben werden, die im Eigentum des Franchise-Nehmers stehen, so versichert dieser mit der Unterzeichnung des Franchise-Vertrages, dass die Räumlichkeiten zum Betreiben eines Backfachgeschäftes geeignet sind und weder öffentlich-rechtliche noch zivilrechtliche Vorschriften/Auflagen oder vertragliche Vereinbarungen dem Betreiben eines Backfachgeschäftes entgegenstehen.
5. Der Franchise-Nehmer ist verpflichtet, sein Backfachgeschäft durch den Franchise-Geber aufgrund des erteilten Auftrags (Anlage 6) schlüsselfertig erstellen zu lassen.

Soweit der Franchise-Nehmer Arbeiten selbst auszuführen hat, trägt er dafür Sorge, dass diese Arbeiten durch Fachunternehmen fristgerecht ausgeführt werden.

6. **Der Franchise-Nehmer ist grundsätzlich auch gehalten, in seinem Backfachgeschäft ein Café zu betreiben, in dem auch die Produkte, die im Café angeboten werden, verkauft werden. Die Gestaltung des Café's hat entsprechend den Vorgaben des Franchise-Gebers zu erfolgen.**
7. **Der Franchise-Nehmer ist verpflichtet, die zum Betreiben seines Backfachgeschäftes erforderlichen behördlichen Genehmigungen auf eigene Kosten einzuholen. Dazu gehören insbesondere die Bau- und Gewerbeerlaubnis sowie die für das Betreiben eines Café's notwendige Konzession und Genehmigungen. Die Genehmigungen sind vom Franchise-Nehmer für die Dauer des Franchise-Vertrages aufrechtzuerhalten. Gleichzeitig hat der Franchise-Nehmer beim Betreiben seines Backfachgeschäftes die insoweit bestehenden gesetzlichen Bestimmungen zu beachten.**
8. **Das Backfachgeschäft des Franchise-Nehmers wird nach den Vorgaben der Regelungen des Qualitätsmanagement des Franchise-Handbuchs (§ 7) nach ISO 9001 zertifiziert, wobei die Kosten der Zertifizierung, soweit diese nicht in der Eintrittsgebühr enthalten sind, vom Franchise-Nehmer zu tragen sind. In entsprechender Weise hat der Franchise-Nehmer auch die Kosten der periodischen Überprüfungen (Audits) seines Backfachgeschäftes zu tragen.**

Erläuterungen

1. Standortanalyse und Standortsicherung
2. Anmietung des Geschäftslokals
3. Franchise-Vertrag/Mietvertrag als rechtliche Einheit
4. Genehmigungen/gesetzliche Vorschriften
5. Logo/Firmenschild
6. Alternative Regelungen

1. Standortanalyse und Standortsicherung

Im Rahmen der vorvertraglichen Aufklärungspflichten hat der Franchise-Geber den Franchise-Nehmer in die Lage zu versetzen, Kalkulationsunterlagen für die Rentabilität eines geplanten Franchise-Betriebes zu erhalten, um so die Chancen der Gewinnrealisierung am Point of Sale beurteilen zu können. Dafür ist aber eine so genannte Standortanalyse[456] notwendig. Die Standortanalyse ist in der Regel vom Franchise-Nehmer zu erstellen. Soweit das OLG Köln[457] davon ausgegangen ist, dass es sich hierbei um eine Verpflichtung des Franchise-Gebers handle, die dieser auch dann zu erfüllen habe, wenn dieser sich zur Erstellung der Standortanalyse nicht nach dem abgeschlossenen Franchise-Vertrag verpflichtet habe, ist diese Rechtsansicht als überholt anzusehen. Den Franchise-Geber trifft nur noch die Verpflichtung, dem Franchise-Nehmer die Tools zur Verfügung zu stellen, die dieser für die Erstellung einer Standortanalyse benötigt, d.h. die Informationen zur Standortanalyse müssen alle Eckdaten enthalten, die notwendig sind, um den wirtschaftlichen Erfolg des Franchise-Outlets beurteilen zu können (Bevölkerungszahl/Bevölkerungsstruktur/Lage des Franchise-Outlets/Konkurrenzbetriebe etc.). Teilweise greifen Franchise-Geber bei der Erstellung der Standortanalyse auch auf vorhandenes statistisches Material und Auswertungen der Kaufkraft zurück, wie etwa auf die statistischen Erhebungen der Gesellschaft für Konsumforschung (GfK) in Nürnberg oder aber auf Auswertungen der BBE oder Informationen der örtlichen IHK.

Einher mit der Standortanalyse geht die Standortsicherung, soweit der Standort für das Betreiben des Franchise-Outlets von entscheidender Bedeutung ist, wie etwa bei Einzelhandels-Franchisen oder aber beim Betreiben eines Restaurants der Systemgastronomie. Wird demgegenüber eine Franchise für eine Gebäudereinigung oder einen Paketservice erteilt, kommt dem Standort nur subsidiäre Bedeutung zu.

Wegen der engen Verbindung von Standortanalyse und Standortsicherung kann auch vom Franchise-Nehmer verlangt werden, dass jede Verlegung des Geschäftssitzes eines Franchise-Outlets im Vertragsgebiet der Einwilligung (§ 183 BGB) des Franchise-Gebers bedarf oder aber der Franchise-Nehmer ohne Einwilligung des Franchise-Gebers nicht berechtigt ist, Zweigniederlassungen oder Filialen im Vertragsgebiet zu eröffnen. In einer solchen Vorgabe kann auch keine unangemessene Benachteiligung des Franchise-Nehmers i.S.v. § 307 I 1 BGB gesehen werden.

Widersetzt sich der Franchise-Nehmer dieser Regelung und verlegt den Standort, ohne sich mit dem Franchise-Geber abzustimmen, d.h. dessen Einwilligung einzuholen, kann dieser, wenn an diesem Standort kein wirtschaftlicher Erfolg erzielt werden kann, keine Schadenersatzansprüche gegenüber dem Franchise-Geber wegen Verletzung vorvertraglicher Aufklärungspflichten nach den Grundsätzen der culpa in contrahendo gem. § 311 BGB geltend machen. Im Gegenteil, wenn Umsatzeinbußen mit der Verlegung des Standortes verbunden sind, die zu einer Schmälerung der laufenden Franchise-Gebühren des Franchise-Gebers führen, hat dieser einen Schadenersatzanspruch gegen den Franchise-Nehmer nach den Grundsätzen der positiven Vertragsverletzung gem. § 280 I BGB.

2. Anmietung des Geschäftslokals

Theoretisch gibt es zwei Möglichkeiten, die auch beide im Vertragsmuster dargestellt werden: die Anmietung des Ladenlokals durch den Franchise-Nehmer (§ 11 Ziff. 2) oder die Anmietung des Ladenlokals durch den Franchise-Geber mit nachfolgendem Abschluss eines Untermietvertrages mit dem Franchise-Nehmer (§ 11 Ziff. 3).

Soweit der Franchise-Geber den Mietvertrag abschließt, hat dies Vor- aber auch Nachteile: vorteilhaft für den Franchise-Geber ist die Standortsicherung. Nach Beendigung des Franchise-Vertrages kann der Franchise-Geber die Franchise für dieses Franchise-Outlet an einen neuen Franchise-Nehmer vergeben, ohne dass der Standort innerhalb des Vertragsgebietes gewechselt werden muss. Der Franchise-Nehmer kann seine Tätigkeit im angemieteten Geschäftslokal nicht fortsetzen, da die Beendigung des Franchise-Vertrages zugleich zur Beendigung des Untermietvertrages führt. Nachteilig ist der Abschluss des Mietvertrages für den Franchise-Geber insoweit, als dieser für alle Verbindlichkeiten aus dem Mietvertrag haftet und auch verpflichtet ist, eine etwaige Kaution/Sicherheit zu stellen. Letztere wird in der Regel aber aufgrund des Untermietvertrages an den Franchise-Nehmer weitergegeben.[458]

Der Franchise-Nehmer kann gegenüber dem Herausgabeanspruch des Franchise-Gebers gemäß § 556 I BGB auch kein Zurückbehaltungsrecht am Ladenlokal geltend machen.[459] Die Geltendmachung eines solchen Zurückbehaltungsrechts ist gemäß § 556 II BGB ausgeschlossen, weil für den Franchise-Geber die Gefahr eines größeren Schadens durch die mangelnde Möglichkeit der Weitervermietung besteht.[460] Dies bedeutet jedoch nicht, dass im Einzelfall der Geltendmachung des Herausgabeanspruchs die Einrede der unzulässigen Rechtsausübung (§ 242 BGB) entgegenstehen kann.[461] Dies könnte entweder dann der Fall sein, wenn der Franchise-Nehmer gegen den Franchise-Geber wegen Verletzung vorvertraglicher Aufklärungspflichten einen Schadensersatzanspruch nach den Grundsätzen der culpa in contrahendo oder einen solchen gemäß § 826 BGB geltend machen kann. Hier sind dann die Interessen des Franchise-Gebers auf Herausgabe des Geschäftslokals und die des Franchise-Nehmers auf Schadensersatz gegeneinander abzuwägen.[462]

Im Rahmen des Untermietvertrages können dem Franchise-Nehmer alle vom Franchise-Geber im Rahmen des Mietvertrages übernommenen Verpflichtungen auferlegt werden, insbesondere die Renovierungs- und Instandhaltungsverpflichtungen, aber auch die

Verpflichtungen für den Winterdienst. Ein solcher zwischen dem Franchise-Geber und Franchise-Nehmer abgeschlossener Untermietvertrag könnte folgenden Wortlaut haben:

UNTERMIETVERTRAG

zwischen

– nachstehend Vermieter genannt –

u n d

– nachstehend Mieterin genannt –

wird nachfolgender Untermietvertrag geschlossen.

Präambel

Die Mieterin ist aufgrund eines am ...... abgeschlossenen Franchise-Vertrages Franchise-Nehmerin des Vermieters für den Standort ...... Im Rahmen des Franchise-Vertrages haben die Vertragsparteien vereinbart, dass von der Mieterin das vom Vermieter angemietete Ladenlokal im Rahmen eines Untermietvertrages zum Betreiben des Franchise-Outlet genutzt wird. Insofern besteht zwischen den Vertragsparteien auch Einigkeit, dass der Franchise- und Untermietvertrag eine wirtschaftliche Einheit bilden.

Dies vorausgeschickt vereinbaren die Vertragsparteien Folgendes:

§ 1
Mietgegenstand

1. Die Firma ...... ist Hauptmieterin des Geschäftslokals ...... entsprechend dem ungekündigten Mietvertrag zwischen ...... vom ......
2. Vermieter und Mieter sind sich darüber einig, dass sämtliche im Hauptmietvertrag genannten Vereinbarungen auch für dieses Vertragsverhältnis Anwendung finden. Die Mieterin erklärt ausdrücklich, dass ihr der Inhalt des Hauptmietvertrages bekannt ist und erklärt sich mit den dortigen Regelungen einverstanden. Im Übrigen ist der Hauptmietvertrag diesem Untermietvertrag als Anlage 1 beigefügt. Die Räumlichkeiten sind der Mieterin ausschließlich zum Betreiben eines Franchise-Outlet nach dem abgeschlossenen Franchise-Vertrag zur Nutzung überlassen.
3. Die Gesamtmietfläche beträgt ...... und ergibt sich im Übrigen aus dem Hauptmietvertrag als Anlage 2 beigefügten Lageplan.

4. Genehmigungen oder behördliche Auflagen, die die Mieterin im Zusammenhang mit der Nutzung des Mietgegenstandes macht, hat die Mieterin auf ihre Kosten einzuholen bzw. zu erfüllen.
5. Die Mieterin erkennt mit Vertragsunterzeichnung die Ordnungsmäßigkeit des Mietobjektes zum vertragsgemäßen Gebrauch an.

§ 2
Vertragsdauer

1. Das Mietverhältnis beginnt am ...... und endet am ......
   Für die Verlängerung des Untermietvertrages gilt die Verlängerungsoption des Franchise-Vertrages entsprechend.
2. Die Verpflichtung zur Leistung des vertraglich vereinbarten Mietzinses (§ 4) beginnt am ......
3. Der Mietvertrag wird zeitgleich mit dem Franchise-Vertrag abgeschlossen. Aufgrund der wirtschaftlichen Einheit zwischen Miet- und Franchise-Vertrag besteht zwischen den Vertragsparteien Einigkeit, dass mit Beendigung des Franchise-Vertrages – egal aus welchem Rechtsgrund – zugleich der Mietvertrag beendet wird, ohne dass es insoweit einer gesonderten Kündigung bedarf.
4. Die Mieterin ist verpflichtet, nach Beendigung des Mietvertrages das Ladenlokal unverzüglich zu räumen und an den Vermieter herauszugeben. Ein Zurückbehaltungsrecht steht der Mieterin am Ladenlokal für etwaige Gegenansprüche gegenüber dem Vermieter nicht zu.
5. Unabhängig von vorstehenden Regelungen sind sich die Vertragsparteien darin einig, dass der vereinbarte Untermietvertrag auf keinen Fall länger Bestand hat, als der abgeschlossene Hauptmietvertrag. Im Falle einer vorzeitigen Beendigung des Hauptmietvertrages verzichtet die Mieterin bereits jetzt auf jegliche Schadensersatzansprüche, es sei denn, die Kündigung des Hauptmietvertrages hat der Vermieter zu vertreten.

§ 3
Kündigung

1. Der Vermieter kann das Mietverhältnis aus wichtigem Grund fristlos kündigen.
   Das Recht zur fristlosen Kündigung steht dem Vermieter insbesondere dann zu, wenn der Mieter mit der Entrichtung der sich aus dem Vertrag ergebenen Zahlungsverpflichtung

in Höhe eines Betrages, der eine Monatsmiete zzgl. Nebenkostenpauschale übersteigt, in Verzug befindet, die unter § 7 vereinbarte Kautionsleistung nicht bis zum Tage des oben genannten Mietbeginns erbringt, den Mietgegenstand unbefugten Dritten überlässt, über das Vermögen des Mieters das Konkurs- Vergleichsverfahren oder Gesamtvollstreckungsverfahren eröffnet wird oder eine sonstige Verpflichtung aus diesem Vertrag trotz Abmahnung nicht erfüllt wird.

2. Im Fall einer fristlosen Kündigung haftet die Mieterin dem Vermieter für jeden entstandenen Schaden, insbesondere für den Ausfall der Miete, der Nebenkosten und sonstigen Aufwendungen, der durch das Leerstehen der Mieträume entsteht oder dass im Falle der Neuvermietung nicht der bisherige Mietzins erzielt werden kann, bis zum Ablauf der vereinbarten Mietzeit.
   Die Geltendmachung weiterer Schadensersatzansprüche bleibt hiervon unberührt.

§ 4
Mietzins

1. Die monatlich zu zahlende Miete beträgt DM ...... (in Worten: ......).
   Dieser Mietzins beruht auf dem derzeit aufgrund des Hauptmietvertrages zu zahlenden Mietpreis.
2. Der Mietzins ist spätestens am 3. Tag eines jeden Monats auf das Konto des Vermieters bei ...... Bank, Konto-Nr......., BLZ ...... zu zahlen.
   Bei verspäteter Zahlung ist der Vermieter berechtigt, Verzugszinsen in Höhe von 7% über dem jeweiligen Basiszinssatz der Europäischen Zentralbank zu verlangen.

§ 5
Nebenkosten

1. Weiterhin trägt die Mieterin die auf das Mietobjekt entfallenden Nebenkosten entsprechend der Festlegung des diesem Vertrag anliegenden Hauptmietvertrages. Die Festlegung im Hauptmietvertrag unter § 4 gelten auch in diesem Untermietverhältnis, hier insbesondere die zu tragenden Nebenkosten und die Kostenumlage.
2. Die Mieterin hat monatliche Vorauszahlungen und zwar von zur Zeit DM ...... zu zahlen und zwar spätestens am dritten Werktag eines jeden Monats auf das oben genannte Konto ab Mietbeginn.

3. Der Vermieter ist berechtigt, die Vorschüsse auf die Nebenkosten, angemessen der tatsächlichen Kostenentwicklung anzupassen.

§ 6
Schadensersatz, Minderung, Aufrechnung etc.

Die Mieterin kann gegen eine Forderung des Vermieters auf Zahlung von Mietzins, Nebenkostenvorauszahlung und Nebenkostennachzahlung weder ein Leistungsverweigerungs- oder Zurückbehaltungsrecht geltend machen, noch mit einer vom Vermieter nicht ausdrücklich anerkannten oder rechtskräftig festgestellten Forderung aufrechnen.

Minderungsrechte oder Schadensersatzansprüche des Mieters bestehen nur, wenn die Mieterin mindestens einen Monat vor der jeweiligen Mietzinsfälligkeit den Gegenanspruch beziffert und schriftlich ankündigt, dass und in welcher Höhe sie einen Anspruch geltend macht.

§ 7
Kaution

1. Der Mieter verpflichtet sich, an den Vermieter als Sicherheit für die Erfüllung seiner Verbindlichkeiten eine Kaution in Höhe von 2 Monatsmieten zu bezahlen. Sie ist mit Übergabe des Mietobjektes zur Zahlung fällig.
   Der Vermieter kann sich wegen seiner fälligen Ansprüche bereits während des Mietverhältnisses aus der Kaution befriedigen. Der Mieter ist in diesem Fall verpflichtet, die Kautionssumme wieder auf den ursprünglichen Betrag zu erhöhen.
2. Soweit der Mieter bereits im Rahmen des abgeschlossenen Franchise-Vertrages eine Kaution geleistet hat, ist dieser von der Verpflichtung zur Leistung einer gesonderten Kaution im Zusammenhang mit dem Abschluss des Untermietvertrages freigestellt.

§ 8
Nutzung

1. Die Vermietung erfolgt zum Betrieb eines Backfachgeschäftes.
2. Zwischen den Parteien besteht Einigkeit, dass die Vermietung nur zum Betreiben eines Backfachgeschäftes des ......-Franchise-Systems auf der Grundlage des am ...... abgeschlossenen Mietvertrages erfolgt.

3. Jede Änderung der Nutzung bedarf der schriftlichen vorherigen Einwilligung (§ 183 BGB) des Vermieters.

§ 9
Instandhaltung und Instandsetzung der Mietsache

1. Soweit der Vermieter zur Durchführung von Schönheitsreparaturen, Instandsetzungs- und Instandhaltungsarbeiten verpflichtet ist, übernimmt die Mieterin diese Verpflichtungen für den Vermieter.
2. Die Mieterin sichert zu, das Mietobjekt jederzeit in ordnungsgemäßem Zustand zu erhalten, insbesondere die erforderlichen Schönheitsarbeiten auszuführen.
3. Bei Störungen oder Schäden an den Ver- oder Entsorgungsleitungen hat die Mieterin für sofortige Abschaltung oder Absperrung zu sorgen und den Vermieter unverzüglich zu unterrichten.
4. Die Mieterin haftet dem Vermieter für alle Schäden, die durch Verletzung der ihr obliegenden Sorgfaltspflicht verursacht werden. Sie haftet insbesondere für alle Schäden, die durch sie selbst, durch ihre Arbeitnehmer, Kunden, Besucher, Lieferanten, Handwerker usw. verursacht worden sind.
   Es kommt dabei auf ein Verschulden des Schadensverursachers nicht an.
5. Maßnahmen, die der Vermieter als Hauptmieter aufgrund des Hauptmietvertrages zu dulden hat, muss die Mieterin als Untermieterin in gleichem Maße dulden.
6. Die Mieterin verpflichtet sich, die Mietsache pfleglich und mit Sorgfalt zu behandeln.
7. Schäden, für die die Mieterin ersatzpflichtig ist, hat sie unverzüglich zu beseitigen. Kommt sie dieser Verpflichtung nicht nach, so ist die Vermieterin nach erfolgloser Fristsetzung befugt, die Schäden auf Kosten der Mieterin durch Dritte beseitigen zu lassen.
8. Der Mieterin ist nur mit Zustimmung des Vermieters gestattet, Schriften, Schilder und Beleuchtungen, auch Leuchtschriften im Bereich seiner Mieträume anzubringen.

§ 10
Unter-Untermietvertrag

Jede Untervermietung oder sonstige Überlassung an Dritte bedarf der schriftlichen Einwilligung des Vermieters. Für den Fall der Untervermietung tritt der Mieter dem Vermieter schon jetzt auf die ihm gegen den Untermieter zustehenden Forderungen nebst Pfandrechten bis zur Höhe aller Forderungen vom Vermieter sicherungshalber ab. Das Kündigungsrecht nach § 540 I 2 BGB wird ausgeschlossen.

§ 11
Sonstiges

1. Mündliche Abreden bestehen nicht. Alle Ergänzungen oder Änderungen dieses Vertrages bedürfen der Schriftform. Auch die Änderung dieses Schriftformerfordernisses bedarf der Schriftform.
2. Die Mieterin erklärt ausdrücklich, dass ihr der Inhalt des Mietvertrages bekannt ist. Sie erklärt weiter, dass sie sämtliche aus diesem Hauptmietvertrag für den Vermieter ergebenen Verpflichtungen unmittelbar gegen sich gelten lassen wird.
3. Sollte eine Bestimmung dieses Vertrages unwirksam sein oder werden, wird die Wirksamkeit dieses Vertrages im Übrigen davon nicht berührt. An die Stelle einer unwirksamen Bestimmung tritt eine solche, die dem bezweckten Inhalt in rechtlich zulässiger Weise am nähesten kommt.

……, den ……

…… ……

(Vermieter) (Mieter)

Das Vertragsmuster geht in § 11 Ziff. 3 letzter Satz davon aus, dass der Untermietvertrag das Rechtsschicksal des Franchise-Vertrages teilt. Dies bedeutet, dass eine Beendigung des Franchise-Vertrages auch zugleich zu einer Beendigung des Untermietvertrages führt, ohne dass es insoweit einer gesonderten Kündigung bedarf. In entsprechender Weise muss dann auch im Rahmen des Untermietvertrages festgelegt werden, dass die Beendigung des Untermietvertrages zugleich zur Beendigung des Franchise-Vertrages führt, ohne dass insoweit eine Kündigung ausgesprochen werden muss. Für diesen Fall ist § 3 des Untermietvertrags-Musters um folgende Ziff. 3 zu ergänzen:

3. Die Beendigung des Franchise-Vertrages – gleich aus welchem Rechtsgrund – führt zur Beendigung des Untermietvertrages. Der Untermietvertrag ist demgemäß aufschiebend und auflösend bedingt durch das Bestehen des zwischen den Vertragsparteien abgeschlossenen Franchise-Vertrages.

Der Untermietvertrag wird an Bedeutung gewinnen. Nach der EU-Gruppenfreistellungsverordnung für vertikale Vertriebsbindungen kann de lege lata und de lege ferenda nämlich in den Fällen, in denen der Franchise-Nehmer sein Franchise-Outlet in Räumlichkeiten betreibt, die ihm vom Franchise-Geber durch den Abschluss eines Untermietvertrages zur Nutzung überlassen wurden, eine Laufzeit des Franchise-Vertrages für die Dauer des Mietvertrages vereinbart werden. Dies bedeutet, das der Franchise-Vertrag auch eine längere Erstlaufzeit als 5 Jahre haben kann, ohne dass der Franchise-Geber Gefahr läuft, dass der Franchise-Nehmer berechtigt ist, vom 6. Vertragsjahr an, bei einer über 80% des Einkaufsumsatzes liegenden Bezugsbindung konkurrierende Produkte in seinem Franchise-Outlet abzusetzen. Insofern erweist sich der Untermietvertrag als ein Mittel zur Umsetzung eines vertraglich bei Franchise-Verträgen zwingend notwendigen Wettbewerbsverbotes, um den Abfluss von Know-How an Dritte zu verhindern.[463]

3. Franchise-Vertrag/Mietvertrag als rechtliche Einheit

Gibt zwischen Franchise- und Mietvertrag nicht nur eine wirtschaftliche, sondern aufgrund wechselseitiger Bezugnahme im Franchise- wie auch Mietvertrag eine rechtliche Einheit, so führt der Widerruf des Franchise-Vertrages gemäß § 355 I BGB auch zur Unwirksamkeit des abgeschlossenen Mietvertrages, wie das OLG Nürnberg in seinem Urteil vom 3. 2. 1998[464] betont hat. Grundsätzlich neu ist dieser Grundsatz nicht, da sich der BGH bereits entsprechend geäußert hat.[465] Neu ist nur die Überlegung des OLG Nürnberg zur Rückabwicklung: für die Rückabwicklung eines solches unwirksamen Mietvertrages nach § 812 I 1 1. Alternative BGB ist nämlich der ortsübliche Mietzins und nicht der zwischen Franchise-Geber und Franchise-Nehmer vereinbarte Mietzins maßgebend.

Eine solche Verknüpfung von Franchise-Vertrag und Untermietvertrag für das Franchise-Outlet ist auch wirksam. Hierin liegt keine unangemessene Benachteiligung des Franchise-Nehmers i. S. v. § 307 I 1 BGB.[466] Dies bedeutet, dass der Franchise-Nehmer bei Beendigung des Franchise-Vertrages auch zugleich verpflichtet ist, das von ihm aufgrund des Untermietvertrages genutzte Ladenlokal zum Betreiben seines Franchise-Outlets zu räumen und an den Franchise-Geber herauszugeben. In Einzelfällen kann der Franchise-Nehmer allerdings dem Herausgabeanspruch des Franchise-Gebers die Einrede der unzulässigen Rechtsausübung gem. § 242 BGB entgegenhalten.[467] Soweit die sofortige Herausgabe des Ladenlokales möglicherweise den Franchise-Nehmer in seiner wirtschaftlichen Existenz gefährdet, kann in Einzelfällen gem. § 242 BGB eine Auslauffrist für das Mietverhältnis vereinbart werden.[468]

Die Anmietung der Geschäftsräume für das Betreiben des Franchise-Outlets durch den Franchise-Geber und die anschließende Überlassung an den Franchise-Nehmer durch den Abschluss eines Untermietvertrages hat allerdings auch für den Franchise-Geber Nachteile. Dieser trägt in seiner Eigenschaft als Mieter/Vermieter das Ausfall-Insolvenz-Risiko des Franchise-Nehmers.[469]

4. Mit dem Geschäftslokal verbundene Genehmigungen

Alle mit dem Geschäftslokal verbundenen Genehmigungen sind vom Franchise-Nehmer einzuholen. Dazu gehört insbesondere die Gewerbeerlaubnis und, wenn wie im Vertragsmuster zugleich ein Café betrieben wird, die entsprechende Gaststättenerlaubnis.

Der Franchise-Nehmer steht daher auch in der Verpflichtung, die erforderlichen Genehmigungen für die Dauer des Franchise-Vertrages aufrechtzuerhalten und hat diese gegebenenfalls dem Franchise-Geber zur Einsichtnahme vorzulegen. Entsprechendes gilt für etwa erforderliche Genehmigungen seiner Mitarbeiter (z.B. Arbeits- oder Aufenthaltserlaubnis bei ausländischen Mitarbeitern).

5. Logo/Firmenschild

Besteht innerhalb des Franchise-Systems aus Gründen der Corporate Identity ein Firmenlogo, so ist durch das Gesetz nicht vorgeschrieben, an welcher Stelle des Geschäftsbetriebs oder innerhalb des Ladenlokals dieses Logo durch den Franchise-Nehmer anzubringen bzw. darzustellen ist. Hier sind Franchise-Nehmer und Franchise-Geber in ihrer Entscheidung frei. § 15a GewO kommt insoweit nicht zur Anwendung, da sich diese Vorschrift nur auf die Anbringung des so genannten Firmenschildes bezieht.[470] In der Regel wird das Franchise-Handbuch aber entsprechende Vorgaben enthalten.

Betreibt der Franchise-Nehmer sein Franchise-Outlet in der Rechtsform eines kaufmännischen Betriebes oder einer Personen- oder Kapitalgesellschaft, so ergeben sich aus §§ 15a II, 15a III GewO die gleichen Verpflichtungen wie aus §§ 18, 19, 125a, 177a HGB, § 35a GmbHG. Das Firmenschild muss in deutlich lesbarer Schrift im Franchise-Betrieb angebracht werden. Wird diese gewerberechtliche Vorschrift nicht beachtet, so macht sich der Franchise-Nehmer bußgeldpflichtig. Insoweit heißt es in § 146 GewO, dass derjenige ordnungswidrig handelt, der entgegen § 15a GewO Name,

Firma oder Anschrift nicht oder nicht in vorgeschriebener Weise anbringt.[471]

6. Alternative Regelungen

Teilweise wird in Franchise-Verträgen die Verpflichtung, die Ausstellungsfläche nicht zu verändern, festgeschrieben, genauso wie dem Franchise-Geber ein jederzeitiges Zutrittsrecht eingeräumt wird. Solche Regelungen könnten in das Vertragsmuster als neugefasste Ziffern 5 und 6 eingefügt werden:

5. Eine Verlegung des Ladenlokals oder der Veränderung der Ausstellungsfläche oder Abänderung der Aufmachung des Geschäftslokals, die der Corporate Identity des Franchise-Systems widerspricht, bedarf der schriftlichen Einwilligung (§ 183 BGB) des Franchise-Gebers.
6. Der Franchise-Geber ist berechtigt und verpflichtet, entweder selbst oder durch einen Beauftragten das Ladenlokal einschließlich der Nebenräume zu den ortsüblichen Geschäftszeiten zu betreten, wobei der Franchise-Nehmer jede Vertrags- und sachbezogene Auskunft zu erteilen und die notwendigen Unterlagen vorzulegen hat.

Derartige Kontrollbefugnisse sind anerkannt. Ihre Grenze liegt dort, wo die unternehmerische Selbständigkeit des Franchise-Nehmers beeinträchtigt wird.[472]

Wird das Geschäftslokal etwa durch einen Brand zerstört oder kann aus anderen Gründen nicht mehr genutzt werden, so kann entweder der Franchise-Vertrag wegen Wegfalls der Geschäftsgrundlage beendet werden oder aber im Franchise-Vertrag wird die Verpflichtung des Franchise-Nehmers zur Erneuerung des Geschäftslokals bzw. Anmietung anderweitiger Räumlichkeiten im Vertragsgebiet festgelegt. Eine derartige Regelung könnte folgenden Wortlaut haben:

„Wird das Geschäftslokal zerstört oder ist aus sonstigen Gründen ganz oder zu einem erheblichen Teil nicht mehr für das Betreiben des Backfachgeschäftes nutzbar, so ist der Franchise-Nehmer verpflichtet, das Geschäftslokal wiederherzustellen oder im Vertragsgebiet ein neues Geschäftslokal mit schriftlicher Einwilligung (§ 183 BGB) des Franchise-Gebers anzumieten und einzurichten. Für das neue Geschäftslokal des Backfachgeschäftes des Franchise-Nehmers gelten die Bestimmungen dieses Franchise-Vertrages in gleicher Weise.“

Ändert der Franchise-Geber Merkmale der Corporate Identity seines Franchise-Systems, so muss der Franchise-Nehmer verpflichtet werden, diese Änderungen umzusetzen. Auch dies kann, wenn es das Geschäftslokal trifft, im Franchise-Vertrag geregelt werden, und zwar wie folgt:

> „Ändert der Franchise-Geber Merkmale der Corporate Identity des Franchise-Systems, so ist der Franchise-Nehmer verpflichtet, das Geschäftslokal seines Backfachgeschäftes innen und außen entsprechend anzupassen. Dabei sind die Interessen des Franchise-Nehmers in angemessener Weise gemäß § 242 BGB zu berücksichtigen."

Die aus § 242 BGB folgende Verpflichtung des Franchise-Gebers, ständig die Interessen des Franchise-Nehmers zu beachten, erlangt hier besondere Bedeutung. Gegebenenfalls ist dem Franchise-Nehmer eine angemessene Übergangsfrist (bis zu 6 Monaten) einzu räumen, um sein Geschäftslokal umzugestalten. Teilweise wird in Franchise-Verträgen für diesen Fall sogar die Verpflichtung des Franchise-Gebers vorgesehen, anteilig die Investitionskosten zu übernehmen, wenn diese einen angemessenen Betrag übersteigen.[473]

Sollten sich die Investitionen des Franchise-Nehmers zum Zeitpunkt der Herausgabe des Ladenlokales noch nicht amortisiert haben, so steht diesem ggf. gem. **§ 242 BGB** ein **Investitionserstattungsanspruch** zu. In **Österreich** ist dieser Investitionserstattungsanspruch zwischenzeitlich durch das Budget-Begleit-Gesetz 2003[474] in **§ 454** UGB gesetzlich geregelt.[475] Allerdings bezieht sich der Anwendungsbereich dieser, seit dem 22. 8. 2004 geltenden Vorschrift nur auf solche Investitionen des Franchise-Nehmers nach Inkrafttreten der Bestimmung. Bereits bestehende Ansprüche bleiben von § 454 UGB unberührt.[476]

§ 12
Versicherungsschutz des Backfachgeschäftes

1. Dem Franchise-Nehmer wird empfohlen, das Betriebsgrundstück und sein Backfachgeschäft ausreichend zu versichern. Der Franchise-Geber wird dazu Rahmenverträge mit Versicherungsgesellschaften abschließen, wobei der Franchise-Nehmer für sich entscheiden kann, ob er einen Versicherungsschutz durch eine der empfohlenen Versicherungen sicherstellen lässt. Soweit sich der Franchise-Nehmer anderweitig versichert, ist er verpflichtet, insbesondere folgende Versicherungen abzuschließen:

– eine Betriebsunterbrechungsversicherung
– eine Betriebshaftpflichtversicherung
– die üblichen Sachversicherungen (Feuer, Diebstahl unter Einbeziehung von Vandalismus, Wasser, Sturm).

Dem Franchise-Nehmer wird des weiteren empfohlen, diese Versicherungen während der Laufzeit des Franchise-Vertrages aufrechtzuerhalten und diese, soweit ein Schadensfall eintritt, gegenüber dem Franchise-Geber auf dessen Verlangen nachzuweisen.

2. Da der Franchise-Nehmer als wirtschaftlich und rechtlich selbständiger Kaufmann tätig ist, ist dieser auch verpflichtet, in angemessener Weise Kranken- und Lebensversicherungen abzuschließen, um so seine Kranken- und Altersversorgung sicherzustellen.

Erläuterungen

1. Notwendigkeit des Versicherungsschutzes
2. Rahmenverträge und Einzelversicherung
3. Altersvorsorge/Rentenversicherungspflicht des Franchise-Nehmers
4. Schadensverursachung durch den Franchise-Nehmer
5. Produkthaftung bei Franchise-Systemen
6. EU-Dienstleistungsrichtlinie

1. Notwendigkeit des Versicherungsschutzes

Die Pflicht zum Abschluss von Versicherungen, die den Bestand und die Wiederherstellung des Betriebes garantieren, ist zur Sicherung des Franchise-Systems im Allgemeinen und des Franchise-Outlets im Besonderen wichtig. Die in § 12 Ziff. 1 des Vertragsmusters aufgeführten Versicherungen gehören zur unternehmerischen Daseinsvorsorge des Franchise-Nehmers und zur Erfüllung seiner kaufmännischen Sorgfaltspflichten gegenüber dem Franchise-Geber.[477] Aus diesem Grunde ist es auch von zwingender Notwendigkeit, dass der Franchise-Nehmer die Versicherungsverträge während der Laufzeit des Franchise-Vertrages aufrechterhält, dem Franchise-Geber gegebenenfalls nach Aufforderung nachweist und im Falle der Nichtversicherung der Franchise-Geber berechtigt ist, die Versicherungen auf Kosten des Franchise-Nehmers bezogen auf die Laufzeit des Franchise-Vertrages abzuschließen. Eine solche Regelung kann nicht als unangemessen im Sinne von § 307 I 1 BGB angesehen werden.[478] Allerdings sollte die Regelung, entsprechende Versicherungen für das Franchise-Outlet abzuschließen, nur dort zwingenden Charakter haben, wo es – je nach Art des Franchise-Systems – notwendig ist. Anderenfalls sollten dem Franchise-Nehmer gegenüber lediglich Empfehlungen ausgesprochen werden, um auch so dessen Selbständigkeit zu unterstreichen.

Welche Versicherungen dem Franchise-Nehmer empfohlen werden, ist von Franchise-System zu Franchise-System unterschiedlich. Üblich sind auf jeden Fall eine Betriebshaftpflichtversicherung sowie die üblichen Sachversicherungen. Empfohlen wird auch der Abschluss einer Betriebsunterbrechungsversicherung. Soweit durch den Franchise-Nehmer zusätzlich Beratungsleistungen gegenüber seinen Kunden erbracht werden, etwa bei den Franchise-Systemen in der Versicherungswirtschaft, der Maklerbranche oder der Baufinanzierung ist zusätzlich der Abschluss einer Vermögensschadenhaftpflichtversicherung zu empfehlen.

2. Rahmenverträge und Einzelversicherung

Das Vertragsmuster geht davon aus, dass der Franchise-Geber mit Versicherern Rahmenverträge abgeschlossen hat (so genannter Umbrella-Versicherungsschutz). Der Franchise-Nehmer hat dann die Möglichkeit, Einzelversicherungen mit dem Versicherer abzuschließen, wobei die Rahmenverträge in der Regel auch einen Versicherungsschutz des Franchise-Nehmers für den Privatbereich (Autohaftpflichtversicherung, private Haftpflichtversicherung etc.) vorsehen.[479]

3. Altersvorsorge/Rentenversicherungspflicht des Franchise-Nehmers

Da der Franchise-Nehmer als selbständiger Kaufmann handelt, ist dieser auch verpflichtet, in angemessener Weise für seine Altersversicherung Vorsorge zu treffen. Mit der in § 12 Ziffer 2 des Vertragsmusters vorgesehenen Regelung wird daher zusätzlich die Selbständigkeit des Franchise-Nehmers unterstrichen. Zwar wurde § 7 IV SGB IV a.F. zum 31. 12. 2002 durch das Zweite Gesetz für moderne Dienstleistungen am Arbeitsmarkt vom 31. 12. 2002[480] aufgehoben, so dass die entsprechende Regelung in § 12 Ziff. 2 des Vertragsmusters zur Unterstreichung der Selbständigkeit des Franchise-Nehmers nicht zwingend notwendig ist, doch sind die Sozialversicherungsträger aber nunmehr auf der Rechtsgrundlage von § 2, 1 Nr. 9 SGB VI dazu übergegangen, zu überprüfen, ob selbständige Franchise-Nehmer der Rentenversicherungspflicht unterliegen. Dabei ist diese Frage nicht davon abhängig, ob der Franchise-Nehmer scheinselbständig ist oder nicht.

Gem. § 2 Nr. 9 SGB VI unterliegen nämlich **selbständig tätige Personen** der Rentenversicherungspflicht,

- **wenn sie auf Dauer und im Wesentlichen nur für einen Auftraggeber tätig sind und**
- **im Zusammenhang mit ihrer Tätigkeit regelmäßig keinen versicherungspflichtigen Arbeitnehmer beschäftigen, dessen Arbeitsentgelt im Monat EUR 400,– übersteigt.**

Vor diesem Hintergrund ist die BfA zunehmend dazu übergegangen, auch selbständigen Franchise-Nehmern Rentenversicherungsbescheide zuzustellen. Dies wird damit begründet, dass das **Auftragsverhältnis** i.S.v. § 2, 1 Nr. 9 SGB VI nicht identisch ist mit dem Auftrag i.S.v. § 662 BGB. Vielmehr sei der Begriff „Auftraggeber" umgangssprachlich zu verstehen. Damit sieht die BfA den Franchise-Geber als Auftraggeber des Franchise-Nehmers an. Die Argumentation der BfA entspricht derjenigen zum Auftragsbegriff, wie sie zu § 7 IV SGB IV a.F. vertreten wurde.[481] Die BfA verkennt bei ihrem Vorgehen den Begriff des Auftrags. § 2, 1 Nr. 9 SGB VI definiert den Begriff des Auftrags nicht, genauso wie es in § 7 IV SGB IV a.F. an einer Legaldefinition mangelte. Selbst wenn man den Begriff des Auftrags nicht in einem rein zivilrechtlichen Sinne gem. § 662 BGB (unentgeltliche Geschäftsbesorgung in fremdem Interesse) interpretiert, so muss doch darauf abgestellt werden, dass es in Franchise-Systemen zumindest an der Voraussetzung des Tätigwerdens für einen anderen fehlt. Zu Recht hatte daher das Sozialgericht Stuttgart mit Urteil vom 25. 3. 2004[482] der Ansicht der BfA eine Absage erteilt. Die dagegen eingelegte Berufung wurde von der BfA zurückgenommen.

Zwischenzeitlich ist diese Streitfrage aber durch den Beschluss des Bundessozialgerichtes vom 4. November 2009[483] entschieden. Danach ist der Franchise-Geber der alleinige Auftragnehmer des Franchise-Gebers. Insofern unterliegt ein Franchise-Nehmer dann der Rentenversicherungspflicht gem. § 2 Nr. 9 SGB VI, wenn er nicht zusätzlich noch einen versicherungspflichtigen Mitarbeiter mit einer monatlichen Vergütung von mehr als EUR 400,00 beschäftigt.

Franchise-Systemen ist daher zu **empfehlen,** zum einen darauf zu achten, dass die Bezugsbindung des Franchise-Nehmers nicht mehr als 80% des Einkaufsumsatzes beträgt und diesem zugleich das Recht zugestanden wird, die weiteren 20% seines Umsatzes mit von ihm ausgewählten Diversifikationsprodukten zu erzielen. Damit entfällt im Sinne der Terminologie der BfA die Abhängigkeit von einem Auftraggeber. Zu überlegen ist auch, ob dann, wenn das Franchise-Outlet keinen fremden Dritten als Mitarbeiter mit einer versicherungspflichtigen Vergütung von mehr als EUR 400,00 trägt, pro forma die Ehefrau des Franchise-Nehmers oder dessen Lebensgefährtin einzustellen ist. Dann ist aber steuer- wie sozialversicherungsrechtlich zu berücksichtigen, dass dieser Vertrag einem Vertrag mit fremden Dritten entsprechen muss und tatsächlich durchgeführt wird. Andernfalls werden die entsprechenden Kosten von der Finanzverwaltung nicht als Betriebsausgaben erkannt.[484] Soweit Franchise-Systeme ihren Franchise-Nehmern empfehlen, freie Mitarbeiter zu beschäftigen, dürfte die Beschäftigung eines freien Mitarbeiters angesichts des eindeutigen Wortlauts von § 2 Nr. 9 SGB VI nicht ausreichen. Ausdiskutiert ist diese Frage allerdings mit der Deutsche Rentenversicherung BUND noch nicht.

4. Schadensverursachung durch den Franchise-Nehmer

Aber selbst wenn der Franchise-Geber darauf achtet, dass der Franchise-Nehmer die nach dem Vertragsmuster üblichen Versicherungen abschließt, ist damit seine Haftung für vom Franchise-Nehmer verursachten Schäden grundsätzlich nicht ausgeschlossen, wenn der Franchise-Nehmer bei abgeschlossenem Untermietvertrag vorsätzlich Schäden (z.B. durch Brandstiftung) herbeiführt.[485] Auch insoweit ist also eine Konstellation denkbar, wonach der Franchise-Nehmer und Untermieter den Franchise-Betrieb vorsätzlich in Brand setzt und der Hauseigentümer alsdann den Franchise-Geber als seinen Mieter auf Leistung des Pacht- und Mietzinsausfalls in Anspruch nimmt und darüber hinaus die Feststellung begehrt, der Franchise-Geber als Mieter sei verpflichtet, den Schaden zu ersetzen, der im Zusammenhang mit dem Schaden stiftenden Ereignis des Franchise-Nehmers steht. Der Franchise-Geber hat dann zwar seinerseits gegenüber dem Franchise-Nehmer einen Schadensersatzanspruch wegen positiver Vertragsverletzung des Untermietvertrages und des abgeschlossenen Franchise-Vertrages gemäß § 280 BGB. Im Rahmen dieses Schadensersatzanspruchs sind vom Franchise-Nehmer die Beträge zu ersetzen, die der Franchise-Geber seinerseits an den Hauseigentümer leisten muss.[486]

5. Produkthaftung bei Franchise-Systemen

Teilweise wird in Franchise-Verträgen auch der Abschluss von Produkthaftpflichtversicherungen empfohlen, also Versicherungen, die das Risiko einer Haftung aus Produktfehlern oder fehlerhafter Verwendung von Produkten absichern. Solche Versicherungen dienen der Absicherung des Franchise-Systems nach außen und der nicht unerheblichen Risiken der deliktischen Produzentenhaftung sowie der Produkthaftung.[487]

Das auf der Grundlage der Produkthaftungsrichtlinie der EU-Kommission vom 25. 7. 1985[488] erlassene Produkthaftungsgesetz[489] erweitert die Haftung des Franchise-Gebers in erheblichem Umfang, sofern Waren des Franchise-Gebers unter dessen Marke vom Franchise-Nehmer vertrieben werden.[490] Da das Produkthaftungsgesetz eine Gefährdungshaftung normiert, d.h. eine verschuldensunabhängige Haftung des Franchise-Nehmers, ist insofern im Außenverhältnis eine Haftungseinschränkung nur in engen Grenzen möglich.[491] Dies bedingt erneut, dass Franchise-Systeme ein Total Quality Management einführen, um so die mit der Produkthaftung verbundenen Haftungsrisiken zu begrenzen.

Dem Produkthaftungsgesetz unterfällt die **Produktfranchise.** Diese wird dadurch gekennzeichnet, dass der Franchise-Geber dem Franchise-Nehmer sein Know-how und seine gewerblichen Schutzrechte lizenzweise zu Produktionszwecken zur Verfügung stellt, während der Franchise-Nehmer der eigentliche „Hersteller des Produktes“ ist. Allerdings wäre es ein gefährlicher Irrtum zu meinen, dass **Vertriebsfranchisen** nicht dem Produkthaftungsgesetz unterfallen. Gemeint ist nämlich nicht der Dienstvertrag im Sinne des BGB, der keine Produkthaftung auslösen kann, sondern gemeint ist alles, was im volkswirtschaftlichen Sinne zum Dienstleistungssektor zählt, wie z.B. Hotel- und Gaststättengewerbe, Reparatur- und Reinigungsbetriebe, Kosmetiksalons, Sprachschulen etc. Dienstleistungsfranchisen haben sogar einen sehr deutlichen Bezug zum Produktgut.[492] Erinnert sei hier nur an den Hamburger von Mc Donald's.

Um die **Risiken,** die mit der **Produkthaftung** verbunden sind, **abgrenzen** zu können, sollte sich daher jeder Franchise-Nehmer vor Abschluss des Franchise-Vertrages folgende Fragen stellen:

- Gibt es im Außenverhältnis eine Produkthaftung des nicht selbst produzierenden Franchise-Gebers wegen der Überlassung des Produktions-Know-how an den Franchise-Nehmer?
- In welchen Fällen gibt es nach bisherigem und neuerem Produkthaftpflichtrecht eine Händlerhaftung?
- Gibt es auch in den Fällen der Händlerhaftung eine Produkthaftung des Franchise-Gebers im Außenverhältnis wegen der Überlassung des Vertriebs-Know-how an den Franchise-Nehmer?
- Kann der Franchise-Nehmer im Innenverhältnis zum Franchise-Geber Regress nehmen, wenn er als Hersteller oder Vertreiber vom Geschädigten in Anspruch genommen wird und der Produktschaden auf Mängel am Know-how beruht?
- Gibt es Freizeichnungsmöglichkeiten des Franchise-Gebers:
  - im Außenverhältnis den Geschäften gegenüber oder
  - im Innenverhältnis dem Franchise-Nehmer gegenüber.[493]

Hält sich der Franchise-Nehmer nicht an die Vorgaben des Franchise-Gebers, d.h. er missachtet

- die Alleinbezugsverpflichtung oder
- nimmt z.B. ein unzulässiges Abfüllen von Produkten vor, um so die Produkte des Franchise-Gebers in kleineren Gebinden verkaufen zu können,

so ist der Franchise-Geber grundsätzlich berechtigt, die fristlose Kündigung des Franchise-Vertrages auszusprechen.[494]

6. EU-Dienstleistungsrichtlinie

Die Dienstleistungsrichtlinie der EU-Kommission vom 20. 12. 1990[495] sah wie die Produkthaftung eine Umkehr der Beweislast zugunsten des Geschädigten vor, wobei jedoch nach wie vor ein Verschulden des Dienstberechtigten vorliegen musste. Nach Artikel 8 der Richtlinie sollte eine Haftung des Franchise-Gebers ausdrücklich ausgeschlossen werden, wenn dieser nachweisen konnte, dass „der Schaden jedoch auf ein Ereignis zurückzuführen" ist, „das der Franchise-Geber bzw. Franchise-Nehmer ...... nicht hat liefern oder vorschreiben können". In der Konsequenz hätte dies im Dienstleistungsbereich für den Franchise-Geber immer eine Haftung gegenüber Dritten bedeutet, soweit er seinem Franchise-Nehmer gegenüber franchise-typische Leistungen erbringt.

Auch wenn die damalige Dienstleistungsrichtlinie der EU-Kommission gescheitert ist,[496] ist nicht zu übersehen, dass sich in der Rechtsprechung die Tendenzen mehren, eine Beweislastumkehr vorzunehmen. Mittlerweile hat dies das LG Hamburg in seinem Urteil vom 2. 5. 1995[497] für den Bereich der vorvertraglichen Aufklärungspflichten des Franchise-Gebers anerkannt.

Auf dem Gipfeltreffen der Staats- und Regierungschefs am 22/23. 3. 2005 wurde beschlossen, den bisherigen Richtlinienentwurf zu überarbeiten. Der Streit geht um das in der Richtlinie festgeschriebene Herkunftslandprinzip. Danach unterliegen Dienstleistungserbringer nur den Rechtsvorschriften ihres Herkunftslandes – auch bei Leistungserbringung im Ausland.[498] Die nunmehr vorliegende europäische Dienstleistungsrichtlinie vom 12. Dezember 2006[499] enthält zwar noch das Herkunftslandprinzip, nicht aber mehr eine Haftung des Franchise-Gebers für Franchise-Nehmer typische Handlungen.[500]

Teil V
Vertragsprodukte

§ 13
Vertrags-Produkte

1. Das Sortiment des Backfachgeschäftes des Franchise-Nehmers wird wie folgt differenziert:
   a) Grundsortiment, d.h. das Sortiment, das jeder Franchise-Nehmer jederzeit vorhalten muss,
   b) Zusatzsortiment, d.h. das flexibel gestaltete Sortiment, das zeitweise im Backfachgeschäft geführt werden muss,
   c) Diversifikationsprodukte, d.h. die vom Franchise-Nehmer selbst gewählten Produkte.
2. Da es sich bei dem Grund- und Zusatzsortiment um Artikel handelt, die ausschließlich für das Franchise-System produziert werden, ist der Franchise-Nehmer verpflichtet, diese Artikel von den vom Franchise-Geber benannten Lieferanten zu beziehen. Die Liste dieser Artikel ergibt sich aus Anlage 10, die in ihrer jeweils gültigen Fassung diesem Franchise-Vertrag beigefügt ist. Die Liste der vom Franchise-Geber zum Franchise-System jährlich gelisteten Lieferanten ergibt sich aus Anlage 11, die in ihrer jeweils gültigen Fassung diesem Franchise-Vertrag beigefügt ist. Soweit der Franchise-Geber selbst Produkte an den Franchise-Nehmer liefert, erfolgt dies auf der Grundlage der Allgemeinen Lieferungs- und Zahlungsbedingungen des Franchise-Gebers, die in ihrer jeweils gültigen Fassung diesem Franchise-Vertrag als Anlage 12 beigefügt sind.
3. Der Franchise-Nehmer ist berechtigt, solange Diversifikationsprodukte zu führen, wie diese nicht als Artikel des Grund- oder Zusatzsortimentes vom Franchise-Geber angeboten werden (§ 13 Ziff. 4). Wird ein Diversifikationsprodukt in das Grund- oder Zusatzsortiment aufgenommen, so ist der Franchise-Nehmer verpflichtet, dieses Diversifikationsprodukt vom Zeitpunkt der Einführung an ausschließlich vom Franchise-Geber zu beziehen, wobei dem Franchise-Nehmer eine angemessene Übergangszeit einzuräumen ist.
4. Der Franchise-Nehmer ist berechtigt, andere Produkte und/oder andere Dienstleistungen, die nicht Gegenstand des Franchise-Vertrages sind, die aber gleichwohl in die Sortimentspolitik einzuordnen sind, gegenüber dem Franchise-Geber vorzuschlagen. Soweit sich der Franchise-Geber damit einverstanden erklärt, kann der Franchise-Nehmer diese Produkte in seinem Backfach-

geschäft vertreiben. Der Franchise-Geber kann die von ihm erteilte Einwilligung (§ 183 BGB) mit einer Vorankündigungsfrist von einer Woche widerrufen oder aber dann, wenn diese Produkte in das Grund- bzw. Zusatzsortiment des Franchise-System aufgenommen werden.

Der Umsatz, den der Franchise-Nehmer mit Diversifikationsprodukten und -dienstleistungen erzielt, darf nicht mehr als 20% seines Gesamtumsatzes betragen. Auch darf die Ausstellungsfläche für die Diversifikationsprodukte des Franchise-Nehmers nicht mehr als 5% der Gesamtausstellungsfläche seines Fachgeschäftes überschreiten.

5. Der Franchise-Nehmer ist bei der Gestaltung seiner Verkaufspreise frei. Eine Preisbindung besteht nicht. Soweit der Franchise-Geber unverbindliche Verkaufspreisempfehlungen ausspricht, wird der Franchise-Nehmer diese beachten.

Der Franchise-Geber ist berechtigt, Höchstpreise vorzugeben. Der Franchise-Nehmer hat diese Höchstpreise zu beachten, ist aber gleichzeitig berechtigt, die Höchstpreise zu unterschreiten. Der Franchise-Geber ist des Weiteren berechtigt, für Verkaufsaktionen die Verkaufspreise vorzugeben, wenn und soweit die Verkaufsaktion nur eine kurze Zeitspanne andauert und dadurch die Preishoheit des Franchise-Nehmers nur kurzfristig und unwesentlich beeinträchtigt wird. Entsprechendes gilt für die Einführung neuer Produkte.

Auf Wunsch stellt der Franchise-Geber dem Franchise-Nehmer Kalkulationshilfen zur gewinnorientierten Ermittlung des Verkaufspreises der Artikel des Grund- und Zusatzsortiments zur Verfügung.

Erläuterungen

1. Bezugsbindungen
2. Lieferbereitschaft und Lieferfähigkeit des Franchise-Gebers
3. Kartellrechtliches Schrifterfordernis (§ 34 GWB a. F.)
4. Bezugnahme auf Preislisten/Preisanpassungsklausel
5. Nachträgliche Änderungen
6. Einheitlichkeit der Urkunde
7. Ergänzungssortiment (Diversifikationsprodukte)
8. Preispolitik
9. Unverbindliche Preisempfehlungen
10. Werbekostenzuschüsse und sonstige Einkaufsvorteile (Kick backs)
11. Einkaufsvorteile und vorvertragliche Aufklärung
12. Verdeckte Gebühren
13. Verbundpflichten
14. Wirtschaftsprüfervorbehalt
15. Vertraglicher Ausschluss
16. Unzulässige Zweitkonditionenbindung

1. Bezugsbindungen

Das Vertragsmuster baut darauf auf, dass der Franchise-Nehmer verpflichtet ist, die von ihm abzusetzenden Produkte über den Franchise-Geber bzw. die zum System gelisteten Lieferanten zu beziehen. Insofern liegt eine Bezugsbindung vor. Derartige Bezugsbindungen sind für Franchise-Verträge anerkannt.[501] Gemäß Artikel 3 Ziffer 1 a der EU-Gruppenfreistellungsverordnung für Franchise-Vereinbarungen sowie nach den Regelungen der EU-Gruppenfreistellungsverordnung für vertikale Vertriebsbindungen sind solche Bezugsbindungen zwar auch nach europäischem Kartellrecht möglich, jedoch nur dann, wenn die Produkte entweder selbst vom Franchise-Geber hergestellt werden oder aber für die Produkte keine objektiven Qualitätskriterien aufgestellt werden können, d. h. die Produktüberwachung nur durch den Franchise-Geber erfolgen kann.[502] Durch die Bezugsbindung wird sichergestellt, dass das Know-how des Franchise-Systems nicht Konkurrenten zugute kommt.

Die Bezugsbindung darf allerdings nicht soweit gehen, dass auch der Bezug der Vertragsprodukte von anderen Franchise-Nehmern unzulässig ist. Querlieferungen innerhalb des Systems von Franchise-Nehmern untereinander dürfen nach der EU-Gruppenfreistellungsverordnung für Franchise-Vereinbarungen und der für vertikale Vertriebsbindungen nicht verboten werden.[503] Gelegentlich wird dies auch in Franchise-Verträgen durch eine entsprechende Regelung deutlich gemacht:

> „Dem Franchise-Nehmer ist es untersagt, die Vertragsprodukte an gewerbliche Wiederverkäufer zu liefern. Ausgenommen davon sind andere Franchise-Nehmer des Franchise-Systems oder Querlieferungen innerhalb des Franchise-Systems."

Das OLG Düsseldorf hat mit Urteil vom 11. April 2007[504] die Nichtigkeit einer in einem Franchise-Vertrag vereinbarten Alleinbezugsverpflichtung eines Franchise-Nehmers festgestellt und den Franchise-Geber verurteilt, darin einzuwilligen, die Bezugsverpflichtung so abzuändern, dass der Franchise-Nehmer berechtigt ist, im Umfang von 20% seiner auf der Grundlage des Einkaufswertes des jeweils vorangegangenen Kalenderjahres berechneten gesamten Einkäufe und Vertragswaren von Dritten zu beziehen und zu vertreiben. Damit knüpft das OLG Düsseldorf an die Entscheidung des EuGH vom 28. Januar 1986[505] an. Der EuGH ging davon aus, dass eine 100%-ige Bezugsbindung grundsätzlich dem kartellrechtlichen Behinderungsverbot von Art. 81 I EG-Vertrag (= Art. 101 I AEUV) unterfällt und daher nichtig ist. Davon sind nach Ansicht des EuGH zwei Ausnahmen zulässig: zum einen, wenn es nicht möglich ist, einheitliche, objektive Qualitätskriterien festzulegen oder zum anderen die Überwachung der Standards wegen der hohen Anzahl der Franchise-Nehmer und der damit verbundenen Kosten nicht durchführbar ist.

Diese Entscheidung des EuGH vom 28. Januar 1986 hat auch derzeit noch Gültigkeit – auch de lege ferenda unter der Geltung der neuen EU-Gruppenfreistellungsverordnung für Vertikale Vertriebsbindungen. Ist also eine Alleinbezugsverpflichtung nicht erforderlich, um das im Rahmen des Franchise-Vertrages überlassene Know-how oder die vom Franchise-Geber vertragsgemäß gewährten Unterstützungsleistungen vor dem Zugriff der Konkurrenten zu schützen, oder machen es die Einhaltung von Qualitätskriterien und Sortimentsvorgaben auch ohne übermäßigen Kostenaufwand möglich, deren Vorgaben zu prüfen, kann einem Franchise-Nehmer keine 100%-ige Bezugsbindung auferlegt werden. Vielmehr ist diese Bezugsbindung entsprechend den Regelungen in Art. 4 der Vertikal-GVO i.V.m. Tz. 57 der Guidelines auf 80% des Einkaufsumsatzes des Franchise-Nehmers zu beschränken.[506]

2. Lieferbereitschaft und Lieferfähigkeit des Franchise-Gebers

Diese Alleinbezugsverpflichtung legt dem Franchise-Nehmer die Verpflichtung auf, seine Produkte beim Franchise-Geber zu beziehen, also jeglichen Drittbezug zu unterlassen.[507] Dies bedeutet dann aber auch, dass der Franchise-Nehmer voll umfänglich vom Franchise-Geber und der Effizienz des eingerichteten Warenwirtschaftssystems abhängig ist. Die Alleinbezugsverpflichtung erweist sich so in der Umkehrung für den Franchise-Geber als Verpflichtung

- zur Einrichtung eines dem Franchise-System entsprechenden effizienten Bestellwesens,
- der Verpflichtung zur vollständigen Belieferung des Franchise-Nehmers, und
- der Verpflichtung, beim Franchise-Nehmer einen Warenbestand mit aufzubauen, der den Franchise-Nehmer in die Lage versetzt, jederzeit die Endverbraucher mit den Vertragsprodukten beliefern zu können.

Wird der Franchise-Nehmer nicht vollständig beliefert oder ist das Bestellwesen oder Warenwirtschaftssystem nicht effizient, so steht dem Franchise-Nehmer

- zum einen gegenüber dem Franchise-Geber ein Schadensersatzanspruch aus positiver Vertragsverletzung des abgeschlossenen Fran-

chise-Vertrages gemäß § 280 BGB zu, der auch einen etwaigen entgangenen Gewinn des Franchise-Nehmers (§ 252 BGB) umfasst,
- zum anderen das Recht, die fristlose Kündigung des Franchise-Vertrages aus wichtigem Grund zu erklären.

Unterbleibt nämlich eine rechtzeitige oder vollständige Belieferung des Franchise-Nehmers, so missachtet der Franchise-Geber die ihm obliegende Verpflichtung der rechtzeitigen Belieferung des Franchise-Nehmers mit vertragskonformen Produkten.[508] Der Franchise-Geber muss daher, wenn er große eigene Sachkunde und ein bewährtes Warenwirtschaftssystem anpreist, den Franchise-Nehmer sachkundig beraten, die Voraussetzungen für eine Geschäftseröffnung schaffen und diesen vor geschäftlichen Fehlinvestitionen bewahren, die daraus resultieren können, dass das Warenwirtschaftssystem des Franchise-Gebers wenig effizient ist. Verletzt der Franchise-Geber diese Verpflichtung, so ist der Franchise-Nehmer berechtigt, die fristlose Kündigung des Franchise-Vertrages aus wichtigem Grund gem. § 314 I BGB zu erklären. Dabei kann ergänzend auf die Rechtsprechung zu § 89a HGB zurückgegriffen werden.[509]

Soweit der Franchise-Nehmer aus Gründen, die er nicht zu vertreten hat, nicht in der Lage ist, seinen Betriebsförderungspflichten nachzukommen, ist der Franchise-Geber nicht berechtigt, den Franchise-Vertrag fristlos aus wichtigem Grund zu kündigen und Schadensersatz zu verlangen. Vielmehr kann der Franchise-Nehmer in solchen Fällen nach der Rechtsprechung seinen Bedarf an Produkten, die der Bezugsbindung unterliegen, die der Franchise-Geber aber zeitweise nicht liefern kann, anderweitig, d.h. auf dem freien Markt eindecken.[510]

3. Kartellrechtliches Schrifterfordernis (§ 34 GWB a.F.)

Um der Kartellbehörde die Möglichkeit einzuräumen, inwieweit von Verträgen mit Bezugsbindungen im Sinne von § 18 GWB a.F. Wettbewerbsbeschränkungen ausgingen, war zwingend die Schriftform gemäß § 34 GWB a.F. vorgeschrieben. Anderenfalls war der abgeschlossene Franchise-Vertrag gemäß § 125 BGB nichtig.[511]

§ 34 GWB a.F. stellte nach der Rechtsprechung des BGH jedoch keine Anforderungen an den Inhalt des abgeschlossenen Franchise-Vertrages. Vielmehr war davon auszugehen, dass sich das Erfordernis der Schriftform nur auf dasjenige bezog, das Gegenstand der vertraglichen Vereinbarung war. War etwas nicht vereinbart und demgemäß auch nicht schriftlich festgehalten, dass für das Zustandekommen des Franchise-Vertrages wesentlich gewesen wäre, so war die Unwirksamkeit des Franchise-Vertrages allenfalls die Folge dieses inhaltlichen Fehlers nicht aber der fehlenden Schriftform.[512]

Man konnte sich allenfalls fragen, ob das Fehlen einer Vereinbarung der Vertragspartner z.B. über die EK-Preise der zu vertreibenden Produkte im Franchise-Vertrag wegen eines inhaltlichen Mangels (§§ 154, 155 BGB) unwirksam war. Dies war und ist nur dann zu bejahen, wenn eine solche Preisvereinbarung für den beabsichtigen Franchise-Vertrag von so wesentlicher Bedeutung ist, dass ohne dessen Vorhandensein der Franchise-Vertrag nicht abgeschlossen worden wäre oder aber der zwischen den Parteien abgeschlossene Franchise-Vertrag keine salvatorische Klausel mit einer Erhaltungs- und Ersetzungsbefugnis enthält.[513]

An dieser Betrachtung hat sich auch durch den Wegfall des kartellrechtlichen Schrifterfordernis vom 31. 12. 1998 nichts geändert. Die Nichtigkeit eines Franchise-Vertrag wegen eines Dissens im Sinne des §§ 154, 155 BGB stand immer neben der Nichtigkeit gemäß § 134 BGB wegen Verletzung des kartellrechtlichen Schrifterfordernisses im Sinne des § 34 GWB a.F.

Das kartellrechtliche Schrifterfordernis ist seit dem 1. 1. 1999 nicht mehr zu beachten. § 34 GWB a.F. ist außer Kraft getreten. Dies bedeutet aber nicht, dass die Vorschrift ohne Bedeutung für Franchise-Verträge ist. Mangels einer Überleitungsvorschrift gilt nämlich § 34 GWB a.F. für solche Franchise-Verträge fort, die als Altverträge bezeichnet werden, also vor dem 31. 12. 1998 abgeschlossen wurden.[514] Solche Franchise-Verträge sind nach wie vor an § 34 GWB a.F. zu messen, wobei die Rechtsprechung nicht mehr so eng ist, als dass eine feste Verbindung der Anlagen mit dem Franchise-Vertrag gefordert würde.[515] Auf der Grundlage der so genannten Kölsch-Entscheidung des BGH[516] reicht es auch für solche Altverträge und die Beachtung des kartellrechtlichen Schrifterfordernis im Sinne des § 34 GWB a.F. aus, wenn einer aus mehreren nicht fest miteinander verbundenen Plättern bestehender Text eines Franchise-Vertrag nach seinem äußeren Erscheinungsbild – insbesondere durch Schriftbild, Paginierung und inhaltlichem Zusammenhang – als einheitliche Vertragsurkunde wirkt.

Der Wegfall des kartellrechtlichen Schrifterfordernis führt aber nicht zum Wegfall des Grundsatzes der Einheitlichkeit der Urkunde (§ 126 BGB). Dieser Grundsatz gilt fort, d.h. Franchise-Vertrag und die mit diesem verbundenen Anlagen müssen als einheitliche Urkunde wirken.

4. Bezugnahmen auf Preislisten/Preisanpassungsklausel

Nach § 34 3 GWB a.F. genügte es, „wenn die Beteiligten Urkunden unterzeichnen, die auf einen schriftlichen Beschluss, auf eine schriftliche Satzung oder eine Preisliste Bezug nehmen". Diese Bezugnahme, die erhebliche Bedeutung für Belieferungsverträge hatte, galt gleichermaßen auch für Franchise-Verträge.[517]

Auch hier ist die Fortwirkung dieser Vorschrift für bis zum 31. 12. 1998 abgeschlossene Franchise-Verträge zu beachten. Enthalten demgemäß solche Franchise-Verträge eine Bezugnahme auf Preislisten, so ist das kartellrechtliche Schrifterfordernis für solche Alt-Franchise-Verträge nicht gewahrt, wenn die Preisliste nicht dem Franchise-Vertrag beigefügt war.

Soweit im Rahmen des Franchise-Vertrages bei der Bezugnahme auf Preislisten festgehalten wird, dass die Preisliste in der jeweils gültigen Fassung (**sog. dynamische Verweisung**)[517a] Bestandteil der vertraglichen Beziehungen zwischen Franchise-Geber und Franchise-Nehmer ist, sind solche **Preisanpassungsklauseln** zulässig. Diese stellen keine unangemessenen Benachteiligungen des Franchise-Nehmers i.S.v. § 307 I 1 BGB dar.[518] Insofern ist auch kein Rückgriff auf die Rechtsprechung des BGH zur Zulässigkeit von Preisanpassungsklauseln in Verträgen über die Gas- bzw. Elektrizitätsversorgung möglich, da es sich hierbei nicht um Verträge im Handelsverkehr, wie zwischen Franchise-Geber und Franchise-Nehmer, sondern um Verträge mit Verbrauchern handelt.[519]

5. Nachträgliche Änderungen

Vereinbarten Franchise-Nehmer und Franchise-Geber nachträglich und mündlich einen Teilerlass von Franchise-Gebühren und war diese Vereinbarung wegen Nichteinhaltung der Schriftform gemäß § 34 GWB a.F. nichtig, so ergriff die Nichtigkeit dieser Vereinbarung den ursprünglich wirksam abgeschlossenen Franchise-Vertrag nicht, wenn Franchise-Nehmer und Franchise-Geber nur den Ursprungsvertrag änderten, aber nicht aufheben und durch eine mündliche Vereinbarung ersetzen wollten.[520] Dieser Grundsatz gilt für bis zum 31. 12. 1998 abgeschlossene Franchiseverträge fort.

6. Einheitlichkeit der Urkunde

Die Rechtsprechung ging zu § 34 GWB a.F. zunächst davon aus, dass die für einen Franchise-Vertrag mit Bezugsbindung zu verlangende Schriftform nur gewahrt war, wenn der Vertrag und die Bezugsbindung konkretisierenden Anlagen eine einheitliche Urkunde bildeten. Maßgebend war insoweit das Urteil des LG Berlin vom 25. 10. 1996.[521] Die Entscheidung war wegen ihrer formellen Haltung wiederholt kritisiert worden[522] und ist mittlerweile durch die Kölsch-Entscheidung des BGH vom 14. 1. 1997[523] als überholt anzusehen. Nunmehr reicht es aus, wenn der Franchise-Vertrag und die Anlagen als einheitliche Vertragsurkunde wirken.[524]

Musste sich der BGH in seinem Urteil vom 14. 1. 1997 noch von der Rechtsprechung des BGH zur Schriftform bei langfristigen Mietverträgen abgrenzen, so ist auch diese Abgrenzung mittlerweile entbehrlich. Auch hier hat sich die Rechtsprechung geändert. Mit Urteil vom 24. 9. 1997[525] stellte der BGH zur Schriftform für langfristig Mietverträge ebenfalls fest, dass keine körperliche Verbindung der einzelnen Blätter der Urkunde notwendig ist, sondern sich die Einheit aus fortlaufenden Paginierung, fortlaufender Nummerierung der einzelnen Bestimmungen, einheitlicher grafischer, inhaltlichem Zusammenhang des Textes oder vergleichbaren Merkmalen zweifelsfrei ergeben könne.

7. Ergänzungssortiment (Diversifikationsprodukte)

Das Vertragsmuster geht davon aus, dass der Franchise-Nehmer so genannte Diversifikationsprodukte (§ 13 Ziffer 3, 4) in seinem Backfachgeschäft vertreiben darf. Damit wird die Selbständigkeit des Franchise-Nehmers unterstrichen.

Teilweise kann sich die Notwendigkeit zum Vertrieb von Diversifikationsprodukten aber auch deswegen ergeben, damit der Franchise-Nehmer für sein Franchise-Outlet öffentliche Fördermittel erhält. Zwar erkennt die Deutsche Ausgleichsbank auch Franchise-Verträge mit 100%iger Bezugsbindung an, jedoch nur dann, wenn die vertriebenen Produkte hoch spezialisiert und mehr oder minder unverwechselbar sind oder der Franchise-Geber das Produkt selbst herstellt. Andernfalls muss dem Franchise-Nehmer für etwa $1/3$ des Sortiments – zumindestens für Randsortimente und dergleichen – eine freie Bezugswahl im Franchise-Vertrag zugestanden werden. Teilweise wird daher in Franchise-Verträgen festgeschrieben, dass der Franchise-Nehmer bis zu einem fest geschriebenen prozentualen Anteil seines Umsatzes so genannte Diversifikationsprodukte führen wird. Eine solche Regelung hat folgenden Wortlaut:

„Dem Franchise-Nehmer ist es gestattet, andere Artikel, die nicht Gegenstand des Franchise-Vertrages sind, bis zum Umfang von maximal 25% seines Gesamtumsatzes zu führen. Diese Artikel müssen jedoch dem Franchise-Geber in schriftlicher Form angezeigt werden. Der Franchise-Geber verpflichtet sich, die Genehmigung für den Vertrieb dieser Artikel nur dann zu verweigern, wenn sich deren Verkauf mit dem Image und dem Qualitätsstandard des Franchise-Systems nicht vereinbaren lässt."

Dieser Betonung der Selbständigkeit des Franchise-Nehmers durch den Verkauf von Diversifikationsprodukten kommt unter 3 Aspekten Bedeutung zu, und zwar

- zur Unterstreichung der Selbständigkeit des Franchise-Nehmers,
- um entsprechend den Regelungen der EU-Gruppenfreistellungsverordnung für Vertikale Vertriebsbindungen ein über 5 Jahre hinausgehendes vertragliches Wettbewerbsverbot vereinbaren zu können,
- um der Rentenversicherungspflicht des Franchise-Nehmers gem. § 2, 1 Nr. 9 SGB VI zu entgehen.

Jedes Franchise-System sollte daher überlegen, ob eine Bezugsbindung von 100% wirklich zwingend notwendig ist oder aber dem Franchise-Nehmer gestattet werden kann, 20–25% seines Umsatzes mit Diversifikationsprodukten zu erzielen. Nachteilig ist eine solche Regelung für den Franchise-Geber nicht, da auch der Verkauf der Diversifikationsprodukte der Berechnung der laufenden Franchise-Gebühren unterfällt (§ 17 Ziff. 4 des Vertragsmusters).

8. Preispolitik

Zu den Bindungen, die einem Franchise-Nehmer keineswegs auferlegt werden können, gehören Vereinbarungen, die ihn in der Freiheit der Gestaltung von Preisen binden. Eine Preisbindung bei Franchise-Systemen ist daher unzulässig.[526] Dem Franchise-Nehmer muss durch den Franchise-Vertrag das Recht zugestanden werden, seine Verkaufspreise sowie die Preise seiner Dienstleistungen selbst zu bestimmen.[527] Allerdings akzeptiert es das Bundeskartellamt, wenn dem Franchise-Nehmer so genannte Preiskalkulationen oder Kalkulationshilfen an die Hand gegeben werden.[528]

Die APOLLO-Optik-Entscheidung des BGH vom 20. 5. 2003[529] ist insbesondere für Misch-Franchise-Systeme von Bedeutung, bei denen Waren oder Dienstleistungen sowohl über Franchise-Outlets als auch eigene Filialen abgesetzt werden. Wird hier unter Angabe fester Endverbraucherpreise, ohne die Preisangaben auf die eigenen Filialen zu beschränken oder auf deren Unverbindlichkeit für Franchise-Betriebe hinzuweisen, geworben, so kann von dieser Werbung ein wirtschaftlicher Druck auf die Franchise-Nehmer zur Übernahme des beworbenen Preises ausgehen, der einer nach § 1 GWB (§ 14 GWB a.F.) verbotenen Preisbindung gleichkommt. Insofern hat der

BGH die SIXT-Entscheidung vom 3. 2. 1999[530] ausdrücklich bestätigt.

Dem steht auch nicht die BGH-Entscheidung vom 8. 4. 2003[531] entgegen. Danach kann dem Franchise-Nehmer im Rahmen von Verkaufsförderungsaktionen eine Preisbindung auferlegt werden, wenn die Preisgestaltungsfreiheit des Franchise-Nehmers nur für eine kurze Zeitspanne und praktisch nicht spürbar eingeschränkt wird.[532] Diese Entscheidung bezieht sich lediglich auf einzelne Produkte, die im Rahmen von Verkaufsaktionen oder aber zur Markteinführung durch den Franchise-Nehmer abzusetzen sind. Demgegenüber bezieht sich der vom BGH in der APOLLO-Optik-Entscheidung vom 20. 5. 2003 festgestellte wirtschaftliche Druck des Franchise-Nehmers auf Übernahme der empfohlenen Verkaufspreise als verbindliche Verkaufspreise auf das gesamte vom Franchise-Nehmer abzusetzende Warensortiment des Franchise-Systems.

Mischsysteme werden daher zukünftig mehr als bisher darauf zu achten haben, dass in den Franchise-Verträgen, aber auch in einer gemeinsamen Werbung für Filialen und Franchise-Outlets, auf die Unverbindlichkeit der Preisempfehlung für Franchise-Nehmer hingewiesen wird. Da es auch in der Entscheidung eines jeden Franchise-Nehmers steht, ob er solche Aktionen des Franchise-Systems mitmacht, muss dies in der Werbung etwa mit dem Zusatz „in fast allen ...... Backfachgeschäften" klargestellt werden.

Die Grundsätze des APOLLO-Optik-Urteils des BGH vom 20. 5. 2003 sind aber nicht nur für die gemeinsame Werbung und Verkaufsaktionen von Bedeutung, sondern auch, wenn der Franchise-Geber zugleich Produkte, die er über eigene Filialen und Franchise-Outlets absetzt, in einem Internetshop anbietet. Werden im Internet die Produkte vom Franchise-Geber mit Preisen beworben, so geht von dieser Internet-Preis-Werbung der gleiche wirtschaftliche Druck aus, wie von einem gemeinsamen Werbeflyer des Franchise-Systems für eigene Filialen und Franchise-Betriebe. Der Franchise-Nehmer wird sich in der Regel an den Preisen des Internetshops des Franchise-Gebers orientieren und diese übernehmen. Insofern kommt der von einem Internetshop des Franchise-Gebers ausgehende Druck einer unzulässigen Preisbindung im Sinne von § 1 GWB gleich.[533]

Aufgrund der Regelungen der EU-Gruppenfreistellungsverordnung für Vertikale Vertriebsbindungen (de lege lata und de lege ferenda), aber auch gemäß § 1 GWB, ist es dem Franchise-Geber gestattet, dem Franchise-Nehmer Höchstpreise vorzuschreiben. Dem Franchise-Nehmer muss jedoch, wovon das Vertragsmuster ausgeht, das Recht eingeräumt werden, diese Höchstpreise zu unterschreiten. Die Vorgabe von Niedrigpreisgrenzen stellt demgegenüber eine unzulässige Preisbindung i.S.v. § 1 GWB dar. Eine entsprechende Regelung ist auch in das seit dem 1. 1. 2006 in Österreich geltende Kartellrecht (KartG 2005) übernommen worden, so dass insofern der kartellrechtliche Gestaltungsrahmen für Franchise-Verträge solcher Franchise-Systeme, die in Deutschland und Österreich tätig sind, einheitlich geworden ist.[534]

Auch müssen die vorgegebenen **Höchstpreise** dem Franchise-Nehmer eine **angemessene Spanne** belassen. Fehlt diese, so liegt eine unzulässige Preisbindung gemäß § 1 GWB vor.

Zulässig ist es hingegen, im Rahmen von Verkaufsförderungsaktionen dem Franchise-Nehmer die Preise vorzugeben, soweit sich diese Verkaufsförderungsaktion nur auf wenige Produkte bezieht, sich nur über einen kurzen Zeitraum erstreckt und ansonsten die Preishoheit des Franchise-Nehmers nur unwesentlich beeinflusst wird.[535] De lege lata sind solche Verkaufsförderungsaktionen mit gebundenen Preisen nur in Deutschland zulässig. De lege ferenda ergibt sich deren Zulässigkeit aber auch für den gesamten Bereich der EU, da die EU-Gruppenfreistellungsverordnung für Vertikale Vertriebsbindungen zukünftig Verkaufsförderungsaktionen bzw. Aktionen zur Einführung neuer Vertragsprodukte mit gebundenen Preisen ausdrücklich für zulässig erklärt (Tz. 225 Guidelines).

Enthielt der Franchise-Vertrag eine unzulässige Preisbindungsklausel, so führte deren Nichtigkeit nach der Entscheidung des BGH vom 8. 2. 1994[536] nicht zur Gesamtnichtigkeit des abgeschlossenen Franchise-Vertrages. Vielmehr war nur die Regelung über die Preisbindung nichtig, während der Franchise-Vertrag ansonsten fortbestand. Dies hat sich geändert. Mit seinem Urteil vom 24. 9. 2002[537] hat der BGH seine bisherige Rechtsprechung ausdrücklich aufgegeben. Nunmehr ist davon auszugehen, dass eine kartellnichtige Regelung zur Gesamtnichtigkeit des jeweils abgeschlossenen Franchise-Vertrages führen kann, es sei denn, es wird festgestellt, dass der Franchise-Vertrag auch ohne diese nichtige Klausel abgeschlossen worden wäre. Die Darlegungs- und Beweislast dafür trifft denjenigen, der sich entgegen der Salvatorischen Klausel auf die Gesamtnichtigkeit des abgeschlossenen Franchise-Vertrages beruft.

Auch wenn dem Franchise-Nehmer eine eigene Preispolitik zusteht, darf dieser grundsätzlich seine Waren nicht unter Einstandspreis verkaufen. Allerdings ist nicht jeder Verkauf unter Einstandspreis wettbewerbswidrig. Vielmehr hat der Bundesgerichtshof mit Urteil vom 30. März 2006[537a] festgestellt, dass eine Preisgestaltung, durch die lediglich die abstrakte Gefahr begründet wird, dass in einzelnen Fällen Waren unter Einstandspreis abgegeben werden, keine unter dem Gesichtspunkt der gezielten Behinderung von Mitbewerbern anzusehende unlautere Wettbewerbshandlung darstellt. Eine solche Handlung sei objektiv nicht geeignet, einen oder mehrere Wettbewerber vom Markt zu verdrängen oder den Bestand des Wettbewerbs ernstlich zu gefährden. Insoweit ist durch den Franchise-Nehmer der **Grundsatz der Preisunterbietungsfreiheit** zu beachten, das heißt die einem Franchise-Nehmer eingeräumte Freiheit, seine Preisgestaltung in eigener Verantwortung vorzunehmen und auch die Preise von Konkurrenten zu unterbieten.

Die Preisgestaltungsfreiheit des Franchise-Nehmers umfasst auch dessen Verpflichtung, die im Regal befindliche Ware entsprechend der Preisangabenverordnung auszuzeichnen. Allerdings mangelt es an einer wettbewerbsrelevanten Irreführung, wenn die Ware am Regal des Franchise-Outlets mit einem höheren als dem in der Werbung des Franchise-Nehmers angegeben Preis ausgezeichnet wird, wenn dem Kunden an der Kasse von vorneherein nur der beworbene Preis in Rechnung gestellt wird.[537b]

9. Unverbindliche Preisempfehlungen

Unverbindliche Preisempfehlungen sind bei Franchise-Systemen gemäß § 1 GWB (= § 38 a GWB a. F.) zulässig.[538] Allerdings dürfen die Preisempfehlungen nicht dazu genutzt werden, eine Preisbindung der Franchise-Nehmer herbeizuführen. Dann ist nämlich der Tatbestand der unzulässigen Umgehungsempfehlung im Sinne von § 1 GWB (= § 38 a I Nr. 11 GWB a. F.) erfüllt.[539]

Im Gegensatz zum früheren Recht sind seit dem 1. 7. 2005 in Übereinstimmung mit den Regelungen der EU-Gruppenfreistellungsverordnung für Vertikale Vertriebsbindungen (de lege lata und de lege ferenda) unverbindliche Verkaufspreisempfehlungen nicht nur für Markenwaren, sondern für alle Produkte des Franchise-Systems genauso zulässig, wie für die Dienstleistungen, die der Franchise-Nehmer zu erbringen hat.[540]

10. Werbekostenzuschüsse und sonstige Einkaufsvorteile (Kick backs)

Das OLG München und ihm folgend der BGH[541] haben festgestellt, dass Werbekostenzuschüsse, die mit der Warenlieferung des Zuschussgebers eng verknüpft sind und deren Höhe sich nach dem Umfang der abgenommenen Ware richtet, einen Preisnachlass darstellen, der an die Franchise-Nehmer weiterzugeben ist. Dies gilt auch für alle im Zusammenhang mit Großabnehmerabkommen dem Franchise-Geber gewährten Einkaufsvorteile wie Boni, Werbekostenzuschüsse und Provisionen. Diese müssen an den Franchise-

Nehmer weitergegeben werden, soweit sich der Franchise-Geber nach dem Franchise-Vertrag verpflichtet, bestmögliche Einkaufsbedingungen für die Franchise-Nehmer auszuhandeln. Unterbleibt die Weitergabe solcher Einkaufsvorteile, so ist der Franchise-Geber nicht nur gemäß § 242 BGB zur Offenlegung verpflichtet, sondern hat dem Franchise-Nehmer auch Schadensersatz in Höhe der nicht weitergeleiteten Werbekostenzuschüsse und Einkaufsvorteile zu leisten,[542] wobei *Böhner*[543] davon ausgeht, dass der Franchisegeber gemäß § 666 BGB zur Auskunft und gemäß § 667 BGB zur Herausgabe verpflichtet ist.[544] Auch wenn der BGH mit dem SIXT-Urteil vom 3. 2. 1999[545] und mit der APOLLO-Optik-Entscheidung vom 20. 5. 2003,[546] der HERTZ-Entscheidung vom 22. 2. 2006[547] und dem PARKTIKER-Beschluss vom 11. 11. 2008[548] Grundsätze zur Behandlung von Kick-Backs angesprochen hat, sind nach wie vor zahlreiche Fragen – insbesondere zur Vertragsgestaltung – streitig.

Der BGH hat in seiner Entscheidung vom 3. 2. 1999 festgestellt, dass das deutsche Recht keinen Grundsatz und damit keine Anspruchsgrundlage kennt, wonach Boni, Skonti, Werbekostenzuschüsse etc. grundsätzlich an Franchise-Nehmer auszukehren sind. Entscheidend ist insofern immer der Inhalt des abgeschlossenen Franchise-Vertrages.

Allerdings ist nunmehr auch der Leitsatz der Entscheidung des BGH vom 20. 5. 2003 zu berücksichtigen:

„Die in einem vom Franchise-Geber formularmäßig verwendeten Franchise-Vertrag enthaltene Klausel, der Franchise-Geber „leite ...... zur Erreichung optimaler Geschäftserfolge ...... an die Franchise-Nehmer weiter“, verpflichtet den Franchise-Geber in der insoweit maßgeblichen „kundenfreundlichsten“ Auslegung zur Weitergabe sämtlicher Einkaufsvorteile an die Franchise-Nehmer, die er in Rahmenvereinbarungen mit Lieferanten der von den Franchise-Nehmern zu beziehenden Waren für deren Einkünfte ausgehandelt hat.“

Auf der Grundlage der APOLLO-Optik-Entscheidung ist daher in erster Linie der Wortlaut der Klausel maßgeblich, so wie ihn der redliche – potentielle – Franchise-Nehmer unter Berücksichtigung der beiderseitigen Interessen verstehen darf. Werden insoweit im Rahmen eines Franchise-Vertrages „Vorteile ...... zur Erreichung optimaler Geschäftserfolge“ dargestellt, so liegt es nicht fern, dass zu diesen Vorteilen auch Rückvergütungen der Systemlieferanten gehören, die dem Franchise-Geber zufließen. Soweit die Klausel unklar ist, muss der Franchise-Geber gem. § 305 c II BGB als Verwender der von ihm vorformulierten Vertragsbestimmungen die für den Franchise-Nehmer günstigste (kundenfreundlichste) Auslegung gegen sich gelten lassen.

Verpflichtet das Transparenzgebot i. S. v. § 307 I 2 BGB, die Regelungen des Franchise-Vertrages klar und verständlich darzustellen, so muss der Franchise-Geber nunmehr um so mehr die Unklarheitenregelung des § 305c II BGB beachten. Zukünftig sind daher alle Regelungen und Klauseln eines Franchise-Vertrages daraufhin zu überprüfen, wie diese von einem Franchise-Nehmer als verständigem und redlichem Vertragspartner zu verstehen sind. Werden danach Einkaufsvorteile oder sonstige Vorteile im Rahmen eines Franchise-Vertrages erwähnt, so ist dies aus der Sicht des potentiellen Franchise-Nehmers so zu verstehen, dass ihm diese Vorteile auch tatsächlich zufließen.

Geht die Rechtsprechung somit davon aus, dass eine vertragliche Anspruchsgrundlage bestehen muss, stellte demgegenüber die 9. Beschlussabteilung des Bundeskartellamtes[549] im sog. Praktiker-Beschluss fest, dass sich ggf. aus § 20 I, II GWB eine gesetzliche Anspruchsgrundlage für die Auskehr von Einkaufsvorteilen ergeben kann. Begründet wurde dies damit, dass ein Franchise-Geber Franchise-Nehmer unbillig behindere, wenn er diesen zum einen bestimmte Einkaufsvorteile verwehre, diese aber andererseits verpflichte, ihre Waren nur bei bestimmten Lieferanten zu beziehen und zugleich den Franchise-Nehmern eigene Einkaufsverhandlungen mit den Systemlieferanten vertraglich untersagte. Nachdem bereits der erste Kartellsenat des OLG Düsseldorf mit Beschuss vom 16. Januar 2008[550] den Praktiker-Beschluss des Bundeskartellamtes vom 8. Juli 2006 aufgehoben hatte, wurde diese Entscheidung durch einen entsprechenden Beschluss des Kartellsenats des BGH vom 11. November 2008[551] bestätigt.

Damit steht endgültig fest, dass eine gesetzliche Anspruchsgrundlage für die Auskehr von Einkaufsvorteilen, die dem Franchise-System von Vertragslieferanten in Form von Boni, Skonto, Werbekostenzuschüsse etc. zufließen, nicht besteht, sondern ausschließlich die vertragliche Gestaltung entscheidend ist.[552] Damit erteilten sowohl das OLG Düsseldorf auch der BGH mit der sog. Franchise-Netzwerkhaftung[553] eine Absage und nahmen insoweit nicht an, dass innerhalb eines Franchise-Netzwerkes nicht nur bilaterale, sondern multilaterale Vertragsbeziehungen, nämlich die sog. Verbundpflichten bestehen, die den Franchise-Geber verpflichten, alle dem Franchise-System zufließenden Vorteile an die Franchise-Nehmer auszukehren.

11. Einkaufsvorteile und vorvertragliche Aufklärung

In der Diskussion ist aber noch ein Aspekt übersehen worden, nämlich der der vorvertraglichen Aufklärung. Da der Franchise-Geber den Franchise-Nehmer über alle Umstände unterrichten muss, die erkennbar für dessen Entscheidung, den Franchise-Vertrag abzuschließen, von Bedeutung sind, ist der Franchise-Nehmer auch darüber zu informieren, dass jegliche Form von Einkaufsvorteilen, wie Boni, Skonti, Werbekostenzuschüsse oder sonstige Kick-Backs, beim Franchise-Geber verbleiben. Insoweit besteht eine entsprechende Informationspflicht gegenüber dem Franchise-Nehmer. Nur so kann der Franchise-Nehmer beurteilen, ob er für die von ihm selbst erzielten Umsätze von den Systemlieferanten Einkaufsvorteile erhält oder aber diese bei einem Dritten, nämlich dem Franchise-Geber, verbleiben. Unterbleibt ein solcher Hinweis, so liegt in der Regel eine Verletzung der vorvertraglichen Aufklärungspflichten vor, so dass der Franchise-Geber dem Franchise-Nehmer zu Schadensersatz nach den Grundsätzen der culpa in contrahendo gem. § 311 BGB verpflichtet ist.[554]

12. Verdeckte Gebühren

Entsprechendes gilt für sog. verdeckte Gebühren, d.h. die vom Franchise-Geber bei Systemwaren erhobenen Warenaufschläge. Auch diese sind grundsätzlich zulässig, da in der Regel solche Warenaufschläge notwendig sind, um die Systemzentrale zu finanzieren. Der Franchise-Nehmer ist dann aber darüber zu unterrichten, da er anderenfalls davon ausgeht, dass auf der Grundlage des Franchise-Vertrages nur die Eintritts-, die laufende Franchise-Gebühr und ggf. eine Werbegebühr zu leisten sind.[555]

13. Verbundpflichten

Im Anschluss an die Apollo-Optik-Entscheidungen wird im Schrifttum[556] davon ausgegangen, dass den Franchise-Geber gegenüber dem Franchise-Nehmer eine Weiterleitungspflicht hinsichtlich solcher finanzieller Vorteile trifft, die sich aus dem Warenbezug des Franchise-Nehmers ergeben, wobei sich eine solche Pflicht aus dem sog. Netzwerkrecht bzw. Netzwerkgedanken ableiten lassen soll. Hier wird eine entsprechende Verbundpflicht zur Weiterleitung der Einkaufsvorteile angenommen.

Ob sich dieser Gedanke in der Netzwerkhaftung durchsetzen wird, erscheint fraglich, da damit jegliche bilaterale Vertragsbeziehung aufgelöst wird. Nicht umsonst hat sich daher das LG München in seinem Urteil vom 5. 2. 2003[557] auf den Standpunkt gestellt, dass eine solche Netzwerkhaftung bei Franchise-Systemen deswegen nicht greifen könne, weil der Netzwerkgedanke und die daraus resultierende Haftung dem deutschen Recht fremd seien.

Insofern hat in gleicher Weise das OLG Düsseldorf mit dem Beschluss vom 16. Januar 2008[558] die Anwendung der Grundsätze der Netzwerkhaftung ausdrücklich abgelehnt.

Zukünftig sind also in Franchise-Verträgen, wenn der Franchise-Geber nicht Gefahr laufen will, Einkaufsvorteile an Franchise-Nehmer ausschütten zu müssen, Formulierungen zu unterlassen, mit denen Franchise-Nehmern Vorteile dargestellt werden. Gemeint sind damit Formulierungen wie etwa „Vorteile durch die Bündelung von Einkaufsverhandlungen“, „günstige Einkaufspreise durch Bündelung der Einkaufsmacht des Franchise-Gebers“ oder „Beratungsleistungen des Franchise-Gebers zur Optimierung der Geschäftserfolge des Franchise-Nehmers“.

14. Wirtschaftsprüfervorbehalt

Ist der Franchise-Geber gem. §§ 666, 667 BGB verpflichtet, Auskunft über Einkaufsvorteile zu erteilen, so kann er sich nicht darauf berufen, Auskünfte nur gegenüber einem Wirtschaftsprüfer zu erteilen (sog. Wirtschaftsprüfervorbehalt). Dazu besteht keine Veranlassung, da an den insofern zu erteilenden Auskünften kein Geheimhaltungsinteresse des Franchise-Gebers besteht. Umsätze, aus denen dem Franchise-Geber Einkaufsvorteile zufließen, sind vom Franchise-Nehmer getätigt worden. Diese Umsätze sind also dem Franchise-Nehmer sowieso bekannt. Die notwendigen Auskünfte sind also gegenüber dem Franchise-Nehmer uneingeschränkt zu erteilen.

15. Vertraglicher Ausschluss

Um also jegliche Diskussion um die Weitergabe der Einkaufsvorteile von vorneherein auszuschließen, könnte in den Franchise-Vertrag noch folgende Regelung eingefügt werden:

> Zwischen den Vertragsparteien besteht Einigkeit, dass dem Franchise-Geber vom Systemlieferanten für vom Franchise-Nehmer in seinem Backfachgeschäft generierte Umsätze zugeflossene Boni, Skonti, Werbekostenzuschüsse, Kick-Backs etc. ausschließlich diesem zustehen und nicht anteilig an die Franchise-Nehmer des Franchise-Systems auszuschütten sind. Der Franchise-Nehmer erklärt sich hiermit ausdrücklich einverstan-

> den und erklärt insoweit auch, dass ihm weder ein Auskunfts- noch Zahlungsanspruch zusteht. Soweit in Einzelfällen der Franchise-Geber an den Franchise-Nehmer Einkaufsvorteile etc. weiterleitet, entsteht daraus kein Rechtsanspruch des Franchise-Nehmers für zukünftige Fälle und auch nicht für weitergehende Leistungen.

Durch eine solche Formulierung wird deutlich, auch im Sinne des Transparenzgebotes (§ 307 I 2 BGB), dass alle Einkaufsvorteile von Systemlieferanten beim Franchise-Geber verbleiben. Notwendig ist eine solche Regelung dann nicht, wenn im Rahmen der vorvertraglichen Aufklärung eine ausdrückliche Information des Franchise-Nehmers erfolgt. Dann hat die Regelung nur noch klarstellenden Charakter, aber auch zugleich Beweisfunktion.

Teilweise wird in Franchise-Systemen auch dazu übergegangen, bei einer Ausschüttung der Einkaufsvorteile gegenüber Franchise-Nehmern eine entsprechende Rechnungslegung gegenüber dem Franchise-Nehmer-Beirat vorzunehmen. Für diesen Fall könnte in den Franchise-Vertrag folgende Regelung eingefügt werden:

> Soweit den Franchise-Nehmern Einkaufsvorteile, die dem Franchise-Geber zufließen, anteilig ausgeschüttet werden, verpflichtet sich der Franchise-Geber jeweils in den ersten drei Monaten eines jeden Geschäftsjahres für das vorangegangene Geschäftsjahr gegenüber dem Franchise-Nehmer-Beirat in entsprechender Weise Rechnung zu legen. Der Franchise-Nehmer erklärt sich mit dieser Rechnungslegung gegenüber dem Franchise-Nehmer-Beirat einverstanden und verzichtet ausdrücklich auf einen ihm insoweit zustehenden Auskunftsanspruch.

Teilweise wird zur richtigen Berechnung und Auskehr der Einkaufsvorteile an die Franchise-Nehmer auch das Gutachten einer Wirtschaftsprüfungsgesellschaft beigebracht. In diesem Fall könnte in den Franchise-Vertrag folgende Regelung eingefügt werden:

> Der Franchise-Geber wird gegenüber den Franchise-Nehmern jährlich über die von ihm empfangenen und an die Franchise-Nehmer ausgekehrten Einkaufsvorteile Rechnung legen. Dazu wird ein Gutachten durch die den Jahresabschluss aufstellende Wirtschaftsprüfungs-/Steuerberatungsgesellschaft erstellt, welches bis zum 31. März/30. Juni des Folgejahres für das vorangegangene Geschäftsjahr vorzulegen ist. Aus diesem Gutachten muss sich zum einen ergeben, welche Einkaufsvorteile dem

Franchise-System zugeflossen sind und zum anderen, dass die Auskehr der Einkaufsvorteile an die Franchise-Nehmer den vertraglichen Vereinbarungen entspricht. Dieses Gutachten hat der Franchise-Geber allen Franchise-Nehmern nach Vorlage durch die Wirtschaftsprüfungs-/Steuerberatungsgesellschaft unverzüglich zu übermitteln.

Es bleibt der Entscheidung eines jeden Franchise-Systems überlassen, ob die Frist von drei oder sechs Monaten des folgenden Jahres bezogen auf den 31. Dezember des vorangegangenen Geschäftsjahres gewählt wird. Auch müsste bei der Firstsetzung berücksichtigt werden, wenn die Franchise-Geber-Gesellschaft ein vom Kalenderjahr abweichendes Wirtschaftsjahr hat.

16. Unzulässige Zweitkonditionenbindung

§ 1 GWB (= § 14 GWB a.F.) verbietet nicht nur die Preisbindung, sondern auch die Bindung von Zweitkonditionen. Diesem so genannten Zweitkonditionenverbot kommt insbesondere Bedeutung zu für die vom Franchise-Nehmer im Verhältnis zu seinen Kunden verwendeten Allgemeinen Lieferungs- und Zahlungsbedingungen. Nach dem Vertragsmuster erfolgt die Belieferung des Franchise-Nehmers durch den Franchise-Geber auf der Grundlage der Allgemeinen Lieferungs- und Zahlungsbedingungen. Eine solche Klausel ist zulässig. Allerdings ist es unzulässig, diese im Verhältnis zwischen Franchise-Geber und Franchise-Nehmer anzuwendenden Allgemeinen Lieferungs- und Zahlungsbedingungen auch dem Franchise-Nehmer verbindlich für das Verhältnis zu seinen Kunden vorzuschreiben. Derartige Allgemeine Lieferungs- und Zahlungsbedingungen können im Franchise-Handbuch nur als ein für den Franchise-Nehmer unverbindliches Muster abgedruckt werden.[559] Hier hilft auch die so genannte Immanenztheorie[560] nicht weiter, da für die Aufrechterhaltung des Franchise-Systems die Übernahme der vom Franchise-Geber vorgegebenen Allgemeinen Geschäftsbedingungen durch den Franchise-Nehmer nicht zwingend notwendig ist.[561]

§ 14
Vertrags-Dienstleistungen

1. Der Franchise-Nehmer ist des Weiteren verpflichtet, die Dienstleistungen zu erbringen, die für das Franchise-System selbstverständlich und kennzeichnend sind. Der Umfang dieser Dienstleis-

tungen ergibt sich aus Anlage 13, die in ihrer jeweils gültigen Fassung diesem Franchise-Vertrag beigefügt ist.

2. Der Franchise-Nehmer ist auch berechtigt, andere Dienstleistungen, die nicht Gegenstand des Franchise-Vertrages sind, aber mit der Sortimentspolitik zusammenhängen, dem Franchise-Geber vorzuschlagen. Soweit der Franchise-Geber sich damit einverstanden erklärt, kann der Franchise-Nehmer diese Dienstleistungen in seinem Backfachgeschäft erbringen. Dem Franchise-Geber steht das Recht zu, die von ihm erteilte Einwilligung (§ 183 BGB) mit einer Vorankündigungsfrist von einer Woche zu widerrufen.

3. Der Franchise-Nehmer ist desweiteren berechtigt, Dienstleistungen auch durch Dritte erbringen zu lassen. Dies gilt sowohl für die Dienstleistungen, die vom Franchise-Geber vorgegeben werden als auch für die Dienstleistungen, die der Franchise-Nehmer selbst erbringen darf.
Die eigene Haftung des Franchise-Nehmers für ein Auswahlverschulden bleibt hiervon unberührt.

Erläuterungen

Für die Dienstleistungen, die vom Franchise-Nehmer zu erbringen sind, gilt dem Grunde nach das gleiche wie für die vom Franchise-Nehmer abzusetzenden Produkte.

Die Dienstleistungen mussten ebenfalls in einer Anlage zum Franchise-Vertrag konkretisiert werden, damit das kartellrechtliche Schrifterfordernis des § 34 GWB a.F. gewahrt war. Für bis zum 31. 12. 1998 abgeschlossene Franchiseverträge gilt dieser Grundsatz fort.

Dem Franchise-Nehmer muss, damit seine Selbständigkeit unterstrichen wird, gestattet sein, weitere Dienstleistungen, die nicht Gegenstand des Franchise-Vertrages sind, aber mit den Produkten des Franchise-Systems zusammenhängen, zu erbringen. Diese Dienstleistungen müssen mit dem Franchise-Geber abgestimmt werden, damit zum einen überprüft werden kann, ob diese sich mit der Corporate Identity des Systems vertragen, zum anderen aber auch den Qualitätskriterien des Franchise-Systems entsprechen, insbesondere dann, wenn ein Total Quality Management vorhanden ist.

Die Preise für die vom Franchise-Nehmer zu erbringenden Dienstleistungen können ebenfalls nicht vorgeschrieben werden. Auch hier gilt das Preisbindungsverbot im Sinne des § 1 GWB. Preisempfehlungen sind zulässig, dürfen aber nicht den Charakter unzulässiger Umgehungsempfehlungen haben.

Dem Franchise-Nehmer muss es auch möglich sein, derartige Dienstleistungen durch Dritte erbringen zu lassen, wobei er für deren Auswahl haftet. Eine derartige Klarstellung im Franchise-Vertrag gebietet § 664 I 1 BGB. Andernfalls ist dem Franchise-Nehmer eine solche Beauftragung von Dritten nicht gestattet.[562]

§ 15
Zentralregulierung

1. Die Bezahlung der einzelnen, vom Franchise-Nehmer bei den zum System gelisteten Lieferanten bestellten Artikel des Grund- und Zusatzsortimentes erfolgt über die vom Franchise-Geber eingerichtete Zentralregulierung.
2. Bei der Bestellung hat der Franchise-Nehmer die entsprechenden Regelungen des Franchise-Handbuchs (§ 7 Bestell- und Bezahlwesen) zu beachten.
3. Der Franchise-Nehmer ist verpflichtet, jede an ihn fakturierte Rechnung innerhalb von 10 Tagen unter Berücksichtigung von 3% Skonto an den Franchise-Geber auszugleichen. Dem Franchise-Nehmer ist bekannt, dass der Franchise-Geber die entsprechenden Rechnungsbeträge gegenüber den gelisteten Lieferanten mit einer Zahlungsfrist von 30 Tagen mit 3% Skonto ausgleicht.

Erläuterungen

1. Grundsätze der Zentralregulierung
2. Delkrederehaftung des Franchise-Gebers

1. Grundsätze der Zentralregulierung

Die Zentralregulierung dient der Vereinfachung des Zahlungsverkehrs innerhalb des Franchise-Systems. Sie gibt dem Franchise-Geber aber auch Auskunft darüber, ob gegebenenfalls ein Franchise-Nehmer unberechtigten Drittbezug tätigt, nämlich dann, wenn seine Einkäufe hinter den anderer Franchise-Nehmer zurückbleiben.

Das Hauptproblem einer Zentralregulierung ist die Vermeidung etwaiger Doppelzahlungen des Franchise-Nehmers. Diese können entstehen, wenn sich der Franchise-Geber in Liquiditätsschwierigkeiten befindet oder sogar die Eröffnung eines Konkursverfahrens über dessen Vermögen nicht ausgeschlossen ist. Hat dann der Franchise-Nehmer die von ihm bezogenen Lieferungen bereits an den Franchise-Geber bezahlt, dieser jedoch die erhaltenen Beträge nicht an den Lieferanten im Rahmen des Zentralregulierungsabkommens weitergeleitet, so besteht die Gefahr, dass der Franchise-Nehmer vom Lieferanten noch einmal auf Zahlung der Ware in Anspruch genommen wird. Um die Gefahr einer solchen Doppelzahlung zu vermeiden, sollten Franchise-Nehmer bei Abschluss von Franchise-Verträgen mit Zentralregulierung darauf achten, dass in ihrer Zahlung an den Franchise-Geber zugleich eine Zahlung mit schuldbefreiender Wirkung an den Lieferanten gesehen wird. Sichergestellt wird dies entweder dadurch, dass der Franchise-Geber im Rahmen des Zentralregulierungsabkommens vertragliche Vereinbarungen mit den Lieferanten trifft, wonach Zahlungen des Franchise-Nehmers für bezogene Ware an den Franchise-Geber zugleich schuldbefreiende Wirkung gegenüber dem Lieferanten haben oder zumindestens der Franchise-Geber durch schlüssiges Handeln des Lieferanten zur Entgegennahme der Zahlung durch diesen ermächtigt worden ist.

Die Doppelzahlung kann auch dadurch vermieden werden, dass der Franchise-Geber eine eigene Factoring-Gesellschaft gründet. Diese Gesellschaft tritt dann gegenüber dem Lieferanten als Factor auf, d.h. der Lieferant verkauft seine Forderung aus der Warenlieferung gegenüber dem Franchise-Nehmer an das Delkredereunternehmen und erhält dafür den zu leistenden Kaufpreis. Die Verbindlichkeit des Franchise-Nehmers besteht dann nur noch in einer solchen gegenüber der Factoring-Gesellschaft. Doppelzahlungen werden damit ausgeschlossen.

2. Delkrederehaftung des Franchise-Gebers

Verpflichtet sich der Handelsvertreter, für die Erfüllung der Verbindlichkeit aus dem vermittelten Geschäft einzustehen, so hat er dafür eine besondere Vergütung (Delkredereprovision) zu beanspruchen (§ 86b I 1 HGB). Entsprechendes gilt für den Franchise-Geber, soweit dieser im Rahmen der Zentralregulierung für die vom Franchise-Nehmer gegenüber den zum System gelisteten Lieferanten aufgegebenen Bestellungen haftet. Dieses Haftungsrisiko ist vom Franchise-Nehmer gesondert zu vergüten. Hierin liegt auch keine unangemessene Benachteiligung des Franchise-Nehmers im Sinne von § 307 I 1 BGB, da die gesonderte Vergütung Ausdruck der vom Franchise-Geber übernommenen Haftung ist.

Kartellrechtlich ist die Durchführung einer Zentralregulierung mit Übernahme der Delkrederehaftung durch den Franchise-Geber unbedenklich.[563] Lediglich bei Handelsvertreterverträgen wird darüber diskutiert, ob die Übernahme der Delkrederehaftung durch den Handelsvertreter dazu führt, dass der Handelsvertretervertrag de lege lata ebenfalls den Regelungen der EU-Gruppenfreistellungsverordnung für Vertikale Vertriebsbindungen unterliegt, da es sich insofern um einen „unechten Handelsvertretervertrag" handelt.[564]

§ 16
Warenwirtschaftssystem

Der Franchise-Geber hat für das Franchise-System ein softwaregesteuertes Warenwirtschaftssystem entwickelt. Die Einzelheiten des Warenwirtschaftssystems ergeben sich aus dem Franchise-Handbuch (§ 7).

Erläuterungen

In Franchise-Verträgen mit Warenwirtschaftssystemen findet sich in der Regel folgende Bestimmung:

> „...... Der Franchise-Nehmer verpflichtet sich, seinen gesamten Warenbedarf ausschließlich beim Franchise-Geber bzw. durch dessen Vermittlung bei den zum Franchise-System zugelassenen Lieferanten zu kaufen. Dem Franchise-Nehmer ist es untersagt, in seinem Laden andere Artikel zu verkaufen, als das Franchise-Sortiment.
>
> Der Kaufpreis wird vom Konto des Franchise-Nehmers abgebucht, der insoweit dem Franchise-Geber eine Einziehungsermächtigung erteilt."

Soweit keine Warenbezugsverpflichtung besteht, findet sich in Franchise-Verträgen vielfach folgende Regelung:

> „...... Für den Franchise-Nehmer besteht gegenüber dem Franchise-Geber keine Warenbezugsverpflichtung der Waren und Artikel, die im Franchise-Betrieb an Letztverbraucher abgesetzt werden ...."

Betreibt der Franchise-Nehmer ein Restaurant der Systemgastronomie (Schnellrestaurant oder Pizzabäckerei) wird üblicherweise vereinbart:

„...... Für den Franchise-Nehmer besteht gegenüber dem Franchise-Geber keine Warenbezugsverpflichtung im Hinblick auf die Waren und Artikel, die für die Herstellung und Zubereitung der Fast-Food-Speisen/Pizzaspezialitäten erforderlich sind. Der Franchise-Nehmer ist jedoch verpflichtet, nur solche vom Franchise-Geber vorgeschriebenen Zutaten zu verwenden, die dem in den Richtlinien dargestellten Qualitätsstandard entsprechen ......“

Ist der Franchise-Nehmer in seinem Warenbezug frei, so hat er zumindest die Vorgaben des Franchise-Gebers zur Qualität der Vertragsprodukte zu beachten. Es ist daher zwingend notwendig, dass **diese Qualitätsvorgaben** im Franchise-Vertrag oder einer Anlage zum Franchise-Vertrag festgelegt werden. Nur dann ist es dem Franchise-Geber möglich, zu kontrollieren, ob die Qualitätskriterien vom Franchise-Nehmer eingehalten werden. Missachtet der Franchise-Nehmer die für die zu vertreibenden Waren vorgegebenen Richtlinien, so kann der Franchise-Geber

- zum einen Schadensersatz wegen positiver Vertragsverletzung des abgeschlossenen Franchise-Vertrages gemäß § 280 BGB verlangen,
- zum anderen den Franchise-Nehmer abmahnen, zukünftig einen Bezug von Waren zu unterlassen, die nicht den Qualitätskriterien des Franchise-Gebers entsprechen, und
- letztlich die fristlose Kündigung des Franchise-Vertrages erklären, wenn der Franchise-Nehmer trotz erfolgter Abmahnung Waren vertreibt, die nicht den Qualitätsvorgaben des Franchise-Gebers entsprechen.

Probleme ergeben sich hier aber immer dann, wenn der Franchise-Geber die Qualitätsvorgaben ändern will. Da diese Einwilligung mitunter nur schwer zu erreichen sein wird, empfiehlt es sich, in den Franchise-Vertrag einen so genannten Änderungsvorbehalt – etwa nachfolgenden Inhalts – aufzunehmen:

„Die Qualitätsrichtlinien können unter Berücksichtigung der Grundsätze von Treu und Glauben (§ 242 BGB) ergänzt, geändert oder verbessert werden, soweit dies wesentliche Elemente des Franchise-Vertrages nicht berührt oder zur Aufrechterhaltung des Franchise-Systems zwingend erforderlich ist. Der Franchise-Geber ist insbesondere berechtigt, die Qualitätsvorgaben ständig zu verbessern oder zu ergänzen.“

Teil VI
Gebühren

§ 17
Franchise-Gebühren

1. Als Entgelt für die ihm eingeräumten Rechte leistet der Franchise-Nehmer an den Franchise-Geber eine Eintrittsgebühr in Höhe von

   ...... EUR

   (in Worten: ...... Euro)

   Die Eintrittsgebühr ist innerhalb von einer Woche nach Vertragsabschluss zur Zahlung fällig.

   Zwischen den Vertragsparteien besteht Einigkeit, dass die Eintrittsgebühr kein Entgelt für die laufenden Leistungen des Franchise-Gebers darstellt, sondern eine Gegenleistung für die im Zusammenhang mit der Betriebseröffnung erbrachten Ausstattungs- und Systemeingliederungsleistungen des Franchise-Gebers. Aus diesem Grunde ist die Eintrittsgebühr auch nicht rückforderbar, wenn der Franchise-Vertrag, aus welchem Grund auch immer, einvernehmlich aufgehoben oder vorzeitig beendet wird.
2. Für die fortlaufende Beratung und sonstige Unterstützung des Franchise-Gebers zahlt der Franchise-Nehmer eine monatliche laufende Franchise-Gebühr in Höhe von

   ......%

   (in Worten: ...... Prozent)

   seines Nettoumsatzes.
3. Desweiteren leistet der Franchise-Nehmer für die überregionale Werbung eine monatliche laufende Werbegebühr in Höhe von

   ......%

   (in Worten: ...... Prozent)

   seines Nettoumsatzes.
4. Nettoumsatz sind alle Umsätze des Franchise-Nehmers einschließlich des Verkaufs von Diversifikationsprodukten sowie des Umsatzes aus von ihm erbrachten Dienstleistungen, einschließlich der genehmigten anderweitigen Dienstleistungen.
5. Die Leistung der unter Ziff. 1–3 genannten Gebühren erfolgt zuzüglich der jeweils geltenden Mehrwertsteuer, soweit diese nach den geltenden gesetzlichen Regelungen auf diese Leistung zu entrichten ist.
6. Die laufenden Gebühren gem. § 17 Ziff. 2, 3 sind jeweils bis zum 3. Werktag eines jeden Monats zur Zahlung fällig. Werden die laufenden Franchise-Gebühren nicht zum Fälligkeitstermin ent-

richtet, so sind Verzugszinsen in Höhe von 7% über dem jeweiligen Basiszinssatz der Europäischen Zentralbank zu leisten.

7. Die laufenden monatlichen unter Ziff. 2–3 genannten Franchise-Gebühren werden durch Bankeinzug erhoben. Der Franchise-Nehmer erteilt dem Franchise-Geber mit Unterzeichnung des Franchise-Vertrages eine Einzugsermächtigung, die diesem Franchise-Vertrag als Anlage 13 beigefügt ist.
8. Gegenüber den Zahlungsansprüchen des Franchise-Gebers ist eine Aufrechnung nur mit anerkannten und/oder rechtskräftig festgestellten Forderungen möglich. Ein Zurückbehaltungsrecht des Franchise-Nehmers gegen Zahlungsansprüche des Franchise-Gebers ist ausgeschlossen, soweit dieses nicht auf dem gleichen Vertragsverhältnis beruht.
9. Der Franchise-Nehmer ist bei Abschluss des Franchise-Vertrages verpflichtet, eine Kaution in Höhe von

   ...... EUR

   (in Worten: ...... Euro)

   zu leisten. Der Franchise-Geber ist verpflichtet, diese Kaution auf einem Sparkonto zu banküblichen Zinsen anzulegen, wobei die Zinsen dem Franchise-Nehmer zustehen. Die Kaution dient als Sicherheit aller Ansprüche des Franchise-Gebers gegenüber dem Franchise-Nehmer und damit auch zur Absicherung des Mietzinses aus einem etwaig abgeschlossenen Untermietvertrag. Der Franchise-Nehmer ist berechtigt, statt der Kaution eine selbstschuldnerische Bürgschaft über ...... EUR (in Worten: ...... Euro) einer Deutschen Großbank oder einer als Steuerbürgin anerkannten Bank innerhalb einer Frist von 14 Tagen, gerechnet vom Zeitpunkt der Unterzeichung des Franchise-Vertrages an, herauszulegen. Sollte der Franchise-Nehmer dieser Verpflichtung nicht nachkommen, so ist der Franchise-Geber nach einer Nachfristsetzung von weiteren 14 Tagen zur fristlosen Kündigung des Franchise-Vertrages berechtigt.

   Sollte der Franchise-Nehmer eine Bankbürgschaft herauslegen, so ist diese dem Franchise-Vertrag als Anlage 15 beizufügen.

Erläuterungen

1. Begriffsdefinition
2. Eintrittsgebühr
3. Laufende monatliche Franchise-Gebühren
4. Verdeckte Franchise-Gebühren
5. Laufende monatliche Werbegebühren
6. Werbe- und Dekorationsmittel
7. Umsatz als Berechnungsgrundlage für die laufenden monatlichen Franchise-Gebühren
8. Einzugsermächtigung/Abbuchungsauftrag

9. Aufrechnung mit Gegenforderungen des Franchise-Nehmers
10. Kaution/Bankbürgschaft
11. Ergänzende Vergütungen
12. Verzugszinsen
13. Franchise-Gebühren und Kartellrecht

1. Begriffsdefinition

Sowohl im franchise-rechtlichen Schrifttum als auch in der Rechtsprechung sucht man vergeblich nach einer Definition des Begriffs „Gebühren". Dieser Begriff wird als gegeben vorausgesetzt, wenn formuliert wird, dass üblicherweise für Franchise-Systeme eine Eintrittsgebühr sowie eine feste oder umsatzabhängige laufende Gebühr[565] zu zahlen ist. Die Amerikaner sprechen insoweit bei der Eintrittsgebühr von „entrance fee" und bei den laufenden Gebühren von „royalties".[566] Synonym für den Begriff der Eintrittsgebühr finden sich in den Franchise-Verträgen auch Begriffe wie „Eintrittszahlung/Einmallizenz/Autorisierungsgebühr"; bei den laufenden Franchise-Gebühren wird zum Teil auch von der „laufenden Lizenzgebühr" gesprochen.[567]

Versucht man eine Definition, so kann man sich nur darauf beschränken, Merkmale zu finden, die den Begriff der Gebühr ausmachen. So stellt sich eine Gebühr als Entgelt für eine besondere Leistung dar, die in Anspruch genommen wird. Abgegolten werden soll ein Aufwand für eine bestimmte Leistung, die dem Einzelnen einen adäquaten Vorteil gewährt. Dies entspricht dem kommunalabgabenrechtlichen **Äquivalenzprinzip.**[568] In gleicher Weise kommt es für die Bestimmung der Gebühren im Franchise-Recht auf die Ausgewogenheit von Leistung und Gegenleistung an, wobei Gradmesser § 138 BGB ist. Bei der Ermittlung der Höhe der Eintritts – sowie der laufenden Franchise-Gebühren sind folgende Grundsätze[569] zu beachten:

- das Know-how (einschließlich Corporate Identity und Corporate Design) muss durch den Franchise-Geber bislang hinreichend gesichert sein,
- das Konzept muss über einen längeren Zeitraum in einem bestimmten Gebiet praktisch erfolgreich erprobt worden sein und sich so
- als durchführbar erwiesen haben,
- so dass es dem Franchise-Nehmer mittels der Systemeingliederungsleistungen des Franchise-Gebers möglich ist, seinen Franchise-Betrieb gewinnorientiert zu führen; es ist daher

- nicht ausreichend, wenn durch den Franchise-Geber lediglich Visitenkarten und Briefpapier sowie Formulare und Geschäftsbedingungen übersandt werden und lediglich
- die Möglichkeit besteht, an einem Fortbildungsseminar teilzunehmen, ohne dass weitere Leistungen durch den Franchise-Geber erbracht werden.

Zu differenzieren ist bei Franchise-Systemen zwischen
- der Eintrittsgebühr,
- der laufenden Franchise-Gebühr, und – gegebenenfalls
- einer verdeckten Franchise-Gebühr.

Die Praxis ist unterschiedlich; teilweise wird keine Eintrittsgebühr erhoben; teilweise wird auf die Leistung einer Eintritts- und laufenden Franchise-Gebühr verzichtet, wobei dann die Gebühren für die Dienstleistungen des Franchise-Gebers in die EK-Preise der Vertragsprodukte eingerechnet sind.

2. Eintrittsgebühr

Die Höhe der Einstiegsgebühren ist unterschiedlich; 15% aller Franchise-Nehmer zahlen bei Abschluss des Franchise-Vertrages sogar überhaupt keine Eintrittsgebühr. 45% zahlen eine Eintrittsgebühr bis zu EUR 10.000,00; weitere 30% eine solche über EUR 10.000,00 bis EUR 20.000,00 und lediglich 10% leisten eine Eintrittsgebühr über EUR 20.000,00 bis EUR 60.000,00.

In diesen unterschiedlichen Beträgen drückt sich bereits aus, dass der Eintrittsgebühr verschiedene Funktionen zukommen können. Zum einen kann sie das Entgelt für Dienstleistungen des Franchise-Gebers im Zusammenhang mit der Errichtung des Franchise-Betriebes sein; zum anderen wird ihr auch die Bedeutung eines Teilhabebeitrags für den dem Franchise-Nehmer schon allein durch die Teilnahme am System eingeräumten Wettbewerbsvorteil zukommen. In diesem Fall stellt die Eintrittsgebühr das Entgelt für Vorleistungen des Franchise-Gebers dar, also eine angemessene Beteiligung des Franchise-Nehmers für die häufig sehr hohen Kosten der Planung und des Aufbaus des Systems darstellen, an dem der Franchise-Nehmer durch die ihm eingeräumten Rechte profitiert.[570]

Wird im Franchise-Vertrag – wie im Vertragsmuster – ausführlich festgehalten, dass die Eintrittsgebühr für spezifische Eingliederungs- und Ausstattungsleistungen des Franchise-Gebers geleistet wird, so kommt grundsätzlich eine zeitanteilige Erstattung der Eintrittsgebühr bei einer vorzeitigen Beendigung des Franchise-Vertrages nicht in Betracht.[571] Wird der Franchise-Vertrag jedoch aus Gründen, die der Franchise-Geber zu vertreten hat, wie etwa im Falle der Eröffnung des Konkursverfahrens über das Vermögen der Franchise-Geber-Gesellschaft vorzeitig beendet, so ist der Konkursverwalter zur zeitanteiligen Rückerstattung der Eintrittsgebühr verpflichtet.[572]

Umstritten ist aber nach wie vor, ob und in welcher Höhe die Eintrittsgebühr zurückzuerstatten ist, wenn der Franchise-Nehmer seine auf Abschluss des Franchise-Vertrages gerichtete Willenserklärung gemäß § 355 I BGB widerruft.[573]

Die Frage der Rückerstattung der Eintrittsgebühr stellt sich letztlich auch dann, wenn der Franchise-Vertrag etwa wegen eines nicht tragfähigen Know-how des Franchise-Gebers und damit mangels eines ausgewogenen Verhältnisses zwischen Leistung und Gegenleistung gemäß § 138 BGB nichtig ist. Grundsätzlich ist hier von einer Rückerstattung der Eintrittsgebühr gemäß § 812 I 1 BGB auszugehen.[574] Etwaige Leistungen des Franchise-Gebers sind jedoch zu bewerten und von der Erstattungsleistung in Abzug zu bringen. Nur auf diesen Saldo ist der Erstattungsanspruch des Franchise-Nehmers gerichtet. Allerdings ist der Franchise-Geber darlegungs- und beweispflichtig dafür, dass das von ihm zur Verfügung gestellte Know-how eine angemessene Gegenleistung für die vom Franchise-Nehmer geleistete Eintrittsgebühr darstellt.[575] Der Rückforderungsanspruch unterliegt gemäß § 195 BGB der Verjährung nach 3 Jahren.[576]

3. Laufende monatliche Franchise-Gebühren

Im Normalfall erfolgt die laufende Vergütung des Franchise-Nehmers durch periodische Abgaben, die in Prozenten vom Umsatz des Franchise-Betriebes festgesetzt werden – laufende Franchise-Gebühr. Die Bandbreite des festgesetzten Prozentsatzes wird unterschiedlich beurteilt, *Mack* und *Gitter* geben eine Bandbreite von 2 bis 5% an; *Pauli* nennt eine solche zwischen 1 und 12%; *Skaupy* eine solche zwischen 1 und 10%; *Esser* gibt keine abschließende Bandbreite an, meint aber, dass allein für die Nutzung der Marke eine Gebühr von 0,5–2% zu leisten ist. Eine einheitliche Betrachtung ist nicht möglich. Erschwert wird die Einheitlichkeit in der Betrachtung auch dadurch, dass zahlreiche Franchise-Geber die vom Franchise-Nehmer zu leistenden Werbegebühren nicht gesondert auswerfen, sondern diese prozentual anteilig in der laufenden Franchise-Gebühr enthalten sind.[577]

Uneinheitlichkeit prägt auch das Bild, wenn es um die Berechnungsgrundlage der laufenden Franchise-Gebühren geht. Teilweise wird auf den Bruttoumsatz, teilweise auf den Nettoumsatz abgestellt, teilweise werden die Zukäufe des Franchise-Nehmers mit Diversifikationsprodukten herausgerechnet.[578] Mitunter wird in diesem Zusammenhang häufig auch vom Franchise-Nehmer eine Mindestgebühr verlangt, die der Franchise-Nehmer unabhängig vom Geschäftsergebnis als laufende monatliche Franchise-Gebühr zu leisten hat.[579]

Die Frage, welche laufende Franchise-Gebühr berechtigt ist, ist daran zu messen, welche laufenden Leistungen durch den Franchise-Geber erbracht werden. Es erfolgt somit eine „Angemessenheitsprüfung" i. S. d. § 307 I 1 BGB.[580]

Bei der Beurteilung der Angemessenheit ist u. a. auf laufende Leistungen des Franchise-Gebers, wie:
- Sicherung der einheitlichen und gleichbleibenden Qualität der Franchise-Produkte,
- Erhaltung der Corporate Identity und des Corporate Design,
- Weiterentwicklung des Franchise-Systems,
- Fortentwicklung des System-know-how,
- Fortentwicklung des Warensortiments,
- Fortentwicklung des Vertriebs- und Marketingkonzeptes

abzustellen.

Als Gegenleistung für die vom Franchise-Nehmer zu leistenden laufenden monatlichen Franchise-Gebühren sind auch die sonstigen Unterstützungsleistungen des Franchise-Gebers anzusehen. Diese sonstigen Unterstützungsleistungen beziehen sich insbesondere auf etwaige Liquiditätshilfen, die dem Franchise-Nehmer gewährt werden, wenn dieser (unverschuldet) in eine wirtschaftliche Schieflage gerät. Auch erwarten Franchise-Nehmer in der heutigen Zeit, dass durch den Franchise-Geber ein Risikomanagement eingerichtet worden ist, dass es diesem erlaubt, Schwachstellen in einem Franchise-Outlet sofort zu erkennen und dem Franchise-Nehmer beratend zur Seite zu stehen. In entsprechender Weise muss aber auch ein Risikomanagement insgesamt für das Franchise-System bestehen, um so Schwachstellen im System rechtzeitig zu erkennen, bevor diese Auswirkungen auf das Franchise-System insgesamt haben.[580a]

4. Verdeckte Franchise-Gebühren

Gelegentlich werden auch die laufenden Gebühren in den Preis der vom Franchise-Nehmer zu beziehenden Ware einkalkuliert: verdeckte Franchise-Gebühren.[581] Eine solche verdeckte Franchise-Gebühr kann vorteilhaft sein, da dann von vornherein die Diskussion über die Angemessenheit und Höhe der Berechnung der laufenden Franchise-Gebühr vermieden wird.[582] Allerdings spricht die Erhebung verdeckter Franchise-Gebühren gegen das Transparenzgebot des § 307 I 2 BGB, da die Zahlungsverpflichtungen des Franchise-Nehmers nicht voll umfänglich offen gelegt werden. Insofern sollte auf die Erhebung verdeckter Franchise-Gebühren verzichtet werden.

Allerdings hat der BGH im Praktiker-Beschluss vom 11. November 2008[583] ausdrücklich festgestellt, dass der Franchise-Geber als Großhändler zum einen berechtigt ist, dem Franchise-Nehmer einen Warenaufschlag als Gegenleistung für die von ihm geführten Listungsgespräche zu berechnen und zum anderen seine eigenen Outlets mit günstigeren Einkaufspreisen als die Franchise-Nehmer-Outlets beliefern darf. Begründet wird dies vom BGH damit, dass der Franchise-Geber nicht verpflichtet ist, sich selbst Konkurrenz zu machen. Vor dem Hintergrund dieser Rechtsprechung ist es erst recht nicht notwendig, vom Franchise-Nehmer verdeckte Franchise-Gebühren zu erheben, sondern bereits im Rahmen der vorvertraglichen Aufklärung dem Franchise-Nehmer darzustellen, dass aufgrund der Großhandelsfunktion des Franchise-Gebers auch Warenaufschläge dem Franchise-Nehmer in Rechnung gestellt werden.

5. Laufende monatliche Werbegebühren

§ 17 Ziffer 3 des Vertragsmusters stellt – wie mittlerweile die meisten Franchise-Verträge – darauf ab, dass der Franchise-Nehmer zur Finanzierung der überregionalen Werbung eine laufende Werbegebühr zu entrichten hat.

Diese laufende Werbegebühr wird vom Franchise-Geber treuhänderisch verwaltet und kann demgemäß nicht von diesem im Rahmen des Cash-Management verwendet werden. Über die Verwendung der Gelder ist zum Jahresende entweder gegenüber den Franchise-Nehmern oder aber, wenn ein Beirat gebildet worden ist, gegenüber diesem Rechnung zu legen. Enthält der Vertrag keine Verpflichtung zur Rechnungslegung, so ergibt sich die Auskunfts- und Rechenschaftspflicht des Franchise-Gebers aus § 666 BGB.[584]

6. Werbe- und Dekorationsmittel

Im Rahmen von Franchise-Verträgen wird es in der Regel in das Ermessen des Franchise-Gebers gestellt, inwieweit dieser den Franchise-Nehmern Werbe- und Dekorationsmittel zur Verfügung stellt. Soweit im Franchise-Vertrag geregelt wird, die Überlassung dieser Unterlagen erfolge unentgeltlich, so ist es dem Franchise-Geber vor dem Hintergrund der APOLLO-Optik-Entscheidung vom 20. 5.

2003[585] nicht möglich, bestimmte Werbematerialien nur gegen Vergütung an den Franchise-Nehmer auszuliefern bzw. die Auslieferung von Werbematerialien so lange zurückzustellen, bis der Franchise-Nehmer die entsprechende Vergütung geleistet hat.

Wenn sich also ein Franchise-Geber die Möglichkeit offen halten will, Werbematerialien dem Franchise-Nehmer, die dieser nicht bestellt hat, gegen Kostenerstattung zu überlassen, bedarf es dazu einer entsprechenden vertraglichen Regelung. Dies gilt auch für den Fall, dass die unentgeltliche Überlassung von Werbematerialien beim Franchise-Geber etwa deswegen zu einer Kostenunterdeckung führt, weil die Entstehungskosten höher sind als erwartet. Sind für diesen Fall keine Eröffnungsklausel oder ein Änderungsvorbehalt im Franchise-Vertrag vorgesehen und liegen die Voraussetzungen der §§ 313, 314 BGB nicht vor, so ist der Franchise-Geber zur unentgeltlichen Überlassung dieser Werbematerialien verpflichtet.[586]

Insofern kann überlegt werden, die Regelung in § 17 Ziff. 3 des Vertragsmusters noch um folgende Regelung zu ergänzen:

> Soweit der Franchise-Geber dem Franchise-Nehmer Werbe- und Dekorationsmittel liefert, erfolgt die Auslieferung nur gegen Vergütung, es sei denn, im Einzelfall werden die Werbe- und Dekorationsmittel dem Franchise-Nehmer unentgeltlich zur Verfügung gestellt.

7. Umsatz als Berechnungsgrundlage für die laufenden monatlichen Franchise-Gebühren

§ 17 Ziffer 4 des Vertragsmusters legt den vom Franchise-Nehmer erzielten Umsatz der Berechnung der laufenden Franchise-Gebühren zugrunde. Dabei wird aus Vereinfachungsgründen nicht nur auf die Umsätze mit den Produkten des Franchise-Gebers, sondern auch auf die Umsätze mit den Diversifikationsprodukten abgestellt. Berechnungsgrundlage ist demgemäß der Gesamtnettoumsatz des Franchise-Nehmers.[587]

Aber auch anderweitige Bemessungsgrundlagen sind je nach Branche und Franchise-System anerkannt. So werden teilweise Zusatzsortimente aus den Umsätzen herausgerechnet und fließen nicht in die Berechnungsgrundlage der laufenden Franchise-Gebühr ein oder etwa zu entrichtende kommunale Steuern (z.B. Getränkesteuern oder Schankerlaubnissteuern). Derartige Berechnungsmodalitäten erschweren aber die monatliche Abwicklung der laufenden Franchise-Gebühr, so dass es bei dem Grundsatz verbleiben sollte, dass alle umsatzsteuerpflichtigen Geschäfte des Franchise-Nehmers in seinem Franchise-Outlet in die Berechnungsgrundlage der laufenden Franchise-Gebühr einbezogen werden.[588]

8. Einzugsermächtigung/Abbuchungsauftrag

Das Vertragsmuster geht in § 17 Ziffer 5 davon aus, dass dem Franchise-Geber bei Abschluss des Franchise-Vertrages eine Einzugsermächtigung erteilt wird. Eine solche Einzugsermächtigung benachteiligt den Franchise-Nehmer auch nicht unangemessen und ist daher auch nicht gemäß § 307 I 1 BGB unwirksam.[589]

Soweit der Franchise-Nehmer die Räumlichkeiten aufgrund eines mit dem Franchise-Geber abgeschlossenen Untermietvertrages nutzt, kann die Einzugsermächtigung auch auf den monatlich vom Franchise-Nehmer zu entrichtenden Mietzins erstreckt werden. Entsprechendes gilt, wenn die Produkte des Systems unmittelbar vom Franchise-Geber an den Franchise-Nehmer geliefert werden, also nicht über gelistete Lieferanten. § 16 Ziffer 6 des Vertragsmusters hätte dann folgenden Wortlaut:

> „Die laufenden monatlichen Franchise-Gebühren, der monatliche Untermietzins sowie die Kaufpreisforderungen für vom Franchise-Geber an den Franchise-Nehmer gelieferte Waren werden durch Bankeinzug erhoben. Der Franchise-Nehmer erteilt dem Franchise-Geber mit Unterzeichnung des Franchise-Vertrages eine Einzugsermächtigung, die diesem Franchise-Vertrag als Anlage …… beigefügt ist."

Beim Einzugsermächtigungsverfahren räumt der Franchise-Nehmer dem Franchise-Geber schriftlich die Ermächtigung (§ 185 BGB) ein, die zu leistende Zahlung mittels Lastschrift von der Bank des Franchise-Nehmers einzuziehen. Diese ist verpflichtet, einen etwaigen Widerspruch des Franchise-Nehmers gegen die Lastschrift, die keiner Frist unterliegt[590] zu beachten, also eine Lastschrift auf dem Konto des Franchise-Nehmers zurück zu buchen[591] und hat gegenüber der Gläubigerbank des Franchise-Gebers 6 Wochen lang einen Anspruch auf Wiedervergütung (Lastschriftabkommen der Banken Abschnitt III Nr. 2). Um diese Rückbuchung zu verhindern, sind zahlreiche Franchise-Systeme zwischenzeitlich dazu übergegangen, die Leistung der Franchise-Gebühren auf ein Abbuchungsverfahren umzustellen. Damit erteilt der Franchise-Nehmer seinem Kreditinstitut die generelle Weisung, zu Lasten seines Kontos vom Franchise-Geber eingehende Lastschriften einzulösen.[592] In diesen Fällen ist die Lastschrift mit der Belastung des Schuldkontos eingelöst. Der Franchise-Nehmer hat kein Widerspruchsrecht gegen die Lastschrift, da dieses mit der Einlösung erlischt.[593]

9. Aufrechnung mit Gegenforderungen des Franchise-Nehmers

In Übereinstimmung mit den meisten Franchise-Verträgen sieht § 17 Ziffer 7 des Vertragsmusters vor, dass eine Aufrechnung mit Gegenforderungen des Franchise-Nehmers dann ausgeschlossen ist, wenn die Forderung nicht anerkannt oder nicht rechtskräftig ist. Ein solches Aufrechnungsverbot benachteiligt den Franchise-Nehmer nicht unangemessen.[594] Ein Verstoß gegen § 307 I 1 BGB liegt nicht vor. Ein solcher Verstoß liegt nur dann vor, wenn der Franchise-Vertrag ein grundsätzliches Aufrechnungsverbot enthält, also auch für vom Franchise-Geber anerkannte oder rechtskräftig titulierte Gegenforderungen des Franchise-Nehmers.[595] In entsprechender Weise ist im Rahmen des Franchise-Vertrages auch ein etwaiges Zurückbehaltungsrecht des Franchise-Nehmers auszuschließen. Wird das Zurückbehaltungsrecht nicht ausgeschlossen, so ist der Vertrag lückenhaft. Er ist dann auszulegen. Dabei sind die Umstände des Vertragsabschlusses maßgebend. Insofern kann nicht grundsätzlich aus dem Ausschluss des Aufrechnungsverbotes auch auf ein Ausschluss des Zurückbehaltungsrechts geschlossen werden, ausgenommen die Fälle, in denen der dem Zurückbehaltungsrecht des Franchise-Nehmers zugrunde liegende Anspruch unstreitig oder rechtskräftig festgestellt ist.

10. Kaution/Bankbürgschaft

Um das Insolvenzrisiko abzusichern, gehen mittlerweile zahlreiche Franchise-Systeme dazu über, vom Franchise-Nehmer bei Abschluss des Franchise-Vertrages eine Kaution zu verlangen, an deren Stelle auch eine Bankbürgschaft gestellt werden kann. Diese Üblichkeit liegt auch § 17 Ziffer 8 des Vertragsmusters zugrunde.

Die Höhe der Kaution sollte sich an den in 3 Monaten zu leistenden laufenden Franchise-Gebühren orientieren, wenn lediglich die Produkte über zum System gelistete Lieferanten geliefert werden. Ist aber der Franchise-Geber auch zugleich Lieferant der Vertragsprodukte, so kann der 3-monatige Umsatz mit Vertragsprodukten in die Berechnungsgrundlage der Höhe der Kaution/Bankbürgschaft miteinbezogen werden. Die Kaution ist analog § 550b BGB angemessen zu verzinsen, wobei die Zinsen dem Franchise-Nehmer zustehen und die Sicherheit erhöhen (§ 550b II 2, 3 BGB).

11. Ergänzende Vergütungen

Soweit der Franchise-Geber mit gesonderten Leistungen beauftragt wird, die nicht Gegenstand des Franchise-Vertrages sind, sind diese gesondert zu vergüten. Teilweise wird diese in den Franchise-Verträgen festgeschrieben. Wenn eine solche Regelung gewünscht ist, müsste § 17 um folgende Ziffer ergänzt werden:

> „Erbringt der Franchise-Geber über die in diesem Franchise-Vertrag vorgesehenen Leistungen hinaus weitere Leistungen aufgrund einer mit dem Franchise-Nehmer gesondert getroffenen Vereinbarung, so sind dafür jeweils gesonderte Honorare festzusetzen. Unterbleibt eine Festsetzung eines solchen Honorares, so ist für die Leistung des Franchise-Gebers die angemessene Vergütung zu leisten. Diese Honorare sind nach Abzug zur sofortigen Zahlung fällig und werden vom Konto des Franchise-Nehmers aufgrund der erteilten Einzugsermächtigung (§ 17 Ziffer 7) eingezogen."

12. Verzugszinsen

Werden die Eintrittsgebühr oder die laufenden monatlichen Franchise-Gebühren nicht fristgemäß geleistet, so kann nach dem Franchise-Vertrag vorgesehen werden, dass dann Verzugszinsen zu leisten sind. Enthält der Franchise-Vertrag keine Regelung zum Verzug, so kommt der Franchise-Nehmer gemäß § 284 III BGB 30 Tage nach Fälligkeit und Zugang der Rechnung oder einer gleichwertigen Zahlungsaufforderung in Verzug. Von diesem Zeitpunkt an sind Verzugszinsen zu entrichten. An die Stelle der bisher geltenden 4% des § 288 I BGB a.F. (bzw. 5% gemäß § 352 I HGB a.F.) ist nun ein variabler Zinssatz getreten. Geldschulden sind nach dem neuen § 288 I 1 BGB für den Zeitraum des Verzugs mit 5% über dem Basiszinssatz nach § 1 des Diskontüberleitungsgesetzes[596] bzw. § 247 BGB zu verzinsen. Bei einem derartigen Basiszinssatz von 3,62% ist im Falle des Verzuges somit mindestens ein Zins von 8,62% p.a. zu leisten. Das Vertragsmuster geht davon aus, dass der Verzugszinssatz 7% über dem Basiszinssatz liegt. Eine solche Erhöhung ist zulässig.[597]

Unabhängig davon ist der Franchise-Nehmer dem Franchise-Geber zur Erstattung des Schadens verpflichtet, der durch den Verzug entstanden ist. Für den Verzugsschaden gilt § 280 II BGB.[598]

13. Franchise-Gebühren und Kartellrecht

Soweit ein Franchise-Geber gegenüber eigenen Franchise-Nehmern niedrigere Gebühren als gegenüber Wettbewerbern berechnet, kann dies kartellrechtlich sachlich gerechtfertigt sein, so dass insofern ein Verstoß gegen § 20 I GWB ausscheidet. Dies ist vom OLG Düsseldorf mit Urteil vom 27. Februar 2008[589a] ausdrücklich festgestellt worden. Allerdings lässt sich hier keine allgemein gültige Aussage treffen. Ob gleichartige Unternehmen (eigene Franchise-Nehmer – Wettbewerber) ohne sachlich gerechtfertigten Grund unterschiedlich behandelt werden, ist nach dem einheitlichen Maßstab der Abwägung der Interessen der Beteiligten unter Berücksichtigung der auf die Freiheit des Wettbewerbs gerichteten Zielsetzung des Kartellrechts zu beurteilen. Dies bedingt immer eine Einzelfallbetrachtung, so dass auch nicht auszuschließen ist, dass diese Interessenabwägung auch dazu führen kann, dass eine kartellrechtlich unzulässige Begünstigung von Franchise-Nehmern und damit ein missbräuchliches Verhalten gegenüber den Wettbewerbern nach § 20 I GWB vorliegt.

§ 18
Kontrollrechte

1. Zur Sicherstellung der einheitlichen Anwendung des Franchise-Systems bei allen Franchise-Nehmern, ist der Franchise-Geber berechtigt, periodische Überprüfungen der Geschäftsbetriebe der Franchise-Nehmer durchzuführen. Dem Franchise-Geber ist daher Zugang zum Geschäftsbetrieb und die Einsicht in die Geschäftsunterlagen zu gewähren. Der Franchise-Geber ist berechtigt, dieses Kontroll- und Einsichtsrecht durch einen von Berufs wegen zur Verschwiegenheit verpflichteten Dritten ausüben zu lassen. Werden bei einer solchen Überprüfung Unregelmäßigkeiten festgestellt, so gehen die Kosten der Überprüfung zu Lasten des Franchise-Nehmers.

2. Der Franchise-Nehmer ist damit einverstanden, dass im Rahmen des vorliegenden Franchise-Vertrages die über seine Person und die über das Vertragsverhältnis maßgeblichen Umstände beim Franchise-Geber gespeichert, geändert und/oder gelöscht und erforderlichenfalls, soweit nicht dadurch offenkundig die Interessen des Franchise-Nehmers verletzt werden, an Dritte übermittelt werden.

3. Der Franchise-Geber wird die Erfahrungen des Franchise-System sowie die Erfahrungen sämtlicher Franchise-Nehmer einschließlich der mitgeteilten Daten bündeln und allen Franchise-Nehmern in anonymisierter Form im Wege eines Betriebsvergleichs zur Verfügung stellen.
Der Franchise-Geber ist berechtigt, diese Betriebsvergleiche gegebenenfalls auch durch externe Berater erstellen zu lassen, soweit der Datenschutz beachtet wird.

Erläuterungen

1. Kontrollrechte des Franchise-Gebers
2. Kosten der Kontrollrechte
3. Datenschutz bei Franchise-Systemen
4. Betriebsvergleiche bei Franchise-Systemen
5. Risikomanagement bei Franchise-Systemen

1. Kontrollrechte des Franchise-Gebers

Die Kontrollrechte rechtfertigen sich aus dem geschäftsbesorgungsvertraglichen Weisungsrecht des Franchise-Gebers (§ 675 BGB i.V.m. §§ 666, 667 BGB).[599] Sie dienen der Aufrechterhaltung des Franchise-Systems, insbesondere der Überprüfung der Umsetzung der Richtlinien durch den Franchise-Nehmer. Solange sich die Kontrollrechte darauf beschränken, die Anwendung der Systemrichtlinien zu überprüfen, ohne in die unternehmerische Selbständigkeit des Franchise-Nehmers einzugreifen, stellt sich die Frage der Arbeitnehmereigenschaft des Franchise-Nehmers nicht. Erstrecken sich die Kontrollrechte aber auf die Geschäftsöffnungszeiten, die Personaleinstellung und Kündigungen, den Urlaub und die Urlaubsvertretung des Franchise-Nehmers, so sind diese so bindend, dass der Franchise-Nehmer zum Arbeitnehmer werden kann.[600] Dies gilt erst recht dann, wenn z.B. bei Kurierfahrer-Franchise-Systemen die Franchise-Nehmer ständig erreichbar sein und sich im Falle der Abwesenheit von ihrem Auslieferungsfahrzeug bei der Zentrale des Franchise-Gebers abmelden müssen.[601]

Die Maßgeblichkeit solcher Richtlinien kann auch nicht damit begründet werden, dass diese einem Franchise-System immanent sind. Das BAG hat in seinem Eismann-Beschluss vom 16. 7. 1997 ausdrücklich festgestellt, aus systemimmanenten Bindungen könne nicht geschlossen werden, der Franchise-Nehmer sei nicht Arbeitnehmer.[602] Genauso wie der BGH im Beschluss vom 16. 10. 2002[603] festgestellt hat, dass allein mit der Begründung, es liege ein Franchise-Vertrag vor, die Annahme eines Arbeitsverhältnisses zwischen den Vertragsparteien nicht ausgeschlossen werden kann.[604]

2. Kosten der Kontrollrechte

Soweit der Franchise-Geber die Kontrollrechte durch einen Dritten ausüben lässt, hat er die Kosten selbst zu tragen. Stellen sich bei der Überprüfung insbesondere bei den Umsatzmeldungen vom Franchise-Nehmer zu vertretene Unregelmäßigkeiten heraus, so sind die Kosten der Prüfung vom Franchise-Nehmer zu übernehmen. Eine solche Unregelmäßigkeit stellt einen den Franchise-Nehmer zum Schadensersatz nach Grundsätzen der positiven Vertragsverletzung (§ 280 BGB) verpflichtendes Ereignis dar. Dieser Schadensersatzanspruch umfasst auch die Kosten der Prüfung. Aus diesem Grunde ist es nicht zwingend erforderlich, eine entsprechende Kostentragungsregelung in den Franchise-Vertrag aufzunehmen. Teilweise geschieht dies aber. § 18 Ziffer 1 des Vertragsmusters müsste dann wie folgt ergänzt werden:

> „Die Kosten der Überprüfung sind vom Franchise-Geber zu tragen. Ergeben sich bei der Überprüfung vom Franchise-Nehmer zu vertretene Unregelmäßigkeiten, so hat dieser die Kosten der Prüfung zu tragen. Der Franchise-Nehmer ist berechtigt, diese vom Konto des Franchise-Nehmers einzuziehen."

3. Datenschutz bei Franchise-Systemen

Der Franchise-Geber ist verpflichtet, die ihm vom Franchise-Nehmer mitgeteilten oder während der Ausübung der Kontrollrechte bekannt gewordenen Daten vertraulich zu behandeln. Diese dürfen nicht Dritten übermittelt werden, es sei denn, die Übermittlung geschieht zur Erstellung von Betriebsvergleichen durch externe Berater (siehe § 19 Ziffer 2 Abs. 2 des Vertragsmusters). Zu beachten sind damit auch die Regelungen des Bundesdatenschutzgesetzes vom 20. 12. 1990[605] sowie die Vorschriften der jeweiligen Länder Datenschutzgesetze.[606] Zu differenzieren ist zwischen Daten der Stufen A–D, und zwar wie folgt:

Stufe A:
personenbezogene Daten, deren Missbrauch keine besondere Beeinträchtigung für den Betroffenen erwarten lässt, z. B.
- Adressangaben (Name, Anschrift, Telefonnummer)
- Berufs-, Branchen- oder Geschäftsbezeichnungen.

Stufe B:
personenbezogene Daten, deren Missbrauch den Betroffenen in seiner gesellschaftlichen Stellung oder in seinen wirtschaftlichen Verhältnissen beeinträchtigen kann, wie z. B.
- Daten über Mietverhältnisse
- Daten über Geschäftsbeziehungen.

Stufe C:
personenbezogene Daten, deren Missbrauch den Betroffenen in seiner gesellschaftlichen Stellung oder in seinen wirtschaftlichen Verhältnissen erheblich beeinträchtigen kann bzw. die einem besonderen Berufs- oder Amtsgeheimnis unterliegen. Dies sind insbesondere diejenigen in § 28 Abs. 2 Nr. 1 BDSG aufgeführten Daten, die sich auf
- gesundheitliche Verhältnisse
- strafbare Handlungen
- Ordnungswidrigkeiten
- religiöse oder politische Anschauungen
- arbeitsrechtliche Rechtsverhältnisse beziehen.

Stufe D:
personenbezogene Daten, deren Missbrauch für den Betroffenen Gefahren für Leib und Leben bedeuten, z. B.
- Adressen von polizeilichen V-Leuten
- Adressen von Zeugen in bestimmten Strafverfahren.[607]

Bei Franchise-Systemen werden regelmäßig Daten der Stufen A–C ausgetauscht, sei es nun, dass Anschriften der Kunden und Lieferanten mitgeteilt werden, die Geschäftsbeziehungen mit Dritten oder aber die Einzelheiten des vom Franchise-Nehmer abgeschlossenen Mietvertrages. Im Rahmen seiner Erklärungspflichten (siehe § 39 des Vertragsmusters) teilt der Franchise-Nehmer dem Franchise-Geber auch Daten der Stufe C mit. Damit ist die Beachtung der Vorschriften des Bundesdatenschutzgesetzes zwingend für jeden Franchise-Geber. Es sind daher nicht nur die gemäß § 9 BDSG notwendigen organisatorischen Maßnahmen zu treffen sind, sondern es muss auch ein Datenschutzbeauftragter bestellt werden. Die Bestellung hat innerhalb eines Monats nach Eintreten der Voraussetzungen zu erfolgen. Unterbleibt die Bestellung, so handelt der Franchise-Geber ordnungswidrig und kann mit einer Geldbuße belegt werden.[608]

Allerdings ist bei den Landestatenschutzbehörden eine Tendenz festzustellen, bei Franchise-Systemen die Bewerbungsbögen für Franchise-Nehmer-Interessenten und die dort gestellten Fragen zu prüfen. Teilweise werden aus datenschutzrechtlichen Gründen Angaben zu den engeren Familienverhältnissen, zum Lebenspartner oder den finanziellen Verhältnissen als unzulässig angesehen. Sollte sich diese Praxis durchsetzen, so gewinnt erst recht im Rahmen der vorvertraglichen Aufklärung die des Franchise-Nehmers an Bedeutung; insbesondere Fragen zur Aus- und Weiterbildung und beruflichen Erfahrung des Franchise-Nehmers sowie zu den geforderten Eigenkapitalnachweisen. Zu überlegen ist dann nur, ob Fragebögen, die Franchise-Nehmer-Interessenten vor dem ersten Gespräch übermittelt werden, in entsprechender Weise abgeändert werden müssen. Hier gilt es für die Franchise-Systeme die weitere Entwicklung in der Verwaltungspraxis für Landesdatenschutzbehörden abzuwarten und ggf. Franchise-Nehmer-Interessenten Fragebögen in entsprechender Weise abzuändern. Die vorvertragliche Aufklärung jedoch ist davon nicht betroffen.

4. Betriebsvergleiche bei Franchise-Systemen

Betriebsvergleiche sind ein Instrument der Unternehmensführung. Sie sollen dazu dienen, Schwächen und Stärken des Systems aufzudecken, um so das System auch fortentwickeln zu können. Zugleich kann der Franchise-Nehmer anhand der Betriebsvergleiche erkennen, wo Schwachpunkte seines Franchise-Outlets sind. Desweiteren dienen Betriebsvergleiche dazu, dem Franchise-Geber Informationen über den Abverkauf der Produkte zu vermitteln, regionale Besonderheiten aufzudecken, um so auch die Sortimentspolitik entsprechend weiterentwickeln zu können.[609]

5. Risikomanagement bei Franchise-Systemen

Mehr und mehr erlangt auch das Risikomanagement bei Franchise-Systemen an Bedeutung – und dies nicht nur in Zeiten der Finanz- und Wirtschaftskrise. Ein Risikomanagement bei Franchise-Systemen ist zum einen erforderlich, um Krisen im Verhältnis Franchise-Geber/Franchise-Nehmer zu erkennen, aber auch bei Auseinandersetzungen und Krisen und daraus für das Franchise-System resultierender Risiken von Franchise-Nehmern untereinander.[610]

Jedoch beschränkt sich dieses Risikomanagement nicht nur darauf, die Betriebsvergleiche auszuwerten, sondern umfasst auch gleichzeitig ein rechtliches Risikomanagement, bei dem es gilt, im Rahmen der Compliance eine Überwachung, Handhabung und Auswertung der rechtlichen Regelungen, die von Franchise-Geber und Franchise-Nehmer zu beachten sind, durchzuführen.[611]

§ 19
Berichtswesen/Buchführung

1. Der Franchise-Nehmer ist verpflichtet, seine Buchhaltung entsprechend den Vorgaben zum Kontenplan und Kontenrahmen des Franchise-Gebers einzurichten.
2. Der Franchise-Nehmer wird dem Franchise-Geber jeweils bis zum 5. Werktag eines jeden Monats einen Bericht über den Geschäftsverlauf des Vormonats übersenden. Er wird ihm darüber hinaus Kopien seiner Summen und Saldenlisten sowie seiner Gewinn- und Verlustrechnung und seiner Bilanz zur Verfügung stellen.
   Darüber hinaus ist der Franchise-Nehmer verpflichtet, dem Franchise-Geber alle Daten zur Verfügung zu stellen, die für einen Betriebsvergleich (§ 18 Ziff. 3) der einzelnen Franchise-Nehmer benötigt werden.
3. Dem Franchise-Nehmer wird empfohlen, mit dem vom Franchise-Geber empfohlenen Steuerberater zusammenzuarbeiten. Dieser Steuerberater erstellt gegebenenfalls auch die für die Finanzierung des Franchise-Nehmers notwendige standortbezogene Ertragsvorschau.
   Bei diesem dem Franchise-Nehmer empfohlenen Steuerberater handelt es sich nicht um den Steuerberater des Franchise-Gebers. Zwischen dem Franchise-Geber und dem Steuerberater des Franchise-Nehmers ist vereinbart, dass dieser nicht berechtigt ist, Informationen über Franchise-Nehmer an den Franchise-Geber weiterzugeben, es sei denn, es handelt sich um Informationen und Daten zur Erstellung des Betriebsvergleiches (§ 18 Ziff. 3) oder dem Betriebsvergleich als solchen und die dem Franchise-Geber gem. § 19 Ziff. 1 zu überlassenden Summen- und Saldenlisten sowie Gewinn- und Verlustrechnungen und Bilanz.
4. Dem Franchise-Nehmer ist bekannt, dass der Franchise-Geber einen Datenschutzbeauftragten bestellt hat, der darauf achtet, dass die dem Franchise-Geber mitgeteilten Daten nur im Rahmen dieses Franchise-Vertrages und seiner Durchführung Anwendung finden und die Daten nur dann an externe Berater weitergegeben werden, wenn der Datenschutz sichergestellt ist.

Erläuterungen

1. Buchhaltung des Franchise-Nehmers
2. Vorlage der Bilanz und Gewinn- und Verlustrechnung
3. Steuerberater des Franchise-Nehmers

1. Buchhaltung des Franchise-Nehmers

Um nicht nur die Informationen für die Betriebsvergleiche, sondern auch die Vergleichbarkeit der Daten sicherstellen zu können, ist es erforderlich, dass die Franchise-Nehmer ihre Buchhaltung nach den Vorgaben des Franchise-Gebers einrichten.[612] Davon geht auch das Vertragsmuster in § 19 Ziffer 1 aus. Verschiedentlich wird in Franchise-Verträgen dem Franchise-Nehmer auch die Buchhaltung freigestellt. Er ist dann lediglich verpflichtet, die dem Franchise-Geber zusätzlich entstehenden Kosten zu tragen, wenn seine Buchhaltung nicht mit der des Systems kompatibel ist.[613]

2. Vorlage der Bilanz und Gewinn- und Verlustrechnung

Die Verpflichtung des Franchise-Nehmers zur Übermittlung der Summen- und Saldenlisten sowie der jährlichen Bilanz einschließlich Gewinn- und Verlustrechnung dient der fortlaufenden Unterrichtung des Franchise-Gebers, zugleich dient sie der Überprüfung der Umsetzung der Richtlinien des Franchise-Systems durch den Franchise-Nehmer.

Problematisch ist eine solche Regelung aber dann, wenn die Franchise als Shop-in-Shop-Franchise betrieben wird und demgemäß die Buchhaltung auch anderweitige Umsätze des Franchise-Nehmers ausweist. Entweder belässt man es bei einem vollen Einsichtsrecht und einer Übermittlung sämtlicher Daten oder aber verpflichtet den Franchise-Nehmer, für die Shop-in-Shop-Franchise eine gesonderte Buchhaltung einzurichten.

3. Steuerberater des Franchise-Nehmers

Seit der Entscheidung des OVG Koblenz vom 5. 12. 1995[614] kann dem Franchise-Nehmer verbindlich ein Steuerberater vorgeschrieben werden. Dieser Steuerberater ist für alle Franchise-Nehmer tätig. Im Rahmen einer Vereinbarung zwischen Franchise-Geber und dem die Franchise-Nehmer betreuenden Steuerberater muss aber festgehalten werden, dass dieser nicht die steuerliche Beratung des Franchise-Gebers übernommen hat und letztlich alle Daten, die über die dem Franchise-Geber gemäß §§ 18, 19 des Vertragsmusters mitzuteilenden hinausgehen, geheim zu halten hat. Dadurch ist sichergestellt, dass anderweitige Einkünfte des Franchise-Nehmers (z.B. aus Vermietung oder Verpachtung), die in die Berechnung der laufenden Franchise-Gebühr nicht einfließen, nicht dem Franchise-Geber mitzuteilen sind. Zwingend ist die in § 19 Ziffer 3 vorgesehene Regelung aber auch nicht. Es kann dem Franchise-Nehmer auch freigestellt werden, welchen Steuerberater er beauftragt; teilweise werden vom Franchise-Geber Empfehlungen für den vom Franchise-Nehmer zu mandatierenden Steuerberater ausgesprochen. Dies dürfte auch jedem Franchise-System zu empfehlen sein, um nicht von vornherein wegen der verbindlichen Vorgabe des Steuerberaters in Konflikt zu den Eismann-Beschlüssen des BAG und BGH[615] zu geraten. Doch führt allein die verbindliche Vorgabe des Steuerberaters nicht dazu, dass der Franchise-Nehmer arbeitnehmerähnlich schutzbedürftig ist; doch kann diese Vorgabe im Zusammenhang mit anderen Umständen ein weiteres Indiz für die arbeitnehmerähnliche Schutzbedürftigkeit und damit wirtschaftliche Abhängigkeit des Franchise-Nehmers sein; insoweit sollte eine Empfehlung des Steuerberaters ausreichen.

Teil VII
Allgemeine Regelungen

§ 20
Gegenseitige Unterrichtung/Geheimhaltungspflicht

1. Die Vertragsparteien werden sich gegenseitig über ihnen bekannt gewordene geschäftliche Vorgänge, die wesentliche Interessen beider Vertragsparteien berühren oder gefährden können, unverzüglich unterrichten.

2. Der Franchise-Nehmer darf Geschäfts- und Betriebsgeheimnisse, die ihm während der Zusammenarbeit bekannt geworden sind oder bekannt werden, ohne Einwilligung (§ 183 BGB) vom Franchise-Geber weder verwerten noch Dritten mitteilen. Dies gilt auch für die Zeit nach Beendigung des Franchise-Vertrages, soweit die Geschäfts- und Betriebsgeheimnisse nicht allgemein zugänglich sind. Auf diese allgemeine Zugänglichkeit kann sich der Franchise-Nehmer jedoch dann nicht berufen, wenn dies auf eine von diesem vorgenommene und/oder veranlasste Verletzung der vertraglich vereinbarten Geheimhaltungspflicht zurückzuführen ist.

3. Der Franchise-Nehmer wird diese Geheimhaltungs- und Schadensersatzverpflichtung auch seinen Mitarbeitern auferlegen.
4. Soweit der Franchise-Nehmer bereits im Rahmen der Vertragsverhandlungen oder bei Abschluss des Vorvertrages eine sog. Geheimhaltungserklärung unterzeichnet hat, wird diese dem Franchise-Vertrag als Anlage 16 beigefügt.

Erläuterungen

1. Gegenseitige Unterrichtungsverpflichtung
2. Geheimhaltungsverpflichtung
3. Geheimhaltungserklärung

1. Gegenseitige Unterrichtungsverpflichtung

Die gegenseitige Unterrichtungsverpflichtung folgt aus dem Charakter des Franchise-Vertrages als dem eines Dauerschuldverhältnisses. Die Grundsätze von Treu und Glauben verpflichten Franchise-Geber und Franchise-Nehmer, sich fortlaufend über alle Umstände, die das Franchise-System betreffen (Konkurrenzbetriebe/Konkurrenzprodukte/Markenverstöße Dritter) zu unterrichten.[616] Diese gegenseitige Unterrichtung ist damit eine unabdingbare Voraussetzung für das Franchise-System. Aus diesem Grunde stellen auch schwerwiegende Verstöße gegen die gegenseitige Unterrichtungsverpflichtung nicht nur eine positive Vertragsverletzung dar, sondern auch zugleich einen wichtigen Grund für die fristlose Kündigung des Franchise-Vertrages gemäß § 314 I BGB.

Da insbesondere bei Verstößen Dritter gegen das System eine schnelle Unterrichtung des Franchise-Gebers erforderlich ist, müssen die Informationen unverzüglich, d.h. ohne schuldhaftes Verzögern im Sinne des § 121 BGB, erteilt werden.

2. Geheimhaltungsverpflichtung

Geschäfts- und Betriebsgeheimnis ist jede Tatsache, die mit dem Geschäftsbetrieb des Unternehmens zusammenhängt, der Allgemeinheit noch nicht bekannt (offenkundig) ist und die der Franchise-Geber geheim halten will und anderen Geheimhaltung ein berechtigtes wirtschaftliches Interesse besteht.[617] Dazu gehören z.B. Kalkulationsunterlagen, Bezugsquellen, Angebote, aber auch das Know-how des Franchise-Systems, also das Franchise-Handbuch.[618] Ergänzend kann dazu zum einen auf das Bundesinformationsfreiheitsgesetz vom 5. 9. 2005,[619] das zum 1. 1. 2006 in Kraft trat bzw.

auf § 17 UWG zurückgegriffen werden. Zwar wird der Begriff „Betriebs- und Geschäftsgeheimnis“ im Bundesinformationsfreiheitsgesetz nicht definiert, doch verweist die Gesetzesbegründung insofern auf die Rechtsprechung des BGH.[620] Danach sind Betriebs- und Geschäftsgeheimnisse Tatsachen, die im Zusammenhang mit einem wirtschaftlichen Geschäftsbetrieb stehen und nicht offenkundig sind, nach dem Willen des Geschäftsinhabers geheimgehalten werden sollen und bezüglich derer ein berechtigtes Interesse des Geschäftsinhabers an der Geheimhaltung anzuerkennen ist.[621] Dieser Begriff des Betriebs- und Geschäftsgeheimnisses liegt auch § 17 UWG zugrunde. Gerade bei Franchise-Systemen muss sich jeder Franchise-Nehmer darüber im Klaren sein, dass im Zweifel alle innerbetrieblichen Kenntnisse und Vorgänge des Franchise-Systems, deren Existenz außerhalb des Franchise-Systems unbekannt ist und die einen Einfluss auf die Position des Franchise-Gebers im Wettbewerb haben können, nach dem Willen des Franchise-Gebers geheim zu halten sind.[622]

Die Verpflichtung des Franchise-Nehmers zu dieser Geheimhaltung ergibt sich nicht nur aus dem Franchise-Vertrag und den für jedes Franchise-System zwingend zu beachtenden Grundsätzen von Treu und Glauben, sondern auch aus einer analogen Anwendung von § 90 HGB, der eine entsprechende Geheimhaltungsverpflichtung für den Handelsvertreter statuiert.[623] Gemäß Artikel 3 II a der EU-Gruppenfreistellungsverordnung für Franchise-Vereinbarungen konnte dem Franchise-Nehmer die Geheimhaltungsverpflichtung auch für die Zeit nach Beendigung des Franchise-Vertrages auferlegt werden. Nach der EU-Gruppenfreistellungsverordnung für vertikale Vertriebsbindungen kann de lege lata und de lege ferenda eine solche nachvertragliche Geheimhaltungsverpflichtung jedoch nur noch für solches Know-how auferlegt werden, das nicht allgemein zugänglich ist. Mangelt es an diesem Kriterium, so erlischt die Geheimhaltungsverpflichtung mit Beendigung des Franchise-Vertrages. Der Franchise-Nehmer ist dann auch berechtigt, dieses Know-how weiterhin, d. h. nach Beendigung des Franchise-Vertrages zu nutzen.

Allerdings hat der Franchise-Nehmer trotz Allgemeinzugänglichkeit kein Recht, das Know-how bzw. Betriebsgeheimnis des Franchise-Systems nach Beendigung des Franchise-Vertrages weiter zu verwerten, zu verwenden oder Dritten zu überlassen, wenn die Allgemeinzugänglichkeit dieses Know-hows auf eine Vertragsverletzung des Franchise-Nehmers zurückgeht, d. h. dieser das geheime Know-how oder Betriebsgeheimnisse des Franchise-Systems Dritten – ohne Einwilligung des Franchise-Gebers – offenbart hat.[624]

Die Dauer der nachvertraglichen Geheimhaltungsverpflichtung ist unabhängig von dem Grund der Beendigung des Franchise-Vertrages. Sie kennt keine zeitliche Schranke und wird allein durch den Geheimhaltungszweck begrenzt.[625] Geschützt wird jede unbefugte Weitergabe an Dritte, wobei für Handelsvertreter anerkannt ist, dass eine Weitergabe unbefugt ist, wenn sie der Berufsauffassung eines ordentlichen Kaufmanns widerspricht. Eine Verletzung der Geheimhaltungsverpflichtung kann nicht nur – wie im Vertragsmuster – die Verwirkung einer Vertragsstrafe auslösen, sondern stellt zugleich eine positive Vertragsverletzung dar, die den Franchise-Nehmer gemäß § 280 BGB zur Leistung von Schadensersatz verpflichtet. Ebenso besteht gemäß § 823 I BGB unter dem Aspekt des Eingriffs in das Recht am eingerichteten und ausgeübten Gewerbebetrieb ein Anspruch auf Beseitigung und Unterlassung.[626]

Zu ersetzen sind dem Franchise-Geber alle durch die Verletzung der Geheimhaltungsverpflichtung entstandenen Schäden. Ein dabei pflichtwidrig beim Franchise-Nehmer erzielter Gewinn kann gemäß § 687 II BGB abgeschöpft werden.[627]

Da der Franchise-Nehmer für das Handeln seiner Mitarbeiter gemäß § 278 BGB haftet, wird dieser zu seiner Absicherung, die Geheimhaltungs- und Schadensersatzverpflichtung auch seinen Mitarbeitern aufzuerlegen. Dies gilt aber nicht für alle Mitarbeiter, sondern ist eingeschränkt auf diejenigen, die typischerweise mit dem Know-how des Franchise-Systems zu tun haben.

Allerdings findet § 203 StGB auf die Geheimhaltungsverpflichtung des Franchisenehmers keine Anwendung. Dieser unterfällt weder dem Adressatenkreis des § 203 I StGB noch dem des § 203 II StGB. Ist der Franchisenehmer aber Versicherungsvertreter hat dieser § 203 StGB zu beachten.[627a]

3. Geheimhaltungserklärung

Da sich immer wieder Verstöße gegen die Geheimhaltungsverpflichtung häufen, sind Franchise-Systeme zum Teil dazu übergegangen, bereits in der Phase der vorvertraglichen Anbahnung die Unterzeichnung einer Geheimhaltungserklärung zu verlangen. Teilweise wird eine Geheimhaltungserklärung (Secrecy Agreement) unterzeichnet. Wenn dies geschieht, so empfiehlt es sich, diese Erklärung als Anlage zum Franchise-Vertrag zu nehmen. Eine solche Geheimhaltungserklärung könnte folgenden Wortlaut haben:

GEHEIMHALTUNGSVEREINBARUNG

zwischen
– nachfolgend **Franchise-Geber** genannt –
u n d
……
– nachfolgend **Partner** genannt –
wird folgende Geheimhaltungsvereinbarung geschlossen:

§ 1

Die Parteien beabsichtigen, miteinander einen Franchise-Vertrag zum Betreiben eines **Backfachgeschäftes** abzuschließen. Im Rahmen der Vertragsverhandlungen ist es notwendig, dass dem Partner im Einzelnen die gewerblichen Schutzrechte des **Franchise-System** dargestellt und das Know-how eines **Backfachgeschäftes** erläutert wird, wobei diese Erläuterungen nicht nur durch mündliche Hinweise, sondern auch durch Hingabe von schriftlichen Unterlagen, insbesondere der Einsichtnahme in das Betriebshandbuch, gegeben werden.

§ 2

Der Partner darf Geschäfts- und Betriebsgeheimnisse, die ihm während dieser Zusammenarbeit bekannt geworden sind oder bekannt werden, ohne Einwilligung des Franchise-Gebers weder verwerten noch Dritten mitteilen. Dies gilt auch für die Zeit nach Beendigung dieser Vereinbarung, wenn sich daran nicht ein Franchise-Vertrag nach dem **Franchise-System** anschließt.

Insofern verpflichtet sich der Partner auch, keine Kopien von Dokumenten oder ihm sonst überlassenen Unterlagen, die das Know-how des **Franchise-System** kennzeichnen, zu fertigen, es sei denn, der Franchise-Geber hat hierzu die schriftliche Einwilligung (§ 183 BGB) erteilt.

Verstößt der Partner gegen diese Geheimhaltungsverpflichtung, so ist eine Vertragsstrafe in Höhe von …… als verwirkt anzusehen. Davon unberührt bleibt das Recht des Franchise-Gebers auf weitere Ansprüche, insbesondere darauf, Ansprüche auf Auskunftserteilung und Schadensersatz geltend zu machen.

Der Partner wird diese Geheimhaltungs- und Schadensersatzverpflichtung auch seinen Mitarbeitern schriftlich auferlegen. Unterbleibt dies und/oder verstößt einer der Mitarbeiter gegen die Geheimhaltungsverpflichtung, so ist der Partner dem Franchise-Geber gegenüber nicht nur zur Leistung von Schadensersatz verpflichtet, sondern es ist darüber hinaus eine Vertragsstrafe in Höhe von …… als verwirkt anzusehen.

§ 3

Der Franchise-Geber wird etwaige gewerbliche Schutzrechte aufrechterhalten und nach seinem Ermessen schützen und zwar auch, wenn gegenüber dem Partner Angriffe erfolgen, die Schutzrechte, den Namen des Systems, seine Symbole sowie Kennzeichen berühren.

Der Partner ist gehalten, den Franchise-Geber bei der Abwehr von Angriffen auf die Schutzrechte zu unterstützen und unverzüglich über vorhandene oder drohende Beeinträchtigungen der Schutzrechte zu unterrichten.

Der Partner verpflichtet sich, die Vertragsrechte weder selbst anzugreifen, noch durch Dritte angreifen zu lassen oder Dritte beim Angriff in irgendeiner Form zu unterstützen. Dies gilt auch im Hinblick auf die Fortentwicklung des **Franchise-Systems.**

Der Partner unterstützt den Franchise-Geber bei der Verfolgung von Verstößen Dritter gegen die dem Franchise-Geber zustehenden, dem Partner zur Nutzung überlassenen Rechte; über sämtliche ihm bekannt werdende Rechtsverstöße wird der Partner den Franchise-Geber unverzüglich unterrichten.

§ 4

Muss der Franchise-Geber gegenüber Dritten vorgehen, weil diesen vom Partner unter Verletzung der Geheimhaltungsverpflichtung das Know-how des Franchise-Gebers mitgeteilt worden ist, so trägt der Partner alle hierdurch entstehenden Verfahrenskosten einschließlich der Anwaltsgebühren und stellt den Franchise-Geber von Ansprüchen Dritter im Zusammenhang mit diesen Rechtsstreitigkeiten frei. Entsprechendes gilt, wenn gegen die Geheimhaltungsverpflichtung durch einen Mitarbeiter des Partners verstoßen wurde.

§ 5

Der Partner ist während der Dauer dieser Vereinbarung nicht berechtigt, ohne ausdrückliche schriftliche Einwilligung (§ 183 BGB) des Franchise-Geber für ein Konkurrenzunternehmen unmittelbar oder mittelbar, selbständig oder unselbständig, auf eigene oder auf fremde Rechnung tätig zu werden oder sich an einem Konkurrenzunternehmen direkt oder indirekt zu beteiligen oder dieses sonst zu unterstützen, z. B. durch Gewährung eines partiarischen Darlehens. Ausgenommen hiervon ist eine Beteiligung an einer börsennotierten Kapitalgesellschaft, wenn die Beteiligung nicht dazu führt, dass der Partner Einfluss auf die Geschäftspolitik dieser Kapitalgesellschaft nimmt.

Verstößt der Partner gegen dieses vertragliche Wettbewerbsverbot, so ist eine Vertragsstrafe in Höhe von ...... als verwirkt anzusehen. Davon unberührt bleibt das Recht des Franchise-Gebers auf weitere Ansprüche, insbesondere Ansprüche auf Schadensersatz und Auskunftserteilung geltend zu machen. Eine etwaige Vertragsstrafe ist auf den Schadensersatz anzurechnen.

§ 6

Diese Vereinbarung hat eine Laufzeit von 6 Monaten. Diese endet entweder, ohne dass es einer gesonderten Kündigung bedarf mit Zeitablauf oder wird in einen, sich daran anschließenden Franchise-Vertrag nach dem **Franchise-System** übergeleitet. Unabhängig davon kann die Vereinbarung jederzeit fristlos aus wichtigem Grund gekündigt werden, insbesondere dann, wenn der Partner gegen den Inhalt des Vorvertrages verstößt und Geschäftsgeheimnisse des Franchise-Gebers unbefugt an Dritte weitergibt oder für eigene Zwecke verwertet. Unabhängig davon hat der Partner die Geschäfts- und Betriebsgeheimnisse des Franchise-Gebers auch nach Beendigung dieser Geheimhaltungsvereinbarung, wenn diese nicht in einen Franchise-Vertrag zum Betreiben eines Franchise-Outlets übergeleitet wird, geheim zu halten, es sei denn, die Informationen sind allgemein zugänglich, ausgenommen, die allgemeine Zugänglichkeit beruht auf einer Verletzung der Geheimhaltungsvereinbarung durch den Partner.

§ 7

Nebenabreden, Ergänzungen, Abänderungen und die Aufhebung dieser Vereinbarung bedürfen zu ihrer Wirksamkeit der Schriftform. Dies gilt auch für die Abbedingung des Schriftformerfordernisses.

Sollte eine Bestimmung dieser Vereinbarung unwirksam oder undurchführbar sein oder werden, so berührt dies die Wirksamkeit der Vereinbarung im Übrigen nicht. Die Vertragspartner verpflichten sich, vielmehr in einem derartigen Fall eine wirksame oder durchführbare Bestimmung an die Stelle der unwirksamen oder undurchführbaren Bestimmung zu setzen, die den wirtschaftlichen und ideellen Bestimmungen soweit wie möglich entspricht.

Alle Ansprüche aus dieser Vereinbarung verjähren in 36 Monaten, gerechnet ab Fälligkeit.

§ 8

Auf diese Vereinbarung findet ausschließlich das Recht der Bundesrepublik Deutschland Anwendung.

Gerichtsstand und Erfüllungsort ist ……

§ 9

Die vorliegende Vereinbarung wird in zwei Exemplaren ausgefertigt. Jeder Vertragspartner erhält eine Vertragsausfertigung und bestätigt mit der Unterzeichnung dieser Vereinbarung, die für seine Unterlagen bestimmte Vertragsausfertigung erhalten zu haben.

……, den ……

……   ……

(Franchise-Geber)   (Partner)

§ 21
Abwerbeverbot

Der Franchise-Nehmer darf keinen Mitarbeiter des Franchise-Gebers oder eines anderen Franchise-Nehmers mittelbar oder unmittelbar abwerben, anstellen oder sonstwie beschäftigen oder mit diesem in Kontakt treten, es sei denn, der Mitarbeiter ist bereits seit 6 Monaten als Mitarbeiter des Franchise-Gebers oder eines anderen Franchise-Nehmers ausgeschieden oder der Franchise-Geber bzw. der andere Franchise-Nehmer hat vorher seine Einwilligung (§ 183 BGB) zu der Einstellung des Mitarbeiters gegeben; Entsprechendes gilt für den Franchise-Geber.

Erläuterungen

§ 21 des Vertragsmusters ist nicht zwingend. Die Regelung dient lediglich dazu, Abwerbungen der Franchise-Nehmer untereinander zu verhindern. Das Vertragsmuster geht im Sinne einer gegenseitigen Regelung davon aus, dass das Abwerbeverbot nicht nur das Verhältnis Franchise-Nehmer untereinander einerseits und Franchise-Nehmer/Franchise-Geber andererseits betrifft, sondern die entsprechenden Verpflichtungen, auch den Franchise-Geber selbst treffen. Auch dieser darf keinen Mitarbeiter seiner Franchise-Nehmer abwerben.

In Österreich wurde bislang davon ausgegangen, dass ein Abwerbeverbot in Franchise-Verträgen unzulässig ist, da die EU-Gruppenfreistellungsverordnung für Vertikale Vertriebsbindungen dafür keine Rechtsgrundlage bietet. Ob sich an dieser Betrachtung unter der Geltung des KartG 2005 etwas ändern wird, gilt es abzuwarten.[628]

Das in § 21 des Vertragsmusters dargestellte Abwerbeverbot ist im Zusammenhang mit dem Wettbewerbsverbot zu sehen, so dass insofern § 75 f HGB zu beachten ist. Danach ist eine Vereinbarung, durch die sich ein Prinzipal einem anderen Prinzipal gegenüber verpflichtet, einen Handlungsgehilfen, der bei diesem in Diensten ist oder gewesen ist, nicht einzustellen, zwar nicht unwirksam ist, doch steht beiden Teilen der Rücktritt gemäß § 75 f 1 HGB frei.

Die Regelung gilt in entsprechender Weise für Franchise-Systeme und damit auch für Vereinbarungen zwischen Franchise-Geber und Franchise-Nehmer und Franchise-Nehmern untereinander, soweit sich diese auf Mitarbeiter des Franchise-Gebers bzw. des Franchise-Nehmers bezieht.

Außerdem ist das Abwerbeverbot dann vor Gericht kraftlos, da weder eine Klage noch eine Einrede erhoben werden kann (§ 75 f 1, 2. HS HGB).[629]

§ 22
Wettbewerbsverbot

1. Der Franchise-Nehmer ist während der Vertragsdauer nicht berechtigt, ohne ausdrückliche schriftliche Einwilligung des Franchise-Gebers für ein Konkurrenzunternehmen unmittelbar oder mittelbar, selbständig oder unselbständig auf eigene oder auf fremde Rechnung tätig zu werden, oder sich an einem Konkurrenzunternehmen direkt oder indirekt zu beteiligen oder sonst zu unterstützen, z. B. durch Gewährung eines partiarischen Darlehns. Ausgenommen hiervon sind Beteiligungen an börsennotierten Kapitalgesellschaften, soweit die Beteiligung dem Franchise-Nehmer keinen maßgeblichen Einfluss auf das Unternehmen ermöglicht.

2. Darüber hinaus wird zwischen den Vertragsparteien ein nachvertragliches Wettbewerbsverbot vereinbart. Die Wettbewerbsabrede ist diesem Franchise-Vertrag als <u>Anlage 17</u> beigefügt.

Erläuterungen

1. Vertragliches Wettbewerbsverbot
2. Nachvertragliches Wettbewerbsverbot
3. Begrenzung des Wettbewerbsverbots auf das Vertragsgebiet
4. Notwendigkeit einer gesonderten Urkunde
5. Wettbewerbsverbot und Allgemeine Geschäftsbedingungen
6. Wettbewerbsverbot und einstweiliger Rechtsschutz
7. Verstoß gegen ein nachvertragliches Wettbewerbsverbot
8. Muster eines nachvertraglichen Wettbewerbsverbots

1. Vertragliches Wettbewerbsverbot

Um die Durchsetzung eines Franchise-Systems am Markt zu ermöglichen, ist es notwendig, dass der Franchise-Nehmer während der Vertragslaufzeit sich jeglichen Wettbewerbs zu einem, mit dem Franchise-Geber konkurrierenden Unternehmen enthält.[630]

Für die Beachtung des vertraglichen Wettbewerbsverbots ist der Franchise-Geber nicht zur Leistung einer so genannten Karenzentschädigung verpflichtet.[631]

Ein vertragliches Wettbewerbsverbot kann sich dann als problematisch erweisen, wenn ein Franchise-Nehmer durch zeitlich nacheinander abgeschlossene Franchise-Verträge mehrere Franchise-Outlets betreibt. Enthält der Franchise-Vertrag dann kein nachvertragliches Wettbewerbsverbot, so könnte der Franchise-Nehmer gleichwohl gehindert sein, nach Beendigung des ersten Franchise-Vertrages eine konkurrierende Tätigkeit aufzunehmen, da er durch das vertragliche Wettbewerbsverbot der zeitlich nachfolgend abgeschlossenen Franchise-Verträge an einer konkurrierenden Tätigkeit gehindert ist. Dies würde aber dazu führen, dass sich vertragliche Wettbewerbsverbote in den Fällen, in denen ein Franchise-Nehmer Franchise-Verträge über mehrere Franchise-Outlets abgeschlossen hat, perpetuieren und dem Grunde nach eine konkurrierende Tätigkeit erst dann möglich ist, wenn der letzte zwischen Franchise-Geber und Franchise-Nehmer abgeschlossene Franchise-Vertrag beendet wird.

Eine solche Auswirkung des vertraglichen Wettbewerbsverbotes benachteiligt einen Franchise-Nehmer unangemessen i.S.v. § 307 I 1 BGB. Zugleich liegt darin auch eine Knebelung i.S.v. § 138 I BGB. Insofern muss man im Wege der teleologischen Reduktion davon ausgehen, dass der Franchise-Nehmer konkurrierend tätig sein darf aber jeweils nur bezogen auf das Vertragsgebiet des Franchise-Outlets, für das der jeweilige Franchise-Vertrag beendet wurde. Zugleich ist sicherzustellen, dass der Franchise-Nehmer dann im Falle einer konkurrierenden Tätigkeit nicht das Know-how des Franchise-Systems unter Verletzung der vertraglich vereinbarten Geheimhaltungspflicht für dieses von ihm betriebene konkurrierende Franchise-Outlet wendet.

2. Nachvertragliches Wettbewerbsverbot

Nach der EU-Gruppenfreistellungsverordnung für Franchise-Vereinbarungen war und der für vertikale Vertriebsbindungen ist es zulässig, dem Franchise-Nehmer ein so genanntes nachvertragliches Wettbewerbsverbot aufzuerlegen.[632] Allerdings hatte schon die EU-

Gruppenfreistellungsverordnung für Franchise-Vereinbarungen insoweit eine Änderung gegenüber dem bisherigen Rechtszustand herbeigeführt, als ein solches nachvertragliches Wettbewerbsverbot nicht länger als ein Jahr dauern darf. Bislang ging man analog § 90a Abs. 1 Satz 2 HGB davon aus, dass eine 2jährige nachvertragliche Wettbewerbsabrede mit dem Franchise-Nehmer zulässig ist.[633] Daran hat sich durch die EU-Gruppenfreistellungsverordnung für vertikale Vertriebsbindungen nichts geändert.

Für die Dauer des nachvertraglichen Wettbewerbsverbots ist dem Franchise-Nehmer grundsätzlich eine so genannte Karenzentschädigung analog § 90a I 3 HGB zu leisten.[634] Diese Karenzentschädigung soll den Lebensbedarf des Franchise-Nehmers für die Dauer der ihm auferlegten Wettbewerbsbeschränkung sicherstellen. Jedoch ist nicht in jedem Fall eine solche Karenzentschädigung zu leisten. Vielmehr ist immer im Einzelnen zu prüfen, ob der Franchise-Nehmer organisatorisch so in das Franchise-System eingegliedert ist, dass seine Stellung wirtschaftlich dem durch § 90a Abs. 1 HGB angestrebten Interessenschutz einem Handelsvertreterstatus nahe kommt. Notwendig ist also immer eine einzelfallbezogene Betrachtungsweise.[635]

Darüber hinaus muss die Leistung der Entschädigung gemäß § 90a I 3 HGB angemessen sein, d.h. unter Berücksichtigung aller Umstände der Billigkeit entsprechen. Auf die Schutzbedürftigkeit als solche kommt es dabei nicht an. Erscheint im Einzelfall trotz Wahrung der gesetzlichen Erfordernisse die Wettbewerbsabrede oder ihre Durchsetzung mit den guten Sitten oder Treu und Glauben unvereinbar, so kann insoweit eine Korrektur des Franchise-Vertrages über die Generalklausel des § 307 I 1 BGB (= § 9 ABGB) bzw. § 138 BGB herbeigeführt werden.

Von der gesetzlichen Regelung abweichende, für den Franchise-Nehmer nachteilige Vereinbarungen sind grundsätzlich analog § 90a IV HGB unzulässig.[636]

Die Möglichkeit, mit dem Franchise-Nehmer nach Beendigung des Franchise-Vertrages ein von der gesetzlichen Wertung abweichendes nachvertragliches Wettbewerbsverbot zu vereinbaren, wird durch die Regelungen der EU-Gruppenfreistellungsverordnung für vertikale Vertriebsbindungen eingeschränkt. Da diese nur ein nachvertragliches Wettbewerbsverbot, befristet für ein Jahr und beschränkt auf das Vertragsgebiet, zulässt, ist es daher nicht möglich, mit dem Franchise-Nehmer ein über ein Jahr hinausgehendes oder nicht auf das Vertragsgebiet oder die Vertragsgegenstände beschränktes nachvertragliches Wettbewerbsverbot zu vereinbaren. Insoweit ist die Rechtsprechung des BGH zu § 90a IV HGB auf Franchise-Verträge nicht anwendbar.[637]

3. Begrenzung des Wettbewerbsverbots auf das Vertragsgebiet

Zahlreiche Franchise-Verträge enthalten nach wie vor nachvertragliche Wettbewerbsverbote folgenden Inhalts:

> „...... Nach Beendigung des Vertragsverhältnisses darf der Franchise-Nehmer für die Dauer eines Jahres kein Gewerbe betreiben, welches sich mit der ...... sowie mit der Durchführung von ......, wie in der Vorbemerkung aufgeführt, befasst, ...“

Dieses Wettbewerbsverbot ist bedenklich, da es nicht auf das Vertragsgebiet beschränkt ist. Gemäß Artikel 3 Abs. 1 Buchstabe e) der EU-Gruppenfreistellungsverordnung für Franchise-Vereinbarungen war und der für vertikale Vertriebsbindungen ist es de lege lata und de lege ferenda grundsätzlich nur möglich, nachvertragliche Wettbewerbsverbote zu vereinbaren, die sich auf das Gebiet beziehen, in dem der Franchise-Nehmer die Franchise genutzt hat.[638]

Sowohl die analoge Anwendung des § 90a HGB als auch die Regelungen der EU-Gruppenfreistellungsverordnung für vertikale Vertriebsbindungen zwingen dazu, das nachvertragliche Wettbewerbsverbot:

> - zeitlich auf maximal 1 Jahr nach Vertragsbeendigung zu befristen,
> - räumlich auf das Vertragsgebiet unter Darstellung der Vertragsprodukte/Dienstleistungen zu beschränken, und
> - eine Karenzentschädigung für die Dauer der Karenzzeit festzusetzen, deren Höhe angemessen sein muss.

Diese Voraussetzung berücksichtigt auch die Wettbewerbsabrede, die in Erfüllung von § 22 Ziffer 2 des Entwurfes gesondert zwischen Franchise-Geber und Franchise-Nehmer zu vereinbaren ist.

4. Notwendigkeit einer gesonderten Urkunde

Wird mit dem Franchise-Nehmer eine Wettbewerbsabrede vereinbart, so bedarf diese der Schriftform und der Aushändigung einer vom Franchise-Geber unterzeichneten, die vereinbarten Bestimmungen enthaltende Urkunde an den Franchise-Nehmer.[639] Einzuhalten ist also die gesetzliche Schriftform im Sinne des § 126 BGB. Danach muss die Urkunde vom Franchise-Nehmer entweder eigenhändig durch Namensunterschrift oder mittels notariell beglaubigten Handzeichens unterzeichnet sein. Ersetzt wird die schriftliche Form durch eine notarielle Beurkundung nach den Vorschriften des Beurkundungsgesetzes.[640] Unterbleibt diese Form, so ist die Wettbewerbsabrede wegen Nichteinhaltung der im Gesetz vorgeschriebenen Form gemäß § 125 BGB nichtig.

Um den Franchise-Vertrag nicht unnötig ausufern zu lassen und dem Erfordernis der gesonderten Urkunde gemäß § 90a II 1 HGB zu genügen, ist es daher erforderlich, dass mit dem Franchise-Nehmer eine gesonderte Urkunde über das Wettbewerbsverbot unterzeichnet wird. In der Regel enthält eine solche Urkunde Bestimmungen über

- Umfang und Dauer des Wettbewerbsverbots,
- Beschränkung des Wettbewerbsverbots auf das Vertragsgebiet und die Vertragsprodukte/Dienstleistungen,
- Höhe der Karenzentschädigung,
- Anrechnung des anderweitig vom Franchise-Nehmer bezogenen Einkommens,
- Verwirkung einer Vertragsstrafe bei Verletzung des Wettbewerbsverbots,
- Beendigung des Franchise-Vertrages und Auswirkungen auf das Wettbewerbsverbot,
- Verzicht des Franchise-Gebers auf das Wettbewerbsverbot.

Darüber hinaus sollte in der Vereinbarung über das nachvertragliche Wettbewerbsverbot auf die ergänzende Geltung der Vorschriften des HGB über das nachvertragliche Wettbewerbsverbot des Handelsvertreters hingewiesen werden.

5. Wettbewerbsverbot und Allgemeine Geschäftsbedingungen

Da Franchise-Verträge nach allgemeiner Ansicht Allgemeine Geschäftsbedingungen darstellen, ist die rechtliche Zulässigkeit eines Wettbewerbsverbots (vertraglich oder nachvertraglich) auch an § 307 I 1 BGB zu messen.[641] Wettbewerbsverbote müssen daher nach Zeit, Ort und Gegenstand so begrenzt sein, dass sie nicht zu einer übermäßigen Beschränkung der Bewegungsfreiheit, insbesondere nicht zu einer wirtschaftlichen Vernichtung des Verpflichteten, führen. Allerdings ist nicht in jedem Falle eine Begrenzung des Wettbewerbsverbots nach allen drei Richtungen erforderlich. Auch ein Wettbewerbsverbot, das möglicherweise eine unzureichende gegenständliche Beschränkung enthält, muss nicht wegen Beschränkung der wirtschaftlichen Bewegungsfreiheit unbillig erscheinen.[642]

In der Regel wird ein Verstoß gegen das Wettbewerbsverbot pönalisiert. Der Franchise-Geber muss sich daher auch der Rechtsprechung stellen, die sich zu § 307 I 1 BGB im Hinblick auf die pauschale Festsetzung einer Vertragsstrafe gebildet hat.

Auch für Verstöße gegen das nachvertragliche Wettbewerbsverbot sollte daher eine Vertragsstrafe entsprechend den Regelungen des Hamburger Brauchs vereinbart werden, so wie sie das Vertragsmuster in § 24 vorsieht.

6. Wettbewerbsverbot und einstweiliger Rechtsschutz

Soll der sich aus dem Wettbewerbsverbot ergebende Unterlassungsanspruch im Wege eines vorläufigen Rechtsschutzes durchgesetzt werden, so ist davon auszugehen, dass es sich bei der begehrten Unterlassungsanordnung um eine zumindest für die Dauer der einstweiligen Verfügung teilweise auf Befriedigung gerichtete einstweilige Verfügung handelt. Diese ist nach herrschender Meinung nach § 940 ZPO zu beurteilen, d.h. es ist erforderlich, dass eine solche unter Beachtung des Verhältnismäßigkeitsgrundsatzes zur Abwendung wesentlicher Nachteile nötig ist.[643]

Da eine solche Unterlassungsverfügung häufig irreparable Verhältnisse schafft, werden von der Rechtsprechung besonders strenge Anforderungen an den Verfügungsgrund gestellt. Der Vorteil des Franchise-Gebers darf nicht außer Verhältnis zum Nachteil des ehemaligen Franchise-Nehmers, stehen. Insofern kann der Franchise-Geber nur dann den Unterlassungsanspruch im Wege der einstweiligen Verfügung durchsetzen, wenn er substantiiert darstellt und glaubhaft macht, dass durch den Verstoß gegen das nachvertragliche Wettbewerbsverbot eine schwere Gefährdung seiner gewerblichen Interessen im besonderen und der des Franchise-Systems im allgemeinen zu befürchten ist.

Der Unterlassungsanspruch ist dann nicht im Wege der einstweiligen Verfügung durchzusetzen, wenn der Franchise-Geber untätig geblieben ist, d.h. über einen längeren Zeitraum hinweg in Kenntnis der maßgeblichen Umstände handelte. Es mangelt dann an dem, für den Erlass einer einstweiligen Verfügung, erforderlichen Verfügungsgrund.[644]

Für den Franchise-Geber wird es schwierig sein, einen Verstoß gegen das Wettbewerbsverbot hinreichend glaubhaft zu machen, wenn der Verstoß nicht durch den ehemaligen Franchise-Nehmer, sondern durch einen Dritten entweder durch eine Strohfrau oder durch einen Strohmann erfolgte.[645]

7. Verstoß gegen ein nachvertragliches Wettbewerbsverbot

Ist ein nachvertragliches Wettbewerbsverbot zwischen den Parteien des Franchise-Vertrages vereinbart, so ist der Franchise-Nehmer verpflichtet, nach seinem Ausscheiden aus dem Franchise-System nicht mehr in der gleichen Branche zu arbeiten.

Allerdings stellt nicht jede Verletzung eines nachvertraglichen Wettbewerbsverbots einen Verstoß gegen § 1 UWG dar. Eine Verletzung eines nachvertraglichen Wettbewerbsverbots kann nur dann wettbewerbswidrig sein, wenn die verletzte Vereinbarung von unmittelbarer Wettbewerbsbezogenheit ist. Weiterhin kann ein Wettbewerbsverstoß bei Hinzutreten solcher besonderen Umstände angenommen werden, wie sie notwendig sind, um die Sittenwidrigkeit von Vertragsverstößen jeder Art zu begründen.[646] Im Muster des nachvertraglichen Wettbewerbsverbots wird insofern auch davon ausgegangen, dass für jeden Verstoß gegen das nachvertragliche Wettbewerbsverbot eine Vertragsstrafe nach dem Hamburger Brauch zu leisten ist.

Nach Ansicht des OLG Hamm[647] setzt jedoch ein Verstoß gegen ein nachvertragliches Wettbewerbsverbot bei einem Franchise-Vertrag voraus, dass dem Franchise-Nehmer die „illoyale Verwertung der Arbeitsergebnisse aus gemeinsamer Tätigkeit" nachgewiesen werden kann. Dazu soll es nach Ansicht des OLG Hamm nicht ausreichen, wenn bei einem Nachhilfe-Franchise-System der Unterricht nach Beendigung des Franchise-Vertrages weiterhin in den gleichen Räumen, mit den gleichen Schülern und den gleichen Dozenten erfolgt. Dies soll nicht die für eine Verletzung des nachvertraglichen Wettbewerbsverbots notwendige Kontinuität begründen. Diese Kontinuität wird nach Ansicht des OLG Hamm schon dadurch unterbrochen, indem der Franchise-Nehmer nach außen hin nicht mehr unter dem Namen (Kennzeichen oder Firma) auftritt, unter dem er die Nachhilfe-Schule während des Bestehens des Franchise-Vertrages betrieben hat. Die Ansicht des OLG Hamm stellt eine Einschränkung des nachvertraglichen Wettbewerbsverbotes dar, da kaum durch einen Franchise-Geber bei Dienstleistungs-Franchise-Systemen der Nachweis dafür erbracht werden kann, dass eine illoyale Verwertung gemeinsam erworbener Arbeitserkenntnisse, d.h. des Know-hows des Franchise-Systems vorliegt. Wenn schon die Änderung der Firma oder des Namens oder des Kennzeichens der Schule nicht ausreicht, so ist dem Grunde nach der Nachweis der

Kontinuität und damit der Verletzung des nachvertraglichen Wettbewerbsverbotes nicht möglich.

Die Entscheidung belegt zugleich die Notwendigkeit, dass Franchise-Verträge über das Franchise-Outlet nicht vom Franchise-Nehmer, sondern vom Franchise-Geber abgeschlossen und dem Franchise-Nehmer lediglich auf der Grundlage eines Untermietvertrages zur Nutzung überlassen wurden. Wenn dann gleichzeitig im Rahmen des Franchise- und des Untermietvertrages festgehalten wird, dass die Räumlichkeiten bei Beendigung des Franchise-Vertrages – gleich aus welchem Grund – aus Gründen der Standortsicherung an den Franchise-Geber herauszugeben sind, so liegt keine unangemessene Benachteiligung des Franchise-Nehmers i.S.v. § 307 I 1 BGB vor, da hier die Interessen des Franchise-Gebers (Aufrechterhaltung der Standorte für das Franchise-Systems) überwie sen.

Auch zwingt die Entscheidung des OLG Hamm nachvertragliche Wettbewerbsverbote konkret zu formulieren, d.h. die zu unterlassenden Handlungen genau zu umschreiben.

Ein in einem Franchise-Vertrag enthaltenes nachvertragliches Wettbewerbsverbot, das im Hinblick auf das dem Franchise-Nehmer überlassene Know-how diesem untersagt, sich direkt oder mittels dazwischen geschalteter Personen bei konkurrierenden Unternehmen auf wissenschaftlichem Gebiet mitzuarbeiten, wird nicht schon dadurch verletzt, dass der Franchise-Nehmer Aktionär dieses konkurrierenden Unternehmens wird.[648]

8. Muster eines nachvertraglichen Wettbewerbsverbotes

Ein nachvertragliches Wettbewerbsverbot könnte wie folgt vereinbart werden:

§ 1 Wettbewerbsverbot

1. Der Franchise-Nehmer verpflichtet sich, für die Dauer von einem Jahr nach Beendigung des Franchise-Vertrages im Gebiet von ...... weder für ein Konkurrenzunternehmen des Franchise-Gebers tätig zu sein, noch ein solches mittelbar oder unmittelbar, allein oder mit anderen zu betreiben.
2. Als Konkurrenzunternehmen ist jedes im In- oder Ausland ohne Rücksicht auf die Rechtsform betriebene Unternehmen – einschließlich Neben- und Filialbetrieben – anzusehen, das die gleichen oder ähnliche Erzeugnisse wie der Franchise-Geber herstellt oder vertreibt und mit diesem im Wettbewerb steht.

§ 2 Entschädigung

1. Für die Dauer des Wettbewerbsverbots zahlt der Franchise-Geber dem Franchise-Nehmer eine Entschädigung in Höhe von ...... der im Durchschnitt der letzten ...... Monate vor Beendigung des Franchise-Vertrages mit dem Franchise-Geber getätigten Umsätze. Die Entschädigung wird jeweils am Monatsende gezahlt.
2. Auf diese Entschädigung wird dasjenige angerechnet, das der Franchise-Nehmer während der Dauer des Wettbewerbsverbots durch anderweitige Verwendung seiner Arbeitskraft erwirbt oder zu erwerben böswillig unterlässt.
3. Der Franchise-Nehmer verpflichtet sich, jeweils zum Schluss eines Kalendervierteljahres dem Franchise-Geber gegenüber die Höhe seiner Einkünfte nachzuweisen. Dem Franchise-Geber steht insoweit ein Auskunfts- und Einsichtsrecht zu. Darüber hinaus ist der Franchise-Geber berechtigt, die Angaben des Franchise-Nehmers durch einen von Berufs wegen zur Verschwiegenheit verpflichteten Dritten überprüfen zu lassen.

§ 3 Vertragsstrafe

Der Franchise-Nehmer verpflichtet sich, für jede schuldhafte Verletzung des nachvertraglichen Wettbewerbsverbot eine vom Franchise-Geber nach billigem Ermessen festzusetzende, im Streitfall vom zuständigen Gericht zu überprüfende Vertragsstrafe zu leisten.

Darüber hinaus behält sich der Franchise-Geber vor, einen ihm entstandenen höheren Schaden gegenüber dem Franchise-Nehmer geltend zu machen. Eine etwaige Vertragsstrafe ist auf den Schadensersatz anzurechnen.

§ 4 Beendigung des Franchise-Vertrages

1. Endet das Franchise-Verhältnis durch Kündigung einer Vertragspartei aus wichtigem Grund, so kann die kündigende Partei das Wettbewerbsverbot dadurch unwirksam machen, dass sie sich vor Ablauf eines Monats nach der Kündigung von der Vereinbarung lossagt. Damit erlöschen die beiderseitigen Rechte und Pflichten aus der Vereinbarung.
2. Endet das Franchise-Verhältnis aus anderen Gründen – auch einvernehmlich –, so bleibt das Wettbewerbsverbot aufrecht. Es entfällt aber insoweit, als der Tatbestand des § 75 Abs. 2 HGB erfüllt ist.

§ 5 Verzicht des Franchise-Gebers

Der Franchise-Geber kann jederzeit vor Beendigung des Franchise-Vertrages durch schriftliche Erklärung auf das Wettbewerbsverbot verzichten. Er wird dann mit Ablauf eines Jahres seit der Erklärung von der Verpflichtung zur Zahlung der Entschädigung frei.

§ 6 Ergänzende Anwendungen

Ergänzend finden die Bestimmungen des Handelsgesetzbuches über das Wettbewerbsverbot Anwendung.

§ 7 Urkunde

Der Franchise-Nehmer bestätigt hiermit, eine vom Franchise-Geber unterzeichnete, die vorstehenden Vereinbarungen enthaltene Urkunde ausgehändigt zu erhalten.

......, den ......

....
(Franchise-Geber) (Franchise-Nehmer)

§ 23
Gewerbliche Schutzrechte

1. **Der Franchise-Geber wird etwaige gewerbliche Schutzrechte aufrechterhalten und nach seinem Ermessen schützen und zwar auch, wenn gegenüber dem Franchise-Nehmer Angriffe erfolgen, die Schutzrechte, den Namen des Systems, seine Symbole sowie Kennzeichen berühren.**
   Der Franchise-Nehmer ist gehalten, den Franchise-Geber bei der Abwehr von Angriffen auf die Schutzrechte zu unterstützen und unverzüglich über vorhandene oder drohende Beeinträchtigungen der Schutzrechte zu unterrichten.
2. **Der Franchise-Nehmer verpflichtet sich, die Vertragsrechte weder selbst anzugreifen noch durch Dritte angreifen zu lassen oder Dritte beim Angriff in irgendeiner Form zu unterstützen. Andernfalls hat der Franchise-Geber das Recht, den Franchise-Vertrag fristlos aus wichtigem Grund oder unter Einhaltung einer Abwicklungsfrist zu kündigen. Gleiches gilt auch im Hinblick auf Fortentwicklungen des Franchise-Systems.**
3. **Wird die Schutzrechtserteilung auf ein Vertragsrecht rechtskräftig versagt, so wird dadurch die Rechtswirksamkeit des Fran-**

chise-Vertrages im Übrigen nicht berührt. Entsprechendes gilt, wenn ein Vertragsrecht für nichtig erklärt, beschränkt wird oder erlischt.

Erläuterungen

1. Gewerbliche Schutzrechte
2. Nichtangriffsverpflichtungen des Franchise-Nehmers
3. Versagung oder Löschung eines Schutzrechtes
4. Domainschutz

1. Gewerbliche Schutzrechte

Als gewerbliche Schutzrechte eines Franchise-Gebers versteht man die einem Franchise-Geber für das System erteilten Patente, Marken, Gebrauchs- oder Geschmacksmuster. Diese sowie eventuelle Urheberrechte stellen ein wesentliches Aktivum des Franchise-Systems dar. Ihr Schutz muss das Anliegen sowohl des Franchise-Gebers als auch aller Franchise-Nehmer sein.[649]

Der Franchise-Geber ist daher verpflichtet, alle Angriffe gegen die gewerblichen Schutzrechte abzuwenden. Diese Verpflichtung enthält das Vertragsmuster in § 23 Ziffer 1. Die Franchise-Nehmer müssen ihrerseits den Franchise-Geber bei der Abwehr von Verstößen gegen die gewerblichen Schutzrechte nicht nur unterstützen, sondern auch über alle Schutzrechtsverletzungen in ihrem Vertragsgebiet, aber auch wenn diese sie ansonsten in Erfahrungen bringen, informieren. Ob und inwieweit der Rechtsstreit gegen den Schutzrechtsverletzer ausschließlich vom Franchise-Geber geführt wird oder auch dem Franchise-Nehmer gestattet wird, muss im Vertrag festgelegt werden. § 23 Ziffer 2 des Vertragsmusters stellt darauf ab, dass Angriffe ausschließlich vom Franchise-Geber abgewendet werden und der Franchise-Nehmer lediglich zur Unterstützung verpflichtet ist.[650]

2. Nichtangriffsverpflichtungen des Franchise-Nehmers

§ 17 I GWB a. F. erklärte solche Verträge für unwirksam, bei denen dem Lizenznehmer Beschränkungen im Geschäftsverkehr auferlegt werden, die über den Inhalt des Schutzrechtes hinausgehen. Allerdings konnte trotz dieser Regelung der Franchise-Nehmer gemäß § 17 II Ziff. 3 GWB a. F. verpflichtet werden, die ihm zur Nutzung überlassenen gewerblichen Schutzrechte des Franchise-Gebers nicht anzugreifen. Daran hat sich durch die 7. GWB-Novelle nichts geändert.

Jeder Franchise-Geber hat ein berechtigtes Interesse daran, dass nicht der Franchise-Nehmer das Schutzrecht angreift und dieser unter Umständen über das ihm vom Franchise-Geber zur Nutzung überlassene Know-how erst die Informationen erhält, die ihn in die Lage versetzen, die dem Franchise-Nehmer erteilten gewerblichen Schutzrechte anzugreifen.[651]

Allerdings kann eine Nichtangriffsklausel Artikel 101 AEUV (= Art. 81 I EG-Vertrag) verletzen, wenn diese den Franchise-Nehmer rechtlich und wirtschaftlich zu sehr einengt.[652]

3. Versagung oder Löschung eines Schutzrechtes

Gelegentlich wird ein gewerbliches Schutzrecht, z. B. eine dem Franchise-Geber erteilte Marke später gelöscht, beschränkt oder für nichtig erklärt. Auf diesen Fall stellt § 23 Ziffer 3 des Vertragsmusters ab und regelt, dass die Rechtswirksamkeit des Franchise-Vertrages im Übrigen von dieser Löschung des gewerblichen Schutzrechts nicht berührt wird.

Teilweise enthalten Franchise-Verträge eine Regelung, wonach für den Fall der Schutzrechtsversagung dem Franchise-Nehmer ein angemessener Ausgleich zu gewähren ist. Wenn eine solche Regelung gewünscht wird, müsste § 23 Ziffer 3 noch um folgenden Satz ergänzt werden:

> „Die Vertragsparteien werden, sofern diese Umstände erhebliche Auswirkungen auf das gesamte Franchise-System haben, über Veränderungen der in § 17 niedergelegten laufenden Franchise-Gebühren Verhandlungen aufnehmen."

4. Domain-Schutz

Domain-Namen dienen als technische Adressen im Internet. Bei Internetadressen ist zwischen Internetprotokollnummern (Internet-Protocol, IP) und den Domain-Namen zu unterscheiden. Eine Registrierung identischer Namen im Internet ist ausgeschlossen. Eine Internetadresse besteht aus mehreren Ebenen (Levels), die durch Punkte voneinander getrennt sind. Zu unterscheiden ist zwischen der Top-Level-Domain, dem Domain-Namen, der Sub-Domain und dem Host-Name. Bis Ende Februar 1998 war für die Vergabe von Internetadressen unterhalb der 7 generischen Top-Level-Domains in den USA ausschließlich die amerikanische NSI (Network Solutions Inc.), die im Auftrag der NSF (National Sience Foundation) das Internet NIC (International Network Information Center) betrieb, zuständig. Seit März 1998 werden auf Betreiben der IANA (Internet

Assigned Numbers Authority) und des CORE (Council of Registrators) inzwischen weltweit durch 88 Unternehmen Domains vergeben. Zusätzlich wurde die WIPO (World Intellectual Property Organisation) in Genf mit der Regelung von Konflikten im Zusammenhang mit Markennamen beauftragt.

In Deutschland ist das DE-NIC (Deutsches Network Information-Center) in Frankfurt vom technischen Betrieb im Rechenzentrum der Universität Karlsruhe für die Vergabe und Registrierung eines Domain-Names unterhalb des Top-Level-Domain.de verantwortlich. Domain-Namen-Anträge sind seit dem 30. 4. 1996 allerdings nicht mehr direkt an das DE-NIC, sondern an örtliche Internet Service Provider zu richten, die ihrerseits Mitglieder beim IV-DE-NIC (Interessenverbund zur Sicherstellung des DE-NIC) sind. Seit 1995 werden für die Anmeldung einmalige Eintragungsgebühren und darüber hinaus regelmäßige Jahresgebühren erhoben.[653] Mit der Einführungsverordnung vom 22. 4. 2002[654] und der EU-Festlegungsverordnung vom 28. 4. 2004[655] wurden die Kriterien für die Vergabe der Domain im Einzelnen festgelegt. Die Verwaltung der „EU-Domain" wird von der European Registry for Internet Domains (EURid) im Auftrag der EU-Kommission wahrgenommen. Die EURid arbeitet mit der Zentralstelle für die Vergabe von Internetadressen und -namen (ICANN – Internet Corporation for Assigned Names and Numbers) zusammen, um ihre technischen Vorgaben umzusetzen. Die „EU-Domain" muss u. a. folgende Voraussetzungen erfüllen:

- mindestens 2 und maximal 63 Zeichen (Buchstabe, Zahl, Bindestrich),
- kein Bindestrich am Anfang oder Ende,
- kein Bindestrich an der 3./4. Stelle.

Ausgeschlossen sind u. a. verleumderische und rassistische Domains oder solche, die gegen die öffentliche Ordnung verstoßen. Eine Registrierung einer EU-Domain setzt voraus:

- Unternehmen mit Sitz, Hauptverwaltung oder Hauptniederlassung in der EU,
- in der EU niedergelassene Organisation oder
- natürliche Personen mit Wohnsitz innerhalb der EU.

Für die Anmeldung sehen die EU-Verordnungen eine Staffelung vor, die in 3 Phasen abläuft:

- **Sunrise Periode 1 (7. 12. 2005–6. 2. 2006):**
  In dieser Phase können öffentliche Einrichtungen und Inhaber eingetragener Marken eine entsprechende Domain registrieren lassen.
- **Sunrise Periode 2 (7. 2. 2006–6. 4. 2006):**
  Auch in dieser Phase können Antragsberechtigte der 1. Phase eine Registrierung vornehmen lassen, sowie Inhaber anderer Rechte, die in einem EU-Mitgliedsstaat geschützt sind. Das Bestehen des

Rechts muss jeweils durch schriftliche Unterlagen nachgewiesen werden. Innerhalb beider Phasen gilt der Prioritätsgrundsatz „first come, first served".

- **Windhundverfahren (ab dem 7. 4. 2006):**
  Nach Abschluss des Vorabregistrierungszeitraums beginnt die allgemeine Registrierung, wobei wiederum der Prioritätsgrundsatz gilt.[656]

Mit den EU-Verordnungen soll im besonderen Maße versucht werden, die in der Vergangenheit beobachteten, spekulativen Anmeldungen bei anderen Domains zu beseitigen. Kann der Domaininhaber keinerlei Rechte und auch kein berechtigtes Interesse an dem Domain-Namen geltend machen oder liegt sonst ein missbräuchliches Verhalten in der Domain-Registrierung vor, kann er von einem Rechtsinhaber zu einem alternativen Streitbeilegungsverfahren verpflichtet werden. In einem solchen Verfahren kann die Registrierung des Domain-Namens aufgehoben und an den Beschwerdeführer übertragen werden.[657]

Für jedes Franchise-System hat das Internet an Bedeutung gewonnen. Insofern sieht die EU-Gruppenfreistellungsverordnung für Vertikale Vertriebsbindungen auch vor, dass jeder Franchise-Nehmer eine eigene Homepage betreiben darf, wobei allerdings Vorgaben im Hinblick auf die Corporate Identity des Franchise-Systems gemacht werden können.

Jedes Franchise-System sollte daher frühzeitig die entsprechende Domain schützen, insbesondere wenn es um eine Internationalisierung des Franchise-Systems geht. Anderenfalls besteht die Gefahr des sog. Domain-Grabbing, d.h. die Domain wird in dem Land, in dem das Franchise-System expandieren möchte, von einem Dritten geschützt, der, nachdem das Franchise-System in dieses Land expandiert hat, die Domain an das Franchise-System verkauft.[658]

Bei Domain-Streitigkeiten im Internet besteht wie bei allen anderen Massenmedien die örtliche Zuständigkeit nach den allgemeinen Grundsätzen der ZPO.[659] Zuständig sind nach § 140 MarkenG die Kennzeichengerichte für Kennzeichenstreitsachen und nach § 125e MarkenG die Gemeinschaftsmarkengerichte für Gemeinschaftsmarkenstreitsachen.[660]

§ 24
Vertragsstrafe

Verstößt der Franchise-Nehmer gegen eine der von ihm nach diesem Franchise-Vertrag übernommenen Verpflichtungen, so hat dieser für jede schuldhafte Zuwiderhandlung eine, vom Franchise-

Geber nach billigem Ermessen festzusetzende, im Streitfall vom zuständigen Gericht zu überprüfende, Vertragsstrafe zu zahlen.

Unabhängig davon stehen dem Franchise-Geber weiterhin die Rechte zu, den Franchise-Vertrag fristlos aus wichtigem Grund wegen der Verstöße gegen den Franchise-Vertrag zu kündigen sowie seine Ansprüche auf Auskunftserteilung und Schadensersatz durchzusetzen. Eine etwaige Vertragsstrafe ist auf den Schadensersatz anzurechnen.

Erläuterungen

1. Durchsetzung von Vertragsstrafen
2. Herabsetzung der Vertragsstrafe
3. Vertragsstrafe und § 242 BGB
4. Vertragsstrafenregelung nach dem Hamburger Brauch
5. Ausschluss des Fortsetzungszusammenhangs
6. Vertragsstrafe und Schadensersatz

1. Durchsetzung von Vertragsstrafen

Um schwerwiegende Vertragsverstöße zu sanktionieren, aber auch gegenüber dem Franchise-Nehmer nachvertragliche Ansprüche durchsetzen zu können, wie etwa die unberechtigte Weiternutzung der Marke nach Vertragsende, die Verletzung des nachvertraglichen Wettbewerbsverbots oder der Geheimhaltungspflichten ist es notwendig, dass eine Vertragsstrafe vereinbart wird, so wie dies § 24 des Vertragsmusters vorsieht.[661]

2. Herabsetzung der Vertragsstrafe

Bei Nichtkaufleuten und Minderkaufleuten kann die Vertragsstrafe gemäß § 343 BGB gerichtlich herabgesetzt werden. Ist der Franchise-Nehmer Vollkaufmann, so kann die Vertragsstrafe, wenn sie für den Betrieb seines Franchise-Outlets versprochen wurde, grundsätzlich nicht herabgesetzt werden (§ 348 HGB).

Allerdings ist auch bei Vollkaufleuten ein Vertragsstrafeversprechen dann nichtig, wenn es den Franchise-Nehmer unangemessen benachteiligt (§ 307 I 1 BGB). Zweck einer Vertragsstrafe ist es zum einen, auf den Franchise-Nehmer Druck auszuüben, um diesen zur vertragsgerechten Erfüllung anzuhalten; zum anderen soll dem Franchise-Geber im Verletzungsfall eine erleichterte Schadlosstellung ohne Einzelnachweis ermöglicht werden.[662] Deshalb muss ein angemessenes Verhältnis zwischen der Höhe der Strafe einerseits sowie dem Erfüllungsinteresse des Franchise-Gebers andererseits bestehen. Diese Interessenabwägung ist dann nicht ausgewogen, wenn die Höhe der Vertragsstrafe nicht mit der Schwere der Vertragsverletzung korrespondiert. So wurde schon eine Vertragsstrafenregelung in Höhe von DM 5.000,00 als unangemessen angesehen, weil diese für jeden Fall des Verstoßes vereinbart wurde.[663] Erst recht muss dies für höhere Vertragsstrafen gelten, etwa bei Beträgen von EUR 50.000,00, EUR 100.000,00 oder sogar EUR 250.000,00 für die Verletzung nachvertraglicher Wettbewerbsverbote. Vor dem Hintergrund des Urteils des BGH vom 21. 3. 1990[664] sind derartige Vertragsstrafenregelungen gemäß § 307 I 1 BGB nichtig.[665]

3. Vertragsstrafe und § 242 BGB

War bislang davon ausgegangen worden, dass bei Vollkaufleuten § 348 HGB einer Herabsetzung der Vertragsstrafe entgegensteht, so sind nunmehr die Grundsätze des Urteils des BGH vom 17. Juli 2008[665a] zu beachten. In dieser Entscheidung hat der Bundesgerichtshof festgestellt, dass eine Herabsetzung einer Vertragsstrafe nach den Grundsätzen von Treu und Glauben gem. § 242 BGB geboten sein kann, wenn die vereinbarte Vertragsstrafe in einem außerordentlichen Missverhältnis zur Bedeutung der Zuwiderhandlung steht. Dies gilt nach Ansicht des Bundesgerichtshofs selbst dann, wenn eine Verringerung der Vertragsstrafe wegen unverhältnismäßiger Höhe nach § 343 BGB gem. § 348 HGB ausgeschlossen ist. In diesem Fall ist die Vertragsstrafe nicht auf die nach § 343 BGB angemessene Höhe, sondern nur auf das Maß zu reduzieren, das ein Eingreifen des Gerichts nach § 242 BGB noch nicht rechtfertigen würde.

Insofern ist zukünftig in den Fällen, in denen ein außerordentliches Missverhältnis zwischen der Zuwiderhandlung und der vereinbarten Vertragsstrafe besteht, nicht auszuschließen, dass eine Herabsetzung nach § 242 BGB erfolgen kann. Das Unternehmen hatte sich in dem vom BGH entschiedenen Fall in einem Vertragsstrafeversprechen zur Leistung einer Vertragsstrafe von DM 15.000,00 für jeden Fall der Zuwiderhandlung verpflichtet. Da gleichwohl gegen die Unterlassungserklärung verstoßen wurde, wurde eine Vertragsstrafe i. H. v. EUR 53,68 Mio. geltend gemacht. In einem solchen Fall wird sicherlich das vom Bundesgerichtshof angesprochene außerordentliche Missverhältnis in der vereinbarten Vertragsstrafe und der Zuwiderhandlung vorliegen. Dabei ist bei der Reduzierung der Vertragsstrafe nach den Grundsätzen von Treu und Glauben gem. § 242 BGB in erster Linie auf den Sanktionscharakter der Vertragsstrafe und deren Funktion, weitere Zuwiderhandlungen zu verhindern, sowie auf die

Schwere und das Ausmaß der Zuwiderhandlung und deren Gefährlichkeit für den Gläubiger auszugehen. Unter Berücksichtigung dieser Umstände sah der Bundesgerichtshof im entschiedenen Fall eine Vertragsstrafe i. H. v. EUR 200.000,00 als angemessen an. Die Entscheidung ist aber nur vom Grundsatz verallgemeinerungsfähig, d. h. grundsätzlich kann auch entgegen § 348 HGB eine Herabsetzung der Vertragsstrafe gem. § 242 BGB in Betracht kommen. Ob allerdings das vom Bundesgerichtshof angesprochene „außerordentliche Missverhältnis" vorliegt, ist jeweils eine Einzelfallentscheidung.

4. Vertragsstrafenregelung nach dem Hamburger Brauch

Um flexibel auf die Vertragsverstöße und deren Schwere reagieren zu können, sieht das Vertragsmuster die Vereinbarung einer Vertragsstrafe nach dem so genannten Hamburger Brauch vor. Der Franchise-Geber kann hier zunächst die Vertragsstrafe in Korrespondenz mit der Schwere des Verstoßes nach seinem Ermessen festsetzen, während der Franchise-Nehmer das Recht hat, die Höhe der Vertragsstrafe durch das zuständige Gericht überprüfen zu lassen. Dabei sind Schwere und Ausmaß der Zuwiderhandlung, der Sanktionscharakter der Vertragsstrafe und deren Zweck zu berücksichtigen, um einige der Bemessungskriterien für eine Vertragsstrafe nach dem Hamburger Brauch zu nennen.[666]

5. Ausschluss des Fortsetzungszusammenhangs

Mitunter wird gefordert, dass für die Leistung der Vertragsstrafe der Grundsatz des Fortsetzungszusammenhangs ausgeschlossen wird. Damit will man verhindern, dass eine fortgesetzte Handlung nur einmal die Vertragsstrafe auslöst. Darauf sollte verzichtet werden, nachdem der Bundesgerichtshof seine entsprechende strafrechtliche Rechtsprechung[667] aufgegeben und mit seiner Entscheidung vom 10. Dezember 1992[668] festgestellt hat, dass sich der uneingeschränkte Verzicht auf die Einrede des Fortsetzungszusammenhangs in einem vorformulierten Vertrag mit wesentlichen Gedanken des Vertragsstrafenrechts nicht vereinbaren lässt. Insofern stellt nach Ansicht des BGH eine solche Regelung eine unangemessene Benachteiligung des Franchise-Nehmers i. S. v. § 307 I 1 BGB dar.

6. Vertragsstrafe und Schadenersatz

Das Gesetz wertet Vertragsstrafeklauseln i. d. R. als unangemessen benachteiligend i. S. v. § 307 I 1 BGB, da sie dem zur Vertragsstrafe

Verpflichteten erhebliche Nachteile aufbürden, d.h. bei einem Verstoß der Franchise-Nehmer in der Leistungsverpflichtung ohne Schadenersatznachweis steht und ein Herabsetzungsantrag gem. § 343 BGB mit erheblichem Kostenrisiko verbunden ist.[669] Aus diesem Grunde sind Vertragsstrafen auch auf einen für den Verstoß geltend zu machenden Schadenersatz anzurechnen, da anderenfalls eine „Verdoppelung" der Schadenersatzverpflichtung des Franchise-Nehmers eintritt: Dieser muss sowohl den dem Franchise-Geber entstandenen Schaden ersetzen, als auch zusätzlich noch die Vertragsstrafe leisten. Insofern geht das Vertragsmuster in § 24 Abs. 2 Satz 2 davon aus, dass die Vertragsstrafe auf einen vom Franchise-Nehmer zu leistenden Schadenersatz anzurechnen ist. Auch insofern verstößt daher die Regelung des Vertragsmusters nicht gegen § 307 I 1 BGB.

Entsprechend dem Schutzweck des § 340 BGB ist allerdings die Vertragsstrafe nur insoweit auf den Schadensersatzanspruch anzurechnen, wie **Interessenidentität** besteht. Nach der Entscheidung des Bundesgerichtshofs vom 8. Mai 2008[669a] besteht zwischen dem Anspruch auf Zahlung einer Vertragsstrafe und dem Anspruch auf Ersatz der Anwaltskosten, die durch die Geltendmachung der Vertragsstrafe entstanden sind, keine solche Identität, das heißt diese Kosten können zusätzlich erstattet verlangt werden.

§ 25
Haftung des Franchise-Gebers

1. Ist der Franchise-Nehmer bei Vertragsabschluss bereits als selbständiger Unternehmer tätig gewesen, so ist er selbst in der Lage, die wirtschaftlichen Chancen und Risiken zu beurteilen. Der Franchise-Geber steht deshalb nicht für die Rentabilität und den Gewinn oder Verlust des Betriebes des Franchise-Nehmers ein.
Soweit der Franchise-Nehmer bei Abschluss des Franchise-Vertrages Existenzgründer ist, hatte dieser vor Abschluss des Franchise-Vertrages Gelegenheit, den Franchise-Vertrag, das Franchise-Handbuch sowie die wirtschaftlichen Chancen und Risiken des Franchise-System durch einen von Berufs wegen zur Verschwiegenheit verpflichteten Dritten überprüfen zu lassen.

2. Der Franchise-Nehmer erkennt ausdrücklich an, dass ihm vom Franchise-Geber keine Rentabilitätsgarantie für das Backfachgeschäft erteilt wurde und er zugleich darauf hingewiesen worden ist, dass die ihm mitgeteilten wirtschaftlichen Daten des Franchise-Systems auf Erfahrungswerte des Franchise-Gebers aus eigenen Filialen und/oder vergleichbaren franchisierten Backfachgeschäften zurückgehen.

3. Der Franchise-Geber haftet unbeschadet der nachfolgenden Haftungsbeschränkungen uneingeschränkt für Schäden an Leben, Körper und Gesundheit, die auf einer fahrlässigen oder vorsätzlichen Pflichtverletzung des Franchise-Gebers, seiner gesetzlichen Vertreter oder Erfüllungsgehilfen beruhen, sowie für Schäden, die von der Haftung nach dem Produkthaftungsgesetz umfasst werden, sowie für Schäden, die auf vorsätzlichen oder grob fahrlässigen Vertragsverletzungen sowie Arglist des Franchise-Gebers, seiner gesetzlichen Vertreter oder Erfüllungsgehilfen beruhen. Soweit der Franchise-Geber bezüglich seiner Leistungen oder Teile derselben eine Beschaffenheit und/oder Haltbarkeitsgarantie abgegeben hat, haftet der Franchise-Geber im Rahmen dieser Garantie. Für Schäden, die auf dem Fehlen dieser garantierten Beschaffenheit oder Haltbarkeit beruhen, aber nicht unmittelbar am Vertragsgegenstand eintreten, haftet der Franchise-Geber allerdings nur dann, wenn das Risiko eines solchen Schadens ersichtlich auch von der Beschaffenheits- und Haltbarkeitsgarantie erfasst wird.
Der Franchise-Geber haftet für Schäden, die durch einfache Fahrlässigkeit verursacht werden, soweit die Fahrlässigkeit die Verletzung solcher Vertragspflichten betrifft, deren Einhaltung für die Erreichung des Vertragszwecks von besonderer Bedeutung ist (Kardinalpflichten). Der Franchise-Geber haftet jedoch nur, soweit die Schäden typischerweise mit dem Vertrag verbunden und vorhersehbar sind. Die Haftung für diese Schäden wird auf das Dreifache der Netto-Eintrittsgebühr gem. § 17 Ziff. 1 dieses Franchise-Vertrags begrenzt. Bei fahrlässiger Verletzung nicht vertragswesentlicher Nebenpflichten haftet der Franchise-Geber im Übrigen nicht.
Eine weitergehende Haftung des Franchise-Gebers ist ohne Rücksicht auf die Rechtsnatur des geltend gemachten Anspruchs ausgeschlossen. Soweit die Haftung des Franchise-Gebers ausgeschlossen oder beschränkt ist, gilt dies auch für die persönliche Haftung seiner Angestellten, Arbeitnehmer, Mitarbeiter, Vertreter und Erfüllungsgehilfen.

Erläuterungen

1. Haftungsfragen bei Franchise-Systemen
2. Allgemeine Haftung des Franchise-Gebers
3. Ausschluss leichter Fahrlässigkeit
4. Produkthaftung des Franchise-Gebers
5. Prospekthaftung des Franchise-Gebers
6. Haftungsvermeidung/Freizeichnung
7. Ausgleichsklausel

1. Haftungsfragen bei Franchise-Systemen

In Franchise-Systemen können Haftungsfragen unterschiedlichster Art für den Franchise-Geber entstehen, so eine Haftung wegen Verletzung vorvertraglicher Aufklärungspflichten nach den Grundsätzen der culpa in contrahendo, einer Haftung für Schadensersatz bei positiver Vertragsverletzung des abgeschlossenen Franchise-Vertrages gemäß § 280 BGB, nach dem Recht der unerlaubten Handlungen (§§ 823 I, 823 II, 826 BGB), im Falle einer deliktischen Handlung des Franchise-Gebers oder aber aufgrund einer Zurechnungsvorschrift wie etwa im Falle einer wettbewerbswidrigen Werbung des Franchise-Nehmers gemäß § 8 II UWG – aber nur im Hinblick auf den Unterlassungsanspruch[670] oder nach den Grundsätzen der Produzentenhaftung bzw. dem Produkthaftungsgesetz und – was gänzlich noch ungeklärt ist – nach den Grundsätzen der Prospekthaftung.[671]

§ 25 des Vertragsmusters postuliert grundsätzlich die Haftung des Franchise-Gebers, zeichnet diesen aber auch, soweit keine unangemessene Benachteiligung des Franchise-Nehmers im Sinne von § 307 I 1 BGB vorliegt, von einer Haftung frei.[672] Ergänzt wird die Haftungsvorschrift des § 25 des Vertragsmusters durch die Freistellungserklärung gemäß § 1 Ziff. 10 letzter Satz des Vertragsmusters.

2. Allgemeine Haftung des Franchise-Gebers

In erster Linie ist der Franchise-Geber vor Abschluss des Franchise-Vertrages zur umfassenden Auskunft und Aufklärung gegenüber dem Franchise-Nehmer verpflichtet, insbesondere zur wahrheitsgemäßen Offenbarung der mit dem Abschluss des Franchise-Vertrages verbundenen Rentabilitätsaussichten.[673] Wird diese Auskunftsverpflichtung verletzt, so haftet der Franchise-Geber dem Franchise-Nehmer gegenüber auf Leistung von Schadensersatz nach den Vorschriften der culpa in contrahendo, wie z.B. das OLG München mit seinem Urteil vom 16. 9. 1993[674] festgestellt hat. Allerdings ist diese Haftung nicht uneingeschränkt. Der Franchise-Nehmer ist selbständiger Unternehmer und muss daher bei Vertragsabschluss die mit dem Abschluss des Vertrages verbundenen wirtschaftlichen Risiken selbst beurteilen. Insofern dürfen die Grundsätze der culpa in contrahendo nicht zu einer Rentabilitätsgarantie für den Franchise-Nehmer führen.[675]

Auch kann der Franchise-Nehmer nicht für die unberechtigte Aufrechterhaltung des Franchise-Betriebes des Franchise-Nehmers einstehen, solange er eine Unterbrechung nicht vorsätzlich oder grob fahrlässig verursacht hat (§ 307 I 1 i.V.m. § 309 Ziff. 7 BGB).[676] Das Vertragsmuster stellt daher in § 25 Ziffer 1 darauf ab, dass der Franchise-Nehmer für die wirtschaftlichen Risiken seines Franchise-Outlets selbst einzustehen hat und ihm eine Rentabilitätsgarantie nicht erteilt wird. Dabei geht das Vertragsmuster davon aus, dass dem Franchise-Nehmer bei Vertragsabschluss zutreffende Auskünfte erteilt worden sind. Sind die Auskünfte nicht zutreffend, so kann sich der Franchise-Geber im Nachhinein nicht auf einen Haftungsausschluss im Sinne von § 25 Ziffer 1 des Vertragsmusters berufen. Bei vorsätzlich falschen Angaben ist die Haftungsfreistellung unwirksam.[677]

3. Ausschluss leichter Fahrlässigkeit

Die Haftungsausschlussregelung in § 25 Ziff. 3 des Vertragsmusters entspricht den Möglichkeiten der Haftungsbegrenzungen, so wie sie durch § 309 I Ziff. 7, 8 BGB vorgegeben werden.[678]

Der Haftungstatbestand des § 25 Ziff. 3 des Vertragsmusters wäre etwa dann erfüllt, wenn der Franchise-Geber grob fahrlässig Angriffe auf das Franchise-System nicht abwehrt, Markenverletzungen nicht weiter verfolgt oder im Rahmen eines vereinbarten Warenwirtschaftssystems seinen Belieferungsverpflichtungen gegenüber dem Franchise-Nehmer aus von ihm zu vertretenden Gründen nicht nachkommt.[679]

4. Produkthaftung des Franchise-Gebers

Soweit die Produkte, die vom Franchise-Nehmer vertrieben werden, vom Franchise-Geber produziert und in den Verkehr gebracht werden, ist dieser Hersteller im Sinne von § 4 I PHG. Hersteller ist der Franchise-Geber aber auch dann, wenn die Produkte für ihn unter seiner Marke produziert werden, da auch derjenige haftet, der sich durch das Einbringen seines Namens, seiner Marke oder eines anderen unterscheidungskräftigen Kennzeichens als Hersteller ausgibt.[680] Gemäß § 4 II PHG gilt letztlich derjenige als Hersteller, „wer ein Produkt zum Zwecke des Verkaufs, des Mietkaufs oder in einer anderen Form des Vertriebs mit wirtschaftlichem Zweck im Rahmen seiner Geschäftstätigkeit in dem Geltungsbereich des Vertrages zur Gründung der europäischen Wirtschaftsgemeinschaft einführt oder verbringt“. Damit kann die Haftung eines jeden Franchise-Gebers entweder als Hersteller oder als Quasi-Hersteller begründet werden, wobei sich die Produkthaftung auf alle Pflichtenkreise des Unternehmens beziehen kann (z. B. Organisation, Einkauf, Produktberatung, Instruktionen). Insofern ist der Franchise-Geber auch verpflichtet, dem Franchise-Nehmer etwa notwendige Datenschutzblätter zur Verfügung zu stellen, soweit durch den Franchise-Nehmer bei der Erbringung seiner Dienstleistungen Chemikalien etc. verwendet werden, die der Gefahrstoffverordnung oder sonstigen Kennzeichnungsvorschriften unterliegen.[681]

5. Prospekthaftung des Franchise-Gebers

Geht man entgegen den Grundsätzen der Aufina-Entscheidung des OLG München vom 24. April 2001[682] davon aus, dass auf Prospekte von Franchise-Systemen die Grundsätze der Prospekthaftung Anwendung finden,[683] so werden davon auch Prognosen erfasst, wenn und soweit diese auf falschen Tatsachen beruhen, gegen Erfahrungsgrundsätze verstoßen oder die erforderliche Zurückhaltung fehlt. Eine Haftung für das eigentliche Prognoserisiko besteht nicht.[684] Das Verschulden des Prospektverantwortlichen und damit des Franchise-Gebers wird vermutet. Das Verschulden wird nur dann von den Gerichten geprüft, wenn Umstände vorliegen, die das Verschulden entfallen lassen könnten.[685]

Da die Prospekthaftung in bestimmten Konstellationen zu einer Haftung der Hintermänner (Prospektverantwortlicher), unabhängig davon, ob sie in Erscheinung getreten sind, führt, können insoweit auch Ansprüche gegenüber den Geschäftsführern einer Franchise-Gebergesellschaft gegeben sein. Diese haften dann als Gesamtschuldner neben der Franchise-Gebergesellschaft dem Franchise-Nehmer gegenüber Schadensersatz.[686]

§ 311 III BGB enthält insoweit eine Abweichung vom bisherigen Recht: Für die Eigenhaftung des Vertreters war allerdings bis zum 31. 12. 2001 dessen Eigeninteresse erforderlich,[687] so dass i. d. R. nur eine deliktische Haftung des Vertreters gem. § 823 II BGB i. V. m. § 263 StGB bzw. gem. § 826 BGB in Betracht kam.[688]

Nunmehr reicht es aus, wenn der Vertreter im Rahmen der Vertragsverhandlungen Vertrauen für sich in Anspruch nimmt und dadurch die Vertragsverhandlungen oder den Vertragsabschluss erheblich beeinflusst. Für Vertragsverhandlungen über den Abschluss von Franchise-Verträgen bedeutet dies seit dem 1. 1. 2002, dass die in die Vertragsverhandlungen eingebundenen Vertreter viel eher als nach dem bis zum 31. 12. 2001 geltenden Recht auf Leistung von Schadensersatz oder nach den Grundsätzen der culpa in contrahendo in Anspruch genommen werden können. Insofern ist denjenigen, die für den Franchise-Geber die Vertragsverhandlungen mit Franchise-Nehmern führen, zu raten, die Rentabilitätsberechnungen und Liquiditätsplanungen ständig auf ihre Richtigkeit und Grundlagen hin zu überprüfen, um zu verhindern, dass nicht nur das Unternehmen, sondern sie selbst bei einem Schadensersatzanspruch nach den Grundsätzen der culpa in contrahendo gem. §§ 280, 311 BGB ausgesetzt sind.[689]

6. Haftungsvermeidung/Freizeichnung

Soweit es um die Vermeidung einer Haftung des Franchise-Gebers – insbesondere für die Verletzung vorvertraglicher Aufklärungspflichten geht – sind Checklisten hilfreich, anhand deren im einzelnen dargestellt wird, welche Informationen dem Franchise-Nehmer zu vermitteln sind, damit dieser das mit dem Abschluss eines Franchise-Vertrages verbundene Risiko abwägen kann.[690] Dabei ist *Giessler*[691] auch darin zuzustimmen, dass die in der Checklist enthaltenen Angaben in regelmäßigen Abständen auf ihre Richtigkeit und Vollständigkeit hin, überprüft werden müssen; dies gilt insbesondere vor Messeauftritten, wenn damit die Akquirierung von Franchise-Nehmern bezweckt wird.

Eine Freizeichnung von der Haftung für Auskünfte und Beratungen ist dem Franchise-Geber nur begrenzt möglich. Dabei ist entscheidend, ob überhaupt eine Freizeichnung vorliegt und inwieweit diese Freizeichnung zulässig ist. Dabei kann auf die Rechtsprechung der Haftungsfreizeichnung bei Kapitalanlagen zurückgegriffen werden.[692]

Eine allgemeine Haftungsfreizeichnung ist demgemäß nicht wirksam. Eine solche Regelung ist gem. § 307 I 1 BGB nichtig. Wenn der Franchise-Geber sogar weiß, dass er den Franchise-Nehmer nicht richtig oder nicht vollständig oder nicht wahrheitsgemäß unterrichtet hat, ist eine solche Klausel gem. § 138 BGB unwirksam.

Soweit das Vertragsmuster davon ausgeht, dass die Haftung des Franchise-Gebers auf Vorsatz und grobe Fahrlässigkeit begrenzt ist, ist die praktische Bedeutung einer solchen Klausel gering, weil das Verschulden des Franchise-Gebers vermutet wird. Unzutreffende Angaben über das System, die Rentabilität eines Franchise-Outlets oder aber zur Anzahl der Franchise-Nehmer und die daraus folgende sog. Floprate sind dem Franchise-Geber geläufig, so dass insofern zumindest bei unzutreffenden Angaben grobe Fahrlässigkeit vorliegt.[693]

7. Ausgleichsklausel

Gem. § 242 BGB sind Ausgleichsklauseln in einem Aufhebungsvertrag zu beurteilen, wenn die Vertragsparteien nach dem Scheitern des Franchise-Nehmers einvernehmlich den Franchise-Vertrag beenden. Ob dann eine solche allgemeine Ausgleichsklausel, mit der der Franchise-Nehmer auf die Geltendmachung von Schadensersatzansprüchen verzichtet, zulässig ist, hängt von den Umständen des Einzelfalls ab.[694]

Teil VIII
Vertragsdauer/-beendigung

§ 26
Vertragsdauer

1. Der Franchise-Vertrag beginnt mit dem

......

und ist bis zum

......

fest abgeschlossen.

2. 6 Monate vor Ablauf der vertraglich vereinbarten Festlaufzeit werden die Vertragsparteien Verhandlungen darüber aufnehmen, ob nach Ablauf der vertraglich vereinbarten Festlaufzeit ein neuer Franchise-Vertrag mit einer wiederum 5-/10-jährigen Laufzeit abgeschlossen wird.
Spätestens 3 Monate vor Ende der vertraglich vereinbarten Festlaufzeit werden sich die Vertragsparteien aber abschließend dazu erklären, ob die Verhandlungen erfolgreich sein werden oder eine Fortsetzung des Franchise-Verhältnisses über die vertraglich vereinbarte Festlaufzeit nicht in Betracht kommt.

3. Die Erklärung bedarf der Schriftform. Diese ist mit Einschreiben/Rückschein zu erklären. Für die Wahrung der Erklärungsfrist ist das Datum des Poststempels maßgebend.

Erläuterungen

1. Laufzeit von Franchise-Verträgen
2. Laufzeitklausel
3. Anspruch auf Verlängerung des Franchise-Vertrages

1. Laufzeit von Franchise-Verträgen

Die Laufzeit von Franchise-Verträgen kann nicht allgemein beurteilt werden, da sie vom jeweiligen Franchise-System, aber auch von der Art des Geschäftes (Großhandel, Einzelhandel, Handwerk, Dienstleistung) sowie den persönlichen Wünschen und Verhältnissen der Vertragsbeteiligten, der Höhe der Investitionen und des Kapitaleinsatzes des Franchise-Nehmers abhängig ist.[695] Die Laufzeit eines Franchise-Vertrages ist aber nicht nur von diesen Überlegungen, sondern auch von der Frage abhängig, ob dieser als Existenzgründer Finanzierungsmittel von der Kreditanstalt für den Wiederaufbau erhalten soll. Diese finanzieren Franchise-Systeme nur dann, wenn der Vertrag entweder eine Laufzeit von 10 Jahren oder eine Festlaufzeit von 5 Jahren mit 5jähriger Optionsklausel hat.[696]

Eine 10-jährige Erstlaufzeit des Franchise-Vertrages ist nicht mehr grundsätzlich unproblematisch, so dass zur Begründung einer solchen Laufzeit auch nicht mehr auf die Rechtsprechung des Bundesgerichtshofs zur Laufzeit von Bierlieferungsverträgen[697] zurückgegriffen werden kann. So hat zuletzt noch das OLG München im Beschluss vom 9. Januar 2009[698] festgestellt, dass Laufzeiten eines Franchise-Vertrages von mehr als 10 Jahren unangemessen sind.

Dabei hat sich die Kontrolle der Laufzeit eines Franchise-Vertrages zunehmend aus dem Sittenwidrigkeitsverdikt des § 138 BGB heraus und in die Inhaltskontrolle gem. §§ 305 ff. BGB verlagert.[699] Dies bedeutet aber nicht, dass jede über 5 Jahre hinausgehende Erstlaufzeit eines Franchise-Vertrages gem. § 307 I 1 BGB unwirksam ist oder aber ein Franchise-Vertrag gem. § 307 BGB dahingehend zu ergänzen ist, dass dieser analog § 624 BGB nach einer 5-jährigen Laufzeit binnen 6 Monaten gekündigt werden kann.[700] Vielmehr ist mit **Stoffels**[701] davon auszugehen, dass die Länge der Investitionen die Laufzeit eines Franchise-Vertrages bestimmt, d.h. hat der Franchise-Nehmer hohe Investitionen zu tätigen, so kann eine Erstlaufzeit auch von mehr als 5 Jahren in Betracht kommen, ohne dass diese Regelung gem. § 307 I 1 BGB den Franchise-Nehmer unangemessen benachteiligt. Trägt der Franchise-Nehmer keine Investitionen, etwa weil er sein Franchise-Outlet im Wege eines Pachtmodells (wie bei Kamps Bakeries) zur Verfügung gestellt bekommt, so können auch kürzere Fristen als 5 Jahre vereinbart werden, wobei sich dann die Beendigung eines solchen Franchise-Vertrages durch ordentliche Kündigung, wenn dieser auf unbestimmte Zeit abgeschlossen wird, an den Kündigungsfristen des § 88 HGB zu orientieren hat. Erforderlich ist aber immer eine Würdigung des Einzelfalls unter Abwägung der beiderseitigen Leistungen und schützwürdigen Interessen unter Berücksichtigung von Inhalt, Motiv und Zweck des Franchise-Vertrages.[702]

Ob es bei diesen Grundsätzen bleibt, scheint zweifelhaft. Nach der EU-Gruppenfreistellungsverordnung für vertikale Vertriebsbindungen kann ein Franchise-Nehmer de lege lata und de lege ferenda nämlich dann, wenn die Bezugsbindung mehr als 80% beträgt, vom 6. Vertragsjahr an konkurrierende Produkte absetzen bzw. konkurrierende Dienstleistungen erbringen. Die EU-Kommission geht davon aus, dass ein Wettbewerbsverbot nur für die Dauer von fünf Jahren vereinbart werden kann. Dies kann nur umgangen werden, in dem entweder die Bezugsbindung nicht mehr als 80% des EK-Umsatzes des Franchise-Nehmers beträgt oder aber der Franchise-Nehmer seinen Franchise-Outlet in Räumlichkeiten betreibt, die ihm aufgrund eines mit dem Franchise-Geber abgeschlossenen Untermietvertrages überlassen wurden. Für diesen Fall kann die Laufzeit des Franchise-Vertrages der des Mietvertrages entsprechen.

In allen anderen Fällen bleibt nur die Möglichkeit, so genannte Ketten-Franchise-Verträge abzuschließen, d.h. jeweils nach Ablauf der vertraglich vereinbarten fünfjährigen Festlaufzeit einen neuen Franchise-Vertrag mit einer wiederum fünfjährigen Festlaufzeit abzuschließen, an den sich dann gegebenenfalls ein weiterer Franchise-Vertrag anschließt.[703]

Auch die Möglichkeit eines fünfjährig befristeten Franchise-Vertrages mit einer einseitigen Optionsklausel zugunsten des Franchise-Nehmers wird nicht mehr umsetzbar sein. Ist nämlich eine solche Optionsklausel vereinbart, so sieht die EU-Kommission darin gemäß Art. 5a der EU-Gruppenfreistellungsverordnung für vertikale Vertriebsbindungen de lege lata und de lege ferenda einen auf unbestimmte Zeit abgeschlossenen Franchise-Vertrag. Nimmt also der Franchise-Nehmer bei einem nur noch auf fünf Jahre festabgeschlossenen Franchise-Vertrag die Verlängerungsoption wahr, so wäre das erste Jahr des zweiten Franchise-Vertrages, als das 6. Vertragsjahr insgesamt anzusehen, so dass das Verbot, konkurrierende Produkte zu verkaufen oder Dienstleistungen zu erbringen, nicht mehr greift.

Diese Regelungen der EU-Gruppenfreistellungsverordnung für Vertikale Vertriebsbindungen, die grundsätzlich nur zum Abschluss von Franchise-Verträgen mit einer jeweils 5jährigen Laufzeit zwingen, stehen in der Regel einer öffentlichen Finanzierung entgegen. Hier wird eine 10jährige Erstlaufzeit des Franchise-Vertrages verlangt. Um dieser Regelung zu entsprechen, andererseits aber auch dem Franchise-Nehmer vom 6. Vertragsjahr an ein vertragliches Wettbewerbsverbot auferlegen zu können, bleibt nur die Möglichkeit, dass zunächst ein Franchise-Vertrag mit 5jähriger Vertragslaufzeit abgeschlossen wird, gleichzeitig bei Abschluss dieses Franchise-Vertrages dem Franchise-Nehmer vom Franchise-Geber aber ein unwiderrufliches Angebot auf Abschluss eines weiteren 5jährigen Franchise-Vertrages nach Ablauf der 5jährigen Erstlaufzeit unterbreitet wird, das der Franchise-Nehmer bis zum Ablauf der 5jährigen Laufzeit des erst abgeschlossenen Franchise-Vertrages annehmen kann. Es hängt dann von der Entscheidung des Franchise-Nehmers ab, ob dieser das Franchise-Vertragsverhältnis nach 5 Jahren beendet (Ablauf der vertraglich vereinbarten Erstlaufzeit) oder das Angebot des Franchise-Gebers annimmt und einen weiteren auf 5 Jahre abgeschlossenen Franchise-Vertrag unterzeichnet. Notwendig ist aber auf jeden Fall, dass nach Ablauf der 5jährigen Erstlaufzeit ein neuer Franchise-Vertrag unterzeichnet wird.

Dies löst bei Franchise-Nehmern dann immer die Frage aus, ob mit der Unterzeichnung dieses weiteren auf 5 Jahre befristeten Franchise-Vertrages erneut die Verpflichtung zur Leistung einer Eintrittsgebühr verbunden ist. Im amerikanischen Franchise-Recht hat sich diese **sog. Renewal-Fee** (Verlängerungsgebühr) durchgesetzt. In Deutschland wird diese nicht anerkannt. Eine entsprechende Klausel benachteiligt den Franchise-Nehmer unangemessen i. S. v. § 307 I 1 BGB, da in der Regel bei Abschluss des weiteren Franchise-Vertrages kein anderes Know-How zur Verfügung gestellt wird, als das Know-How, das bei Abschluss des ersten Franchise-Vertrages zur Verfügung gestellt wurde und für dessen Weiterentwicklung dann im Rahmen der 5jährigen Erstlaufzeit die laufende Franchise-Gebühr geleistet wurde.[704]

2. Laufzeitklausel

Auf Franchise-Verträge ist auch § 309 Nr. 9 a BGB, wonach Dauerschuldverhältnisse höchstens eine Laufzeit von 2 Jahren haben dürfen, nicht anzuwenden. Die Vorschrift gilt nach allgemeiner Ansicht nicht für so genannte Gebrauchsüberlassungsverträge, zu denen aber Franchise-Verträge gezählt werden.[705]

Die Laufzeitkontrolle von Franchise-Verträgen hat auf der Grundlage von § 307 I 1 BGB zu erfolgen.[706] Der dort geregelte Unangemessenheitsmaßstab verbietet überlange, den Franchise-Nehmer in seiner Dispositionsfreiheit über Gebühr einengende Laufzeiten. Geboten ist eine Einzelfallbetrachtung unter Berücksichtigung der Interessen des Franchise-Gebers und der des Franchise-Nehmers. Dabei spielt insbesondere eine Rolle, innerhalb welchen Zeitraums sich die Investitionen des Franchise-Nehmers amortisieren. Allein der Hinweis auf das dem Franchise-Nehmer zur Verfügung gestellte Know-How reicht für die Begründung einer zumindest über 10 Jahre hinausgehenden Laufzeit des Franchise-Vertrages nicht aus.[707] Entscheidend sind vielmehr die Umstände des Einzelfalles. So sind bei der Laufzeitkontrolle die Investitionen des Franchise-Nehmers und deren Amortisierung genauso zu berücksichtigen wie der etwa notwendige Aufbau einer Infra-Struktur, wenn das Franchise-Outlet in einem Infra-Struktur schwachen Gebiet liegt.[708]

3. Anspruch auf Verlängerung des Franchise-Vertrages

Ein Anspruch auf Verlängerung des Franchise-Vertrages über die vertraglich vereinbarte Erstlaufzeit hinaus gibt es nicht. Ein solcher Anspruch des Franchise-Nehmers kann sich auch nicht aus den auf § 242 BGB aufbauenden vertraglichen Treuepflichten des Franchise-Gebers ergeben. Die Verlängerung eines Franchise-Vertrages unterliegt der Vertragsautonomie der Parteien, kann also nur im gegenseitigen Einverständnis umgesetzt werden.[709]

Ein solcher Anspruch ist auch dann nicht anzuerkennen, wenn der Franchise-Vertrag vorzeitig und damit vor der Amortisation der vom Franchise-Nehmer getätigten Investitionen gekündigt wird.[710] Etwas anderes gilt nur dann, wenn die Kündigung willkürlich ist. Hier kann sich dann ein Verlängerungsanspruch des Franchise-Nehmers aus § 20 GWB ergeben. Dieser Anspruch kann gegebenenfalls sogar mit einer einstweiligen Verfügung durchgesetzt werden.[711]

Allerdings muss der Anspruch auf Verlängerung des Franchise-Vertrages unter dem Eindruck von Art. 5a der EU-Gruppenfreistellungsverordnung für vertikale Vertriebsbindungen de lege lata und de lege ferenda neu bedacht werden. Wenn sich die Investitionen des Franchise-Nehmers innerhalb der ersten fünf Jahre nicht amortisieren und der Franchise-Geber wegen der Beachtung des Wettbewerbsverbots für konkurrierende Produkte/Dienstleistungen nur bereit ist, einen auf fünf Jahre befristeten Franchise-Vertrag abzuschließen, so kann sich unter Umständen aus § 242 BGB ein Anspruch des Franchise-Nehmers auf Abschluss eines neuen auf fünf Jahre befristeten Franchise-Vertrages ergeben, so dass dann mehrere befristete Franchise-Verträge hintereinander abgeschlossen werden.[712]

§ 27
Ordentliche Kündigung des Franchise-Vertrages

1. Der Franchise-Vertrag kann mit einer Frist von 6 Monaten zum Ende eines jeden Kalenderjahres gekündigt werden.

2. Die Kündigung bedarf der Schriftform. Diese ist per Einschreiben/Rückschein zu erklären. Für die Einhaltung der Kündigungsfrist ist das Datum des Poststempels maßgebend.

Erläuterungen

1. Beendigung des Franchise-Vertrages
2. Aufhebungsvertrag
3. Formalien der Kündigung

1. Beendigung des Franchise-Vertrages

Eine Beendigung des Franchise-Vertrages kommt entweder
- durch Zeitablauf oder
- durch ordentliche Kündigung oder
- durch den Abschluss eines Aufhebungsvertrages

in Betracht.

Da dem Franchise-Vertrag in der Regel eine feste Vertragsdauer zugrunde liegt, endet dieser mit Ablauf der Zeit, für die er eingegangen wurde;[713] eine Kündigung ist dann entbehrlich.

Die Frage der ordentlichen Kündigung stellt sich aber dann, wenn der Franchise-Vertrag auf unbestimmte Zeit abgeschlossen wird. Da Franchise-Verträge überwiegend formularmäßig abgeschlossen werden, sind in diesem Zusammenhang auch die von der Rechtsprechung entwickelten Grundsätze zu Formularverträgen zu beachten.[714] Die Fristen einer ordentlichen Kündigung müssen daher angemessen sein. Üblich sind Kündigungsfristen von 3 Monaten zum Quartalsende oder 6 Monate zum Ende eines jeden Kalenderhalbjahres bis letztlich zu 12 Monaten zum Ende eines Kalenderjahres.

Solche Regelungen sind zulässig, auch wenn insoweit vom gesetzlichen Leitbild des § 624 BGB abgewichen wird. Danach kann nämlich ein Dienstverhältnis, das auf unbestimmte Zeit oder für längere Zeit als 5 Jahre eingegangen wird, nach Ablauf von 5 Jahren mit einer Frist von 6 Monaten gekündigt werden. Diese Regelung ist auf Franchise-Verträge wegen des kaufmännischen Geschäftsbetriebes des Franchise-Nehmers nicht anwendbar.[715] Insoweit kommt für Franchiseverträge ein Rückgriff auf das gesetzliche Wertungsmodell des Handelsvertretervertrages (§ 89 HGB) in Betracht.

Eine Regelung zur ordentlichen Kündigung ist im Rahmen eines Franchise-Vertrages jedoch nur dann notwendig, wenn entgegen § 26 Ziff. 1 des Vertragsmusters der Franchise-Vertrag nicht auf eine vertraglich fest vereinbarte Laufzeit, sondern auf unbestimmte Zeit abgeschlossen wird. Wird der Franchise-Vertrag nämlich auf eine fest bestimmte Zeit abgeschlossen, so endet dieser entsprechend § 26 Ziff. 1 des Vertragsmusters mit Ablauf der Laufzeit, ohne dass es des Ausspruches einer Kündigung bedarf.

Wird also im Franchise-Vertrag eine ordentliche Kündigung des Franchise-Vertrages gewünscht, so muss § 26 des Franchise-Vertrages folgenden Wortlaut erhalten:

> Der Franchise-Vertrag wird auf unbestimmte Zeit abgeschlossen.

Damit entspricht die Formulierung des Franchise-Vertrages der eines Handelsvertretervertrages. Es kann dann auch überlegt werden, ob die Fristen für eine ordentliche Kündigung des Franchise-Vertrages entsprechend den Fristen für eine ordentliche Kündigung des Handelsvertretervertrages gem. § 89 HGB festgelegt werden.

2. Aufhebungsvertrag

Schließen beide Parteien einen Aufhebungsvertrag, so müssen die beiderseitigen Interessen, die mit einer vorzeitigen Beendigung des Franchise-Vertrages zusammenhängen, angemessen Berücksichtigung finden. Dies gilt insbesondere für die Verpflichtungen, die dem Franchise-Nehmer für den Fall einer vorzeitigen Beendigung des Vertrages auferlegt werden (z.B. Geheimhaltungs- und Unterlassungspflichten) sowie für ein etwa vereinbartes nachvertragliches Wettbewerbsverbot des Franchise-Nehmers.[716]

Ein solcher Aufhebungsvertrag könnte folgenden Wortlaut haben:

> AUFHEBUNGSVEREINBARUNG
>
> zwischen
>
> – nachfolgend Franchise-Geber genannt –
>
> u n d
>
> – nachfolgend Franchise-Nehmer genannt –
>
> wird folgende Aufhebungsvereinbarung getroffen:
>
> **Vorbemerkung**
>
> Die Vertragsparteien haben am ...... den als Anlage dieser Aufhebungsvereinbarung beigefügten Franchise-Vertrag nach dem Franchise-System abgeschlossen. Der Franchise-Geber hat die nach dem Franchise-Vertrag übernommenen Verpflichtungen bislang voll umfänglich und ordnungsgemäß erfüllt. Die Vertragsparteien sind gleichwohl übereingekommen, ihre Geschäftsbeziehung zu beenden.

§ 1

Die Vertragsparteien sind sich darin einig, dass der zwischen ihnen abgeschlossene Franchise-Vertrag vom ...... einvernehmlich mit sofortiger Wirkung beendet wird.

§ 2

Die Bestimmungen des Franchise-Vertrages zur Geheimhaltungsverpflichtung des Know-how des Franchise-Systems (§ ......) und den Folgen der Vertragsbeendigung (§ ......) sowie zur Vertragsstrafe (§ ......) sind von der Aufhebung ausgenommen. Diese Regelungen gelten fort.

§ 3

Die Vertragsparteien sind sich darüber einig, dass wechselseitige Ansprüche nicht mehr geltend gemacht werden. Auf bereits entstandene oder noch entstehende Ansprüche, gleich aus welchem Rechtsgrund, ob bekannt oder unbekannt, wird wechselseitig verzichtet, wobei die Verzichtserklärungen wechselseitig angenommen werden. Ausgenommen von dieser Ausgleichsklausel sind lediglich solche Ansprüche, die sich aus § 2 dieser Aufhebungsvereinbarung sowie der nachvertraglichen Treuepflicht ergeben.

§ 4

Die Vertragsparteien vereinbaren, über das Vertragsverhältnis, die Umstände, die zum Abschluss dieser Aufhebungsvereinbarung geführt haben, und insbesondere den Inhalt dieser Aufhebungsvereinbarung Stillschweigen zu bewahren.

......, den ......

....
Franchise-Geber Franchise-Nehmer

Wird im Rahmen einer Aufhebungsvereinbarung dem Franchise-Nehmer eine drei- oder sogar sechsmonatige Aufbrauchfrist zugestanden und dieser während der Zeit auch berechtigt, die Marke des Franchise-Systems weiter zu nutzen, so muss der Franchise-Geber beachten, dass er gleichwohl gegenüber diesem Franchise-Nehmer in der Verpflichtung steht, den Schutz erteilter Markenrechte aufrechtzuerhalten. Diese Verpflichtung gilt selbst dann, wenn der Franchise-Nehmer für die Dauer der Aufbrauchfrist keine laufende Franchise-Gebühr mehr zu leisten hat.[717]

Wurde im Rahmen des Franchise-Vertrages ein **nachvertragliches Wettbewerbsverbot** vereinbart, so ist im Rahmen des Aufhebungsvertrages festzulegen, ob dieses nachvertragliche Wettbewerbsverbot weiterhin gilt oder aber aufgehoben wird.

Sollte der **Franchise-Nehmer** im **Beirat** des Franchise-Systems sitzen, so muss gleichzeitig im Rahmen des Aufhebungsvertrages festgelegt werden, dass der Franchise-Nehmer mit dem Zeitpunkt der vorzeitigen Beendigung des Franchise-Vertrages auch aus dem Beirat des Franchise-Systems ausscheidet.

Legt der Franchise-Vertrag fest, dass der Franchise-Geber verpflichtet ist, den **Warenbestand** des Franchise-Nehmers zu übernehmen, so muss auch dies im Aufhebungsvertrag festgelegt werden oder dem Franchise-Nehmer wird auf der Grundlage des Aufhebungsvertrages gestattet, die Produkte des Franchise-Systems für einen festzulegenden Zeitraum abzuverkaufen. Dabei muss zugleich geregelt werden, ob während dieses „nachvertraglichen Abverkaufs" die Marken-/Kennzeichenrechte des Franchise-Systems noch genutzt werden dürfen. Welcher Zeitraum hier festzulegen ist, bestimmt sich nach den Umständen des Einzelfalles (§ 242 BGB). Dabei wird u.a. auch zu berücksichtigen sein, welche Laufzeit der beendete Franchise-Vertrag hatte und wann die vom Franchise-Nehmer nach Vertragsbeendigung abzusetzenden Produkte vom Franchise-Geber oder den gelisteten Lieferanten geliefert worden sind. Je kürzer die Belieferung vor Vertragsbeendigung ist, um so länger muss die Frist sein, die für den Abverkauf der Produkte eingeräumt werden muss, wobei ein Zeitraum von 3 Monaten grundsätzlich nicht überschritten werden sollte.

3. Formalien der Kündigung

Aus Dokumentationsgründen ist es erforderlich, zum einen die Schriftform der Kündigung und zum anderen deren Erklärung mit Einschreiben/Rückschein vorzusehen.

Da es sich bei einer Kündigung um eine einseitig empfangsbedürftige Willenserklärung handelt und diese erst mit Zugang wirksam ist, muss im Vertrag auch festgeschrieben werden, ob das Datum des Poststempels oder das Datum des Zugangs für die Einhaltung der Kündigungsfrist maßgeblich ist. Das Vertragsmuster stellt dabei aus Vereinfachungsgründen auf das Datum des Poststempels ab. Ebenso wäre es zulässig, als maßgebliches Datum das des Zugangs der Kündigung vorzusehen. § 27 Ziffer 1 Satz 2 des Vertragsmusters müsste dann folgenden Wortlaut erhalten:

„Für die Einhaltung der Kündigungsfrist ist das Datum des Zugangs des Kündigungsschreibens maßgeblich."

§ 28
Außerordentliche/fristlose Kündigung des Franchise-Vertrages

1. **Unbeschadet der vertraglich vereinbarten Laufzeit (§ 26) ist jeder der Vertragspartner berechtigt, den Franchise-Vertrag ohne Einhaltung einer Kündigungsfrist fristlos aus wichtigem Grund gemäß § 314 I BGB zu kündigen.**
   Ein zur fristlosen Kündigung berechtigender wichtiger Grund ist dann gegeben, wenn das Vertrauensverhältnis zwischen den Vertragsparteien aufgrund des vom anderen Vertragspartner gesetzten Grundes für den kündigenden Vertragspartner so nachhaltig gestört ist, dass eine Fortsetzung des Franchise-Vertrages nicht in Betracht kommt.
2. **Sind mehrere Personen Franchise-Nehmer, so entsteht ein Kündigungsgrund bereits dann, wenn die betreffenden Umstände in der Person eines Franchise-Partners eintreten.**
3. **Im Übrigen kann die fristlose Kündigung des Franchise-Vertrages von einem der Vertragspartner erklärt werden, wenn gegen irgendeine Bestimmung dieses Franchise-Vertrages verstoßen wird und der Vertragspartner trotz Abmahnung durch den anderen nicht damit aufhört oder sofort im Falle einer Wiederholung des Verstoßes.**
4. **Die fristlose Kündigung aus wichtigem Grund ist schriftlich mit Einschreiben/Rückschein zu erklären.**

Erläuterungen

1. Außerordentliche Beendigung des Franchise-Vertrages
2. Fristlose Kündigung ohne vertragliche Regelung
3. Fristlose Kündigung aufgrund vertraglicher Regelungen
4. Fristlose Kündigung ohne wichtigen Grund?
5. Sonderkündigungsrechte
6. Kündigungsfrist
7. Verwirkung des Kündigungsrechts
8. Schadensersatzverpflichtung bei willkürlicher fristloser Kündigung
9. Lossagen vom nachvertraglichen Wettbewerbsverbot
10. Kündigung bei Personenmehrheit
11. Notwendigkeit einer Abmahnung
12. Formalien der Kündigung
13. Mehrere Franchise-Outlets
14. Kartellrechtswidrige Kündigung

1. Außerordentliche Beendigung eines Franchise-Vertrages

Neben der ordentlichen Beendigung des Franchise-Vertrages durch Zeitablauf, einer ordentlichen Kündigung oder Abschluss eines Aufhebungsvertrages besteht die Möglichkeit, den Franchise-Vertrag vorzeitig zu beenden. Auch dabei ist die Ausgestaltung des Franchise-Vertrages als Dauerschuldverhältnis zu berücksichtigen. In Betracht für eine außerordentliche Beendigung des Franchise-Vertrages kommen:

- die außerordentliche fristlose Kündigung aus wichtigem Grund oder
- die Anwendung der Grundsätze des Wegfalls der Geschäftsgrundlage.

Für einen Franchise-Nehmer bzw. Franchise-Geber wird nur dann die Möglichkeit bestehen, eine Anpassung des Franchise-Vertrages gem. § 313 BGB nach den Grundsätzen des Wegfalls der Geschäftsgrundlage vorzunehmen, wenn diejenigen Umstände und allgemeinen Verhältnisse, deren Vorhandensein und Fortdauer objektiv für den Bestand des Franchise-Vertrages erforderlich sind und die die Intention zum Abschluss des Franchise-Vertrages der Vertragsparteien wiedergeben, nicht mehr bestehen.[718] Zugleich muss die Durchführung des Franchise-Vertrages durch den Wegfall der Geschäftsgrundlage erheblich gefährdet sein.[719]

Gem. § 313 II BGB steht es einer Veränderung der Umstände, die zum Abschluss des Franchise-Vertrages führten, gleich, wenn wesentliche Vorstellungen, die Grundlage des Franchise-Vertrages sind, sich als falsch herausgestellt haben. Dabei darf der Umstand nicht in die Risikosphäre der Vertragspartei fallen.[720] In Betracht kommen auch bei Franchise-Verträgen Irrtümer der Vertragsparteien über die steuerlichen Folgen des abgeschlossenen Franchise-Vertrages, wie z. B. die irrtümlich angenommene Umsatzsteuerfreiheit der laufenden Franchise-Gebühren.[721] Entsprechendes gilt, wenn die Vertragsparteien eines Home-Delivery-Franchise-Vertrages davon ausgehen, dass öffentlich rechtliche Sondernutzungsgebühren nicht zu leisten sind, obwohl die Vertragsprodukte durch den Franchise-Nehmer aus einem Verkaufswagen heraus verkauft werden, der auf öffentlichen Verkehrsflächen zum Verkauf anhält.

Kündigt ein Franchisenehmer den Franchise-Vertrag fristlos aus wichtigem Grund, ohne dass ein solcher vorlag, kann er sich nicht hinterher auf die Unwirksamkeit der Kündigung berufen. Darin liegt ein Verstoß gegen das Verbot widersprüchlichen Verhaltens.[721a]

2. Fristlose Kündigung ohne vertragliche Regelung

Ein Franchise-Vertrag kann, auch wenn dies nicht ausdrücklich vertraglich geregelt ist, fristlos aus wichtigem Grund gekündigt werden. Das Recht zur fristlosen Kündigung war insoweit als allgemeiner Rechtsgrundsatz anerkannt.[722] Seit dem 1. 1. 2002 ist das Recht zur fristlosen Kündigung von Dauerschuldverhältnissen und damit auch von Franchise-Verträgen in § 314 I BGB geregelt. Danach kann ein Franchise-Vertrag vorzeitig aus wichtigem Grund gekündigt werden, wenn das Vertrauensverhältnis zwischen Franchise-Geber und Franchise-Nehmer so nachhaltig erschüttert ist, dass der anderen Vertragspartei eine Fortsetzung des Franchise-Vertrages nicht zugemutet werden kann. Dieses nunmehr gesetzlich geregelte Kündigungsrecht kann durch den Franchise-Vertrag nicht ausgeschlossen werden.[723]

Die fristlose Kündigung verlangt eine Interessenabwägung. Diese ist lediglich als ultima ratio in Betracht zu ziehen.[724]

Voraussetzung für eine fristlose Kündigung gem. § 314 II 1 BGB ist grundsätzlich eine Abmahnung oder Ablehnungsandrohung.[725] Der Verweis in § 314 II 2 BGB auf § 323 II BGB regelt nunmehr ausdrücklich die Voraussetzungen der Entbehrlichkeit einer solchen Abmahnung. Danach ist eine Abmahnung entbehrlich, wenn

- der Franchise-Nehmer die Leistung ernsthaft und endgültig verweigert,
- der Franchise-Nehmer die Leistung zu einem im Franchise-Vertrag bestimmten Termin oder innerhalb der bestimmten Frist nicht bewirkt und der Franchise-Geber im Rahmen des Franchise-Vertrages für den Fortbestand seines Leistungsinteresses an die Rechtzeitigkeit dieser Leistung des Franchise-Nehmers gebunden ist oder
- besondere Umstände vorliegen, die unter Abwägung der beiderseitigen Interessen die fristlose Kündigung aus wichtigem Grund rechtfertigen.

3. Fristlose Kündigung aufgrund vertraglicher Regelungen

Grundsätzlich berechtigen nur solche Gründe zu einer fristlosen Kündigung des Franchise-Vertrages, die das Vertrauensverhältnis in einem solchen Maß erschüttern, dass dem kündigenden Vertragspartner ein Festhalten am Vertrag nicht zugemutet werden kann. Kriterium ist also die Zumutbarkeit: Es ist zu prüfen, ob das Vertrauensverhältnis so stark gestört ist, dass dem kündigenden Vertragspartner die Fortsetzung des Franchise-Vertrages bis zum Kündigungstermin bzw. zum Ablauf der vertraglich vereinbarten Laufzeit nicht zugemutet werden kann.

Ob ein wichtiger Grund vorliegt, bedarf nach der Rechtsprechung des Bundesgerichtshofs einer Gesamtabwägung der besonderen Umstände des einzelnen Falles unter Abwägung der beiderseitigen Interessen.[726] Teilweise werden im Franchise-Vertrag bestimmte „wichtige Gründe“ enummerativ – und damit nicht abschließend – aufgeführt, die charakterisieren, wie schwerwiegend die Vertragsverletzungen sein müssen, um eine fristlose außerordentliche Kündigung des Franchise-Vertrages erklären zu können. Dabei sind zugleich die wichtigen Gründe, die eine fristlose Kündigung eines Franchise-Vertrages rechtfertigen, einer Inhaltskontrolle gemäß § 307 I 1 BGB zu unterwerfen. Es ist demgemäß unangemessen, einen langfristig abgeschlossenen Franchise-Vertrag fristlos aus wichtigem Grund zu kündigen, wenn z. B. laufende Franchise-Gebühren nicht innerhalb von 10 Tagen nach Zahlungsaufforderung geleistet werden. Da jeder Franchise-Nehmer nicht unerhebliche Investitionen tätigt, kann in solchen Fällen allenfalls eine fristlose Kündigung aus wichtigem Grund gerechtfertigt sein, wenn der Zahlungsverzug 6 Wochen überschreitet.[727]

In der Regel werden als wichtige Gründe angesehen:

- Zahlungseinstellung oder Antrag auf Eröffnung des Insolvenzverfahrens sowie Ablehnung der Eröffnung des Insolvenzverfahrens wegen Masseunzulänglichkeit oder Abgabe der eidesstattlichen Versicherung;
- Verletzung wesentlicher Vertragspflichten trotz entsprechender Abmahnung mit angemessener Fristsetzung;
- strafrechtliche Verurteilung wegen eines Vermögensdeliktes;
- Verzug des Franchise-Nehmers mit Zahlungsverpflichtungen gegenüber dem Franchise-Geber von länger als 6 Wochen (auch im Hinblick auf einen etwa vom Franchise-Nehmer zu leistenden Mietzins aufgrund eines mit dem Franchise-Geber abgeschlossenen Untermietvertrages);
- Verstoß des Franchise-Nehmers gegen das vertragliche Wettbewerbsverbot trotz entsprechender Abmahnung;
- vertragswidrige Nutzung der dem Franchise-Nehmer eingeräumten Schutzrechte und des ihm überlassenen Know-how bzw. Weitergabe von Geschäftsgeheimnissen des Franchise-Gebers an Dritte;
- unberechtigter Drittbezug;
- nachhaltige Verstöße gegen die Vorgaben des Franchise-Handbuchs.

Nach der Rechtsprechung reicht aber bereits die Tätigkeit des Franchise-Nehmers für ein weiteres Unternehmen aus, um die fristlose Kündigung eines Franchise-Vertrages zu begründen; und dies erst recht dann, wenn der Franchise-Nehmer unter Verstoß gegen ein vertraglich vereinbartes Wettbewerbsverbot einen Franchise-Vertrag mit einem konkurrierenden Franchise-System unterzeichnet.[728] Aber auch der Verdacht einer Straftat des Franchise-Nehmers kann eine fristlose Kündigung des abgeschlossenen Franchise-Vertrages begründen, etwa Rückdatierungen und Veredelungen von Rezepten bzw. Berechtigungsscheinen durch den Franchise-Nehmer und damit fehlerhafte Abrechnungen gegenüber der Krankenkasse vorgenommen werden[729] oder aber der hinreichende Tatverdacht besteht, dass der Franchise-Nehmer eingenommene Spendengelder einer gemeinnützigen Stiftung des Franchise-Gebers zweckwidrig verwendet hat.[730]

Die wichtigen Gründe, die die fristlose Kündigung rechtfertigen, sollten grundsätzlich im Kündigungsschreiben angegeben werden. Die Angabe des wichtigen Grundes ist aber zur Wirksamkeit der fristlosen Kündigung des Franchise-Vertrages nicht notwendig. Unterbleibt eine Angabe des Grundes, so ist dieser analog § 626 II 1 BGB auf Anforderung mitzuteilen.[731]

Die gesetzliche Regelung der fristlosen Kündigung eines Franchise-Vertrages gem. § 314 I BGB macht es auch entbehrlich, im Franchise-Vertrag (wie bislang) wichtige Gründe beispielhaft anzugeben, die eine fristlose Kündigung des Franchise-Vertrages für den Franchise-Geber oder Franchise-Nehmer begründen.[732] Die beispielhaft angeführten Gründe können allenfalls nur verdeutlichen, welche die Intensität an Gründen vorliegen muss, damit diese als wichtiger Grund i.S.v. § 314 I BGB anzusehen sind.

4. Fristlose Kündigung ohne wichtigen Grund?

Aufgrund der Apollo-Optik-Entscheidung des BGH vom 20. 5. 2003[733] ist davon auszugehen, dass eine fristlose Kündigung ohne Vorliegen eines wichtigen Grundes nicht erklärt werden kann. Wenn also Vertragsparteien im Rahmen eines Franchise-Vertrages die Kündigungsgründe normieren oder Kündigungsgründe vorsehen, die eine außerordentliche Beendigung des Franchise-Vertrages mit einer sog. Auslauffrist ermöglichen sollen, so ist eine darauf gestützte fristlose Kündigung nur dann mit dem gesetzlichen Leitbild der fristlosen Kündigung i.S.v. § 314 I BGB vereinbar, wenn diese einen wichtigen Grund darstellen.

5. Sonderkündigungsrechte

Von Bedeutung ist dies insbesondere für die sog. **Sonderkündigungsrechte.** So sehen Franchise-Verträge Sonderkündigungsrechte z.B. dann vor, wenn der Franchise-Nehmer die Vorgabe eines Businessplans aus von ihm zu vertretenden Gründen nicht erreicht oder die fristlose Kündigung ausgesprochen werden soll, weil sich der Franchise-Nehmer mit einer aus der Sicht des Franchise-Gebers gebotenen Verkleinerung seines Vertragsgebietes nicht einverstanden erklärt. Geht es um die Verkleinerung des Vertragsgebietes und ist insofern keine Anpassung im Franchise-Vertrag vereinbart, so bleiben Franchise-Geber und Franchise-Nehmer bis zu den durch § 313 BGB gezogenen Grenzen an den geschlossenen Franchise-Vertrag gebunden. Hier ist also zunächst an eine Änderung des Franchise-Vertrages unter Hinweis auf die Grundsätze des Wegfalls der Geschäftsgrundlage zu denken. Erst wenn der Wegfall der Geschäftsgrundlage nicht zu einer möglichen Anpassung des Franchise Vertrages führen kann, kommt eine Kündigung des Franchise-Vertrages nach Maßgabe von § 313 III 2 BGB in Betracht.

Werden die Vorgaben des Businessplans nicht erreicht, so kommt es zunächst darauf an, ob der Franchise-Nehmer seiner sog. **Bemühenspflicht** nachgekommen ist, dieser also das Nichterreichen der Vorgaben des Businessplans gemäß § 276 I BGB zu vertreten hat. Dies ist die Konsequenz aus der BGH-Entscheidung vom 13. 7. 2004.[734] Anderenfalls kann der Franchise-Geber von seinem Sonderkündigungsrecht keinen Gebrauch machen. Ihm ist zuzumuten, am Franchise-Vertrag festzuhalten.

Nicht anwendbar auf Franchise-Verträge sind die Sonderkündigungsrechte des Vertragshändlerrechtes; dies gilt insbesondere für die **Strukturkündigung,** die vom Unternehmen mit einjähriger Frist gegenüber dem Vertragshändler bei einer Änderung der Vertriebsorganisation erklärt werden kann. Dazu mangelt es auch an einer entsprechenden Regelung in der EU-Gruppenfreistellungsverordnung für Vertikale Vertriebsbindungen, und zwar sowohl de lege lata als auch de lege ferenda.[735] Wird gleichwohl im Rahmen eines Franchise-Vertrages zugunsten des Franchise-Gebers ein solches Sonderkündigungsrecht für den Fall einer grundsätzlichen Änderung der Vertriebsstruktur des Franchise-Systems vereinbart, so müssen sich zum einen aus dem Franchise-Vertrag die Kriterien für eine solche Strukturkündigung ergeben und zum anderen muss vorgesehen werden, dass an den Franchise-Nehmer ein Ausgleich für die ggf. von ihm zu erleidenden Umsatz- und Gewinneinbußen geleistet wird. Andernfalls ist die entsprechende Regelung wegen unangemessener Benachteiligung des Franchise-Nehmers gem. § 307 I 1 BGB unwirksam.

Allerdings kann dann davon ausgegangen werden, dass der Franchise-Geber die Gründe wirtschaftlicher Effizienz für die Neuordnung des Vertriebssystems dann ausreichend dargelegt hat, wenn seine Vorgehensweise in einer konkreten Situation innerhalb des Spektrums der denkbaren Reaktionen eine vertretbare Maßnahme zur Abwendung andernfalls möglicher wirtschaftlicher Nachteile für das Franchise-System insgesamt war.[736]

6. Kündigungsfrist

Mit der Einführung des § 314 III BGB hat der Gesetzgeber ausdrücklich vorgesehen, dass die Kündigung eines Franchise-Vertrages aus wichtigem Grund nur innerhalb einer angemessenen Frist seit Kenntnis des Kündigungsgrundes erfolgen kann. Dabei wurde seitens des Gesetzgebers aufgrund der Vielfalt der Dauerschuldverhältnisse und der bestehenden Interessenlage auf eine bestimmte Kündigungsfrist verzichtet. Die in § 626 II BGB normierte 2-wöchige Frist ist allerdings insoweit nicht verallgemeinerungsfähig.[737] Die Angemessenheit der Kündigungsfrist bestimmt sich nach den Interessen des Kündigenden und ist im Verhältnis zu den Interessen des zu Kündigenden an alsbaldiger Klärung abzuwägen.[738]

Ergänzend kann dabei auf die Rechtsprechung zu § 89a HGB zurückgegriffen werden, da auch eine fristlose Kündigung eines Handelsvertretervertrages innerhalb angemessener Frist zu erklären ist.

Welche Kündigungsfrist angemessen ist, ohne dass die Kündigung verfristet ist, ist jeweils nach den Umständen des Einzelfalls zu bestimmen. Dabei ist davon auszugehen, dass dann keine Verfristung vorliegt, wenn die zwischen der Kenntnisnahme des Kündigungsgrundes und der Kündigungserklärung liegende Frist zur Aufklärung und Überlegung genutzt oder während dieser Zeit der Versuch unternommen wurde, zu einer Einigung über die Fortsetzung des Franchise-Vertrages unter veränderten Bedingungen zu kommen.[739] Allerdings wird durch solche außergerichtlichen Vergleichsgespräche zwischen den Vertragsparteien die Kündigungsfrist nicht gehemmt. § 203, 1 BGB findet insofern keine Anwendung, da die Vorschrift als lex spezialis ausschließlich auf die Hemmung der Verjährung bei Verhandlungen abstellt.

Bei Eigenhändlerverträgen hat der BGH eine Frist von 2 Monaten für die Erklärung der fristlosen Kündigung noch als angemessen angesehen.[740] Verstreicht eine Frist von 10 Monaten, so ist die Kündigung nicht mehr als in angemessener Zeit erfolgt anzusehen.[741] Im

Hinblick auf diese Rechtsprechung des BGH wird man als Faustregel annehmen können, dass das Recht zur fristlosen Kündigung eines Franchise-Vertrages zwischen 2 Wochen und 2 Monaten nach Bekanntwerden des Kündigungsgrundes erlischt. Eine danach erklärte fristlose Kündigung ist nicht mehr innerhalb angemessener Frist i.S.v. § 314 III BGB erklärt worden und daher verfristet.

7. Verwirkung des Kündigungsrechts

Nach dem mittlerweile als Grundsatzentscheidung anerkannten Urteil des Kammergerichts Berlin vom 21. 11. 1997[742] kann das Recht auf fristlose Kündigung eines Franchise-Vertrages verwirkt werden. Diese Verwirkung wird dann angenommen, wenn die kündigende Vertragspartei in dem Zeitpunkt in dem die fristlose Kündigung erklärt wird, entweder selbst gegen den Franchise-Vertrag verstoßen oder die ihr nach dem Franchise-Vertrag obliegenden Verpflichtungen nicht erfüllt hat. Dieser Gedanke ist Ausdruck der Überlegung, dass bei einer fristlosen Kündigung eines Franchise-Vertrages wegen der nicht unerheblichen Investitionen Art und Dauer des Vertragsverhältnisses als Dauerschuldverhältnis, die Ausgestaltung der persönlichen und sachlichen Beziehungen sowie die bisherigen Leistungen der Vertragsparteien und das Verhalten des Kündigenden zu berücksichtigen sind.

Ob dieser Grundsatz auch unter Geltung von § 314 BGB zur Anwendung kommt, erscheint fraglich. Die Gesetzesbegründung zu § 314 BGB enthält den ausdrücklichen Hinweis, dass eigenes Verschulden das Kündigungsrecht nicht unbedingt ausschließt.[743] Es wird daher zukünftig jeweils im Einzelfall zu prüfen sein, ob die Pflichtwidrigkeit des Kündigenden zu einem Ausschluss des Kündigungsrechtes führt oder nicht. Dies wird auch für die Frage gelten, ob das Kündigungsrecht gem. § 314 BGB etwa deswegen als verwirkt gem. § 242 BGB anzusehen ist, weil die fristlose Kündigung des Franchise-Vertrages zur Unzeit erklärt wird.[744]

8. Schadensersatzverpflichtung bei willkürlicher fristloser Kündigung

Wird eine willkürliche fristlose Kündigung ausgesprochen, so ist der Kündigende zum Schadensersatz sowohl gemäß § 823 I BGB unter dem Gesichtspunkt des Eingriffs in das Recht am eingerichteten und ausgeübten Gewerbebetrieb als auch aufgrund einer positiven Vertragsverletzung gemäß § 280 BGB zur Leistung von Schadensersatz verpflichtet. Ob und inwieweit auch ein Schadensersatzanspruch gemäß § 826 BGB vorliegt, hängt von den Umständen des Einzelfalls ab, insbesondere ob der Kündigende eine verwerfliche Absicht (planmäßige Schadenszufügung) verfolgte.[745]

Zum Umfang des Schadensersatzanspruchs gehört auch der entgangene Gewinn (§ 252 BGB). Gegeben ist ein solcher Schadensersatzanspruch nur, wenn den kündigenden Vertragspartner ein Verschulden trifft.

9. Lossagen vom nachvertraglichen Wettbewerbsverbot

Enthält der Franchise-Vertrag ein nachvertragliches Wettbewerbsverbot, so ist die außerordentliche fristlose Kündigung aus wichtigem Grund von Bedeutung für dessen Bestand.

Kündigt der Franchise-Geber den Franchise-Vertrag wegen eines schuldhaft vom Franchise-Nehmer zu vertretenden wichtigen Grundes, so bleibt grundsätzlich das nachvertragliche Wettbewerbsverbot wirksam. § 90a II 2 HGB a.F., wonach der Franchise-Nehmer dem vereinbarten nachvertraglichen Wettbewerbsverbot ohne Entschädigung unterlag, wurde vom Bundesverfassungsgericht[746] für verfassungswidrig erklärt. Insofern hat der Franchise-Geber nur die Möglichkeit für den Fall der fristlosen Kündigung, sich gem. § 90a III HGB mit schriftlicher Erklärung binnen einen Monats nach Ausspruch der Kündigung der Wettbewerbsabrede loszusagen, um sich damit auch von der Leistung der sog. Karenzentschädigung zu befreien.

Kündigt der Franchise-Nehmer den abgeschlossenen Franchise-Vertrag fristlos aus einem vom Franchise-Geber schuldhaft zu vertretenen wichtigen Grund, so kann dieser sich ebenfalls gem. § 90a III HGB vom nachvertraglichen Wettbewerbsverbot lossagen. Diese Lossagung muss schriftlich (§ 126 BGB) binnen einen Monat gegenüber dem Franchise-Geber erklärt werden. Mit Zugang der Erklärung (§ 130 I 1 BGB) beim Franchise-Geber, ist der Franchise-Nehmer nicht mehr an das nachvertragliche Wettbewerbsverbot gebunden, hat aber auch keinen Anspruch auf Entschädigung.[747]

Enthält der Franchise-Vertrag jedoch für den Franchise-Nehmer vom gesetzlichen Wertungsmodell abweichende nachteilige Vereinbarungen, so sind diese gem. § 90a IV HGB unwirksam. Dies gilt auch für den immer wieder in Franchise-Verträgen vereinbarten Vorbehalt zugunsten des Franchise-Gebers, erst zu einem späteren Zeitpunkt zu entscheiden, ob das nachvertragliche Wettbewerbsverbot in Anspruch genommen wird.[748]

10. Kündigung bei Personenmehrheit

Das Vertragsmuster geht in § 28 Ziffer 2 davon aus, dass bei einer Personenmehrheit, etwa dann, wenn Franchise-Nehmer Eheleute oder Gesellschafter einer Gesellschaft bürgerlichen Rechts sind, die Kündigung bereits erklärt werden kann, wenn der Grund in einer Person gegeben ist. Eine solche Regelung ist zweckmäßig, da dem Franchise-Nehmer eine Fortsetzung des Vertrages nicht mehr zugemutet werden kann, wenn das Vertrauensverhältnis zu einer der Personen gestört ist. Die Regelung ist auch nicht unangemessen im Sinne von § 307 I 1 BGB. Die Eheleute oder die Gesellschafter der Gesellschaft bürgerlichen Rechts können sich ja untereinander einigen bzw. untereinander sicherstellen, dass der Kündigungsgrund wegfällt, gegebenenfalls bei einer Gesellschaft bürgerlichen Rechts den Gesellschafter, in dessen Person der Kündigungsgrund gegeben ist, aus der Gesellschaft ausschließen, um so den Wegfall des Kündigungsgrundes für den Franchise-Geber zu erreichen.[749]

11. Notwendigkeit einer Abmahnung

Eine Abmahnung ist dann entbehrlich, wenn es sich um besonders schwerwiegende Vertragsverstöße handelt, wie etwa die Verletzung des vertraglichen Wettbewerbsverbots oder der Geheimhaltungsverpflichtung. Ansonsten ist vor Ausspruch einer fristlosen Kündigung eine Abmahnung des Franchise-Nehmers erforderlich (§ 314 III BGB). Welche Frist dem Abgemahnten zur Beseitigung des abgemahnten Zustandes zu setzen ist, ergibt sich allerdings aus dem Gesetz nicht. Die Entscheidung hängt von den jeweiligen Umständen des Einzelfalls ab, wobei auch hier wieder entsprechend dem Charakter des Franchise-Vertrages des Dauerschuldverhältnisses die aus § 242 BGB abzuleitenden gegenseitigen Fürsorgepflichten von Bedeutung sind.[750]

12. Formalien der Kündigung

Auch insoweit gilt: aus Dokumentationszwecken ist die fristlose Kündigung schriftlich und mit Einschreiben/Rückschein zu erklären.

13. Mehrere Franchise-Outlets

Soweit ein Franchise-Nehmer auf der Grundlage des abgeschlossenen Franchise-Vertrages mehrere Franchise-Outlets betreibt, so dass bei einem vertragswidrigen Verhalten des Franchise-Nehmers bei einem Franchise-Outlet eine durch den Franchise-Geber ausgesprochene fristlose Kündigung auch die Kündigung der weiteren Franchise-Outlets umfasst, so liegt darin eine unangemessene Benachteiligung des Franchise-Nehmers i.S.v. § 307 I 1 BGB, soweit sich das vertragswidrige Verhalten nur auf ein Franchise-Outlet beschränkt. Handelt es sich jedoch um einen Verstoß, der grundsätzlich das Vertrauen in eine weitere vertragliche Zusammenarbeit zwischen Franchise-Geber und Franchise-Nehmer begründet (etwa bei Unterschlagung in allen Outlets eingesammelter Spenden), so ist insofern die fristlose Kündigung berechtigt, auch wenn dadurch der Franchise-Nehmer keines seiner Franchise-Outlets weiter betreiben darf.

Um allerdings hier der Unangemessenheitskontrolle i. S. v. § 307 I 1 BGB zu entgehen, ist zu empfehlen, für jedes Franchise-Outlet einen gesonderten Franchise-Vertrag abzuschließen.

14. Kartellrechtswidrige Kündigung

In Einzelfällen kann sich auch die Unwirksamkeit einer ausgesprochenen fristlosen Kündigung eines Franchise-Vertrages aus § 20 I GWB ergeben.[751] Zwar wird kein Franchise-Geber nach § 20 GWB grundsätzlich gehindert, sein Absatzsystem nach eigenem Ermessen so zu gestalten, wie er dies für wirtschaftlich richtig und sinnvoll hält. Wenn aber eine Kündigung wegen einer Umstellung des Vertriebssystems ausgesprochen wird, darf der Franchise-Geber nicht Eigenfilialen anders behandeln als Franchise-Nehmer. Insofern trifft ihn kartellrechtlich gem. § 20 GWB die grundsätzliche Pflicht zur Gleichbehandlung. Eine Ungleichbehandlung von Eigenfilialen und Franchise-Nehmer-Outlets ist insoweit dann nur bei Vorliegen besonderer rechtfertigender Umstände möglich.[752]

§ 29
Übertragbarkeit

1. **Der Franchise-Nehmer kann die Rechte und Pflichten aus diesem Franchise-Vertrag nicht ohne schriftliche Einwilligung (§ 183 BGB) des Franchise-Gebers auf Dritte übertragen. Eine Abtretung einzelner Rechte, eine Verpachtung, eine Verpfändung oder eine andere Verfügung, gleich welcher Art, ist unzulässig.**
2. **Der Franchise-Nehmer darf das Backfachgeschäft nicht ohne schriftliche Einwilligung (§ 183 BGB) des Franchise-Gebers auf Dritte übertragen.**

Erläuterungen

1. Übertragbarkeit
2. Vorkaufsrecht
3. Dingliche Sicherung des Vorkaufsrechts
4. Höchstbetragsregel
5. Übernahmerecht des Franchise-Nehmers
6. Übertragung bei Tod des Franchise-Nehmers
7. Übernahme einer Filiale als Fanchise-Outlet als Betriebsübernahme gemäß § 613 a BGB

1. Übertragbarkeit

Das Vertragsmuster geht in § 29 davon aus, dass der Franchise-Nehmer nicht berechtigt ist, ohne Einwilligung des Franchise-Gebers gemäß § 183 BGB,
- die Rechte und Pflichten aus dem abgeschlossenen Franchise-Vertrag, sowie
- das Franchise-Outlet (Backfachgeschäft)

auf Dritte zu übertragen. Mit dem Ausschluss der Übertragbarkeit wird sichergestellt, dass nicht fremde Dritte ohne Einwilligung des Franchise-Gebers Franchise-Nehmer werden und damit nicht die Voraussetzungen erfüllen, die an eine Franchise-Nehmer-Eigenschaft (berufliche und finanzielle Voraussetzungen) geknüpft werden.

Werden der Franchise-Vertrag und das Franchise-Outlet auf einen Dritten übertragen und tritt dieser anstelle des Franchise-Nehmers in den Franchise-Vertrag ein, so handelt es sich um eine Schuldübernahme im Sinne des § 414 BGB. Dieser Dritte ist über sein Widerrufsrecht gemäß § 355 BGB, d.h. auf seine auf Übernahme des Franchise-Vertrages gerichtete Willenserklärung zu belehren.[753]

2. Vorkaufsrecht

Im Gegensatz zum Vertragsmuster kann man dem Franchise-Nehmer auch zugestehen, dass dieser sowohl die Rechte und Pflichten aus dem Franchise-Vertrag als auch sein Franchise-Outlet auf Dritte übertragen kann. Jedoch muss dann dem Franchise-Geber ein Vorkaufsrecht eingeräumt werden. § 29 des Vertragsmusters müsste dann um folgende Ziffern 3 und 4 ergänzt werden:

> 3. Unbeschadet dieser sonstigen Rechte steht dem Franchise-Geber in jedem Verkaufsfall des vom Franchise-Nehmer betriebenen Geschäfts ein Vorkaufsrecht zu. Der Franchise-Nehmer ist verpflichtet, die Verkaufsabsicht dem Franchise-Geber schriftlich durch eingeschriebenen Brief per Rückschein

anzuzeigen. Innerhalb einer Frist von 8 Wochen, gerechnet vom Zugang des Schreibens an, hat der Franchise-Geber dann eine Entscheidung über den Ankauf zu treffen.
Betreibt der Franchise-Nehmer das Geschäftslokal in einem in seinem Eigentum stehenden Gebäude, so kann der Franchise-Geber verlangen, dass dieses Vorkaufsrecht dinglich gesichert wird. Die Kosten der dinglichen Sicherung sind von dem Franchise-Geber zu tragen. Dies gilt auch für die Kosten einer etwaigen Löschungsbewilligung.
Wird der Franchise-Betrieb vom Franchise-Geber oder von einem vom Franchise-Geber benannten Dritten übernommen, so scheidet der bisherige Franchise-Nehmer einvernehmlich aus dem Vertrag aus und der Erwerber wird Vertragspartner, sofern nicht der Franchise-Geber das Geschäft selbst erwirbt. Bis dahin begründete Rechte und Verpflichtungen der Vertragspartner bleiben unberührt.

4. Möchte weder der Franchise-Geber das Geschäft selbst oder durch einen Dritten erwerben (lassen) oder äußert sich der Franchise-Geber auf die Mitteilung der Verkaufsabsicht des Franchise-Nehmers innerhalb der vorgenannten Frist nicht, so hat der in Aussicht genommene Erwerber die allgemeinen Anforderungen, die der Franchise-Geber an seine Partner stellt, erfüllt. Dies bezieht sich insbesondere auf Bonität, Seriosität und Sachkunde.
Der Franchise-Nehmer hat diesem Käufer die Verpflichtung aufzuerlegen, die Schulungen des Franchise-Gebers zu besuchen.

Auf dieses Vorkaufsrecht des Franchise-Gebers finden, sofern nicht im Franchise-Vertrag etwas anderes vereinbart wurde, die Regelungen der §§ 463ff. BGB ergänzende Anwendung. Der Franchise-Nehmer und der Übernehmer müssen somit einen wirksamen auf Übernahme des Franchise-Vertrages und des Franchise-Outlets gerichteten Vertrag abgeschlossen haben. Dieser Vertrag muss rechtsgültig sein,[754] so dass weder Nichtigkeitsgründe (z.B. gemäß §§ 134, 138 BGB, § 34 GWB a.F.) oder die Anfechtbarkeit gegeben sein dürfen. Soweit Franchise-Nehmer und Übernehmer vereinbaren, dass die Übertragung des Franchise-Vertrages und die Übernahme des Franchise-Outlets von der Nichtausübung des Vorkaufsrechts abhängig gemacht wird oder aber dem Übernehmer für den Fall der Ausübung des Vorkaufsrechts durch den Franchise-Geber der Rücktritt vom abgeschlossenen Vertrag eingeräumt wird, sind solche Vereinbarungen zwischen Franchise-Nehmer und Übernehmer gegenüber dem Franchise-Geber gemäß § 465 BGB unwirksam. Damit wird verhindert, dass Franchise-Nehmer und Übernehmer unwirksame Umgehungsgeschäfte schließen bzw. durch einen solchen Vertrag den Franchise-Nehmer veranlassen wollen, zu einem überhöhten Preis das Vorkaufsrecht gemäß § 467 BGB auszuüben.[755]

3. Dingliche Sicherung des Vorkaufsrechts

Soweit der Franchise-Nehmer Eigentümer des Gebäudes ist, in dem das Franchise-Outlet betrieben wird, geht die Alternativfassung des Vertragsmusters in § 29 Ziffer 3 Abs. 2 davon aus, dass zugunsten des Franchise-Gebers das Vorkaufsrecht dinglich abgesichert, d.h. in das Grundbuch eingetragen wird. Die Durchsetzbarkeit einer solchen Regelung muss immer den Vertragsverhandlungen vorbehalten bleiben. Franchise-Nehmer werden in der Regel nicht ohne weiteres zur Eintragung eines solchen Vorkaufsrechts bereit sein, da damit auch die Verkehrsfähigkeit der Immobilie beeinträchtigt wird.

4. Höchstbetragsregel

Vielfach wird im Franchise-Vertrag auch festgehalten, dass der Franchise-Geber berechtigt ist, unter den im Vertrag normierten Voraussetzungen die Erteilung seiner Einwilligung zur Übertragung der Rechte und Pflichten aus dem Franchise-Vertrag und des Franchise-Outlets auf Dritte zu verweigern. Eine solche Regelung könnte folgenden Wortlaut haben:[756]

> „Der Franchise-Geber kann seine Einwilligung verweigern, wenn
> a) das Übernahmeentgelt, der Pachtzins, sonstige vertragliche Vergütungen oder Vereinbarungen nach billigem Ermessen des Franchise-Gebers in Bezug auf die wirtschaftliche Stabilität des übernommenen Betriebes unter Berücksichtigung einer normalen geschäftlichen Entwicklung überhöht erscheint;
> b) der Übernehmer nicht bereit ist, die Gebühren zu entrichten, die zum Zeitpunkt der Übergabe allgemein von neuen Franchise-Nehmern gefordert werden."

Mit einer solchen Regelung soll zum einen verhindert werden, dass der Franchise-Geber gezwungen wird, zu überhöhten Preisen sein Vorkaufsrecht auszuüben; zum anderen dient es dem Schutz des Übernehmers, der bei überhöhten Preisen in der Regel nicht in der

Lage ist, den von ihm finanzierten Kaufpreis aus den Erträgen des übernommenen Franchise-Betriebes zu leisten.[757] Wegen des Übernahmeentgeltes kann dabei vereinbart werden, dass die Leistung der Eintrittsgebühr – zumindest teilweise – entfällt.

5. Übernahmerecht des Franchise-Nehmers

Teilweise wird auf ein Vorkaufsrecht verzichtet und lediglich ein Eintrittsrecht des Franchise-Gebers[758] vereinbart. Eine solche Regelung könnte folgenden Wortlaut haben:

> „Für alle Fälle, in denen der Franchise-Nehmer die Rechte und Pflichten aus dem Franchise-Vertrag sowie den Franchise-Betrieb auf einen Dritten übertragen will, wird dem Franchise-Geber das Recht eingeräumt, anstelle seiner Einwilligung zum Abschluss des Übertragungsvertrages mit dem Dritten den Franchise-Betrieb und der Entlassung des Franchise-Nehmers aus dem Franchise-Vertrag selbst zu übernehmen, und zwar unter vollständiger Übernahme des gesamten Franchise-Betriebes, jedoch unter Ausschluss der Übernahme der Firma des Franchise-Nehmers."

Eine solche Übernahmeklausel ist wirksam, sofern sie auf die Übernahme des Gesamtbetriebes und nicht Teile des Betriebes gerichtet ist.[759] Problematisch ist diese aber unter haftungsrechtlichen Konsequenzen. Übernimmt der Franchise-Geber das Franchise-Outlet, so konnte dies eine Haftung gemäß § 419 BGB für Verbindlichkeiten des Franchise-Nehmers begründen;[760] allerdings ist § 419 BGB im Rahmen der Insolvenzrechtsreform zum 31. 12. 1998 außer Kraft getreten. Die Vorschrift gilt jedoch für vor dem 31. 12. 1998 entstandene Haftungsfälle fort, ist also auch noch für Franchise-Systeme von Bedeutung, bei denen die Übernahme des Franchise-Outlets vor dem 31. 12. 1998 erfolgte.

Durch den Hinweis „unter Ausschluss der Firma" wird zwar die Haftungskonsequenz des § 25 HGB vermieden. Eine solche Vereinbarung ist aber nur dann wirksam, wenn sie gemäß § 25 II HGB in das Handelsregister eingetragen und damit Dritten gegenüber deutlich gemacht wird, dass die alte Firma in ihrem Kern nicht fortgeführt wird.[761] Jedoch hat eine solche Eintragung im Handelsregister unverzüglich, d.h. ohne schuldhaftes Verzögern im Sinne des § 121 BGB zu erfolgen.[762] Dabei wird als Obergrenze ein Zeitraum von nicht mehr als 6 Wochen angesehen.[763] Der Franchise-Geber als der Übernehmer trägt dabei das Risiko unverschuldeter Verzögerungen bei der Handelsregistereintragung.[764] Wird der Ausschluss der Übernahme der Firma dem Handelsregister zu spät angezeigt, so ist dieses berechtigt, einen offensichtlich verspäteten Eintragungsantrag abzulehnen.[765]

6. Übertragung bei Tod des Franchise-Nehmers

Das Vertragsmuster geht davon aus, dass der Franchise-Vertrag an die Person des Franchise-Nehmers gebunden ist und demgemäß mit dem Tod des Franchise-Nehmers endet. Insofern gilt auch für den Franchise-Vertrag § 673, 1 BGB. Der Franchise-Vertrag erlischt im Zweifel mit dem Tod des Franchise-Nehmers. Dies entspricht auch dem Handelsvertretervertrag. Auch dieser endet im Zweifel mit dem Tod des Handelsvertreters.[766] Da die Erteilung der Franchise an persönliche und sachliche Voraussetzungen gebunden ist, geht das Vertragsmuster auch davon aus, dass eine Übertragung auf Erben nicht zulässig ist. Ist eine solche Regelung gewünscht, so müsste Folgendes vereinbart werden:

> „Stirbt der Franchise-Nehmer, so wird der Franchise-Geber den Wunsch der Erben, das Geschäft anstelle des verstorbenen Franchise-Nehmers fortzuführen, prüfen. Dies setzt voraus, dass der Erbe die allgemeinen Anforderungen, die der Franchise-Geber an seine Franchise-Nehmer stellt, erfüllt. Dies bezieht sich insbesondere auf Bonität, Seriosität, Sachkunde und Geschäftserfahrung."

Durch eine solche Regelung wird dem Franchise-Nehmer die Möglichkeit eröffnet, gegebenenfalls den Geschäftsbetrieb zu vererben. Allerdings muss der Franchise-Geber nicht jeden Erben akzeptieren. Das Vertragsmuster verlangt insoweit, dass auch der Erbe die Voraussetzungen erfüllt, die üblicherweise an einen Franchise-Nehmer gestellt werden. Sollte Erbe des Franchise-Nehmers eine Erbengemeinschaft sein, so kann der Franchise-Geber zusätzlich verlangen, dass entweder einer aus dem Kreis der Erbengemeinschaft als Franchise-Nehmer den Vertrag fortführt oder aber zumindestens die Erbengemeinschaft einen Sprecher ernennt.

Wegen der im Vertragsmuster vorgesehenen Bezugsbindung bedurfte die Übernahmevereinbarung bei bis zum 31. 12. 1998 abgeschlossenen Franchiseverträgen gemäß § 34 GWB a.F. zu ihrer Wirksamkeit der Schriftform. Auch der den Franchise-Vertrag übernehmende Erbe ist über sein Widerrufsrecht gemäß § 355 BGB, gerichtet auf die Übernahme des Franchise-Vertrages, zu belehren.[767]

Da die Entscheidung, ob der Erbe den Franchise-Vertrag fortführt, mitunter einen längeren Zeitraum in Anspruch nehmen kann, insbesondere dann, wenn der Franchise-Nehmer durch eine Erbengemeinschaft beerbt wird, kann auch überlegt werden, ob der Franchise-Geber nicht für diese Übergangszeit treuhänderisch den Franchise-Betrieb führt. Dann müsste in den Franchise-Vertrag folgende Regelung[768] eingefügt werden:

> „Der Franchise-Geber ist berechtigt, für den Zeitraum zwischen dem Erbfall und dem Eintritt des Erben den Franchise-Betrieb gegen Ersatz seiner Auslagen und ein angemessenes Entgelt für Rechnung und im Namen aller Erben solange selbst oder durch beauftragte Dritte treuhänderisch zu betreiben, bis einer der Erben die entsprechenden Qualifikationen erworben hat, jedoch längstens auf die Dauer von 12 Monaten nach Eintritt des Erbfalls."

Eine solche Regelung birgt für den Franchise-Geber das Risiko, für Verluste zu haften, die aus der Schlechterfüllung des treuhänderisch übernommenen Betriebes resultieren.[769] Es empfiehlt sich daher, die Haftung des Franchise-Gebers ausdrücklich auf die so genannte diligencia quam suis (Sorgfalt in eigenen Angelegenheiten) zu beschränken. Eine solche Haftungsbeschränkung sollte individuell ausgehandelt und in einer gesonderten Urkunde vereinbart werden um so die Vereinbarung einer AGB-rechtlichen Überprüfung gem. §§ 305 ff. BGB zu entziehen.

Die Übertragungsfragen stellen sich auch, wenn der Franchise-Vertrag mit dem Franchise-Nehmer als natürliche Person abgeschlossen wurde, dieser aber die Rechte und Pflichten aus dem Franchise-Vertrag von einer von ihm übernommenen oder gegründeten Personen- oder Kapitalgesellschaft ausführen lassen möchte. Die entsprechenden Vorgaben an die Gesellschafts- und Gesellschafterstruktur sowie die Geschäftsführungsstruktur einer solchen Übertragung sollten nicht im Franchise-Vertrag geregelt werden. Hierin kann eine unangemessene Benachteiligung des Franchise-Nehmers i.S.v. § 307 I 1 BGB gesehen werden. Stattdessen ist eine Ergänzungsvereinbarung zwischen den Vertragsparteien auszuhandeln, die auf die jeweilige vom Franchise-Nehmer gewählte Gesellschaft abstellt. Darin liegt eine Individualvereinbarung. Diese ist gem. § 305 b BGB der AGB-rechtlichen Kontrolle entzogen. Die Gestaltungsfreiheit und Inhaltsgrenzen einer solchen Ergänzungsvereinbarung werden demgemäß durch §§ 138, 242 BGB gezogen. Dieser Gestaltungsrahmen ist weiter als der enge, an der Angemessenheitsprüfung i.S.v. § 307 I 1 BGB orientierte.

7. Übernahme einer Filiale als Franchise-Outlet als Betriebsübernahme gem. § 613 a BGB

Übernimmt der Franchise-Nehmer eine Eigenfiliale des Franchise-Gebers, um diese auf der Grundlage des abgeschlossenen Franchise-Vertrages als Franchise-Outlet zu betreiben, so liegt eine Betriebsübernahme i. S. v. § 613 a BGB vor. Insofern ist entweder der Franchise-Geber oder aber der Franchise-Nehmer gem. § 613 a V BGB verpflichtet, die Arbeitnehmer über den Übergang schriftlich zu unterrichten.[770] Die entsprechende Verpflichtung trifft in der Umkehrung auch den Franchise-Geber, wenn dieser ein Franchise-Outlet als eigene Filiale übernimmt.

Vereinbaren Franchise-Geber und Franchise-Nehmer in einem solchen Fall einen Erlassvertrag, um die zwingenden gesetzlichen Rechtsfolgen des § 613 a I BGB zu umgehen, so ist eine solche Vereinbarung nach § 134 BGB nichtig.[771]

Übernimmt der Franchise-Geber Outlets der Franchise-Nehmer, weil sich etwa das Betriebskonzept des Franchise-Systems insgesamt geändert hat, und werden gleichzeitig erhebliche Änderungen in der Organisation und der Personalstruktur sowohl der Systemzentrale als auch des übernommenen Franchise-Outlets vorgenommen, so ist mit dem Urteil des BAG vom 17. Dezember 2009[772] davon auszugehen, dass kein Betriebsübergang i. S. d. § 613 a BGB vorliegt. Für die Umkehrung, d. h. die Übernahme einer Filiale des Franchise-Gebers durch einen Franchise-Nehmer eines Franchise-Outlets auf der Grundlage eines abgeschlossenen Franchise-Vertrages greifen die Grundsätze der BAG-Entscheidung vom 17. Dezember 2009 nicht, da der Franchise-Nehmer das Franchise-Outlet auf der Grundlage des Franchise-Systems und damit des Betriebskonzeptes des Franchise-Gebers führt. Insofern liegt mit der Überlassung der Filiale an den Franchise-Nehmer keine Änderung des Betriebskonzeptes vor.

§ 30
Folgen der Vertragsbeendigung

1. Der Franchise-Nehmer ist verpflichtet, alle gegenüber dem Franchise-Geber bestehenden Forderungen innerhalb einer Frist von 10 Tagen, gerechnet vom Zeitpunkt der Beendigung des Franchise-Vertrages an, zu erfüllen.

2. Der Franchise-Nehmer wird nach Beendigung des Franchise-Vertrages ab sofort keine Rechte mehr aus diesem Franchise-Ver-

trag ausüben und in der Öffentlichkeit nicht mehr als Mitglied des Franchise-System auftreten oder sich auf dieses berufen. Er wird sich ab sofort nicht mehr der Methoden und Formulare, die ihm durch das Franchise-System vermittelt worden sind, bedienen.
Er ist verpflichtet, das Franchise-Handbuch, etwaige Richtlinien sowie sonstige schriftliche Anweisungen und Anleitungen einschließlich Werbematerialien zurückzugeben. Ein Zurückbehaltungsrecht ist ausgeschlossen.

3. Dem Franchise-Nehmer ist es untersagt, sämtliche Marken, Werbetexte, Werbemittel, Drucksachen, Rechnungen etc. zu verwenden, die mit Firmenbezeichnungen, Marken, Zeichen, Werbetexten etc. vom Franchise-Geber ausgestattet sind. Er wird demgemäß ab sofort jeglichen Gebrauch der Marke „XY", zu welchem Zweck auch immer, einstellen; Entsprechendes gilt für die Nutzung des domain des Franchise-Systems.
4. Der Franchise-Nehmer ist verpflichtet, das Innere und Äußere seines Backfachgeschäftes so abzuändern, dass eine Verwechslung mit einem Backfachgeschäft des Franchise-System ausgeschlossen ist. Soweit das Backfachgeschäft vom Franchise-Geber oder von einem vom Franchise-Geber benannten Dritten weiterbetrieben wird, wird dieser in den vom Franchise-Nehmer abgeschlossenen Leasingvertrag eintreten, soweit die Leasinggesellschaft dem zustimmt.
5. Der Warenbestand wird, soweit dieser sich noch in einem verkaufsfähigen Zustand befindet, auf der Grundlage einer auf den Zeitpunkt der Beendigung des Franchise-Vertrages durchzuführende Inventur zu ......% des EK-Preises von dem jeweiligen Lieferanten bzw. den vom Franchise-Geber benannten Dritten übernommen.
6. Im Falle der Nichtübernahme des Backfachgeschäftes durch den Franchise-Geber oder einen von diesem zu benennenden Dritten trifft der Franchise-Nehmer unverzüglich alle Maßnahmen zur Löschung aller Bezeichnungen „XY" im Telefonverzeichnis und sonstigen Verzeichnissen, wie Telefax, Orts- und Branchenverzeichnissen usw. Der Franchise-Nehmer ist aber verpflichtet, unverzüglich zum Zeitpunkt der Beendigung des Franchise-Vertrages die neue Telefonnummer schalten zu lassen. Die mit der Schaltung der Telefonnummer verbundenen Kosten werden vom Franchise-Geber getragen.
7. Der Franchise-Nehmer verpflichtet sich letztlich, nach Beendigung des Franchise-Vertrages an einer reibungslosen Abwicklung bzw. Übergabe an etwaige Nachfolger mitzuwirken. Der Franchise-Nehmer unterlässt alles, was dem Ruf des Franchise-Gebers schaden könnte.

Erläuterungen

1. Grundsätzliches zur Beendigung eines Franchise-Vertrages
2. Know-how-Nutzung
3. Übernahme des Warenbestandes
4. Übernahme der Ladeneinrichtung
5. Eintrittsrecht
6. Zurückbehaltungsrecht am Ladenlokal
7. Ausgleichsanspruch des Franchise-Nehmers analog § 89b HGB
8. Entfallen des Ausgleichsanspruchs
9. Vereinbarungen zum Ausgleichsanspruch des Franchise-Nehmers
10. Anrechnung einer Versorgungszusage auf den Ausgleichsanspruch
11. Investitionserstattungsanspruch
12. Steuerrechtliche Fragen

1. Grundsätzliches zur Beendigung eines Franchise-Vertrages

Welche **Ansprüche** bei **Beendigung** des **Franchise-Vertrages** bestehen, hängt vom jeweiligen Franchise-System bzw. dem abgeschlossenen Franchise-Vertrag ab. Mögliche **gesetzliche Ansprüche** sind:

- **Karenzentschädigung analog § 90a HGB,**
- **Ausgleichsanspruch analog § 89b HGB,**
- **Investitionserstattungsanspruch gem. § 242 BGB,**
- **Markenunterlassungsanspruch gem. § 14 MarkenG,**
- **Räumungs- und Herausgabeanspruch im Hinblick auf das Ladenlokal (Franchise-Outlet) gem. §§ 535, 546 BGB.**

Gemeinsam ist einem etwaigen Ausgleichsanspruch analog § 89b HGB bzw. der Leistung einer Karenzentschädigung analog § 90a HGB oder einem Investitionserstattungsanspruch gem. § 242 BGB, dass der Franchise-Nehmer im Hinblick auf den akquirierten Kundenstamm, von ihm veranlasste, aber nicht amortisierte Investitionen geschützt werden soll. Insofern können diese Ansprüche, wie die Regelungen in §§ 89b IV, 90a IV HGB zeigen, nicht vor Beendigung des Franchise-Vertrages vertraglich ausgeschlossen werden. Ein einvernehmlicher Ausschluss dieser Ansprüche ist erst durch eine Vereinbarung **nach** Beendigung des Franchise-Vertrages möglich.

Hinzu kommen können aber auch vertragliche Ansprüche, wie etwa:

- **Rückkauf der Ladeneinrichtung (Zeitwert),**
- **Übernahme des Warenbestandes nach erfolgter Inventur (x% des Einkaufspreises),**
- **Abverkauf der Restwaren über einen bestimmten Zeitraum,**
- **Rückgabe etwaiger angemieteter und/oder geleaster Fahrzeuge,**

- **Verpflichtung zur Übertragung von Telefon- und Telefax-Nummern.**

Insofern sollten im Franchise-Vertrag, soweit möglich, die mit der Beendigung eines Franchise-Vertrages zusammenhängenden Fragen geregelt werden, wie etwa

- die Regelung der sofort notwendigen Folgen des Vertragsendes (keine Weiterbenutzung von Marke und sonstigen gewerblichen Schutzrechten sowie Herausgabe von Unterlagen, z. B. Franchise-Handbuch und Richtlinien),
- die Übernahme des Geschäftslokals durch den Franchise-Nehmer und damit die Beendigung eines etwaigen mit dem Franchise-Nehmer abgeschlossenen Untermietvertrages,
- die Übernahme der Geschäftseinrichtung und Warenbestandes einschließlich Übernahmemodalitäten (Inventur, Bewertung, Schiedsgutachten),
- die eventuelle Leistung eines Ausgleichsbetrages für den vom Franchise-Nehmer übernommenen Kundenstamm,
- die Beachtung der Regelungen eines etwa vereinbarten nachvertraglichen Wettbewerbsverbots.[773]

Auf diesen Grundsätzen baut § 30 des Vertragsmusters auf.

Wird das Ladenlokal nicht vom Franchise-Nehmer zurückgegeben, etwa, weil dieser selbst den Mietvertrag abgeschlossen hat oder aber der Franchise-Geber an dem Standort kein Interesse mehr hat, so muss der Franchise-Nehmer verpflichtet werden, das Innere und Äußere des Ladenlokals so abzuändern, dass eine Verwechslung mit einem Backfachgeschäft des Franchise-Systems ausgeschlossen ist. Unterbleibt dies und erweckt der Franchise-Nehmer weiterhin gegenüber Dritten den Eindruck, er sei nach wie vor Franchise-Nehmer, so kann dieser auf Unterlassung gemäß §§ 3, 5 UWG in Anspruch genommen werden.[774]

2. Know-how-Nutzung

Mit Beendigung des Franchise-Vertrages entfällt für den Franchise-Nehmer auch die Berechtigung, das Know-how des Franchise-Systems weiter zu nutzen. Diese Know-how-Nutzung bezieht sich nicht nur auf etwaige Werbemittel und Werbetexte sowie das Logo des Franchise-Systems und die Marke des Franchise-Gebers, sondern auch auf Geschäftsunterlagen, soweit auf diesen das Logo des Franchise-Systems oder sonstige auf das Franchise-System hindeutende Zusätze abgedruckt sind. Vielfach wird bei elektronischen Kassensystemen, auch zugleich mit jedem Kassenbon der Name des Franchise-Systems mit ausgedruckt. Auch insofern ist die Software abzuändern.

3. Übernahme des Warenbestandes

In der Regel wird der Franchise-Geber den beim Franchise-Nehmer lagernden Warenbestand übernehmen. Auf den Zeitpunkt der Vertragsbeendigung ist daher eine Inventur durchzuführen. Übernommen wird aber der Warenbestand, der sich noch im verkaufsfähigen Zustand befindet. Wenn also durch den Franchise-Nehmer z.B. Kosmetika oder andere Produkte vertrieben werden, bei denen gesetzliche Mindesthaltbarkeitsdaten oder Verfalldaten zu beachten sind, ist der Franchise-Geber nur verpflichtet, solche Produkte zu übernehmen, bei denen die Mindesthaltbarkeitsdaten und/oder Verfalldaten noch nicht abgelaufen sind.

Der Franchise-Geber ist nicht verpflichtet, die Produkte in Höhe des EK-Preises zu übernehmen. In der Regel werden die Produkte zu 50% des EK-Preises vom Franchise-Geber zurückgenommen.[775] Das Vertragsmuster legt keinen Prozentsatz fest. Vielmehr ist hier zu empfehlen, im Rahmen der Vertragsverhandlungen eine Vereinbarung über die Höhe des Rücknahmepreises zu treffen.

Wenn der Franchise-Geber an der Übernahme des Warenbestandes kein Interesse hat, so muss dem Franchise-Nehmer das Recht zugestanden werden, für einen Zeitraum von maximal 3 Monaten nach Beendigung des Vertrages den noch bei ihm vorgefundenen Warenbestand abzuverkaufen. Insofern kann dem Franchise-Nehmer auch für diesen Abverkauf das Recht eingeräumt werden, weiterhin das Logo des Franchise-Gebers zu nutzen, ohne jedoch nach außen hin weiterhin als Franchise-Nehmer aufzutreten.

Wird wie im Vertragsmuster keine vertragliche Rücknahmevereinbarung über die an den Franchise-Nehmer gelieferten Waren getroffen, stellt sich für den ausscheidenden Franchise-Nehmer immer die Frage eines Absatzes der noch bei ihm lagernden Waren über den Zeitpunkt der Beendigung des Franchise-Vertrages hinaus. Wird ein Räumungsverkauf durchgeführt, so besteht nicht mehr die Gefahr, dass dem neuen Franchise-Nehmer die Fortführung des Geschäftsbetriebes untersagt wird, da die Voraussetzungen des Fortsetzungsverbotes gem. § 8 VI Nr. 2 UWG a.F. gegeben waren.[776] Das Fortsetzungsverbot besteht nicht mehr. Insofern kann ein Räumungsverkauf vom ausscheidenden Franchise-Nehmer durchgeführt werden und alsdann das Ladenlokal von einem neuen Franchise-Nehmer übernommen und fortgeführt werden. Entsprechendes gilt auch, wenn der Franchise-Geber eine eigene Filiale dem Franchise-Nehmer übergeben will. Auch hier ist es dem Franchise-Geber möglich, einen Räumungsverkauf durchzuführen und anschließend das eigene Ladenlokal durch einen Franchise-Nehmer als Franchise-

Nehmer-Betrieb übernehmen zu lassen. Da im Räumungsverkauf die Vertragsprodukte des Franchise-Systems zu herabgesetzten Preisen veräußert werden, sollte entweder im Franchise-Vertrag generell dem Franchise-Nehmer ein solcher Räumungsverkauf eingeräumt werden oder aber dessen Durchführung von der Einwilligung (§ 183 BGB) des Franchise-Gebers abhängig gemacht werden.

Wird das Franchise-Outlet als eigener Geschäftsbetrieb vom Franchise-Nehmer fortgeführt, so kann diesem auch zugestanden werden, die Vertragsprodukte des Franchise-Systems nach Beendigung des Franchise-Vertrages weiter abzuverkaufen, vorausgesetzt, Marken und sonstige auf das Franchise-System hinweisende Zeichen werden entfernt und es unterbleibt zugleich eine Werbung, mit der der irreführende Eindruck erweckt wird, dass der Franchise-Nehmer mit seinem Geschäftslokal nach wie vor ein Franchise-Outlet des Franchise-Systems betreibt; gegebenenfalls kann auf eine Dauer von max. 3 Monaten je nach den Umständen des Einzelfalles (§ 242 BGB) noch der Abverkauf der Vertragsprodukte mit dem Markenaufdruck des Franchise-Systems bzw. anderer auf das Franchise-System hinweisender Zeichen gestattet werden.

4. Übernahme der Ladeneinrichtung

Soll auch die Ladeneinrichtung übernommen werden, so empfiehlt es sich, im Franchise-Vertrag bereits die Modalitäten für die Übernahme der Ladeneinrichtung festzuhalten. Üblich ist hier eine Übernahme zum Zeitwert. Können sich hierauf die Vertragsparteien nicht einigen, so wird der Zeitwert in der Regel durch einen Sachverständigen ermittelt, der von der für den Sitz des Franchise-Nehmers zuständigen Industrie- und Handelskammer benannt wird. § 30 Ziffer 5 des Vertragsmusters müsste dann wie folgt ergänzt werden:

> „Die Einrichtung wird vom Franchise-Geber zum Zeitwert übernommen. Können sich die Vertragsparteien nicht über die Höhe des Zeitwertes verständigen, so wird dieser durch einen von der für den Sitz des Franchise-Nehmers zuständigen Industrie- und Handelskammer zu benennenden Sachverständigen als Schiedsgutachter ermittelt."

Es empfiehlt sich, den Sachverständigen zum Schiedsgutachter zu bestellen, damit mit der Erstellung des Gutachtens Einigkeit über die Höhe des zu leistenden Kaufpreises Einigkeit besteht.

5. Eintrittsrecht

§ 10 des Vertragsmusters geht davon aus, dass der Franchise-Geber berechtigt ist, bei Beendigung des Franchise-Vertrages in den vom Franchise-Nehmer abgeschlossenen Mietvertrag einzutreten bzw. einen Dritten (gegebenenfalls den neuen Franchise-Nehmer) eintreten zu lassen. Ein solches Eintrittsrecht muss im Verhältnis zwischen Franchise-Nehmer und Vermieter vereinbart werden. Ist ein solches Eintrittsrecht nur im Franchise-Vertrag vereinbart, so bindet dies den Vermieter nicht, da insoweit ein nach deutschem Recht unzulässiger Vertrag zu Lasten Dritter vorliegt. Um daher überprüfen zu können, ob der Franchise-Nehmer das Eintrittsrecht vereinbart hat, ist es einmal mehr erforderlich, dass der vom Franchise-Nehmer abgeschlossene Mietvertrag – wie es das Vertragsmuster vorsieht – als Anlage zum Franchise-Vertrag genommen wird.

Ein solches Eintrittsrecht dient der Standortsicherung, birgt aber auch die Gefahr in sich, dass der Franchise-Geber einen etwaigen rückständigen Mietzins des Franchise-Nehmers zu entrichten hat, um bei mehrmonatigem Zahlungsverzug des Franchise-Nehmers eine fristlose Kündigung des Mietvertrages zu vermeiden.

6. Zurückbehaltungsrecht am Ladenlokal

Der Franchise-Nehmer ist nicht berechtigt, ein Zurückbehaltungsrecht am Ladenlokal für etwaige Gegenforderungen geltend zu machen. Der Ausschluss eines solchen Zurückbehaltungsrechts ist auch nicht gemäß § 307 I 1 BGB wegen unangemessener Benachteiligung des Franchise-Nehmers unwirksam, da das Zurückbehaltungsrecht gemäß § 570 BGB ausgeschlossen ist;[777] in Einzelfällen kann ein solches Zurückbehaltungsrecht aber aus § 242 BGB folgen.

7. Ausgleichsanspruch des Franchise-Nehmers analog § 89b HGB

Da ein Franchise-Vertrag auch Elemente des Vertragshändler- bzw. Eigenhändlervertrages enthält, stellt sich die Frage, ob dem Franchise-Nehmer nach Vertragsbeendigung entsprechend einem Handelsvertreter ein Ausgleichsanspruch analog § 89b HGB zusteht.[778]

Die Voraussetzungen, unter denen einem Eigenhändler in entsprechender Anwendung des § 89b HGB ein Ausgleichsanspruch zusteht, sind zuletzt noch vom Bundesgerichtshof mit Urteil vom 17. 4. 1996 unter Bestätigung der bisherigen Rechtsprechung[779] zusammengestellt worden. Als bislang abschließend für Franchise-Verträge ist die Entscheidung des OLG Celle vom 19. April 2007[780] anzusehen. Danach steht einem Franchise-Nehmer ein Ausgleichsanspruch nach Handelsvertretergrundsätzen analog § 89b HGB zu, wenn dieser wie ein Handelsvertreter in die Organisation des Franchise-Systems eingegliedert ist. Allerdings soll ein Ausgleichsanspruch analog § 89b HGB nach Ansicht des OLG Celle dann ausgeschlossen sein, wenn dem Franchise-Nehmer die Möglichkeit eröffnet wird, den Kundenstamm, den er während der Dauer des Franchise-Vertrages akquiriert hat, nach Vertragsbeendigung mitzunehmen.

Der Ausgleichsanspruch gem. § 89b HGB setzt voraus, dass der Handelsvertreter:

- in die Betriebsorganisation des Unternehmens eingegliedert ist;
- verpflichtet ist, dem Unternehmen bei Beendigung des Handelsvertretervertrages seinen Kundenstamm zu überlassen;
- durch Erfüllung seiner Verpflichtungen dem Unternehmen einen Vermögenswert verschafft, den dieses sonst nicht hätte, und
- im konkreten Fall schutzwürdig ist.

Gewährt wird ein Ausgleichsanspruch nur dann, wenn sich **erhebliche Vorteile** für das vertretene Unternehmen ergeben, und zwar Vorteile, die auch nach Beendigung des Handelsvertretervertrages noch von Bedeutung sind.[781] Neu sind dabei nicht nur Kunden, die der Handelsvertreter während seiner Tätigkeit akquiriert hat, sondern auch solche Kunden, die er vom Unternehmen übernommen hat, mit denen aber die Geschäftskontakte wesentlich erweitert und verbessert wurden.[782] Muss der Handelsvertreter gar bei Abschluss des Handelsvertretervertrages eine Lump Sum für die Überlassung bereits bestehender Kunden leisten, so ist nach der Rechtsprechung davon auszugehen, dass diese Altkunden bei der Berechnung des Ausgleichsanspruchs mitzuberücksichtigen sind (sog. Altkundenklausel).[783]

Der Ausgleichsanspruch wird nur dann geleistet, wenn er unter Berücksichtigung aller Umstände der **Billigkeit** entspricht. Im Rahmen dieser Billigkeitsprüfung sind dann auch dem Handelsvertreter gewährte Leistungen aus einer etwaigen betrieblichen Altersversorgung als ausgleichsmindernd abzusetzen.[784]

Im Rahmen der Billigkeitserwägungen ist auch die sog. **Sogwirkung einer berühmten Marke**[785] zu berücksichtigen, also die besondere Werbewirkung, die von einem anerkannten Markenprodukt ausgeht. Diese Sogwirkung ist ausgleichsmindernd zu berücksichtigen.[786] Genauso wie für die Billigkeitsgesichtspunkte allgemein trägt das Unternehmen für die Sogwirkung der berühmten Marke die Darlegungs- und Beweislast.[787] Es ist dann Sache des Handelsvertreters, seinerseits Umstände vorzutragen, die die von dem Unternehmer vorgebrachten Gesichtspunkte entkräften, sei es, indem er zeigt, dass sie bereits für sich genommen einen Billigkeitsabstand nicht rechtfertigen, sei es, indem er zusätzliche Gesichtspunkte vorbringt, die für die Billigkeit der Zuerkennung eines Ausgleichsanspruchs sprechen und die vom Unternehmen vorgetragenen aufheben. Für solche Gesichtspunkte trägt der Handelsvertreter die Darlegungslast.[788]

Bei der Berechnung des Ausgleichsanspruchs wurde in der Vergangenheit davon ausgegangen, dass der gem. § 89b I 1–3 HGB unter Berücksichtigung der Billigkeit ermittelte Ausgleichsanspruch der angemessene ist. Ob dies so bleiben wird, muss erst noch unter Berücksichtigung der Neufassung von § 89b I 1 Ziff. 1, 2 HGB entschieden werden. Nachdem nämlich der EuGH mit Urteil vom 26. März 2009[789] entschieden hatte, dass das Bestehen eines Ausgleichsanspruchs künftige Vorteile des Unternehmens voraussetzt und Provisionsverluste des Handelsvertreters nur noch ein Billigkeitsgesichtspunkt sind, wurde § 89b I Nr. 1–3 HGB a.F. durch das Gesetz vom 31. Juli 2009[790] geändert. § 89b I 1 Nr. 3 HGB wurde gestrichen und § 89b I 1 Nr. 1 HGB neu gefasst und normiert, dass ein Ausgleichsanspruch nur dann besteht, wenn der Unternehmer aus der Geschäftsverbindung mit neuen Kunden, die der Handelsvertreter geworben hat, auch nach Beendigung des Vertragsverhältnisses erhebliche Vorteile hat.[791]

Da der Ausgleichsanspruch gemäß § 89b I 1 Nr. 2 HGB auch die Verluste an Provisionen ausgleichen soll, welche dem Handelsvertreter erst in mehreren Folgejahren zugeflossen sind, ist eine Abzinsung erforderlich.[792]

Der nach § 89b I HGB ermittelte Ausgleich, auch als Rohausgleich bezeichnet, ist gegebenenfalls nach § 89b II HGB zu kappen. Höchstbetrag des Ausgleichsanspruchs und Kappungsgrenze ist der Betrag einer Jahresprovision oder sonstigen Vergütung, die der Handelsvertreter im Durchschnitt der letzten 5 Jahre seiner Tätigkeit erzielt, wobei allerdings lediglich die Mitteilung der durchschnittlichen Jahresprämie der letzten 5 Jahre nicht der Darlegungslast für den Ausgleichsanspruch genügt.[793]

Die Jahresprovision oder sonstige Jahresvergütungen des Handelsvertreters ist die Gesamtheit der ihm zustehenden Beträge, also die Bruttoprovision.[794]

Für Vertragshändler ist eine analoge Anwendung des § 89b HGB anerkannt.[795] Damit stellt sich die Frage der Übertragbarkeit dieser

Rechtsprechung auf Franchise-Verträge. Zentrale Voraussetzung für eine solche analoge Anwendung des § 89b HGB auf Franchise-Verträge ist daher die Einbindung des Franchise-Nehmers in das Absatzsystem des Franchise-Gebers.[796] Dies wird man noch eher als bei Vertragshändlerverhältnissen bejahen können. Der wirtschaftliche Erfolg des Franchise-Nehmers wird sich nur dann einstellen, wenn dieser in die Franchise-Organisation eingebunden ist. Nur dann ist sichergestellt, dass das Geschäftslokal den Geschäftslokalen des Franchise-Systems entspricht, also die Corporate Identity gewahrt ist. Nur wenn eine solche Eingliederung vorhanden ist, kann von einer Gleichmäßigkeit der Qualität der angebotenen Waren oder Dienstleistungen ausgegangen werden. Auch gehört es zum Wesen des Franchising, wie die dargestellte Definition zeigt, dass der Franchise-Nehmer verpflichtet ist, das ihm zur Verfügung gestellte Know-how zu nutzen und eingetragene Marken, Namen und Designs entsprechend den Vorgaben des Franchise-Gebers umzusetzen. Der typische Franchise-Nehmer ist somit eng in das Absatzsystem des Franchise-Gebers eingebunden und erfüllt in erheblichem Maße dieselben Funktionen wie ein Handelsvertreter.

Da die Zahlung des Ausgleichsanspruchs unter Berücksichtigung aller Umstände der Billigkeit entsprechen muss, sind zahlreiche Gesichtspunkt zu berücksichtigen, insbesondere der für einen Franchise-Nehmer noch wichtiger als für den Handelsvertreter und den Vertragshändler zu beachtende Umstand der **Sogwirkung einer berühmten Marke.** Damit wird nach allgemeiner Ansicht der Umstand bezeichnet, dass Kunden nicht durch die werbenden Bemühungen des Absatzmittlers angezogen werden, sondern auch und möglicherweise sogar hauptsächlich durch die Werbung des Herstellers oder Franchise-Gebers, durch die Attraktivität des angebotenen Produktes oder durch den guten Ruf, den das Franchise-System sich durch kollektive Leistung aller Beteiligten am Markt erarbeitet hat.[797] Da Franchise-Nehmer in der Regel eine Eintrittsgebühr zahlen, wird bei der Berechnung des Ausgleichsanspruchs des Franchise-Nehmers dem Franchise-Geber das Argument der Sogwirkung einer berühmten Marke abgeschnitten. Die Eintrittsgebühr wird unter anderem für die Teilhabe an der Marke des Franchise-Gebers geleistet. Insofern kann die Sogwirkung, die mit der Markennutzung verbunden wird, nicht wieder ausgleichsanspruchsmindernd abgezogen werden.[798]

Zwischenzeitlich scheint sich auch im Franchise-Recht durchzusetzen, dass einem Franchise-Nehmer bei Vertragsbeendigung analog § 89 b HGB ein Ausgleichsanspruch zusteht, auch wenn es noch an einer höchstrichterlichen Entscheidung des BGH mangelt. Das LG Frankfurt[799] und das LG Hanau[800] haben einen solchen Ausgleichsanspruch für Franchise-Nehmer erstmals bejaht. Das LG Frankfurt und das LG Hanau stellen aber in ihren Urteilen fest, dass die Analogievoraussetzungen und die Vergleichbarkeit der Interessenlage mit derjenigen eines Handelsvertreters in jedem Einzelfall gesondert zu prüfen ist. In entsprechender Weise hat auch zuletzt das OLG Celle[801] einen Ausgleichsanspruch eines Franchise-Nehmers nach Handelsvertretergrundsätzen geprüft und bejaht.

Nachwievor ist die Frage unentschieden, ob ein Ausgleichsanspruch eines Franchise-Nehmers analog § 89b HGB auch dann aber gegeben ist, wenn dieser keiner Bezugsbindung unterliegt und daher nicht in gleicher Weise wie ein Handelsvertreter in die Absatzorganisation des Franchise-Gebers eingebunden ist. Dabei wird auch von Bedeutung sein, in welcher Weise der Franchise-Nehmer den Nachweis dafür erbringen kann, dass er einen Kundenstamm erwirtschaftet hat, der nach Beendigung des Franchise-Vertrages sofort und ohne Weiteres genutzt werden kann. Hier dürfte es ausreichen, wenn das bisherige Franchise-Outlet vom neuen Franchise-Nehmer übernommen wird. Gerade bei einem Backfachgeschäft kann es wegen der herrschenden Anonymität keine Kundenlisten geben. Die Kunden kommen hier, weil und solange das Backfachgeschäft geöffnet ist. Wird demgemäß das vom Franchise-Nehmer betriebene Backfachgeschäft nach Vertragsbeendigung durch einen neuen Franchise-Nehmer besetzt, so kann dieser sofort seine Geschäfte weiterführen, da allein die Öffnung des Ladenlokals die bisherigen Kunden dazu bewegt, weiterhin im Backfachgeschäft einzukaufen. Dies reicht zur Überlassung des Kundenstamms als Analogievoraussetzung des § 89b HGB aus.[802]

8. Entfallen des Ausgleichsanspruchs

Der Ausgleichsanspruch entfällt analog § 89b III Ziffer 2 HGB, wenn der Franchise-Vertrag aus einem vom Franchise-Nehmer zu vertretenen wichtigen Grund fristlos vom Franchise-Geber gekündigt wird.[803]

Grundsätzlich entfällt der Ausgleichsanspruch auch bei einer ordentlichen Eigenkündigung des Franchise-Nehmers, allerdings sind die Anforderungen an den Ausschluss des Ausgleichsanspruchs hoch anzusetzen, indem die Voraussetzungen des „begründeten Anlasses“ für die Kündigung äußerst weitgefasst werden. Bei der Bewertung der Frage, ob für den Franchise-Nehmer die Fortsetzung seiner Tätigkeit als nicht mehr zumutbar anzusehen ist, können auch schon kleinere Auseinandersetzungen und Meinungsverschiedenheiten mit dem Franchise-Geber ausschlaggebend sein.[804]

Der Ausgleichsanspruch analog § 89b HGB entfällt für den Franchise-Nehmer auch dann, wenn weder aus den Tatsächlichkeiten, noch aus dem Vertrag eine Kundenstammübertragungspflicht hergeleitet werden kann. Insoweit sind die Grundsätze der Toyota-Entscheidung des BGH vom 17. 4. 1996[805] auch auf Franchise-Systeme anwendbar. Ist demgemäß der Franchise-Nehmer nicht verpflichtet, dem Franchise-Geber seine Kundenadressen zu übermitteln, sondern hat diese nur einer Werbeagentur zur Verfügung zu stellen, die die Direct Mailings durchführt, so entfällt dann der Ausgleichsanspruch mangels Kundenstammkenntnisnahme, wenn die Werbeagentur wiederum sich vertraglich verpflichtet, diese Kundeninformationen nicht an den Franchise-Geber weiterzugeben und der Franchise-Geber auch nicht gesellschaftsrechtlich an der Werbeagentur beteiligt ist.

Der Ausgleichsanspruch des Franchise-Nehmers entfällt allerdings beim sog. **Pachtmodell,** d.h. der Überlassung des Fanchise-Outlet ohne Eigeninvestitionen des Franchise-Nehmers.[806]

9. Vereinbarungen zum Ausgleichsanspruch des Franchise-Nehmers

§ 89b IV HGB legt fest, dass der Ausgleichsanspruch nicht im Voraus, d.h. vor Beendigung des Vertragsverhältnisses abbedungen werden kann. Dies gilt auch für Ansprüche aus einer analogen Anwendung des § 89b HGB.[807] Auch der einem Franchise-Nehmer zustehende Ausgleichsanspruch kann daher nicht im vorhinein im Franchise-Vertrag abbedungen werden.

Wenn man also **Abwälzungsmöglichkeiten** des Ausgleichsanspruchs diskutiert, so muss man diese Diskussion an § 89 III Nr. 3 HGB orientieren. Danach besteht der Ausgleichsanspruch dann nicht, wenn aufgrund einer Vereinbarung zwischen dem Unternehmer und dem Handelsvertreter ein Dritter anstelle des Handelsvertreters in das Vertragsverhältnis eintritt; eine solche Vereinbarung kann nicht vor Beendigung des Vertragsverhältnisses getroffen werden.[808] In einem solchen Fall bleibt der Ausgleichsanspruch bestehen. Es findet nur ein Schuldnerwechsel statt. Anstatt des Franchise-Gebers hat nunmehr der nachfolgende Franchise-Nehmer den Ausgleichsanspruch zu erfüllen. Eine solche nach dem Gesetz zulässige Möglichkeit wird praktisch nicht umsetzbar sein. Der Franchise-Nehmer müsste dann, wenn er ein bereits bestehendes Franchise-Outlet übernimmt, nicht nur die Eintrittsgebühr leisten, sondern zusätzlich auch noch die Ausgleichszahlung an den ausscheidenden Franchise-Nehmer übernehmen. Scheidet nun dieser Franchise-Nehmer wieder aus, so würde sich für den dritten Franchise-Nehmer die Franchise als nahezu unbezahlbar erweisen, da dieser ja zum einen wiederum eine Eintrittsgebühr zahlen muss und zum anderen einen Ausgleichsanspruch zu leisten hat, der dann sowohl die erste Ausgleichszahlung umfasst als auch den Ausgleich, der dem zweiten Franchise-Nehmer aufgrund seiner Kundenakquirierungen zusteht. Allein die Abwälzung des Ausgleichsanspruchs vom Franchise-Geber auf den neu in das System eintretenden Franchise-Nehmer hilft nicht weiter.

Die Anwendung der Grundsätze der Toyota-Entscheidung des BGH vom 17. 4. 1996[809] verstößt auch nicht gegen § 89b IV HGB. Da ein Ausgleichsanspruch nicht besteht, handelt es sich insofern auch nicht um eine abweichende Vereinbarung zu Lasten des Franchise-Nehmers.

10. Anrechnung einer Versorgungszusage auf den Ausgleichsanspruch

Der BGH hat mit Urteil vom 23. 2. 1994[810] festgestellt, dass freiwillige Leistungen des Unternehmens für die Altersversorgung des Handelsvertreters mangels entsprechender Vereinbarung jedenfalls dann nicht auf den Ausgleichsanspruch anzurechnen sind, wenn der Versorgungsanspruch erst 21 Jahre nach Ende des Handelsvertreterverhältnisses fällig wird.

Aus der Entscheidung des BGH vom 23. 2. 1994 folgt für den Ausgleichsanspruch des Franchise-Nehmers, dass dann eine etwaige ihm vom Franchise-Geber zu gewährende Versorgungszusage anzurechnen ist, wenn eine entsprechende vertragliche Vereinbarung getroffen wurde. Beabsichtigt also der Franchise-Geber, betriebliche Versorgungszusagen gegenüber Franchise-Nehmern zu erteilen, so muss im Franchise-Vertrag festgehalten werden, dass die Leistungen aus der Versorgungszusage auf einen Ausgleichsanspruch des Franchise-Nehmers analog § 89b HGB angerechnet werden.[811]

11. Investitionserstattungsanspruch

Die Frage des Investitionserstattungsanspruchs eines Franchise-Nehmers ist von immer größerer Bedeutung, zumal der Franchise-Nehmer für seine Investitionen keinen Aufwendungsersatzanspruch nach Geschäftsbesorgungsrecht (§§ 675, 670 BGB) hat.[812] Allerdings darf der Investitionsschutzgedanke des Franchise-Nehmers nicht überdehnt werden.[813] Franchise-Nehmer betreiben oft Investitionen aus eigenem Antrieb, um ihre Gewinnchancen zu vergrößern. Solche Investitionen fallen dann aber in das unternehmerische Risiko des Franchise-Nehmers. Grundsätzlich ist daher in solchen Fällen kein Investitionserstattungsanspruch zuzubilligen. Jedoch kann sich allerdings in Verbindung mit einem Kündigungsschutz des

Franchise-Nehmers ein solcher Investitionserstattungsanspruch aus § 242 BGB ergeben, wenn der Franchise-Nehmer durch eine Kündigung nicht amortisierte Investitionen verlieren würde.[814]

Um diese Investitionen des Franchise-Nehmers zu schützen, ist in Österreich der Investitionserstattungsanspruch in § 454 UGB gesetzlich geregelt. Ein solcher Investitionserstattungsanspruch des Franchise-Nehmers kann auch nicht abbedungen werden. Insofern enthält § 454 IV UGB eine § 89b IV HGB entsprechende Regelung. § 454 V UGB stellt zugleich klar, dass vom Investitionserstattungsanspruch der Ausgleichsanspruch für den Kundenstamm nach Handelsvertretergrundsätzen unberührt bleibt.

Wird demgemäß der Investitionserstattungsanspruch nach deutschem Recht nur unter engen Voraussetzungen anzuerkennen sein, so entfällt allerdings nicht die Verpflichtung des Franchise-Gebers, den Franchise-Nehmer vor geschäftlichen Fehlinvestitionen zu bewahren. Dies hat bereits das BAG mit seinem Urteil vom 24. 4. 1980[815] festgestellt.

Kein Fall des Investitionserstattungsanspruchs ist die Verpflichtung des Franchise-Gebers zur Rücknahme des beim Franchise-Nehmer lagernden Warenbestandes.[816]

12. Steuerrechtliche Fragen

Auf den Ausgleichsanspruch ist § 24 I EStG entsprechend anwendbar.[817] Ausgleichszahlungen sind demgemäß Einkünfte i. S. v. § 2 I EStG und gehören damit auch beim Franchise-Nehmer zum laufenden, der Gewerbesteuer unterliegenden Gewinn, auch wenn die Gewährung nicht mit der Aufgabe des Franchise-Betriebes zusammenfällt.[818]

Der Franchise-Geber ist einkommensteuerrechtlich jedoch nicht berechtigt, vor Beendigung des Franchise-Vertrages für eine etwaige Ausgleichszahlung analog § 89b HGB eine Rückstellung zu bilden.[819]

Teil IX
Beirat

§ 31
Beirat

1. Der Franchise-Geber bildet einen Beirat, dem gewählte Franchise-Nehmer angehören.

2. Der Beirat ist als Schlichter bei Auseinandersetzungen zwischen Franchise-Geber und Franchise-Nehmer und Franchise-Nehmern

untereinander tätig. Die Vertragsparteien können erst dann das zuständige Gericht anrufen, wenn durch den Vorsitzenden des Beirats das Scheitern der Streitschlichtung festgestellt wird. Desweiteren berät der Beirat den Franchise-Geber insbesondere in Fragen der Werbung und des Marketing und wirkt bei der überregionalen Werbeplanung mit.

3. **Die Arbeit des Beirats erfolgt auf der Grundlage der Geschäftsordnung, die diesem Franchise-Vertrag in der jeweils gültigen Fassung als Anlage 18 beigefügt ist.**

Erläuterungen

1. Bedeutung des Beirats
2. Beirat und Kartellrecht
3. Geschäftsordnung des Beirats
4. Schlichtungsklausel
5. Mediation

1. Bedeutung des Beirats

Die Schaffung einer optimalen Kommunikation zwischen den Vertragsparteien ist eine der wichtigsten Voraussetzungen für ein gut funktionierendes Franchise-System. Dem dient der Beirat, der zugleich auch die Funktion übernehmen kann, eine Formierung von frustrierten, unzufriedenen oder sogar feindlich eingestellten Vereinigungen von Franchise-Nehmern zu verhindern, um so eine Zerschlagung des Franchise-Systems zu vermeiden.[820] Sieht man den Zweck des Beirats unter anderem in der Vermeidung von Konflikten, so ist dieser auch als Schlichter bei Auseinandersetzungen zwischen Franchise-Geber und Franchise-Nehmer geeignet. Davon geht § 31 Ziffer 2 des Vertragsmusters aus.

Die Einbeziehung des Beirats in die Fragen der überregionalen Werbung und des Marketing dient dazu, Franchise-Nehmer in maßgebende Entscheidungen des Franchise-Systems mit einzubinden. Die Schaffung solcher Franchise-Nehmer-Gremien hat sich bei zahlreichen Franchise-Systemen mittlerweile durchgesetzt. Sei es nun, dass diese als Beirat oder als Ausschüsse oder als Arbeitsgemeinschaften strukturiert sind. Gemeinsam ist allen das Ziel, Franchise-Nehmer in den Kommunikationsprozess mit einzubeziehen.[821]

2. Beirat und Kartellrecht

Das Vertragsmuster geht davon aus, dass der Beirat lediglich beratend tätig ist, also **keine** Entscheidungskompetenz hat. Ein so strukturierter Franchise-Nehmer-Beirat ist kartellrechtlich ohne Relevanz, da keine horizontalen Bindungen zwischen Franchise-Geber und Franchise-Nehmer entstehen.[822] Wird hingegen der Beirat als ein Beschluss-Gremium ausgestaltet, als ein Gremium, das sogar den Franchise-Geber bindende Entscheidungen treffen kann, so kann hierin eine gemäß § 1 GWB unwirksame Kartellvereinbarung gesehen werden. Allerdings führt dieser Verstoß nicht zur Gesamtnichtigkeit des abgeschlossenen Franchise-Vertrages. Vielmehr sind die Vertragsbestimmungen einer Kartellvereinbarung nur insoweit unwirksam bzw. nichtig, als sie die Tatbestandsmerkmale des § 1 GWB erfüllen. Alle übrigen Bestimmungen des Franchise-Vertrages, die keine Wettbewerbsbeschränkung im Sinne von § 1 GWB zur Folge haben, werden daher vom Kartellverbot und der sich aus § 1 GWB ergebenden Rechtsfolge der Unwirksamkeit nicht erfasst.[823]

3. Geschäftsordnung des Beirats

Um effektiv im Beirat arbeiten zu können, ist es notwendig, dass dessen Einrichtung, Aufgaben und Kompetenzen im Einzelfall genau überdacht und in einer Geschäftsordnung festgehalten werden. Hier kann zur Gestaltung der Geschäftsordnung des Beirats auf die Richtlinie „Beirat" des Deutschen Franchise-Verbandes zurückgegriffen werden.

4. Schlichtungsklausel

§ 31 Ziffer 2 misst dem Beirat auch die Bedeutung eines Schlichters bei Auseinandersetzungen zwischen Franchise-Geber und Franchise-Nehmer und Franchise-Nehmern untereinander zu. Erst wenn die Schlichtung scheitert, kann das zuständige Gericht angerufen werden.[823a]

Teilweise sind in Franchise-Verträgen gesonderte Schlichtungsklauseln enthalten. Eine solche Schlichtungsklausel könnte folgenden Wortlaut haben:

> „Streitigkeiten über gegenseitige Rechte und Pflichten aus dem Franchise-Vertrag sind grundsätzlich unter Berücksichtigung des Schutzes der Identität und Integrität des Franchise-Systems im Hinblick auf ihre Auswirkungen und auf den Erfolg des Franchise-Systems einvernehmlich zwischen Franchise-Nehmer und Franchise-Geber sowie Franchise-Nehmern untereinander zu regeln.

Können sich die Vertragsparteien nicht einigen, unternehmen sie einen Schlichtungsversuch und bitten einen Schlichterausschuss um einen Schlichtungsvorschlag. Der Ausschuss wird aus drei Mitgliedern des Franchise-Systems oder dem System nahe stehenden Dritten gebildet, von denen einer Franchise-Nehmer und einer Mitarbeiter des Franchise-Gebers sein muss. Das dritte Mitglied des Ausschusses wird einvernehmlich bestimmt, wobei bei Meinungsverschiedenheiten der Franchise-Geber die Entscheidung hat.
Bei Auseinandersetzungen über die Einwilligung zur Übertragung von Rechten, das angemessene Entgelt und/oder die Höhe der Vergütung für die Veräußerung von Gegenständen müssen die Parteien durch die für den Sitz des Franchise-Nehmers zuständige Industrie- und Handelskammer ein Schiedsgutachter bestellen lassen.
Die Beschreitung des Rechtsweges ist erst nach Ausschöpfung dieser außergerichtlichen Einigungsmöglichkeiten zulässig. Maßnahmen des einstweiligen Rechtsschutzes und/oder der gerichtlichen Beweissicherung werden durch die Regelungen der Ziffern 1–3 auch vor Erschöpfung der außergerichtlichen Einigungsmöglichkeiten nicht ausgeschlossen."

In der Vergangenheit wurde vom Deutschen Franchise-Verband in der Richtlinie „Schlichtung" empfohlen, die Schlichter anzurufen, die in Bayern bei den Landgerichten Würzburg, München und Traunstein[824] eingerichtet worden waren. Diese Empfehlung hat sich überholt, nachdem die **„Gerichtsmediation"** eingeführt worden ist. Hier ist als Tendenz festzustellen, dass zunehmend die Instanzgerichte empfehlen, Streitigkeiten zwischen Franchise-Geber und Franchise-Nehmer oder Streitigkeiten von Franchise-Nehmern untereinander durch eine Gerichtsmediation beizulegen, um so sowohl dem Franchise-Geber als auch dem Franchise-Nehmer aber auch untereinander zerstrittenen Franchise-Nehmern ein Verbleiben im Franchise-System zu ermöglichen, da sich bei einer erfolgreichen Gerichtsmediation weder Franchise-Geber noch Franchise-Nehmer als „Sieger" fühlen können und gleichzeitig durch die Mediationsvereinbarung sichergestellt ist, dass über die Streitigkeit innerhalb des Franchise-Systems nicht Dritte oder weitere Franchise-Nehmer des Franchise-Systems unterrichtet werden.

5. Mediation

Unter dem Einfluss internationaler Franchise-Systeme wird zunehmend auch beim Abschluss von Franchise-Verträgen die Einführung einer Mediation vereinbart, die einer gerichtlichen Auseinandersetzung vorgelagert ist, d.h. eine etwaige Klage ist unzulässig, solange nicht die Mediation geschlossen ist.[825] In Ermangelung von Rechtsanwälten, die über entsprechende Mediationserfahrung verfügen, werden des öfteren in Franchise-Systemen auch Unternehmensberater zu Mediatoren gestellt. Hier stellte sich dann immer die Frage, ob die Bestellung eines Nichtjuristen zum Mediator ein Verstoß gegen das Rechtsberatungsgesetz darstellt.[826] Diese Frage stellt sich nach Inkrafttreten des Rechtsdienstleistungsgesetzes nicht mehr, da in § 2 III Nr. 4 RDG ausdrücklich klargestellt wird, dass eine Mediation nicht als Rechtsdienstleistung anzusehen ist.[827] Der Deutsche Franchise-Verband hat mittlerweile Richtlinien zur Mediation verabschiedet.[828] Gleichzeitig wurde eine Liste von Mediatoren aufgestellt, die zum einen als Wirtschaftsmediatoren qualifiziert sind und zum anderen über entsprechende Erfahrung in der Franchise-Wirtschaft verfügen. Damit folgt der Deutsche Franchise-Verband dem Beispiel der British Franchise Association. Entsprechende Überlegungen werden vom Österreichischen Franchise-Verband angestellt. Allerdings können die im deutschen Franchise-Vertrags-Muster enthaltenen Mediationsregeln nicht unmittelbar auf Österreich übertragen werden. Vielmehr hat eine Anpassung unter Beachtung der Vorschriften des Zivilrechts-Mediations-Gesetzes zu erfolgen.[829]

Wird eine Mediation gewünscht, müsste folgende Regelung in den Vertrag aufgenommen werden:

> Die Vertragsparteien verpflichten sich, Streitigkeiten untereinander zunächst einvernehmlich, gegebenenfalls mit der Hilfe eines Mediators zu schlichten. Zum Mediator wird bestellt: ......
>
> ......
>
> ......
>
> Der Mediator, der vom Franchise-Nehmer und vom Franchise-Geber angerufen werden kann, ist verpflichtet, das Mediationsverfahren innerhalb einer Frist von einem Monat nach Anrufung durchzuführen. Kommt während dieser Zeit keine Einigung im Mediationsverfahren zustande oder stellt der Mediator zu einem früheren Zeitpunkt das Scheitern der Mediation fest, so ist von diesem Augenblick an der Rechtsweg zu den ordentlichen Gerichten eröffnet.

Ob und inwieweit die Mediation Schiedsgerichte ablösen wird, gilt es ebenfalls abzuwarten. Wird allerdings die Mediation eingeführt, so ist bei Franchise-Systemen, die einen Beirat haben, die Schlichterfunktion des Beirats entbehrlich. Dieser wird dann in der Regel den Franchise-Geber nur noch in Fragen der Umsetzung der Marketing- und Werbekonzepte beraten.

Insofern gilt es auch abzuwarten, inwieweit die am 21. Mai 2008 verabschiedete „Europäische Richtlinie über bestimmte Aspekte der Mediation“[830] Konsequenzen für die Mediation insgesamt hat und inwieweit die Gesetzgeber in den einzelnen Staaten der EU die Umsetzung der Richtlinie zum Anlass nehmen, die rechtlichen Aspekte des Mediationsverfahrens entsprechend dem österreichischen Muster eines Zivilrechtsmediationsgesetzes umfassend zu regeln.[831]

§ 32
Belehrung über das Widerrufsrecht

Der Franchise-Nehmer erkennt an, über das ihm zustehende Widerrufsrecht in einer gesonderten Urkunde (Anlage 19a–c) belehrt wordcn zu sein.

Erläuterungen

1. Verbraucher/Unternehmer
2. Notwendigkeit einer Widerrufsbelehrung
3. Amtliches Muster der Widerrufsbelehrung
4. Erlöschen des Widerrufsrechts
5. Verweigerte Widerrufsbelehrung
6. Widerrufsbelehrung und Empfangsbekenntnis
7. Widerrufsbelehrung de lege lata
8. Widerrufsbelehrung de lege ferenda
9. Alternativformulierung zur Widerrufsbelehrung
10. Rechtsfolgen eines Widerrufs
11. Freiwillige Widerrufsbelehrung
12. Ausländische Verbraucherschutzrechte
13. Widerrufsbelehrung und nichtiger Vertrag
14. Zukunft der Widerrufsbelehrung

1. Verbraucher/Unternehmer

Gem. § 355 BGB ist nur ein solcher Franchise-Nehmer über sein Widerrufsrecht zu belehren, der Verbraucher ist. Damit gewinnen die Vorschriften der §§ 13, 14 BGB, die sich mit dem Begriff des Verbrauchers befassen, für den Abschluss von Franchise-Verträgen Bedeutung.

Umstritten war, ob ein **Existenzgründungs-Franchise-Nehmer** mit Abschluss des Franchise-Vertrages seine Verbrauchereigenschaft i. S. v.

§ 13 BGB erhält oder aber seine Unternehmereigenschaft i.S.v. § 14 BGB begründet.[832] Die Streitfrage ist durch den BGH mit Beschluss vom 24. 2. 2005[833] entschieden. Der BGH hat nämlich festgestellt, dass Unternehmer- (§ 14 BGB) und nicht Verbraucherhandeln (§ 13 BGB) vorliegt, wenn das Geschäft, das Gegenstand der Streitigkeit ist, im Zuge der Aufnahme einer gewerblichen oder selbständigen beruflichen Tätigkeit (sog. Existenzgründung) abgeschlossen wird. Mit dem Beschluss hat der BGH die Wandlung in der Rechtsprechung von einem auf den ausschließlichen Existenzgründerschutz abstellenden Verbraucherbegriff zu einem Verbraucherbegriff vollzogen, der sich an der Realität des Wirtschaftslebens orientiert – eben **situationsbedingt** ist. Ein Existenzgründer agiert eben nicht mehr „von seiner Rolle her als Verbraucher". Vielmehr gibt er dem Rechtsverkehr zu erkennen, dass er sich nunmehr dem Recht für Unternehmen unterwerfen und dieses auch für sich in Anspruch nehmen will.[834]

Dieser Verbraucherbegriff entspricht auch der Rechtsprechung des EuGH.[835] Danach ist der Verbraucherschutz bei solchen Verträgen zu versagen, deren Zweck in einer beruflichen oder gewerblichen Tätigkeit besteht, auch wenn diese Tätigkeit erst für die Zukunft vorgesehen wird, da die Tatsache, dass es sich erst um eine zukünftig aufzunehmende Tätigkeit handelt, nichts an der beruflichen oder gewerblichen Natur dieser Tätigkeit ändert.[836]

Die Entscheidung des BGH vom 24. 2. 2005 darf jedoch nicht zu der vorschnellen Feststellung veranlassen, dass nunmehr auch bei den der Existenzgründung dienenden Erstgeschäften eine Widerrufsbelehrung des Existenzgründungs-Franchise-Nehmers gem. § 355 BGB nicht mehr notwendig ist. Durch die Begründung der Unternehmereigenschaft i.S.v. § 14 BGB entfällt nämlich nicht automatisch die Notwendigkeit einer Widerrufsbelehrung gem. § 355 BGB i.V.m. §§ 505, 507 BGB. § 507 BGB bestimmt, dass die Vorschriften über den Verbraucherschutz etc. auch für entsprechende Geschäfte zum Zweck der Aufnahme einer gewerblichen oder selbständigen beruflichen Tätigkeit gelten, allerdings nur bis zu einer Höhe von EUR 50.000,00 (de lege ferenda ab 11. Juni 2010: EUR 75.000,00). Damit werden auch Existenzgründungs-Unternehmer in dieser Beziehung und innerhalb dieser Begrenzung Verbrauchern gleichgestellt. Daraus folgt zwar im Umkehrschluss, dass der Gesetzgeber den Existenzgründer grundsätzlich nicht als Verbraucher ansieht, von diesem Grundsatz aber dann eine Ausnahme macht, wenn das Investitionsvolumen des Verbrauchers nur bis zu EUR 50.000,– beträgt. Liegt das Investitionsvolumen eines Franchise-Nehmers bei Abschluss des Franchise-Vertrages demgemäß unter EUR 50.000,–, so ist eine Widerrufsbelehrung gem. § 355 I BGB notwendig. Betragen die Investitionskosten des Existenzgründungs-Franchise-Nehmers mehr als EUR 50.000,–, so greift § 507 BGB nicht. Eine Widerrufsbelehrung gem. §§ 355, 505 BGB ist dann entbehrlich.

Damit stellt sich aber die Frage nach der Ermittlung der Investitionen eines Franchise-Nehmers, die mit Abschluss des Franchise-Vertrages verbunden sind. Ist die Investition lediglich die vom Franchise-Nehmer zu leistende Eintrittsgebühr, so wird diese i. d. R. unter EUR 50.000,– liegen. Die Notwendigkeit einer Widerrufsbelehrung gem. §§ 355, 505, 507 BGB besteht dann nicht. Werden aber auch die Investitionen in die Kosten für den Ladenbau, die Ladeneinrichtung und die Warenerstausstattung miteinbezogen, so dürfte der Betrag i. d. R. einen solchen von EUR 50.000,– übersteigen, so dass die Notwendigkeit einer Widerrufsbelehrung gem. § 507 BGB nicht mehr gegeben ist. Dabei ist auch zu berücksichtigen, dass nach dem Urteil des Brandenburgischen OLG vom 31. 8. 2005[837] bei der Feststellung der für den Wegfall des Verbraucherschutzes maßgeblichen Wertgrenze des § 507 BGB nicht auf eine wirtschaftliche Betrachtungsweise abzustellen ist, die das Gesamtengagement aus den vom Widerruf betroffenen Verträgen wertmäßig zusammenfasst. Vielmehr ist jede auf den Abschluss des Vertrages gerichtete Willenserklärung gesondert zu bewerten. Dies bedeutet, dass der Franchise-Vertrag und die mit dem Franchise-Vertrag verbundenen Verträge gesondert zu sehen sind. Da i. d. R. die Eintrittsgebühren bei Franchise-Systemen unter EUR 50.000,– liegen, bedeutet dies, dass grundsätzlich von der Notwendigkeit einer Widerrufsbelehrung auch beim Existenzgründungs-Franchise-Nehmer gem. § 355 I BGB auszugehen ist; anderenfalls kann es zu einer zeitlich unbefristeten Widerrufbarkeit des Franchise-Vertrages gem. § 355 III BGB kommen.[838]

2. Notwendigkeit einer Widerrufsbelehrung

Seit der Entscheidung des BGH vom 16. 4. 1986[839] stand fest, dass die Vorschriften des Abzahlungsgesetzes auf Franchise-Verträge anzuwenden sind. Enthielt der Franchise-Vertrag eine Bezugsbindung, so war dieser als Abzahlungsgeschäft zu bewerten. Der Franchise-Nehmer war daher über sein Widerrufsrecht gem. § 1 b AbzG zu belehren. Unterblieb eine solche Belehrung oder entsprach diese nicht dem Gesetz, so konnte der Franchise-Nehmer seine auf Abschluss des Franchise-Vertrages gerichtete Willenserklärung jederzeit widerrufen.[840]

Das Abzahlungsgesetz trat zum 31. 12. 1990 außer Kraft. An seine Stelle trat das Verbraucherkreditgesetz. Insofern war seit dem

1. 1. 1991 das Widerrufsrecht in § 7 VerbrKG geregelt. Durch die Umsetzung des Fernabsatzgesetzes trat eine Änderung ein. Seit dem 1. 10. 2000 war das Widerrufsrecht nicht mehr ausschließlich in § 7 VerbrKG geregelt. Es wurde vielmehr mit der Regelung des § 361a BGB gleichsam für alle dem Verbraucherschutz unterfallenden Verträge vor die Klammer gezogen.[841] Seit dem 1. 1. 2002 ist das Widerrufsrecht in § 355 BGB geregelt. Zurückgehend auf die *Heininger*-Rechtsprechung des EuGH[842] und die des BGH[843] wurde § 355 III BGB geändert. Seit dem 1. 11. 2002 ist das Widerrufsrecht bei einer unterbliebenen Widerrufsbelehrung oder einer solchen, die dem Gesetz nicht entspricht, nicht mehr nach 6 Monaten verwirkt, sondern kann zeitlich unbefristet ausgeübt werden.

3. Amtliches Muster der Widerrufsbelehrung

De lege lata ist das Recht der Widerrufsbelehrung[844] nach wie vor von Unsicherungen geprägt, nachdem zuerst das LG Halle mit Urteil vom 13. Mai 2006 feststellte, das amtliche Muster der Widerrufsbelehrung[845] (Anlage 2 zu § 14 BGB-InformationspflichtenVO) sei deswegen unwirksam, weil die Berechnung des Beginns der Widerrufsfrist nicht mit § 187 BGB in Einklang stehe.

Demgegenüber stellte dann zwar das LG Münster mit Urteil vom 2. August 2006[846] fest, das amtliche Muster zur Widerrufsbelehrung entspreche deswegen den gesetzlichen Vorgaben,[847] weil die Neufassung der Musterbelehrung entsprechend Anlage 2 zu § 14 der BGB-InformationspflichtenVO infolge der durch formales Gesetz vorgenommenen Neubekanntmachung selbst Gesetzesrang erhalten habe. Das Muster einerseits und dessen Inhalt und Gestaltung andererseits stehe daher normhierarchisch auf derselben Ebene wie das BGB. Deswegen würde ein Verstoß gegen überrangiges Recht ausscheiden.[848] Dieser Ansicht ist aber entgegenzuhalten, dass die Neufassung der BGB-InformationspflichtenVO durch das Gesetz zur Änderung der Vorschriften über Fernabsatzverträge bei Finanzdienstleistungen[849] nichts am Verordnungscharakter der BGB-InformationspflichtenVO geändert hat, wie sich aus der Rechtsprechung des BVerfG[850] zum normenhierarchischen Rang gesetzlich geänderter Verordnungen ergibt.[851]

Auch die weiteren Entscheidungen des LG Siegen[852] sowie des LG Koblenz[853] zeigen, dass die „richtige", d.h. rechtsprechungsfeste Widerrufsbelehrung nach wie vor umstritten ist, zumal auch die Entscheidung des VII. Senats des BGH vom 12. April 2007[854] keine Klarheit gebracht hat.[855]

Am 12. März 2008 wurde die zuvor den beteiligten Wirtschaftsverbänden im Entwurf zugeleitete 3. Änderungsverordnung zur BGB-InformationspflichtenVO[856] verkündet. Diese Neufassung trat zum 1. April 2008 in Kraft, wobei Muster zur Widerrufsbelehrung, die auf der Grundlage des alten Musters (Anlage 2 zu § 14 BGB-InformationspflichtenVO) vorgenommen wurden, bis zum 1. Oktober 2008 umzustellen waren. Bis dahin galt eine Übergangsfrist.

Dem Ziel, der Franchise-Wirtschaft und damit den Unternehmen eine rechtsprechungsfeste Widerrufsbelehrung als amtliches Muster vorzugeben, wird aber auch das neugefasste Muster der 3. Verordnung zur Änderung der BGB-InformationspflichtenVO nicht gerecht. Auch dieses Muster ist im Hinblick auf den Fristbeginn nicht mit § 187 I BGB vereinbar; kann also von den Instanzgerichten verworfen werden.[857]

Seit Neufassung von § 355 II 1 BGB kommt es nicht mehr darauf an, dass die Widerrufsbelehrung dem Franchise-Nehmer „ausgehändigt worden ist". Vielmehr muss ihm die Widerrufsbelehrung nur in Textform mitgeteilt worden sein, so dass insofern – aus Beweisgründen – die Widerrufsbelehrung beim Franchise-Geber verbleiben kann.[858]

De lege ferenda ist die Widerrufsbelehrung in der vom 11. Juni 2010 an zu verwendenden Fassung entsprechend Anlage 1 zum EGBGB zu verwenden. Die Widerrufsbelehrung erhält damit Gesetzesrang. Damit entfällt die Verwerfungskompetenz der Gerichte. Insofern trägt das de lege ferenda vom 11. Juni 2010 an zu verwendende Muster der Widerrufsbelehrung zur Rechtssicherheit bei.

Das Gesetz enthält zukünftig in § 360 BGB n. F. zwingende Vorgaben zur Widerrufsbelehrung eines Franchise-Nehmers. Es gilt weiterhin der Grundsatz, dass die Widerrufsbelehrung deutlich gestaltet und dem Franchise-Nehmer entsprechend den Erfordernissen des eingesetzten Kommunikationsmittels seine wesentlichen Rechte deutlich gemacht werden müssen.[859] Insofern muss die Widerrufsbelehrung de lege ferenda folgende gesetzlichen Vorgaben enthalten:

- **einen Hinweis auf das Recht zum Widerruf,**
- **einen Hinweis auf die Widerrufsfrist von 14 Tagen,**
- **einen Hinweis darauf, dass der Widerruf keiner Begründung bedarf und in Textform oder durch Rücksendung der Sache innerhalb der Widerrufsfrist erklärt werden kann,**
- **Name und Anschrift desjenigen, gegenüber dem der Widerruf zu erklären ist (Postfach unzureichend[859a]/Telefon-Nr.[859b] verboten) und**
- **ein Hinweis auf Dauer und Beginn der Widerrufsfrist sowie darauf, dass zur Fristwahrung die rechtzeitige Absendung der Widerrufserklärung oder der Sache genügt.**

Diese gesetzlichen Vorgaben tragen nunmehr zur Klarheit bei,[860] wobei die Kriterien der Widerrufsbelehrung de lege lata entsprechen: **nur:** aus zwei Wochen wurden nun 14 Tage (!).

Entscheidend ist aber auch, dass das neue Gesetz in § 360 Abs. 3 BGB n.F. eine von ihrer Bedeutung her nicht zu unterschätzende Vorschrift enthalten wird. Hier heißt es nämlich im Gesetzesentwurf:

> „... Die dem Franchise-Nehmer gem. § 355 III 1 BGB mitzuteilende Widerrufsbelehrung genügt den Anforderungen von § 355 I BGB und § 360 I BGB, wenn das Muster der Anlage 1 zum Einführungsgesetz zum Bürgerlichen Gesetzbuch in Textform verwendet wird ..."
> *(abgestimmt auf Franchise-Verträge)*

Damit wird deutlich, dass das amtliche Muster de lege ferenda für die Gerichte verbindlich ist. Die Verwerfungskompetenz der Instanzgerichte entfällt damit.

4. Erlöschen des Widerrufsrechts

Gem. § 355 III 1 BGB erlischt das Widerrufsrecht spätestens 6 Monate nach Vertragsabschluss. Abweichend von § 355 III 1 BGB erlischt das Widerrufsrecht jedoch nicht, wenn der Franchise-Nehmer nicht ordnungsgemäß über sein Widerrufsrecht belehrt worden ist (§ 355 III 3 BGB). Darin liegt eine Rückkehr zum Widerrufsrecht gem. § 1b AbzG. Auch dies konnte nicht verwirkt und damit zeitlich unbefristet ausgeübt werden.[861] Daran ändert sich auch de lege ferenda ab 11. Juni 2010 nichts.

5. Verweigerte Widerrufsbelehrung

Grundsätzlich wird die Widerrufsfrist nur in Lauf gesetzt, wenn der Franchise-Nehmer über sein Widerrufsrecht gesondert belehrt worden ist (§ 355 I BGB).

Wiederholt haben Franchise-Nehmer die Unterzeichnung der gesonderten Widerrufsbelehrung abgelehnt, insbesondere in den Fällen, in denen der Franchise-Vertrag zunächst ohne eine Belehrung abgeschlossen wurde und nachträglich der Franchise-Nehmer, nachdem man den rechtlichen Mangel beim Franchise-Geber erkannt hatte, belehrt werden sollte.

Zu Recht ist hierzu von der Rechtsprechung die Ansicht vertreten worden, dass ein Verzicht auf die Unterzeichnung der Widerrufsbelehrung durch den Franchise-Nehmer nicht möglich ist.[862]

Ein Verzicht des Franchise-Nehmers auf sein Widerrufsrecht – trotz separater Erklärung – ist als abweichende Vereinbarung nicht hinzunehmen.[863] Hier kann man nur dann einen angemessenen Schutz für den Franchise-Geber herstellen, wenn man die Weigerung des Franchise-Nehmers, die gesonderte Belehrung über das Widerrufsrecht zu unterzeichnen, als treuwidrig im Sinne des § 242 BGB wertet. Andernfalls bliebe es dem Belieben des Franchise-Nehmers überlassen, wann dieser durch Unterzeichnung der gesonderten Urkunde über die Widerrufsbelehrung die zweiwöchige Widerrufsfrist in Kraft setzt. Verweigert also der Franchise-Nehmer rechtsmissbräuchlich die Unterzeichnung der Belehrung über sein Widerrufsrecht, so kann dieser sein Recht auf Widerruf des Vertrages auch schon vor Ablauf der 6-Monatsfrist (§ 355 III 1 BGB) verwirken.[864]

6. Widerrufsbelehrung und Empfangsbekenntnis

Soweit die Widerrufsbelehrung in einer gesonderten Urkunde erfolgt, ist dies im Franchise-Vertrag, so wie in § 32 des Vertragsmusters vorgesehen, gesondert hervorzuheben. Es empfiehlt sich dann auch, dass der Franchise-Nehmer ein Empfangsbekenntnis unterzeichnet. Davon geht das Vertragsmuster in Anlage 19c aus. Ein solches Empfangsbekenntnis ist aus Beweiszwecken erforderlich, da der Franchise-Geber für die ordnungsgemäße Widerrufsbelehrung darlegungs- und beweispflichtig ist.[865] Verschiedentlich wird diese gesonderte Urkunde eingespart, indem in der Widerrufsbelehrung zugleich festgehalten wird:

> „Dem Franchise-Nehmer ist das vorliegende Schriftstück heute vom Franchise-Geber ausgehändigt worden."

Dies scheint bedenklich, da der BGH festgestellt hat, dass sich die Unterschrift unter der Widerrufsbelehrung nur auf die Widerrufsbelehrung als solche, nicht aber auch zugleich auf ein Empfangsbekenntnis beziehen darf.[866]

7. Widerrufsbelehrung de lege lata

Nach der Dritten Änderungsverordnung zur BGB-Informationspflichtenverordnung vom 2. 12. 2004[867] ist zwischen der eigentlichen Widerrufsbelehrung (Anlage 2 zu § 14 BGB-InfoVO), der Vermittlung der Kenntnis des Gesetzestextes und dem Empfangsbekenntnis über die durchgeführte Widerrufsbelehrung zu differenzieren, wobei nur die eigentliche Widerrufsbelehrung entscheidend ist. Die Vermittlung des Gesetzestextes dient nur dazu, den Franchise-Nehmer umfassend über sein Widerrufsrecht zu unterrichten. Das Empfangsbekenntnis hat nur eine Beweisfunktion, so dass der Franchise-Geber jederzeit den Nachweis dafür erbringen kann, dass der Franchise-Nehmer ordnungsgemäß über das ihm zustehende Widerrufsrecht belehrt worden ist.

Widerrufsrecht

§ 505 Absatz 1 Bürgerliches Gesetzbuch lautet auszugsweise:

„(1) Dem Verbraucher steht vorbehaltlich des Satzes 2 bei Verträgen mit einem Unternehmer, in denen die Willenserklärung des Verbrauchers auf den Abschluss eines Vertrages gerichtet ist, der

1. (……)
2. (……)
3. die Verpflichtung zum wiederkehrenden Erwerb oder Bezug von Sachen zum Gegenstand hat,

ein Widerrufsrecht gem. § 355 zu. (……)".

§ 355 Bürgerliches Gesetzbuch lautet:

1. Wird einem Verbraucher durch Gesetz ein Widerrufsrecht nach dieser Vorschrift eingeräumt, so ist er an seine auf den Abschluss des Vertrages gerichtete Willenserklärung nicht mehr gebunden, wenn er sie fristgerecht widerrufen hat. Der Widerruf muss keine Begründung enthalten und ist in Textform oder durch Rücksendung der Sache innerhalb von 2 Wochen gegenüber dem Unternehmer zu erklären; zur Fristwahrung genügt die rechtzeitig Absendung.
2. Die Frist beginnt mit dem Zeitpunkt, zu dem dem Verbraucher eine deutlich gestaltete Belehrung über sein Widerrufsrecht, die ihm entsprechend den Erfordernissen des eingesetzten Kommunikationsmittels seine Rechte deutlich macht, in Textform mitgeteilt worden ist, die auch Name und Anschrift desjenigen, gegenüber dem der Widerruf zu erklären ist, und einen Hinweis auf den Fristbeginn und die Regelung des Absatzes 1 Satz 2 enthält. Wird die Belehrung nach Vertragsabschluss mitgeteilt, beträgt die Frist abweichend von Absatz 1 Satz 2 einen Monat. Ist der Vertrag schriftlich abzuschließen, so beginnt die Frist nicht zu laufen, bevor dem Verbraucher

auch eine Vertragsurkunde, der schriftliche Antrag des Verbrauchers oder eine Abschrift der Vertragsurkunde oder des Antrags zur Verfügung gestellt werden. Ist der Fristbeginn streitig, so trifft die Beweislast den Unternehmer.

3. Das Widerrufsrecht erlischt spätestens sechs Monate nach Vertragsschluss. Bei der Lieferung von Waren beginnt die Frist nicht vor dem Tag ihres Eingangs beim Empfänger. Abweichend von Satz 1 erlischt das Widerrufsrecht nicht, wenn der Verbraucher nicht ordnungsgemäß über sein Widerrufsrecht belehrt worden ist.

Ich, ... erkläre, dass ich den vorstehenden Text zur Kenntnis genommen habe.

......, den ......

......

(Franchise-Nehmer)

<u>Widerrufsbelehrung</u>

Sie können Ihre Vertragserklärung innerhalb von [zwei Wochen][1] ohne Angabe von Gründen in Textform (z.B. Brief, Fax, E-Mail) [oder durch Rücksendung der Sache][2] widerrufen. Die Frist beginnt frühestens mit Erhalt dieser Belehrung. Zur Wahrung der Widerrufsfrist genügt die rechtzeitige Absendung des Widerrufs [oder der Sache].[2] Der Widerruf ist zu richten an:[3]

Adresse

Widerrufsfolgen[4]

Im Falle eines wirksamen Widerrufs sind die beiderseits empfangenen Leistungen zurückzugewähren [und ggf. gezogene Nutzungen (z.B. Zinsen) herauszugeben].[5] Können Sie uns die empfangene Leistung ganz oder teilweise nicht oder nur in verschlechtertem Zustand zurückgewähren, müssen Sie uns insoweit ggf. Wertersatz leisten. [Bei der Überlassung von Sachen gilt dies nicht, wenn die Verschlechterung der Sache ausschließlich auf deren Prüfung – wie sie Ihnen etwa im Ladengeschäft möglich gewesen wäre – zurückzuführen ist. Im Übrigen können Sie die Wertersatzpflicht vermeiden, indem Sie die Sache nicht wie ein Eigentümer in Gebrauch nehmen und alles unterlassen, was deren Wert beeinträchtigt. Paketversandfähige Sachen sind [auf unsere Kosten und Gefahr][6] zurückzusenden. Nicht paketversandfähige Sachen werden bei Ihnen abgeholt.][2] Verpflichtungen zur Erstattung von Zahlungen müssen Sie innerhalb von 30 Tagen nach Absendung Ihrer Widerrufserklärung erfüllen.

Besondere Hinweise[7]

Finanzierte Geschäfte[8]

(Ort), (Datum), (Unterschrift des Verbrauchers)[9]

Amtliche Gestaltungshinweise

1 Wird die Belehrung erst nach Vertragsschluss mitgeteilt, lautet der Klammerzusatz „einem Monat".

2 Der Klammerzusatz kann bei Leistungen, die nicht in der Überlassung von Sachen bestehen, entfallen.

3 Einsetzen: Namen/Firma und ladungsfähige Anschrift des Widerrufsadressaten.

4 Zusätzlich können angegeben werden Telefaxnummer, E-Mail-Adresse und/oder, wenn der Verbraucher eine Bestätigung seiner Widerrufserklärung an den Unternehmer erhält, auch eine Internet-Adresse.
Dieser Absatz kann entfallen, wenn die beiderseitigen Leistungen erst nach Ablauf der Widerrufsfrist erbracht werden. Dasselbe gilt, wenn eine Rückabwicklung nicht in Betracht kommt (z.B. Hereinnahme einer Bürgschaft).

5 Der Klammerzusatz entfällt bei Widerrufsrechten nach § 485 Abs. 1 BGB.

6 Ist entsprechend § 357 Abs. 2 Satz 3 BGB eine Übernahme der Versandkosten durch den Verbraucher vereinbart worden, kann der Klammerzusatz weggelassen werden. Stattdessen ist an dieser Stelle in das Muster folgender Text aufzunehmen:
„Bei einer Rücksendung aus einer Warenlieferung, deren Bestellwert insgesamt bis zu € 40,– beträgt, haben Sie die Kosten der Rücksendung zu tragen, wenn die gelieferte Ware der Bestellten entspricht. Anderenfalls ist die Rücksendung für Sie kostenfrei."

7 Bei einem Widerrufsrecht gemäß § 312d Abs. 1 BGB ist hier folgender Hinweis aufzunehmen:

> „Ihr Widerrufsrecht erlischt vorzeitig, wenn Ihr Vertragspartner „mit der Ausführung der Dienstleistung mit ihrer ausdrücklichen Zustimmung vor Ende der Widerrufsfrist begonnen hat oder Sie diese selbst veranlasst haben (z.B. durch Download etc.)."

Bei einem Widerrufsrecht nach § 485 Abs. 1 BGB ist hier folgender Hinweis aufzunehmen:

> „Die Widerrufsfrist verlängert sich auf einen Monat, wenn Ihnen nicht bereits vor Vertragsschluss ein Prospekt über das

Wohnungsobjekt ausgehändigt worden ist oder wenn der Prospekt nicht in der Sprache des Staates, dem Sie angehören oder in dem Sie Ihren Wohnsitz haben, abgefasst ist. Ist der Prospekt in deutsch abgefasst, gilt dies, wenn Sie Bürger eines Mitgliedstaats der Europäischen Union oder eines Vertragsstaats des Abkommens über den Europäischen Wirtschaftsraum sind, nur, wenn Sie um einen Prospekt in der oder einer der Amtssprachen Ihres Heimatlandes gebeten und ihn nicht erhalten haben.

Bei Widerruf müssen Sie ggf. auch die Kosten einer notariellen Beurkundung erstatten."

Sofern bei einem Widerrufsrecht nach § 495 Abs. 1 BGB eine Regelung einschlägig ist, nach der der Widerruf bei nicht rechtzeitiger Rückzahlung des Darlehens als nicht erfolgt gilt, ist hier folgender Hinweis aufzunehmen:

„Ihr Widerruf gilt als nicht erfolgt, wenn Sie das empfangene Darlehen nicht binnen zwei Wochen entweder nach Erklärung des Widerrufs oder nach Auszahlung des Darlehens zurückzahlen."

Diese Rubrik entfällt, wenn keiner der vorgenannten Fälle einschlägig ist.

8 Die nachfolgenden Hinweise für finanzierte Geschäfte können entfallen, wenn ein verbundenes Geschäft nicht vorliegt.

Wenn für das finanzierte Geschäft belehrt werden soll, lautet der Hinweis wie folgt:

„Haben Sie diesen Vertrag durch ein Darlehen finanziert und widerrufen Sie den finanzierten Vertrag, sind Sie auch an den Darlehensvertrag nicht mehr gebunden, wenn beide Verträge eine wirtschaftliche Einheit bilden. Dies ist insbesondere anzunehmen, wenn wir gleichzeitig Ihr Darlehensgeber sind oder wenn sich Ihr Darlehensgeber im Hinblick auf die Finanzierung unserer Mitwirkung bedient. Wenn uns das Darlehen bei Wirksamwerden des Widerrufs oder der Rückgabe bereits zugeflossen ist, können Sie sich wegen der Rückabwicklung nicht nur an uns, sondern auch an Ihren Darlehensgeber halten."

Wenn für den Darlehensvertrag belehrt werden soll, lautet der Hinweis wie folgt:

„Widerrufen Sie diesen Darlehensvertrag, mit dem Sie Ihre Verpflichtungen aus einem anderen Vertrag finanzieren, so sind Sie auch an den anderen Vertrag nicht gebunden, wenn beide Verträge eine wirtschaftliche Einheit bilden. Dies ist insbesondere anzunehmen, wenn wir zugleich auch Ihr Vertragspartner im Rahmen des anderen Vertrags sind, oder wenn wir uns bei Vorbereitung und Abschluss des Darlehensvertrags der Mit-

wirkung Ihres Vertragspartners bedienen. Können Sie auch den anderen Vertrag widerrufen, so müssen Sie den Widerruf gegenüber Ihrem diesbezüglichen Vertragspartner erklären.
Wird mit diesem Darlehensvertrag die Überlassung einer Sache finanziert, gilt Folgendes: Wenn Sie diese Sache im Falle des Widerrufs ganz oder teilweise nicht oder nur in verschlechtertem Zustand zurückgeben können, haben Sie dafür ggf. Wertersatz zu leisten. Dies gilt nicht, wenn die Verschlechterung der Sache ausschließlich auf deren Prüfung – wie sie Ihnen etwa im Ladengeschäft möglich gewesen wäre – zurückzuführen ist. Im Übrigen können Sie die Ersatzpflicht vermeiden, indem Sie die Sache nicht wie ein Eigentümer in Gebrauch nehmen und alles unterlassen, was deren Wert beeinträchtigt. Paketversandfähige Sachen sind [auf Kosten und Gefahr Ihres Vertragspartners][6] zurückzusenden. Nicht paketversandfähige Sachen werden bei Ihnen abgeholt. Wenn Ihrem Vertragspartner das Darlehen bei Wirksamwerden des Widerrufs oder der Rückgabe bereits zugeflossen ist, können Sie sich wegen der Rückabwicklung nicht nur an diesen, sondern auch an uns halten."

Bei einem finanzierten Erwerb eines Grundstücks oder eines grundstücksgleichen Rechts ist Satz 2 der vorstehenden Hinweise durch den folgenden Satz zu ersetzen:

„Dies ist nur anzunehmen, wenn die Vertragspartner in beiden Verträgen identisch sind oder wenn der Darlehensgeber über die Zurverfügungstellung von Darlehen hinausgeht und Ihr Grundstücksgeschäft durch Zusammenwirken mit dem Veräußerer fördert, indem er sich dessen Veräußerungsinteressen ganz oder teilweise zu Eigen macht, bei der Planung, Werbung oder Durchführung des Projekts Funktionen des Veräußerers übernimmt oder den Veräußerer einseitig begünstigt."

9 Ort, Datum und Unterschriftsleiste können entfallen. In diesem Falle sind diese Angaben entweder durch die Wörter „Ende der Widerrufsbelehrung" oder durch die Wörter „Ihr(e) (einsetzen: Firma des Unternehmers)" zu ersetzen.

Quittung über die Widerrufsbelehrung gemäß § 355 Bürgerliches Gesetzbuch

Hiermit bestätige ich, am heutigen Tage über das Widerrufsrecht gemäß § 355 Bürgerliches Gesetzbuch in einer gesonderten, von mir unterzeichneten Urkunde belehrt worden zu sein.

……, den ……

……

(Franchise-Nehmer)

Beide Muster, insbesondere das zur Widerrufsbelehrung, missachten, dass nach dem BGB Fristen, die nach Wochen bestimmt sind, erst um 0.00 Uhr des darauffolgenden Tages beginnen und nicht in dem Augenblick, in dem die Widerrufsbelehrung vorgenommen wird. Zwar muss nach der Rechtsprechung des BGH nicht das konkrete, für den Beginn der Widerrufsfrist maßgebende Datum in der Widerrufsbelehrung angegeben werden. Jedoch reicht ein Hinweis auf den „Fristbeginn mit Aushändigung der Belehrungsurkunde“ nicht aus, da ein derartiger Hinweis § 187 I BGB nicht berücksichtigt.[868] Liest man demgegenüber die in der BGB-InformationspflichtenVO enthaltene Formulierung:

> „Die Frist beginnt frühestens mit Erhalt dieser Belehrung“,

so liegt ein Verstoß gegen § 187 I BGB vor. Dem Franchise-Nehmer wird nämlich dadurch der Eindruck vermittelt, dass die Widerrufsbelehrung in dem Zeitpunkt der Aushändigung der Urkunde beginnt und nicht erst um 00:00 Uhr des auf die Widerrufsbelehrung folgenden Werktages.[869]

Insofern ist das noch bis zum 10. Juni 2010 geltende amtliche Muster (Anlage 2 zu § 14 BGB-InformationspflichtenVO) als Grundlage für eine ordnungsgemäße Widerrufsbelehrung des Franchise-Nehmers ungeeignet, auch wenn der BGH in seiner Entscheidung vom 27. April 1994[870] entschieden hat, dass eine Formulierung mit den Worten „Fristbeginn nach Aushändigung dieser Urkunde“ ausreichend sein könnte. Eine solche Formulierung und damit auch die derzeitigen amtlichen Muster zu Anlage 2 zu § 14 BGB-InformationspflichtenVO entspricht nicht dem von § 355 I BGB postulierten **Deutlichkeitsgebot.** Insoweit wird bis zum 10. Juni 2010 folgende Widerrufsbelehrung empfohlen:

> **Widerrufsbelehrung**
>
> **Sie können Ihre Vertragserklärung innerhalb von zwei Wochen ohne Angabe von Gründen in Textform (z. B. Brief, Fax, e-Mail) oder – wenn Ihnen die Sache vor Fristablauf überlassen wird – durch Rücksendung der Sache widerrufen. Die Frist beginnt nach Erhalt dieser Belehrung in Textform, jedoch nicht bevor Ihnen auch eine Vertragsurkunde, Ihr schriftlicher Antrag oder eine Abschrift der Vertragsurkunde oder des Antrags zur Verfügung gestellt worden ist, um 00:00 Uhr des folgenden Tages und läuft zwei Wochen später ab. Fällt der letzte Tag der Frist auf einen Sonntag, einen an Ihrem Wohnort staatlich anerkannten allgemeinen Feiertag oder Sonnabend, so endet die Widerrufsfrist**

um 24:00 Uhr des darauf folgenden Werktages. Zur Wahrung der Widerrufsfrist genügt die rechtzeitige Absendung des Widerrufs oder der Sache. Der Widerruf ist zu richten an:

[Systemgeber]
[Straße]
[PLZ/Ort]
[Fax]
[E-Mail]

Nur dieser Text der Widerrufsbelehrung entspricht §§ 187, 193 BGB, kann also als „rechtsprechungsfest" angesehen werden. Zwar sieht § 355 Abs. 2 BGB nicht mehr vor, dass die Widerrufsbelehrung vom Absatzmittler zu unterzeichnen ist. Doch sollte nach wie vor darauf nicht verzichtet werden, da bei Streitigkeiten das Unternehmen für die ordnungsgemäße Widerrufsbelehrung des Absatzmittlers darlegungs- und beweispflichtig ist.[870a]

8. Widerrufsbelehrung de lege ferenda

Vom 11. Juni 2010 an hat die Widerrufsbelehrung auf der Grundlage des amtlichen Musters entsprechend Anlage 1 zum EGBGB zu erfolgen:

**Muster
für die Widerrufsbelehrung**

Widerrufsbelehrung

Widerrufsrecht

Sie können Ihre Vertragserklärung innerhalb von [14 Tagen][1] ohne Angabe von Gründen in Textform (z. B. Brief, Fax, E-Mail) [oder – wenn Ihnen die Sache vor Fristablauf überlassen wird – durch Rücksendung der Sache][2] widerrufen. Die Frist beginnt nach Erhalt dieser Belehrung in Textform.[3] Zur Wahrung der Widerrufsfrist genügt die rechtzeitige Absendung des Widerrufs [oder der Sache].[2] Der Widerruf ist zu richten an:[4]

Widerrufsfolgen[5]

Im Falle eines wirksamen Widerrufs sind die beiderseits empfangenen Leistungen zurückzugewähren und ggf. gezogene Nutzungen (z. B. Zinsen) herauszugeben.[6] Können Sie uns die empfangene Leistung ganz oder teilweise nicht oder nur in verschlechtertem Zustand zurückgewähren, müssen Sie uns insoweit ggf. Wertersatz leisten.[7] [Bei der Überlassung von Sachen gilt dies nicht, wenn die Verschlechterung der Sache ausschließlich auf deren Prüfung – wie sie Ihnen etwa im Ladengeschäft möglich gewesen wäre – zurückzuführen ist. Im Übrigen können Sie die Pflicht zum Wertersatz für eine durch die bestimmungsgemäße Ingebrauchnahme der Sache entstandene Verschlechterung vermeiden, indem Sie die Sache nicht wie Ihr Eigentum in Gebrauch nehmen und alles unterlassen, was deren Wert beeinträchtigt.[8] Paketversandfähige Sachen sind auf unsere [Kosten und][9] Gefahr zurückzusenden. Nicht paketversandfähige Sachen werden bei Ihnen abgeholt.][2] Verpflichtungen zur Erstattung von Zahlungen müssen innerhalb von 30 Tagen erfüllt werden. Die Frist beginnt für Sie mit der Absendung Ihrer Widerrufserklärung [oder der Sache],[2] für uns mit deren Empfang.

Besondere Hinweise[10]

Finanzierte Geschäfte[11]

(Ort), (Datum), (Unterschrift des Verbrauchers)[12]

Gestaltungshinweise

1 Wird die Belehrung nicht spätestens bei, sondern erst nach Vertragsschluss mitgeteilt, lautet der Klammerzusatz „einem Monat“. In diesem Fall ist auch Gestaltungshinweis 8 einschlägig, wenn der dort genannte Hinweis nicht spätestens bei Vertragsschluss in Textform erfolgt. Bei Fernabsatzverträgen steht eine unverzüglich nach Vertragsschluss in Textform mitgeteilte Widerrufsbelehrung einer solchen bei Vertragsschluss gleich, wenn der Unternehmer den Verbraucher gemäß Artikel 246 § 1 Abs. 1 Nr. 10 EGBGB unterrichtet hat.

2 Der Klammerzusatz entfällt bei Leistungen, die nicht in der Überlassung von Sachen bestehen.

3 Liegt einer der nachstehenden Sonderfälle vor, ist Folgendes einzufügen:
   a) bei schriftlich abzuschließenden Verträgen: „, jedoch nicht, bevor Ihnen auch eine Vertragsurkunde, Ihr schriftlicher Antrag oder eine Abschrift der Vertragsurkunde oder des Antrags zur Verfügung gestellt worden ist“;
   b) bei Fernabsatzverträgen (§ 312b Abs. 1 Satz 1 BGB) über die
      aa) Lieferung von Waren: „, jedoch nicht vor Eingang der Ware beim Empfänger (bei der wiederkehrenden Lieferung gleichartiger Waren nicht vor Eingang der ersten Teillieferung)“;

bb) Erbringung von Dienstleistungen: „, jedoch nicht vor Vertragsschluss“;

in beiden Fällen ist der Zusatz wie folgt zu vervollständigen: „und auch nicht vor Erfüllung unserer Informationspflichten gemäß Artikel 246 § 2 in Verbindung mit § 1 Abs. 1 und 2 EGBGB“;

c) bei Verträgen im elektronischen Geschäftsverkehr (§ 312e Abs. 1 Satz 1 BGB): „, jedoch nicht vor Erfüllung unserer Pflichten gemäß § 312e Abs. 1 Satz 1 BGB in Verbindung mit Artikel 246 § 3 EGBGB“;

d) bei einem Kauf auf Probe (§ 454 BGB): „, jedoch nicht, bevor der Kaufvertrag durch Ihre Billigung des gekauften Gegenstandes für Sie bindend geworden ist“;

e) bei Teilzeit-Wohnrechteverträgen (§ 481 Abs. 1 Satz 1 BGB): „, jedoch nicht, bevor wir Ihnen sämtliche in § 2 Abs. 1 und 3 BGB-InfoV bestimmten Angaben schriftlich mitgeteilt haben“.

Wird für einen Vertrag belehrt, der unter mehrere der vorstehenden Sonderfälle fällt (z.B. ein Fernabsatzvertrag über die Lieferung von Waren im elektronischen Geschäftsverkehr), sind die jeweils zutreffenden Ergänzungen zu kombinieren (in dem genannten Beispiel wie folgt: „, jedoch nicht vor Eingang der Ware beim Empfänger (bei der wiederkehrenden Lieferung gleichartiger Waren nicht vor Eingang der ersten Teillieferung) und auch nicht vor Erfüllung unserer Informationspflichten gemäß Artikel 246 § 2 in Verbindung mit § 1 Abs. 1 und 2 EGBGB sowie unserer Pflichten gemäß § 312e Abs. 1 Satz 1 BGB in Verbindung mit Artikel 246 § 3 EGBGB“).

4 Einsetzen: Namen/Firma und ladungsfähige Anschrift des Widerrufsadressaten.

Zusätzlich können angegeben werden Telefaxnummer, E-Mail-Adresse und/oder, wenn der Verbraucher eine Bestätigung seiner Widerrufserklärung an den Unternehmer erhält, auch eine Internet-Adresse.

5 Dieser Absatz kann entfallen, wenn die beiderseitigen Leistungen erst nach Ablauf der Widerrufsfrist erbracht werden. Dasselbe gilt, wenn eine Rückabwicklung nicht in Betracht kommt (z.B. Hereinnahme einer Bürgschaft).

6 Bei Widerrufsrechten nach § 485 Abs. 1 BGB ist folgender Satz einzufügen:

„Eine Vergütung für geleistete Dienste sowie für die Überlassung der Nutzung von Wohngebäuden müssen Sie nicht zahlen.“

7 Bei Fernabsatzverträgen über Dienstleistungen ist folgender Satz einzufügen:

„Dies kann dazu führen, dass Sie die vertraglichen Zahlungsverpflichtungen für den Zeitraum bis zum Widerruf gleichwohl erfüllen müssen."

8 Wenn ein Hinweis auf die Wertersatzpflicht gemäß § 357 Abs. 3 Satz 1 BGB und eine Möglichkeit zu ihrer Vermeidung nicht spätestens bei Vertragsschluss In Textform erfolgt, ist anstelle dieses Satzes folgender Satz einzufügen: „Für eine durch die bestimmungsgemäße Ingebrauchnahme der Sache entstandene Verschlechterung müssen Sie keinen Wertersatz leisten." Bei Fernabsatzverträgen steht ein unverzüglich nach Vertragsschluss in Textform mitgeteilter Hinweis einem solchen bei Vertragsschluss gleich, wenn der Unternehmer den Verbraucher rechtzeitig vor Abgabe von dessen Vertragserklärung in einer dem eingesetzten Fernkommunikationsmittel entsprechenden Weise über die Wertersatzpflicht und eine Möglichkeit zu ihrer Vermeidung unterrichtet hat.

9 Ist entsprechend § 357 Abs. 2 Satz 3 BGB eine Übernahme der Versandkosten durch den Verbraucher vereinbart worden, kann der Klammerzusatz weggelassen werden. Stattdessen ist hinter „zurückzusenden." Folgendes einzufügen:
„Sie haben die Kosten der Rücksendung zu tragen, wenn die gelieferte Ware der bestellten entspricht und wenn der Preis der zurückzusendenden Sache einen Betrag von EUR 40,00 nicht übersteigt oder wenn Sie bei einem höheren Preis der Sache zum Zeitpunkt des Widerrufs noch nicht die Gegenleistung oder eine vertraglich vereinbarte Teilzahlung erbracht haben. Anderenfalls ist die Rücksendung für Sie kostenfrei."

10 Bei einem Widerrufsrecht gemäß § 312d Abs. 1 BGB, das für einen Fernabsatzvertrag über die Erbringung einer Dienstleistung gilt, ist hier folgender Hinweis aufzunehmen:

„Ihr Widerrufsrecht erlischt vorzeitig, wenn der Vertrag von beiden Seiten auf Ihren ausdrücklichen Wunsch vollständig erfüllt ist, bevor Sie Ihr Widerrufsrecht ausgeübt haben."

Bei einem Widerrufsrecht nach § 485 Abs. 1 BGB ist hier folgender Hinweis aufzunehmen:

„Die Widerrufsfrist verlängert sich auf einen Monat, wenn Ihnen nicht bereits vor Vertragsschluss ein Prospekt über das Wohnungsobjekt ausgehändigt worden ist oder wenn der Prospekt nicht in der Sprache des Staates, dem Sie angehören oder in dem Sie Ihren Wohnsitz haben, abgefasst ist. Ist der Prospekt in Deutsch abgefasst, gilt dies, wenn Sie Bürger oder Bürgerin eines Mitgliedstaats der Europäischen Union oder eines Vertragsstaats des Abkommens über den Europäischen Wirtschaftsraum sind, nur, wenn Sie um einen Prospekt in der oder

einer der Amtssprachen Ihres Heimatlandes gebeten und ihn nicht erhalten haben.
Bei Widerruf müssen Sie ggf. auch die Kosten einer notariellen Beurkundung erstatten, wenn dies im Vertrag ausdrücklich bestimmt ist."

Diese Rubrik entfällt, wenn keiner der vorgenannten Fälle einschlägig ist.

11 Der nachfolgende Hinweis für finanzierte Geschäfte kann entfallen, wenn ein verbundenes Geschäft nicht vorliegt:

„Haben Sie diesen Vertrag durch ein Darlehen finanziert und widerrufen Sie den finanzierten Vertrag, sind Sie auch an den Darlehensvertrag nicht mehr gebunden, wenn beide Verträge eine wirtschaftliche Einheit bilden. Dies ist insbesondere anzunehmen, wenn wir gleichzeitig Ihr Darlehensgeber sind oder wenn sich Ihr Darlehensgeber im Hinblick auf die Finanzierung unserer Mitwirkung bedient. Wenn uns das Darlehen bei Wirksamwerden des Widerrufs oder der Rückgabe bereits zugeflossen ist, tritt Ihr Darlehensgeber im Verhältnis zu Ihnen hinsichtlich der Rechtsfolgen des Widerrufs oder der Rückgabe in unsere Rechte und Pflichten aus dem finanzierten Vertrag ein. Letzteres gilt nicht, wenn der vorliegende Vertrag den Erwerb von Finanzinstrumenten (z.B. von Wertpapieren, Devisen oder Derivaten) zum Gegenstand hat.
Wollen Sie eine vertragliche Bindung so weitgehend wie möglich vermeiden, widerrufen Sie beide Vertragserklärungen gesondert."

Bei einem finanzierten Erwerb eines Grundstücks oder eines grundstücksgleichen Rechts ist Satz 2 des vorstehenden Hinweises wie folgt zu ändern:

„Dies ist nur anzunehmen, wenn die Vertragspartner in beiden Verträgen identisch sind oder wenn der Darlehensgeber über die Zurverfügungstellung von Darlehen hinausgeht und Ihr Grundstücksgeschäft durch Zusammenwirken mit dem Veräußerer fördert, indem er sich dessen Veräußerungsinteressen ganz oder teilweise zu Eigen macht, bei der Planung, Werbung oder Durchführung des Projekts Funktionen des Veräußerers übernimmt oder den Veräußerer einseitig begünstigt."

12 Ort, Datum und Unterschriftsleiste können entfallen. In diesem Fall sind diese Angaben entweder durch die Wörter „Ende der Widerrufsbelehrung" oder durch die Wörter „Ihr(e) (einsetzen: Firma des Unternehmers)" zu ersetzen.

Muster für die Rückgabebelehrung

Rückgabebelehrung

Rückgaberecht

Sie können die erhaltene Ware ohne Angabe von Gründen innerhalb von [14 Tagen][1] durch Rücksendung der Ware zurückgeben. Die Frist beginnt nach Erhalt dieser Belehrung in Textform (z. B. als Brief, Fax, E-Mail), jedoch nicht vor Eingang der Ware.[2] Nur bei nicht paketversandfähiger Ware (z.B. bei sperrigen Gütern) können Sie die Rückgabe auch durch Rücknahmeverlangen in Textform erklären. Zur Wahrung der Frist genügt die rechtzeitige Absendung der Ware oder des Rücknahmeverlangens. In jedem Fall erfolgt die Rücksendung auf unsere Kosten und Gefahr. Die Rücksendung oder das Rücknahmeverlangen hat zu erfolgen an:[3]

[4]

[5]

Rückgabefolgen

Im Falle einer wirksamen Rückgabe sind die beiderseits empfangenen Leistungen zurückzugewähren und ggf. gezogene Nutzungen (z.B. Gebrauchsvorteile) herauszugeben. Bei einer Verschlechterung der Ware kann Wertersatz verlangt werden. Dies gilt nicht, wenn die Verschlechterung der Ware ausschließlich auf deren Prüfung – wie sie Ihnen etwa im Ladengeschäft möglich gewesen wäre – zurückzuführen ist. Im Übrigen können Sie die Pflicht zum Wertersatz für eine durch die bestimmungsgemäße Ingebrauchnahme der Sache entstandene Verschlechterung vermeiden, indem Sie die Ware nicht wie Ihr Eigentum in Gebrauch nehmen und alles unterlassen, was deren Wert beeinträchtigt.[6] Verpflichtungen zur Erstattung von Zahlungen müssen innerhalb von 30 Tagen erfüllt werden. Die Frist beginnt für Sie mit der Absendung der Ware oder des Rücknahmeverlangens, für uns mit dem Empfang.

Finanzierte Geschäfte[7]

(Ort), (Datum), (Unterschrift des Verbrauchers)[8]

Gestaltungshinweise:

1 Wird die Belehrung nicht spätestens bei, sondern erst nach Vertragsschluss mitgeteilt, lautet der Klammerzusatz „einem Monat“. In diesem Fall ist auch Gestaltungshinweis 6 einschlägig, wenn

der dort genannte Hinweis nicht spätestens bei Vertragsschluss in Textform erfolgt. Bei Fernabsatzverträgen steht eine unverzüglich nach Vertragsschluss in Textform mitgeteilte Rückgabebelehrung einer solchen bei Vertragsschluss gleich, wenn der Unternehmer den Verbraucher gemäß Artikel 246 § 1 Abs. 1 Nr. 10 EGBGB unterrichtet hat.

2 Liegt einer der nachstehenden Sonderfälle vor, ist Folgendes einzufügen:

a) bei schriftlich abzuschließenden Verträgen: „und auch nicht, bevor Ihnen auch eine Vertragsurkunde, Ihr schriftlicher Antrag oder eine Abschrift der Vertragsurkunde oder des Antrags zur Verfügung gestellt worden ist";

b) bei Fernabsatzverträgen (§ 312b Abs. 1 Satz 1 BGB): „beim Empfänger (bei der wiederkehrenden Lieferung gleichartiger Waren nicht vor Eingang der ersten Teillieferung) und auch nicht vor Erfüllung unserer Informationspflichten gemäß Artikel 246 § 2 in Verbindung mit § 1 Abs. 1 und 2 EGBGB";

c) bei Verträgen im elektronischen Geschäftsverkehr (§ 312e Abs. 1 Satz 1 BGB): „und auch nicht vor Erfüllung unserer Pflichten gemäß § 312e Abs. 1 Satz 1 BGB in Verbindung mit Artikel 246 § 3 EGBGB";

d) bei einem Kauf auf Probe (§ 454 BGB): „und auch nicht, bevor der Kaufvertrag durch Ihre Billigung des gekauften Gegenstandes für Sie bindend geworden ist".

Wird für einen Vertrag belehrt, der unter mehrere der vorstehenden Sonderfälle fällt (z.B. ein Fernabsatzvertrag im elektronischen Geschäftsverkehr), sind die jeweils zutreffenden Ergänzungen zu kombinieren (in dem genannten Beispiel wie folgt: „beim Empfänger (bei der wiederkehrenden Lieferung gleichartiger Waren nicht vor Eingang der ersten Teillieferung) und auch nicht vor Erfüllung unserer Informationspflichten gemäß Artikel 246 § 2 in Verbindung mit § 1 Abs. 1 und 2 EGBGB sowie unserer Pflichten gemäß § 312e Abs. 1 Satz 1 BGB in Verbindung mit Artikel 246 § 3 EGBGB").

3 Einsetzen: Namen/Firma und ladungsfähige Anschrift des Rückgabeadressaten.

Zusätzlich können angegeben werden Telefaxnummer, E-Mail-Adresse und/oder, wenn der Verbraucher eine Bestätigung seines Rücknahmeverlangens an den Unternehmer erhält, auch eine Internet-Adresse.

4 Hier kann der Hinweis hinzugefügt werden:

„Die Rückgabe paketfähiger Ware kann auch an (einsetzen: Namen/Firma und Telefonnummer einer Versandstelle) erfolgen, die die Ware bei Ihnen abholt."

5 Hier kann der Hinweis hinzugefügt werden:
„Bei Rücknahmeverlangen wird die Ware bei Ihnen abgeholt."

6 Wenn ein Hinweis auf die Wertersatzpflicht gemäß § 357 Abs. 3 Satz 1 BGB und eine Möglichkeit zu ihrer Vermeidung nicht spätestens bei Vertragsschluss in Textform erfolgt, ist anstelle dieses Satzes folgender Satz einzufügen: „Für eine durch die bestimmungsgemäße Ingebrauchnahme der Sache entstandene Verschlechterung müssen Sie keinen Wertersatz leisten." Bei Fernabsatzverträgen steht ein unverzüglich nach Vertragsschluss in Textform mitgeteilter Hinweis einem solchen bei Vertragsschluss gleich, wenn der Unternehmer den Verbraucher rechtzeitig vor Abgabe von dessen Vertragserklärung in einer dem eingesetzten Fernkommunikationsmittel entsprechenden Weise über die Wertersatzpflicht und eine Möglichkeit zu ihrer Vermeidung unterrichtet hat.

7 Der nachfolgende Hinweis für finanzierte Geschäfte kann entfallen, wenn ein verbundenes Geschäft nicht vorliegt:
„Haben Sie diesen Vertrag durch ein Darlehen finanziert und machen Sie von Ihrem Rückgaberecht Gebrauch, sind Sie auch an den Darlehensvertrag nicht mehr gebunden, wenn beide Verträge eine wirtschaftliche Einheit bilden. Dies ist insbesondere anzunehmen, wenn wir gleichzeitig Ihr Darlehensgeber sind oder wenn sich Ihr Darlehensgeber im Hinblick auf die Finanzierung unserer Mitwirkung bedient. Wenn uns das Darlehen bei Wirksamwerden des Widerrufs oder der Rückgabe bereits zugeflossen ist, tritt Ihr Darlehensgeber im Verhältnis zu Ihnen hinsichtlich der Rechtsfolgen des Widerrufs oder der Rückgabe in unsere Rechte und Pflichten aus dem finanzierten Vertrag ein.
Wollen Sie eine vertragliche Bindung so weitgehend wie möglich vermeiden, machen Sie von Ihrem Rückgaberecht Gebrauch und widerrufen Sie Ihre auf Abschluss des Darlehensvertrags gerichtete Willenserklärung."

8 Ort, Datum und Unterschriftsleiste können entfallen. In diesem Fall sind diese Angaben entweder durch die Wörter „Ende der Rückgabebelehrung" oder durch die Wörter „Ihr(e) (einsetzen: Firma des Unternehmers)" zu ersetzen.

Allerdings ist de lege ferenda das zurzeit in der Diskussion befindliche Gesetz zur Einführung einer Musterwiderrufsinformation über Verbraucherdarlehensverträge, zur Änderungen der Vorschriften über das Widerrufsrecht bei Verbraucherdarlehensverträgen und zur Änderung des Darlehensvermittlungsrechts (Kabinettsbeschluss vom 24. März 2010) für Franchise-Verträge ohne Bedeutung, da das Gesetz im Wesentlichen auf Verbraucherdarlehensverträge zugeschnitten ist. Dieses Gesetz könnte allenfalls dann für Franchise-Verträge von Bedeutung sein, wenn durch den Franchise-Geber zusätzlich dem Franchise-Nehmer ein Darlehen für den Kauf der Ladeneinrichtung oder der Warenerstausstattung gewährt wird. Dies ist aber die Ausnahme. Diese bedingt dann zugleich eine erweiterte Widerrufsbelehrung gem. § 358 BGB.[871a]

9. Alternativformulierung zur Widerrufsbelehrung

Da nach der Rechtsprechung des BGH[871] die Frist für die Widerrufsbelehrung um 0.00 Uhr des auf die Belehrung folgenden Tages beginnt, wird dies in einigen Franchise-Verträgen auch in der Widerrufsbelehrung zum Ausdruck gebracht:

> „Zur Wahrung der Frist, die am Tage nach der Aushändigung dieser Urkunde am ...... zu laufen beginnt, genügt die rechtzeitige Absendung des Widerrufs ....“

Dies steht im gewissen Widerspruch zum Gesetzeswortlaut, wenn es dort heißt:

> „Der Lauf der Frist beginnt erst, wenn dem Verbraucher eine drucktechnisch deutlich gestaltete und vom Verbraucher gesondert zu unterschreibende Belehrung ...... ausgehändigt worden ist.“

Angesichts der formellen Betrachtung des BGH scheint es daher angebracht, den Text der Widerrufsbelehrung am Gesetzestext zu orientieren, zumal der BGH auch festgestellt hat, dass der Franchise-Nehmer nicht zwingend über den Fristbeginn gem. § 187 I BGB und das Fristende gem. §§ 182 II, 193 BGB zu belehren ist. Da auch § 355 BGB keine gesonderte Vorschrift zur Fristberechnung enthält, ist nach wie vor davon auszugehen, dass auf die Fristberechnung der Widerrufsbelehrung die Vorschriften des BGB anzuwenden sind, so wie dies der BGH[872] für die Widerrufsbelehrung festgestellt hat.

Entsprechendes gilt ab 11. Juni 2010 – dann wird ein amtliches Muster zur Widerrufsbelehrung mit Gesetzeskraft vorgegeben. Dann sollten Alternativformulierungen im Interesse des Franchise-Systems unterbleiben.

10. Rechtsfolgen eines Widerrufs

Durch den Widerruf entfällt nach der Grundsatzentscheidung des BGH vom 14. 12. 1994[873] die in einem Franchise-Vertrag enthaltene Verpflichtung zum wiederkehrenden Bezug von Waren des Franchise-Gebers bzw. der zum Franchise-System gelisteten Lieferanten.[874] Diese Rechtsprechung gilt auch unter § 355 BGB fort.

Gem. § 357 I BGB finden, soweit der Widerruf gem. § 355 BGB erklärt worden ist, die Vorschriften über den gesetzlichen Rücktritt (§§ 346ff. BGB) entsprechende Anwendung. Weitergehende Ansprüche, etwa aus positiver Vertragsverletzung gem. § 280 BGB, nach den Grundsätzen der culpa in contrahendo gem. § 311 BGB oder gem. §§ 812, 823 BGB sind durch § 357 IV BGB ausgeschlossen. Ansprüche aus § 826 BGB sollten jedoch im Wege der teleologischen Reduktion trotz des entgegenstehenden Wortlauts von § 357 IV BGB bestehen.[875]

Nach altem Recht löste der Widerruf noch eine Rückabwicklung gem. §§ 812ff. BGB aus.[876] Dabei war umstritten, ob auf die Rückabwicklung zu Lasten des Franchise-Nehmers die bereicherungsrechtliche Saldotheorie Anwendung findet.[877] Das hat sich seit dem 1. 1. 2002 geändert. Nunmehr müssen gem. § 346 I BGB Franchise-Geber und Franchise-Nehmer im Rahmen des Franchise-Vertrages einander gegenseitig gewährte bzw. empfangene Leistungen zurückgewähren.

Dies führt bei der Rückabwicklung von Franchise-Verträgen zu nicht unerheblichen Problemen. Bestand die Leistung des Franchise-Gebers nur in immateriellen Leistungen (z.B. Beratungsleistungen/Know-How-Überlassung/Schulungen/Werbekonzepte), so ist die Rückgewähr nach der Natur des Erlangten ausgeschlossen. Mithin ist hier vom Franchise-Nehmer gem. § 346 II 1 BGB Wertersatz zu leisten. Dieser Anspruch geht grundsätzlich auf die Leistung von Geld.[878] War zwischen den Parteien streitig, ob die Leistungen frei von Mängeln erbracht worden sind, so ist der mangelbedingte Minderwert anzusetzen.[879]

11. Freiwillige Widerrufsbelehrung

Wird eine Widerrufsbelehrung ohne gesetzliche Notwendigkeit vorgenommen, so liegt darin die Einräumung eines vertraglichen Rücktritts-/Widerrufsrechts.[880]

Das OLG Naumburg[881] geht allerdings in seinem Beschluss vom 24. Oktober 2008 davon aus, dass für den Fristablauf eines vertraglich vereinbarten Widerrufs nur die vereinbarten, ggf. durch Auslegung zu ermittelnden Voraussetzungen gelten und die strengen formalen Voraussetzungen des § 355 BGB nur dann zur Anwendung kommen, wenn auf diese ausdrücklich in der vertraglichen Vereinbarung Bezug genommen wird.

12. Ausländische Verbraucherschutzrechte

Die Widerrufsbelehrung des Franchise-Nehmers gem. § 355 I BGB ist keine ausschließlich deutsche Besonderheit. Auch in Österreich hat eine entsprechende Belehrung zu erfolgen, allerdings über das dem Franchise-Nehmer zustehende Rücktrittsrecht nach den Vorschriften des Konsumentenschutzgesetzes.[882] Da die Verbraucherschutzrechte auch in Österreich zwingendes Recht darstellen, also Bestandteil der ordre public sind, bedeutet dies, dass ein in Österreich ansässiger Franchise-Nehmer über sein Rücktrittsrecht nach den Vorschriften des Konsumentenschutzgesetzes zu belehren ist, auch wenn im Rahmen des Franchise-Vertrages die Geltung deutschen Rechts vereinbart wurde.[883]

13. Widerruf bei nichtigem Vertrag

Ist der zwischen den Parteien abgeschlossene Franchise-Vertrag etwa wegen Knebelung und Einschränkung der unternehmerischen Selbständigkeit des Franchise-Nehmers gem. § 138 BGB nichtig, so steht dem Franchise-Nehmer, sofern nicht Treu und Glauben (§ 242 BGB) etwas anderes gebieten, gleichwohl sein Widerrufsrecht gem. § 355 I BGB zu.[884] Insofern kommt § 357 BGB zur Anwendung. Die Annahme eines Widerrufsrechts bei nichtigem Vertrag ist deswegen von Bedeutung, weil im Falle der Kenntnis des Sittenverstoßes auf Leistung des Franchise-Gebers und des Franchise-Nehmers ein bereicherungsrechtlicher Rückforderungsanspruch gem. § 817 2 BGB, der sich bei einem nichtigen Vertrag ergibt, ausgeschlossen sein könnte.[885]

14. Zukunft der Widerrufsbelehrung

In Deutschland ist die Diskussion um die Rechtswirksamkeit der Widerrufsbelehrung zumindest vom 11. Juni 2010 an als beendet anzusehen, da dann die Widerrufsbelehrung aufgrund eines amtlichen Musters erfolgt, das Gesetzesrang hat (Anlage 1 zum EGBGB). Dadurch entfällt auch die de lege lata noch bestehende Verwerfungskompetenz der Instanzgerichte, soweit es um die Verwendung des amtlichen Musters entsprechend Anlage 2 zu § 14 der BGB-InfoVO geht.[886]

Allerdings sind zukünftig auch die Überlegungen zu einer EU-**Verbrauchervertrags-Rechte-Richtlinie** zu berücksichtigen. Diese wird seit geraumer Zeit diskutiert, wobei am 25. August 2009 der Ausschuss der Regionen Änderungen am Richtlinienvorschlag über Verbraucherrechte geäußert hat.[887] Die Regelung des Entwurfs sieht die Einführung einer einheitlichen 14-tägigen Widerrufsfrist vor, wobei die Frist nach Verordnung EG-Nr. 1182/71[888] berechnet wird.

Wird die EU-Verbrauchervertragsrechte-Richtlinie so umgesetzt, wie diese zurzeit diskutiert wird, so bedeutet dies eine Abkehr vom deutschen Recht. Der Entwurf stellt nämlich an keiner Stelle klar, dass erst die Belehrung über das Widerrufsrecht die Widerrufsfrist in Gang setzt, so dass nicht ausgeschlossen ist, dass die Widerrufsfrist bereits abgelaufen sein kann, bevor überhaupt ein Vertrag geschlossen wurde.[889] Insofern werden sich Franchise-Systeme erneut auf eine Änderung der Widerrufsbelehrung gegenüber einem Franchise-Nehmer einzurichten haben, wenn die EU-Verbrauchervertragsrechte-Richtlinie erlassen und in nationales Recht umgesetzt worden ist.

§ 33
Gerichtsstand/Erfüllungsort/ Anwendbares Recht/Vertragssprache

1. Gerichtsstand ist ......
2. Erfüllungsort ist ......
3. Auf den Franchise-Vertrag findet ausschließlich das Recht der Bundesrepublik Deutschland Anwendung.
Die Anwendung des UN-Kaufrechts sowie die Anwendung des einheitlichen Gesetzes über den internationalen Kauf beweglicher Sachen sowie des Gesetzes über den Abschluss von internationalen Kaufverträgen über bewegliche Sachen ist ausgeschlossen.
4. Vertragssprache ist Deutsch.

Erläuterungen

1. Gerichtsstandsklausel
2. Erfüllungsort
3. Rechtswahlklausel
4. Vertragssprache

1. Gerichtsstandsklausel

Eine solche Gerichtsstandsklausel ist auch mit Existenzgründungs-Franchise-Nehmern zulässig. Dies ist die Konsequenz des Beschlusses des BGH vom 24. 2. 2005.[890] Mit Abschluss des Franchise-Vertrages liegt die Unternehmereigenschaft i. S. v. § 14 BGB vor, da der Franchise-Vertrag im Zuge der Aufnahme einer gewerblichen oder selbständigen beruflichen Tätigkeit abgeschlossen wurde. Insofern kann sowohl eine Gerichtsstandsvereinbarung gem. § 38 ZPO genauso vereinbart werden, wie es für eine Schiedsklausel gem. § 1031 V 1 ZPO ausreicht, wenn diese im Franchise-Vertrag enthalten ist. Das Formerfordernis des gesondert schriftlich abgeschlossenen Schiedsgerichtsvertrages wird demgemäß entbehrlich.

Andernfalls muss die Klausel entfallen bzw. ist die Vereinbarung eines Gerichtsstandes unwirksam. Der Franchise-Nehmer hat Klagen gegenüber dem Franchise-Geber an dessen Geschäftssitz und umgekehrt der Franchise-Geber am Geschäftssitz des Franchise-Nehmers als dem jeweiligen allgemeinen Gerichtsstand (§§ 12, 13, 17 ZPO) zu erheben.

Im Verhältnis zwischen deutschen und den anderen EG-Staaten domizilierenden Franchise-Gebern und Franchise-Nehmern sind die Bestimmungen des EUGVVO zu beachten.[891]

2. Erfüllungsort

Ist ein Ort für die Leistung weder bestimmt noch aus den Umständen, insbesondere aus der Natur des Schuldverhältnisses, zu entnehmen, so hat gemäß §§ 269 I BGB die Leistung an dem Ort zu erfolgen, an welchem der Schuldner zur Zeit der Entstehung des Schuldverhältnisses seinen Wohnsitz hatte. Um diese Konsequenz des § 269 I BGB auszuschließen, wird in der Regel als Erfüllungsort der Sitz des Franchise-Gebers vereinbart.

Unterbleibt eine solche Vereinbarung, so ist Erfüllungsort derjenige Ort, an dem die vertragscharakteristische Leistung zu erbringen ist.[892] Dies ist bei Franchise-Verträgen danach zu bestimmen, ob es um die Beurteilung der Erfüllung von Leistungen des Franchise-Nehmers oder des Franchise-Gebers geht. In der Regel dürften die beiderseitigen Rechte und Pflichten am Franchise-Outlet des Franchise-Nehmers zu erfüllen sein, so dass dann mangels einer vertraglichen Vereinbarung gemeinsamer Erfüllungsort der Sitz des Franchise-Nehmers ist.[893]

3. Rechtswahlklausel

Haben Franchise-Geber und Franchise-Nehmer ihren Sitz in Deutschland, so ist es eine Selbstverständlichkeit, dass der Vertrag auch ohne entsprechende Vereinbarung der Geltung deutschen Rechts unterliegt. Da Franchise-Geber aber Interesse daran haben, dass die

Franchise-Verträge auch dann, wenn sie mit ausländischen Franchise-Nehmern abgeschlossen werden, der Geltung deutschen Rechts unterliegen, muss ausdrücklich dessen Geltung vereinbart werden. Mangelt es an einer solchen Vereinbarung, so ist das anwendbare Recht nach dem Schwerpunkt des Vertragsverhältnisses festzulegen. Bei Handelsvertretern, Kommissionsagenten und Vertragshändlern ist dies das Recht des Ortes, an dem der Absatzmittler seinen Geschäftssitz hat.[894] Diese Regelung ist auch auf Franchise-Verträge anzuwenden.[895]

Enthält der Franchise-Vertrag keine Rechtswahlklausel, so entscheidet die charakteristische Leistung des Franchise-Nehmers, d.h. gem. Art. 28 II EGBG ist das Recht am Ort der Niederlassung des Franchise-Nehmers maßgebend.[896]

4. Vertragssprache

Im Franchise-Vertrag ist grundsätzlich festzulegen, dass die Vertragssprache Deutsch ist. Sollte der Franchise-Vertrag auch in einer weiteren Sprache (z.B. englische Sprache) abgeschlossen werden, so muss im Franchise-Vertrag ausdrücklich festgehalten werden, dass im Fall von Streitigkeiten die deutsche Fassung maßgebend ist.

Dies hat auch für die Widerrufsbelehrung zu gelten, obwohl anerkannt ist, dass dann die Widerrufsbelehrung gem. § 355 BGB in der Muttersprache des Kunden abgefasst sein muss.[897]

§ 34
Nebenabreden/Teilnichtigkeit/Verjährung

1. Nebenabreden, Ergänzungen, Abänderungen und die Aufhebung dieses Franchise-Vertrages bedürfen zu ihrer Wirksamkeit der Schriftform. Dies gilt auch für die Abbedingung des Schriftformerfordernis.

2. Sollte eine Bestimmung dieses Franchise-Vertrages unwirksam oder undurchführbar sein oder werden, so berührt dies die Wirksamkeit des Franchise-Vertrages im Übrigen nicht. Die Vertragspartner verpflichten sich vielmehr, in einem derartigen Fall, eine wirksame oder durchführbare Bestimmung an die Stelle der unwirksamen oder undurchführbaren Bestimmung zu setzen, die den wirtschaftlichen und ideellen Vorstellungen soweit wie möglich entspricht. Entsprechendes gilt für eine im Fanchisevertrag festgestellte Lücke.

3. Auf die Bestimmungen der Gruppenfreistellungsverordnung für Vertikale Vertriebsbindungen, insbesondere auf deren befristete Laufzeit bis zum 31. 5. 2010, ist der Franchise-Nehmer ausdrücklich hingewiesen worden. Für nach zeitlichem Auslaufen dieser Gruppenfreistellungsverordnung notwendige Vertragsanpassungen erteilen die Vertragsparteien bereits jetzt ihre Einwilligung. Den Vertragsparteien steht jedoch das Recht auf vorzeitige Vertragsauflösung zu, wenn das Auslaufen dieser Gruppenfreistellungsverordnung wesentliche rechtliche oder wirtschaftliche Nachteile für die betroffene Vertragspartei nach sich zieht und eine einvernehmliche Vertragsanpassung nicht möglich ist. Entsprechendes gilt bei grundsätzlichen Änderungen des EU-Rechtes.
4. Durch vom Franchise-Vertrag abweichendes Verhalten werden weder vereinbarte Rechte und Pflichten verändert oder aufgehoben noch neue Rechte und Pflichten begründet.
5. Die Überschriften zu den einzelnen Vorschriften dieses Franchise-Vertrages dienen lediglich der besseren Orientierung und haben keinen eigenständigen Regelungsgehalt und keine rechtliche Bedeutung.
6. Alle Ansprüche aus diesem Franchise-Vertrag verjähren in 36 Monaten, gerechnet ab Fälligkeit.
7. Mitteilungen, Erklärungen und Kündigungen, die nach diesem Franchise-Vertrag vorgesehen sind, haben unter Beachtung der in diesem Franchise-Vertrag festgelegten Formalien an die der anderen Vertragspartei zuletzt schriftlich bekannt gegebene Adresse zu erfolgen. Zur Berechnung und Wahrung von Fristen ist jeweils das Datum des Poststempels maßgebend.

Erläuterungen

1. Schriftform
2. Salvatorische Klausel
3. Verjährung
4. Bildung eines Schiedsgerichts
5. Sonstige Nebenbestimmungen
6. Änderungsvorbehalt EU-Kartellrecht

1. Schriftform

Unterliegt der Franchise-Vertrag dem Verbraucherschutz, so ergibt sich die Notwendigkeit der Schriftform aus § 492 BGB.[898] Enthielt der Vertrag Bezugsbindungen, so musste dieser zur Beachtung der kartellrechtlichen Schrifterfordernis (§ 34 GWB a. F.) schriftlich abgeschlossen werden, wobei die Regelung für vor dem 31. 12. 1998 abgeschlossene Verträge fortgilt.

Doch selbst wenn diese Kriterien nicht erfüllt sind, empfiehlt es sich zu Beweiszwecken, den Franchise-Vertrag schriftlich abzuschließen, da andernfalls die vertraglichen Absprachen kaum nachgewiesen werden können.[899] Trotz dieser Formulierung kann grundsätzlich nicht davon ausgegangen werden, dass auch für den Abschluss eines Aufhebungsvertrages eine schriftliche Form notwendig ist. Das BAG hat insoweit mit seinem Urteil vom 16. 5. 2000[900] festgestellt, dass die für eine Änderung und Ergänzung eines Arbeitsvertrages vereinbarte Schriftform nicht für die Aufhebung des Arbeitsvertrages gilt. Entsprechendes gilt für einen Franchise-Vertrag.

Allerdings zeichnet sich zunehmend in der Rechtsprechung die Tendenz ab, die auch im Vertragsmuster vorgesehene **„doppelte Schriftformklausel"** deswegen als nichtig anzusehen, weil diese eine Irreführung über die Möglichkeit einer individuellen Vertragsabrede beiführe.[901] Zwar geht das Gesetz in § 305 b BGB vom Vorrang der Individualabrede gegenüber den vorformulierten Regelungen eines Franchise-Vertrages aus, doch darf nicht übersehen werden, dass das doppelte Schriftformerfordernis eine für Franchise-Geber und Franchise-Nehmer bedeutsame Beweisfunktion hat: nur so können beide Seiten darlegen und beweisen, dass der abgeschlossene Franchise-Vertrag einvernehmlich abgeändert wurde.

2. Salvatorische Klausel

Gemäß § 139 BGB ist von der Gesamtnichtigkeit eines Franchise-Vertrages auszugehen, wenn ein Teil des Rechtsgeschäftes nichtig ist. Um diese Konsequenz der insoweit dispositiven Vorschrift des § 139 BGB zu vermeiden, geht das Vertragsmuster – wie üblich – in § 34 Ziffer 3 davon aus, dass die Nichtigkeit einer Regelung des Franchise-Vertrages nicht zur Gesamtnichtigkeit des Franchise-Vertrages führt. Dies gilt selbst dann, wenn einzelne Regelungen des Franchise-Vertrages kartellnichtig sind, z. B. eine unzulässige Preisbindung vereinbart wurde. Enthielt der Franchise-Vertrag eine unzulässige Preisbindungsklausel, so führte deren Nichtigkeit nach der Entscheidung des BGH vom 8. 2. 1994[902] nicht zur Gesamtnichtigkeit des Franchise-Vertrages. Vielmehr war nur die Regelung über die Preisbindung nichtig, während der Franchise-Vertrag ansonsten fortbestand. Dies hat sich geändert. Mit seinem Urteil vom 24. 9. 2002[903] hat der BGH seine bisherige Rechtsprechung ausdrücklich aufgegeben. Nunmehr ist davon auszugehen, dass eine kartellnichtige Regelung zur Gesamtnichtigkeit des abgeschlossenen Franchise-Vertrages führen kann, es sei denn, es wird festgestellt, dass der Franchise-Vertrag auch ohne diese nichtige Klausel abgeschlossen worden wäre. Die Darlegungs- und Beweislast dafür trifft denjenigen, der sich entgegen der Salvatorischen Klausel auf die Gesamtnichtigkeit des Franchise-Vertrages beruft.[904]

Enthält der Franchise-Vertrag Regelungen, die nach Maßgabe der §§ 305 ff. BGB unwirksam sind, so folgt daraus nicht zwingend die Nichtigkeit des gesamten Franchise-Vertrages. Vielmehr bleibt der Vertrag grundsätzlich wirksam. Die AGB-rechtliche Nichtigkeit zahlreicher Bestimmungen kann aber zur Gesamtnichtigkeit des abgeschlossenen Franchise-Vertrages führen.[905]

3. Verjährung

Das Interesse von Franchise-Geber und Franchise-Nehmer ist nach Beendigung des Franchise-Vertrages darauf ausgerichtet, wechselseitige Ansprüche so schnell wie möglich zu erfüllen. Insofern geht das Vertragsmuster davon aus, dass diese Ansprüche innerhalb einer Frist von 3 Jahren, gerechnet vom Zeitpunkt der Beendigung des Franchise-Vertrages an, verjähren. Zwar steht dieser Verjährungsregelung die Vorschrift des § 88 HGB entgegen. Danach verjähren Ansprüche innerhalb von 4 Jahren nach Beendigung des Handelsvertretervertrages. § 88 HGB ist jedoch dispositiv und kann demgemäß abgekürzt werden sowie auch § 202 BGB eine Abkürzung von Verjährungsvorschriften zulässt. Unzulässig ist es, unterschiedliche Verjährungsvorschriften für Franchise-Geber und Franchise-Nehmer zu vereinbaren.[906]

§ 309 Nr. 9c BGB, wonach eine Kündigungsfrist nicht mehr als 3 Monate betragen darf, ist für Franchise-Verträge ohne Bedeutung. Die Vorschrift soll davor schützen, die Kündigung zu einem Zeitpunkt erklären zu müssen, zu dem noch keine abschließende Entscheidung getroffen oder zugemutet werden kann.[907] Bei Franchise-Verträgen ist der Schutzgedanke hingegen „umgekehrt“: Je länger der Franchise-Vertrag bestand bzw. je öfter der Franchise-Vertrag verlängert worden ist, um so länger müssen die Kündigungsfristen sein, damit sich Franchise-Geber und Franchise-Nehmer rechtzeitig auf die Beendigung des Franchise-Vertrages einstellen können. Nur so ist ein angemessener Schutz der Investitionen sichergestellt.

Wenn sich bei einem Franchise-Nehmer wegen nicht amortisierter Investitionen bei Beendigung des Franchise-Vertrages die Frage eines Investitionserstattungsanspruchs gem. § 242 BGB stellt, bedeutet dies nicht, dass insoweit auf den Franchise-Vertrag die Regelungen der seinerzeitigen EU-Gruppenfreistellungsverordnung für den Kfz-Betrieb vom 28. Juni 1995[908] sowie die seit dem 1. Oktober

2002 geltenden EU-Gruppenfreistellungsverordnung für den Kfz-Vertrieb[909] zur Anwendung kommen. Danach kann nämlich ein Vertragshändlervertrag nur mit einer Frist von zwei Jahren und bei einer Verkürzung der Kündigungsfrist auf ein Jahr nur mit einer entsprechenden Entschädigung für die Investitionen des Vertragshändlers beendet werden.[910]

Insofern ist auch die Rechtsprechung des BGH zur Strukturkündigung bei Vertragshändlerverträgen[911] nur bedingt auf Franchise-Verträge anwendbar. Wird allerdings eine solche Strukturkündigung vertraglich im Rahmen des Franchise-Vertrages vereinbart, etwa wenn es um die Änderung eines nicht effizienten Vertriebes geht, so ist eine solche Regelung gem. § 307 I BGB nur dann zulässig, wenn diese dem Franchise-Geber die Möglichkeit eröffnet, auf wirtschaftliche Veränderungen zu reagieren, der Entwicklung anpassungs- und leistungsfähiger Vertriebstrukturen dient und gleichzeitig ein finanzieller Ausgleich für den betroffenen Franchise-Nehmer vorgesehen wird.

4. Bildung eines Schiedsgerichts

Teilweise wird anstelle der streitigen Gerichtsbarkeit zwischen Franchise-Geber und Franchise-Nehmer ein Schiedsgerichtsvertrag abgeschlossen. Der Schiedsgerichtsvertrag hat Vor- und Nachteile: vorteilhaft ist er insoweit, als Franchise-Geber und Franchise-Nehmer jeweils nur solche Schiedsrichter bestellen werden, die über entsprechende praktische und theoretische Erfahrungen im Franchise-Recht verfügen. Nachteilig ist ein Schiedsgericht, da die Kosten höher sind als die Gerichtskosten eines erstinstanzlichen Verfahrens. Hinzu kommt, dass die Entscheidung des Schiedsgerichts abschließend ist und nur unter eingeschränkten Voraussetzungen vom Franchise-Geber oder Franchise-Nehmer vor den ordentlichen Gerichten angefochten werden kann.

Ob diese Tendenz zur Vereinbarung von Schiedsgericht anhält, gilt es abzuwarten. Die Mediation wird zunehmend – auch in Deutschland – bei der Streitschlichtung innerhalb von Franchise-Systemen als adäquates Mittel einer außergerichtlichen Erledigung angesehen. Es ist daher nicht auszuschließen, dass zukünftig immer weniger Franchise-Verträge mit einer Schiedsgerichtsvereinbarung verbunden sind und mehr und mehr Mediationsregelungen in Franchise-Verträge aufgenommen werden.

Seit dem 1. 10. 1998 sind die neugefassten Vorschriften der ZPO über schiedsrichterliche Verfahren (§§ 1025 ff. ZPO) in Kraft. Damit ist auch für Franchise-Verträge zu unterscheiden zwischen:

→ dem **Schiedsgerichtsvertrag,** der als gesonderte Vereinbarung zwischen Franchise-Geber und Franchise-Nehmer geschlossen wird oder als **Schiedsklausel** im Franchise-Vertrag
→ dem **Schiedsrichtervertrag,** der für konkrete Streitigkeiten zwischen Franchise-Geber und Franchise-Nehmer und dem/den Schiedsrichter/n geschlossen wird.[912]

Soll anstatt der Vereinbarung der ordentlichen Gerichtsbarkeit ein Schiedsgericht vereinbart werden, entfällt § 33 Ziffer 1 des Vertragsmusters.

Darüber hinaus muss in den Franchise-Vertrag eine Regelung folgenden Inhalts eingefügt werden:

„Über alle Streitigkeiten, ausgenommen Scheck- und Wechselklagen und Klagen im Zusammenhang mit erfolgten Lieferungen (z.B. wegen Zahlung oder Gewährleistungsansprüchen), die aufgrund dieses Franchise-Vertrages zwischen den Vertragsparteien etwa anstehen, entscheidet unter Ausschluss des ordentlichen Rechtsweges ein Schiedsgericht nach Maßgabe des in gesonderter Urkunde abgeschlossenen Schiedsvertrages (Anlage 21). Das Schiedsgericht entscheidet auch über etwaige Einwendungen gegen die Rechtsmäßigkeit schiedsgutachterlicher Entscheidungen gemäß vorstehender Bestimmung."

Der Schiedsgerichtsvertrag muss gemäß §§ 1029 II, 1031 I ZPO in einer gesonderten Urkunde schriftlich abgeschlossen werden. Für bis zum 1. 4. 1998 im Zusammenhang mit Franchise-Verträgen abgeschlossene Schiedsgerichtsvereinbarungen gilt jedoch das alte Recht vor Inkrafttreten des Schiedsverfahrensgesetz vom 22. 12. 1997[913] fort.

Diese Verpflichtung zum Abschluss des Schiedsgerichtsvertrages in einer gesonderten Urkunde besteht vor dem Hintergrund des Beschlusses des BGH vom 24. 2. 2005[914] nicht mehr. Vielmehr ist davon auszugehen, dass im Abschluss eines Franchise-Vertrages als dem der Existenzgründung dienenden Geschäft bereits ein Unternehmerhandeln i.S.v. § 14 BGB zu sehen ist, so dass es für eine Schiedsklausel gem. § 1031 V 1 ZPO ausreicht, wenn diese im Franchise-Vertrag enthalten ist. Das Formerfordernis des gesondert schriftlich abgeschlossenen Schiedsgerichts-Vertrages wird damit entbehrlich.[915]

Ist noch altes Schiedsverfahrensrecht anzuwenden, so war die Schriftform des § 1027 I 1 ZPO dann entbehrlich, wenn der Schiedsvertrag für den Franchise-Geber und für den Franchise-Nehmer ein Handelsgeschäft war und der Franchise-Geber sowie

Franchise-Nehmer ihre Tätigkeit nicht in der Rechtsform des Minderkaufmanns (§ 4 HGB a.F.) erbrachten.[916]

Wird trotz des abgeschlossenen Schiedsgerichtsvertrages Klage vor dem ordentlichen Gericht erhoben, so kann der jeweils Beklagte gemäß § 1032 I ZPO bis zum Beginn der mündlichen Verhandlung zur Hauptsache die Schiedsgerichtseinwendung erheben, d.h. beantragen, die Klage als unzulässig wegen des abgeschlossenen Schiedsvertrages abzuweisen.[917]

Ein solcher Schiedsgerichtsvertrag könnte folgenden Wortlaut haben:

SCHIEDSGERICHT

§ 1
Zuständigkeit des Schiedsgerichts

Alle Streitigkeiten aus dem Vertrag, ausgenommen Scheck- und Wechselklagen, zwischen dem Franchise-Geber und Franchise-Nehmer untereinander werden unter Ausschluss des ordentlichen Rechtsweges durch ein Schiedsgericht entschieden. Dies gilt auch für Streitigkeiten über die Wirksamkeit, Durchführung und Beendigung des Vertrages, einzelner Vertragsbestimmungen, etwaiger Nachträge sowie der aufgrund des Vertrages abgeschlossenen weiteren Verträge. Meinungsverschiedenheiten über den Eintritt von Franchise-Nehmer in den Vertrag oder über das Ausscheiden von Franchise-Geber oder Franchise-Nehmer aus dem Vertrag sowie dessen Folgen sind ebenfalls vor dem Schiedsgericht auszutragen. Das Schiedsgericht ist gleichfalls zuständig für Gestaltungsklagen aus dem Vertrag sowie zur Feststellung der Änderung oder Ergänzung des Wortlauts des Vertrages. Schließlich werden auch Streitigkeiten über die Wirksamkeit und Auslegung dieses Schiedsvertrages sowie etwaiger Nachträge durch das Schiedsgericht entschieden.

§ 2
Zusammensetzung und Anrufung des Schiedsgerichts

1. Das Schiedsgericht besteht aus drei Schiedsrichtern, nämlich zwei beisitzenden Schiedsrichtern und einem Obmann als Vorsitzenden.
2. Jede Partei ernennt einen beisitzenden Schiedsrichter. Die beiden ernannten Schiedsrichter bestellen einen Obmann, der die Befähigung zum Richteramt nach den Vorschriften der Bundesrepublik Deutschland haben muss.

3. Die Partei, die das Schiedsgericht anrufen will, hat dies unter Angabe des Gegenstandes und des Grundes des erhobenen Anspruchs sowie eines bestimmten Antrags bei gleichzeitiger Benennung (Name, Anschrift) eines Schiedsrichters der beklagten Partei durch eingeschriebenen Brief mitzuteilen und diese zugleich aufzufordern, innerhalb von drei Wochen nach Zugang des Aufforderungsschreibens ihrerseits einen Schiedsrichter zu benennen.
4. Wenn der beklagte Franchise-Geber/Franchise-Nehmer einen zur Aufnahme des Amtes bereiten Schiedsrichter innerhalb der Frist gemäß Abs. 3 nicht benennt oder wenn die beiden ernannten Schiedsrichter den Obmann innerhalb von drei Wochen nach Benennung des zweiten Schiedsrichters nicht bestellen, wird der beisitzende Schiedsrichter bzw. der Obmann auf Antrag einer Partei von dem Präsidenten des Oberlandesgerichtes in ...... bestellt.
5. Mehrere das Schiedsgericht anrufende Franchise-Geber/Franchise-Nehmer gelten jeweils als eine Partei. Mehrere Franchise-Geber/mehrere Franchise-Nehmer können einen Schiedsrichter nur jeweils gemeinsam benennen. Die Benennung hat gegenüber allen auf Seiten der Gegenpartei beteiligten Personen zu erfolgen.
6. Sofern mehrere Franchise-Nehmer, die ihr Recht nur gemeinschaftlich geltend machen können, sich innerhalb angemessener Frist nicht auf die Person eines Schiedsrichters einigen, ist jeder Franchise-Nehmer berechtigt, den Präsidenten des Oberlandesgerichtes in ...... um Ernennung eines gemeinsamen Schiedsrichters für die Franchise-Nehmer-Seite zu ersuchen.
7. Sind mehrere Personen beklagt, verlängert sich die Frist der Absätze 3 und 4 bei zwei Franchise-Nehmern um eine Woche und für jeden weiteren Franchise-Nehmer um je drei Tage.
8. Den Antrag gemäß Abs. 2 an den Präsidenten des Oberlandesgerichtes in ...... kann der Franchise-Nehmer bzw. jeder Franchise-Nehmer einzeln stellen.

§ 3
Wegfall des Schiedsgerichts

1. Falls ein Schiedsrichter stirbt oder aus einem anderen Grunde wegfällt oder die Übernahme oder die Ausführung des Schiedsrichteramtes verweigert, ist innerhalb von drei Wochen nach Aufforderung durch die andere Partei von der ursprünglich ernennungsberechtigten Partei ein neuer Schiedsrichter bzw. von den beiden beisitzenden Schiedsrichtern ein

neuer Obmann zu bestellen. § 2 Abs. 3 bis 8 gelten entsprechend.

2. Soweit nicht zwingende gesetzliche Vorschriften entgegenstehen, beschließt das Schiedsgericht in seiner neuen Zusammensetzung nach pflichtgemäßem Ermessen, ob und inwieweit das bisherige Verfahren ganz oder teilweise wiederholt werden soll. Jedenfalls muss den Parteien Gelegenheit gegeben werden, sich erneut zu äußern.

§ 4
Verfahren

1. Das Schiedsgericht tagt am Sitz des Franchise-Gebers, es sei denn, die drei Schiedsrichter bestimmen einen anderen Tagungsort.
2. Die Parteien sind vor dem Schiedsgericht mündlich zu hören, wenn nicht beide Parteien auf die mündliche Verhandlung verzichten.
3. Auf das Verfahren des Schiedsgerichts sind im Übrigen die Vorschriften des 10. Buches der Zivilprozessordnung anzuwenden.
4. Das Schiedsgericht entscheidet auch über die Kosten des schiedsgerichtlichen Verfahrens.
5. Gegen den Spruch des Schiedsgerichts ist ein Rechtsmittel nicht gegeben.

§ 5
Ordentliches Gericht

Soweit die Mitwirkung eines ordentlichen Gerichts erforderlich ist, ist dafür das Landgericht …… ausschließlich zuständig.

§ 6
Aufhebung des Schiedsspruchs

Falls der Schiedsspruch vom ordentlichen Gericht aufgehoben werden sollte, ist die Schiedsgerichtsvereinbarung nicht verbraucht. Die Parteien haben in diesem Fall vielmehr erneut nach den vorstehenden Regelungen ein Schiedsgericht einzuberufen. Die Schiedsrichter, die an dem früheren Verfahren mitgewirkt haben, sind von der Mitwirkung an dem neuen Verfahren ausgeschlossen.

……, den ……

…… ……
(Franchise-Geber) (Franchise-Nehmer)

Neben diesem individuellen Schiedsgerichtsvertrag können sich die Vertragsparteien auch darauf verständigen, eins der anerkannten Schiedsgerichte zu vereinbaren oder auf anerkannte Schiedsordnungen Bezug zu nehmen, wie etwa die Schiedsgerichtsregelungen des Internationale Court of Abitration of the International Chamber of Commerce (ICC – Paris), London Court of International Abitration (LCIA), Internationales Schiedsgericht bei der Wirtschaftskammer Österreich (Vienna-Center), American Abitration Association (AAA), Abitration Institute of the Stockholm Chamber of Commerce (SCC), Schiedsgerichtsordnung der Deutschen Institution für Schiedsgerichtsbarkeit (DIS) und letztlich die UNCITRAL Abitration Rules.[918]

Allerdings kann eine in einem Franchise-Vertrag enthaltene Schiedsklausel mit der Bestimmung eines Schiedsgerichts in New York dann unwirksam sein, wenn sie den Franchise-Nehmer gröblich i.S. v . § 879 III ABGB benachteiligt. Insofern erklärte das OLG Bremen mit Beschluss vom 30. Oktober 2008[919] eine in einem Franchise-Vertrag enthaltene Schiedsgerichtsklausel für unwirksam, bei der sich die Parteien verpflichteten, im Falle von Streitigkeiten ein Schiedsgericht in New York in englischer Sprache durchzuführen, das nach dem Recht von Lichtenstein zu entscheiden hatte. Insofern hieß es in diesem Vertrag:

> „The parties will arbitrate any Dispute the Parties do not settle under the discussion procedures above, and any Dispute which this Agreement provides will be submitted directly to arbitration... The arbitration will be held in accordance with the United Nations Commission on International Trade Regulations and Law (UNCITRAL) Arbitration Rules administered by an arbitration agency, such as the International Centre for Dispute Resolution, an affiliate of the American Arbitration Association, at a hearing to be held in New York ...“

Insofern sind, wenn in einem Franchise-Vertrag eine Schiedsklausel vereinbart wird, die Interessen des Franchise-Nehmers in angemessener Weise zu berücksichtigen. Andernfalls ist die Schiedsklausel auch nach deutschem Recht wegen unangemessener Benachteiligung des Franchise-Nehmers gem. § 307 I 1 BGB unwirksam.

5. Sonstige Nebenbestimmungen

Durch § 34 Ziff. 3 des Vertragsmusters wird den Parteien die Möglichkeit gegeben, den Franchise-Vertrag anzupassen, insbesondere bei Änderungen des Europäischen Kartellrechts. Diese Regelung dürfte in der Praxis relevant werden, da bei jetzt abgeschlossenen Franchise-Verträgen deren Festlaufzeit (5 oder 10 Jahre) nach dem Ablaufen der EU-Gruppenfreistellungsverordnung für Vertikale Vertriebsbindungen (31. 5. 2010) endet. Hier muss die Möglichkeit der Anpassung gegeben werden. Ggf. liegen auch die Voraussetzungen für eine Anpassung des Franchise-Vertrages nach den Grundsätzen des Wegfalls der Geschäftsgrundlage (§ 313 I BGB) vor. Sollte eine Anpassung des Vertrages nicht möglich sein, so hält das Vertragsmuster fest, dass der Vertrag aufgelöst werden kann. Dies entspricht dem in § 313 III 2 BGB vorgesehenen Kündigungsrecht.

Durch die Klausel in § 34 Ziff. 4 des Vertragsmusters wird klargestellt, dass in der Nichtausübung von Rechten kein konkludenter Verzicht auf diese Rechte gesehen werden kann bzw. dann, wenn die Vertragsparteien vom Franchise-Vertrag abweichend handeln, daraus keine neuen Rechte entstehen. § 34 Ziff. 4 des Vertragsmusters soll insoweit das Entstehen von „Gewohnheitsrecht" verhindern. Anderenfalls verändert sich der Vertragsinhalt durch tatsächliches Handeln der Vertragsparteien, ohne dass insoweit das Schriftformerfordernis gem. § 34 Ziff. 1 des Franchise-Vertrages beachtet wurde.

Die Regelung begründet auch eine Vertragssicherheit für die Vertragsparteien. Diese wissen, dass Änderungen des Franchise-Vertrages, auch wenn sich diese in der gelebten Praxis eingelebt haben und von beiden Vertragsparteien anerkannt sind, nur dann rechtlich verbindlich sind, wenn die entsprechende schriftliche Ergänzungsvereinbarung nach § 34 Ziff. 1 des Franchise-Vertrages abgeschlossen wurde.

Die Grenzen der Regelung in § 34 Ziff. 4 des Vertragsmusters werden durch § 242 BGB gezogen: Wenn das Berufen auf die mangelnde Schriftform i. S. v. § 242 BGB treuwidrig ist, dann greift auch § 34 Ziff. 1 des Vertragsmusters nicht. Dies gilt insbesondere dann, wenn durch das Verhalten des Berechtigten ein Vertrauenstatbestand entstanden ist und der andere Vertragspartner im Hinblick darauf bestimmte Dispositionen oder Investitionen getroffen hat.[920]

Vielfach wird Überschriften ein eigenständiger Regelungsinhalt beigemessen und quasi durch Auslegung der Überschrift versucht, den Inhalt der Regelung näher zu bestimmen. Dem steht § 34 Ziff. 5 des Vertragsmusters entgegen. Klarstellend wird darauf hingewiesen, dass Überschriften nur Ordnungsfunktion haben.

6. Änderungsvorbehalt EU-Kartellrecht

§ 34 Ziff. 3 des Franchise-Vertragsmusters beinhaltet einen Änderungsvorbehalt zum EU-Kartellrecht. Diese Regelung war de lege lata notwendig, da die derzeitige EU-Gruppenfreistellungsverordnung zum 31. Mai 2010 ausläuft. Da die EU-Kommission immer betont hat, während der Laufzeit einer Gruppenfreistellungsverordnung ggfs. die Guidelines an geänderte wirtschaftliche Verhältnisse anzupassen, ist dieser Vorbehalt nach wie vor aktuell, auch wenn nunmehr am 1. Juni 2010 die neue EU-Gruppenfreistellungsverordnung für Vertikale Vertriebsbindungen in Kraft tritt und eine Laufzeit bis zum 31. Mai 2020 hat.

De lege ferenda ist der § 34 Ziff. 3 des Vertragsmusters wie folgt zu formulieren:

Auf die Bestimmungen der EU-Gruppenfreistellungsverordnung für Vertikale Vertriebsbindungen, insbesondere auf deren befristete Laufzeit bis zum 31. Mai 2020, ist der Franchise-Nehmer ausdrücklich hingewiesen worden. Für durch Änderungen der Guidelines zur EU-Gruppenfreistellungsverordnung für Vertikale Vertriebsbindungen oder nach dem zeitlichen Auslauf dieser Gruppenfreistellungsverordnung notwendige Vertragsanpassungen erteilen die Vertragsparteien bereits jetzt ihrer Einwilligung.

Den Vertragsparteien steht jedoch das Recht auf vorzeitige Kündigung dieses Franchise-Vertrages zu, wenn eine Änderung der Guidelines oder das Auslaufen der EU-Gruppenfreistellungsverordnung für Vertikale Vertriebsbindungen bzw. deren Ersetzung durch eine neue Gruppenfreistellungsverordnung wesentliche Rechte oder wirtschaftliche Nachteile für die betroffene Vertragspartei nach sich zieht und eine einvernehmliche Vertragsanpassung nicht möglich ist.

Entsprechendes gilt auch bei grundsätzlichen Änderungen des EU-Rechts, wobei im Hinblick auf das Kartellrecht der Vertrag über die Arbeitsweise innerhalb der Europäischen Gemeinschaft (AEUV – Lissabon-Vertrag) keine solche grundsätzliche Änderung des EU-Rechtes darstellt.

§ 35
Vertragsausfertigungen

Der vorliegende Franchise-Vertrag wird in zwei Exemplaren ausgefertigt. Jede der Vertragsparteien bestätigt mit der Unterzeichnung, eine Vertragsausfertigung erhalten zu haben.

Erläuterungen

Die Vorschrift dient nur der Beweisfunktion. Sie stellt klar, dass jede Partei ein unterzeichnetes Vertragsexemplar erhalten hat.

§ 36
Sub-Franchisen

Dem Franchise-Nehmer ist es nicht gestattet, seinerseits Sub-Franchisen zu erteilen.

Erläuterungen

Der Ausschluss von Sub-Franchisen ist die logische Konsequenz des Übertragungsverbots gemäß § 28 Ziffer 1 des Vertragsmusters. Wenn dem Franchise-Nehmer nicht gestattet ist, die Rechte und Pflichten aus dem Franchise-Vertrag auf Dritte zu übertragen, so muss dies gleichermaßen auch für die Erteilung von Sub-Franchisen gelten.

§ 37
Versicherungen des Franchise-Nehmers

Der Franchise-Nehmer versichert mit der Unterzeichnung des Franchise-Vertrages, dass die nachfolgend genannten grundsätzlich einem Abschluss des Franchise-Vertrages entgegenstehenden Umstände nicht gegeben sind, nämlich
- **andere Verpflichtungen dem Abschluss eines Franchise-Vertrages nach dem Franchise-System nicht entgegenstehen,**
- **ein Insolvenzverfahren über sein Vermögen weder beantragt noch eröffnet noch die Eröffnung eines solchen Insolvenzverfahrens mangels eine die Kosten des Verfahrens deckenden Masse abgelehnt worden ist,**
- **ein Verfahren zur Abgabe der eidesstattlichen Versicherung gegen ihn nicht besteht und in der Vergangenheit nicht bestanden hat sowie**
- **keine Zwangsvollstreckungsmaßnahmen Dritter gegen ihn durchgeführt werden.**

Erläuterungen

Die vorvertragliche Aufklärung setzt auch voraus, dass der Franchise-Nehmer den Franchise-Geber richtig und vollständig nicht nur über seine Aus- und Weiterbildung und seine beruflichen Qualifikationen, sondern auch seine persönlichen Verhältnisse unterrichtet. Dazu gehören auch Angaben im Hinblick auf etwaige Verpflichtungen, die dem Abschluss eines Franchise-Vertrages entgegen stehen, wie etwa ein dem Abschluss des Franchise-Vertrages entgegenstehendes nachvertragliches Wettbewerbsverbot.

Für jedes Franchise-System ist es aber auch von Bedeutung, dass ein Franchise-Nehmer sein Franchise-Outlet in geordneten Vermögensverhältnissen betreibt. Insofern ist es auch notwendig, dass Angaben zu einem etwaigen Insolvenzverfahren oder zur Abgabe einer eidesstattlichen Versicherung gemacht und zugleich versichert wird, dass aktuell keine Vollstreckungsmaßnahmen Dritter gegenüber dem potentiellen Franchise-Nehmer durchgeführt werden. Andernfalls besteht nämlich für das Franchise-System die Gefahr, dass dies mit einem Franchise-Nehmer, der sich in Vermögensverfall befindet, in Verbindung gebracht wird. Dies hat bei einigen Franchise-Systemen in der Vergangenheit bereits dazu geführt, dass diese sich durch öffentliche Erklärungen von der Insolvenz eines Franchise-Nehmers distanzieren und darauf hinweisen mussten, dass das Franchise-System als solches von diesem Insolvenzverfahren des Franchise-Nehmers nicht betroffen ist.

Um also zu verhindern, dass ein Franchise-Nehmer-Interessent derartige, für den Abschluss eines Franchise-Vertrages aus Sicht des Franchise-Gebers wichtige Informationen, nicht, nicht vollständig oder nicht wahrheitsgemäß erteilt, sieht das Vertragsmuster in § 37 entsprechende Versicherungen des Franchise-Nehmers vor. Erweisen sich diese Versicherungen des Franchise-Nehmers als unzutreffend, so ist nicht nur ein Schadensersatzanspruch des Franchise-Gebers nach den Grundsätzen der Culpa in contrahendo gem. §§ 280 I, 311 BGB gegeben, sondern der Franchise-Geber kann zum einen die fristlose Kündigung des Franchise-Vertrages gem. § 314 I BGB oder aber die Anfechtung des Franchise-Vertrages wegen arglistiger Täuschung gem. § 123 BGB erklären.

§ 38
Vorvertragliche Aufklärung

Des Weiteren versichert der Franchise-Nehmer,
- **über das erforderliche finanzielle Leistungsvermögen und die theoretischen und praktischen Kenntnisse zu verfügen, um ein Backfachgeschäft des Franchise-Systems zu betreiben, und**
- **umfassend über die mit dem Abschluss dieses Franchise-Vertrages verbundenen Risiken belehrt worden zu sein.**

Erläuterungen

Die vorvertraglichen Aufklärungspflichten des Franchise-Gebers bedingen auch solche des Franchise-Nehmers.[921] Dies bedeutet, dass der Franchise-Nehmer in der Verpflichtung steht, sowohl seine beruflichen Fähigkeiten, persönlichen Eigenschaften und finanziellen Möglichkeiten, soweit diese für den Abschluss des Franchise-Vertrages von Bedeutung sind, darzulegen als auch auf solche Umstände hinzuweisen, die gegebenenfalls einem Vertragsabschluss entgegenstehen.

Sind die insoweit vom Franchise-Nehmer erteilten Informationen unzutreffend, ist dieser dem Franchise-Geber gegenüber nach den Grundsätzen des Verschuldens bei Vertragsabschluss (culpa in contrahendo) schadensersatzpflichtig. Zugleich ist der Franchise-Geber berechtigt, den Franchise-Vertrag wegen arglistiger Täuschung gemäß § 123 BGB mit der Konsequenz der (anfänglichen) Nichtigkeit ex-tunc (§ 142 BGB) anzufechten. Im Rahmen des dann dem Franchise-Geber zustehenden Schadensersatzanspruches hat der Franchise-Nehmer unter anderem die Kosten des Franchise-Gebers zu erstatten, die durch Vertragsverhandlungen und Schulungsmaßnahmen für neue Franchise-Nehmer entstehen.

Hierauf stellt § 37 des Vertragsmusters ab. Die vom Franchise-Nehmer zu erteilenden Informationen sind zwingend, da es sich um Umstände handelt, die einem Vertragsabschluss entgegenstehen.

Soweit der Franchise-Nehmer über die mit dem Vertragsabschluss verbundenen Risiken durch eine Checklist Franchising als Dokument der vorvertraglichen Aufklärung unterrichtet worden ist, empfiehlt es sich, diese auch dem Franchise-Vertrag beizufügen. § 38 des Vertragsmusters wäre daher um folgenden letzten Halbsatz zu ergänzen:

> „……, wobei die entsprechende Checklist Franchising als Dokumentation der vorvertraglichen Aufklärung des Franchise-Systems diesem Franchise-Vertrag als Anlage …… beigefügt ist."

§ 39
Erklärung zur Scientology-Sekte

Der Franchise-Nehmer versichert mit der Unterzeichnung des Franchise-Vertrages, dass seine zur Scientology-Sekte abgegebene Erklärung, die dem Franchise-Vertrag als Anlage 20 beigefügt ist, zutreffend ist und der Wahrheit entspricht.

Erläuterungen

Nachdem die Arbeitsgerichte eine Kündigung von Arbeitsverträgen zulassen, wenn der jeweilige Arbeitnehmer der Scientology-Sekte angehört[922] und zugleich im Franchise-Recht anerkannt ist, dass der Franchise-Nehmer bei Scientology-Zugehörigkeit des Franchise-Gebers oder umgekehrt ein Recht zur fristlosen Kündigung des Franchise-Vertrages hat, ist es notwendig, die in § 39 des Vertragsmusters vorgesehene Erklärung mit Unterzeichnung des Franchise-Vertrages abzugeben.

Es bestehen keine Bedenken, eine solche Scientology-Erklärung auch vom Franchise-Geber zur Absicherung des Franchise-Nehmers zu verlangen. Allerdings hat das Landgericht Düsseldorf sowohl im Urteil vom 24. 10. 1997 als auch im Urteil vom 5. 6. 1997 festgestellt, dass die Zugehörigkeit des Franchise-Gebers zur Scientology-Sekte weder die fristlose Kündigung des Franchise-Vertrages noch die Geltendmachung von Schadensersatzansprüchen wegen Verletzung vorvertraglicher Aufklärungspflichten rechtfertigt.[923]

Eine solche Erklärung kann folgenden Wortlaut haben:

ERKLÄRUNG

Ich, die/der Unterzeichnende erkläre,

1. dass ich bzw. mein Unternehmen nicht nach den Methoden von L. Ron Hubbard arbeite,
2. dass weder ich noch meine Mitarbeiter nach den Methoden von L. Ron Hubbard geschult werden bzw. keine Kurse und/oder Seminare nach der Methode von L. Ron Hubbard besuchen, und
3. dass ich die Methoden von L. Ron Hubbard zur Führung meines Unternehmens (und damit auch zur Durchführung von Seminaren und Schulungsveranstaltungen) ablehne.

……, den ……

……

(Franchise-Nehmer)

Teil IV
Weiterführende Hinweise zu Literatur und Rechtsprechung

1. Vgl. zur Entwicklung des Franchising: *Flohr,* Franchise-Handbuch, Berlin 1994/96, Gruppe A/I, 1 ff.; *Skaupy,* Franchising, 2. Aufl., München 1995, S. 1 ff.; *Martinek,* in: *Martinek/Semler/Habermeier/Flohr,* Handbuch des Vertriebsrechts, 3. Aufl., München 2010, § 36 Rdnr. 1 ff. – jeweils mit zahlreichen weiterführenden Nachweisen; zur Entwicklung des Vertriebsrechts allgemein: *Emde,* VersR 1999, 1464; VersR 2001, 148; VersR 2002, 151.
2. EG-Amtsblatt Nr. L 359/52 – abgedruckt bei: *Flohr,* Franchise-Handbuch, a. a. O., Gruppe I/I.
3. Vgl. zum Know-How-Begriff der Vertikal-GVO: *Metzlaff,* BB 2000, 1201 f., *Schulz,* Gedächtnisschrift für Skaupy, München 2003, S. 333, 346 ff.
4. Vgl. statt aller: *Skaupy,* Franchising, a. a. O., S. 14, m. w. N.
5. Grundlegend: OLG Oldenburg DStR 1998, 903 – ServiceMaster; dazu: *Flohr,* DStR 1998, 903; *Haager,* NJW 1999, 2081, 2084.
6. DRsp. Nr. 1998/3987; siehe insoweit auch BGH WRP 2004, 1378 – Citroen Vertragshändler; aA wohl OGH WBl. 2010, 98.

6a. ABl. 1988 Nr. L 359/46.

7. Siehe dazu: *Flohr,* Franchise-Handbuch, a. a. O., Gruppe C/V, 16 ff.; *Erdmann,* RIW 1997, 822; aus dem amerikanischen Schrifttum siehe insbesondere: *Sherman,* Franchise-Handbook, New York 1993, S. 242 f., 285, 288 ff.
8. ABl. L 326, 21 ff.; dazu *Flohr,* Franchiserecht, Recklinghausen 2002, Rdnr. 49 ff.
9. BGBl. I 3188 ff.; dazu für Franchise-Verträge insbesondere: *Flohr/Klapperich,* Dauerschuldverhältnisse nach der Schuldrechtsreform, Recklinghausen 2003, Rdnr. 166 ff.
10. Zur Schuldrechtsreform allgemein: *Hoeren/Flohr,* Vertragsgestaltung nach der Schuldrechtsreform, Recklinghausen 2003, Rdnr. 1 ff.; *Hensser/Graf von Westphalen,* Praxis der Schuldrechtsreform, 2. Aufl., Recklinghausen 2003, Rdnr. 1 ff.; zur Anpassung von Dauerschuldverhältnissen insbesondere: *Graf von Westphalen,* ZGS 2002, 431 ff.; *Flohr,* ZAP Fach 2, 375 ff., m. w. N.
11. Vgl. dazu allgemein: *Palandt/Heinrichs,* BGB, 65. Aufl., München 2006, Art. 229 § 5 EGBG Rdnr. 7.
12. BGBl. 2002 I 4621 ff.
13. BGBl. 1998 I 3843.
14. Dazu: *Bauer/Krets,* NJW 2003, 537, 543 f.
15. Siehe dazu den Überblick bei *Skaupy,* Franchising, a. a. O., S. 338 ff. m. w. N.
16. Zur Entwicklung: *Metzlaff,* Franchise-Verträge und EG-Kartellrecht, 1994, S. 2 ff., 58 ff.; *Martinek,* Handbuch des Vertriebsrechts, a. a. O., § 20 Rdnr. 56 ff.
17. ABl. L 336/21 ff.
18. Zur Historie der EU-Gruppenfreistellungsverordnung für Franchise-Vereinbarungen insbesondere: *Metzlaff,* Franchise-Verträge und EG-Kartellrecht, Hamburg 1994, S. 2 ff., 58 ff.; *Skaupy,* Franchising, a. a. O., S. 228 ff. m. w. N.; *Bunte/Sauter,* EU-Gruppenfreistellungsverordnung, München 1988, S. 491 ff.; *Flohr,* Franchise-Handbuch, a. a. O., Gruppe A/III/4.1, 1 ff.; *Martinek,* Handbuch des Vertriebrecht, a. a. O., § 28 Rdnr. 18 ff.
19. Vgl. *Roninger/Bunz,* Das österreichische Kartellrecht, S. 177 ff.; *Jestaedt,* EG-Kartellrecht, 1997, S. 67 ff.

20. Gesetz Nr. 89-1008; dazu *Skaupy,* Franchising, a. a. O., S. 241 f.; *Flohr,* Franchise-Handbuch, a. a. O., Gruppe C/V, 6 f.
21. Gesetz Nr. 2 – Commercial Activity in Franchise Regime; dazu *Sanz*, ZEuP 1999, 91.
22. Progetto di Legge n. 3884 approvato dalla X commissione attivita produttive della camera in sede legislativa il 21 Marzo 2004 – eingestellt in die Homepage der European Franchise Federation unter www.eff-franchise.com.
23. Zum Ganzen: *Flohr,* Masterfranchisevertrag, München 2004, S. 15 f. m. w. N., sowie insbesondere zum Franchise-Vertrag in Italien: *Catina,* RIW 2005, 285.
24. Siehe dazu: *Baer/Flohr/Polsky/Hero,* International Journal of Franchising-law, 2005/6, S. 3, 13.
25. Law on pre-contractual information vom 24. Mai 2006 (Law 2006/484) – gültig seit dem 1. Oktober 2006.
26. Umfassend dazu: *Frank,* Franchising in Russland, München 2002, S. 6 ff.
27. Siehe insgesamt zu den vorvertraglichen Aufklärungspflichten weltweit: *Baer/Flohr/Polsky/Hero,* a. a. O., S. 3 ff. mit umfassenden Nachweisen zu den international bestehenden Disclosure Requirements beim Abschluss von Franchise-Verträgen. Vorvertragliche Aufklärungspflichten kraft Gesetzes gibt es damit in: Australien, Belgien, Brasilien, China, Frankreich, Indonesien, Italien, Japan, Kanada (einige Provinzen), Malaysia, Mexiko, Rumänien, Süd-Korea, Spanien, Taiwan und den Vereinigten Staaten.
28. Die vorgelegten Richtlinien des Deutschen Franchise-Verbandes orientieren sich an den Guidelines der British Franchise Association und entsprechen auch den Vorgaben des Italienischen Franchise-Verbandes, Asso Franchising, die dort im sog. Codici di auto disciplina geregelt sind; nunmehr ist auch das italienische Franchisegesetz zu beachten.
29. Vgl. *Böhner,* NJW 1994, 635; *vom Dorp,* WiB 1995, 285, *Flohr,* WiB 1996, 1137, 1142.
30. So zu Recht *Martinek*, Moderne Vertragstypen, a. a. O., S. 88.
31. Statt aller: *Metzlaff,* a. a. O., S. 125 ff. (Weiße Liste), S. 169 ff. (Schwarze Liste); *Tietz,* Handbuch Franchising, a. a. O., S. 517 ff.
32. Vgl. zum Ganzen: *Metzlaff,* Franchise-Verträge, a. a. O., S. 125 ff.
33. Vgl. auch dazu *Metzlaff,* a. a. O., S. 80 ff.; *Tietz,* Handbuch Franchising, a. a. O., S. 540 ff.
34. Vgl. zu einzelnen Vertragsklauseln und deren Geltung vor dem Hintergrund von Art. 85 EG-Vertrag: *Weltrich,* Franchising im EG-Kartellrecht, Köln/Berlin/Bonn/München 1992, S. 185 ff. mit zahlreichen weiteren Nachweisen.
35. Yves Rocher – ABl. Nr. L 8; Pronuptia ABl. Nr. L 13; Computerland ABl. Nr. 222; ServiceMaster ABl. Nr. 10, 218/3; Charles Jourdan ABl. Nr. 10, 220/3 – dazu insgesamt *Börner,* EuR 1984, 181.
36. Abgedruckt ist die englische Fassung der Guidelines in: International Journal of Franchising and Distribution Law 2000, 95 ff.
37. Allgemein zur Struktur von Masterfranchise-Verträgen: *Schulz,* Jahrbuch Franchising 1994, 134 ff.; *Flohr,* Masterfranchisevertrag, a. a. O., S. 33 ff., S. 122 ff.; *Flohr,* IHR 2005, 45 ff. m. w. N.
38. Dazu vor allem: *Liebscher/Petsche,* EuZW 2000, 401 f.
39. Zur Terminologie: *Metzlaff,* BB 2000, 1201, 1208; vgl. zu kartellrechtlichen Fragen allgemein bei Wettbewerbsverboten: BGH NJW-RR 2010, 615.
40. Vgl. *Metzlaff,* a. a. O., 1026 ff.

40 a. Allgemein zu den Änderungen: *Schultze/Pautke/Wagener,* BB 2009, 2266 m. w. N.

41. Siehe dazu grundsätzlich: Bundeskartellamt, Beschluss vom 14. Juli 2009 B 3 64/05 – CIBA-Vision.

42. Bundeskartellamt, Beschluss vom 8. August 2002 B-9-56212 B-120/00.
43. Siehe aus der Rspr. LG München I, Urteil vom 24. Juni 2008 – 33 O 22144/07 n. v.; OLG München WuW DE-R 2698; LG Mannheim, Urteil vom 14. März 2008 – 7 O 263/07 n. v.; LG Berlin, Urteil vom 24. Juli 2007 – 16 O 412/07 n. v.; OLG Karlsruhe WuW DE-R 2789 = GRUR-RR 2010, 109 zu den Auswahlkriterien für den Internetvertrieb im Rahmen eines selektiven Vertriebssystems; insgesamt zum Ausschluss moderner Vertriebsformen beim selektiven Vertrieb: *Haslinger* WRP 2009, 279 ff. mit umfassenden Nachweisen.
44. VI U Kart. 13/06 n. v. – Body-Shop; dazu *Böhner*, Jahrbuch Franchising 2009, 262 ff.; *Flohr,* BB 2009, 2159 ff., beide jeweils mit weiterführenden Nachweisen.
45. Vgl. dazu statt aller: *Jestaedt/Bergau,* WuW 1998, 119 ff.; sowie zur geschichtlichen Entwicklung der Bagatellbekanntmachungen: *Spormann,* WuW 1970, 459.
46. Vgl. EuGH E 1969, 295, 302; EuGH E 1971, 351, 356; EuGH E 1971, 949, 960.
47. ABl. Nr. C 64 vom 27. 5. 1970.
48. ABl. Nr. C 231/1986; nicht zu verwechseln mit der sog. Bagatellbekanntmachung des Bundeskartellamts – VO 57/80 – Anz. vom 23. 7. 1980.
49. ABl. Nr. C 372, 13 = WuW 2/89, 159 ff.
50. Vgl. *Jestaedt/Bergau,* a. a. O., 119 f.
51. Bekanntmachung der Kommission über Vereinbarungen von geringer Bedeutung, die den Wettbewerb gem. Art. 81 Abs. 1 des Vertrages zur Gründung der Europäischen Gemeinschaft nicht spürbar beschränken – de minimis, 2001/C 386/01 v. 22. 12. 2001.
52. Bagatellbekanntmachung C 386/07 a. a. O., Ziff. 7 b.
53. Bagatellbekanntmachung C 386/07 a. a. O., Ziff. 11.1.
54. VO 1/2003 des Rates vom 16. 12. 2002 zur Durchführung der in Art. 81 und Art. 82 des Vertrages niedergelegten Wettbewerbsregeln – ABl. 2003 L 1/1 geändert durch VO (EG) Nr. 411/2004 ABl. 2004 L 68/1; zum Ganzen ausführlich: *Dalheimer/Federsen/Miersch,* EU-Kartellverfahrensordnung, München 2005.
55. Zum Ganzen ausführlich: *Dalheimer/Federsen/Miersch,* a. a. O., Vorbem. nach Art. 83 EGV Rdnr. 1 ff., insbesondere Rdnr. 6 ff.
56. Umfassend zu den Einzelfreistellungen der EU-Kommission: *Flohr*, in: Handbuch der EU-Gruppenfreistellungsverordnungen, a. a. O., § 8 Rdnr. 8 ff.
57. Siehe dazu *Dalheimer/Feddersen/Miersch*, EU-Kartellverfahrensverordnung, München 2005, Rdnr. 17 ff. nach Art. 83 EGV m. w. N.
58. Siehe zum Ganzen auch *Dalheimer/Federsen/Miersch,* a. a. O., Art. 1 Rdnr. 4 ff. m. w. N.
59. Zur Vorgeschichte und dem Hintergrund der EU-Kartellverfahrensordnung siehe: *Dalheimer/Federsen/Miersch,* a. a. O., Vorbem. nach Art. 83 EGV Rdnr. 33 ff. m. w. N.
60. Abgedruckt bei: *Liebscher/Petsche,* Franchising in Österreich, a. a. O., S. 215 ff.
61. BGBl. 2001 I 3138.
62. Siehe dazu ausführlich: *Flohr/Klapperich,* Dauerschuldverhältnisse nach der Schuldrechtsreform, Recklinghausen 2003, Rdnr. 3 ff.; *Ziegler/Rieder,* ZIP 2001, 1793; speziell für Franchise-Verträge: *Dombowski,* Die Auswirkungen des Gesetzes zur Modernisierung des Schuldrechts auf Franchiseverträge, Frankfurt 2005, S. 16 ff. zum Verbraucherschutz; S. 56 ff. zur Verletzung vorvertraglicher Aufklärungspflichten; S. 82 ff. zur fristlosen Kündigung.
63. Vgl. zur Qualifizierung eines Franchise-Vertrages als Dauerschuldverhältnis aus der Rspr.: BGH NJW 1985, 1894, 1895 – MacDonalds; aus dem Schrifttum: *Giesler/Nauschütt,* a. a. O., § 5 Rdnr. 68; *Nebel/Schultz/Flohr,* Das Franchisesystem, a. a. O., S. 226; *Flohr/Klapperich,* a. a. O., Rdnr. 9 m. w. N.; *Emmerich,* JuS 1995, 761, 764; *Rauser/Bräutigam,* DStR 1996, 587; *Weber,* JA 1983, 347, 351; *Liesegang,* BB 1991, 2381; grundsätzlich *Skaupy* BB 1969, 113, 114.

64. Vgl. dazu auch allgemein: *Lorenz/Riehm,* Lehrbuch zum neuen Schuldrecht, München 2002, Rdnr. 238; für Franchise-Verträge: *Martinek,* Franchising, Heidelberg 1986, S. 308 ff. m. w. N.; siehe dazu auch: *Martinek,* a. a. O., S. 309 m. w. N. aus der Rspr. in Fn. 186, 189; ausführlich auch: *Dombrowski,* a. a. O., S. 12 ff. mit umfassender Darstellung des Meinungsstandes zur Rechtsnatur des Franchise-Vertrages.
65. BT-Drucksache 15/4538; dazu u. a. *Armbrüster,* ZRP 2005, 41 ff.
66. EU-Richtlinie 2000/43/EG v. 29. 6. 2000; EU-Richtlinie 2000/78/EG v. 27. 11. 2000; EU-Richtlinie 2002/73/EG v. 23. 9. 2002; EU-Richtlinie 2004/113/EG v. 13. 12. 2004.
67. Siehe beispielhaft zu den Treuepflichten und deren Bedeutung im Vertriebsrecht: OLG Düsseldorf, GRUR-RR 2009, 109: „Der Vertrag zwischen Hersteller und Vertragshändler beruht auf einer engen wirtschaftlichen Zusammenarbeit und unterliegt deshalb in höherem Maße als andere Verträge der gegenseitigen Treuepflicht …"
68. Gesetz vom 14. August 2006 BGBl. I, 1897 in der Fassung des Gesetzes vom 7. Dezember 2006 BGBl. I, 2742; siehe zum Allgemeinen Gleichbehandlungsgesetz: *Flohr/Ring*, Das neue Gleichbehandlungsgesetz, Münster 2006; *Bauer/Göpfert/Krieger*, AGG, 2. Aufl., München 2008; Zu ersten Erfahrungen mit dem AGG statt vieler: *Schiefer/Ettwig/Worzalla,* DB 2007, 1977.
69. Umfassend zum zivilrechtlichen Diskriminierungsverbot beim Abschluss von Franchise-Verträgen: *Flohr/Ring,* a. a. O., Rdnr. 369; *Flohr/Petsche*, a. a. O., Rdnr. 68 m. w. N.
70. Allgemein zum Begriff der Absatzmittlungsverträge: *Martinek,* ZHR 162 (1997) 67–101 mit Darstellung der Entwicklung des Vertriebsrechts.
71. Statt aller: *Skaupy* DB 1982, 2448; siehe auch *Gutbrod,* EuZW 1991, 235 ff.; siehe aus der Rechtsprechung zu den Treuepflichten bei Vertragshändlerverträgen: OLG Düsseldorf GRUR-RR 2009, 109; instruktiv: *Steinhauer,* BB 2009, 2386.
72. Der Vertragshändler, München 1969, S. 206.
73. Siehe *Gitter*, Handbuch des Schuldrechts, a. a. O., S. 479.
74. LAG Düsseldorf NJW 1988, 725.
75. *Gross/Skaupy*, Franchising in der Praxis, Düsseldorf/Wien 1976, S. 275 f.
76. Vgl. in diesem Zusammenhang beim Abschluss eines sog. Beteiligungsvertrages zwischen Franchise-Geber und Franchise-Nehmer: OLG Hamm NZG 2000, 1169; Revision durch Abschluss des BGH vom 17. Juli 2002 (II ZR 124/00) nicht angenommen; siehe aber auch zum stillschweigenden Abschluss eines Gesellschaftsvertrages bei einem partnerschaftlichen Geschäftsmodell: OLG Frankfurt/Main MDR 2010, 397.
77. So die entsprechende Regelung im internationalen Franchise-Agreement des Pizza Hut-Franchise-Systems.
78. Siehe insoweit: *Giesler/Nauschütt*, a. a. O., Kap. 5 Rdnr. 82 ff. m. w. N.
79. Siehe zur Vertragsgestaltung von steuerrechtlichen Fragen von Lizenzverträgen: Backu ITRB 2001, 118; allgemein: *Oehlrich,* GRUR 2010, 33 ff.
80. Siehe dazu *Winzer*, in: *Pfaff*, Lizenzverträge, 3. Aufl., München 2010, Rdnr. 807 ff. m. w. N.
81. Zum Ganzen: *Gitter*, Handbuch des Schuldrechts, a. a. O., S. 482 ff.
82. Vgl. *Weber* JA 1983, 352; *Gitter*, Handbuch des Schuldrechts, a. a. O., S. 482 f.; *Lachmann* EWS 1998, 240.
83. Zum Ganzen: *Flohr*, in: Handbuch des Vertriebsrechts, a. a. O., § 40 Rdnr. 1 ff.
84. Grundlegend BGHZ 5, 71, 74 – Kundenschutzklausel; BGHZ 5, 126, 130 – Columbus-Kaffee.

85. Beispielhaft OLG Frankfurt WuW/E 4488 – Konkurrenz im selben Haus; OLG Stuttgart WuW/E 3965 – Marienprodukte; OLG Karlsruhe WuW/E 3968 – Apothekenpacht.
86. Grundsätzlich zum Ganzen: *Thamm* BB 1995, 790 mit ausführlicher Darstellung des rechtlichen Begriffs „Kundenschutz".
87. Zum Ganzen: *Flohr*, in: Handbuch des Vertriebsrechts, a. a. O., § 40 Rdnr. 1 ff.
88. Dazu umfassend: *Götz*, Strategische Allianzen, Baden-Baden 1996, S. 20 ff.
89. Vgl. *Pohlmann,* WuW 1992, 296; *Geck,* DB 1991, 1338; *Ebenroth/Schick,* EWS 1994, 218; dann kann darin schon wieder ein Joint-Venture liegen – siehe: *Reithmann/Martiny*, Internationales Vertragsrecht, 7. Aufl., Köln 2010, Rdnr. 4561 ff. mit umfassenden Nachweisen.
90. Zum Ganzen: *Flohr*, in: Handbuch des Vertriebsrechts, a. a. O., § 40 Rdnr. 62 ff.
91. Siehe auch insoweit *Flohr*, in: Handbuch des Vertriebsrechts, § 40 Rdnr. 24 ff.; *Beckemper,* wistra 1999, 169; *Möller,* MDR 2010, 297 mwN; siehe aus der Rspr. beispielhaft: OLG Rostock NJW 1998, 439; BGH MDR 1998, 174; BGH NJW 2006, 45 mit Anm. *Möller,* BeckRS 2005, 13871; siehe zur steuerrechtlichen Behandlung von Schneeballsystemen: BFH DStR 2008, 2305 mit Anm. *Frisch* EWiR § 11 EStG 2/09; dazu: *Riesenkampff/Schuba,* NJW 2010, 571; siehe insoweit auch aus der Rspr. in Österreich: OGH ÖBl. 2010, 17 und zivilrechtlichen Bereicherungsansprüchen OLG Nürnberg MDR 2009, 856.
92. Konstruktiv insoweit: OLG Karlsruhe GRUR-RR 2010, 51; umfassend *Möller,* WRP 2010, 321 ff.; *Mäsch/Hesse,* GRUR 2010, 10 ff.; wettbewerblich: OLG Karlsruhe GRUR-RR 2010, 51 ff.; zu Tupperware-Parties: *Fountoulakis,* GRUR Int. 2009, 979.
93. Siehe dazu den Ansatzpunkt bei: *Böhner,* NJW 1994, 635.
94. Umfassend dazu: *Martinek,* Festschrift für Walther Skaupy, a. a. O., S. 241 ff.; *Flohr,* Jahrbuch Franchising 1999/2000, 13 ff.; *vom Dorp,* WiB 1995, 285 ff.
95. OLG Schleswig NJW-RR 2009, 65.
96. Siehe auch dazu: *Martinek,* a. a. O., S. 249 ff. insbes. unter Hinweis auf die Rspr. des OLG München und die Entscheidungen von 1987, 1993, 1996 und 2001 in Fn. 16; zum Prinzip des vorvertraglichen Haftungssystems siehe auch *Giesler/Nauschütt,* BB 2003, 435 ff.
97. Vgl. dazu beispielhaft: *Gloger,* Franchising, Wien 1997, S. 44 ff.; *Mühlhaus,* Franchising, München 1996, S. 39 ff.; *Metzlaff,* Praxishandbuch Franchising, München 2003, S. 1179 ff.
98. Vgl. zum Ganzen: *Homann,* Die Praxis des Franchising, 2. Auflage, 1999, S. 46.
99. NJW 1994, 667.
100. BB 1988, 865 mit Anm. *Skaupy.*
101. Vgl. zum Ganzen: *Böhner,* NJW 1994, 635 f.; *vom Dorp,* WiB 1995, 285 f.; *Flohr,* ZAP Fach 6, 209, 226 f.; *Flohr,* WiB 1996, 1137 ff.
102. Umfassend zu diesen Informationspflichten: *Erdmann,* RIW 1997, 822.
103. NJW-RR 1997, 812, 814.
104. BB 2001, 1759 – Aufina; dazu *Böhner,* BB 2001, 1749.
105. BB 2003, 443; dazu *Giesler/Nauschütt,* BB 2003, 435 ff.
106. NJW-RR 1997, 812 mit Anm. *Martinek,* EWiR 1996, 1103.
107. BB 2001, 1759 – Aufina.
108. Siehe dazu auch OLG Rostock NJW 1996, 53; Brandenburgisches OLG, Urt. vom 17. 8. 2005, 4 U 37/05 n. v.
109. Dazu aus der Rspr.: BGHZ 72, 282, 288; BGH WM 1978, 611, 612; BGH ZIP 1982, 169; BGH ZIP 1992, 552, 554; aus dem Schrifttum: *Giesler,* ZIP 1999, 2135, 2136; *Flohr,* Franchiserecht, a. a. O., Rdnr. 99 ff. m. w. N.
110. Siehe dazu etwa *Braun,* NJW 1995, 504; *Giesler,* ZIP 1999, 2131, 2135.
111. So auch *Giesler,* ZIP 1999, 2131, 2135.

112. Siehe *Flohr,* Franchiserecht, a. a. O., Rdnr. 124; aus der Rspr. OLG Nürnberg NJW-RR 2001, 1558; BGH BB 2001, 1167 mit Anm. *Louven,* BB 2001, 2390; BGH BB 2001, 1548.
113. Siehe auch dazu *Martinek,* Gedächtnisschrift für Skaupy, a. a. O., S. 250 ff.; *Flohr,* Franchiserecht, a. a. O., Rdnr. 125 a. E.
114. Zum Ganzen *Martinek,* Gedächtnisschrift für Skaupy, a. a. O., S. 251 m. w. N.; siehe auch zu den einzelnen Gruppen der Verletzung vorvertraglicher Aufklärungspflichten: *Giesler/Nauschütt,* a. a. O. § 5 Rdnr. 46.
115. NJW-RR 2009, 65.
116. OLG Brandenburg NJW-RR 2006, 51; OLG Düsseldorf, Urteil vom 30. Juni 2004 – U (Kart) 40/02 n. v.; OLG Lüneburg, Urteil vom 21. August 2006 – 4 U 193/06 n. v.; siehe ergänzend aus der neueren Rspr. der Instanzgerichte: OLG Sachsen-Anhalt, Beschluss vom 24. Oktober 2008 – 1 W 11/08 n. v.; OLG Celle, Beschluss vom 29. Januar 2008 – 13 U 127/07 n. v.; LG Krefeld, Urteil vom 26. Oktober 2006 – 3 O 243/06; LG Magdeburg, Urteil vom 9. Januar 2008 – 7 O 1178/06; OLG Celle, Beschluss vom 28. Dezember 2006 – 13 W 102/06.
117. U (Kart) 40/02 n. v.
118. 13 W 102/06 n. v.
119. 2 W 14/94 n. v.
120. VI – U (Kart) 27/06; in entsprechender Weise schon OLG München BB 2003, 443.
121. 3 O 243/06 n. v.
122. OLG Celle 13 U 127/07 n. v.
123. OLG München NJW-RR 1997, 812, 814.
124. So ausdrücklich: LG Hamburg, Urteil vom 2. 5. 1995 – 312 O 519/94 – nicht veröffentlicht; dazu *Flohr,* WiB 1996, 1137 ff.
125. Vgl. zu diesen Checklisten auch: *Mohr,* Der Franchise-Vertrag, Wien 1999, Anhang Checklist. Dies deckt sich auch mit Feststellungen bei Arbeitnehmern: die unternehmerische Verantwortung steht im Vordergrund; siehe Bericht GmbH-Report 1/2010 – R 10 f.; Welt am Sonntag Nr. 16 v. 18. 4. 2010, 29.
126. Jahrbuch Franchising 2008, 154 ff.
127. Zum Ganzen: *Flohr* BB 2007, 6 ff. mit umfassenden Nachweisen.
128. BB 2007, 14 – Gartencenter.
129. 13 U 127/07 n. v.
130. Vgl. dazu insbesondere die Beiträge von: *Köndgen,* Die Positivierung der Culpa in Contrahendo als Frage der Gesetzgebungsmethodik; *Liebscher,* Vorvertragliche Pflichten im Schnittfeld von Schuldrechtsreform und Gemeinschaftsprivatrecht, beide in: *Schultze/Schulte-Nölke,* Die Schuldrechtsreform vor dem Hintergrund des Gemeinschaftsrechts, Tübingen 2001, S. 231 ff.; S. 243 ff. jeweils mit zahlreichen weiterführenden Nachweisen.
131. Siehe aus der Rechtsprechung: RGZ 95, 58; RGZ 120, 251; RGZ 162, 156; BGHZ 6, 333; BGHZ 66, 54; sowie aus dem Schrifttum u. a.: *Müller,* vorvertragliche und vertragliche Informationspflichten nach englischem und deutschem Recht, Heidelberg 1994, 23 ff.
132. Vgl. BGHZ 14, 318; BGHZ 88, 86; BGH NJW 1990, 1907.
133. Dazu insbesondere BGHZ 56, 83; BGHZ 88, 68.
134. Siehe auch dazu aus der Rspr.: BGHZ 88, 69; BGH NJW-RR 1991, 1242; OLG Celle NJW-RR 1994, 615.
135. Vgl. BGHZ 126, 183; BGH NJW 1990, 389; BGH NJW 1995, 154; OLG Köln BB 1997, 112.
136. *Flohr/Klapperich,* a. a. O., Rdnr. 39 f.
137. Vgl. *Palandt/Heinrichs,* BGB, a. a. O., § 276 Rdnr. 69.

138. Dazu insbesondere: *Martinek,* Moderne Vertragstypen, II, München 1992, S. 87 ff.
139. So zu Recht *Martinek,* Moderne Vertragstypen, a. a. O., S. 87.
140. OLG Schleswig NJW-RR 2009, 65.
141. Umfassend zur einzelfallbezogenen Betrachtung der vorvertraglichen Aufklärung: *Giesler/Nauschütt,* a. a. O., Kap. 5 Rdnr. 8 ff. mit umfassender Darstellung der Rechtsprechung; siehe auch die entsprechende Klarstellung in der Neufassung der Richtlinien des DFV zur vorvertraglichen Aufklärung (Stand 20. Mai 2010).
142. *Martinek,* Moderne Vertragstypen, a. a. O., S. 88.
143. So auch zu Recht *Martinek,* Gedächtnisschrift für Skaupy, a. a. O., 251.
144. Vgl. *Giesler,* ZIP 1999, 2131, 2135; *Martinek,* Franchising, a. a. O., S. 315.
145. Dazu vor allem *Braun,* NJW 1995, 504, 505.
146. Vgl. Beschluss des LG Rostock vom 19. 9. 2000 – 9 O 87/2000 – nicht veröffentlicht.
147. BGH NJW 1981, 1673.
148. BGHZ 14, 114, 94.
149. Vgl. OLG München OLGZ 83, 463.
150. Vgl. BGH NJW-RR 1994, 664.
151. Vgl. BGH NJW 1998, 2819; BGH-RR 2005, 1044.
152. BGH NJW 1986, 1337; OLG Düsseldorf VersR 1999, 68.
153. Zum Ganzen: *Palandt/Heinrichs,* BGB, a. a. O., § 203 Rdnr. 5.
154. WRP 2004, 1378; BGH NJW-RR 2005, 1496.
155. Dazu *Flohr,* WiP 1996, 1137 ff.; *Flohr,* Jahrbuch Franchising 1999/2000, S. 13 ff. m. w. N.
156. Vgl. *Flohr,* WiP 1996, 1137; *Flohr,* Jahrbuch Franchising 1999/2000, S. 16 ff.; *Kroll,* Informationspflichten im Franchising, Frankfurt 2001, S. 118 ff.; *Feuerriegel,* Die vorvertragliche Phase im Franchising, Münster 2004, S. 281–283.
157. Vgl. dazu *Palandt/Grüneberg,* a. a. O., BGB-InfoV Rdnr. 1.
158. Draft Articles for a Model Franchise Disclosure Law with Draft explementary Report – UNIDROIT Study LXV III – Doc. 30, Rom Januar 2001; dazu auch ausführlich *Giesler/Nauschütt,* a. a. O., § 5 Rdnr. 56 ff.
159. Siehe zur Ö-NORM und deren Bedeutung für Franchise-Verträge: *Pohl*, Jahrbuch Franchising 2010.
160. BGBl. 2005 I 2437.
161. Zum neuen Kapitalanleger-Musterverfahrensgesetz, siehe auch *Meier,* DStR 2005, 1860 ff.
162. BB 2001, 1759 – Aufina; dazu *Böhner,* BB 2001, 1749.
163. Vgl. allgemein zur zivilrechtlichen Prospekthaftung: *Kouba,* VersR 2004, 570 ff. mit ausführlichen Rspr.-Nachweisen; BGH GWR 2010, 90 mit Anm. *Schwennicke;* BGH DStR 2010, 123.
164. Zum Ganzen: *Böhner,* NJW 1994, 635 f.; *Flohr,* Franchiserecht, a. a. O., Rdnr. 137; *Giesler,* ZIP 1999, 2131; *Giesler/Nauschütt,* Franchiserecht, a. a. O., § 5 Rdnr. 47 ff.; *Liesegang,* Gedächtnisschrift für Skaupy, a.a.O., S. 225 ff. m. w. N.; aus der neueren Rspr.: BGH NJW 2010, 1077.
165. Vgl. *Assmann,* in: Handbuch des Kapitalanlagerechts, 1990, Rdnr. 1 ff.; siehe auch BGH, Urteil vom 22. 2. 2005 – XI ZR 359/03 n. v.
166. Vgl. *Assmann,* a. a. O., § 7 Rdnr. 1.
167. Zum Begriff *Assmann,* a. a. O., § 7 Rdnr. 8.
168. Dazu ausführlich: *Giesler,* ZIP 1999, 2131; *Giesler,* Franchise-Verträge, a. a. O., Rdnr. 180 ff. m. w. N.; *Flohr,* WiB 1996, 1137, 1142; *Flohr,* DStR 2001, 710, 712.
169. BGH ZiP 2009, 2377 mit Anm. *Brocker* EWiR § 676 BGB 1/10; dabei wird

auch der „Lehmann-Brothers"-Rspr. Bedeutung zukommen – Siehe dazu u.a. LG Hamburg ZIP 2009, 1311 und allgemein BGH GWR 2009, 197.

170. BGBl. I, 2005, 1698; dazu *Holzborn/Israel,* Das neue Wertpapierprospektrecht, ZIP 2005, 1668 ff.
171. RL 2003/71/EG des Europäischen Parlamentes und des Rates vom 4. 11. 2003 ABl. Nr. L345/64.
172. VO (EG) Nr. 809 der Kommission in der Fassung vom 16. 6. 2004 ABl. Nr. L215/03.
173. NJW 1995, 2355.
174. BB 2000, 1959 – Neu in Bielefeld I; siehe zur Störerhaftung von Werbeagenturen: *Neuner* GRuR 2005, 214.
175. BB 2000, 1959 – Neu in Bielefeld II.
176. Vgl. *Baumbach/Hefermehl,* UWG, 23. Aufl., München 2004, a.a.O., Einl. UWG Rdnr. 291 f.
177. ZIP 2005, 1690.
178. Zum Ganzen siehe auch den Vorlagebeschluss des Ersten Senates des BGH vom 12. 8. 2004 – ZIP 2004, 1919; dazu *Wagner,* ZIP 2005, 49; *Vorwerk,* ZIP 2005, 1127 und *Lindacher,* EWiR 2004, 1123.
179. 5 U 165/06 n.v.; zum Recht am bearbeiteten Lichtbild: OGH ecolex 2010, 267; zu einer entsprechenden Lizenzgebühr: BVerfG GRUR-RR 2009, 375.
180. Zu den kartellrechtlichen Wirksamkeitsschranken von Franchise-Verträgen ausführlich: *Martinek,* Handbuch des Vertriebsrechts, a.a.O., § 20 Rdnr. 20 ff. m.w.N; weiterführend: *Gruber,* ÖZK 2010, 43 ff.
181. *Martinek,* Handbuch des Vertriebsrechts, a.a.O., § 28 Rdnr. 25 ff.; *Epp,* Franchising und Kartellrecht, Köln/Berlin/Bonn/München, 1994, S. 140 ff. m.w.N.
182. Umfassend dazu: *Martinek,* Handbuch des Vertriebsrechts, a.a.O., § 28 Rdnr. 25 ff. m.w.N.; *Epp,* Franchising und Kartellrecht, Berlin 1994, S. 140 ff.; *Bechthold,* NJW 2009, 3699, 3700 f.; siehe aus der Rspr.: BGH WuW/E BGH 981, 984; BGH WuW/E BGH 1103, 1104; BGHZ 97, 317; BGH WRP 2003, 981 und grundsätzlich insoweit nach wie vor EuGH GRUR Int. 1986, 193, 196, Rdnr. 121 – Pronuptia I.
183. Siehe dazu insbesondere OLG Hamm NJW-RR 1994, 243 – Spinnrad.
184. Siehe umfassend *Flohr* BB 2009, 2159 ff. m.w.N.
185. BB 1999, 860.
186. BB 2003, 2254 – Apollo-Optik; zum Ganzen: *Flohr* DStR 2004, 95 ff.
187. BB 2006, 1071 mit Anm. *Flohr.*
188. ZIP 2006, 1788; dazu ausführlich: *Böhner* WRP 2006, 1089 ff.; *Giesler/Güntzel* ZIP 2006, 1788, 1792; *Flohr* BB 2007, 6 ff.; siehe auch *Bechthold,* NJW 2009, 3699, 3701.
189. Siehe dazu vor allem *Teubner* CH 168 (2004), 1 ff.; *Teubner*, Netzwerke als Vertragsverbund, Baden-Baden 2004, S. 109 ff. 150 ff. m.w.N.; *Böhner* BB 2004, 119; *Böhner* KritV 2006, 227 ff.
190. VI U (Kart) 13/06 n.v.
191. BB 2007, 14; dazu *Flohr* BB 2007, 4, 10 f.; *Liesegang,* Jahrbuch Franchising 2008, 154 ff.
192. BB 2007, 738 mit Anm. *Flohr* BB 2007, 741.
193. Siehe auch dazu *Flohr* BB 2007, 741 ff.
194. WM 2009, 374; dazu grundsätzlich: *Böhner*, Jahrbuch Franchising 2009, 260 ff.; *Flohr* BB 2009, 2159 ff.
195. Umfassend *Flohr* BB 2009, 2159.
196. VI Kart 11/06 V.
197. Vgl. dazu insbesondere *Jesch,* Das Kartellrechtliche Schriftformgebot, Göttingen 1990, S. 70 ff.; aus der Rspr. vgl. u.a.: BGH NJW 1983, 1493; BGH NJW

1986, 2435 mit Anm. *Arens,* EWiR § 34 GWB 3/86, 906; OLG Köln GRUR 1990, 60; BGHZ 83, 322; BGHZ 84, 125.

198. So insb. *Schultz,* IBA-International Franchising 10/1997, 13 ff.
199. WiB 1997, 882 – Kölsch.
200. Siehe demgegenüber noch die strenge Rspr. und deren Auswirkungen auf Franchise-Verträge LG Berlin WiP 1966, 533 – Aufina mit Anm. *Flohr.*
201. Vgl. BGH WRP 1999, 542 – Cover Disk; BGH BB 1999, 923 – Markant.
202. BB 2003, 2254; dazu *Flohr,* DStR 2004, 95, 97.
203. Siehe dazu auch *Kefer-Pütz,* WRP 1999, 784, 790 f.
204. GWB, 3. Aufl., München 2004, § 14 Rdnr. 12.
205. NJWE-WettbR 1997, 234.
206. Dazu auch *Böhner,* BB 1997, 1427.
207. *Bechtold*, GWB, 5. Aufl., München 2008, § 1 Rdnr. 50, 50a m. w. N.
208. So ausdrücklich das Bundeskartellamt in Tätigkeitsbericht 1987/88 (BT-Drucks. 11, 4611 – auszugsweise abgedruckt bei: *Flohr,* Franchise-Handbuch a. a. O., Gruppe I/V, 1 ff.
209. Dazu insb. OLG München NJWE-Wettbewerbsrecht 1997, 2234 und die insoweit bestätigende Entscheidung des BGH vom 3. 2. 1999, BB 1999, 860 – Sixt.
210. BB 1994, 1184 – Pronuptia II; dazu *Flohr,* Jahrbuch Franchising 1994, 194 ff.
211. BGH NJW 2003, 347.
212. Siehe zu dieser Entscheidung insb. *Hennrichs,* LMK 2003, 19 f.
213. Siehe aus der Zivil-Rspr. des BGH insoweit BGH NJW 1996, 773, 774; BGH NJW 1997, 993, 995.
214. Vgl. insoweit zur Abgrenzung zu den Preisbindungsbestimmungen beim Kommissionsagenturvertrag in Abgrenzung zum Franchise-Vertrag: BGH WRP 2003, 981, 985; allgemein zur Preiswerbung: *Metzlaff,* Gedächtnisschrift für Skaupy, a. a. O., S. 307 ff. m. w. N.
215. GRUR 2003, 637 mit Anm. *Flohr,* ZAP 2004, 169.
216. 551 U.S. (06-480) (2007) – Leegin; dazu *Vögerl* ecolex 2009, 52.
217. *Flohr,* Franchise-Handbuch, a. a. O., Gruppe B/III; *Esser,* Franchising, 2. Aufl., Köln 1995, 52 ff.; ausführlich: *Ekkenga,* Die Inhaltskontrolle von Franchise-Verträgen, Heidelberg 1990, S. 110 ff.; *Liesegang,* Der Franchise-Vertrag, 5. Aufl., Heidelberg 1997, S. 6 f.; *von Westphalen,* BB 2010, 195 m. w. N.; *Dauner-Lieb/Axer,* ZIP 2010, 309 ff.; *Berger,* NJW 2010, 465 ff; siehe aus der Rspr. BGH, Urteil vom 17. 2. 2010 – VIII ZR 67/09 n. v.
218. Vgl. *Esser,* a. a. O., S. 51 ff., aus der Rechtsprechung siehe: OLG Hamm NJW 1981, 1050; BGH NJW 2010; BGH BB 2010, 915; BGH IHR 2010, 71; OLG München MDR 2009, 703; LG Koblenz NJW-RR 2009, 1063 BAG DB 2009, 569; BGH BB 2010, 1047; BGH ZIP 2010, 734.
219. Siehe dazu aus der alten Rspr. BGHZ 106, 49; BGH NJW 2000, 651.
220. Vgl. BGH NJW 1998, 3114, 3116; zum Ganzen: *Hoeren/Flohr,* Vertragsgestaltung nach der Schuldrechtsreform, Recklinghausen 2003, Rdnr. 17 m. w. N.
221. WRP 2004, 1378 mit Anm. *Flohr,* ZAP 2005, 287.
222. BB 2003, 2254.
223. VIII ZR 12/08 BeckRS 2009, 88774 – Happy Digits; dazu *Ernst* LMK 2010, 297158.
224. BB 2003, 2254.
225. *Flohr* DStR 2004, 95, 96.
226. BGHZ 94, 226 – ausführlich abgedruckt in: NJW 1985, 1544; diese Rechtsprechung hatte sich auch bei Obergerichten durchgesetzt – vgl. u. a. OLG Düsseldorf EWiR § 1 c AbzG 1/87, 311; OLG Schleswig NJW 1988, 3024.
227. So heißt es ausdrücklich im Leitsatz des Urteils des OLG Schleswig vom 28. 7. 1988 (Fn. 56): „Ein Franchise-Vertrag ist als Abzahlungsgeschäft zu bewerten

und kann bei Fehlen einer Widerrufsbelehrung jederzeit vom Franchise-Nehmer widerrufen werden."

228. So ausdrücklich BGH NJW 1993, 64; aus dem Schrifttum siehe: *Reiter,* BB 1991, 2322; *Böhner* NJW 1993, 3135 ff.
229. BGBl. 2002 I, 2850
230. NJW 2002, 81.
231. NJW 2002, 1881.
232. Zum Ganzen: *Flohr/Klapperich,* a. a. O., Rdnr. 46 ff.
233. BGBl. 2009 I, 2355. Zwischenzeitlich liegt der Entwurf eines Gesetzes zur Einführung einer Musterwiderrufsinformation (BT-Drucks. 17/1394) vor. Das Gesetz soll ebenfalls zum 11. 6. 2010 in Kraft treten.
234. Insoweit zu den formellen Anforderungen einer Widerrufsbelehrung BGH NJW 1994, 1800; BGH MDR I/2010 R 8; BGH NZG 2009, 710.
235. Zum Ganzen: *Flohr* ZGS 2009, 203 ff.
236. Siehe aus der Rechtsprechung OLG Stuttgart NJW-RR 1990, 2073; OLG Zweibrücken EWiR § 1b AbzG 1/89, 729 mit Anm. *Sobeeraj*; BGH NJW 1993, 64; BGH ZIP 2001, 1544.
237. Die Widerrufsbelehrung muss „ins Auge springen" – so OLG Oldenburg NJW-RR 1994, 377.
238. Umfassend dazu *Flohr/Petsche*, a. a. O., Rdnr. 158 f. m. w. N.
239. NJW 2005, 1273; siehe auch: BGH WRP 2008, 111; BGH EWiR § 13 BGB 1/10 mit Anm. *Böttcher.*
240. Vgl. zur Widerrufswertgrenze und deren Ermittlung: *Flohr/Petsche*, a. a. O., Rdnr. 162; *Flohr* BB 2006, 389, 394; aus der Rspr. u.a. OLG Brandenburg NJW 2006, 159.
241. Damit wird der Grundsatz der Entscheidung des OLG Brandenburg NJW 2006, 159 festgeschrieben.
242. BGH NJW 2005, 1273; BGH WRP 2008, 111 mit Anm. *Flohr* ZAP Fach 2, 537.
243. Beispielhaft etwa OLG Stuttgart ZIP 1993, 1570; OLG Stuttgart NJW 1992, 3245; OLG Naumburg NJW-RR 1994, 377; aus dem Schrifttum beispielhaft: *Teske,* EWiR § 1 UWG 17/93, 1121.
244. BGH WiB 1994, 648 mit Anm. *Flohr.*
245. BGH NJW 1993, 64.
246. OLG Koblenz NJW 1994, 2099 f.; siehe auch zur Rspr. zur unzutreffenden Angabe zum Fristbeginn: BGH MDR 2009, 818; BGH ZIP 2009, 952.
247. Siehe insbesondere dazu: *Masuch,* NJW 2003, 2931, 2932; *Schneider,* ZGS 2002, 381.
248. BGBl. 2004 I, 3102; dazu *Masuch,* BB 2005, 344.
249. BB 2006, 1878.
250. Umfassend *Gödde* BB 2007, 1298.
251. ZGS 2006, 436.
252. BGBl. I, 3102; dazu *Masuch* BB 2005, 344.
253. Vgl. auch LG Koblenz BB 2007, 839.
254. NJW 2006, 1195; zu Recht darauf hinweisend: *Gödde* BB 2007, 1298, 1300 a.E.
255. So auch die Vermutung bei *Gödde* BB 2007, 1298, 1300.
256. Siehe dazu vor allem EuGH JZ 1998, 896 f.
257. Siehe dazu *Dauner-Lieb/Dötsch,* BB 2003, 1666 ff. allerdings allg. zur Verbrauchereigenschaft eines Personengesellschafters; umfassend: *Kern,* ZGS 2009, 456 ff. mit umfassenden Nachweisen zum Verbraucherbegriff sowie: *Denkinger,* Der Verbraucherbegriff, Berlin 2007.
258. Zuletzt noch NJW-RR 2002, 641.
259. OLGR 2003, 505, 506 ff.

260. NJW 2004, 3192.
261. ZIP 2005, 622 (= NJW 2005, 1273).
262. Abweichend damit nur noch OLG Koblenz NJW 87, 74; die Entscheidung ist aber aufgrund des BGH-Beschlusses als überholt anzusehen. Siehe in diesem Zusammenhang auch ein Vortäuschen eines gewerblichen Verwendungszweckes: BGH NJW 2005, 1045 mit Anm. *Wertenbruch,* LMK 2005, 49 f.; siehe auch OLG Stuttgart GwR 2009, 352; BGH Urteil vom 30. 9. 2009 – VIII ZR 7/09 NJW-Aktuell 42/2009, XL.
263. Zu dieser Rspr. umfassend: *Flohr,* ZIP 2005, 350.
264. NJW 2006, 159.
265. So aber noch zu § 4 VerbrKG: KG Berlin, Beschluss vom 11. 2. 1993 – 2 W 706/93 n. v.; auszugsweise abgedruckt bei: *Flohr,* Franchise-Handbuch, Berlin 1994–96, Gruppe B II 2, S. 5 f.; insofern wurden auch, um dieses verbraucherschutzrechtliche Schrifterfordernis zu unterlaufen, vermehrt, immer wenn der Standort des Franchise-Nehmers noch nicht fest stand, Vorverträge abgeschlossen.
266. Vgl. *Flohr,* Franchise-Vertrag, 2. Aufl., München 2001, S. 226 f.
267. BGH NJW 2002, 396 = GRUR 2002, 1085.
268. Siehe dazu auch *Fischer,* LMK 2003, 20 f.
269. Insofern ist auch die Entscheidung BGH GRUR 2003, 622, 623 f. für Franchise-Verträge von Bedeutung.
270. Urteil vom 5. November 2009 I – 4 U 121/09.
271. Beschluss vom 8. September 2009 – 5 W 105/09.
272. Ständige Rspr. seit BGH WM 1992, 1027.
273. 1 W 11/08 BeckRS 2008, 25865.
274. Siehe dazu *Palandt/Heinrichs,* a. a. O., § 357 Rdnr. 15.
275. Vgl. etwa aus der Rspr. zur Rückabwicklung von Franchise-Verträgen: BGHZ 111, 287; OLG Oldenburg DStR 1998, 903 – Servide-Master.
276. So ausdrücklich OLG Dresden NJW-RR 1996, 1013.
277. So zu Recht *Palandt/Heinrichs,* a. a. O., § 346 Rdnr. 10.
277 a. OLG Hamm GRuR-RR 2010, 216.
278. Bericht vom 25. August 2009 – EG ABl. KOM 2008, 614.
279. NJW 1988, 725; allgemein zu den Kriterien der Sicherstellung der Selbständigkeit des Franchise-Nehmers: *Reinecke,* Jahrbuch Franchising 1992, 87; *Berning,* Die Abhängigkeit des Franchise-Nehmers, Konstanz 1994; *Gittermann,* Arbeitnehmerstatus und Betriebsverfassung in Franchise-Systemen, Frankfurt 1995; *Höpfner,* Kündigungsschutz und Ausgleichsansprüche des Franchise-Nehmers bei Beendigung von Franchise-Verträgen, Frankfurt 1996; *Flohr,* WiB 1997, 281 ff. und letztlich der Bericht: Neue Selbständigkeit – soziale Risiken und Chancen – herausgegeben von der Berliner Senatsverwaltung, 1996, 229 ff.
280. 7 ABR 5/88 – nicht amtlich veröffentlicht –; dazu: *Flohr,* Franchise-Report 1990/1, 5 ff.
281. WiB 1997, 1197 mit Anm. *Flohr;* vgl. auch BAG ZIP 1997, 2208.
282. ZIP 1998, 2104.
283. ZIP 1998, 1039 mit Anm. *Wank,* EWiR 1998, 897 und Anm. *Flohr,* ZAP 1999, 395; siehe auch *Bumiller,* NJW 1998, 2953.
284. Siehe aus der Rechtsprechung der Instanzgerichte: OLG Schleswig NJW-RR 1987, 220; LG München I, Beschluss vom 15. 5. 1997 – 17 HKO 759/97 nicht veröffentlicht; dazu: *Flohr,* WiB 1997, 1199.
285. Ausführlich dazu: *Boemke,* DStR 2000, 1694 ff. m. w. N. und *Flohr,* in: Metzlaff, Praxishandbuch des Franchising, a. a. O., S. 32 ff. – vgl. aus der neueren Rechtsprechung zur Abgrenzung Arbeits-Agenturverhältnis: BAG ZIP 2000, 36.

286. WM 2003 – 353 – NJW-RR 2003, 277 – VOM FASS.
287. Siehe umfassend zur arbeitsgerichtlichen Rspr.: *Gittermann,* Arbeitnehmerstatus und Betriebsverfassung in Franchisesystemen, Frankfurt 1995, S. 25 ff.; *Froehlich,* EU-Verordnung zum Schutz des Franchise-Nehmers, Frankfurt 2004, S. 157 ff. m. w. N.
288. Vgl. *Schmidt,* Handelsrecht, 5. Aufl., Köln/Berlin/Bonn/München 1999, S. 723 ff. m. w. N.; *Flohr/Pohl,* Handbuch des Vertriebsrechts, a. a. O., § 17 Rdnr. 7–13 m. w. N.
289. BAG AP Nr. 26, 42 zu § 611 BGB – Abhängigkeit.
290. Vgl. BAGE 18, 87, 94.
291. So *Skaupy,* Jahrbuch Franchising 1990, 98, 108.
292. Vgl. dazu BGH NJW 1982, 1758; OLG Stuttgart BB 1970, 1112.
293. So zu Recht *Skaupy,* Jahrbuch Franchising 1990, 98, 108.
294. Vgl. dazu *Reimann/Wagner,* in: Münchener Vertragshandbuch III/1, 4. Aufl., München 1998, S. 536 f.
295. NJW-RR 2003, 277; vgl. auch OLG Düsseldorf GWR 2010, 57.
296. BGBl. 2002, I 4621 ff., 4623.
297. BGBl. 1998 I 3843.
298. Allerdings meinen *Bauer/Krets,* NJW 2003, 587, 544, dass die alten Kriterien zumindest mittelbar weiterhin die Prüfung der Selbständigkeit beeinflussen werden.
299. Siehe dazu insbesondere: *Richardi,* DB 1999, 958; *Flohr,* Franchiserecht, a. a. O., Rdnr. 281.
300. S 9 RA 23/03 n. v.
301. L 9 RA 1676/04.
302. B 12 R 3/08 R; dazu *Flohr,* ZAP 2010, 383.
303. Vgl. *Flohr,* Franchise-Handbuch, a. a. O., Gruppe B/I/3; *Skaupy,* Franchising, a. a. O., S. 90 ff. m. w. N.
304. Vgl. dazu beispielhaft LG Karlsruhe NJW-RR 1989, 822. Insoweit können dem Franchisenehmer Minderungsrechte zustehen, wobei die Rechtsgrundlagen dieser Minderung noch dogmatisch ungeklärt sind – zum Ganzen: *Giesler,* ZIP 2000, 2098 ff. mit zahlreichen weiteren Nachweisen.
305. Zum Ganzen: *Flohr,* Franchiserecht, a. a. O., Rdnr. 150.
306. ABl. EG L 336, 21 ff.
307. DStR 1998, 903 – Service Master; dazu auch *Hager,* NJW 1999, 2081, 2084.
308. Vgl. *Metzlaff,* BB 2000, 1201 f.; *Fritzemeyer,* BB 2002, 1658, 1661.
309. Zum Ganzen: *Flohr,* Franchiserecht, a. a. O., Rdnr. 150 f.; *Schulz,* a. a. O., S. 332, 346 ff.
310. Dazu auch *Schulz,* a. a. O., S. 348 f.
311. So insbesondere: *Giesler/Nauschütt,* a. a. O., § 5 Rdnr. 196 ff.
312. 1 U 293/94 DRspr. Nr. 1998, 3987.
313. WRP 2004, 1378 mit Anm. *Flohr* ZAP 2005, 787.
314. Vgl. zum Ganzen: OLG Karlsruhe NJW-RR 1989, 822; *Hager,* NJW 1999, 2081, 2084.
315. So noch zu altem Recht: OLG Dresden WiB 1995, 1010 mit Anm. *Flohr;* allgemein zur Sittenwidrigkeit: AG Aachen NJW-RR 2009, 1644; OLG Düsseldorf NJW-RR 2009, 1645.
316. Vgl. *Giesler/Nauschütt,* a. a. O., § 5 Rdnr. 193 ff. m. w. N.
317. NJW 1989, 3222; siehe auch BGH NJW 1990, 1290.
318. So auch BGH NJW 1989, 3222.
319. Vgl. insbesondere *Skaupy,* Franchising, a. a. O., S. 132.
320. Die Präambel des Vertragsentwurfes geht davon aus, dass das Franchise-System bereits am Markt eingeführt ist. Handelt es sich erst um ein im Aufbau

befindliches Franchise-System, so muss dies auch in der Präambel zum Ausdruck gebracht werden – vgl. dazu und zu Formulierungsvorschlägen: *Reimann/Wagner,* a. a. O., S. 527 unter Ziff. 10.

321. So auch *Reimann/Wagner,* a. a. O., S. 527 Ziff. 10 unter Hinweis auf die Disclosure-Vorschriften des amerikanischen Rechts.
322. Siehe die Nachweise in Fn. 46–50.
323. Abgedruckt in der derzeitigen Fassung in: Jahrbuch Franchising 1999/2000, 223–225.
324. So insbesondere OLG Schleswig NJW-RR 2009, 65.
325. So zu Recht *Martinek*, Moderne Vertragstypen, a. a. O., S. 88.
326. *Skaupy,* Franchising, a. a. O., S. 132.
327. Insgesamt dazu: *Rezori,* Die Ausführlichkeit US-amerikanischer Vertragsgestaltung im Vergleich zu Deutschland, Hamburg 2004, S. 1 ff.; siehe demgegenüber zur deutschen Vertragsgestaltung: *Schmittat,* Einführung in die Vertragsgestaltung, 2. Aufl., München 2005, S. 67 ff.; *Heussen,* Handbuch Vertragsverhandlungen und Vertragsmanagement, 2. Aufl., Köln 2002, S. 799 ff. jeweils mit zahlreichen weiterführenden Nachweisen.
328. Vgl. dazu auch *Döser,* NJW 2000, 1451, 1453.
329. ZIP 1998, 2104.
330. WM 2003 – 353 – NJW – RR 2003, 277 – VOM FASS mit Anm. *Flohr,* ZAP 2003, 299; siehe auch OLG Düsseldorf GWR 2010, 57.
331. So sieht die Richtlinie (in der geltenden und zukünftigen Fassung) des Deutschen Franchise-Verbandes zur „Vorvertragliche Aufklärungspflichten" ausdrücklich vor, dass der Franchise-Geber detaillierte Angaben über andere Vertriebswege der Franchise-Produkte oder Dienstleistungen zu machen hat; abgedruckt in: Jahrbuch Franchising 1996/97; aus der Rspr. siehe OLG Köln BB 2000, 2595 = EWiR § 86 a HGB 1/01, 23 mit Anm. *Emde.*
332. Siehe ergänzend zu den allgemeinen Finanzierungsgrundsätzen für Franchise-Systeme: *Flohr,* Franchise-Handbuch, a. a. O., Gruppe E/I/1, 1 ff. m. w. N.
333. Zum Ganzen: *Liebescher/Flohr/Petsche,* a. a. O., § 7 Rdnr. 127 ff. m. w. N.
334. 2 W 706/93 – ausdrucksweise abgedruckt bei: *Flohr,* Franchise-Handbuch, a. a. O., Gruppe B/II/2, S. 5 f.
335. *Flohr,* Franchise-Handbuch, a. a. O., Gruppe B/II/2, S. 5 f.
336. NJW 2005, 1273 mit Anm. *Flohr,* ZAP 2005, 653.
337. WiB 1997, 1197.
338. ZIP 1998, 2104.
339. WM 2003, 353 = NJW-RR 2003, 277 VOM FASS mit Anm. *Flohr,* ZAP. 2003, 299.
340. So insbesondere die arbeitsgerichtliche Rspr.: zusammenfassend dazu: ErfK/*Eisemann,* § 5 BetrVG Rdnr. 2 m. w. N.
341. So zu Recht LAG Rheinland-Pfalz LAGE BGB § 611 Arbeitnehmerbegriff Nr. 32.
342. NJW 1995, 2355 = NJW-RR 1995, 1444; dazu: *Skaupy,* BB 1995, 2121 ff.
343. BB 2000, 1959 – Neu in Bielefeld I.
344. BB 2000, 1959 – Neu in Bielefeld II.
345. Vgl. *Baumbach/Hefermehl,* a. a. O., Einl. UWG, Rdnr. 291 f.
346. NJW 2008, 1214; dazu *Billing*, Jahrbuch Franchising 2009, 178.
347. 5 U 165/06 n. v.
348. BGH GRUR 1993, 34, 36 f.
349. Vgl. *Skaupy* WuW 1984, 383, 385, *Skaupy,* Franchising, a. a. O., S. 168; *Reimann/Wagner,* a. a. O., S. 530 unter Ziff. 19; soweit der Franchise-Geber diese Exklusivität verletzt, hat der Franchise-Nehmer Anspruch auf Schadensersatz in Höhe des durch die Drittlieferungen entgangenen Gewinns, das Recht zur

fristlosen Kündigung des Franchise-Vertrages sowie Schadensersatzansprüche im Hinblick auf den durch die vorzeitige Vertragsbeendigung entstandenen Schaden – vgl. BGH BB 1975, 1409; BGH WM 1970, 1451, 1453, *Liesegang,* a. a. O., S. 21 Fn. 14.

350. So auch *Giesler,* Franchiseverträge, a. a. O., Rdnr. 389; *Metzlaff,* Praxishandbuch Franchising, a. a. O., § 8 Rdnr. 46.

351. Siehe aus der Rspr. LG Berlin, Urt. v. 07. 12. 1999 – 32 O 444/99 – n. v.; *Metzlaff,* Praxishandbuch Franchising, a. a. O., Rdnr. 46 a. E.

352. So neuerdings wieder unter Anknüpfung an die bisherige Rspr.: BGH, Urt. vom 17. 7. 2002 – VIII ZR 64/01 – n. v.; siehe auch BAG DB 1996, 218.

353. So insbesondere *Pautke/Schulze,* BB 2001, 317, 320; siehe auch *Bauer/de Bronett,* Die Gruppenfreistellungsverordnung für vertikale Wettbewerbsbeschränkungen, Köln 2001, Rdnr. 115 f.

354. So allerdings *Giesler/Nauschütt,* a. a. O., § 4 Rdnr. 75 ff.

355. Vgl. dazu auch: *Bechthold/Bosch/Brinka/Hirsbrunner,* EG-Kartellrecht, München 2005, S. 400 – Rdnr. 12 ff.; allgemein zu Verkäufen außerhalb von Vertriebsbindungssystemen: *Lamberti/Wendel* WRP 2009, 1479 m. w. N.

356. WRP 2004, 1378 Citroën-Vertragshändler mit Anm. *Flohr,* ZAP 2005, 287.

357. Siehe insoweit auch BGH WM 1982, 632; siehe in diesem Zusammenhang auch *Thoma,* WRP 2005, 1132, zu der Frage, ob Absatzzielvereinbarungen angesichts dieser einschränkenden Rechtsprechung des BGH überhaupt noch zulässig sind.

358. Zur unzulässigen Verkleinerung des Marktverantwortungsbereiches siehe BGH BB 1984, 233 ff.; zur möglichen Risikoverlagerung auf den Franchisegeber als Hauptmieter: BGH ZIP 2000, 1530.

359. Grundsätzlich dazu – allerdings bezogen auf eine Gebietsänderungsklausel bei einem Vertragshändlervertrag: BGH NJW 1994, 1182; siehe auch ansonsten zu entsprechenden Regelungen in Vertragshändlerverträgen: BGH NJW-RR 2005, 1496.

360. So auch *Liesegang,* BB 1999, 857 ff. m. w. N.; umfassend: *Neuhaus,* ZAP 2000, 1451 ff.

361. Siehe auch dazu: *Liesegang,* a. a. O., 859; aus der Rechtsprechung vgl. LG Frankfurt NJW-RR 1989, 1246 BGH NJW 1984, 1182; BGH NJW-RR 1988, 1077.

362. So zu Recht *Metzlaff,* Praxishandbuch Franchising, a. a. O., § 8 Rdnr. 46.

363. Siehe dazu insbesondere OLG Düsseldorf GRUR-RR 2009, 109 bezogen auf einen Vertragshändlervertrag.

364. Siehe dazu insbesondere *Hoeren,* Grundsätze des Internetrechts, München 2001, S. 3–34 mit Hinweisen zur Vertragsgestaltung und *Metzlaff,* Jahrbuch Franchising 2009, 159 mit umfassenden Nachweisen.

365. Zum Ganzen statt vieler: *Metzlaff,* Praxishandbuch Franchising, a. a. O., § 26 Rdnr. 71 ff.

366. So zu Recht *Metzlaff,* Praxishandbuch Franchising, a. a. O., § 26 Rdnr. 72 a. E.

367. Vgl. *Giesler/Nauschütt,* a. a. O., § 9 Rdnr. 90.

368. So LG Berlin, Urt. 21. 6. 2001 – 14 O 177/01 n. v.

369. LG München I, Urteil vom 24. Juni 2008 – 33 O 22144/07; LG Berlin, Urteil vom 24. Juli 2007 – 16 O 412/07 Kart.; LG Mannheim, Urteil vom 14. März 2008 – 7 O 263/07; siehe auch die Ausführungen auf S. 19 oben mit Rspr.-Nachweisen in Fn. 43.

370. BB 2001, 374; siehe zu der Rspr.-Änderung: *Habersack,* BB 2001, 477; *Ulmer,* ZIP 2001, 585; *Westermann,* NZG 2001, 289; *Schmidt,* NJW 2001, 393; *Wiedemann,* JZ 2001, 661; aus der weiteren Rspr. u. a. BGH NGZ 2004, 612; dies gilt auch für das finanzgerichtliche Verfahren: FG Niedersachsen NZG 2004, Heft 13/5.

371. *Ulmer/Habersack,* VerbraucherKG, 2. Aufl., München 1995, § 7 Rdnr. 21. Handelt nur einer der Ehepartner, so beseitigt dessen Widerruf den ganzen Vertrag; derjenige des anderen beseitigt seine Mitverpflichtung mit der Folge des § 139 BGB.
372. Vgl. dazu auch die Formulierungsvorschläge bei *Liesegang,* a. a. O., S. 21 mit weiterführenden Hinweisen in Fn. 16, 17.
373. In Franchise-Verträgen wird in der Regel von Zustimmung gesprochen. Dieser Ausdruck ist ungenau. Hierbei handelt es sich um einen Oberbegriff. Zu differenzieren ist zwischen Einwilligung (§ 183 BGB) und Genehmigung (§ 184 BGB). Bei der Einwilligung handelt es sich um die vorherige Zustimmung zur Vornahme des Rechtsgeschäfts, während die Genehmigung als nachträgliche Zustimmung auf den Zeitpunkt der Vornahme des Rechtsgeschäftes zurückwirkt. Jeder Franchise-Geber muss aber ein Interesse daran haben, dass er vor Abschluss des Gesellschaftsvertrages oder der Übertragung der Rechte aus dem Franchise-Vertrag auf die zu gründende Personen- oder Kapitalgesellschaft informiert wird. Aus diesem Grunde sollte einheitlich im Franchise-Vertrag die Notwendigkeit einer Einwilligung des Franchise-Gebers i. S. d. § 183 BGB vorgesehen werden.
374. NJW-RR 2002, 641; in entspr. Weise bereits OLG Oldenburg OLGR 2003, 505, 506; OLG Rostock NJW 2004, 3192.
375. NJW 2005, 1273.
376. Abweichend damit nur noch OLG Koblenz NJW 87, 75; die Entscheidung ist aber aufgrund des BGH-Beschlusses als überholt anzusehen – siehe in diesem Zusammenhang auch zum Vortäuschen eines gewerblichen Verwendungszweckes: BGH NJW 2005, 1045 mit Anm. *Wertenbruch,* LMK 2005, 49.
377. OLG Schleswig, Urteil vom 12. November 2009 – 16 U 30/09; entsprechend auch die Rechtsprechung des BGH zur Unternehmereigenschaft eines Existenzgründer-Franchise-Nehmers i. S. v. § 14 BGB NJW 2005, 1273; NJW 2008, 435.
378. Umfassend dazu: *Flohr,* ZAP 2005, 350.
379. NJW 2006, 159
380. Vgl. OLG Stuttgart NJW-RR 1993, 1394; BGH NJW 1984, 1754.
381. Vgl. *Flohr,* ZAP Fach 6, 214 f.
382. OLG Stuttgart NJW 1994, 687.
383. Verbürgt sich ein Dritter für den Franchise-Nehmer für die gegenüber dem Franchise-Geber geschuldeten Gebühren, so ist auch dieser Dritte über sein Widerrufsrecht gem. § 7 VerbrKG zu belehren – vgl. BGH NJW 1993, 1594; vgl. dazu vor allem *Skaupy,* Franchising, a. a. O., S. 133.
384. *Baumbach/Hopt,* HGB, 32. Aufl., München 2006, § 86 a Rdnr. 12; *Flohr/Pohl,* Handbuch des Vertriebsrechts, a. a. O., § 17 Rdnr. 72. Aus der Rechtsprechung siehe: BGH DB 1968, 35; BGH DB 1987, 1297; BGH MDR 1988, 833; BGH DB 2010, 390; zu weitgehend für Franchiseverträge aber: OLG Celle BB 2010, 1052.
385. Siehe *Floh/Pohl,* Handbuch des Vertriebsrechts, a. a. O., § 17 Rdnr. 73 m. w. N. in Fn. 107, 108.
386. Zum Ganzen *Palandt/Weidenkaff,* a. a. O., § 612 Rdnr. 8; aus der Rspr. siehe insbesondere BGH NJW-RR 1990, 349.
387. Siehe auch dazu *Palandt/Weidenkaff,* a. a. O., § 612 Rdnr. 4; *Erman/Edenfeld,* BGB, a. a. O., § 612 Rdnr. 6 mwN; siehe insoweit auch aus der Rspr.: BAG NJW 1974, 380; BAG NJW 1998, 1581.
388. Vgl. *Reimann/Wagner,* a. a. O., S. 550 Anm. 52.
389. Die Klarstellung im Vertrag ist die gesetzliche Konsequenz von § 664 I 1 BGB

– dazu und zur Hinzuziehung von Dritten vgl. *Palandt/Thomas,* BGB, a. a. O., § 664 Rdnr. 4.

390. Ist die Hinzuziehung eines Dritten nicht gestattet, so ist der Franchise-Geber für jeden Schaden verantwortlich, der dem Franchise-Nehmer durch die nicht gestattete Hinzuziehung eines Dritten verursacht wird – auch dazu *Palandt/Thomas,* a. a. O., § 664 Rdnr. 4 a. E.
391. Abgedruckt in: Jahrbuch Franchising 1999/2000, 225 ff.
392. So sehen auch die Richtlinien des Deutschen Franchise-Verbandes Training bei Franchise-Systemen eine Kostenbeteiligung des Franchise-Nehmers vor.
393. Vgl. *Weiss,* Marketing, 9. Aufl., Ludwigshafen 1995, S. 19 ff.
394. Siehe insbesondere zur Managementpolitik innerhalb von Franchise-Systemen: *Tietz,* Handbuch Franchising, 2. Aufl., Landsberg 1991, S. 347 ff.; *Meurer,* Führung von Franchise-Systemen, Wiesbaden 1997, S. 1 ff., 45 ff.; *Kloyer,* Management von Franchise-Netzwerken, Wiesbaden 1997, S. 118 ff.
395. Vgl. zur Werbung und Absatzförderung unter anderem: *Reimann/Wagner,* a. a. O., S. 551 unter Anm. 53; unter Umständen kann es auch zweckmäßig sein, den Besuch von Messen und Ausstellungen vertraglich zu regeln und z. B. regionale Veranstaltungen dem Franchise-Nehmer im Sinne einer Teilnahmepflicht zuzuweisen – so *Liesegang,* a. a. O., S. 28 Fn. 30.
396. Vgl. u. a. zur wettbewerbsrechtlichen Eigenverantwortung des Franchise-Nehmers: *Dünisch,* Jahrbuch Franchising 1996/97, 146, 150 f.
397. *Dünisch,* a. a. O., S. 151 unter ausdrücklichem Hinweis darauf, dass auf andere Fälle der Außenhaftung in Franchise-Systemen § 13 IV UWG nicht anwendbar ist; insgesamt zur Außenhaftung: *Bräutigam,* Deliktische Außenhaftung im Franchising, Baden-Baden 1994, S. 101 ff. und neuerdings BGH BB 2000, 1959 – Neu in Bielefeld I; siehe auch für die Haftung des Franchise-Gebers bei unselbständigen Filialen: BGH DB 2000, 2061.
398. Allerdings reicht eine einmalige wettbewerbswidrige Werbung nicht zur fristlosen Kündigung des Franchise-Vertrages aus. Diese rechtfertigt allenfalls eine Abmahnung, so dass eine fristlose Kündigung des Franchise-Vertrages nur bei wiederholter wettbewerbswidriger Werbung des Franchise-Gebers oder Franchise-Nehmers in Betracht kommt; aus der Rspr. OLG Hamm, Urteil vom 20. 1. 1998 – 4 U 219/97 nicht veröffentlicht.
399. Allgemein zur Firmierung des Franchise-Nehmers: *Ullmann,* NJW 1994, 1255; *Flohr,* WiB 1995, 454; *Dünisch,* a. a. O., S. 151 f.; siehe zur Werbung mit dem Logo eines Franchise-Systems: BVerwG NJW 2010, 547 – MacDent.
400. Siehe aus der Rechtsprechung u. a.: BGH, Urteil vom 10. 12. 1992 – 1 ZR 279/80 – nicht veröffentlicht; OLG Düsseldorf DB 1970, 923, 924.
401. *Flohr,* WiB 1995, 454.
402. Siehe statt aller zum Irreführungsverbot: *Koller/Roth/Morck,* HGB, 5. Aufl., München 2005, § 18 Rdnr. 5; *Baumbach/Hopt,* 32. Aufl., München 2006, § 18 Rdnr. 9 ff. m. w. N.
403. Dazu insbesondere BGHZ 44, 287; BGHZ 53, 69; BGHZ 65, 92; BGHZ 68, 14; BGHZ 80, 355.
404. Siehe beispielhaft aus der Rechtsprechung: OLG Nürnberg BB 1971, 1075.
405. Beispielhaft OLG Stuttgart WRP 1982, 608.
406. Vgl. BGHZ 50, 169, 174; BGH GRUR 1974, 474; BGH GRUR 1978, 477.
407. 2 U 7/05 n. v. – Schnäppchenvorrat; umfassend: *Hellert,* Jahrbuch Franchising 2009, 292 ff. mit umfassenden Nachweisen.
408. BB 2005, 1353 – Internetversandhandel; siehe auch BGH, Urteil vom 18. 6. 2009 – I ZR 224/06 n. v.
409. GRUR 2003, 637 – Ein Riegel mehr – unter Aufgabe der bisherigen Rspr. BGH GRUR 1978, 445 – Vier zum Preis von Drei.

410. Siehe dazu *Flohr* ZAP 2004, 169f. sowie allgemein zur Preiswerbung bei Franchise-Systemen: *Metzlaff,* Gedächtnisschrift für Skaupy, a. a. O., S. 307ff.
411. BGBl. 2009 I, 2143. Siehe dazu aus dem Schrifttum statt vieler: *von Wallenberg* BB 2009, 1768ff.; *Engels/Stulz-Herrnstadt* WRP 2005, 1218ff.; *Möller,* WRP 2010, 321, 328ff.; *Wahl,* WRP 2010, 599; Hanloser DB 2009, 663; vgl. aus der Rspr. auch: BGH DB 2009, 1984; LG Essen GWR 2009, 176.
411 a. Vgl. OLG Schleswig VuR 2010, 109,
412. Umfassend dazu *Wittneben/Soldner* WRP 2006, 1175ff. mit umfassenden Nachweisen; *Fischmann,* GRUR Int. 2010, 185ff. m. w. N.
413. Allgemein zur Bedeutung des Franchisehandbuchs und dessen Richtliniencharakter zur Führung des Franchise-Betriebes: *Skaupy,* Franchising, a. a. O., S. 92ff.; *Boehm,* Jahrbuch Franchising 1994, 118ff.
414. Vgl. *Flohr,* Franchise-Recht, Beiträge des 2. Franchise-Rechts-Forum, München 1990, S. 27, 34f.
415. OLG Oldenburg DStR 1998, 903.
416. LG Schleswig NJW-RR 1987, 220.
417. Siehe dazu vor allem: *Reinecke,* Jahrbuch Franchising 1992, 79ff. m. w. N.
418. Dazu *Flohr,* DStR 1999, 546.
419. Vgl. *Reinecke,* a. a. O., *Metzlaff,* Praxishandbuch Franchising, a. a. O., § 17.
420. BGH WM 2003 – 353 – NJW – RR 2003, 277 – *vom Fass* – mit Anm. *Flohr,* ZAP 2003, 299.
421. Zum Ganzen ausführlich: *Giesler/Nauschütt,* a. a. O., § 10 Rdnr. 1ff. mit umfassenden Rspr.-Nachweisen.
422. Vgl. zur Handbuchgestaltung: *Nebel/Schulz/Wessels,* a. a. O., S. 170ff.
423. Vgl. *Flohr,* Franchise-Handbuch, a. a. O., Gruppe B/I/3, 7ff.; *Skaupy,* Franchising, a. a. O., S. 93; *Reimann/Wagner,* a. a. O., S. 534 Anm. 28; siehe aus der Rechtsprechung: BGH NJW 1984, 1182, 1183; BGH NJW 1985, 623, 627; BGH NJW 1985, 1894, 1995.
424. Vgl. *Liesegang,* a. a. O., S. 25; *Liesegang,* BB 1991, 2381.
425. Vgl. dazu beispielhaft *Skaupy,* Franchising, a. a. O., S. 93ff.
426. Vgl. dazu umfassend: *Skaupy,* Franchising, a. a. O., S. 91ff. mit Untergliederung eines Franchise-Handbuchs; aus der neueren Rechtsprechung siehe vor allem: BGH WM 2000, 783 – Restaurant Franchise.
427. Beschluss vom 22. 8. 1991 – 1 HKO 2457/91 – zur Änderung des Rabattsystems der BMW-Händlerverträge.
428. Vgl. insbesondere: *Hess/Werk,* Qualitätsmanagement, Risk-Management, Produkthaftung, Neuwied 1995, S. 119; *Pohl,* BB 1998, 381ff.
429. Dazu insbesondere *Wesseler,* Jahrbuch Franchising 1994, 185ff.; *Hess/Werk,* a. a. O., S. 154ff.
430. Siehe umfassend zum DFV System-Check die Angaben auf der Homepage des Deutschen Franchise-Verbandes unter www.dfv-franchise.de; siehe zu weitergehenden Zertifizierungen, insbesondere denen des Deutschen Franchisenehmer-Verbandes unter www.dfv-franchise.de.
431. Dazu *Pohl,* Jahrbuch Franchising 2010.
432. Dazu insbesondere *Giesler/Nauschütt,* a. a. O., § 9 Rdnr. 58 m. w. N.
433. So etwa *Liesegang,* a. a. O., S. 44.
434. Soweit vereinzelt von Gerichten die Ansicht geäußert wurde, eine ordnungsgemäße Widerrufsbelehrung setze auch eine Aushändigung des Franchise-Handbuchs voraus, kann dem nicht gefolgt werden. Das Verbraucherkreditgesetz beabsichtigte zwar den Schutz des Franchise-Nehmers, dehnte diesen Schutz aber nicht soweit aus, dass dieser zu einer einseitigen Risikoverlagerung auf den Franchise-Geber führte.
435. A. a. O., § 9 Rdnr. 55.

436. So auch: *Herrfeld,* Die Abhängigkeit des Franchisenehmers – Rechtliche und ökonomische Aspekte, Wiesbaden 1998, S. 220; *Giesler,* Franchiseverträge, a. a. O., Rdnr. 87.
437. *Giesler/Nauschütt*, a. a. O., Kap. 16 Rdnr. 32.
438. Siehe Fn. 437.
439. ZIP 1997, 2208.
440. ZIP 1998, 2104.
441. WM 2003 – 353 – NJW-RR 2003, 277 VOM FASS mit Anm. *Flohr,* ZAP 2003, 299.
442. Die Beschränkung der Franchise auf den Franchise-Nehmer persönlich dient dem Schutz des Franchise-Systems und ist daher nach europäischem und deutschem Wettbewerbsrecht unbedenklich (so auch *Reimann/Wagner,* a. a. O., S. 529 Anm. 17 m. w. N.); aus der Rechtsprechung siehe BGH NJW 1985, 1894, 1895; aus dem neueren Schrifttum: *Wertheimer/Krug,* BB 2000, 1462 ff.
443. Vgl. *Skaupy,* Franchising, a. a. O., S. 134.
444. NJW 1995, 2355 = NJW-RR 1995, 1444; BGH BB 2000, 1959 – Neu in Bielefeld I.
445. Dazu umfassend *Flohr,* Franchiserecht, a. a. O., Rdnr. 274 ff.; *Giesler/Nauschütt,* a. a. O., § 10 Rdnr. 10 ff. m. w. N.
446. Vgl. dazu aus dem Schrifttum: *Martinek,* Franchising, a. a. O., 285; *Haunhorst,* Franchisenehmer zwischen neuer Selbständigkeit und Unternehmerqualifikation, Baden-Baden 2000, S. 101 ff.; *von Heuningen-Hühne,* NJW 2000, 2333 ff. m. w. N.; *Berning,* Die Abhängigkeit des Franchisenehmers, Konstanz 1994, S. 95 ff.; *Gittermann,* Arbeitnehmerstatus und Betriebsverfassung in Franchisesystemen, Frankfurt 1995, S. 27 ff.; *Froehlich,* EU-Verordnung zum Schutz des Franchisenehmers, Frankfurt 2004, S. 31 ff.
447. GRUR 2003, 637.
448. Zu der Streitfrage, ob Absatzzielvereinbarungen in selektiven Vertriebssystemen zulässig sind vgl.: BGH WRP 2005, 626 – Bezugsbindung; *Thoma,* WRP 2005, 1132.
449. WRP 2004, 1378 Citroën-Vertragshändler.
450. Allgemein dazu *Flohr,* ZAP 2005, 287, 290; aus der Rspr. BGH WM 1982, 632.
451. Siehe LG Köln WM 2000, 720 für den Bankenvertrag.
452. Siehe auch dazu *Giesler/Nauschütt,* a. a. O., § 10 Rdnr. 13.
453. Siehe auch dazu: *Giesler/Nauschütt,* a. a. O., § 5 Rdnr. 249 ff.
454. VI U Kart. 13/06 n. v.; dazu *Böhner*, Jahrbuch Franchising 2009, 262; *Flohr* BB 2009, 2159, 2161 f.
455. NJW 1986, 1415 – Pronuptia.
456. Das Vertragsmuster geht vom Regelfall der Anmietung des Ladenlokals durch den Franchise-Nehmer aus. Bei der Standortsuche bedarf der Franchise-Nehmer aber der Hilfe des Franchise-Gebers, insbesondere dann, wenn an den Standort Mindestanforderungen gestellt werden, die innerhalb des Systems einheitlich sind. Insofern ist die Frage des Standortes und die damit verbundene Frage der Standortanalyse eine ureigenste Verpflichtung des Franchise-Gebers; so auch *Reimann/Wagner,* a. a. O., S. 540 Anm. 39; umfassend zu den Kriterien einer Standortanalyse, deren Umsetzung; *Martinek,* Gedächtnisschrift für Skaupy, a. a. O., S. 241 ff. m. w. N.; kritisch demgegenüber Brandenburgisches OLG, Urteil vom 17. 8. 2005, 4 U 37/05 n. v.
457. Urteil vom 16. 5. 1994, zitiert bei *Flohr,* WiB 1996, 1137, 1141. Die Bedeutung der Standortpolitik erkennt auch der EuGH in der Pronuptia-Entscheidung I (GRUR Int. 1986, 193 Rdnr. 19) an: Das Ansehen der Vertriebsorganisation wird von der Lage der Geschäftslokale der Franchise-Nehmer beeinflusst.

458. Vgl. *Reimann/Wagner,* a. a. O., S. 540 Rdnr. 39. Nicht unumstritten ist jedoch, ob die Beendigung des Franchise-Vertrages automatisch die Beendigung des Untermietvertrages nach sich zieht; umfassend: *Gather* ZAP F. 4, 1187ff. m. w. N.
459. Vgl. dazu ausführlich: OLG Hamburg WiB 1997, 480 mit Anm. *Flohr.*
460. Der Franchise-Nehmer kann sich sein Zurückbehaltungsrecht auch nicht dadurch erhalten, indem er dies dem Franchise-Geber einen Monat vor Beendigung des Untermietvertrages analog § 552a BGB anzeigt. Diese Regelung findet nur auf Wohnraummietverhältnisse Anwendung – vgl. *Palandt/Putzo,* BGB, a. a. O., § 552a Rdnr. 2.
461. Vgl. RGZ 160, 88, 91.
462. *Flohr,* WiB 1997, 481.
463. Siehe dazu auch umfassend *Schulz,* Gedächtnisschrift für Skaupy, a. a. O., 331, 349f. unter Hinweis auf die entsprechenden Ausführungen unter Rdnr. 16, 17 der Pronuptia-Entscheidung des EuGH Slg. 1986, 353ff.
464. 3 U 3361/96 – nicht veröffentlicht.
465. BGHZ 97, 351, 360; BGH WM 1998, 126.
466. Zum Ganzen *Giesler/Nauschütt,* a. a. O., § 5 Rdnr. 231 ff. m. w. N.
467. So auch *Giesler/Nauschütt,* a. a. O., § 5 Rdnr. 236.
468. So insbesondere *Giesler,* Franchiseverträge, a. a. O., Rdnr. 478: Die Auslauffrist muss angemessen sein und sollte 3 Monate nicht unterschreiten.
469. *Reimann/Wagner,* a. a. O., S. 540 sprechen von einer erhöhten Kapitalbindung des Franchise-Gebers; siehe auch *Giesler,* Franchiseverträge, a. a. O., Rdnr. 474.
470. Siehe dazu vor allem *Pielow*, GewO, München 2009, § 15a Rdnr. 4ff. m. w. N.
471. Da eine solche Ordnungswidrigkeit mit einer Geldbuße geahndet werden kann, empfiehlt es sich, die Gestaltung des Schildes mit der örtlichen Ordnungsbehörde abzustimmen. Hier bestehen nämlich keine einheitlichen Ansichten darüber, in welcher Größe das Inhaberschild gem. § 15a GewO anzubringen ist – vgl. ergänzend zur Bedeutung der Gewerbeordnung und des Handwerkrechts für Franchise-Systeme: *Skaupy,* Franchising, a. a. O., S. 150f.
472. Derartige Kontrollrechte sind Voraussetzung für die Aufrechterhaltung der Identität und Integrität des Systems und rechtfertigen sich auch aus dem geschäftsbesorgungsvertraglichen Weisungsrecht des Franchise-Gebers analog § 675 BGB i. V. m. §§ 666, 667 BGB. Nur dann, wenn durch die Kontrollrechte in den täglichen Geschäftsbetrieb eingegriffen und der Franchise-Nehmer faktisch einem Direktionsrecht unterliegt, ist nicht nur dessen Selbständigkeit in Frage gestellt, sondern es wird auch zugleich dessen wirtschaftliche Bewegungs- und Entscheidungsfreiheit eingeschränkt, so dass die Grenze zu § 138 BGB überschritten ist – vgl. *Reimann/Wagner,* a. a. O., S. 542 Anm. 41, *Mack,* Neuere Vertragssysteme in der BRD, Bielefeld 1975, S. 121 m. w. N. in Fn. 16–18.
473. So heißt es bei *Reimann/Wagner,* a. a. O., S. 501 in § 5 Ziff. 5 Abs. 2 des Vertragsmusters:
„Etwaige Änderungen von Richtlinien und Plänen, die der Franchise-Geber zur Anpassung des äußeren und inneren Erscheinungsbildes und der Gestaltung des Betriebsablaufes an den jeweiligen Erkenntnisstand und Anforderungen des Wettbewerbs für notwendig erachtet, hat der Franchise-Nehmer auf eigene Kosten durchzuführen. Die Interessen und die wirtschaftliche Leistungsfähigkeit des Franchise-Nehmers sind unter Beachtung der Identität und Integrität des Systems angemessen zu berücksichtigen."
474. Siehe dazu statt vieler: *Flohr/Petsche*, a. a. O., Rdnr. 362ff. unter Darstellung der Unterschiede nach deutschem und österreichischem Recht.

475. BGBl. I Nr. 71.
476 Siehe umfassend zum Investitionserstattungsanspruch des Franchise-Nehmers: *Rafzendjani,* Der Good-Will-Ausgleichsanspruch des Franchisenehmers, Frankfurt 1999, S. 331 ff. m. w. N.
477. Vgl. *Liesegang,* a. a. O., S. 31 (§ 11 des Vertragsmusters) und *Reimann/Wagner,* a. a. O., S. 549 Anm. 49.
478. Die Klausel ist auch nach dem AGBG bedenklich, da es unter Kaufleuten üblich ist, Regelungen über die Kostentragung von Versicherungen zu treffen.
479. Vgl. auch die Aufzählung der vom Franchise-Nehmer abzuschließenden Versicherungen bei *Liesegang,* a. a. O., § 11 Ziff. 1 des Vertragsmusters.
480. BGBl. I 4621, 4623; zum Ganzen: *Bauer/Kretz,* NJW 2003, 537, 544.
481. Siehe beispielhaft: Schreiben der Spitzenverbände der Sozialversicherungsträger vom 3. 2. 1999 BB 1999, 471.
482. S 9 RA 23/03 n. v.; dazu *Flohr,* ZAP 2004, 821.
483. B 12 R 3/08 R n. v. mit Anm. *Flohr,* ZAP 2010, 383.
484. Vgl. statt aller: *Tipke/Lang*, Steuerrecht, 20. Aufl., Köln 2010, § 9 Rdnr. 162 ff. mit umfassenden Nachweisen.
485. JZ 1991, 154.
486. Umfassend dazu *Flohr,* Franchise-Report 1/91, 5 ff.
487. Grundsätzlich dazu: *Schüssler,* Jahrbuch Franchising 1990, 77 ff.; *Flohr,* Franchise-Handbuch, a. a. O., Gruppe G/I mit zahlreichen weiterführenden Nachweisen und Beispielen aus der Rechtsprechung; zur Außenhaftung des Franchisegebers grundsätzlich: *Teubner,* ZHR 154 (1990), 295, 319 ff.; *Krebs,* Sonderverbindung und außerdeliktische Schutzpflichten, München 2000, S. 381 f.
488. Richtlinie des Rates vom 25. 7. 1985 zur Angleichung der Rechts- und Verwaltungsvorschriften der Mitgliedstaaten über die Haftung für fehlerhafte Produkte (85/374 EWG; ABl. EG vom 7. 8. 1995 Nr. L 210, 29).
489. Gesetz über die Haftung für fehlerhafte Produkte vom 15. 12. 1989; BGBl. I, 2198 – in Kraft getreten am 1. 1. 1990.
490. *Reimann/Wagner,* a. a. O., S. 550 Anm. 51; *Bräutigam,* WM 1994, 1189, 1194 ff.
491. Ausführlich dazu: *Flohr,* Franchise-Handbuch, a. a. O., Gruppe G/II/2, 1 ff.
492. Vgl. *Bräutigam,* Deliktische Außenhaftung im Franchising, Baden-Baden 1994, S. 168 ff.
493. Vgl. zu diesem Fragenkatalog *Schüssler,* Franchise-Report 1988/4, 29 ff.; *Körner,* NJW 1985, 3047.
494. So hat das LG Essen (44 O 233/91) in einem Verfahren festgestellt, dass bei einem Franchise-System für Kosmetika zum Selbermachen (Spinnrad) der Franchise-Nehmer wegen der daraus folgenden Produkthaftung des Franchise-Gebers nicht berechtigt ist, in unzulässiger Weise Inkredenzien abzufüllen; siehe im Übrigen zu Beispielfällen der Produkthaftung: *Flohr,* Franchise-Handbuch, a. a. O., Gruppe G/II/2, 1 ff.
495. Vgl. auch dazu *Bräutigam,* WM 1994, 1189, 1196 f. m. w. N.; *Martinek,* in: Handbuch des Vertriebsrechts, a. a. O., § 19 Rdnr. 87.
496. Dabei darf nicht übersehen werden, dass eine solche Dienstleistungsrichtlinie angesichts der Vielzahl der Dienstleistungs-Franchisen von erheblicher Bedeutung ist, wie etwa die Zusammenstellung der Dienstleistungs-Franchisen bei *Skaupy,* Franchising, a. a. O., S. 32 zeigt.
497. 312 O 519/94 – nicht veröffentlicht: dazu *Flohr,* WiB 1996, 1137, 1139.
498. Siehe dazu den Bericht NJW-aktuell 6/2006, S. VI.
499. RL 2006/123 ABl. 2006 Nr. L 376, 36.
500. Siehe dazu: *Schlachter/Ohler*, Europäische Dienstleistungsrichtlinie, Baden-Baden 2008, Einl. Rdnr. 30 ff.

501. Umfassend dazu *Martinek,* Handbuch des Vertriebsrechts, a. a. O., § 28 Rdnr. 25 ff. m. w. N.; *Epp,* a. a. O., S. 140 ff.; aus der Rechtsprechung siehe BGH WuW/E BGH 981, 984; BGH WuW/E BGH 1103, 1004; BGHZ 97, 317.
502. Vgl. den Tätigkeitsbericht des Bundeskartellamtes 1985/86, 32, abgedruckt bei: *Flohr,* Franchise-Handbuch, a. a. O., Gruppe I/IV.
503. Vgl. *Weltrich,* a. a. O., S. 210 ff.; aus der Rechtsprechung siehe EuGH GRUR Int. 1986, 193, 196 Rdnr. 21 – Pronuptia I.
504. BB 2009, 2159, 2161 – Body-Shop.
505. NJW 1986, 1415 – Pronuptia.
506. Dazu *Flohr* BB 2009, 2159, 2161 f.
507. Unter Berücksichtigung des Regelinhalts der EU-Gruppenfreistellungsverordnung bestehen gegen eine Ausschließlichkeitsbindung auch keine Bedenken gem. § 9 I AGBG – dazu: *Graf von Westphalen,* Vertragsrecht und AGB-Klauselwerke, München 1994/95, Franchising, Rdnr. 21; *Ekkenga,* Die Inhaltskontrolle von Franchise-Verträgen, a. a. O., S. 59 f.; *Weltrich,* DB 1988, 1481, 1484.
508. Vgl. *Skaupy,* Franchising, a. a. O., S. 134; soweit nicht bestellte Waren geliefert werden, ist § 241 a BGB anzuwenden – siehe *Sosnitza,* BB 2000, 2317.
509. Vgl. dazu allgemein: BGH DB 1986, 1271; BGH NJW 1982, 2432 betreffend den Vertragshändler; BGH NJW 1985, 1894 betreffend den Franchise-Nehmer; grundsätzlich *Oetker,* Das Dauerschuldverhältnis und seine Beendigung, Tübingen 1994, S. 175.
510. OLG Hamm NJW-RR 1994, 243.
511. Das Schrifttum zum ehemaligen kartellrechtlichen Schrifterfordernis und dessen Bedeutung für Franchise-Verträge ist kaum noch überschaubar. Vgl. zusammenfassend: *Martinek/Habermeier,* Handbuch des Vertriebsrechts, a. a. O., § 27 Rdnr. 15 ff.; *Flohr,* Wirtschaftsrecht – Beilage 4/93, B 41 ff.; B 53 f.
512. Aus der Rechtsprechung siehe BGH BB 1985, 1687 mit Anm. *Held,* EWiR § 34 GWB 1/85, 695. Darauf hat der BGH ausdrücklich in seinem Urteil vom 14. 1. 1997 – WiB 1997, 882 – Kölsch-Vertrag hingewiesen.
513. Vgl. dazu BGH Urteil vom 8. 2. 1994, DB 1994, 1184 – Pronuptia II; dazu *Flohr,* Jahrbuch Franchising 1994, 194 ff.
514. BGH BB 1999, 923 – Markant; BGH WRP 1999, 542 – Cover Disk.
515. So noch LG Berlin WiB 1996, 533 mit Anm. *Flohr.*
516. WiB 1997, 882 mit Anm. *Flohr.*
517. Vgl. BGH LM Nr. 8 zu § 34 GWB; BGH LM Nr. 11 zu § 34 GWB; BGH LM Nr. 44 zu § 138 Bb BGB.
517 a. Zum Begriff der dynamischen Verweisung siehe: BAG MDR 2009, 271.
518. OLG Düsseldorf, Beschluss vom 7. September 2009 – 16 U 62/08 n. v. Kamps-Backshop gegen LG Düsseldorf, Urteil vom 14. März 2008 – 12 U 346/06.
519. Vgl. beispielhaft aus der neueren Rspr. des VIII. Senats des BGH zur Preisanpassungsklausel bei Gas- und Elektrizitätsversorgungsverträgen: BGH, BB 2009, 2278; BGH ZIP 2009, 1572; BGH, Urteil vom 28. Oktober 2009 BeckRS 2009, 87676; BGH, Urteil vom 19. November 2008 – VIII ZR 138/07 n. v. und zuletzt noch BGH, Urteil vom 24. 3. 2010 – VIII ZR 178/08 n. v.; siehe aus dem Schrifttum statt vieler: *Sieberg/Vallone* ZWeR 2009, 245 ff. m. w. N; *Kessel/Schwedler,* BB 2010, 585.
520. BGH, Urteil vom 7. 7. 1992 – KZR 28/91 – nicht amtlich veröffentlicht.
521. WiB 1996, 533.
522. *Flohr,* WiB 1996, 534 f.; *Dünisch,* Jahrbuch Franchising 1996/97, 146, 160 f.; vgl. auch *Bechthold,* NJW 20009, 3699, 3700 f.
523. WiB 1997, 883.
524. So ausdrücklich der Leitsatz der Entscheidung des BGH vom 14. 7. 1997, a. a. O., Fn. 392.

525. BGH NJW 1998, 58 mit Anm. *Eckert,* EWiR § 566 BGB 1/97 1121; vgl. auch BGH, BGH Report 2001, 9.
526. Vgl. *Martinek/Habermeier,* in: Handbuch des Vertriebsrechts, a. a. O., § 28 Rdnr. 25; *Skaupy,* Franchising, a. a. O., S. 171 ff.; *Böhner,* NJW 1997, 1427. Lediglich *Bechtold* (GWB, München 1994, § 15 Rdnr. 9) hatte sich als einziger im Schrifttum dafür ausgesprochen, das Verbot der Preisbindung des § 1 GWB n. F. (= § 14 GWB a. F.) deswegen nicht auf Franchise-Verträge anzuwenden, weil der Verbraucher wegen der Einheitlichkeit des Auftretens der Franchise-Organisation keine entsprechende Erwartungshaltung habe. Dem erteilte das OLG München mit Urteil vom 27. 2. 1997 – WiB 1997, 1109 – nach vorangegangener Anhörung des Bundeskartellamtes eine eindeutige Absage, die durch BGH BB 1999, 860 – Sixt und BGH BB 2003, 2254 – Apollo-Optik bestätigt wurde; dazu *Flohr,* DStR 2004, 95 ff.
527. Auch die Festlegung von Mindest- und Höchstpreisen ist unzulässig (vgl. *Immenga/Mestmäker,* a. a. O., § 15 Rdnr. 58). Auch auf europäischer Ebene ist dies nicht freistellungsfähig (vgl. den Beschluss der EG-Kommission zum Yves Rocher-Franchise-System – ABl. 1987 Nr. L 8/49, 58 Rdnr. 67).
528. Vgl. Tätigkeitsbericht des Bundeskartellamtes 1987/88 – BT-Drucks. 11/4611: auszugsweise abgedruckt bei *Flohr,* Franchise-Handbuch, a. a. O., Gruppe I/V, 2; allgemein zum insoweit gebotenen Informationsaustausch *Schroeder,* WuW 2009, 718; *Wiemer,* WuW 2009, 750.
529. WuW DE-R 1170; dazu *Flohr,* DStR 2004, 95, 98.
530. BB 1999, 860.
531. GRUR 2003, 637.
532. Siehe zum Ganzen auch: *Jickeli,* LMK 2003, 131 f.
533. Grundsätzlich und umfassend dazu: *Metzlaff,* Gedächtnisschrift für Skaupy, a. a. O., S. 307 ff. mit umfassender Darstellung der Literatur und der Rspr.
534. Vgl. zur Österreichischen Kartellrechtsreform 2005: *Tremmel,* ÖBl. 2005, 159 ff.; *Matousek,* ecolex 2005, 501 ff.; *Bauer,* ecolex 2005, 504; *Grunicke/Fellner,* RdW 2005, 162 ff.
535. Siehe BGH GRUR 2003, 637 – duplo-Riegel unter ausdrücklicher Aufgabe der früheren entgegenstehenden Rspr. – BGH GRUR 1978, 445 – „4 zum Preis von 3"; zur wettbewerbsrechtlichen Zulässigkeit einer Verkaufsförderung: BGH DB 2010, 222, mwN.
536. BB 1994, 1184 – Pronuptia II; dazu *Flohr,* Jahrbuch Franchising 1994, 194 ff.
537. NJW 2003, 347; dazu *Henrichs,* LMK 2003, 19.
537 a. BGH, Urteil vom 30. 3. 2006 – I ZR 144/03 n. v. mit Anm. *Flohr,* ZAP 2006, 1349; siehe auch OLG Düsseldorf GRuR-Prax 2010, 208.
537 b. DB 2008, 756.
538. Dafür hat sich das Bundeskartellamt in seinem Tätigkeitsbericht 1987/88 a. a. O., Fn. 194 ausdrücklich ausgesprochen. Siehe auch: *Schmitz,* WRP 1998, 28 ff.
539. OLG München WiB 1997, 1109; BGH BB 1999, 860 – Sixt; OLG München, Urteil vom 8. 6. 2000 – U(K) 6126/99 – W(K) 684/00 – nicht veröffentlicht – Apollo Optik.
540. *Bahr,* WuW 2004, 259, 264 f.; *Bechtold,* DB 2004, 235, 238 f.
541. WiB 1997, 1109 – allgemein dazu: *Böhner,* NJW 1988, 109 ff.; BGH BB 1999, 860.
542. *Böhner,* a. a. O., 111 f.
543. Vgl. *Böhner* – Fn. 542.
544. Vgl. auch LG Hamburg, Urteil vom 20. 6. 2000 – 416 O 252/99 – nicht veröffentlicht; LG Hamburg, Urteil vom 1. 4. 1999 – 302 O 99/98 – nicht veröffentlicht.

545. BB 1999, 860.
546. BB 2003, 2254.
547. BB 2006, 1071 mit Anm. *Flohr*.
548. WM 2009, 374; dazu *Flohr* BB 2009, 2159.
549. ZIP 2006, 1788; ausführlich dazu *Böhner* WRP 2006, 1089; *Giesler/Güntzel* ZIP 2006, 1788; *Flohr* BB 2007, 6; *Flohr/Petsche*, a. a. O., Rdnr. 143 ff.
550. VI Kart 11/06 V.
551. WM 2009, 374; dazu grundsätzlich *Böhner*, Jahrbuch Franchising 2009, 260 ff.; *Flohr* BB 2009, 2159 ff. jeweils mit umfassenden Nachweisen.
552. Dazu *Flohr* BB 2009, 2159, 2162 ff.
553. Siehe dazu vor allem im Zusammenhang mit Einkaufsvorteilen *Böhner* BB 2004, 119; *Böhner* KritV 2006, 227.
554. Siehe zum Ganzen auch: *Giesler/Nauschütt,* a. a. O., § 5 Rdnr. 137; kritisch demgegenüber: *Liesegang,* Jahrbuch Franchising 2008, 154.
555. Siehe dazu die Entscheidung des LG Essen vom 16. 8. 2001 Fn. 1 O 186/00 n. v.; dazu *Flohr,* Franchiserecht, a. a. O., Rdnr. 148 ff.
556. *Teubner,* ZHR 168 (2004) 78 ff.; *Böhner,* BB 2004, 119; *Giesler,* ZIP 2004, 744.
557. 26 O 18154/03 n. v.
558. VI Kart. 11/06 V n. v.; dazu *Flohr* BB 2009, 2159 ff.
559. Vgl. *Immenga/Mestmäker,* a. a. O., § 15 Rdnr. 63 ff. m. w. N. Hier hilft auch die sog. Immanenztheorie nicht weiter, da für die Aufrechterhaltung des Franchise-Systems die Übernahme der vom Franchise-Geber vorgegebenen Geschäftsbedingungen nicht zwingend notwendig ist.
560. Vgl. dazu vor allem: *Emmerich,* Kartellrecht, a. a. O., S. 53 ff.
561. Vgl. auch dazu: OLG München EWiR § 242 5/99, 585 mit Anm. *Martinek.*
562. Vgl. *Palandt/Thomas,* a. a. O., § 664 Rdnr. 1 ff.
563. *Immenga/Mestmäcker*, GWB, 4. Aufl., München 2007, § 2 Rdnr. 174; § 24 Rdnr. 88.
564. EuZW 2008, 167; zum Ganzen *Petsche*, in: Handbuch der EU-Gruppenfreistellungsverordnungen, a. a. O., § 7 Rdnr. 55 ff. m. w. N.; siehe aus der Rspr. in Österreich: OGH RdW 2010, 148 (zugleich auch für Tankstellenverträge).
565. Vgl. *Gitter,* Gebrauchsüberlassungsverträge, Tübingen 1988, S. 488 f. *Skaupy,* Franchising, a. a. O., S. 135 ff.; umfassend: *Flohr,* in: Franchise-Recht – Beiträge des 2. Deutschen Franchise-Rechts-Forums, München 1991, S. 27 ff.; umfassend einen Überblick über die Franchise-Gebühren in Deutschland gibt *Orthmann,* Jahrbuch Franchising 1990, 159 sowie *Sondermann,* Jahrbuch Franchising 1996/97, 10 ff.
566. Vgl. *Martinek,* Franchising, a. a. O., 291, der anstatt von einer initial fee von einer entrance fee spricht; *Tietz/Mathieu,* Das Franchising, Köln/Berlin/Bonn/München 1979, S. 351; *Knigge,* Franchise-Systeme im Dienstleistungssektor, Berlin 1973, S. 60 ff.; *Görge,* Die Internationalisierung von Franchise-Systemen, Göttingen, S. 227 f.; *Adams/Jones,* Franchising, 4. Aufl., London/Edinburgh/Dublin 1997, S. 269 ff.
567. *Esser,* Franchising, a. a. O., S. 151 ff. m. w. N.
568. Vgl. *Klöpfer,* AöR 97, 232; *Stober,* Kommunalrecht, Berlin 1974, S. 156; siehe auch *Thomas,* AcP 209 (2009), 85, 92 ff.; aus der Rspr. OLG Düsseldorf NJW-RR 2009, 1645, 1646.
569. Vgl. *Flohr,* Franchise-Handbuch, a. a. O., Gruppe B/I/1; wird dem Franchise-Nehmer kein angemessenes Know-how zur Verfügung gestellt, so ist der Franchise-Geber zur Rückerstattung der Eintrittsgebühr verpflichtet – LG Karlsruhe NJW-RR 1989, 822.
570. Vgl. statt aller: *Skaupy,* Franchising, a. a. O., S. 135. Steuerlich ist es im Hinblick auf die Geltendmachung dieser Gebühr als Betriebsausgabe bzw. für die

Frage der Abschreibungsdauer, sofern von einem aktivierungsfähigen Wirtschaftsgut ausgegangen werden muss, von erheblicher Bedeutung, die Leistung der Gebühr und die dafür empfangene Gegenleistung zu definieren – vgl. *Leonard/Krämer,* Jahrbuch Franchising 1990, 128 ff.

571. Vgl. Hanseatisches OLG EWiR Art. 85 EWG V 6/86, 899 mit Anm. *Martinek;* OLG Stuttgart BB 2010, 594; siehe auch *Reimann/Wagner,* a. a. O., S. 542 Rdnr. 42.
572. OLG Frankfurt NJW-RR 1995, 1395 mit Anm. *Flohr,* WiB 1995, 346.
573. Vgl. BGH NJW 1995, 722, 724 und OLG Dresden WiB 1995, 1010 unter Anwendung der Saldotheorie auf die Rückforderung der Eintrittsgebühr bei widerrufenem Franchise-Vertrag.
574. LG Karlsruhe NJW-RR 1989, 822; dazu: *Flohr,* Franchise-Report 1989/3, 8 ff.
575. So ausdrücklich OLG Oldenburg, DStR 1998, 903 mit Anm. *Flohr;* aus der neueren Rspr.: BGH NJW 2000, 3064; siehe auch OLG Dresden WiB 1995, 1010 mit Anm. *Flohr.*
576. Instruktiv BAG NJW 2000, 2372.
577. Vgl. *Gitter,* a. a. O., S. 489; *Skaupy,* Franchising, a. a. O., S. 135 f.; *Mack,* a. a. O., S. 52; *Reimann/Wagner,* a. a. O., S. 542 Anm. 42.; vgl. *Flohr,* Franchise-Recht, a. a. O., S. 36. Siehe auch die aktuellen Zahlen des Deutschen Franchise-Verbandes mitgeteilt von *Sondermann,* Jahrbuch Franchising 1996/97, 11 ff.
578. So geht *Esser,* a. a. O., S. 153 f. davon aus, dass die laufende Franchise-Gebühr nur vom Nettoumsatz erhoben werden darf. *Mack,* a. a. O., S. 52 will den Verkauf der Diversifikationsprodukte in die Berechnung der laufenden Franchise-Gebühr miteinbeziehen (so auch *Gitter,* a. a. O., S. 489).
579. So z. B. in § 8 Ziff. 1 des Franchise-Vertrages der Firma Candy & Company Süßwarenhandels GmbH, abgedruckt bei: *Pauli,* Franchising, Düsseldorf/Wien/New York 1990, S. 177.
580. Vgl. insoweit aus der Rechtsprechung zu den Vertragshändlerverträgen OLG Frankfurt ZIP 1983, 952 ff.; BGH BB 1982, 459; BGH NJW 1997, 432, 462; zu einem etwaigen Minderungsrecht *Giesler,* ZIP 2000, 2098 ff.

580 a. Siehe: *Kloyer,* Management von Franchisenetzwerken, Wiesbaden 1995, S. 119 ff.; *Martins,* Fairplay Franchising, Wiesbaden 2008, S. 172–175; *Powilleit,* GwR 2010, 28 ff. m. w. N.

581. Grundlegend dazu *Mack,* a. a. O., S. 89 f.
582. So zu Recht *Skaupy,* Franchising, a. a. O., S. 135 f.
583. WM 2009, 374.
584. Gem. § 666 BGB ist jeder Beauftragte verpflichtet, dem Auftraggeber die erforderlichen Nachrichten zu geben, auf Verlangen über den Stand des Geschäfts Auskunft zu erteilen und nach der Ausführung des Auftrags Rechenschaft zu legen. Hierbei handelt es sich um eine Vorleistungsfrist des Franchise-Gebers, so dass kein Zurückbehaltungsrecht geltend gemacht werden kann – vgl. zum Ganzen *Palandt/Thomas,* a. a. O., § 666 Rdnr. 1.
585. BB 2003, 2254.
586. Zum Ganzen: *Flohr,* DStR 2004, 95, 98.
587. Vgl. dazu *Reimann/Wagner,* a. a. O., S. 543 Anm. 42.
588. Siehe Fn. 444.
589. Vgl. BGH NJW 1996, 988; siehe aber auch zu einer unwirksamen Abbuchungsklausel: BGH BB 2010, 205; BGH IHR 2010, 71.
590. OLG Nürnberg NJW-RR 1995, 1144.
591. BGHZ 95, 103; BGH WM 1996, 535.
592. Vgl. BGHZ 71, 343.
593. Zum Ganzen: *Palandt/Sprau,* a. a. O., § 675 Rdnr. 13 ff.

594. Siehe dazu die Rechtsprechung bei: *Schlünder,* AGB-Gesetz in Leitsätzen, 2. Aufl., München 1992, 392 f. m. w. N.
595. In Einzelfällen kann auch § 354 a HGB zur Anwendung kommen – vgl. OLG Schleswig EWiR § 354 a HGB 1/2000, 1163 mit Anm. *Keller.*
596. BGBl. 1998 I 1242.
597. Zum Ganzen: *Henkel/Kestler,* NJW 2000, 3089, 3095; *Krebs,* BB 2000, 1697; *Wolf-Hegerbekemeier,* BB 2000, 786 ff.; *Gesell,* ZIP 2000, 1861; *Gotthardt,* ZIP 2000, 1876; zu weiteren Änderungen im Zahlungsverkehr durch elektronische Form: *Vehslage,* BB 2000, 1801.
598. Zum Ganzen: *Giesler/Nauschütt,* a. a. O., § 5 Rdnr. 207 ff.
598 a. WuW 2009, 655 DVR-Galopprennen.
599. So auch *Reimann/Wagner,* a. a. O., S. 541 Anm. 41.
600. Überschreiten die Kontrollrechte jedoch diese Grenzen und führen zu einem arbeitsrechtlichen Direktionsrecht, ist die Grenze zu § 138 BGB überschritten – vgl. *Mack,* a. a. O., S. 121.
601. Siehe die Darstellung zur Rechtsprechung zu Kurierfahrer-Franchise-Systemen bei *Flohr,* WiB 1997, 281, 282 f.
602. WiB 1997, 1197; auf diesen Aspekt ist der BGH in seinem Eismann-Beschluss (ZIP 1998, 2104) nicht eingegangen.
603. WM 2003 – 353 – NJW – RR 2003, 277 – dazu *Flohr,* ZAP 2003, 377.
604. So auch BAG NJW 1997, 2973.
605. BDSG – Bundesdatenschutzgesetz vom 27. 1. 1977 BGBl. 1977 I, 201.
606. Umfassend zum Datenschutz in Franchise-Systemen: *Büser,* BB 1997, 213; *Wessels,* Jahrbuch Franchising 1996/97, 169 ff.; *Heidemann,* Jahrbuch Franchising 2009, 313 ff. mit umfassenden Nachweisen.
607. Die Übersicht der Daten ist entnommen: *Wessels,* a. a. O., S. 170 f.
608. Vgl. auch dazu *Wessels,* a. a. O. sowie *Nebel/Schulz/Wessels,* Franchise-System, a. a. O., S. 182.
609. Vgl. *Schlott/van der Burgt,* Jahrbuch Franchising 1994, 158 ff.
610. Umfassend dazu: *Rautenstrauch/Flohr*, Kooperationsmanagement, Performance, Konflikte und Exitstrategien, Kooperationsverträge und Controlling, Band 5, Düsseldorf 2009 mit umfassenden Nachweisen.
611. Siehe zum rechtlichen Risikomanagement: *Powilleit* GWR 2010, 28 ff.
612. Vgl. dazu *Reimann/Wagner,* a. a. O., S. 543 Anm. 43; zur Rechnungslegung bei internationalen Franchisesystemen: *Fasely,* BB 1999, 162; *Baethe/Beermann,* BB 2000, 2088.
613. Ist eine solche Regelung nicht im Franchise-Vertrag enthalten und missachtet der Franchise-Nehmer schuldhaft die Vorgaben des Franchise-Gebers zum Kontenplan und Kontenrahmen, so liegt darin eine positive Vertragsverletzung, so dass die gesondert dem Franchise-Nehmer entstehenden Kosten aufgrund der mangelnden Kompatibilität der Buchhaltung des Franchise-Nehmers als positive Vertragsverletzung analog §§ 280, 286, 325, 326 BGB zu erstatten sind.
614. WiB 1996, 520.
615. ZIP 1997, 2208; ZIP 1998, 2104.
616. Siehe *Skaupy,* Franchising, a. a. O., S. 146 f.; zur kartellrechtlichen Zulässigkeit solcher Informationspflichten *Wiemer,* WuW 2009, 750 ff. m. w. N.
617. *Skaupy,* a. a. O., S. 146 f.; *Liesegang,* a. a. O., S. 32 Fn. 36 und eine Alternativformulierung in § 14 des Vertragsmusters.
618. Vgl. *Reimann/Wagner,* a. a. O., Anm. 45.
619. BGBl. I 2722 ff.
620. Vgl. beispielhaft BGH NJW 1995, 2301.
621. Siehe dazu *Sieber/Ploeckl,* DB 2005, 2062, 2063; dazu können auch Kundendaten gehören: Siehe BGH MDR 2009, 881 = DB 2009, 839.

622. Vgl. zum Ganzen: *Harte-Barvendamm/Henning-Bodewig,* UWG, München 2004, § 17 Rdnr. 5 m. w. N.
623. *Skaupy,* Franchising, a. a. O., S. 147.
624. Umfassend: *Giesler/Nauschütt*, a. a. O., Kap. 5 Rdnr. 172 ff. m. w. N.
625. Vgl. *Baumbach/Hopt,* a. a. O., § 90 Rdnr. 4.
626. *Skaupy,* a. a. O., S. 147 m. w. N. in Fn. 1; *Baumbach/Hopt,* a. a. O., § 90 Rdnr. 8 f.
627. Vgl. *Palandt/Thomas,* a. a. O., § 687 BGB Rdnr. 3 f.
627 a. BGH BB 2010, 582; siehe auch *Fischer,* StGB, 56. Aufl. München 2009, § 203 Rdnr. 18.
628. Vgl. zum alten Österreichischen Kartellrecht: *Roniger/Punz,* Das Österreichische Kartellgesetz, Wien 1996, S. 19, 251 ff.; zum neuen Kartellrecht siehe: *Hoffer/Barbist,* Das neue Kartellrecht, Wien 2005; zur vertraglichen Gestaltung siehe *Flohr/Petsche,* a. a. O., S. 314 Anm. 26.
629. Vgl. *Baumbach/Hopt*, HGB, a. a. O., § 75 f. Rdnr. 2; *Von Hoyningen-Huene*, in: MK-HGB, a. a. O., § 75 f. Rdnr. 6 ff. m. w. N.
630. *Skaupy,* Franchising, S. 180 f. Im Übrigen entspricht das vertragliche Wettbewerbsverbot Art. 3/I lit. d) EU-Gruppenfreistellungsverordnung für Franchise-Vereinbarungen; vgl. *Thume,* WRP 2000, 1033 ff. unter Beachtung der Regelungen der EU-Gruppenfreistellungsverordnung für vertikale Vertriebsbindungen; *Thomas* WuW 2010, 177 ff. mit umfassenden Rspr.-Nachweisen; aus der neueren Rspr.: OLG Hamm BB 2000, 2596; BGH WuW/E DE-R 2554 – Subunternehmer II; instruktiv insoweit BAG, Urteil vom 24. 3. 2010 – 10 AZR 66/09 n. v.: Hilfstätigkeiten ohne Wettbewerbsbezug werden nicht erfasst.
631. Ein solches Wettbewerbsverbot für die Dauer des Franchise-Vertrages folgt auch ohne besondere Vereinbarung aus § 86 I Halbs. 2 HGB, der insoweit analog auf Franchise-Verträge Anwendung findet. Da das Handelsvertreterrecht insoweit auch nicht die Leistung einer Karenzentschädigung vorsieht, ergibt sich diese Notwendigkeit auch nicht für das vertragliche Wettbewerbsverbot des Franchise-Nehmers.
632. Auch dazu *Skaupy,* a. a. O., S. 180 f.; siehe auch die Alternativformulierung bei *Liesegang,* a. a. O., S. 35 in § 17 des Vertragsentwurfes und *Reimann/Wagner,* a. a. O. Anm. 48 in Verbindung mit § 11 Ziff. 3 und 4 des Vertragsmusters; siehe umfassend aus der Rspr.: BGH WuW 2009, 524 ff.; BGH GWR 2009, 70.
633. Vgl. zur Rückführung eines zeitlich unbefristeten Wettbewerbsverbots auf einen angemessenen Zeitraum OLG Zweibrücken NJW-RR 1990, 482; zur Berücksichtigung von Art. 12 I GG: BGH DB 2010, 323.
634. DB 1987, 1039; siehe auch: OLG Hamm NJW-RR 1993, 1314; OLG Koblenz NJW-RR 1993, 611 f.; BGH BB 1994, 95.
635. So auch *Reimann/Wagner,* a. a. O., S. 548 Anm. 47; aus der Rspr.: BGH GWR 2009, 70.
636. Vgl. zu diesen Fragen *Martinek/Habermeier,* in: Handbuch des Vertriebsrechts, a. a. O., § 29 Rdnr. 64 ff.; instruktiv zur Zulässigkeit eines nachvertraglichen Wettbewerbsverbot: OLG Nürnberg GmbHR 2010, 141.
637. Ansonsten entspricht das nachvertragliche Wettbewerbsverbot auch nicht § 9 I AGBG – dazu: *Graf von Westphalen,* a. a. O., Rdnr. 36 f.
638. Vgl. aus der Rechtsprechung BGH EWiR § 139 BGB 1/89, 537; KG Berlin EWiR § 18 GWB, 2/89, 597 mit Anm. *Martinek;* OLG Düsseldorf NGZ 2000, 737.
639. Vgl. dazu *Flohr,* Franchise-Handbuch, a. a. O., Gruppe B/VI/4, 1.
640. *Baumbach/Hopt,* a. a. O., § 90 a Rdnr. 14.
641. Vgl. dazu: *Graf von Westphalen,* a. a. O., Rdnr. 36 f.; siehe auch *Giesler/Nauschütt,* a. a. O., § 7 Rdnr. 53 ff. m. w. N.

642. Vgl. OLG Koblenz BB 1990, 2067 unter Hinweis auf BGH NJW 1984, 2366; BGH NJW 1986, 2944.
643. Vgl. aus der Rechtsprechung OLG Hamm NJW-RR 1990, 1236.
644. Insofern ist auch nicht die Rechtsprechung zur Durchsetzung eines Zulassungsanspruchs auf Messezulassung durch eine einstweilige Verfügung anwendbar: vgl. dazu OLG Düsseldorf WiB 1995, 915 einerseits (einen Zulassungsanspruch verneinend) und Hans. OLG Hamburg WuW 1998 DE-R 2 (Zulassungsanspruch bejahend).
645. Vgl. allgemein BGH BB 1970, 1374; OLG Hamm NJW-RR 1990, 1236f.
646. Zum Ganzen: *Giesler/Nauschütt,* a. a. O., § 3 Rdnr. 207 f.
647. 4 U 13/09 n. v. – Mini-Lern-Kreis; siehe auch BGH WuW 2009, 524, 528.
648. Franz. Kassationsgerichtshof GRUR-Int. 2009, 896.
649. Vgl. *Skaupy,* Franchising, a. a. O., 261; instruktiv insoweit BGH WRP 2000, 1148, wenn die Franchise-Geber-Gesellschaft in der Rechtsform einer GbR betrieben wird; allgemein zum wettbewerbsrechtlichen Leistungsschutz: *Peukert,* WRP 2010, 316 ff.; aus der Rspr. zum Geschmacksmusterschutz: OLG München GRUR-RR 2010, 166.
650. Siehe umfassend zum Schutz von Marken nach dem Markengesetz: *Alt* ZAP F.16, 291 ff.; *Alt* ZAP F.16, 313 ff. jeweils mit umfassenden weiteren Nachweisen.
651. Dabei unterstellt das Vertragsmuster, dass die Vorschriften der §§ 20, 21 GWB auf gemischte Verträge Anwendung finden – so auch *Liesegang,* a. a. O., S. 29 Fn. 32.
652. § 23 Ziff. 2 des Vertragsmusters steht aber im Einklang mit Art. 5 lit. f) der EU-Gruppenfreistellungsverordnung für Franchise-Vereinbarungen; auch die EU-Gruppenfreistellungsverordnung für Vertikale Vertriebsbindungen enthält keine entgegenstehende Regelung.
653. Kartellrechtlich wird die Domainvergabestelle als ein marktbeherrschendes Unternehmen i. S. d. Kartellrechts angesehen – vgl. LG Frankfurt WRP 1999, 336, 367 – ambiente.de.
654. Verordnung EG Nr. 733/2002.
655. Verordnung EG Nr. 874/2004.
656. Siehe zum Ganzen die Homepage der EURid – www.eurid.org.
657. Zum Ganzen siehe auch: *Fetzer,* Markenrecht, 2. Aufl., München 1999, § 3 MarkenG Rdnr. 304 ff.
658. Vgl. allgemein zu den Besonderheiten beim Erwerb von Domains: *Hoeren,* a. a. O., S. 100 ff. m. w. N.
659. LG Düsseldorf GRUR 1998, 159 – Epson.de.
660. Siehe zur bisherigen Rspr. und Entscheidungspraxis zu Internet-Domains: *Fetzer,* a. a. O., § 3 MarkenG, Rdnr. 334 ff.
661. Vgl. auch die Alternativformulierungen bei *Liesegang,* a. a. O., S. 41 in § 21; grundsätzlich zur Bedeutung von Vertragsstrafen für Franchise-Systeme: *Skaupy,* Franchising, a. a. O., S. 147; siehe allgemein aus der Rspr.: BAG DB 2009, 569; OLG Celle MDR 2009, 857.
662. Vgl. BGHZ 63, 256, 259; BGH NJW 1983, 385, 387.
663. So OLG Hamm Urteil vom 17. 4. 1989 – 23 U 160/88 – nicht amtlich veröffentlicht; siehe auch BGH BB 1983, 662 und OLG Celle EWiR § 339 BGB 1/98, 157.
664. NJW-RR 1990, 1076, 1077.
665. Vgl. BGHZ 85, 305, 314; BGH NJW 1994, 55 ff., aus der neueren Rspr. vgl. BGH NJW 2000, 2106; OLG Koblenz NJW-RR 2000, 1042 sowie OLG Düsseldorf zur Vertragsstrafe bei Nichtrückgabe eines Handbuch – OLG Düsseldorf Report 1999, 468; allgemein zur Vertragsstrafenbemessung OLG Nürnberg GmbHR 2010, 141 mwN.

665a. GRUR 2009, 181 = NJW 2009, 1882. – Kinderwärmekissen.
666. So auch *Skaupy,* Franchising, a. a. O., S. 147; zur Billigung des Hamburger Brauchs: BGH NJW 1994, 55 ff.
667. Demgegenüber geht *Liesegang,* a. a. O., S. 41 in § 21 des Vertragsmusters davon aus, dass die Annahme des Fortsetzungszusammenhangs nicht nur ausgeschlossen ist, sondern die Vertragsstrafe erneut für jeden angefangenen Monat verwirkt werden kann.
668. NJW 1993, 1721; siehe auch BGH GRUR 1999, 751; BGH GRUR 2001, 758.
669. Vgl. dazu statt vieler: *Palandt/Heinrichs,* a. a. O., § 309 Rdnr. 33.
669a. ZIP 2008, 1537 – Vertragsstrafeneinforderung.
670. BGH BB 2000, 1959.
671. Allgemein zur Haftung des Franchise-Gebers und dessen Risiken: *Skaupy,* Franchising, a. a. O., S. 148 f. m. w. N.; *Bräutigam,* a. a. O., S. 101 ff. mit zahlreichen weiteren Nachweisen.
672. Siehe dazu auch § 24 des Vertragsmusters bei *Liesegang,* a. a. O., S. 42.
673. Siehe *Skaupy,* a. a. O., S. 148 f. sowie *Reimann/Wagner,* a. a. O., S. 550 Anm. 51.
674. NJW-RR 1994, 667 mit Anm. *Böhner,* NJW 1994, 635.
675. *vom Dorp,* WiB 1995, 285.
676. Vgl. *Reimann/Wagner,* a. a. O., S. 550 Anm. 51.
677. *Flohr,* WiB 1996, 1137, 1142.
678. Siehe allgemein zur Haftungsbegrenzung bei Franchise-Systemen: OLG München BB 1988, 865; OLG München NJW 1994, 667 mit Anm. *Böhner; Flohr,* Franchiserecht, a. a. O., Rdnr. 98 ff.; siehe aus der Rspr. BGH NJW-RR 2009, 1416.
679. Instruktiv insoweit die Urt. OLG Hamm NJW-RR 1994, 243; LG Frankfurt WiB 1996, 914.
680. Vgl. dazu umfassend: *Graf von Westphalen,* in: Produkthaftungshandbuch, II, München 1991, S. 101 ff. m. w. N.; dazu umfassend für Franchise-Systeme: *Bräutigam,* a. a. O., S. 168 ff. m. w. N.; siehe zur Verjährung EuGH BB 2010, 274.
681. Entspricht der Franchise-Geber dieser Verpflichtung nicht, so stellt er dem Franchise-Nehmer auch kein tragfähiges Know-how zur Verfügung und läuft Gefahr, dass der Franchise-Vertrag gem. § 138 BGB nichtig ist. Der Franchise-Geber trägt auf jeden Fall für die Einhaltung dieser gesetzlichen Vorschriften im Falle einer gerichtlichen Auseinandersetzung die Darlegungs- und Beweislast, wie das OLG Oldenburg mit Urteil vom 16. 10. 1997 DStR 1998, 903 mit Anm. *Flohr;* siehe auch zu Produktrückrufen: *Klindt,* BB 2010, 583.
682. BB 2001, 1759; dazu *Böhner* BB 2001, 1749 ff.
683. Grundsätzlich: *Giessler,* Franchise-Verträge, a. a. O., Nr. 180 ff.
684. So auch *Giessler,* ZIP 1999, 2131, 2136.
685. *Giessler,* Franchise-Verträge, a. a. O., Rdnr. 183; siehe aus der neueren Rspr.: BGH ZiP 2009, 2377 mit Anm. *Brocher* EWiR § 676 BGB 1/10.
686. Dazu: *Giessler,* Franchise-Verträge, a. a. O., Rdnr. 185.
687. Vgl. BGHZ 14, 318; BGHZ 88, 86; BGH NJW 1990, 1907.
688. Siehe auch dazu BGHZ 56, 83; BGHZ 88, 68.
689. Zum Ganzen: *Flohr/Klapperich,* a. a. O., Rdnr. 39 ff.
690. So auch *Giessler,* Franchise-Verträge, a. a. O., Rdnr. 186–189.
691. A.a.O. Rdnr. 190.
692. Dazu ausführlich: *Heimann,* in: Handbuch des Kapitalanlagerechts, a. a. O., § 5 Rdnr. 106 ff. m. w. N.
693. Insgesamt dazu: *Giesler/Nauschütt,* a. a. O., § 5 Rdnr. 43 ff.
694. Siehe auch dazu die Beispiele bei *Giesler/Nauschütt,* a. a. O., § 5 Rdnr. 45.
695. Vgl. dazu insbesondere *Skaupy,* a. a. O., S. 137 f.; *Reimann/Wagner,* a. a. O., S. 555 Anm. 58.

696. So heißt es ausdrücklich in der Informationsbroschüre der Deutschen Ausgleichsbank „Wir fördern Zukunft" (Stand: August 1997, 42): Franchise-Verträge sollten eine Laufzeit von 10 Jahren und die Option auf Verlängerung um jeweils weitere 5 Jahre haben.
697. Vgl. dazu umfassend *Gödde,* Handbuch des Vertriebsrechts, a. a. O., § 52 Rdnr. 144 ff. – siehe aus der Rechtsprechung zur Laufzeit eines Bierlieferungsvertrages: BGH DB 1985, 1684 ff.
698. 25 U 3709/08 n. v.
699. *Giesler/Nauschütt,* a. a. O., Kap. 4 Rdnr. 64.
700. *Giesler/Nauschütt,* a. a. O., Kap. 4 Rdnr. 65.
701. DB 2004, 1871; siehe auch *Liesegang* BB 1991, 2381; *Erdmann* BB 1992, 795; *Niebling* MDR 2008, 841.
702. Vgl. beispielhaft Urteil des BGH NJW 1998, 156, 159 f. zu der Frage der Wirksamkeit eines Tankstellenbelieferungsvertrages mit einer Laufzeit von 15 Jahren und der Notwendigkeit des Aufbaus einer Infrastruktur und der nicht Vorhersehbarkeit der wirtschaftlichen Entwicklung in den neuen Bundesländern; EuGH EuZW 2009, 374: keine Gruppenfreistellung bei Tankstellenvertrag über mehr als 5 Jahre.
703. Vgl. zu Ketten-Handelsvertreterverträgen BGH EWuR § 89 b HGB 1/99, 653 mit Anm. *Gude.*
704. Allgemein auch zur AGB-rechtlichen Kontrolle von Franchise-Gebühren: *Giesler/Nauschütt,* a. a. O., § 9 Rdnr. 26 f. m. w. N.
705. So zu Recht *Skaupy,* Franchising, a. a. O., S. 137; *Martinek/Habermeier,* Handbuch des Vertriebsrechts, a. a. O., § 27 Rdnr. 34; *Erdmann,* BB 1992, 795.
706. Grundsätzlich dazu: *Stoffels,* DB 2004, 1871 ff.
707. Siehe auch insoweit *Stoffels,* a. a. O., 1875.
708. Siehe zu weiteren Kriterien der Laufzeitkontrolle von Franchise-Verträgen: *Giesler/Nauschütt,* a. a. O., § 5 Rdnr. 64 ff. m. w. N.
709. Dazu vor allem *Skaupy,* Franchising, a. a. O., S. 145 f.; *Flohr,* Franchise-Handbuch, a. a. O., Gruppe A/III/3.
710. Siehe dazu vor allem *Martinek/Habermeier,* Handbuch des Vertriebsrechts, a. a. O., § 29, Rdnr. 30 ff.; vgl. auch zum Investitionserstattungsanspruch generell: *Stein-Wigger,* AJP/PJA 2000, 1079 ff. m. w. N.
711. Insofern ist die Ansicht von *Höpfner,* Kündigungsschutz und Ausgleichsansprüche des Franchise-Nehmers bei Beendigung von Franchise-Verträgen, Frankfurt 1997, S. 90 ff., insbesondere 116 ff. abzulehnen.
712. Inwieweit hierbei auf die Rechtsprechung zu Kettenarbeitsverhältnissen zurückgegriffen werden kann, gilt es abzuwarten, erscheint jedoch wegen der Selbständigkeit des Franchise-Nehmers einerseits und der Abhängigkeit des Arbeitnehmers andererseits nicht unproblematisch; vgl. dazu insgesamt: *Schaub,* Arbeitsrechtshandbuch, 11. Aufl., München 2005, § 41 Rdnr. 11; *Giesler/Nauschütt,* a. a. O., § 2 Rdnr. 96.
713. Ob und inwieweit sich aus den Umständen des Einzelfalls eine Verpflichtung zur Verlängerung des Vertrages ergeben kann – siehe die Rechtsprechung zum gleichgelagerten Problem bei Vertragshändlerverträgen: BGH NJW 1962, 1107; BGH BB 1967, 93 sowie *Ulmer,* Der Vertragshändler, München 1969, S. 475.
714. *Liesegang,* BB 1991, 2381, 2384 m. w. N.
715. So auch *Reimann/Wagner,* a. a. O., S. 555 Anm. 58.
716. Vgl. insoweit OLG Schleswig NZG 2000, 894; BAG NJW 2009, 3529.
717. Vgl. allgemein zum Ende solcher Benutzungsrechte: *Hammler,* Der Markenlizenzvertrag, München 2000, S. 139 ff.

718. Zum Ganzen: *Palandt/Grüneberg,* a. a. O., § 313 Rdnr. 4 m. w. N.
719. So schon BGH NJW 1951, 836; vgl. auch BGHZ 41, 108.
720. *Palandt/Grüneberg,* a. a. O., § 313 Rdnr. 38 m. w. N.
721. Vgl. zu solchen steuerlichen Folgen BGH DB 1976, 234; KG Berlin, BB 1982, 944; *Kap,* BB 1979, 1207.
721 a. So die Rspr. des BAG, Urteil vom 12. 3. 2009 2 AZR 894/07 n. v.
722. Dazu ausführlich: *Flohr,* Franchiserecht, a. a. O., Rdnr. 209 ff.
723. Vgl. noch zum alten Recht: BGH NJW 1951, 136; BGH BB 1973, 819; ausführlich: *Martinek,* Festschrift zum 50jährigen Bestehen des BGH, München 2000, S. 118 ff. m. w. N.; *Stummel,* Gedächtnisschrift für Walther Skaupy, a. a. O., S. 443 ff.
724. Vgl. dazu: *Skaupy,* Franchising, a. a. O., S. 137 ff.; aus der Rspr. siehe insbesondere: BGH ZIP 1984, 1494 – Mc Donald's mit Anm. *Böhner,* NJW 1985, 2811; BGH EWiR § 242 BGB 2/99, 303 mit Anm. *Martinek*; KG Berlin ZAP 1998, 405 mit Anm. *Flohr*; BGH VersR 2009, 355; siehe zur entsprechenden arbeitsgerichtlichen Rspr. BAG ZIP 2009, 2018.
725. Vgl. *Henssler/Graf von Westphalen,* Praxis der Schuldrechtsreform, Recklinghausen 2002, § 314 Rdnr. 6; zum Ganzen: *Flohr/Klapperich,* a. a. O., Rdnr. 69 ff.
726. BGH NJW-RR 2003, 1635 – Apollo-Optik; vgl. auch BAG MDR-Report 7/2009, R 13.
727. Siehe allgemein zur Interessenabwägung und zu den Gründen einer fristlosen Kündigung eines Franchise-Vertrages: *Skaupy,* Franchising, a. a. O., S. 137 ff.; *Martinek/Habermeier,* Handbuch des Vertriebsrechts, a. a. O., § 29 Rdnr. 75 ff.; *Flohr,* Franchise-Handbuch, a. a. O., Gruppe A/III/3.2.1, 1 ff.; *Ströbl/Schumacher,* BB 2009, 1201; aus der Rechtsprechung siehe insbesondere die sog. Mc Donald's-Entscheidung BGH ZIP 1984, 1454, 1495 mit Anm. *Böhner,* NJW 1985, 2811 und daran jetzt wieder anknüpfend KG Berlin BB 1998, 607 mit Anm. *Flohr,* ZAP 1998, 405; BGH EWiR § 242 BGB 2/99, 303 mit Anm. *Martinek; Flohr,* BB 2006, 389, 397 f.; OLG Düsseldorf EWiR § 103 InsO 1/10 mit Anm. *Ströbl* – zugleich zu einem etwaigen Wahlrecht des Insolvenzverwalters gem. § 103 InsO; OLG München BB 2009, 2114.
728. OLG Oldenburg, Urteil vom 10. Mai 2007 – 8 U 206/00 n. v.; OLG Stuttgart BB 2010, 920; aber: BAG NJW 2010, 955.
729. OLG Hamburg, Urteil vom 27. März 2009 – 11 U 285/05 n. v.; instruktiv insoweit auch die arbeitsgerichtliche Rspr. zur Verdachtskündigung: LAG Köln, Urteil vom 27. 1. 2010 – 8 Sa 698/09 n. v.
730. OLG Frankfurt, Urteil vom 13. November 2009 – 2 U 76/09 n. v.
731. Vgl. dazu umfassend: *Palandt/Putzo,* a. a. O., § 626 Rdnr. 32 m. w. N.
732. Umfassend zu diesen Gründen: *Giesler/Nauschütt,* a. a. O., § 12 Rdnr. 51 ff. mit umfassenden Rspr.-Nachweisen.
733. BB 2003, 2254.
734. WRP 2004, 1378 Citroën-Vertragshändler; siehe auch zu sog. Abnahmepflichten: *Niebling,* WRP 2010, 631.
735. BGH WuW/E DE-R 2747 – Nissan Vertragshändler.
736. Zur Plausibilität der Strukturkündigung eines Kfz-Händlervertrages: siehe OLG Frankfurt WuW DE-R 2444; BGH BB 2009, 1817; dazu *Emde,* BB 2009, 2330.
737. So *Henssler/Graf von Westphalen,* a. a. O., § 314 Rdnr. 8; *Palandt/Heinrichs,* a. a. O., § 314 Rdnr. 10; KG Berlin NJW-RR 2000, 1566 m. w. N.
738. *Flohr/Klapperich,* a. a. O., Rdnr. 71 a. E.; aus der Rspr.: KG Berlin NJW-RR 2000, 1566.

739. Vgl. dazu aus der Rspr. etwa OLG Nürnberg DB 1985, 688; OLG Celle BB 1970, 228; insoweit gelten die gleichen Gesichtspunkte, die für die Beendigung eines Vertragshändlervertrages entwickelt worden sind – vgl. dazu *Graf von Westphalen,* Vertragsrecht und AGB-Klauselwerke, a. a. O., Rdnr. 30 m. w. N.
740. BGH NJW 1982, 2432.
741. BGH NJW 1985, 1894.
742. BB 1998, 607 – Burger King; siehe auch BGH IHR 2009, 116 ff.
743. Siehe dazu: *Albrecht/Flohr/Lange*, Schuldrechtsreform, Recklinghausen 2001, S. 318 f.
744. Vgl. dazu aus der Rspr.: BGH NJW 2001, 2994; BGH NJW 2003, 2674.
745. Vgl. *Palandt/Thomas,* BGB, a. a. O., § 826 Rdnr. 55 m. w. N.; siehe aus der Rspr. BGH MDR 2009, 38 unter Fortführung von BGHZ 122, 9.
746. NJW 1990, 1469.
747. Zum Ganzen: *Baumbach/Hopt*, HGB, a. a. O., § 90a Rdnr. 25 ff. mit umfassenden Nachweisen.
748. Siehe LG Tübingen BB 1997, 671 mit Anm. *Küstner.*
749. In der Regel dürfte nämlich auch in einem wichtigen Grund, der eine fristlose Kündigung des Franchise-Vertrages rechtfertigt, ein wichtiger Grund zur Kündigung der Gesellschaft bürgerlichen Rechts gem. § 723 I BGB gegeben sein – vgl. dazu *Palandt/Thomas,* BGB, a. a. O., § 723 Rdnr. 4.
750. Vgl. aus der Rspr. BGH NJW 1986, 125; BGH NJW 1981, 1264, 1265; BGH NJW-RR 1988, 1417, 1419; instruktiv auch die Rspr. zur Benetton-Werbung: OLG Frankfurt WiB 1996, 1196; BGH WuW/E 3147; BGH BB 1995, 1792 – Stempelaufdruck HI-Positive; BGH BB 1995, 1972 – Ölverschmutzte Ente; BGH BB 1995, 1794 – Kinderarbeit; dazu: BVerfG ZIP 2001, 39).
751. Siehe dazu für den Fall einer kartellrechtswidrigen Kündigung eines Pressegrosso-Vertriebsvertrages: LG Hannover WuW DE-R 2735 – Pressegrossovertrieb Stade.
752. Siehe dazu aus der Rechtsprechung: BGH WuW/E DE-R 1144 – Schülertransporte; BGH WuW/E DE-R 1051 – Vorleistungspflicht; BGH WuW/E DE-R 220 – U-Bahn-Buchhandlungen.
753. OLG Stuttgart NJW-RR 1993, 1394; OLG Stuttgart NJW 1994, 867; zum Ganzen: *Flohr,* ZAP Fach 6, 209, 214 f.
754. Vgl. statt aller: *Palandt/Putzo,* BGB, a. a. O., § 504 Rdnr. 5 m. w. N.
755. Vgl. auch insoweit *Palandt/Putzo,* BGB, a. a. O., § 505 Rdnr. 3 f.
756. So die „Überhöhungsklausel“ entsprechend dem Vertragsmuster von *Reimann/Wagner,* a. a. O., S. 252 Anm. 54.
757. Siehe Fn. 591.
758. Siehe dazu insbesondere: *Reimann/Wagner,* a. a. O., S. 553 Rdnr. 55 sowie die alternative Formulierung in § 15 Ziff. 2–4 des Vertragsmusters bei *Liesegang,* a. a. O., S. 33 f.
759. Vgl. *Reimann/Wagner,* a. a. O., S. 553 Anm. 55.
760. Jedoch war die Haftung gem. § 419 BGB auf die Höhe des übernommenen Vermögens beschränkt – zum Nebeneinander zwischen § 419 BGB und § 25 HGB vgl. *Baumbach/Hopt,* a. a. O., § 25 Rdnr. 19 ff.
761. Vgl. auch insoweit *Baumbach/Hopt,* a. a. O., § 25 Rdnr. 14; BGH DStR 2010, 177 m. w. N.
762. Vgl. die insoweit bei *Baumbach/Hopt,* a. a. O., § 25 Rdnr. 15 dargestellte Rechtsprechung.
763. So schon RGZ 75, 140; RG HRR 1932, 256.
764. Vgl. RGZ 75, 141; RGZ 131, 14.
765. OLG Frankfurt BB 1977, 1571; BayObLG WM 1984, 1535.

766. Siehe dazu: *Koller/Roth/Morck,* HGB, 5. Aufl., München 2005, § 89, Rdnr. 1.
767. Auch insoweit gelten die Grundsätze der Entscheidungen OLG Stuttgart NJW-RR 1993, 1394 und NJW 1994, 867.
768. Vgl. auch die Alternativformulierungen bei *Reimann/Wagner,* a. a. O., in § 18 Ziff. 2 mit Anm. 57 und *Liesegang,* a. a. O., S. 34 in § 15 Ziff. 5.
769. Vgl. *Reimann/Wagner,* a. a. O., S. 555 Anm. 57; instruktiv: BGH NJW 2010, 765 ff.
770. Vgl. etwa BAG DB 2008, 2072; siehe auch *Langner* BB 2008, 2082; *Bittmann/Rosemann,* BB 2008, 1346; *Schiefer/Worzolla,* DB 2008, 1566; *Schrader/Schrader* GWR 2009, 100; zur Verwirkung des Widerrufsrechts: *Dzida,* DB 2010, 167 m. w. N; BAG BB 2010, 966.
771. BAG NJW 2009, 3260 mit Anm. *Greiner,* EWiR § 613 a BGB 05/09; BAG MDR 2010, 396; BAG ZIP 2009, 1976.
772. 8 AZR 1019/08 MDR-Report 3/2010 – R 13.
773. Siehe auch den Katalog der mit der Beendigung des Franchise-Vertrages verbundenen Fragen bei *Skaupy,* Franchising, a. a. O., S. 139 f.
774. Insofern täuscht der Franchise-Nehmer gegenüber dem Letztverbraucher vor, als sei er nach wie vor Franchise-Nehmer. Damit wird der Irreführungstatbestand des § 3 UWG erfüllt; zum domain-Grabbing LG München II ITRB 2001, 7 f.
775. So *Liesegang,* a. a. O., S. 39 in § 20 Ziff. 3 des Vertragsmusters; siehe demgegenüber aber: *Skaupy,* Franchising, a. a. O., S. 139, der empfiehlt, die Modalitäten der Bewertung und Bezahlung für den zurückgenommenen Warenbestand unmittelbar im Vertrag zu regeln; vgl. aus der Rspr.: BGH ZIP 2000, 413; BGH NJW-RR 2008, 1371; BGH, Urteil vom 9. 12. 2009 VIII ZR 91/08 n. v.
776. Vgl. dazu aus der früheren Rspr. insbesondere OLG Stuttgart WRP 1996, 154; zu den Fristenangaben für einen Räumungsverkauf: BGH DB 2009, 2374.
777. Vgl. OLG Hamburg WiB 1997, 480 mit Anm. *Flohr.*
778. Vgl. Köhler NJW 1990, 1689, *Bodewig,* BB 1997, 637; *Flohr,* DStR 1998, 572; ausführlich *Giesler,* Festschrift für *Dahs,* a. a. O., 412–414; *Thume,* BB 2009, 1026.
779. NJW 1996, 2159; vgl. auch BGH BB 1969, 460; BGH ZIP 1987, 1383; BGH ZIP 1995, 1001; siehe die umfassende Darstellung bei: *Ullrich,* in: Handbuch des Vertriebsrechts, a. a. O., § 16 Rdnr. 1 ff.
780. BB 2007, 1862 mit Anm. *Flohr*; grundsätzlich auch zur Anwendung von § 89 b HGB außerhalb des Handelsvertreterrechts: *Ostendorf* MDR 2008, 1377; grundsätzlich: *Emde,* Vertriebsrecht, a. a. O., § 89 b Rdnr. 30 ff.
781. Vgl. statt vieler von *Hoyningen-Huene,* in: Münchener Kommentar zum HGB, München 1997, § 89 b Rdnr. 55 ff. mit zahlreichen weiteren Nachweisen.
782. Siehe Fn. 612.
783. Vgl. OLG München WiB 1997, 540 mit Anm. *Flohr.*
784. Vgl. von *Hoyningen-Huene,* a. a. O., § 90 b Rdnr. 89 ff. mit Rechtsprechungsnachweisen.
785. Beispielhaft aus der Rechtsprechung: BGH DB 1986, 1069, 1070; BGH NJW 1983, 2877, 2879.
786. Siehe Fn. 785.
787. Umfassend dazu: *Semmler,* Handbuch des Vertriebsrechts, a. a. O., § 30 Rdnr. 70 m. w. N.
788. *Baumbach/Hopt,* a. a. O., § 89 b Rdnr. 30 m. w. N.
789. IHR 2009, 212 – Semen; dazu *Bodnár* GPR 2010, 94.
790. BGBl. 2009 I, 2512.
791. Umfassend zur Neufassung von § 89b I 1 Nr. 1, 2 HGB: *Emde* DStR 2008, 1478; *Thume* BB 2009, 2490 m. w. N.; *Christoph,* NJW 2010, 647 m. w. N.
792. Dazu zuletzt noch wieder: *Niebling,* BB 1997, 2388.

793. OLG Saarbrücken WiB 1997, 479.
794. Siehe dazu auch die Berechnungsbeispiele bei *Niebling,* a. a. O., 2388.
795. Vgl. *Bodewig,* BB 1997, 637 ff.; siehe auch *Martinek/Habermeier,* Handbuch des Vertriebsrechts, a. a. O., § 29 Rdnr. 71 ff.; vgl. aus der neueren Rspr.: BGH ZIP 2000, 540; BGH NJW 1997, 1503; OLG Saarbrücken NJW-RR 1997, 1186; BGH NJW 1998, 66; BGH NJW 1998, 71; OLG Saarbrücken NJW-RR 1999, 106; BGH NJW-RR 2010, 43 ff.; BGH EWiR § 89 b HGB 1/08 mit Anm. *Emde;* BGH BB 2010, 386.
796. Vgl. dazu insbesondere *Skaupy,* Franchising, a. a. O., S. 142 ff.; siehe auch *Ostendorf* MDR 2008, 1377.
797. Vgl. *Bodewig,* a. a. O., 643 und *Martinek/Habermeier,* Handbuch des Vertriebsrechts, a. a. O. § 29 Rdnr. 71 ff.
798. Vgl. *Flohr,* WiB 1997, 541 sowie *Höpfner,* a. a. O., S. 170 ff. m. w. N.; *Martinek/Habermeier,* Handbuch des Vertriebsrechts, a. a. O., § 29 Rdnr. 85 f. m. w. N.
799. Urt. vom 10. 12. 1999 – 3/8 O 28/99 n. v.
800. Urt. vom 28. 5. 2002 – 6 O 106/01 n. v.
801. BB 2007, 1862 mit Anm. *Flohr*.
802. Siehe zur Schätzung des Umsatzanteils von Stammkunden bei Handelsvertreterausgleichsansprüchen: BGH GWR 2010, 9 mit Anm. *Noreisch*; siehe zur Bedeutung des Kundenstamms im Vertriebsrecht: *Thume* BB 2009, 1026 ff. m. w. N.; BGH IHR 2009, 116; BGH IHR 2010, 32.
803. Allerdings muss dann ein wichtiger Grund wegen schuldhaften Verhaltens des Franchise-Nehmers entsprechend der gesetzgeberischen Wertung in § 89 b III Nr. 2 HGB gegeben sein – dazu vor allem: *Baumbach/Hopt,* a. a. O., § 89 b Rdnr. 63 ff., insbesondere mit Rechtsprechungsbeispielen in Rdnr. 67; mglw. Entfallen wenn Kenntnis vom wichtigen Grund nach Vertragsbeendigung: BGH BB 2010, 335 (Vorlagebeschluss EuGH).
804. Richtlinie ist dazu nach wie vor die Mc Donald's-Entscheidung des BGH – ZIP 1984, 1494 f. mit Anm. *Böhner,* NJW 1985, 2811; vgl. auch OLG Düsseldorf OLG Report Düsseldorf 2000, 406 ff.; BGH ZIP 2000, 618 ff. Aus dem Schrifttum: *Saenger,* DB 2000, 129.
805. NJW 1996, 2159; dazu ausführlich: *Brandt,* Vertragshändlerausgleich analog § 89 b HGB nach der Toyota-Entscheidung des BGH, S. 61 ff.; *Niebling,* WRP 2001, 506, 507.
806. Siehe BGH NJW 1986, 2306; BGH NJW-RR 2003, 894; Umfassend zum wirksamen Abschluss von Betriebspachtverträgen: *Nelissen* DB 2007, 786 ff. mit umfassenden weiterführenden Nachweisen.
807. Vgl. *Baumbach/Hopt,* a. a. O., § 89 b Rdnr. 70.
808. Vgl. auch dazu *Baumbach/Hopt,* a. a. O., § 89 b HGB Rdnr. 73 f. m. w. N.
809. NJW 1996, 2159.
810. NJW 1994, 1350; dazu *Küstner,* BB 1994, 1590 und umfassend *von Westphalen,* DB 2000, 2255 ff. m. w. N.
811. NJW-RR 1996, 225; siehe auch LG München I DB 2000, 2423.
812. So auch *Martinek,* in: Festschrift BGH, a. a. O., S. 124 ff.; *Rafsendjani,* a. a. O., S. 112 ff.; *Stein-Wigger,* a. a. O., S. 166 ff.
813. So zu Recht: *Liesegang,* BB 1991, 2384.
814. Siehe auch dazu: *Liesegang,* BB 1991, 2384.
815. BB 1980, 1471.
816. Vgl. *Flohr,* Franchiserecht, a. a. O., Rdnr. 218 ff.
817. *Fahr* NJW 2000, 913.
818. BFH BStBl. II 1981, 97; siehe auch BFH, Urteil vom 26. 11. 2009 III R 40/07 n. v.

819. BFH BStBl. II 1983, 375.
820. Vgl. *Skaupy,* Franchising, a. a. O., S. 123 ff.; *Liesegang,* a. a. O., S. 41, der insoweit für die Gestaltung der Beiratssatzung die Richtlinien des Deutschen Franchise-Verbandes empfiehlt – abgedruckt bei *Liesegang,* a. a. O., S. 44.
821. Einrichtung, Aufgaben und Kompetenzen sowie Funktion des Beirats sind jeweils im Einzelfall genau zu überdenken. Dies kann entweder geschehen, indem die Regelungen zum Beirat bereits Bestandteil des Franchise-Vertrages werden. Dies bedeutet dann aber, dass jede Änderung in der Zusammenarbeit des Beirats wegen der damit verbundenen Vertragsänderung der Zustimmung eines jeden Franchise-Nehmers bedarf. Besser ist es daher, dem Franchise-Vertrag – so wie es das Muster vorsieht, als gesonderte Anlage die Satzung des Beirates beizufügen. Änderungen der Beiratssatzung können dann vom Beirat selbst beschlossen werden.
822. Zum kartellrechtlichen Aspekt von Franchise-Nehmer-Beiräten insbesondere: *Skaupy,* Franchising, a. a. O., S. 123 f.
823. Siehe dazu vor allem: *Kartte* Franchise-Report 11/1988 (Sondernummer zum 1. Franchise-Rechts-Forum).
823a. Zur Verpflichtung nationaler Gericht zur Prüfung einer Schlichtungsklausel von Amts wegen: EuGH EuZW 2009, 852.
824. Empfohlen wird eine solche Schlichtungsklausel auch von *Reimann/Wagner,* a. a. O., S. 560 Anm. 62. Da der Schlichtungsvorschlag unverbindlich ist, finden insofern §§ 317–319 keine Anwendung. Aus diesem Grunde kann auch eine Schlichtungsklausel nicht gegen § 9 II i. V. m. § 10 Nr. 4 AGBG verstoßen.
825. Umfassend dazu: *Henssler/Koch,* Mediation, Köln 2000; Friedrich SchiedsVZ 2007, 31; *Schwartz/Thomas,* DStR 2009, 2338 ff. mit umfassenden Nachweisen.
826. Dazu LG Rostock EWiR Art. 1 § 1 RBerG 8/2000, 1119 mit Anm. *Mankowski,* Berufung anhängig beim OLG Rostock – 2 U 58/00; umfassend *Prütting* ZAP F. 23, 873 ff. m.w. N.
827. Umfassend dazu *Grunewald/Römermann*, RDG Köln 2008, § 2 Rdnr. 129 ff. mit umfassenden Nachweisen.
828. Die Mediationsrichtlinien des Deutschen Franchise-Verbandes können auf dessen Homepage www.dfv-franchise.de eingesehen werden.
829. ÖBGBl. I 2003/29.
830. Richtlinie 2008/52/EG ABl. EU Nr. L 136 vom 24. Mai 2008; siehe auch den Bericht NJW-Aktuell 16/2010, 16 f.
831. Umfassen zur Europäischen Mediationsrichtlinie: *Sujecki* EuZW 2010, 7.
832. Vgl. dazu OLG Koblenz NJW 1987, 74 einerseits und OLG Schleswig NJW-RR 1989, 1081; OLG Rostock OLGR 2003, 505; OLG Oldenburg NJW-RR 2002, 641 andererseits.
833. NJW 2005, 1273 mit Anm. *Flohr* ZAP 2005, 653.
834. So schon OLG Oldenburg NJW-RR 2002, 641, 642; instruktiv insoweit auch: BGH NJW 2009, 3780.
835. WM 1997, 1549, 1551.
836. Siehe dazu ausführlich: *Bülow,* Kreditvertrag und Verbraucherkreditrecht im BGB, in: *Schulze/Schulte-Nölke,* a. a. O., S. 153 ff.; *Rösler,* Europäisches Konsumentenvertragsrecht, München 2004, S. 100 ff. mit zahlreichen weiteren Nachweisen; siehe auch BGH, BeckRS 2009, 86675.
837. NJW 2006, 159.
838. Zum Ganzen: *Flohr,* ZAP 2005, 471 f.
839. BGHZ 94, 226 = NJW 1985, 1544.
840. So auch die ältere Rspr.: vgl. OLG Düsseldorf EWiR § 1 c AbzG 1/87, 311; OLG Schleswig NJW 1988, 3024.

841. Grundsätzlich zur Entstehungsgeschichte von § 361 a BGB: *Mankowski,* DB 2001, 793 ff., 833 ff.
842. NJW 2002, 81.
843. NJW 2002, 1881.
844. Umfassend zur Widerrufsbelehrung bei Franchise-Verträgen: *Flohr* ZGS 2008, 289 ff.; *Flohr* ZGS 2009, 203 ff.; *Flohr*, Jahrbuch Franchising 2009, 111 ff.; *Flohr,* Jahrbuch Franchising 2010. Allgemein: *Gessner*, Widerrufsrecht und Widerrufsbelehrung im deutschen und europäischen Verbraucherrecht, Frankfurt 2009, insbesondere S. 41 ff.; *Godefroid*, Verbraucherkreditverträge, 3. Aufl., München 2008, insbesondere Rdnr. 9 ff. mit umfassenden Nachweisen zur Gesetzgebung zum Widerrufsrecht.
845. BB 2006, 1817.
846. ZGS 2006, 436; vgl. dazu auch *Masuch* BB 2005, 344, 347 f.; *Veigel/Frauenschuh* AfB 2006, 1, 2.
847. Umfassend zu dieser Rechtsprechung *Flohr* ZGS 2007, 421, 422 f.
848. So insbesondere: *Godefroid*, a. a. O., Rdnr. 446 m. w. N. in FN 182; *Masuch* BB 2005, 344, 347.
849. Gesetz vom 2. Dezember 2004 BGBl. I, 3102.
850. BVerfGE 114, 196.
851. Vgl. insoweit *Masuch*, in: MK-BGB, a. a. O., § 355 Rdnr. 27.
852. ZGS 2007, 279; dazu: *Faustmann* ZGS 2007, 251 ff.
853. BB 2007, 239; dazu *Wege* BB 2007, 1012 ff.; siehe auch *Bühler,* LMK 2009, 276605.
854. BB 2007, 1296; zu dieser Entscheidung insbesondere: *Faustmann* ZGS 2007, 251; *Gödde* BB 2007, 1289.
855. Dies belegt auch die kleine Anfrage der FDB-Fraktion vom 23. Januar 2007 zum Gesetzesentwurf zur Umsetzung der EU-Verbraucherkreditrichtlinie (BT-Drucks 16/7883); dazu *Godefroid*, a. a. O., Rdnr. 447.
856. BGBl. 2008 I, 292; dazu insbesondere *Faustmann* ZGS 2008, 147 f.
857. Dazu *Flohr,* ZGS 2009, 203 ff.
858. So BGH ZIP 1998, 62 im Gegensatz zum OLG Düsseldorf, Urt. vom 7. 7. 1992 – 7 Kart 22/91 – n. v., wonach die unterzeichnete Widerrufsbelehrung beim Franchise-Nehmer verbleiben muss.
859. Siehe zum Deutlichkeitsgebot insbesondere: *Godefroid*, a. a. O., Rdnr. 438 ff. mit umfassenden Nachweisen; aus der Rechtsprechung siehe statt vieler: BGH WiP 1994, 648 mit Anm. *Flohr.*
859 a. LG Koblenz VuR 2010, 110.
859 b. OLG Frankfurt, Urteil vom 17. 6. 2004 – 6 U 158/03 n. v.; OLG Hamm ZAP 2009, 1238.
860. Insoweit gehören Entscheidungen wie OLG Stuttgart ZIP 1993, 1570; OLG Stuttgart NJW 1992, 3245; OLG Naumburg NJW-RR 1994, 377 der Vergangenheit an.
861. BGH ZIP 1991, 1011 gegen OLG Frankfurt GRUR 1984, 691.
862. LG Zweibrücken NJW-RR 1990, 1336 f.
863. LG Fulda NJW-RR 1987, 1460.
864. So auch zum alten Recht: LG Zweibrücken NJW-RR 1990, 1336, 1337 m. w. N.
865. Der Franchise-Geber hat zu beweisen, dass er den Franchise-Nehmer in einer der gesetzlichen Regelung entsprechenden Weise belehrt hat, während den Franchise-Nehmer die Darlegungs- und Beweislast für den rechtzeitigen Widerruf und dessen Zugang beim Franchise-Geber trifft – dazu insgesamt *Ulmer/Habersack,* Verbraucherkreditgesetz, 2. Aufl., München 1995, § 7 Rdnr. 75 m. w. N.
866. BGH NJW 1993, 64.

867. BGBl. 2004 I 3102.
868. Siehe dazu aus der Rspr.: BGH ZIP 1993, 361; BGHZ 126, 56; OLG Rostock BB 2001, 904; OLG Stuttgart NJW-RR 2001, 423.
869. Siehe insgesamt zur Kritik an der Widerrufsbelehrung: *Masuch,* NJW 2002, 2931, 2932; *Schneider,* ZGS 2002, 381.
870. NJW 1994, 1800; siehe auch OLG Hamm BeckRS 2009, 88336.
870 a. Siehe dazu: *Flohr,* Handbuch des Vertriebsrechts, a. a. O., § 7 Rdnr. 43.
871. BGH NJW 1995, 722, 723.
871 a. BGH ZIP 2009, 1512 mit Anm. *Breig,* EWiR § 355 BGB 1/10; BGH MDR 2009, 820.
872. Siehe aus der Rspr. insoweit auch: OLG Hamm GRUR-RR 2010, 217; KG Berlin GRUR-RR 2010, 215; OLG Hamm GRUR 2010, 214; BGH EWIR § 355 BGB 2/10 mit. Anm. *Corzelius;* BGH EWIR § 2 HWIG a. F. 1/09 mit Anm. *Corzelius.*
873. BGHZ 128, 156.
874. Vgl. auch OLG Hamm NJW 1992, 3197.
875. Siehe *Palandt/Heinrichs,* a. a. O., § 57 Rdnr. 15.
876. Vgl. aus der Rspr.: BGHZ 111, 287; OLG Dresden DStR 1998, 903 – Service Master.
877. So ausdrücklich: OLG Dresden NJW-RR 1996, 1013.
878. So auch: *Palandt/Heinrichs,* a. a. O., § 346 Rdnr. 10.
879. Vgl. *Flohr/Klapperich,* a. a. O., Rdnr. 60.
880. Vgl. BGH NJW 1982, 2313; *Flohr,* BB 2006, 389, 394.
881. 1 W 11/08 n. v.; siehe auch OLG Frankfurt GWR 2010, 67.
882. Dazu umfassend und abschließend: *Spiegelfeld,* Gedächtnisschrift für Skaupy, a. a. O., S. 393 ff. mit weiterführenden Nachweisen.
883. Möglicherweise zeichnet sich hier eine Änderung in der Rechtsprechung ab. Der BGH hat nämlich mit Urteil vom 13. 12. 2005 (XI ZR 82/05 n. v. – NJW-aktuell 10/2006, VIII) festgestellt, dass das Verbraucherkreditgesetz kein zwingendes Inlandsrecht ist.
884. BGH, NJW 2005, 1490; BGH ZGS 2010, 78 mit Anm. *Skamel* ZGS 2010, 106.
885. Siehe dazu die ausführliche Anmerkung von *Schinkels* LMK 2010, 298105 m. w. N.; *Skamel,* ZGS 2010, 106 ff.; *Petersen,* JZ 2010, 315.
886. Umfassend: *Flohr* ZGS 2009, 203 ff. m. w. N.
887. KOM 2008, 614; siehe auch dazu den Bericht EuZW 2009, 715 sowie *Micklitz/Reich* EuZW 2009, 279 ff.
888. ABl. EU 1971 Nr. L 124.
889. *Micklitz/Reich* EuZW 2009, 279, 284.
890. NJW 2005, 1273 mit Anm. *Flohr,* ZAP 2005, 653.
891. Vgl. *Reimann/Wagner,* a. a. O., S. 562 Anm. 66; aus der Rspr. siehe für Handelsvertreterverträge EuGH NJW 2010, 1189.
892. Vgl. *Palandt/Heinrichs,* a. a. O., § 269 Rdnr. 11.
893. Vgl. *Palandt/Heinrichs,* a. a. O., § 269 Rdnr. 12 f.
894. Vgl. auch insoweit *Reimann/Wagner,* a. a. O., S. 561 Rdnr. 65; zur Auslegung einer Rechtswahlklausel: BGH WM 2000, 1643 mit Anm. *Mankowski,* EWiR Art. 27 EGBGB 1/2000; EuGH BB 2001, 10 = EWiR § 89 b HGB 4/2000, 1061 mit Anm. *Freitag.*
895. Allgemein zur Rechtswahlklausel bei Franchise-Verträgen: OLG München IPrax 1983, 120; *Jayme,* IPrax 1983, 105 ff.; zum Verhältnis Vertriebsvertrag – UN Kaufrechtsabkommen siehe *Ferrari,* European legal Forum 2000/01, S. 7 ff.; Rechtswahlklausel und internationale Franchiseverträge: *Mazero,* Int. Journal of Franchising and Distribution Law 2000, 308 ff.

896. Vgl. dazu BGH NJW 1993, 2753; BGH NJW 1995, 318; BGH NJW 1998, 1860; BGH NJW-RR 2002, 1433.
897. Urteil des AG Nürnberg vom 17. 6. 1997 – 20 C 9384/96 – nicht veröffentlicht.
898. Zum Umfang der Schriftform gem. § 4 VerbrKG (= § 492 BGB) siehe OLG Frankfurt EWiR § 4 VerbrKG 3/2000, 1175 mit Anm. *Sauer.*
899. Vgl. Urteil des AG Nürnberg, Urteil vom 17. 6. 1997 – 20 C 9384/96. Dabei blieb allerdings die Frage ungeprüft, ob der Vertrag überhaupt mangels hinreichender Kenntnisse der deutschen Sprache wirksam zustande gekommen ist.
900. NJW 2000, 3155.
901. BAG BB 2008, 2242; demgegenüber aber LG Köln GWR 2010, 68: keine Vertragsergänzung per email bei doppelter Schriftformklausel; vgl. auch BGH NJW 2008, 2178; BGH NJW 2008, 2181; OLG Rostock BB 2009, 2282 mit Anm. *Pielke;* umfassende Darstellung bei: *Bloching/Ortlof,* NJW 2009, 3393 ff. mit ausführlichen Rspr.-Nachweisen; siehe auch *Ulrigi,* BB 2008, 2243; *Stapenhorst,* LMK 08/2008; *Pützenmacher,* LMK 08/2008.
902. BB 1994, 1184 – Pronuptia II.
903. BB 2003, 347.
904. Siehe dazu insbesondere: *Henrichs,* LMK 2003, 19 f.
905. BGH BB 2003, 1587.
906. Vgl. *Reimann/Wagner,* a. a. O., S. 561 Anm. 63.
907. Vgl. die Rspr.-Nachweise bei *Palandt/Heinrichs,* § 309 Rdnr. 84 ff.
908. ABl. EG 1995 L 145/25.
909. ABl. EG 2002 L 203/30.
910. Siehe dazu auch: *Creutzig,* BB 2002, 2133, 2146 f.; *Creutzig,* WRP 2002, 1124; *Pfeffer,* NJW 2002, 2910.
911. BGH GRUR-Int. 2006, 59; BGH, Urteil vom 24. Juni 2009 – VIII ZR 150/08 n. v. – Nissan Vertragshändler.
912. Zum Ganzen: *Thomas/Putzo,* ZPO, a. a. O., vor § 1029 Randzeichen 2.
913. BGBl. 1997, 3224.
914. NJW 2005, 1273 mit Anm. *Flohr,* ZAP 2005, 653.
915. Siehe dazu OLG Schleswig, Urteil vom 12. November 2009 – 16 U 30/09 n. v.; siehe zur vergleichbaren Thematik beim Verbraucher-/Unternehmerbegriff i. S. v. §§ 13, 14 BGB: BGH NJW 2005, 1273; BGH NJW 2008, 435.
916. Vgl. BGHZ 75, 218; BGH WM 82, 635.
917. Vgl. *Lionnet/Lionnet,* Handbuch der internationalen und nationalen Schiedsgerichtsbarkeit, 3. Aufl., Stuttgart/München/Hannover/Berlin/Weimar/Dresden 2005, S. 57 ff.; *Lachmann/Lachmann,* BB 2000, 1633 ff. zur Praxisrelevanz von Schiedsgerichtsvereinbarungen; – allgemein zur Schiedsklausel bei Franchise-Verträgen: *Liesegang/Kraus,* Franchise-Report 1988/4, 5 ff.; aus der neueren Rspr. vgl. BGH, Urteil vom 14. 9. 2000 – III ZR 33/00 ZIP 41/2000, A 89; sowie zur Bindung eines dem Vertrag Beitretenden an eine vereinbarte Schiedsgerichtsvereinbarung: BGH DB 2000, 2215; zur Schiedseinrede bei Undurchführbarkeit der Schiedsvereinbarung: BGH BB 2000, 2330.
918. Vgl. zu den internationalen Schiedsgerichtsinstitutionen: *Lionnet/Lionnet,* a. a. O., S. 483 ff.; *Ebbing,* Private Zivilgerichte, München 2003, S. 5 ff.; 29 ff.; *Schütze,* Institutionelle Schiedsgerichtsbarkeit, Köln/Berlin/Bonn/München 2006.
919. NJOZ 2009, 1188.
920. Vgl. beispielhaft aus der Rspr.: BGH NJW 1985, 2590; BGH NJW 1986, 217; BGHZ 94, 351; zum Ganzen auch: *Canaris,* Vertrauenshaftung, München 1971, S. 278.
921. Vgl. *Flohr,* WiB 1996, 1137, 1141; *Martinek,* Moderne Vertragstypen, a. a. O., S. 87.

922. Vgl. BVerfG NJW 1997, 2669; BVerwG, Urteil vom 6. 11. 1997 (I C 18.95, mitgeteilt in ZIP 1989/5, X).
923. Vgl. LG Düsseldorf, Urteil vom 24. 10. 1997 – 38 O 5/97 und vom 5. 6. 1997 – 31 O 26/97 – beide nicht veröffentlicht.

Stichwortverzeichnis

Absatzklausel
- Kundendienst 188 f.
- Mindestlagerbestände 188 f.
- Mindestsortiment 188 f.
- Mindestumsatz 188 f.

Absatzrichtlinien 187 ff.
Abschirmpflicht 115 f.
Abschrift der Widerrufsbelehrung 307 ff.
Absicherung des Franchise-Nehmers 120 f.
Abstimmung von Urlaubs- und Vertretungszeiten 84
Abzahlungsgesetz 66 ff.
- Widerruf 66 ff.

Alleinbezugsverpflichtung 188 f.
Allgemeines Gleichbehandlungsgesetz
- Anwendung 25
- zivilrechtliches Diskriminierungsverbot 25

Altverträge
- und AbzG 67
- und EU-FranchiseGVO 10 f.

Änderung des Franchise-Vertrages 149, 150 f.
Änderungsvorbehalt
- Art. 3 Abs. II EU-FranchiseGVO 10
- Handbücher 147 ff.
- Rechtsprechung 150 f.

angemessene Entschädigung 289 ff.
angemessene Gebühren 210 ff.
Anmeldung von Markenrechten 244 ff.
- Eintragungshindernisse 245
- des Inhabers 106 f., 244f.
- Nichteintragung 245
- und Beendigung von Franchise-Verträgen 285

Antidiskriminierungsgesetz 25
Anwendbarkeit des AGBG 63 f., 268
Äquivalenzprinzip 210
Arbeitnehmereigenschaft des Franchise-Nehmers 79 ff.
- Abgrenzungskriterien gemäß § 84 Abs. 2 HGB 81 ff.
- selbständiger Gewerbetreibender 79 ff.
- Eismann-Beschluss 79 ff.

Art. 3 EU-FranchiseGVO 10
Aufhebungsvertrag 263 ff.
Aufrechterhaltung der persönlichen Unabhängigkeit des Franchise-Nehmers 82 ff.
Auftreten des Franchise-Nehmers 141 ff.
Ausgewogenheit von Leistung und Gegenleistung 210
Ausgleichsanspruch des Franchise-Nehmers
- Abdingbarkeit 294 f.
- Anrechnung Versorgungszusage 295
- begründeter Kündigungsanspruch des Franchise-Nehmers 262, 267 ff.
- Entfallen 293
- Kundenliste 293
- Kundenstamm 293
- Sogwirkung einer berühmten Marke 290 ff.
- Vereinbarungen 294
- Voraussetzungen 289

Aushändigung der Widerrufsbelehrung 305
Auskunftsrecht des Franchise-Gebers 220 ff.
Ausländisches Recht 325 ff.
außerordentliche Beendigung des Franchise-Vertrages 266 ff.
- aufgrund vertraglicher Regelung 268 ff.
- Grundsatz des Wegfalls der Geschäftsgrundlage 271 f.
- Kündigung aus wichtigem Grund 268
- Kündigungsfrist 272 f.
- Kündigungserklärung 275
- ohne vertragliche Regelung 268

Ausschließlichkeitsklausel 187 f.

Bagatellbekanntmachung 20 f.
Bedeutung des Franchising 1 ff.
Beendigung des Franchise-Vertrages
– außerordentliche 266 ff.
– ordentliche 261 ff.
Begrenzung des Wettbewerbsverbotes 235 ff.
Begriff des Franchising 1 ff.
begründeter Anlass für eine Kündigung 267 ff.
Begründung eines Arbeitsverhältnisses durch Franchise-Vertrag 81 ff.
– Jacques Wein Depot 79
– Gemeinschaft der Kurierfahrer 220
– Eismann-Beschluss 79 ff., 220 f.
Belastungen des Franchise-Nehmers 36 f.
Belehrung über Widerruf
– de lege lata 76 ff., 307 ff.
– de lege ferenda 314 ff.
Belieferungsverbot 187
Bemühenspflicht 271
Benachteiligung gem. § 242 BGB
– gem. § 307 I 1 BGB 63
bereicherungsrechtliche Rückabwicklung 77 f., 88
– Erstattung der Eintrittsgebühr 50 f.
bereits ausgeübte Tätigkeit 50
Berichtspflichten 220 f.
Beschränkung der Weisungsbefugnis 80 ff.
Beschränkungen gem. § 17 GWB a. F. 244 f.
Beschränkung eines nachvertraglichen Wettbewerbsverbotes 235 ff.
Beteiligungsklausel 128 f.
Betriebsförderungspflicht 189
Betriebshandbuch 88 ff., 145 ff.
Betriebsorganisation 87
Betriebssystem 87
Betriebsvergleich 225
Beweislast 307 f.
Bezugnahme auf Urkunden 190 f.
Bezugsbindung 187 f.
– Kosten 187 f.
– objektive Kriterien 187 f.
Bezugsverpflichtung 187 f.
Boni 196 ff.

CISG 325
Corporate Identity 83, 156, 177 f., 203, 210
Corporate Design 156, 210

Darlehensvertrag zwischen Franchise-Geber und Franchise-Nehmer und § 34 GWB a. F. 189 f.
Dauerhaftigkeit des Systems 258 ff.
– Kündigungsmöglichkeiten 262 ff., 267 ff.
– Vertragslaufzeiten 258
Dauerschuldverhältnisse 258, 268
Definition der Nichtangriffsklausel 244 f.
Definition des Franchising 2 f.
Definition der Salvatorischen Klausel 329 f.
Delkrederehaftung
– des Franchise-Gebers 205
– kartellrechtliche Fragen 205 f.
Deutlichkeitsgebot 70
Deutscher Franchise-Verband 2
Dienstleistungsrichtlinie der EG-Kommission 184
Disclosure-Rechtsprechung 37
Disclosure-Requirements 9, 36 ff.
Diversifikationsprodukte 192 f.
Domain 245 ff.
Doppelte Marktanteilskontrolle 16
Doppelte Marktanteilsschwelle 16 f.
Doubin-Verordnung 8
Dritte beim vertraglichen Wettbewerbsverbot 239 f.
Drittproduktverkauf 192 f.
drucktechnisch deutliche Gestaltung 70 f.
dynamische Verweisung 191

EDV-Kassensystem des Franchise-Gebers 206 f.
EG-Richtlinie über die Haftung bei Dienstleistungen 184
Ehrenkodex der nationalen Franchise-Verbände 2 f.
Eigenhändlervertrag 289 ff.
eigenständige Festlegung der Arbeitszeit 83 f.
Einbindung in das Warenwirtschaftssystem 84
Einheit von Franchise-Handbuch und Franchise-Vertrag 88 f.
Einkaufsvorteile 196 ff.
– Auskehranspruch 198
– Auskunft 197
– Ausschluss 200 f.
– Kick backs 197
– Transparenzgebot 198, 201

– Verdeckte Gebühren 199
– Vorvertragliche Aufklärung 198, 201
– Weitergabe 196 ff.
– Werbekostenzuschüsse 196
– Wirtschaftsprüfervorbehalt 200
Einmalgebühren 211 f.
Einrede des nichterfüllten Vertrages 95
Einschränkung der Entscheidungsbefugnisse des Franchise-Nehmers durch den Franchise-Geber 83
Einsichtsrecht des Franchise-Gebers 220 f.
einstweiliger Rechtsschutz
– Verfügungsgrund 239
Eintragungshindernisse bei Markenzeichen 245
Einzelfranchise 107 ff.
Einzelfreistellungen 11
Entwicklung des Franchising 1 f.
Erfahrungen des Franchise-Gebers 48 ff.
Erfüllungsinteresse 50
Erstattung der Eintrittsgebühr 51
EU-FranchiseGVO 10
– Altverträge 11
– Anwendung durch Judikatur 10 f.
– Bagatellbekanntmachungen 20 f.
– Einzelfreistellung 11
– nachvertragliches Wettbewerbsverbot 235 f.
– Schwarze Liste 11
– spürbare Beeinträchtigungen 20 f.
– Unverträglichkeitsprüfung 10
– Weiße Liste 10
EU-Gruppenfreistellungsverordnung für vertikale Vertriebsbindungen (EU-VertikalGVO)
– Bußgeldverfahren 15
– Bezugsbindung de lege lata 13, 187
– Bezugsbindung de lege ferenda 20
– Einzelfreistellung 15
– Fest-, Höchst-, empfohlene Preise de lege lata 14
– Fest-, Höchst-, empfohlene Preise de lege ferenda 17
– Gebietsschutz de lege lata 13
– Gebietsschutz de lege ferenda 18
– Guidelines 12, 14
– Kernbeschränkung de lege lata 15
– Kernbeschränkung de lege ferenda 17
– Kundenschutzvereinbarungen 13
– Marketing 116 ff.
– Marktschwellenwert de lege lata 15
– Marktschwellenwert de lege ferenda 16
– Masterfranchise-Verträge 12
– Querlieferungen 14
– rote Klausel 14
– schwarze Klausel 13
– selektiver Vertrieb 13
– spürbare Beeinträchtigung 21
– Weiterverkauf 14
– Wettbewerbsverbote 14
EU-Kartell-Verfahrensordnung 21 ff.
Europäische Domain 245 ff.
Europäischer Verhaltenskodex für Franchising 23 f.
Ex-tunc-Unwirksamkeit des Vertrages 189 f.
Existenzgründungsunternehmer 127

Fehlen einer Vereinbarung gem. § 34 GWB a. F. 189 f.
Fehlen einer Widerrufsbelehrung 71 f.
fehlende vertragliche Vereinbarungen 189
Firma eines Franchise-Nehmers 124 f.
Firmenlogo 176 f.
– Rechte des Markeninhabers 286
Forderungskatalog des Deutschen Franchise-Verbandes 46 f.
Formularvertrag i. S. d. § 305 I 1 BGB 63 ff.
Franchise-Geber
– als Hersteller 254 f.
– internationale 7 f.
Franchise-Nehmer
– Auftreten des Franchise-Nehmers 141 ff.
– als eingetragener Kaufmann 141
– als Existenzgründer 75, 127 f.
– als Händler 110 f.
– als Handelsvertreter 82 ff.
– als natürliche Person 124
– als juristische Person 124 ff.

– Gegenleistung 156 f.
– Mitverschulden 50
– Nutzungsrechte 244 f.
– Vertriebspflichten 159 f.
– Verbraucher oder Unternehmer 127 f.
– vorvertragliche Aufklärung 52
– Unternehmer 127 f.
Franchise regulations disclosure requirements 9
Franchise-Systeme
– als vertikales Vertriebssystem 12 ff.
– Firma 124 ff.
Franchise-Vertrag
– Abzahlungsgesetz 67
– AGBG 65
– Beendigung 285 f.
– Begründung eines Arbeitsverhältnisses 79 ff.
– Dauerschuldverhältnis 267
– als Eigenhändlervertrag 289
– ex-tunc-Unwirksamkeit 189 f.
– als Formularvertrag i. S. d. § 305 I 1 BGB 63 ff.
– fristlose Kündigung 268 ff.
– Grundsatz von Treu und Glauben 149
– Handbuch 88 ff.
– Haftungsfreizeichnung 51 f.
– Inhalt 100 ff.
– Merkmale 2 ff.
– Nebenabreden 328 ff.
– Nichtigkeit 52
– Partnerschaftsgedanke 268 ff.
– Rechtsgrundlagen 34 ff.
– Rückabwicklung 77 f., 175
– unzulässiges Kartell 297 f.
– Unter-Franchising 339
– Verbraucherkreditgesetz 67
– als Vertragshändlervertrag 289
– andere Vertragstypen 168 ff.
– Vertragsgegenstand 106 f.
– Widerrufsrecht 301 ff.
Franchise-Vertrag – Abgrenzung
– Filialsystem 30
– Gesellschaftsvertrag 28
– Handelsvertretervertrag 27
– Joint-Venture 30
– Kommissionsagenturvertrag 28
– Kundenschutzvereinbarung 31
– Lizenz-/Know-how-Überlassungsvertrag 29 f.
– Schneeballsystem 32
– strategische Allianzen 32
– Vertragshändlervertrag 27
Franchising
– in den USA 1
– in der BRD 1 f., 24 ff.
– in Europa 7 ff.
Freiheit in der Gestaltung der Arbeitszeit 81 ff.
Freistellungsbescheinigung 110 f.
Freizeichnungsverbot gem. § 307 I 1 BGB 256
Fristbeginn Widerrufsbelehrung 71
Fristende Widerrufsbelehrung 71
Fristgebundenheit des Widerrufsrechts 67 ff.
fristlose Kündigung
– als allgemeiner Rechtsgedanke 268
– aus wichtigem Grund 268 ff.
– Erklärung 271 ff.
– wichtige Gründe 270
finanzielle Belastungen des Franchise-Nehmers 49 f.
Führungsgrundsätze 147 ff.
Fürsorgepflicht 254 f.

Gebiets-Franchising 114 ff.
Gebietsschutz 114 ff.
– immanenter 115
Gebühren im Franchising
– Angemessenheit 210
– Einmalgebühren 211 f.
– laufende Gebühren 212 f.
Gegenstand des Franchise-Vertrages 106 f.
Geheimes Know-how 3
Geheimhaltungspflicht 227 ff.
Gerichtsmediation 299
Gerichtsstandsvereinbarung 325 ff.
Gesetz über den Abschluss von internationalen Kaufverträgen über bewegliche Sachen 325
gesetzliche Geschäftsöffnungszeiten 84
gesonderte Unterschrift 306
gesonderte Urkunde 237 f., 306
Gewerbetreibende 50, 141 ff.
Gewerbliche Schutzrechte 243 ff.
Greenbook on Vertical Restraints
– Negativtestannahme 11 f.
Grundsatz der kundenfreundlichsten Auslegung 66

Grundsatz der Preisunterbietungsfreiheit 196
Grundsatz der Verhältnismäßigkeit 148 f.
Grundsatz von Treu und Glauben 118, 148, 168, 225, 227
Guidelines 8

Haftung
– aus Mietverhältnissen 168
– Begrenzungsklausel 256
– Dienstleistungsrichtlinie 184
– Freizeichnungsklausel 51 f., 256 f.
Handbuch
– Änderungsvorbehalte 88, 149
– Betriebshandbuch 87 ff.147 ff.
– Einheit mit Franchise-Vertrag 87 ff., 148
– mangelhaftes 87, 95
– Nichtlieferung 95
– Raumfragen 87 ff.
– Recht zur Änderung 149
– Umfang 87 ff.
– Vertragsbestandteil 147 ff.
– Verhältnis der Regelungen 147 f.
– wesentlicher Inhalt 87 ff.
Handelsvertreter
– Abgrenzungskriterien gem. § 84 Abs. 2 HGB 82 ff.
– Franchise-Nehmer 79 ff.
– Selbständigkeit 81 ff., 110 f.
Herausgabe des Erlangten 78
Hinweispflicht auf andere Verträge 189 f.
Höhe der Einmalgebühren 211 f.

Identifizierbares Know-how 3, 88, 93 f.
Inhalt des Franchise-Vertrages
– Inhaltskontrolle 63
– gem. § 307 I 1 BGB 63 ff., 253 f., 258 ff., 260 f., 272, 275
Interessenabwägung nach § 307 I 1 BGB 260 f.
Internet 245 ff.
– des Franchise-Nehmers 122
– Einschränkungen 19
– passives Marketing 123
– Verletzung Gebietsschutz 122

Juristische Personen im Franchise-Vertrag 124 ff.

Kalkulationshilfen 195
Kartellrecht 58 ff.
Karenzentschädigung 235 f.
Kernbeschränkung 15
Kick-Backs 196 ff.
Know-how 3, 149, 210, 245, 286
– geheimes 3
– identifizierbares 3
– i. S. d. EU-Gruppenfreistellungsverordnung 3
– Transfer 4 f., 88, 93 f.
– wesentliches 3
Konditionenbindung 202
Konkurrenzabwendungspflicht 114 ff.
Konkurrenzklausel 234 ff.
Konkurrenzschutzpflicht 121
Kontrollrechte 219 ff.
– Betriebsvergleiche 222
– Datenschutz 220
– des Franchise-Gebers 219
– Kosten 220
– Risikomanagement 222
Kostentragungspflicht 108 f.
Kriterien des idealen Partners 277 ff.
Kündigung des Franchise-Vertrages 262 ff.
– außerordentliche 267
– aus wichtigem Grund 268 ff.
– durch Franchise-Geber 267
– durch Franchise-Nehmer 267
– fristlose 268
– ordentliche 262 ff.
– Schutz gegen unbillige 262 f.
– Rechtsfolgen 285 ff.
– willkürliche 262 f.
Kündigungserklärung 275
Kündigungsfrist
– zumutbare 272 f.
Kündigungsmöglichkeiten
– außerordentliche Kündigung 268 ff.
– Grundsatz der Verhältnismäßigkeit 268
Kündigungsregelungen
– fristlose Kündigung 267 ff.
– und Handelsvertreterrecht 274
Kündigungsschranken kraft Treuepflicht 242, 268
Kundenanschriften 289 ff.
Kundenbindungsprogramme 66

Laufzeitklauseln 260 f.
Legalausnahme 23
Leitlinien 10 f.
Leistungskatalog
– Personal- und Kostenaufwand 47 f.
Lossagung von Wettbewerbsabrede 274

Markengesetz 244
mangelhaftes Handbuch 95
Marketing
– Ambush Marketing 145
– Telefonmarketing 144
Marketing und Werbekonzept 116 ff., 138 ff.
Markterschließung 156 f.
Mediation 299 ff.
Mehrmarken-Franchise-Modell 121
Mindestsortiment 185
Mindestumsatz 118 ff.158 f.
Mindestlagerbestände 188
Mitarbeiterführung 157 f.
mündliche Änderung des Franchise-Vertrages 329

nachvertragliches Wettbewerbsverbot
– angemessene Entschädigung 236
– örtliche Beschränkung 237
Name und Anschrift des Franchise-Gebers 70
Nebenabreden 337
– nach § 18 GWB a. F. 337
Negativtestannahme 11 f.
Neu- und Umgestaltung von Ladenlokalen 162 ff.
nichtakzeptable Vorgaben des Franchise-Gebers 88 f.
Nichtangriffsklausel
– Definition 245
Nichtigkeit des Franchise-Vertrages
– Nach § 138 BGB 94 f.
– nach § 125 BGB 61
– wegen Formmangels 61
Notwendigkeit einer Widerrufsbelehrung 66 ff.
Notwendigkeit eines eigenen Schulungssystems 134 f.
Nutzungsrechte des Franchise-Nehmers 106 ff.

objektive Qualitätsprüfung 151 f.
ordentliche Beendigung des Franchise-Vertrages 262 ff.
– durch ordentliche Kündigung 262 f.
– durch Zeitablauf 262
– durch Aufhebungsvertrag 263 ff.
Organisation des Geschäftsbetriebs 83 f., 90

partiarisches Darlehen 231
Partnerschaftsgedanke des Franchise-Vertrages 275
Partnerwahl
– Kriterien des idealen Partners 107 f.
persönliche Unabhängigkeit 82 f.
persönlich-rechtliches Gemeinschaftsverhältnis 82 f.
persönlicher Anwendungsbereich des Verbraucherkreditgesetzes 67
planmäßiges Unterlassen 46 ff.
positive Vertragsverletzung
– Verschulden 273 f.
Preisanpassungsklausel 191
Preisbindungsklausel 193 f.
Preisempfehlungen 195 f.
Preislisten 190 f.
Preisgestaltung 193 f.
Preispolitik 193 ff
– Höchstpreise 194
– Internet-Shop 194
– Kalkulationshilfen 193
– Mischsysteme 193 f.
– Netzwerke 199
– Nichtigkeit 195
– Preisanpassungsklauseln 191
– Preisbindung 193
– Preishoheit 61 ff., 193 ff.
– Preislisten 190 ff.
– unverbindliche Preisempfehlung 197 f.
– Verbundspflichten 199 f.
– Zweitkonditionenbindung 202
privatrechtliches persönliches Abhängigkeitsverhältnis 82
Pronuptia 10 f.
Prospekthaftung 54 f.256 f.

Qualifikation des Franchise-Nehmers 107 f.
Qualitätsmanagement (TQM) 151 f.

Qualitätsprüfung 207
Qualitätsrichtlinien 151 f.

Raumfragen 166 f.
Räumungsverkauf
– Ausschluss im Franchise-Vertrag 287 f.
– Einwilligung des Franchise-Gebers 287 f.
– Fortsetzungsverbot 287 f.
Recht auf Handbuch 88 f., 147 ff.
Recht auf Vertragsfortsetzung 261
Recht zur Handbuchänderung
– einseitiges Recht des Franchise-Gebers 149
– Einverständnis des Franchise-Nehmers 150 f.
– Quotenmehrheit 147
Rechte des Markeninhabers 244
Rechtsfolgen einer außerordentlichen Kündigung
– Ausgleichsansprüche 289 ff.
– Entfernung von Namensschildern 283 f.
– Löschung aller Bezeichnungen im Telefonverzeichnis 284
– Rückgabe des Ladenlokals 175, 285 f., 288
– Unterlassungsverpflichtung des Franchise-Nehmers 287 f.
– Verpflichtung zur Mitarbeit 284
– vertragliche Ansprüche 237, 250 f., 274
– Zurückbehaltungsrecht 289
Regelungsinhalt des Franchise-Vertrages 106 f.
Regelungsminimum 106 ff.
Renewal fee 260
Rentenversicherung
– Auftraggeber 86
– Solo-Franchise-Nehmer 87
– Voraussetzungen 86
Royalty fee (royalties) 210
Rückabwicklung eines Franchise-Vertrages (Eintrittsgebühr)
– nach § 812 ff. BGB 212
Rücknahmeverpflichtung 286, 288

Saldotheorie 78
Salvatorische Klausel
– Definition 330
Schadensersatzansprüche 36 ff.
Schadensersatzverpflichtung bei Kündigung des Franchise-Vertrages 273 f.
– verwerfliche Absicht 274
Scheinselbstständigkeit 85
Schiedsklauseln
– Schlichtungsklausel 298 f., 331 ff.
Schriftformerfordernis
– des § 34 GWB 61, 189 f.
– gesonderte Unterschrift 301
– Widerrufsbelehrung de lege lata 307 ff
– Widerrufsbelehrung de lege ferenda 314 ff.
Schuldbeitritt zum Franchise-Vertrag 129
Schulung 134 ff.
Schutz gegen unbillige Kündigungen 273 f.
Schwarze Liste 11, 14
Selbständigkeit des Arbeitnehmers
– Abstimmung der Urlaubs- und Vertretungszeiten 83 f.
– gesetzliche Geschäftsöffnungszeiten 51 f., 83 f.
Selbständigkeit des Franchise-Nehmers 81 ff., 110 f.
– Eigenorganisation 83
– eigenständige Festlegung der Arbeitszeit 82, 83
– Einbindung in das Warenwirtschaftssystem 84
– persönliche und wirtschaftliche Abhängigkeit 83
– privatrechtlich persönliches Abhängigkeitsverhältnis 82
– selbständige Organisation des Geschäftsbetriebs 83
– unternehmerisches Risiko 82, 84 f.
Selbständigkeit eines Handelsvertreters 81
Selektivvertrieb 13
Sicherung allgemeiner Schutzrechte 245
Sicherung der Warenzeichenrechte 245
Skonti 196 ff.
Sogwirkung einer berühmten Marke 292
Sonderkündigungsrecht 271 f.
Sozialversicherungsrecht 85 ff.
– arbeitnehmerähnliche Selbständigkeit 86 f.

- Korrekturgesetz 85
- Scheinselbständigkeit 85 f.
- Stand-alone Franchise-Nehmer 87, 179

Steuern 90 f., 296
stille Beteiligungen 231
Strohmanngründungen 240
Strukturkündigung 271
Sub-Franchisen (Unter-Franchise-Vertrag) 339
Systemfortentwicklung
- Kostentragungspflichten 135 f.
- Notwendigkeit eines eigenen Schulungssystems 134 ff.

Tragfähigkeit des Systems
- Angemessenheit der Gebühren 210 f.
- Dauerhaftigkeit 210 f.
- Vertragsstrafen 248 ff.
- Vollexistenz 156

Überprüfungsrechte des Franchise-Gebers 220 ff.
Übersanktion des Franchise-Gebers 250 f.
Übertragungsklausel 159
Umsatzklausel 118 ff.
UN-Kaufrecht (CISG) 325
unangemessene Benachteiligung
- gem. § 307 I 1 BGB 260 f.
- Interessenabwägung 149

Unter-Franchise-Vertrag (Sub-Franchisen) 339
Unterlassungserklärung 141 ff.
Unternehmer 127 f.
Unternehmerisches Risiko 84 f.
Unterrichtungsklausel 226 f.
Untervermietung 168 ff.
unternehmerischer Entscheidungsspielraum 83 f.
unternehmerische Selbständigkeit 81
unzulässige Konditionenbindung 202
unzulässige Umgehungspreisempfehlungen 17
Urlaubs- und Vertretungszeiten 84

Verbraucher 127 f.
Verbraucherkreditgesetz 67
Verdeckte Gebühren 199
Verhältnis von Leistung und Gegenleistung 210
Verkaufsförderungsaktionen 143
Verkauf von Drittprodukten 192 f.
Verlängerungsgebühr 260
Verordnung (EWG) Nr. 4087/88 der Kommission vom 30. 11. 1988 über die Anwendung von Artikel 85 Absatz 3 des Vertrages auf Gruppen 10 f.
Verpflichtung zur Mitarbeit 159 f.
Verschulden bei Vertragsabschluss 50
Versicherungsschutz in Franchise-Systemen 178 ff.
vertikale Vertriebsbindungen 7 ff.
Vertragsgebiete 114 ff.
vertragliches Wettbewerbsverbot
- Formulierungsbeispiel 241 ff.
- Karenzentschädigung 242
- und Dritte 242
- Vertragsstrafe 242

Vertragsfortsetzung
- Recht 261

Vertragsstrafe
- angemessenesVerhältnis zum Erfüllungsinteresse des Franchise-Gebers 248 f.
- Durchsetzung 248
- Fortsetzungszusammenhang 250
- Hamburger Brauch 250
- Herabsetzung 248
- Treu und Glauben 249 f.

Vertragslaufzeiten
- Kündigungsmöglichkeiten 262 f.

Vertrieb 11 f.
Vertriebspflichten des Franchise-Nehmers 159 f.
verwerfliche Absicht 273 f.
Verwirkung des Kündigungsrechtes 273
Verwirkung des Widerrufs 67
Vorläufer des Franchising 1
Vorvertragliche Aufklärung 8, 36 ff.
- culpa in contrahendo 44 ff.
- disclosure requirements 6, 37
- Grundsätze 44 ff.
- Mitverschulden 50
- Nichtbeachtung 40 f.
- Schadensersatz 38 f.
- Umfang 50 f.
- Umfang des Schadensersatzes 50 f.
- Umkehr der Beweislast 40 f.
- zwingende Informationen 47 f.

Waggon-Peddlers 1
Warenbezugsverpflichtung 189 f.
Wegfall der Geschäftsgrundlage 267
Wegfall des Kündigungsrechts 273
Wegfall der Preisbindung 192 f.
Weiße Liste 10
Weisungspflichten 80
Werbeausschüsse 139 f., 297
Werbung 140 ff.
wesentlicher Inhalt des Franchise-Handbuches 88 ff.
- Betriebsorganisation 90
- Betriebsvergleich 92
- Finanzierung 91
- Mitarbeiterführung 90
- Präsentation des Warenangebotes 89 f.
- Raumfragen 89
- Recht 92
- Schulung 92
- Schutz 92
- Verkauf des Warenangebotes 90
- Werbung 92
- wirtschaftliches Modell 91
wesentliches Know-how 3, 210
Wettbewerbsabrede
- gesonderte Urkunde 237 f.
- Inhalt 234 ff.
Wettbewerbsrecht 56 ff.
Wettbewerbsverbot
- Begrenzung 237
- und einstweiliger Rechtsschutz 239 f.
- EU-Gruppenfreistellungsverordnungen 14 f.
- und § 307 I 1 BGB 238 f.
- Verstoß durch Dritte 240
- Vertragsstrafe 242
wettbewerbswidriges Verhalten 110 f., 140 f.
wichtige Kündigungsgründe
- gestörtes Vertrauensverhältnis 268
- Kriterium der Zumutbarkeit 268
- Gesamtabwägung 269
- Verstoß gegen Systemrichtlinien 269
Widerruf
- nach AbzG 67
- nach VerbrKG 67
- Verwirkung des Rechts 67, 307
Widerrufsbelehrung
- Abschrift 305
- Aushändigung 305
- deutliche Gestaltung 70 f.
- durch Zusatzvereinbarung 307
- Fehlen 71 f., 304
- Formvorschriften 72 f., 304 ff.
- freiwillige 77
- gesonderte Urkunde 307
- insuffiziente 78
- keine weitergehenden Informationen 307
- nach VerbrKG 303 f.
- Name und Anschrift des Franchise-Gebers 70
- Rückgewährschuldverhältnis 78
- Umfang de lege lata 307 ff.
- Umfang de lege ferenda 314 ff.
- Verbleib nach Unterzeichnung 305
- Verweigerung 306 f.
- vor Vertragsabschluss 76
- Wettbewerbswidrigkeit 77
Widerrufsfrist
- Beginn 71
- Ende 71
- Wochenfrist 71
Widerrufsrecht
- Verlust 307
- Verzicht 307
Widerrufswertgrenze 75
Wiederholungsgefahr 269
willkürliche Kündigung
- positive Vertragsverpflichtung 273 f.
- Schadensersatzverpflichtung 273 f.

Zusammenwirken der Franchisepartner 227
zumutbare Kündigungsfrist
- Faustregel 272 f.
Zustimmungserfordernis 148 f.

Die Beck'schen Musterverträge im Überblick

Arbeitsrecht

1	Kopp	Arbeitsvertrag für Führungskräfte	4. Auflage	2001
2	Jaeger	Der Anstellungsvertrag des GmbH-Geschäftsführers	5. Auflage	2009
9	Bengelsdorf	Aufhebungsvertrag und Abfindungsvereinbarungen	4. Auflage	2004
12	Klemm/Hamisch	Betriebliche Altersversorgung	4. Auflage	2009
16	Gnann/Gerauer	Arbeitsvertrag bei Auslandsentsendung	2. Auflage	2002
17	Röder/Baeck	Interessenausgleich und Sozialplan	4. Auflage	2009
21	Nebendahl	Der Teilzeitarbeitsvertrag	3. Auflage	2005
23	Münzel	Chefarzt- und Belegarztvertrag	3. Auflage	2008
24	Abrahamczik	Der Handelsvertretervertrag	3. Auflage	2007
39	Hunold	Befristete Arbeitsverträge nach neuem Recht	2. Auflage	2008
43	Haas/Ohlendorf	Anstellungsvertrag des Vorstands der Aktiengesellschaft	2. Auflage	2010
55	Hromadka/ Schmitt-Rolfes	Der unbefristete Arbeitsvertrag	1. Auflage	2006

Familienrecht

7	Brambring	Ehevertrag und Vermögenszuordnung unter Ehegatten	6. Auflage	2008
10	Grziwotz	Partnerschaftsvertrag für die nichteheliche und nicht eingetragene Lebensgemeinschaft	4. Auflage	2002
15	Krenzler	Vereinbarungen bei Trennung und Scheidung	5. Auflage	i. Vorb.
32	Vogt/Hannes	Verträge mit Familienangehörigen	2. Auflage	2004
44	Winkler	Vorsorgeverfügungen	4. Auflage	2010

Erbrecht

18	Wegmann	Ehegattentestament und Erbvertrag	4. Auflage	2010
19	Kössinger	Das Testament Alleinstehender	4. Auflage	2010
45	Burandt/Franke	Unternehmertestament	1. Auflage	2003

Neue Medien

37	Schröder	Softwareverträge	3. Auflage	2008
38	Müller/Bohne	Providerverträge	1. Auflage	2005

Gesellschaftsrecht

6	Langenfeld	Gesellschaft bürgerlichen Rechts	7. Auflage	2009
8	Reichert/ Harbarth	Der GmbH-Vertrag	3. Auflage	2001
13	Veltins	Der Gesellschaftsvertrag der Kommandit-gesellschaft	2. Auflage	2002
14	Sommer	Die Gesellschaftsverträge der GmbH & Co. KG	3. Auflage	2005
25	Stuber	Die Partnerschaftsgesellschaft	2. Auflage	2001
29	Wahlers	Die Satzung der kleinen Aktiengesell-schaft	3. Auflage	2003
33	Weigl	Stille Gesellschaft und Unterbeteiligung	2. Auflage	2004
47	v. Holt/Koch	Stiftungssatzung	2. Auflage	i. Vorb.
49	Kästle/ Oberbracht	Unternehmenskauf – Share Purchase Agreement	2. Auflage	2010
50	von Holt/Koch	Gemeinnützige GmbH	2. Auflage	2009
61	Timmerbeil/ Pfeiffer	Unternehmenskauf Nebenverein-barungen	1. Auflage	2010

Miete und Wohnungseigentum

3	Sauren	WEG-Verwalter	4. Auflage	2009
20	Schultz	Gewerberaummiete	3. Auflage	2007
35	Munzig	Teilungserklärung und Gemeinschafts-ordnung	2. Auflage	2008
40	Lützenkirchen	Wohnraummiete	1. Auflage	2002

Wirtschaftsrecht

4	Westphalen	Allgemeine Verkaufsbedingungen	6. Auflage	2007
5	Westphalen	Allgemeine Einkaufsbedingungen	5. Auflage	2009
22	Möffert	Der Forschungs- und Entwicklungsver-trag	3. Auflage	2008
26	Weiand/Poser	Sponsoringvertrag	3. Auflage	2005
30	Flohr	Franchisevertrag	3. Auflage	2006
31	Wauschkuhn	Der Vertragshändlervertrag	3. Auflage	2009
34	Fammler	Der Markenlizenzvertrag	2. Auflage	2007
42	Flohr	Masterfranchise-Vertrag	1. Auflage	2005
53	Philipp	Factoringvertrag	1. Auflage	2006
54	Ulmer-Eilfort/ Schmoll	Technologietransfer	1. Auflage	2006
56	Kotthoff/Gabel	Outsourcing	1. Auflage	2008
57	Poser	Konzert- und Veranstaltungsverträge	1. Auflage	2007
59	Münchow/ Striegel/Jesch	Management Buy-Out	1. Auflage	2008